SV

Bernard Shaw
Lustspiele
in neuen
Übersetzungen
Suhrkamp

Originaltitel: *The Apple Cart;*
Heartbreak House; The Doctor's Dilemma; Androcles and the Lion;
The Man of Destiny; Arms and the Man.

Erste Auflage 1977
© Suhrkamp Verlag Frankfurt am Main 1977
Copyrights der deutschen Übersetzungen: *Haus Herzenstod,*
Des Doktors Dilemma und *Helden* © Suhrkamp Verlag, 1969;
Androklus und der Löwe © Suhrkamp Verlag, 1971;
Der Kaiser von Amerika und *Der Mann des Schicksals*
© Suhrkamp Verlag, 1972.
Alle Rechte vorbehalten, insbesondere das der Aufführung durch
Berufs- und Laienbühnen, des öffentlichen Vortrags, der Verfilmung und
Übertragung durch Rundfunk und Fernsehen, auch einzelner Abschnitte.
Das Recht der Aufführung oder Sendung ist nur vom Suhrkamp Verlag,
Frankfurt am Main, zu erwerben.

Inhalt

Der Kaiser von Amerika
*Deutsch von Annemarie Böll
und Heinrich Böll*
7

Haus Herzenstod
Deutsch von Hans Günter Michelsen
93

Des Doktors Dilemma
Deutsch von Hans Günter Michelsen
195

Androklus und der Löwe
Deutsch von Harald Mueller
295

Der Mann des Schicksals
Deutsch von Harald Mueller
343

Helden
Deutsch von Wolfgang Hildesheimer
393

Der Kaiser von Amerika

*Eine politische Extravaganz
Deutsch von Annemarie Böll
und Heinrich Böll*

Personen

KÖNIG MAGNUS
MATHILDE, seine Frau
ORINTHIA
ALICE, seine Tochter
PROTEUS, Premierminister
NICOBAR, Minister des Äußern
BOANERGES, Handelsminister
PLINY, Schatzkanzler
CRASSUS, Kolonialminister
BALBUS, Minister des Innern
AMANDA, Ministerin für Verkehrswesen
LYSISTRATA, Wirtschaftsministerin
SEMPRONIUS } Sekretäre des KÖNIGS
PAMPHILIUS
VAMHATTAN, amerikanischer Botschafter

Ort der Handlung: das königliche Schloß
Zeit: Ende des zwanzigsten Jahrhunderts

Erster Akt

Ein Büro im königlichen Palast. Rechts und links stehen sich zwei Schreibtische so gegenüber, daß ein breiter Raum zwischen ihnen frei bleibt. Neben jedem Tisch steht ein Stuhl für Besucher. Die Tür befindet sich in der Mitte der hinteren Wand. Die Uhr zeigt kurz nach elf, und das Licht ist das eines schönen Sommermorgens.
Sempronius, der dem Zuschauer das rechte Profil zuwendet, sitzt an einem der Tische und öffnet die Briefe des Königs. Er ist elegant und von einer angenehmen Jugendlichkeit.
Pamphilius, ein Mann mittleren Alters sitzt rechts zurückgelehnt in seinem Sessel hinter dem anderen Schreibtisch. Neben sich einen Stapel Morgenzeitungen. In einer liest er gerade. Beide gehen einige Zeit schweigend ihrer Tätigkeit nach. Dann legt Pamphilius seine Zeitung hin und betrachtet Sempronius einen Augenblick lang, bevor er ihn anspricht.

PAMPHILIUS Was war eigentlich Ihr Vater?
SEMPRONIUS *aufgeschreckt:* Wie?
PAMPHILIUS Was war Ihr Vater?
SEMPRONIUS Mein Vater?
PAMPHILIUS Ja, was war er?
SEMPRONIUS Ein Ritualist.
PAMPHILIUS Ich meine nicht seine Religion. Ich meine seinen Beruf. Und seine politische Einstellung.
SEMPRONIUS Er war Ritualist von Beruf, war politisch ein Ritualist und Ritualismus war seine Religion. Er war von ganzem Herzen, leidenschaftlich und ungebrochen vom Scheitel bis zur Zehe ein Mann des Rituals.
PAMPHILIUS Soll das heißen, daß er Pfarrer war?
SEMPRONIUS Aber nein. Er war so eine Art Showmaster. Er arrangierte Umzüge, Einführungen von Bürgermeistern, militärische Zapfenstreiche, große öffentliche Festakte und ähnliches. Er hat die beiden letzten Krönungen arrangiert. So habe ich auch meine Stellung hier im Palast bekommen. Die ganze königliche Familie kannte ihn gut: er war immer bei ihnen hinter den Kulissen.
PAMPHILIUS Hinter den Kulissen, und hielt sie trotzdem für echt!
SEMPRONIUS Ja. Er glaubte mit ganzer Seele an sie.

PAMPHILIUS Obwohl er sie selber fabriziert hatte.
SEMPRONIUS Aber gewiß. Meinen Sie denn, ein Bäcker könnte nicht ehrlich an das Meßopfer oder die Heilige Kommunion glauben, weil er die Hostie selber gebacken hat?
PAMPHILIUS Daran habe ich noch nie gedacht.
SEMPRONIUS Mein Vater hätte im Theater und in den Filmstudios Millionen verdienen können, aber er wollte nichts damit zu tun haben, weil die Ereignisse, die dort dargestellt wurden, nicht wirklich geschehen waren. Er war bereit, die Taufe der Königin Elisabeth in Shakespeares Heinrich VIII. zu inszenieren, weil sie wirklich stattgefunden hatte. Das war eine Feier des Königtums. Aber er war gegen Phantasieprodukte, selbst wenn man ihm Tausende bot.
PAMPHILIUS Haben Sie ihn jemals gefragt, was er in Wirklichkeit über all das dachte? Aber natürlich nicht: man kann seinem Vater keine Fragen stellen, die ihn selbst betreffen.
SEMPRONIUS Mein lieber Pam, mein Vater hat nie gedacht. Er wußte nicht, was denken ist. Was denken ist, wissen nur wenige Menschen. Er hatte eine Vision, ich meine damit eine tatsächliche, greifbare Vision; und er hatte eine seltsam begrenzte Phantasie. Ich will damit sagen, daß er sich nur das vorstellen konnte, was er wirklich sah; aber er konnte sich vorstellen, daß das, was er sah, göttlich und heilig und allwissend und allmächtig und ewig und alles nur mögliche war, wenn es nur herrlich genug aussah, und wenn die Orgel feierlich genug war oder die Militärkapelle genug Tsching-Tsching Bum-Bum machte.
PAMPHILIUS Wollen Sie damit sagen, daß bei ihm alles von außen kommen mußte?
SEMPRONIUS Genau das. Er hätte nie etwas gefühlt, hätte er nicht in seiner Kindheit Eltern gehabt, und als Erwachsener eine Frau und Kinder, für die er etwas fühlen konnte. Er hätte nie etwas gewußt, wäre er nicht in der Schule unterrichtet worden. Er konnte mit sich selbst nichts anfangen: er mußte Berge von Geld an andere Leute geben, damit sie ihn mit allen möglichen gräßlichen Spielen und Schaustellungen unterhielten, vor denen ich in ein Kloster geflüchtet wäre. Verstehen Sie, bei ihm war alles programmiert: er ging jeden Winter an die Riviera, so wie er jeden Sonntag in die Kirche ging.

PAMPHILIUS Übrigens, lebt er noch? Ich würde ihn gern kennenlernen.
SEMPRONIUS Nein, er ist 1962 gestorben: an Einsamkeit.
PAMPHILIUS Wie soll ich das verstehen? An Einsamkeit?
SEMPRONIUS Er konnte es nicht ertragen, auch nur einen Augenblick allein zu sein: das bedeutete für ihn den Tod. Es mußte immer jemand um ihn sein.
PAMPHILIUS Hören Sie, das war doch sehr menschenfreundlich. Das beweist, daß er doch ein Innenleben hatte.
SEMPRONIUS Eben nicht. Er sprach nie mit seinen Freunden. Er spielte Karten mit ihnen. Sie tauschten nie einen Gedanken aus.
PAMPHILIUS Er muß ein verrückter Vogel gewesen sein.
SEMPRONIUS Nicht verrückt genug, um aufzufallen. Es gibt Millionen wie ihn.
PAMPHILIUS Und er ist an Einsamkeit gestorben? Saß er im Gefängnis?
SEMPRONIUS Nein. Nein. Seine Yacht lief irgendwo an der schottischen Nordküste auf ein Riff und sank. Es gelang ihm, schwimmend eine unbewohnte Insel zu erreichen. Alle anderen ertranken, und es dauerte drei Wochen, bis er gefunden wurde. Als sie ihn fanden, hatte er den Verstand verloren und war melancholisch geworden, der arme alte Kerl, und davon hat er sich nicht wieder erholt. Einfach, weil er niemanden hatte, mit dem er Karten spielen, und weil keine Kirche da war, in die er gehen konnte.
PAMPHILIUS Mein lieber Sem: auf einer unbewohnten Insel ist man nicht allein. Meine Mutter hob mich immer auf den Tisch und ließ mich ein Gedicht darüber aufsagen. *Er deklamiert:*
Auf Klippen sitzen, lauschen der Gezeiten Stimme
Verhalt'nen Schritts in tiefer Wälder Schatten einzudringen
Auf Dinge treffen – – keinem Menschen untertan
Nie oder kaum von einem Sterblichen berührt
In unwegsam' Gebirg hinaufzuklettern, von keinem Auge je erblickt
Auf wilde Herden stoßen, die noch nie gesträhnt
Allein sich über Hänge lehnen und schäumendem Gewässer lauschen
Das ist nicht Einsamkeit – – s'ist Zwiesprach' halten

Mit der Schönheit der Natur und Aug' in Auge stehen mit ihrer Fülle.

SEMPRONIUS Damit haben Sie genau getroffen, was an meinem Vater komisch war. All das mit den einsamen Wäldern und das andere – was man so Natur nennt – existierte nicht für ihn. Das, was ihn berührte, mußte künstlich sein. Natur bedeutete für ihn Nacktheit. Und Nacktheit war etwas Widerwärtiges. Für ein Pferd, das auf einer Weide graste, hatte er keinen Blick; aber aufgezäumt und geschmückt und in einem Festzug fand es seine ganze Bewunderung. Genauso war es mit Männern und Frauen: erst in Phantasiegewändern, angemalt und mit Perücken und Titeln versehen, existierten sie für ihn. Für ihn bestanden die Weihe des Priesters in der Schönheit seiner Gewänder, die Schönheit der Frauen im Glitzern ihrer Juwelen und in der Pracht ihrer Kostüme, der Reiz einer Landschaft nicht in ihren Bergen und Bäumen, auch nicht im Rauch, der an den Winterabenden aus dem Schornstein der Bauernhäuser steigt, sondern in ihren Tempeln, Palästen, Landhäusern, Parktoren und den Säulenhallen der Adelssitze. Stellen Sie sich vor, wie fürchterlich diese Insel für ihn sein mußte. Leer, ein Ort, an dem er taub und stumm und blind und einsam war. Wenn wenigstens ein Pfau dort gewesen wäre mit voll erblühtem Schweif, das hätte vielleicht seinen Verstand retten können; aber es gab dort nur Möven, und Möven sind nicht dekorativ. Unser König hätte dort dreißig Jahre leben können, allein mit seinen Gedanken. Sie, Pam, hätten sich mit einer Angelrute, einem Golfball und einem Sack mit Schlägern ganz wohl dort gefühlt. Ich wäre so glücklich wie in einer Gemäldegalerie gewesen, hätte das Morgenrot und den Sonnenuntergang beobachtet, den Wechsel der Jahreszeiten, das unaufhörliche Wunder des Lebens, das sich immer wieder erneuert. Wer kann sich langweilen, wenn es Tümpel zwischen den Klippen gibt, die man erkunden kann? Aber mein Vater, der all das vor der Nase hatte, wurde verrückt, weil es für ihn ein Nichts war.

Man sagt, wo nichts ist, da hat der König sein Recht verloren. Mein Vater machte die Erfahrung, daß, wo nichts ist, ein Mensch den Verstand verliert und stirbt.

PAMPHILIUS Lassen Sie mich noch hinzufügen, daß in diesem Schloß, wenn die Post des Königs nicht um zwölf Uhr für ihn bereit liegt, ein Sekretär seine Stellung verliert.

SEMPRONIUS *nimmt hastig seine Arbeit wieder auf:* Ja, der Teufel soll Sie holen: warum haben Sie mich zum Schwätzen verführt, ehe ich mit der Arbeit fertig war. Sie brauchen ja nur so zu tun, als läsen Sie die Zeitungen für ihn; und wenn Sie sagen: »Nichts Besonderes heute morgen, Majestät«, dann sagt er nur: »Gott sei Dank!« Aber wenn mir nur ein Zettel von einer seiner Tanten durchginge, die sich zum Tee einlädt, oder ein Briefchen von Orinthia, der Geliebten, mit dem Vermerk: »Streng vertraulich, nur von seiner Majestät zu öffnen«, dann bekäme ich das immer wieder zu hören. Gestern bekam er sechs Liebesbriefe; und als ich es ihm sagte, sagte er nur: »Bringen Sie sie der Königin.« Er glaubt, daß sie sich darüber amüsiert. Ich glaube, sie machen sie genauso krank wie mich.

PAMPHILIUS Gehen Orinthias Briefe auch an die Königin?

SEMPRONIUS Du lieber Himmel, nein. Nicht einmal ich lese Orinthias Briefe. Meine Instruktion lautet, daß ich alle Briefe lesen soll; aber ich vergesse geflissentlich, die ihren zu öffnen. Und ich stelle fest, daß ich für diese Nachlässigkeit nicht gerügt werde.

PAMPHILIUS Ich vermute –

SEMPRONIUS Oh, halten Sie den Mund, Pam. Wenn Sie weiterreden, werde ich niemals fertig.

PAMPHILIUS Ich wollte nur sagen, daß ich vermute –

SEMPRONIUS Etwas über Orinthia? Tun Sie's nicht. Wenn Sie sich Vermutungen über diesen Gegenstand hingeben, werden Sie die Stellung verlieren, alter Junge. Schlucken Sie's also runter.

PAMPHILIUS Schreien Sie nicht, bevor es Orinthia wehtut, mein Junge. Ich wollte nur sagen, ich vermute, Sie wissen, daß dieser Boanerges, diese Großschnauze, jetzt Handelsminister geworden ist, und daß er heute herkommt, um dem König seine Meinung über die Krise zu sagen.

SEMPRONIUS Dem König ist die Krise doch gleichgültig. Seit er regiert, hat es doch alle zwei Monate eine Krise gegeben; aber er hat sie immer alle in den Sack gesteckt. Er wird Boanerges zuerst schreien lassen, daß die Wände wackeln, und ihn dann umdrehen.

Boanerges tritt ein, in einer Russenbluse, eine Schirmmütze auf dem Kopf, die er aufbehält. Er ist fünfzig, untersetzt und auf eine aggressive Weise selbstbewußt.

BOANERGES Hören Sie mal. Der König ist mit mir auf viertel vor zwölf verabredet. Wie lange soll ich denn noch warten?

SEMPRONIUS *mit munterer Höflichkeit:* Guten Morgen, Mr. Boanerges, wie ich annehme.

BOANERGES *kurz angebunden, aber ein wenig eingeschüchtert:* Oh, guten Morgen. Wie man sagt, ist die Höflichkeit die Pünktlichkeit der Könige –

SEMPRONIUS Anders herum, Mr. Boanerges. Pünktlichkeit ist die Höflichkeit der Könige; und König Magnus ist in dieser Hinsicht vorbildlich.

Ihre Ankunft ist bestimmt seiner Majestät nicht gemeldet worden. Ich werde mich drum kümmern. *Er eilt hinaus.*

PAMPHILIUS Setzen Sie sich, Mr. Boanerges.

BOANERGES *setzt sich an den Schreibtisch von Pamphilius:* Sie haben ja da eine nette Bande von jungen Schnöseln hier im Palast, Mr. –?

PAMPHILIUS Mein Name ist Pamphilius.

BOANERGES Oh ja, ich habe von Ihnen gehört. Sie sind einer von den Geheimsekretären des Königs.

PAMPHILIUS Das stimmt. Und was haben unsere jungen Schnösel Ihnen getan, Mr. Boanerges?

BOANERGES Nun, ich habe einem von ihnen gesagt, er solle dem König sagen, daß ich da bin, und er solle sich gefälligst beeilen. Er sah mich an, als wäre ich ein dressierter Elefant, flüsterte was mit einem anderen Windbeutel und machte sich davon. Dann kommt dieser andere Kerl zu mir und tut so, als wüßte er nicht, wer ich bin, und fragt mich, ob er meinen Namen erfahren darf!

»Mein Junge«, sagt' ich, »Wer mich nicht kennt, beweist, daß er selbst eine Null ist. Sie wissen genausogut, wer ich bin, wie ich selber es weiß. Gehen Sie und sagen Sie dem König, daß ich auf ihn warte, verstanden?« Er verzog sich mit nem Floh im Ohr. Ich wartete, bis ich's satt hatte, machte dann die nächste Tür auf und kam herein.

PAMPHILIUS Diese jungen Hunde! Nun, mein Freund Sempronius wird schon alles in Ordnung bringen.

BOANERGES Oh, das war Sempronius. So. Von dem habe ich auch schon gehört.

PAMPHILIUS Sie scheinen schon von uns allen gehört zu haben. Jetzt, wo Sie dem Kabinett angehören, werden Sie bald im Palast ganz zu Hause sein. Darf ich Ihnen übri-

gens zu Ihrer Ernennung gratulieren? – oder vielmehr dem Kabinett zu Ihrem Beitritt gratulieren?
SEMPRONIUS *kommt zurück:* Der König. *Er geht an seinen Tisch und nimmt den Besucherstuhl in die Hand, bereit, ihn nach Anweisung des Königs zu plazieren.*
Pamphilius steht auf. Boanerges dreht sich in seinem Stuhl der Tür zu, ohne aufzustehen. König Magnus, ein ziemlich großer Herr Mitte vierzig, der einen gebildeten Eindruck macht, tritt ein, kommt schnell durch die Mitte des Zimmers auf Boanerges zu und streckt ihm herzlich die Hand hin.
MAGNUS Willkommen in meinem kleinen Palast, Mr. Boanerges. Wollen Sie sich nicht setzen?
BOANERGES Ich sitze ja schon.
MAGNUS Stimmt, Mr. Boanerges. Ich hatte es nicht bemerkt. Verzeihen Sie: Macht der Gewohnheit. *Er bedeutet Sempronius, daß er neben Boanerges, zu dessen Rechten, sitzen will.*
Sempronius stellt den Stuhl an die gewünschte Stelle.
MAGNUS Darf ich mich setzen?
BOANERGES Oh, setzen Sie sich, Mann, setzen Sie sich. Sie sind in Ihrem eigenen Haus. Mit Zeremonien können Sie mich nicht weich kriegen.
MAGNUS *dankbar:* Ich danke Ihnen.
Der König setzt sich. Sempronius geht an seinen Schreibtisch zurück und setzt sich.
MAGNUS Ich freue mich sehr, Sie endlich kennenzulernen, Mr. Boanerges. Ich habe Ihre Laufbahn mit Interesse verfolgt, seit Sie in Northhampton vor fünfundzwanzig Jahren zum erstenmal kandidierten.
BOANERGES *erfreut und leichtgläubig:* Das kann ich mir denken, König Magnus. Ich habe Sie wohl das eine oder andere Mal hochgescheucht wie?
MAGNUS *lächelnd:* Ihre Stimme hat den Thron mehr als das eine oder andere Mal erschüttert.
BOANERGES *weist mit einer Kopfbewegung auf die beiden Sekretäre:* Was ist mit den beiden? Sollen die alles, was gesprochen wird mithören?
MAGNUS Es sind meine Geheimsekretäre. Fühlen Sie sich durch sie belästigt?
BOANERGES Oh nein, ich fühle mich nicht belästigt. Ich bin bereit, unser Gespräch auf dem Trafalgar Square zu führen oder auch im Rundfunk.

MAGNUS Das wäre ein Vergnügen für mein Volk, Mr. Boanerges. Schade, daß wir das nicht arrangiert haben.
BOANERGES *richtet sich in furchterregender Weise auf:* Ja; aber sind Sie sich klar darüber, daß ich Ihnen Dinge sagen werde, die noch nie zuvor einem König gesagt worden sind?
MAGNUS Da freue ich mich aber sehr, Mr. Boanerges. Ich dachte schon, ich hätte alles gehört, was man möglicherweise einem König sagen kann. Ich bin für die geringste Abwechslung dankbar.
BOANERGES Ich warne Sie, es wird nicht angenehm sein. Ich bin ein einfacher Mann, Magnus, ich mache nicht viel daher.
MAGNUS Aber keineswegs, ich versichere Ihnen –
BOANERGES *gekränkt:* Meine äußere Erscheinung habe ich damit nicht gemeint.
MAGNUS *ernst:* Ich auch nicht. Täuschen Sie sich nicht, Mr. Boanerges, Sie sind alles andere als einfach. Für mich waren Sie immer ein Rätsel.
BOANERGES *überrascht und äußerst geschmeichelt; er kann nicht anders als vor Vergnügen zu lächeln:* Nun, vielleicht bin ich wirklich ein wenig ein Rätsel. Vielleicht.
MAGNUS *bescheiden:* Ich wünschte, ich könnte Sie durchschauen, Mr. Boanerges. Aber ich besitze nicht die gleiche Art von Klugheit wie Sie. Ich kann Sie nur bitten, offen mit mir zu sein.
BOANERGES *der jetzt überzeugt ist, daß er die Oberhand hat:* Sie meinen wegen der Krise. Nun, um offen zu sein, dazu bin ich hergekommen. Und das erste, was ich Ihnen offen heraus sage, ist, daß dies Land nicht von Ihnen regiert werden darf, sondern von Ihren Ministern.
MAGNUS Ich werde Ihnen nur zu dankbar sein, wenn Sie mir diese schwierige und undankbare Aufgabe aus der Hand nehmen.
BOANERGES Aber Sie haben sie gar nicht in der Hand. Sie liegt in den Händen Ihrer Minister. Sie sind nur ein konstitutioneller Monarch. Wissen Sie, wie man das in Belgien nennt?
MAGNUS Ich glaube, einen Bürostempel. Habe ich recht?
BOANERGES Sie haben recht, König Magnus. Ein Bürostempel. Genau das haben Sie zu sein. Vergessen Sie das nur nicht.

MAGNUS Ja, das sind wir die meiste Zeit. Wir beide.
BOANERGES *wütend:* Was wollen Sie damit sagen? Wir beide?
MAGNUS Man bringt uns Papiere. Wir unterschreiben. Glücklicherweise haben Sie keine Zeit, sie zu lesen. Aber von mir erwartet man, daß ich alles lese. Ich bin nicht immer einverstanden, aber ich muß unterschreiben. Es bleibt mir gar nichts anderes übrig. Zum Beispiel: die Todesurteile. Ich muß nicht nur Todesurteile von Menschen unterschreiben, die meiner Meinung nach nicht umgebracht werden sollten; ich darf nicht einmal Todesurteile für einen ganzen Haufen von Leuten ausstellen, von denen ich meine, daß sie umgebracht werden sollten.
BOANERGES *sarkastisch:* Sie würden gern sagen können; »Runter mit dem Kopf«, nicht wahr?
MAGNUS Viele Leute würden ihren Kopf kaum vermissen, es ist so wenig darin. Indessen, töten ist eine ernste Sache: jedenfalls ist derjenige, der ungebracht werden soll, eingebildet genug, das zu glauben. Ich glaube, wenn es sich darum handelte, daß ich umgebracht werden soll –
BOANERGES *grimmig:* Dazu könnte es eines Tages kommen. Ich habe darüber reden hören.
MAGNUS Natürlich. Ich habe den Kopf von König Charles nicht vergessen. Nun, ich hoffe, diese Frage wird von einem lebendigen Menschen entschieden und nicht von einem Bürostempel.
BOANERGES Sie wird vom Innenminister, Ihrem rechtmäßig eingesetzten demokratischen Minister entschieden werden.
MAGNUS Und das ist auch so ein Bürostempel, wie?
BOANERGES Im Augenblick vielleicht. Aber nicht, wenn ich Innenminister bin, zum Teufel nochmal. Niemand wird Bill Boanerges zu einem Bürostempel machen; lassen Sie sich das gesagt sein.
MAGNUS Natürlich nicht. Ist es nicht seltsam, wie die Menschen ihre Herrscher idealisieren? In der alten Zeit war der König – der arme Mann – ein Gott, er wurde tatsächlich Gott genannt und als unfehlbar und allwissend angebetet. Das war ungeheuerlich –
BOANERGES Es war blöd, einfach blöd.
MAGNUS Aber es war nicht halb so blöd wie unsere Behauptung, er sei ein Bürostempel. Der Kaiser-Gott der antiken

Römer besaß weder unendliche Weisheit noch unendliches Wissen oder unendliche Macht; aber etwas besaß er vielleicht in dem gleichen Maße wie seine Minister. Er war lebendig, nicht tot. Welcher Mensch ist jemals an einen König oder einen Minister herangetreten, hat ihn einfach vom Tisch nehmen und benutzen können, so wie man einen Gegenstand aus Holz, Messing und Gummi benutzt. Die Beamten in Ihrem Ministerium, die nicht mit jeder Regierung wechseln, werden versuchen, Sie vom Tisch zu nehmen und in eben dieser Weise zu benutzen. In neunzehn von zwanzig Fällen werden Sie sie gewähren lassen müssen, denn Sie können nicht alles wissen, und selbst wenn Sie alles wüßten, könnten Sie nicht alles tun und überall sein. Aber wie ist es im zwanzigsten Fall?

BOANERGES Beim zwanzigsten Mal werden sie feststellen, daß sie es mit Bill Boanerges zu tun haben. Das wollten Sie doch sagen?

MAGNUS Genau. Die Bürostempel-Theorie haut nicht hin, Mr. Boanerges. Mit der Göttlichkeits-Theorie kam man zurecht, weil in uns allen ein göttlicher Funke lebt, und der dümmste und schlechteste Monarch oder Minister ist, wenn auch nicht ganz ein Gott, so doch ein Stückchen von einem Gott – ein Gott-Versuch – wie klein dies Stückchen auch sein mag und wie unvollkommen der Versuch. Aber die Bürostempel-Theorie bricht in jeder wirklichen Notlage zusammen, denn kein König und kein Minister ist auch nur zum geringsten Teil ein Stempel; er ist eine lebendige Seele.

BOANERGES Eine Seele, so? Ihr Könige glaubt wahrscheinlich noch daran.

MAGNUS Ich finde das Wort angemessen, es ist kurz und vertraut. Aber wenn Sie etwas dagegen haben, eine Seele genannt zu werden, so wollen wir sagen, daß Sie belebte Materie sind im Gegensatz zur unbelebten.

BOANERGES *dem das auch nicht ganz gefällt:* Also, wenn Sie mich unbedingt irgendwie nennen müssen, so wäre es mir schon lieber, Sie nennen mich eine Seele. Ich weiß, daß ich zuviel Materie an mir habe; der Doktor sagt mir, ich müßte fünf oder zehn Kilo verlieren; aber es ist mehr an mir dran als nur Fleisch. Nennen Sie es meinetwegen Seele, nur nicht in einem abergläubischen Sinn – Sie wissen schon, was ich meine.

MAGNUS Ich weiß es genau. Sie sehen also, Mr. Boanerges, obwohl wir noch keine zehn Minuten miteinander zu tun haben, haben Sie mich schon in eine intellektuelle Diskussion verwickelt, welche beweist, daß wir mehr sind als nur ein paar Bürostempel. Sie haben es mit meinem Verstand zu tun, wie auch immer der sein mag.
BOANERGES Und Sie mit meinem.
MAGNUS *galant:* Daran kein kann Zweifel bestehen.
BOANERGES *grinsend:* Wie auch immer der sein mag, nicht wahr?
MAGNUS Es steht mir höchstens an, über mich selbst so zu urteilen. Übrigens haben Sie Beweise dafür geliefert. Kein gewöhnlicher Mensch hätte eine solche Karriere machen können. Was mich betrifft, so bin ich König, weil ich der Neffe meines Onkels war und weil meine beiden älteren Brüder starben. Wäre ich der dümmste Mensch im Lande gewesen, so wäre ich doch König. Ich habe meine Stellung nicht meinen Verdiensten zu verdanken. Wenn ich wie Sie geboren wäre, in der – in der ...
BOANERGES In der Gosse. Sagen Sie's ruhig. Von einem Polizisten am Fuß von Kapitän Corams Denkmal aufgelesen. Adoptiert von der Großmutter des Polizisten, Gott hab sie selig!
MAGNUS Wo wäre ich jetzt, wenn der Polizist mich aufgelesen hätte?
BOANERGES Ja, wo wohl? Ich will durchaus nicht sagen, daß Sie es nicht auch zu etwas gebracht hätten. Sie sind kein Dummkopf, Magnus: das muß ich sagen.
MAGNUS Sie schmeicheln mir.
BOANERGES Einem König schmeicheln? Niemals. Das tut Bill Boanerges nicht.
MAGNUS Doch, doch. Jeder schmeichelt dem König. Aber nicht jeder hat Ihren Takt, und – darf ich das sagen? – Ihre Gutmütigkeit.
BOANERGES *selbstzufrieden strahlend:* Vielleicht. Und doch bin ich, wie Sie wissen, ein Republikaner.
MAGNUS Das hat mich immer überrascht. Glauben Sie wirklich, daß ein Mensch soviel persönliche Macht haben sollte wie die Präsidenten der republikanischen Staaten? Ehrgeizige Könige beneiden sie darum.
BOANERGES Was soll das heißen? Das verstehe ich nicht ganz.

MAGNUS *lächelnd:* Sie können mich nicht hinters Licht führen, Mr. Boanerges. Ich weiß, warum Sie Republikaner sind. Wenn das englische Volk mich wegjagte und eine Republik gründete, so hätte niemand als Sie eine bessere Chance, der erste britische Präsident zu werden.

BOANERGES *beinahe errötend:* Oh, das möchte ich doch nicht behaupten.

MAGNUS Na, hören Sie! Das wissen Sie so gut wie ich. Also, wenn das geschieht, werden Sie zehnmal soviel Macht haben, wie ich je gehabt habe.

BOANERGES *nicht ganz überzeugt:* Wie könnte das sein. Sie sind doch König.

MAGNUS Und was ist ein König? Ein Idol, das von einer Gruppe von Plutokraten aufgerichtet wird, damit sie das Land beherrschen und gleichzeitig den König als Sündenbock und Marionette benutzen können. Präsidenten dagegen werden vom Volk gewählt, das immer nach dem starken Mann verlangt, der es vor den Reichen schützt.

BOANERGES Da ich selber so etwas wie ein starker Mann bin, muß ich sagen, daß etwas daran sein mag. Aber ehrlich, Magnus, von Mann zu Mann, wollen Sie behaupten, Sie wären lieber Präsident . . .

MAGNUS Ganz sicher nicht. Wenn ich das behauptete, würden Sie mir nicht glauben, und da hätten Sie ganz recht. Sehen Sie, meine Sicherheit ist sehr bequem.

BOANERGES Sicherheit? Wieso? Sie haben doch eben zugegeben, daß sogar ein so bescheidenes Individuum wie ich Ihren Thron ein paar Mal erschüttert hat.

MAGNUS Das ist wahr. Sie haben recht, mich daran zu erinnern. Ich weiß, daß es jeden Augenblick mit der Monarchie zu Ende sein kann. Aber solange die Monarchie besteht – während sie besteht, wohl verstanden – bin ich ganz sicher. Die schreckliche und demoralisierende Plakkerei des Wahlkampfes bleibt mir erspart. Ich brauche den Wählern nicht zu schmeicheln. Minister kommen und Minister gehen, aber ich bleibe. Wie schrecklich heikel Ihre Position ist

BOANERGES Was soll das heißen? Wieso ist meine Position heikel?

MAGNUS Sie können die Wahl verlieren. Ihr Sitz im Parlament ist ein Gewerkschaftssitz. Wenn nun die Wasser- und Elektrizitätsgewerkschaft Sie fallen läßt, was geschieht dann mit Ihnen?

BOANERGES *zuversichtlich:* Sie lassen mich nicht fallen. Sie kennen die Arbeiter nicht, Magnus; Sie sind nie Arbeiter gewesen.

MAGNUS *hebt die Augenbrauen.*

BOANERGES *fährt fort:* Kein König auf Erden ist so sicher in seinem Amt wie ein Gewerkschaftsfunktionär. Es gibt nur eins, weswegen er rausfliegen kann; und das ist der Suff. Und nicht einmal das, solange er nicht buchstäblich unter den Tisch fällt. Ich erkläre diesen Männern und Frauen die Demokratie. Ich sage ihnen, daß sie wählen müssen, und daß ihnen das Reich und die Macht und die Herrlichkeit gehört. Ich sage ihnen: »Ihr seid der Souverän: übt eure Macht aus.« Sie sagen: »Das ist wahr. Sag uns, was wir tun sollen«, und ich sage es ihnen. Ich sage ihnen: »Übt euer Wahlrecht mit Verstand aus, indem ihr mich wählt.« Und sie tun es. Das ist Demokratie; und sie ist ein ausgezeichnetes Mittel, den rechten Mann an die rechte Stelle zu setzen.

MAGNUS Ausgezeichnet! Ich habe es nie besser beschrieben gehört. Sie sind ohne Zweifel ein kluger Kopf, Mr. Boanerges. Sie sollten einen Essay über Demokratie schreiben. Aber –

BOANERGES Aber was?

MAGNUS Stellen Sie sich vor, es kommt einer daher, der schreit lauter als Sie. Ein Verrückter. Ein Windbeutel. Ein geschickter Emporkömmling, ein Bauernfänger!

BOANERGES Sie meinen Ike Jacobus? Das ist doch nur ein Schwätzer. *Schnippt mit den Fingern:* Für den gebe ich nicht so viel.

MAGNUS Ich habe von Mr. Jacobus noch nie gehört. Aber warum sagen Sie »nur ein Schwätzer«. Schwätzer sind gefährliche Rivalen im Kampf um die Gunst der Massen. Die Menge hört auf Geschwätz. Arbeit versteht sie nicht. Ich meine gedankliche Arbeit wie Ihre und meine.

BOANERGES Das ist wahr. Aber ich kann Ike in Grund und Boden reden.

MAGNUS Sie glücklicher Mann. Sie haben alle Trümpfe in der Hand. Aber ich, der ich nicht über Ihre Gaben verfüge, bin froh, daß Ike mich nicht stürzen kann, solange ich der Neffe meines Onkels bin.

Eine junge Dame, zum Ausgehen gekleidet, stürzt unge-

stüm herein.
DIE JUNGE DAME Papa, ich kann die Adresse nicht finden –
MAGNUS *fällt ihr ins Wort:* Nein, nein, nein, liebes Kind, nicht jetzt. Geh. Siehst Du nicht, daß ich mit dem Herrn Handelsminister spreche. Bitte entschuldigen Sie die Ungezogenheit meiner Tochter, Mr. Boanerges. Darf ich sie Ihnen vorstellen? Alice, meine älteste Tochter. Mr. Boanerges, liebes Kind.
ALICE Oh, Sie sind der berühmte Mr. Boanerges?
BOANERGES *erhebt sich, glühend vor Freude:* Nun wissen Sie, ich selber würde mich nicht so nennen. Aber ich glaube, man kann wohl sagen, daß dieser Ausdruck gebraucht wird. Ich freue mich außerordentlich die Bekanntschaft der Kronprinzessin zu machen.
Sie schütteln sich die Hand.
ALICE Warum tragen Sie so schreckliche Kleider, Mr. Boanerges?
MAGNUS *tadelnd:* Aber Kind –
ALICE *fährt fort:* Ich könnte so nicht mit Ihnen ausgehen. *deutet auf die Russenbluse.*
BOANERGES Die Uniform der Arbeit, königliche Hoheit. Ich bin stolz darauf.
ALICE Oh ja, ich weiß das alles, Mr. Boanerges. Aber wissen Sie, sie wirkt an Ihnen nicht echt. Das sieht doch jeder auf den ersten Blick, daß Sie von Natur zur herrschenden Klasse gehören.
BOANERGES *betroffen von dieser Ansicht:* Vielleicht stimmt das sogar irgendwie. Aber ich habe mein Brot mit meiner Hände Arbeit verdient. Allerdings nicht als Fabrikarbeiter. Ich bin gelernter Mechaniker, oder war es, bis mein Land mich in die Regierung berief.
MAGNUS *zu Alice:* Also Kind, Du hast ein sehr interessantes und für mich sehr lehrreiches Gespräch unterbrochen. Es hat keinen Sinn, daß wir versuchen, es fortzusetzen, Mr. Boanerges: ich muß das suchen, was meine Tochter braucht, obwohl ich den starken Verdacht habe, daß sie nur hereingekommen ist, um meinen wunderbaren neuen Minister zu sehen. Wir werden uns ja bald wiedersehen: Sie wissen, daß der Premierminister heute mit einigen seiner Kollegen zu mir kommt – wie ich hoffe, sind Sie dabei – um über die Krise zu sprechen.
Er nimmt Alices Arm und geht auf die Tür zu: Sie

entschuldigen uns doch, nicht wahr?
BOANERGES *gnädig:* Aber sicher, selbstverständlich.
Der König und die Prinzessin gehen, offensichtlich höchst zufrieden, hinaus.
BOANERGES *zu Sempronius und Pamphilius gleichzeitig:* Also, Sie können sagen, was Sie wollen, der König ist kein Dummkopf. Besonders wenn man weiß, wie man ihn behandeln muß.
PAMPHILIUS Natürlich, genau darauf kommt es an.
BOANERGES Und das Mädchen ist nicht verzogen. Ich habe mich sehr gefreut, das festzustellen. Sie scheint sich gar nichts darauf einzubilden, daß sie die Kronprinzessin ist, nicht wahr?
SEMPRONIUS Nun, sie würde es sich nie einfallen lassen, sich Ihnen gegenüber hochmütig zu benehmen.
BOANERGES Wie? Ist sie nicht immer so?
SEMPRONIUS Oh nein. Es wird nicht jeder so empfangen wie Sie. Ich hoffe, Ihr Antrittsbesuch hat Ihnen Spaß gemacht.
BOANERGES Nun, ich habe Magnus ganz gut geschafft, meinen Sie nicht auch?
SEMPRONIUS Er war zufrieden. Sie haben die richtige Art, Herr Minister.
BOANERGES Vielleicht haben Sie recht, vielleicht.
Ein Schwarm von fünf Ministern in prächtigen Diplomatenuniformen kommt herein. Proteus, der Premierminister, hat zu seiner Linken den Schatzkanzler Bliny, einen heiteren und verbindlichen Mann, und den verschlagenen und strengen Außenminister Nicobar. Zu seiner Rechten den Kolonialminister Crassus, einen ältlichen und nervösen Mann, und den ungehobelten und gedankenlosen Innenminister Balbus.
BALBUS Junge, Junge. Seht euch Bill an. *Zu Boanerges:* Geh nach Hause Mensch, und zieh dich anständig an.
NICOBAR Wo glaubst du, daß du hier bist?
CRASSUS Für wen hältst du dich eigentlich?
PLINY *faßt die Bluse an:* Wo hast du die denn her, Bill?
BOANERGES *wendet sich wie ein gereizter Bär gegen sie:* Also, wenn es darauf ankommt, für wen haltet ihr euch, alle wie ihr so seid.
PROTEUS *begütigend:* Laß sie doch, Bill: sie sind nur neidisch, weil sie selber nicht auf die Idee gekommen sind. Wie bist du mit dem König zurechtgekommen?

BOANERGES Ganz prima, Joe. Überlaßt den König nur mir. Ich weiß, wie ich ihn behandeln muß. Wäre ich während der letzten drei Monate im Kabinett gewesen, dann hätte es keine Krise gegeben.
NICOBAR Er hat dich wohl durch die Mangel gedreht?
BOANERGES Was soll das heißen: durch die Mangel gedreht? Sind wir hier in einer Polizeiwache?
PLINY Der dritte Grad ist in diesem Palast nicht unbekannt, mein Junge. *Zu Pamphilius:* Hat die Alte mitgemischt?
PAMPHILIUS Nein. Aber Prinzessin Alice ist zufällig dazugekommen. Der Minister hat großen Eindruck auf sie gemacht.
Sie lachen alle schallend über Boanerges.
BOANERGES Verdammt, worüber lacht ihr eigentlich?
PROTEUS Achte nicht auf sie, Bill. Sie amüsieren sich nur ein bißchen auf deine Kosten, weil du ein Neuling bist. Kommt Jungens, jetzt ist's genug; wir wollen an die Arbeit gehen.
Er nimmt den Stuhl, auf dem zuvor der König gesessen hat. Sempronius und Pamphilius stehen sofort geschäftig auf und gehen mit einem Teil ihrer Papiere hinaus. Pliny setzt sich auf den Stuhl von Boanerges, Balbus auf den von Sempronius, Boanerges auf den von Pamphilius, Nicobar und Crassus holen sich die Stühle von der Wand und setzen sich ans Ende der Schreibtische rechts und links vom Premierminister.
PROTEUS Also: als erstes; seid ihr Burschen euch völlig klar darüber, daß dieses Land, obwohl wir bei den letzten Wahlen alle anderen Parteien vernichtet haben und seit drei Jahren an der Macht sind, während der ganzen Zeit vom König regiert worden ist?
NICOBAR Ich sehe das nicht so. Wir –
PROTEUS *ungeduldig:* Also, wenn du das nicht siehst, dann tritt um Himmelswillen entweder zurück und mach Platz für Männer, die die Tatsachen erkennen und ihnen ins Auge sehen können, oder übernimm meinen Posten und führe selber die Partei.
NICOBAR Das Schlimme an dir ist, daß du nicht einsehen kannst, daß du zwar der Premierminister aber nicht Gott der Allmächtige bist. Der König kann nur das tun, was wir ihm zu tun empfehlen. Wie kann er das Land regieren, wenn wir alle Macht besitzen und er keine?

BOANERGES Du redest Unsinn, Nick. Diese Gummistempel-Theorie stimmt nicht. Wer ist je zu einem König oder einem Minister hingetreten und hat ihn vom Tisch nehmen und benutzen können, so wie man einen Gegenstand aus Holz, Messing und Gummi benutzt? Der König ist ein lebendiger Mensch; und du mit deiner verdammten Empfehlung bist auch nichts anderes.

PLINY Heh, Bill! Bei dir hat jemand eine Gehirnwäsche vorgenommen.

BOANERGES Was heißt das? Hab ich das denn nicht immer gesagt?

PROTEUS *dessen Nerven sehr gespannt sind:* Oh, wollt ihr wohl aufhören euch zu zanken. Was sollen wir dem König sagen, wenn er kommt. Wenn ihr nur zusammen haltet und alle das gleiche sagt – oder es mich sagen laßt – dann muß er nachgeben. Aber er ist ein listiger Teufel. Der hat für jeden von euch eine Nadel, die er euch in den Arsch steckt. Wenn ihr alle anfangt zu streiten und zu schimpfen und zu schreien, und das ist genau das, was er will, dann wird er am Ende wie gewöhnlich seinen Willen bekommen, denn einer, der weiß, was er will, kann jederzeit zehn besiegen, die das nicht wissen.

PLINY Nur ruhig, Premierminister, du bist überarbeitet.

PROTEUS Es ist aber auch zum Verrücktwerden. Ich bitte um Verzeihung.

PLINY *wechselt das Thema:* Wo ist Mandy?

NICOBAR und Lizzy?

PROTEUS Verspätet wie immer. Los, an die Arbeit, an die Arbeit.

BOANERGES *donnernd:* Zur Ordnung, zur Ordnung!

PROTEUS Der König beeinflußt die Presse gegen uns. Der König hält Reden. Er hat es auf die Spitze getrieben. Gestern sagte er bei einer Eröffnung des neuen Gebäudes der Handelskammer, das Veto des Königs sei der einzig verbliebene Schutz des Volkes gegen eine korrupte Gesetzgebung.

BOANERGES Das stimmt doch, zum Kuckuck. Was für einen anderen Schutz gibt es denn? Demokratie? Pah! Wir wissen doch, was die Demokratie wert ist. Was wir brauchen ist ein starker Mann!

NICOBAR *höhnisch:* Dich, zum Beispiel.

BOANERGES Wenn wir eine Republik wären und das Volk

wählen könnte, so hätte ich eine bessere Chance als du, mein Junge. Und laß dir sagen, daß der Präsident einer Republik mehr Macht hat als ein König, denn das Volk weiß, daß es einen starken Mann braucht, der es vor den Reichen schützt.

PROTEUS *läßt sich voller Verzweiflung gegen die Lehne fallen:* Das ist eine nette Bescherung. Zwei Labour-Zeitungen haben heute morgen Leitartikel, die den König verteidigen, und die letzte Neuerwerbung des Kabinetts hier ist ein Mann des Königs. Ich trete zurück.

Allgemeine Bestürzung außer bei Nicobar, der eine muntere Unbekümmertheit zeigt, und bei Boanerges, der eine stählerne Miene aufsetzt.

PLINY Nein, tu das nicht, Joe.
BALBUS Was? Jetzt? Das kannst du nicht! Das darfst du nicht!
CRASSUS Natürlich nicht. Das kommt nicht in Frage!

PROTEUS Es hat keinen Zweck. Ich sage euch, ich trete zurück. Ihr könnt euch alle zum Teufel scheren. Ich habe bei dem Versuch, das Kabinett angesichts des listigsten Feindes, den eine Volksregierung je gehabt hat, zusammenzuhalten, meine Gesundheit eingebüßt, und beinahe auch meinen Verstand. Ich habe genug davon. *Setzt sich wieder:* Ich trete zurück.

CRASSUS Aber doch nicht in einem solchen Augenblick. Wir dürfen beim Überqueren des Stromes nicht die Pferde wechseln.

NICOBAR Warum nicht, wenn das Pferd, auf dem man sitzt, hysterisch wird.

BOANERGES Und wenn man außerdem mehr als ein Pferd zur Verfügung hat.

PROTEUS Ihr habt recht. Vollkommen recht. Nimm meinen Job, Nick. Du kannst ihn auch haben, Bill. Hoffentlich habt ihr Freude dran.

PLINY Aber Jungens, Jungens, seid doch vernünftig. Wir können kein neues Kabinett aufstellen, bevor Magnus hereinkommt. Du hast etwas im Sack, Joe. Heraus damit. Lies es ihnen vor.

PROTEUS *zieht ein Papier aus seiner Tasche:* Was ich vorschlagen wollte – und ihr könnt es annehmen oder ablehnen – ist ein Ultimatum.

CRASSUS Gut.

PROTEUS Entweder er unterschreibt es, oder – *Er macht eine bedeutungsvolle Pause.*
NICOBAR Oder was?
PROTEUS *angewidert:* Du machst mich krank.
NICOBAR Du bist schon krank, das hast du selbst gesagt. Ich frage nur: gesetzt der Fall, er lehnt ab, dein Ultimatum zu unterschreiben.
PROTEUS Du nennst dich ein Kabinettsmitglied und kannst das nicht beantworten.
NICOBAR Nein, das kann ich nicht. Ich wiederhole meine Frage. Du sagst, er muß unterschreiben, ODER. Ich frage: oder was?
PROTEUS Oder wir treten zurück und sagen dem Volk, daß wir unter Bedingungen, die unsere Verantwortung aufheben nicht länger die Regierung des Königs sein können.
CRASSUS Ja. Das nagelt ihn fest.
PROTEUS Sind alle einverstanden?
PLINY
CRASSUS } Ja. Ja, Ja. Einverstanden! – verstanden –
BALBUS verstanden.
BOANERGES Ich weiß noch nicht. Laßt uns erst mal das Ultimatum hören.
NICOBAR Ja. wir wollen es hören.
PROTEUS Memorandum der Übereinkunft, die am –
der König tritt ein, mit Amanda, der Ministerin für das Postwesen, einer munteren Dame, wie die Männer in Uniform, und Lysistrata, der Ministerin für Energieversorgung, einer ernsten Dame im akademischen Talar, zu seiner Rechten. Alle erheben sich. Das Gesicht des Premierministers verdüstert sich.
MAGNUS Willkommen, meine Herren. Ich hoffe, ich komme nicht zu früh.
Bemerkt die finstere Miene des Premierministers:
Störe ich?
PROTEUS Ich protestiere. Das ist unerträglich. Ich berufe eine Kabinettskonferenz ein, um unser Verhältnis zur Krone zu klären, und stelle fest, daß sich die beiden Damen des Kabinetts, die Ministerin für das Postwesen und die Ministerin für Energieversorgung, mit Euer Majestät zusammenklucken, statt sich in meine Kabinettsitzung zu begeben.

LYSISTRATA Joe, misch dich nicht in anderer Leute Angelegenheiten.

MAGNUS Aber nein, wirklich, meine liebe Lysistrata, so dürfen Sie die Sache nicht ansehen. Es ist unsere Aufgabe, uns in die Angelegenheiten anderer Leute zu mischen. Ein Premierminister muß sich von Amts wegen einmischen. Und auch ein König. Wir alle.

LYSISTRATA Es heißt, daß jedermanns Sache keines Mannes Sache ist, und das ist das einzige, wozu Joe taugt. *Sie hebt mit kräftigem Griff einen Stuhl von der Wand weg und schwingt ihn an die innere Ecke von Sempronius' Schreibtisch, wo sie stehenbleibt und wartet, bis der König sich gesetzt hat.*

PROTEUS Und das muß ich mir gefallen lassen, wo ich doch am Rande eines Nervenzusammenbruchs stehe. *Er läßt sich verzweifelt in den Stuhl fallen und bedeckt das Gesicht mit den Händen.*

AMANDA *tritt zu ihm und tätschelt ihn* Komm Joe! Mach keine Szene! Weißt du, du bist selber schuld.

NICOBAR Warum mußtest du Lizzie auch so provozieren? Du weißt doch, wie temperamentvoll sie ist.

LYSISTRATA Mein Temperament ist ganz in Ordnung. Aber ich lasse mir Joes Blödsinn nicht gefallen; und je eher er das einsieht, um so eher werden wir miteinander auskommen.

BOANERGES Ich protestiere. Ich bitte euch, laßt uns Würde bewahren. Wir sollten Respekt vor uns selbst und Respekt vor dem Thron zeigen. Das Ganze, Joe und Bill und Nick und Lizzie – als hockten wir in 'ner Kneipe zusammen. Der Premierminister ist der Premierminister – und nicht Joe. Die Ministerin für Energieversorgung ist nicht Lizzie; sie heißt Lysis Trata:

LYSISTRATA *die offenbar früher Lehrerin gewesen ist:* Aber nein, Bill. Es heißt Ly Sistrata. Sag lieber Lizzie. Das ist leichter auszusprechen.

BOANERGES *voller Verachtung:* Ly Sistrata! Habt ihr schon mal sowas Affektiertes gehört. Dann könntet ihr mich ebensogut Bo Annerges nennen. *Er läßt sich in seinen Stuhl sinken.*

MAGNUS *begütigend:* Wollen wir uns nicht setzen, meine Damen und Herren?

Boanerges steht hastig auf und setzt sich dann wieder. Der

König setzt sich auf Plinys Stuhl. Lysistrata und die anderen Männer setzen sich wieder. Pliny und Amanda bleiben stehen. Amanda nimmt in jede Hand einen Stuhl und setzt beide nebeneinander zwischen den König und den Schreibtisch des Pamphilius.

AMANDA Hier, Plin. *Sie setzt sich neben den Tisch.*
PLINY Dank dir, Mandy. Verzeihung, ich hätte sagen sollen: Amanda. *Er setzt sich neben den König.*
AMANDA Laß nur, Schatz.
BOANERGES Zur Ordnung!
AMANDA *wirft ihm eine Kußhand zu.*
MAGNUS Herr Premierminister, Sie haben das Wort. Warum haben Sie mir alle gleichzeitig die Freude gemacht, Ihr verfassungsmäßiges Recht auszuüben, das Ihnen Zugang zum Souverän gewährt?
LYSISTRATA Habe ich dieses Recht, Majestät, oder habe ich es nicht?
MAGNUS Sie haben es ohne allen Zweifel.
LYSISTRATA Hörst du das, Joe?
PROTEUS Ich –
BALBUS Oh, um Himmels willen widersprich ihr nicht, Joe. In diesem Tempo kommen wir nicht weiter. Komm zur Krise.
NICOBAR \] *gleichzeitig:* Ja, ja die Krise!
CRASSUS } Ja, ja mach schon!
PLINY   / Die Krise: raus damit!
BALBUS Das Ultimatum. Wir wollen das Ultimatum hören!
MAGNUS Oh, es gibt ein Ultimatum. Aus den gestrigen Abendzeitungen habe ich entnommen, daß es eine Krise gibt – wieder eine Krise. Aber das Ultimatum ist mir neu. *Zu Proteus:* Haben Sie ein Ultimatum?
PROTEUS Majestät, die Anspielung auf das königliche Veto, die Sie gestern in Ihrer Rede gemacht haben, hat die Dinge auf die Spitze getrieben.
MAGNUS Vielleicht war das unfein. Aber Sie alle spielen so ungehemmt auf Ihre eigenen Rechte an – auf den Primat des Parlaments und die Stimme des Volkes usw. – da habe ich, wie ich fürchte, das bißchen Taktgefühl, das ich besaß, verloren. Wenn Sie mit Ihren Donnerkeilen fuchteln dürfen, warum darf ich da nicht meine kleine Knallbüchse von einem Veto schultern und ein bißchen damit auf und ab stolzieren?

NICOBAR Dies ist nicht der Augenblick zum Scherzen.
MAGNUS *unterbricht ihn schnell:* Ich scherze nicht, Mr. Nicobar. Ich versuche lediglich, unsere Differenzen auf eine gelassene Weise zu diskutieren. Möchten Sie, daß ich die Fassung verliere und Szenen mache?
AMANDA Oh, bitte, Majestät. Das besorgt Joe schon ausreichend.
PROTEUS Ich pro –
MAGNUS *legt beruhigend die Hand auf den Arm des Premierministers:* Vorsicht, Herr Premierminister, Vorsicht! Lassen Sie sich nicht von Ihrer listigen Postministerin dazu provozieren, gegen sich selbst Beweise zu liefern. *Alle übrigen lachen.*
PROTEUS *kühl:* Ich danke Euer Majestät für den guten Rat. Die Postministerin hat mir nie vergeben, daß ich sie nicht zur First Lady der Admiralität gemacht habe. Sie hat drei Neffen bei der Marine.
AMANDA Oh, Du – *Sie schluckt das Epitheton herunter und begnügt sich damit, die Faust gegen den Premier zu schütteln.*
MAGNUS T-t-t, friedlich, Amanda, friedlich. Drei vielversprechende Burschen: sie machen Ihnen alle Ehre.
AMANDA Ich habe nie gewollt, daß sie zur See gehen. Ich hätte ihnen bei der Post bessere Stellen verschaffen können.
MAGNUS Sehe ich mich – abgesehen von Amandas Familienangelegenheiten – einem einmütigen Kabinett gegenüber?
PLINY Nein, Majestät. Sie sehen sich einem verzankten Kabinett gegenüber. Aber was die konstitutionelle Frage anbetrifft, stehen wir vereint. Getrennt würden wir fallen.
BALBUS So ist es.
NICOBAR Hört, hört!
MAGNUS Was ist die konstitutionelle Frage? Leugnen Sie das königliche Veto? Oder haben Sie nur etwas dagegen, daß ich meine Untertanen an seine Existenz erinnere?
NICOBAR Wir behaupten folgendes: der König hat kein Recht, seine Untertanen an etwas aus der Verfassung zu erinnern, außer auf Anraten des Premierministers und in Worten, die dieser zuvor gelesen und gebilligt hat.
MAGNUS Welcher Premierminister? Es gibt so viele davon im Kabinett.

BOANERGES Da haben wir's. Das geschieht euch allen recht! Schämt ihr euch nicht? Aber ich bin nicht überrascht, Joseph Proteus. Ich muß sagen, ich hätte gern einen Premierminister, der sich wie ein Premierminister zu benehmen weiß. Warum erlaubst du ihnen, dir jedesmal ins Wort zu fallen!
PROTEUS Wenn seine Majestät sich ein Kabinett aus stummen Hunden wünscht: von meiner Partei wird er es nicht bekommen.
BALBUS Hört, hört! Joe!
MAGNUS Da sei der Himmel vor. Die Vielzahl der Meinungen im Kabinett ist immer sehr instruktiv und interessant. Wer wird heute der Sprecher sein?
PROTEUS Ich weiß, was Eure Majestät von mir denkt, aber lassen Sie –
MAGNUS *bevor er weitersprechen kann:* Lassen Sie es mich ganz offen sagen. Dies ist meine Meinung über Sie: kein Mensch weiß besser als Sie, wann er sprechen und wann er andere für sich sprechen lassen soll; wann er Szenen machen und mit Rücktritt drohen soll und wann er kühl wie eine Hundeschnauze sein muß.
PROTEUS *nicht ganz unangenehm berührt:* Nun, Majestät, ich hoffe ich bin kein solcher Narr, wie manche Narren glauben. Vielleicht bewahre ich nicht immer die Fassung. Sie würden darüber nicht so erstaunt sein, wenn Sie wüßten, wieviel Temperament ich zu zügeln habe. *Er reckt sich und spricht mit eindrucksvoller Beredsamkeit.* In diesem Augenblick ist es meine Absicht, Ihnen nicht meine Stimme, sondern die meines Kabinetts zu zeigen. Das, was Ihnen der Außenminister und der Finanzminister und der Innenminister gesagt haben, stimmt. Wenn wir weiter für Sie regieren sollen, können wir es nicht dulden, daß Sie Reden halten, in denen Sie Ihre Meinung ausdrücken und nicht unsere. Wir können es nicht dulden, daß Sie durchblicken lassen, daß alles, was in unserer Legislaturperiode von Wert ist, auf Ihre Initiative zurückgeht und nicht auf unsere. Wir können es nicht dulden, daß Sie den Leuten sagen, ihr einziger Schutz gegen die politischen Übergriffe der Wirtschaft sei das königliche Vetorecht, während wir nichts täten als herumzupfuschen und uns zu zanken. Das muß aufhören – ein für alle Mal.

BALBUS
NICOBAR } Hört, hört!
PROTEUS Ist das klar?
MAGNUS Viel klarer, als ich es je auszudrücken gewagt habe, Mr. Proteus. Ausgenommen, übrigens, in einem Punkt. Wenn Sie sagen, daß alles das, worüber Sie sich beklagen, ein für alle Mal aufhören muß, wollen Sie dann damit sagen, daß ich in Zukunft Ihnen zustimmen muß, oder Sie mir?
PROTEUS Ich will sagen, wenn Sie nicht einer Meinung mit uns sind, so müssen Sie diese Meinung für sich behalten.
MAGNUS Das würde mir eine schwere Verantwortung aufbürden. Wenn ich sehe, daß Sie die Nation an den Rand eines Abgrundes führen, darf ich die Nation dann nicht warnen?
PROTEUS Es ist unsere Aufgabe die Nation zu warnen, nicht Ihre.
MAGNUS Und wenn Sie nun diese Aufgabe nicht wahrnehmen? Wenn Sie nun die Gefahr nicht sehen? Das ist schon vorgekommen, und es kann wieder vorkommen.
CRASSUS *mit freundlichem Hohn:* Ich glaube, als Demokraten müssen wir von der Annahme ausgehen, daß so etwas nicht geschehen kann.
BOANERGES Quatsch! Es passiert dauernd, wenn nicht jemand den Mumm hat, dazwischen zu schlagen und dem ein Ende zu machen.
CRASSUS Ja, ich weiß. Aber das ist keine Demokratie.
BOANERGES Die Demokratie kann mir ... *Er spricht nicht weiter:* Ich habe dreißig Jahre Erfahrung in Demokratie. Und die meisten von euch auch. Mehr sage ich nicht.
BALBUS Wenn ihr mich fragt: die Löhne sind zu hoch. Jeder kann heute zwischen fünf und zwanzig Pfund in der Woche verdienen, und wenn er keine Arbeit findet, bekommt er eine anständige Unterstützung. Und welcher Engländer wird sich mit Politik beschäftigen, solange er sich ein Auto leisten kann?
NICOBAR Wie viele haben das letzte Mal gewählt? Nicht einmal sieben Prozent der eingetragenen Wähler.
BALBUS Ja, und die sieben Prozent waren nur ein Haufen Narren, die gewettet hatten. Damit die Demokratie funktioniert, so wie Crassus es sich denkt, brauchen wir Armut und Not.

PROTEUS *mit Nachdruck:* Und wir haben Armut und Not abgeschafft. Darum vertrauen die Leute uns auch. *Zum König:* Und das ist der Grund, warum Sie nachgeben müssen. Wir haben den Wohlstand des englischen Volkes, den soliden, mittelständischen Wohlstand.
MAGNUS Nein, wir haben Armut und Not nicht abgeschafft. Die großen Männer unserer Wirtschaft haben sie abgeschafft. Aber wie? Indem sie unser Kapital im Ausland investieren, in Ländern, wo Armut und Not noch existieren, mit anderen Worten, wo Arbeit billig ist. Wir leben behaglich von den importierten Profiten dieses Kapitals. Jetzt sind wir alle Damen und Herren.
NICOBAR Nun, was wollen Sie denn noch mehr?
PLINY Sie mißgönnen uns doch wohl unseren herrlichen Wohlstand nicht, Majestät.
MAGNUS Ich möchte, daß er von Dauer ist.
NICOBAR Warum sollte er nicht von Dauer sein. *Er erhebt sich:* Gestehen Sie die Wahrheit. Sie hätten lieber, daß die Leute arm wären, damit Sie sich als ihr Verteidiger und Retter aufspielen könnten, statt zugeben zu müssen, daß es den Menschen unter unserer Regierung besser geht – unter unserem Gezänk und unserer Pfuscherei, wie Sie es nennen.
MAGNUS Nein, es war der Premierminister, der diese Ausdrücke gebraucht hat.
NICOBAR Winden Sie sich nicht: er hat Sie aus Ihrer Reptilienpresse zitiert. Ich stelle fest, daß wir für hohe Löhne sind, und Sie setzen dauernd die Männer, die diese hohen Löhne zahlen, herab und bekämpfen sie. Nun, die Wähler sind für hohe Löhne. Sie wissen, wann es ihnen gut geht; und sie wissen nicht, worüber Sie murren; und das wird Ihnen jedesmal eine Niederlage bereiten, wenn Sie versuchen, sie gegen uns aufzuwiegeln. *Er setzt sich wieder.*
PLINY Es ist gar nicht nötig, es ihm so unter die Nase zu reiben, Nick. Wir sind doch alle gute Freunde. Niemand hat etwas gegen den Wohlstand.
MAGNUS Sie glauben, dieser Wohlstand wäre sicher?
NICOBAR Ja, sicher!
PLINY Na, hören Sie, Majestät. Ich muß schon sagen!
BALBUS Sicher! Sehen Sie sich meinen Wahlkreis an. Der Nord-Nord-Westen von Birmingham mit seinen vier Quadratmeilen Süßwarenindustrie. Wissen Sie nicht, daß

Birmingham der Weltlieferant für Weihnachtsbonbons ist.
CRASSUS Nehmen Sie nur Gateshead und Middlesborough. Wissen Sie, daß es dort während der letzten fünf Jahre nicht einen Tag Arbeitslosigkeit gegeben hat und daß der tägliche Ausstoß an Pralinen rund zwanzig Tonnen beträgt?
MAGNUS Es ist gewiß tröstlich, daß wir im Fall einer Blockade durch die UN mindestens drei Wochen lang von unseren Pralinen leben könnten.
NICOBAR Sie brauchen sich nicht über die Süßigkeiten lustig zu machen: Wir produzieren auch eine Menge solideres Zeug. Wo finden Sie einen Golfschläger, der sich mit dem englischen messen kann?
BALBUS Denken Sie an das Steingut: das neue königliche Derby, das neue Chelsea! Denken Sie an die gewirkten Tapeten! Die Marke Greenwich Goblin hat das französische Zeug vom Markt gefegt.
CRASSUS Vergessen Sie auch nicht unsere Motor-Rennboote und die Autos, Majestät. Die besten der Welt, und alle individuell entworfen. Keine billige Massenware.
PLINY Und unsere Tierzucht. Gibt es ein Polo-Pony, das dem englischen überlegen wäre?
AMANDA Oder das englische Zimmermädchen? Sie gewinnt in allen internationalen Schönheitswettbewerben.
PLINY Also, Mandy. Hör mal! Laß deinen Unsinn.
MAGNUS Ich bin mir nicht so sicher, ob nicht das britische Zimmermädchen der einzige Pluspunkt in Ihrer Bilanz ist.
AMANDA *triumphierend:* Aha! *Zu Pliny:* Geh nach Haus und leg dich ins Bett und denk darüber nach, alter Mann.
PROTEUS Also, Majestät. Sind Sie davon überzeugt, daß wir das bestbezahlte Proletariat der Welt auf unserer Seite haben?
MAGNUS *ernst:* Ich fürchte die Revolution. *Alle außer den beiden Frauen lachen schallend über diese Bemerkung.*
BOANERGES Da muß ich den anderen zustimmen, Majestät. Ich bin genau wie Sie gegen Pralinen. Ich bekomme immer Magenschmerzen davon. Aber eine Revolution in England!!! Schlagen Sie sich das aus dem Kopf, Majestät. Nicht einmal, wenn Sie öffentlich auf dem Trafalgar Square die Magna Carta in Stücke rissen und die Feuer von Smithfield entzündeten, um jedes einzelne Mitglied des Unterhauses zu verbrennen.

MAGNUS Ich dachte nicht an eine Revolution in England. Ich dachte an die Länder, von deren Tribut wir leben. Stellen Sie sich vor, es fiele ihnen ein, ihn nicht mehr zu zahlen! Das ist schon vorgekommen.
PLINY Oh, nein, Majestät, nein, nein, nein. Was würde aus ihrem Handel mit uns werden?
MAGNUS Ich glaube, Sie könnten zur Not ohne unsere Weihnachtsbonbons auskommen.
CRASSUS Oh, das ist kindisch.
MAGNUS Kinder treffen manchmal in ihrer Unschuld den Nagel auf den Kopf, Herr Kolonialminister. Je mehr ich von der Art von Wohlstand sehe, der dadurch zustande kommt, daß Sie unsere lebenswichtigen Industrien den großen Geschäftsleuten überlassen, wenn diese nur Ihre Wähler durch hohe Löhne ruhig halten, desto mehr habe ich das Gefühl, auf einem Vulkan zu sitzen.
LYSISTRATA *die der Unterhaltung in tödlicher Verachtung gefolgt ist, fährt plötzlich mit Grabesstimme dazwischen:* Hört, hört! Mein Ministerium war sehr wohl imstande und bereit, den Strom aus dem Gezeitenwerk im Norden Schottlands zu verwalten, und ihr Schwachköpfe habt ihn an das Pentland Firth-Syndikat vergeben: eine Bande von ausländischen Kapitalisten, die auf Kosten des Volkes Billionen daran verdienen werden, während wir herumpfuschen und uns zanken. Crassus hat das gefingert. Sein Onkel ist Aufsichtsratvorsitzender.
CRASSUS Eine Lüge. Eine gemeine Lüge. Er ist gar nicht mit mir verwandt. Er ist nur der Schwiegervater meines Stiefsohnes.
BALBUS Ich verlange eine Erklärung des Ausdrucks herumpfuschen und zanken. Wir haben das heute oft genug gehört. Worauf willst du hinaus? Ich war es nicht, der das Industrie-Gesetz verpfuscht hat. Ich fand es auf meinem Schreibtisch, als ich mein Amt übernahm, mit allen Randbemerkungen seiner Majestät; ihr alle wißt es.
PROTEUS Habt ihr jetzt endlich alles ausgepackt, alles seiner Majestät in die Hand gespielt, um meine Lage hier unmöglich zu machen?
Schuldbewußtes Schweigen.
PROTEUS *fährt entschlossen und autoritär fort:* Die Frage, die hier zur Debatte steht, hat nichts mit unseren Fähigkeiten und unserem Benehmen zu tun. Seine Majestät wird nicht

auf dieser Frage bestehen, sonst wären wir verpflichtet, die Frage nach seiner eigenen Moral zu stellen.
MAGNUS *auffahrend:* Wie?
BALBUS Gut gemacht, Joe.
CRASSUS *beiseite zu Amanda:* Das hat ihn getroffen.
MAGNUS Soll ich diese Drohung ernst nehmen, Mr. Proteus?
PROTEUS Wenn Sie versuchen sollten, eine reine Verfassungsfrage mit Verleumdungen von Personen zu belasten, so wäre es uns ein leichtes, Ihren Dreck zurückzuwerfen. In diesem Konflikt sind wir die Herausforderer. Sie haben die Wahl der Waffen. Wenn Sie den Skandal wählen, so nehmen wir an. Persönlich würde ich das allerdings bedauern. Es kommt nichts Gutes dabei heraus, wenn wir in der Öffentlichkeit unsere schmutzige Wäsche waschen. Aber machen Sie sich keine Illusionen. Ich will es Ihnen offen sagen. Wir wollen nicht länger um den heißen Brei herumreden. Sie behaupten, daß Crassus ein Spekulant ist.
CRASSUS *springt auf:* Ich –
PROTEUS *bringt ihn energisch zum Schweigen:* Setz dich. Überlaß das mir.
CRASSUS *setzt sich:* Ein Spekulant! So was!
PROTEUS *fährt fort:* Sie werden sagen, daß ich das Innenministerium niemals einem Scharfmacher wie Balbus hätte geben dürfen –
BALBUS *eingeschüchtert durch das Schicksal, das Crassus erlitten hat, aber unfähig, einen Protest zu unterdrücken:* Hör mal, Joe –
PROTEUS Halt den Mund, Bert. Es stimmt.
BALBUS *gibt sich mit einem Achselzucken zufrieden.*
PROTEUS Also, was wird geschehen? Es wird kein Abstreiten, keine Entschuldigung, keine Rechtfertigung geben. Wir werden nicht in diese Falle hineintappen, so geschickt Sie sie auch gestellt haben. Crassus wird ganz einfach sagen, daß Sie ein Freidenker sind. Und Balbus wird sagen, daß Sie ein Wüstling sind.
DAS MÄNNLICHE KABINETT *mit angehaltenem Atem:* Aha, a-a-a-h!!!
PROTEUS Nun, König Magnus? Unsere Karten liegen auf dem Tisch. Was haben Sie zu sagen?
MAGNUS Bewundernswürdig ausgedrückt! Die Leute fragen sich, wie es kommt, daß Sie, mit all den starken Charakteren um Sie herum, sich als einzig möglicher Premiermini-

ster halten, trotz Ihrer Hysterie und Ihrer Launen, Ihrer Geheimnistuerei und Ihrer erschreckenden Faulheit –
BALBUS *entzückt:* Hört, hört! Jetzt kriegst du es, Joe!
MAGNUS *fährt fort:* Aber wenn der entscheidende Augenblick kommt, dann stellen die Leute fest, was für ein wunderbarer Mann Sie sind.
PROTEUS Ich bin kein wunderbarer Mann. Es gibt hier keinen Mann und keine Frau, deren Arbeit ich so viel besser könnte als sie selbst. Ich bin Premierminister aus dem gleichen Grund, aus dem alle Premierminister Premierminister gewesen sind: weil ich zu nichts anderem zu gebrauchen bin. Aber ich kann bei der Sache bleiben – wenn es mir paßt. Und ich kann Sie zwingen, bei der Sache zu bleiben, Majestät, ob es Ihnen paßt oder nicht.
MAGNUS Jedenfalls schmeicheln Sie den Königen nicht. Wenigstens einer von ihnen ist Ihnen dafür dankbar.
PROTEUS Könige, wie wir beide wohl wissen, beherrschen ihre Minister, indem sie ihnen schmeicheln, und nun, da Sie der einzige übriggebliebene König in der zivilisierten Hälfte Europas sind, scheint die Natur in Ihnen alle Begabung zu Schmeichelei gesammelt zu haben, die sie sonst auf ein halbes Dutzend Könige, drei Kaiser und einen Sultan verteilte.
MAGNUS Aber was für ein Interesse hat ein König daran, einem Untertanen zu schmeicheln?
AMANDA Stellen Sie sich vor, Majestät, der Untertan ist eine hübsche Frau.
NICOBAR Stellen Sie sich vor, er hat eine Menge Geld, und der König ist pleite.
PROTEUS Stellen Sie sich vor, er ist Premierminister, und Sie können nur auf seinen Rat hin handeln.
MAGNUS *lächelt mit seinem ganzen Charme:* Ah, da haben Sie den Nagel auf den Kopf getroffen. Also, es scheint, ich muß mich ergeben. Ich bin geschlagen. Sie alle sind zu schlau für mich.
BOANERGES Nun, fairer kann man nicht sein.
PLINY *reibt sich die Hände:* Sie sind ein Gentleman, Majestät. Wir werden nicht nachbohren, bestimmt nicht.
BALBUS Wir bleiben die besten Freunde. Ich bin der letzte, der jemandem, der am Boden liegt, einen Tritt versetzt.
CRASSUS Vielleicht bin ich ein Spekulant; aber niemand soll mir nachsagen, daß ich als Gegner nicht großmütig bin.

BOANERGES *plötzlich von seinem Gefühl überwältigt, steht auf und beginnt mit Stentorstimme zu singen:* So laßt denn alte Frauen alte Frauen bleiben. Und niemand soll dran rühren ...
Amanda fängt an, fassungslos zu lachen. Der König wirft ihr einen vorwurfsvollen Blick zu und bemüht sich, die Fassung zu wahren. Die andern fallen einer nach dem anderen in das Lied ein, bis Proteus sich wütend erhebt.
PROTEUS Ihr seid wohl alle besoffen?
Tödliches Schweigen. Boanerges setzt sich schnell. Die anderen Sänger tun so, als hätten sie das Singen mißbilligt.
PROTEUS Ihr befindet euch im Augenblick in einem Tauziehen mit dem König: es ist der Kampf eures Lebens. Ihr glaubt, ihr hättet schon gewonnen. Ihr irrt euch. Der König hat lediglich das Seil locker gelassen. Ihr seid auf den Rücken gefallen und strampelt, und er lacht euch aus. Seht ihn doch an! *Er setzt sich voller Verachtung hin.*
MAGNUS *macht keinen Versuch mehr, seine Heiterkeit zu verbergen:* Retten Sie mich, Amanda. Sie haben mich zum Lachen gebracht.
AMANDA *mit strahlendem Lächeln:* Sie haben mich auf so nette Weise reingelegt, Majestät. Zu Boanerges: Bill, du bist ein großes Rindvieh.
BOANERGES Ich verstehe das nicht. Ich hatte begriffen, daß seine Majestät uns nachgibt, und ich muß sagen, auf die reizendste Art. Können wir unseren Sieg nicht wie Gentlemen annehmen?
MAGNUS Vielleicht sollte ich die Sache erklären. Ich weiß den offenen und großmütigen Geist – darf ich sagen, den englischen Geist – in dem meine kleine Konzession besonders von Ihnen, Mr. Boanerges, entgegengenommen worden ist, wohl zu schätzen. Aber in Wirklichkeit bleibt alles beim alten, denn es wäre mir nicht im Traum eingefallen, mich auf einen Verleumdungsfeldzug, so wie es der Premierminister vorgeschlagen hat, einzulassen. Dafür ist, wie er Ihnen angedeutet hat, mein eigener Ruf viel zu verletzlich. Einem König wird der Luxus eines guten Rufes nicht gestattet. Unser Land hat Millionen untadeliger Gemüsehändler hervorgebracht, aber nicht einen einzigen untadeligen Monarchen. Ich muß über mehr religiöse Sekten herrschen, als ich zählen kann. Um unparteiisch über sie zu herrschen, darf ich keiner angehören; und sie

betrachten alle die Menschen, die nicht zu ihnen gehören, als Atheisten. Meinem Hofstaat gehören mehrere völlig ehrbare Ehefrauen und Mütter an, deren seltsamer Ehrgeiz darin besteht, als verkommene Frauenzimmer zu gelten. Um in den Ruf zu kommen, des Königs Mätresse zu sein, würden sie fast alles tun, nur nicht dem unglückseligen Monarchen das Vergnügen gewähren, diesen Ruf zu rechtfertigen. Daneben gibt es die Damen, die wirklich skrupellos sind. Sie achten so sorgfältig auf ihren Ruf, daß sie keine Gelegenheit vorübergehen lassen, um empört zu leugnen, daß sie jemals einer Werbung nachgegeben haben, die in Wirklichkeit gar nicht stattgefunden hat. Auf diese Weise wird jeder König für einen Wüstling gehalten, und da er seltsamerweise diesem Ruf einen großen Teil seiner Beliebtheit verdankt, kann er ihn nicht ableugnen, ohne seine Untertanen zutiefst zu enttäuschen.

Es herrscht ein grimmiges Schweigen. Der König schaut sich vergeblich nach einem Zeichen von Ermutigung um.

LYSISTRATA *streng:* Die privaten Angelegenheiten Eurer Majestät gehen uns in keinem Falle etwas an.

AMANDA *platzt in Gelächter aus, das sie vergeblich versucht hat zu unterdrücken.*

MAGNUS *sieht Amanda vorwurfsvoll an.*

AMANDA *faßt sich, so gut sie kann:* Entschuldigen Sie.

CRASSUS Ich hoffe, Euer Majestät verstehen, daß Könige nicht die einzigen Menschen sind, an denen gewisse Sorten von Dreck immer haften bleibt, egal welcher Narr ihn geworfen hat. Nennen Sie einen Minister einmal einen Spekulanten –

BALBUS Oder einen Stümper.

CRASSUS Ja, oder einen Stümper, und jedermann glaubt es. Spekulantentum und Untüchtigkeit sind die zwei Sorten von Dreck, die an uns hängen bleiben, egal wie ehrlich und tüchtig wir sein mögen. Und wir genießen nicht den königlichen Vorteil, dessen Sie sich erfreuen, daß, je mehr die Damen Ihren Ruf verderben, Sie desto beliebter beim Volk sind.

BOANERGES *unvermittelt:* Herr Premierminister, wollen Sie mir nicht sagen, worüber die Postministerin so grinst?

AMANDA Wir leben in einem freien Land, Bill. Sinn für Humor ist kein Verbrechen. Und wenn der König mich nicht zum Lachen bringt, dann tust du's.

BOANERGES Wo ist da der Witz? Ich kann ihn nicht sehen.
AMANDA Wenn du einen Witz sehen könntest, Bill, dann wärest du nicht ein so großer Volksredner.
BOANERGES Gott sei Dank bin ich keine so blöde Lachtaube wie manche Leute.
AMANDA Vielen Dank, teuerster Bill. Also Joe: meinst du nicht, daß du uns jetzt lange genug hast frei herumlaufen lassen? Wie ist das mit dem Ultimatum?
MAGNUS *schüttelt den Kopf über sie:* Verräterin!
PROTEUS Ich hab's nicht eilig. Die Reden Seiner Majestät sind sehr weise und interessant; und eure Widerreden amüsieren sowohl ihn wie euch. Aber das Ultimatum habe ich die ganze Zeit hier in der Tasche, und ich werde diesen Raum nicht verlassen, bis ich die schriftliche Verpflichtung seiner Majestät habe, daß seine Bedingungen eingehalten werden.
Alle zeigen ernste Aufmerksamkeit.
MAGNUS Und was sind die Bedingungen?
PROTEUS Erstens, keine königlichen Ansprachen mehr.
MAGNUS Was, nicht einmal, wenn Sie sie diktieren?
PROTEUS Nicht einmal, wenn wir sie diktieren. Euer Majestät haben eine Art, das Manuskript einer Rede zu entfalten und dabei zu zwinkern –
MAGNUS Zwinkern?
PROTEUS Sie wissen, was ich meine. Die beste Rede der Welt kann auf eine Weise vorgelesen werden, die die Zuhörer zum Lachen bringt. Wir haben genug davon. Also: in Zukunft keine Ansprachen.
MAGNUS Ein stummer König?
PROTEUS Wir haben natürlich nichts gegen Ansprachen, wie »wir erklären, daß dieser Grundstein wohl und in Wahrheit gelegt ist« und ähnliches. Aber politisch wollen wir einen stummen König.
PLINY *um es zu mildern:* Einen konstitutionellen König.
PROTEUS *unversöhnlich:* Einen stummen König.
MAGNUS Hm! Und zweitens?
PROTEUS Die Beeinflussung der Presse durch die Hintertreppe des Palastes muß aufhören.
MAGNUS Sie wissen, daß ich keine Kontrolle über die Presse besitze. Die Presse ist in den Händen von Leuten, die viel reicher sind als ich; sie würden nicht eine Zeile durchgehen lassen, die gegen ihr Interesse ist, selbst wenn sie von

meiner eigenen Hand unterzeichnet und mit einem königlichen Befehl geschickt würde.

PROTEUS Das wissen wir. Aber obwohl diese Männer reicher sind als Sie, sind sie nicht klüger. Sie bekommen amüsante Artikel, gewürzt mit exklusiven Hintertreppeninformationen, die scheinbar nichts mit Politik zu tun haben. Dann merken sie plötzlich, daß ihre Lieblingsaktien um fünfzehn Punkte gefallen sind; daß das Kapital vor ihren besten Vorhaben Angst hat; und daß einige der besten Punkte unseres Parteiprogramms sich ausmachen wie Börsentips.

MAGNUS Soll ich etwa diese Artikel geschrieben haben?

PROTEUS Ihr Sekretär Sempronius schreibt sie. Ich finde seine Klaue unter fünfzig Kolumnen heraus.

CRASSUS Ich auch. Immer wenn er mich zwischen hat, beginnt er den Satz mit »seltsamerweise«.

PLINY *kichernd:* Das ist seine Firmenmarke: »Seltsamerweise«. Ha. Ha, ha.

MAGNUS Soll es denn auch auf der anderen Seite Einschränkungen geben? Ich habe zum Beispiel bemerkt, daß in einer gewissen Zeitung, die keine Gelegenheit ausläßt, den Thron herabzusetzen, der letzte Satz des Leitartikels fast immer mit den Worten beginnt »Ein für allemal.« Wessen Handelsmarke ist das denn?

PROTEUS Meine.

MAGNUS Sie sind offen, Mr. Proteus.

PROTEUS Ich weiß, wann ich offen sein kann. Den Trick habe ich von Eurer Majestät gelernt.

AMANDA *verkneift sich das Lachen.*

MAGNUS *mit sanftem Vorwurf:* Amanda: was gibt es jetzt wieder zu lachen? Ich muß mich über Sie wundern.

AMANDA Joe und offen! Wenn ich herausbekommen will, was er vorhat, muß ich zu Eurer Majestät kommen und fragen.

LYSISTRATA Das stimmt genau. In diesem Kabinett gibt es so etwas wie eine Politik nicht. Jeder spielt seine eigene Hand.

NICOBAR Wie beim Kartenspiel.

BALBUS Nur, daß es keine Partner gibt.

LYSISTRATA Außer Crassus und Nicobar.

PLINY Gut, Lizzie! He, he, he!

NICOBAR Was soll das heißen?

LYSISTRATA Ihr wißt sehr gut, was ich meine. Wann wirst du endlich lernen, Nicobar, daß es zwecklos ist, mich einschüchtern zu wollen. Ich habe mein Leben als Lehrerin begonnen, und ich kann jeden Mann in diesem Kabinett oder außerhalb einschüchtern, wenn er so blöd ist, es auf diesem Gebiet mit mir aufnehmen zu wollen.
BOANERGES Zur Sache! Zur Sache! Kann der Premierminister dieses ungebührliche Betragen nicht unterbinden?
PROTEUS Sie lassen mir keine Zeit, einen Gedanken zu fassen, Bill – Wenn du erst soviel parlamentarische Erfahrung hast wie ich, bist du über eine gelegentliche Unterbrechung nur froh. Kann ich fortfahren?
Schweigen.
Seine Majestät fragt, ob die Einschränkung der Pressefeldzüge gänzlich einseitig sein soll. Das war doch Ihre Frage, Majestät?
MAGNUS *nickt zustimmend.*
PROTEUS Die Antwort lautet: ja.
BALBUS Gut!
MAGNUS Noch etwas?
PROTEUS Ja: noch eins. Das Veto darf nicht mehr erwähnt werden. Das kann sich, wenn Sie es wünschen, auf beide Seiten beziehen. Das Veto ist tot.
MAGNUS Darf die Leiche denn noch in einem historischen Zusammenhang erwähnt werden?
PROTEUS Nein. Ich kann der Regierung des Königs nicht vorstehen, wenn ich nicht Versprechungen machen und sie auch halten kann. Was ist meine Zusage wert, wenn unsere Wähler jeden Tag daran erinnert werden, daß der König gegen alles ein Veto einlegen kann, was das Parlament tut. Soll ich etwa, wenn man mich um eine Zusage bittet, sagen: »Ihr müßt zuerst den König fragen?«
MAGNUS Und ich muß sagen: »Ihr müßt zuerst den Premierminister fragen.«
PLINY *tröstet ihn:* Das ist nun mal die Verfassung, wie Sie wissen.
MAGNUS Genau. Ich erwähne er nur, um zu zeigen, daß der Premierminister das Veto gar nicht wirklich abschaffen will. Er will es nur nach nebenan abschieben.
PROTEUS Nebenan wohnt das Volk. Auf dem Messingschildchen steht der Name: »Öffentliche Meinung«.
MAGNUS *ernst:* Das haben Sie bewundernswert ausgedrückt,

Herr Premierminister; aber es stimmt nicht. Ich bin der öffentlichen Meinung viel mehr unterworfen als Sie, denn dank dem allgemeinen Vertrauen in die Demokratie können Sie immer behaupten, daß das, was Sie tun, nach dem Willen des Volkes geschieht, das, weiß Gott, niemals davon geträumt hat und es, hätte es davon geträumt, gar nicht verstanden hätte. Dagegen wird für das, was der König tut, nur er, und er allein, verantwortlich gemacht. Ein Demagoge kann ein Pferd stehlen, wo der König nicht einmal wagt, über die Hecke zu schauen.

LYSISTRATA Ich weiß nicht, Majestät, ob das immer noch stimmt. Ich weiß, daß ich für alles, was in meinem Ressort schief geht, verantwortlich gemacht werde.

MAGNUS Ah, aber was für eine Despotin sind Sie, Lysistrata! Wenn wir aber zugeben, daß die Leute schon lange herausgefunden haben, daß die Demokratie Humbug ist und daß die Demokratie, statt eine verantwortliche Regierung zu schaffen, diese abgeschafft hat, merken Sie dann nicht, was das bedeutet?

BOANERGES *entsetzt:* Moment mal, Moment! Ich kann nicht hier sitzen und mir ruhig anhören, daß ein Wort wie Humbug auf die Demokratie angewendet wird. Es tut mir leid, Majestät, aber bei allem Respekt vor Ihnen, da muß ich die Grenze ziehen.

MAGNUS Sie haben recht, Mr. Boanerges, wie immer. Demokratie ist eine sehr reale Sache, und es ist viel weniger Humbug daran als an mancher älteren Institution. Aber bedenkt, daß das Volk regiert, aber es weiß nicht, daß die Verantwortung und das Vetorecht jetzt nicht mehr einfach Königen und Demagogen als solchen zufällt, sondern dem gehören, der clever genug ist, sich ihrer zu bemächtigen.

LYSISTRATA Wie Sie zum Beispiel, Majestät?

MAGNUS Ich glaube, noch bin ich im Rennen. Darum fühle ich mich nicht verpflichtet, dieses Ultimatum anzunehmen. Wenn ich es unterzeichne, scheide ich aus dem Rennen aus. Warum sollte ich das?

BALBUS Weil Sie der König sind. Darum.

MAGNUS Ist das folgerichtig?

PROTEUS Wenn zwei Männer auf demselben Pferd reiten, muß einer hinten sitzen.

LYSISTRATA Welcher?

PROTEUS *wendet sich scharf gegen sie:* Was hast du da gesagt?
LYSISTRATA *mit ruhiger aber furchterregender Hartnäckigkeit und ironischer Deutlichkeit:* Ich habe gesagt: welcher? du hast gesagt: wenn zwei Männer auf demselben Pferd reiten, dann muß einer hinten sitzen. Ich habe gesagt: welcher? *Noch deutlicher:* Welcher Mann muß hinten sitzen?
AMANDA Hast du kapiert, Joe?
PROTEUS Das ist genau die Frage, die hier und jetzt gelöst werden muß.
AMANDA »Ein für allemal.«
Alle lachen, außer Proteus, der sich wütend erhebt.
PROTEUS Ich lasse mir diese dauernden Blödeleien nicht mehr gefallen. Ich möchte lieber ein Hund sein als der Premierminister eines Landes, dessen Einwohner nichts ernst nehmen können und außer Fußball und gewisse Getränke. Leckt dem König nur die Stiefel. Das ist alles, was ihr könnte. *Er stürzt aus dem Raum.*
BALBUS Jetzt hast du's erreicht, Mandy. Ich hoffe, du bist stolz darauf.
MAGNUS Es wäre Ihre Pflicht, ihm nachzugeben und ihm zuzureden, daß er zurückkommt, Amanda. Aber ich werde es wohl, wie immer, selber tun müssen. Entschuldigen Sie mich, meine Damen und Herren. *Er steht auf. Auch die andern stehen auf. Er geht hinaus.*
BOANERGES Ich hab es euch ja gesagt. Ich hab euch gesagt, was dabei herauskommt, wenn man mit seiner Majestät eine Konferenz abhält, als wäre es ein Konzert, bei dem geraucht werden darf. Ihr widert mich an. *Er läßt sich in seinen Sessel zurückfallen.*
BALBUS Wir hatten den alten Fuchs gerade in der Ecke, da muß Amanda in ihr blödes Lachen ausbrechen und ihn herauslassen. *Er setzt sich.*
NICOBAR Was sollen wir jetzt tun? Das möchte ich mal wissen?
AMANDA *unverbesserlich:* Ich schlage ein gemeinsames Liedchen vor. *Sie macht Bewegungen, als dirigiere sie.*
NICOBAR Pah!! *Er setzt sich schwer beleidigt hin.*
AMANDA *platzt kurz in Lachen aus und setzt sich.*
CRASSUS *versöhnlich:* Nur ruhig Freunde. Joe weiß schon, was er tut.

LYSISTRATA Natürlich weiß er das. Dich entschuldige ich, Bill, denn es ist dein erster Tag im Kabinett. Aber wenn ihr andern immer noch nicht heraus habt, daß Joes Wutanfälle jeweils berechnt sind, dann werdet ihr nie etwas begreifen. *Setzt sich voller Verachtung hin.*

BOANERGES *mit überlegener Mine:* Nun gut, Gnädigste, ich weiß, daß ich ein Anfänger bin: alles muß ja einmal einen Anfang haben. Ich lasse mit mir reden und lasse mich überzeugen. Der Premierminister hat diese Konferenz in einer – das muß ich zugeben – sehr geschickten Art und mit Entschlossenheit fast zur Entscheidung gebracht. Dann unterbricht er die Konferenz in einem kindischen Wutanfall, wir glotzen dumm aus der Wäsche, und nichts ist geschehen. Und du willst behaupten, das hätte er mit Absicht getan? Wo liegt denn für ihn der Vorteil bei dieser Verstellung? Beantworte mir diese Frage.

LYSISTRATA Er regelt die ganze Sache hinter unserem Rücken mit dem König. Das erreicht Joe immer, wenn auch nur mit Hängen und Würgen.

PLINY Du hast es doch nicht etwa mit ihm abgesprochen, Mandy?

AMANDA Es war gar nicht nötig, nachzuhelfen. Joe kann sich immer darauf verlassen, daß der eine oder andere von uns etwas sagt, das ihm einen Anlaß bietet, aus dem Raum zu stürzen.

CRASSUS Ich bin der Meinung, meine Damen und Herren, daß wir unsere Aufgabe erledigt haben und den Rest Joe überlassen können. Wir hatten einen Punkt erreicht, wo es zwischen dem Kabinett und der Krone nur noch ein Ja oder ein Nein gab. Es gibt nur ein Komitee, das besser ist als ein Zweimann-Komitee und das ist ein Einmann-Komitee. Aber wir sind wie die Familie in dem Gedicht von Wordsworth zu sieben –

LYSISTRATA Zu acht.

CRASSUS Egal ob sieben oder acht – wir sind zu viele für den Endkampf. Zwei Männer, die fest bei der Stange bleiben, sind mehr wert als acht, die kopflos herumrennen. Ich rate also, wir bleiben still hier sitzen, bis Joe zurückkommt und uns sagt, was beschlossen worden ist. Vielleicht singt Amanda uns inzwischen was vor. *Er setzt sich wieder.*

Der König kommt mit Proteus zurück, der eine düstere Miene zeigt. Alle stehen auf. Die beiden nehmen schwei-

gend ihre Plätze ein. Auch die anderen setzen sich.
MAGNUS *sehr ernst:* Der Premierminister ist so freundlich gewesen, die Diskussion privat mit mir fortzuführen. Wir sind jetzt an einem Punkt angekommen, wo sich die entscheidende Frage geklärt hat. Wenn ich das Ultimatum nicht annehme, so werden Sie und er ihren Rücktritt erklären, und das Land wird aus einer Erklärung im Unterhaus erfahren, daß es zwischen einer Kabinettsregierung und einer monarchischen Regierung wählen muß. Ich muß sagen, daß ich in diesem Streit sehr ungern gewinnen würde, da ich mich nicht in der Lage sehe, ohne die Unterstützung eines Kollegiums von Ministern zu regieren, deren Existenz dem englischen Volk das Gefühl gibt, sich selbst zu regieren.
AMANDA *platzt aus.*
CRASSUS *flüstert:* Sei still, verdammt noch mal.
MAGNUS *fährt fort:* Natürlich ist es mein Wunsch, einen Konflikt zu vermeiden, in dem ich, wenn ich gewinne, Schaden erleide und, wenn ich verliere, meine Macht los bin. Aber wie Sie mir sagen, kann ich den Konflikt nur vermeiden, wenn ich Verpflichtungen unterschreibe, die mich zu einem bloßen Lordkämmerer machen, ohne daß ich auch nur dessen Verfügungsgewalt über die Theater hätte. Ich würde unter das Niveau des gemeinsten meiner Untertanen sinken, mein einziges Privileg würde darin bestehen, erschossen zu werden, wenn irgend ein Opfer falscher Regierungspolitik sich durch einen Mord rächen will. Wie soll ich mich verteidigen? Sie sind zu vielen. Ich stehe Ihnen als einzelner gegenüber. Früher einmal konnte sich der König auf die Unterstützung der Aristokratie und der kultivierten Bourgeoisie verlassen. Heute gibt es in der Politik keinen einzigen Aristokraten mehr, keinen Angehörigen der freien Berufe, keine einzige führende Persönlichkeit aus Industrie und Finanz. Sie sind reicher denn je, mächtiger denn je, tüchtiger und gebildeter denn je. Aber keiner von ihnen würde die dreckige Arbeit, die Regieren bedeutet, auch nur anrühren, diese öffentliche Arbeit, die nie zu Ende ist, weil man keine Aufgabe lösen kann, ohne zehn neue zu schaffen. Wir ernten für diese Schufterei keinen Dank, weil die Leute von neunundneunzig Hundertsteln gar nichts verstehn und das letzte Hundertstel unbeliebt ist, weil es einen Eingriff in ihre Freiheit oder

eine Erhöhung der Steuer bedeutet. Diese Arbeit verschleißt den stärksten Mann und sogar die stärkste Frau in fünf oder sechs Jahren. Die Arbeit läßt fast völlig nach, wenn wir frisch aus den Ferien kommen und am leistungsfähigsten sind, und sie wächst zu einer überwältigenden Woge an durch irgendeine unvorhergesehene Katastrophe, gerade dann, wenn wir durch Überarbeitung einem Nervenzusammenbruch nahe sind und eigentlich nur noch ausruhen und schlafen dürften. Und bei dieser Schufterei werden wir ausgebeutet, vergessen Sie das nicht. Es ist die einzige Form der Ausbeutung, die es in diesem Lande noch gibt. Meine Zivilliste macht mich zu einem armen Mann unter Multimillionären, jeder mit besonderem Organisations- oder Verwaltungstalent kann in der City das Zehnfache Ihrer Bezüge verdienen. Wir wissen aus der Geschichte, daß der erste Lord-Kanzler, der seinen Sitz im Kabinett mit der Börse vertauschte, die Nation in Verblüffung versetzte; heutzutage würde die Nation ebenso verblüfft sein, wenn ein Mann von seinen Fähigkeiten es für der Mühe wert hielte, auch nur den Schemel eines Bürogehilfen, der ihm als Sprungbrett für seinen Ehrgeiz dienen kann, mit einem Sitz im Oberhaus zu vertauschen. Unsere Arbeit wird nicht einmal mehr geachtet. Unsere genialen Männer betrachten sie als schmutzige Arbeit. Welcher große Schauspieler würde die Bühne, welcher große Anwalt das Gericht, welcher große Prediger die Kanzel gegen die Schäbigkeit der politischen Arena tauschen, in der wir im Parlament mit schwachsinnigen Fraktionen, in den Wahlkreisen mit unwissenden Wählern ringen müssen? Der Wissenschaftler will nichts mit uns zu tun haben, weil die Atmosphäre der Politik nicht die Atmosphäre der Wissenschaft ist. Sogar die politischen Wissenschaftler, die Wissenschaften, die Leben oder Tod der Zivilisation bedeuten, beschäftigen sich damit, die Vergangenheit zu erklären, während wir mit der Gegenwart fertig werden müssen: sie lassen den Boden vor unseren Füßen im Dunkeln, während sie jeden Winkel der Landschaft, die hinter uns liegt, durchleuchten. Jedes Talent und jede Begabung des Landes wird von der Flut jenes Geldes aufgekauft, das nicht durch Arbeit verdient ist. Dieser vergiftete Reichtum zieht Begabung und Talent an, weil sie im Dienste der Reichen üppiger

leben als wir im Dienste unseres Volkes. Die Politik, die
einmal Hauptanziehungspunkt der Tüchtigkeit, des Gemeinsinns und Ehrgeizes war, ist jetzt der Zufluchtsort
von ein paar Liebhabern der Rhetorik und der Parteiintrige geworden, die alle anderen Möglichkeiten, sich auszuzeichnen, verschlossen finden, entweder, weil sie zuwenig
praktische Fähigkeiten haben, weil sie verhältnismäßig
arm und ungebildet sind, oder, ich beeile mich, dies
hinzuzufügen – weil sie Unterdrückung und Ungerechtigkeit hassen und die Schikanen und die Angeberei in den
kommerzialisierten akademischen Berufen verachten. Die
Geschichte berichtet von einem adeligen Staatsmann, der
behauptete, solche Leute wären nicht fähig zu regieren.
Nach einem Jahr stellte man fest, daß sie mindestens so
gut regieren können wie jeder andere. Danach begann die
alte herrschende Klasse, sich aus der Politik zurückzuziehen, und das hat dazu geführt, daß jedes Kabinett, ob es
nun fortschrittlich oder konservativ ist, heute das ist, was
man in den Tagen jenes unbesonnenen Staatsmannes ein
Labourkabinett nannte. Mißverstehen Sie mich nicht: ich
möchte die alte herrschende Klasse nicht zurückholen. Sie
regierte in einer so selbstsüchtigen Weise, daß das Volk
zugrunde gegangen wäre, hätte die Demokratie diese
Klasse nicht aus der Politik hinweggefegt. Aber so
schlimm sie auch auf viele Weise war, sie war wenigstens
besser als die Tyrannei der allgemeinen Unwissenheit und
der allgemeinen Armut. Heute steht nur der König über
dieser Tyrannei. Sie sind ihr auf eine gefährliche Weise
unterworfen. Sie haben es trotz meines Drängens und
meiner Vorstellungen immer noch nicht gewagt, die
Macht über unsere Schulen zu ergreifen und zu verhindern, daß Ihre unglücklichen Kinder weiterhin abergläubische Vorstellungen und Vorurteile eingeimpft bekommen, die sich wie ein Steinwall über jeden Pfad in die
Zukunft legen. Ist es klug von Ihnen, auch mich dieser
Tyrannei zu unterwerfen. Wenn ich nicht darüber stehe,
gibt es überhaupt keine Rechtfertigung mehr für meine
Existenz. Ich stehe für die Vergangenheit und die Zukunft, für die Vergangenheit, die kein Wahlrecht kannte,
und für die Tradition, die nie irgendeins gekannt hat. Ich
stehe für die großen Abstraktionen: für Gewissen und
Tugend, für das ewig Gültige gegen das Nützliche; für

den Drang nach Evolution gegen die Genußsucht des Tages; für intellektuelle Redlichkeit, für Menschlichkeit, für die Rettung der Industrie vor dem Kommerzialismus, der Wissenschaft vor dem Professionalismus, für all das, das Sie ebenso ehrlich erstreben wie ich, das aber bei Ihnen von der Presse unterdrückt wird, die gegen Sie die Unwissenheit und den Aberglauben der Wählermassen organisieren kann und deren Furchtsamkeit und Leichtgläubigkeit, deren Genußsucht und Prüderie, ihren Haß und ihre Jagdinstinkte; die Presse kann Sie stürzen, wenn Sie ein Wort äußern, das die Abenteurer, die die Presse in der Tasche haben, erschreckt oder ihnen mißfällt. Zwischen Ihnen und dieser Tyrannei steht der Thron. Ich brauche keine Wahl zu fürchten, und wenn ein Zeitungsmagnat es wagt, mich zu beleidigen, so werden die modische Frau dieses Magnaten und seine heiratsfähigen Töchter ihm bald zu verstehen geben, daß das Mißfallen des Königs im Umkreis des St. James-Palastes immer noch ein gesellschaftliches Todesurteil bedeutet. Denken Sie an all das, was Sie nicht zu tun wagen! An die Personen, die Sie nicht zu beleidigen wagen! Nun, ein König, der ein wenig Mut besitzt, kann das für Sie tun. Verpflichtungen, die Ihnen den Rücken brechen würden, können noch von den Schultern eines Königs getragen werden. Aber es muß ein König sein, keine Marionette. Für eine Marionette würden Sie verantwortlich sein, bedenken Sie das. Aber solange Sie mich als einen besonderen und unabhängigen Stand des Reiches anerkennen, bin ich Ihr Sündenbock; Sie ernten den Dank für alle unsere populären Gesetze, während Sie unseren ganzen Widerstand gegen unvernünftige Forderungen der Öffentlichkeit mir in die Schuhe schieben. Bevor Sie also Ihre letzte Karte ausspielen und mich zerstören, bitte ich Sie zu bedenken, was Sie ohne mich tun werden. Denken Sie nach! Denken Sie zweimal nach! Denn die Gefahr besteht nicht darin, daß ich Sie besiegen könnte, sondern daß der Sieg Ihnen gewiß ist, wenn Sie nur darauf bestehen.

LYSISTRATA Ausgezeichnet!

AMANDA Das war eine wunderschöne Rede, Majestät!

BALBUS *grollend:* Das ist alles gut und schön. Aber was ist mit meinem Schwager Mike?

LYSISTRATA *außer sich:* Oh, Dein verfluchter Schwager Mike!

BOANERGES Zur Ordnung! Zur Ordnung!
LYSISTRATA *zum König:* Ich bitte um Verzeihung, Majestät, aber wirklich – in solch einem Augenblick – *Sie findet keine Worte.*
MAGNUS *zu Balbus:* Wenn ich nicht eingeschritten wäre, Mr. Balbus, wäre der Premierminister nicht in der Lage gewesen, Ihren Schwager aus dem Kabinett herauszuhalten.
BALBUS *aggressiv:* Und warum sollte er nicht im Kabinett sein?
AMANDA Schnaps, Balbychen Schnaps. Er guckt zu tief ins Glas.
BALBUS *frech:* Wer behauptet das?
AMANDA Ich, mein Schatz.
BALBUS *rühiger:* Vielleicht überrascht es euch zu hören, daß Mike weniger trinkt als ich.
AMANDA Du verträgst mehr, Bert.
PLINY Mike weiß nie, wann er aufhören muß.
CRASSUS Wenn ihr mich fragt: Mike müßte aufhören, bevor er angefangen hat.
LYSISTRATA *heftig:* Was für eine Sorte Vieh seid ihr eigentlich, ihr Männer? Der König legt uns die ernstesten prinzipiellen Fragen vor, die wir je werden zu lösen haben, und ihr zankt euch herum, ob dieser Trunkenbold ehrlich Whisky trinkt wie Balbus oder Methylalkohol oder Spiritus oder was immer ihm in die Hände fällt, wenn er seine Tour kriegt.
BALBUS Da muß ich zustimmen. Ist es wichtig, was Mike trinkt? Ist es wichtig, ob er überhaupt trinkt? Mike würde das Kabinett stärken, denn er vertritt die Bruch Ltd., den größten Industriekonzern des Landes.
LYSISTRATA *kann sich nicht mehr zurückhalten:* Genau das! Die Bruch-Ltd. Genau das! Hören Sie mich an, Majestät, und sagen Sie dann, ob ich nicht Grund habe, mir alles, was Sie eben gesagt haben, zutiefst zu Herzen zu nehmen. Hier stehe ich, die Ministerin für Energieversorgung. Ich muß zum Wohl des Landes alle Energiequellen des Landes verwalten und die Energie verteilen. Ich muß die Winde und die Gezeiten, die Ölvorkommen und die Kohlenflöze nutzen. Ich muß dafür sorgen, daß jede kleine Nähmaschine auf den Hebriden, jeder Zahnbohrer auf den Shetlands, jeder Staubsauger in Margate seinen Strom ebenso pünktlich aus einem Stecker in der Wand

entnehmen kann wie die großen donnernden Dynamos in unseren großen Fabriken. Ich tue es. Aber es kostet doppelt soviel, wie es kosten dürfte. Und warum? Weil jede neue Erfindung von der Bruch Ltd. aufgekauft und unterdrückt wird. Jede Panne, jeder Unfall, jeder Krach und Bums bedeutet für sie einen Gewinn. Wenn sie nicht wäre, hätten wir unzerbrechliches Glas, unzerbrechlichen Stahl, unverwüstliche Materialien aller Art. Wenn sie nicht wäre, könnten unsere guten Züge anfahren und halten, ohne daß jedem Waggon die Eingeweide durcheinandergerüttelt werden und er einmal in der Woche in ihrer Reparaturwerkstätte landet statt einmal im Jahr. Unsere staatlichen Reparaturkosten belaufen sich auf Hunderte von Millionen. Ich könnte Ihnen ein Dutzend Erfindungen nennen, die während meiner Amtszeit gemacht worden sind und mit deren Hilfe man den Verschleiß und die Reparaturen hätte enorm verringern können, aber diese Leute können es sich leisten, einem Erfinder für seine Maschine oder sein Verfahren mehr zu zahlen, als er hoffen könnte, auf ehrliche Weise damit zu verdienen; und wenn sie das Verfahren gekauft haben, unterdrücken sie es. Wenn der Erfinder arm ist und sich nicht gut verteidigen kann, machen sie Scheinversuche mit seiner Maschine und geben einen Bericht heraus, daß sie nichts wert ist. Schon zweimal haben Erfinder, die auf diese Weise in den Irrsinn getrieben worden sind, auf mich geschossen: sie glaubten, ich wäre schuld – als ob ich gegen dieses Ungeheuer mit seinen Millionen, seinen Zeitungen und den Fingern, die sie überall drin haben, ankommen könnte. Es bricht mir das Herz. Ich liebe mein Ressort. Ich träume nur davon, daß alles gut funktioniert; bei mir kommt es vor jeder persönlichen Bindung, das ist mir wichtiger als jedes Glück, hinter dem gewöhnliche Frauen herrennen. Ich würde meine rechte Hand geben, diese Leute bankrott zu sehen. Die Hälfte ihrer Geschäfte könnte abgeschafft, die andere in öffentlichen Werkstätten erledigt werden, wo öffentliche Verluste nicht zu privaten Gewinnen werden. Sie vertreten diesen Standpunkt, Majestät, und ich würde bis zum letzten Blutstropfen hinter Ihnen stehen, wenn ich nicht Angst hätte. Denn, was kann ich tun? Würde ich auch nur ein Wort davon in der Öffentlichkeit aussprechen, dann würde in den nächsten

zwei Jahren keine Woche vergehen ohne einen Artikel über die Uneffektivität und Korruption in allen Ministerien, besonders in denen, die, wie das meine, von Frauen geführt werden. Sie würden ausgerechnet die Maschinen ausgraben, die sie vergraben haben, und behaupten, es wäre mein Fehler, daß sie nicht eingeführt worden sind. Sie würden ihre Privatspitzel einsetzen, um mich Tag und Nacht zu überwachen, um ein Argument gegen meine persönliche Moral zu finden. Einer ihrer Direktoren hat mir ins Gesicht gesagt, er brauchte nur den Finger zu heben, dann würde der Mob mir die Fensterscheiben einwerfen; und dann würde die Bruch-Ltd. den Auftrag bekommen, mir neue Scheiben einzusetzen. Und es stimmt. Es ist ungeheuerlich, es ist empörend; aber wenn ich versuche, sie zu bekämpfen, werden sie mich aus dem öffentlichen Leben verjagen und ihren miesen Mike ins Kabinett schieben, und der wird dann mein Ressort in ihrem Interesse führen; das heißt, er wird es so ruinieren, daß Joe es zu Schrottpreisen an die Bruch-Ltd. verkaufen wird. Ich – ich – Oh, es ist nicht zum Aushalten! *Sie bricht zusammen.*
Einen Augenblick herrscht betretenes Schweigen. Dieses wird von der Stimme des Premierministers unterbrochen, der sich in eindringlichem Ton an den König wendet.
PROTEUS Da hören Sie es, Majestät. Ihre einzige Stütze im Kabinett gibt zu, daß sie der industriellen Entwicklung nicht gewachsen ist. Ich gebe gar nicht vor, daß ich die Frauen in meinem Kabinett unter Kontrolle habe. Aber nicht eine von ihnen wagt es, sich auf Ihre Seite zu stellen.
AMANDA *springt auf:* Was soll das heißen? Nicht wagen? Wollen wir wetten, daß ich, wenn ich nur will, im Wahlkreis vom miesen Mike alles sage, was Lizzie gesagt hat, und noch viel mehr? Ich kann euch sagen, die Bruch-Ltd. mischt sich nie in mein Ressort. Die sollten es nur einmal wagen!
MAGNUS Ich fürchte, das ist nur deshalb so, weil eine gut funktionierende Post für sie ebenso wichtig ist wie für den Rest der Öffentlichkeit.
AMANDA Unsinn! Sie könnten mich loswerden, ohne daß die Post geschlossen wird. Sie haben Angst vor mir – vor mir, Amanda Postlethwaite –
MAGNUS Ich fürchte, daß Sie ihnen schmeicheln.

AMANDA Schmeicheln? Meinen Sie, die geben was um Schmeichelei? Sie können sich soviel Schmeichelei, wie sie wollen, von jüngeren und hübscheren Frauen kaufen. Es hätte gar keinen Sinn, dieser Bande zu schmeicheln. Einschüchtern muß man sie, dann wird man mit ihnen fertig.

LYSISTRATA *mit immer noch gebrochener Simme:* Ich wünschte, ich könnte sie einschüchtern.

MAGNUS Aber was kann Amanda tun, was Sie offenbar können?

AMANDA Ich will es Ihnen sagen. Sie kann keine Leute imitieren. Und sie kann keine komischen Lieder singen. Ich kann beides. Und das – mit allem Respekt, Majestät – macht mich zur wirklichen Königin von England.

BOANERGES Na hör mal! Du solltest dich schämen!

AMANDA Wenn du mich provozierst, Bill, verjage ich dich innerhalb von zwei Monaten aus deinem Wahlkreis.

BOANERGES Oho! Tatsächlich? Und wie?

AMANDA Genau so wie ich den Vorsitzenden der Bruch-Ltd. aus meinem eigenen Wahlkreis vertrieben habe, als er hinkam und versuchte, mir meinen Sitz im Parlament wegzunehmen.

MAGNUS Ich habe nie ganz verstanden, warum er den Schwanz einzog und verschwand. Wie haben Sie das fertiggebracht?

AMANDA Ich will es Ihnen erzählen. Er eröffnete seine Kampagne an einem Samstagabend mit einer großen Rede gegen mich vor fünftausend Leuten im Saal der Heimatfreunde. Eine Woche später stand ich in derselben Halle denselben Leuten gegenüber. Ich brauchte keine Argumente. Ich imitierte ihn. Ich nahm alle die hochtrabenden Stellen aus seiner Rede und wiederholte sie in bester Manier, bis ich die ganzen Fünftausend zum Lachen gebracht hatte. Dann fragte ich sie, ob ich singen solle, und ihr Ja sprengte beinahe das Dach weg. Ich sang zwei Lieder. Sie hatten beide einen Refrain. Der eine ging so: »Sie läßt mich ausgehn am Samstagabend, am Samstagabend, am Samstagabend« – so. der andere ging so: »Buh, huh! Ich will Amandas Teddybär zum Spielen.« Als er das nächstemal kam, sangen sie es unter seinem Hotelfenster. Er sagte seine Versammlung ab und ging. Und so wird England von Ihrer sehr ergebenen Dienerin regiert, Majestät – Ein Glück für England, daß die Königin Amanda

ein guter Kerl ist, trotz ihrer leicht erkennbaren Fehler. *Sie setzt sich mit dem Ausdruck triumphierender Selbstgefälligkeit hin.*
BALBUS Ein Glück für England, daß es dich nur einmal gibt; das ist meine Meinung.
AMANDA *wirft ihm eine Kußhand zu.*
MAGNUS Sollte die Königin den König nicht unterstützen, Majestät?
AMANDA Es tut mir leid, Majestät, aber in meinem Reich ist kein Raum für zwei Monarchen. Ich bin aus Prinzip gegen Sie, denn das Talent zur Nachahmung ist nicht erblich.
PROTEUS Also – hat sonst noch jemand was zu sagen? Wir haben gehört, warum die beiden Damen den König nicht unterstützen können. Ist jemand hier, der es kann? *Schweigen.*
MAGNUS Ich sehe, daß mein Appell umsonst gewesen ist. Ich mache ihnen keinen Vorwurf, meine Damen und Herren, denn ich sehe ein, daß sie sich in einer schwierigen Lage befinden. Die Frage ist, wie man diese Lage ändern kann.
NICOBAR Ich weiß wie: unterschreiben Sie das Ultimatum.
MAGNUS Davon bin ich nicht ganz überzeugt. Der Schwager des Innenministers war bereit, ein Gelöbnis der völligen Abstinenz zu unterschreiben, falls ich ihn zum Kabinett zuließe. Sein Angebot wurde nicht angenommen, weil wir, obwohl keiner von uns bezweifelte, daß er das Versprechen unterschreiben würde, doch nicht ebenso sicher waren, daß die Schwachheit seiner Natur es ihm erlauben würde, sein Versprechen zu halten. Auch meine Natur ist der Schwachheit unterworfen. Sind Sie sicher, Mr. Proteus, daß ich nicht, wenn ich das Ultimatum unterschreibe, doch unerbittlich in jenes Verhalten zurückfalle, das meine Natur mir vorschreibt?
PROTEUS *dessen Geduld auf eine harte Probe gestellt wird:* Was hat es für einen Sinn, so weiterzumachen. Sie sind wie ein Mann unter dem Galgen, der seine Gebete in die Länge zieht, um die unvermeidliche Hinrichtung so lange wie möglich hinauszuzögern. Nichts, was Sie sagen, wird etwas an der Sache ändern. Sie wissen, daß Sie unterschreiben müssen. Warum unterschreiben Sie nicht und bringen es hinter sich?
NICOBAR Jetzt redest du endlich, Joe.
BALBUS So muß man es ihm geben!

PLINY Schlucken Sie's Majestät – es wird vom Aufschieben nicht süßer.
LYSISTRATA Um Himmelswillen, unterschreiben Sie, Majestät. Das ist ja eine Tortur.
MAGNUS Ich bemerke, meine Herren, daß ihre Geduld erschöpft ist. Ich werde Sie nicht länger hinhalten. Sie sind sehr geduldig gewesen, und ich danke Ihnen dafür. Ich werde nicht weiter diskutieren. Aber lassen Sie mir bis fünf Uhr heute abend Zeit, um meine Entscheidung zu treffen. Wenn ich bis dahin keinen Ausweg gefunden habe, werde ich ohne ein weiteres Wort unterschreiben. Bis dahin, meine Damen und Herren – au revoir! *Er steht auf. Alle erheben sich. Er geht hinaus.*
PROTEUS Sein letztes Zucken. Laßt ihn nur: wir haben ihn sicher. Wie wärs mit Mittagessen. Ich sterbe vor Hunger. Darf ich dich einladen, Lizzie?
LYSISTRATA Laß mich in Ruhe. *Sie stürzt aufgelöst nach draußen.*
AMANDA Die arme, liebe Lizzie! Mit ihrem konservativen Bewußtsein. Wenn ich nur ihren Verstand und ihre Bildung hätte oder sie mein Varietétalent. Was wäre das für eine Königin? Wie die alte Königin Elisabeth, meint ihr nicht? Gräm dich nicht, Joe. Da dir so viel daran liegt, gehe ich mit dir essen.
CRASSUS Komm und geh mit mir essen – kommt alle.
AMANDA Welche Großzügigkeit! Kannst du's dir leisten?
CRASSUS Die Bruch-Ltd. wird zahlen. Sie haben ein ständiges Spesen-Konto im Ritz. Es beläuft sich auf über fünftausend im Jahr.
PROTEUS Gut! Laßt uns die Ägypter plündern.
BOANERGES *mit römischer Würde:* Mein Mittagessen wird mich einen Shilling sechs Pence kosten, und ich werde es selber zahlen. *Er stelzt hinaus.*
AMANDA *ruft ihm nach:* Mach dich doch nicht lächerlich, Bill. Komm doch!
PROTEUS Los, kommt! Es ist schon spät genug.
Sie eilen alle hinaus. Sempronius und Pamphilius, die hereinkommen, müssen beiseite treten, um sie vorbeizulassen, bevor sie an ihre Schreibtische können. Proteus, der Amanda am Arm führt, bleibt stehen, als er die beiden sieht.
PROTEUS Darf ich wohl fragen, ob ihr beiden gehorcht habt?

PAMPHILIUS Nun, es wäre ziemlich umständlich, wenn man alles, was vorgeht, erst berichtet bekommen müßte.
SEMPRONIUS Ein für allemal, Mr. Proteus: die Privatsekretäre des Königs müssen alles hören, alles sehen und alles wissen.
PROTEUS Seltsamerweise, Mr. Sempronius, habe ich überhaupt nichts dagegen. *Er geht.*
AMANDA *geht mit ihm:* Auf Wiedersehen, Semmy. Bis später Pam –
SEMPRONIUS ⎱ *setzen sich an ihre Schreibtische und gäh-*
PAMPHILIUS ⎰ *nen ausgiebig:* Ou-ou-ou-ou-oufff!

Ein Zwischenspiel

Orinthias Boudoir um fünfzehn Uhr dreißig am selben Tag. Sie sitzt an ihrem Schreibtisch und kritzelt auf Zettel. Sie ist auf romantische Weise schön und auf die gleiche Art gekleidet. Da der Tisch nahe an der Wand fast in der Ecke steht, ist von der Mitte des Raumes aus nur ihr Rücken zu sehen. Die Tür ist diagonal gegenüber in der Nähe der entgegengesetzten Ecke. In der Mitte des Raumes steht eine Chaiselongue.
Der König tritt ein und bleibt auf der Schwelle stehen.

ORINTHIA *ärgerlich, ohne sich umzusehen:* Wer ist da?
MAGNUS Seine Majestät der König.
ORINTHIA Ich will ihn nicht sehen.
MAGNUS Wann wirst du denn Zeit haben?
ORINTHIA Ich habe nicht gesagt, daß ich keine Zeit hätte. Sagen Sie dem König, daß ich ihn nicht sehen will.
MAGNUS Er wartet, bis es Ihnen gefällig ist. *Er kommt herein und setzt sich auf die Chaiselongue.*
ORINTHIA Geh weg. *Eine Pause.* Ich will nicht mit dir sprechen. *Zweite Pause.* Wenn in meine privaten Räume jeden Augenblick eingebrochen werden kann, weil sie im Palast liegen und weil der König kein Gentleman ist, muß ich mir ein Haus außerhalb mieten. Ich schreibe gerade deswegen an einen Makler.
MAGNUS Worüber zanken wir uns eigentlich heute, Geliebte?
ORINTHIA Frage dein Gewissen.
MAGNUS Was dich betrifft, habe ich kein Gewissen. Du mußt es mir sagen.
ORINTHIA *sie nimmt ein Buch vom Tisch und steht auf, dann kommt sie in großartiger Manier zur Chaiselongue gefegt und schleudert ihm das Buch in die Hände:* Da!
MAGNUS Was ist das?
ORINTHIA Seite 16. Sieh es dir an.
MAGNUS *betrachtet den Titel auf der Rückseite des Buches:* »Lieder unserer Ur-Urgroßeltern.«
Welche Seite sagtest du?
ORINTHIA *zwischen den Zähnen:* Sechzehn.
MAGNUS *öffnet das Buch und schlägt die Seite auf, sein Blick*

erhellt sich, als er die Stelle erkennt: Ah! Der Pilger der Liebe!

ORINTHIA Lies die ersten drei Worte – wenn du es wagst.

MAGNUS *lächelnd, spricht die Worte liebkosend:* »Orinthia, meine Geliebte.«

ORINTHIA Das ist der Name, von dem du behauptet hast, ihn ganz allein für mich erfunden zu haben, für die Frau, die für dich die einzige auf der Welt ist. Du hast ihn aus dem Papierkorb eines Antiquars herausgefischt. Und ich glaubte, du wärest ein Dichter!

MAGNUS Aber ein Dichter kann doch einen Namen für einen anderen weihen. Orinthia ist für mich ein Name voller Zauber. Wenn ich ihn selber erfunden hätte, könnte er das gar nicht sein. Als ich ein Kind war, habe ich ihn bei einem Konzert für alte Musik gehört, und seitdem ist er mir teuer gewesen.

ORINTHIA Du hast immer eine charmante Entschuldigung. Du bist der König der Lügner und Schwindler. Du kannst nicht verstehen, wie eine solche Falschheit mich verletzt.

MAGNUS *reuig, streckt die Arme nach ihr aus:* Geliebte! Es tut mir leid.

ORINTHIA Steck nur Deine Hände in die Tasche. Sie sollen mich nie mehr berühren.

MAGNUS *gehorcht:* Teuerste, tu nicht so, als wärst du verletzt, wenn du es nicht wirklich bist. Es drückt mir das Herz ab.

ORINTHIA Seit wann hast du denn ein Herz. Hast du das auch antiquarisch gekauft?

MAGNUS Ich habe etwas in mir, das wimmert, wenn du verletzt bist – oder so tust.

ORINTHIA *verächtlich:* Ja, ich brauche nur zu piepsen, dann hebst du mich auf und streichelst mich wie ein Hündchen, das überfahren worden ist. *Sie setzt sich neben ihn, aber außer Reichweite:* Das gibst du mir, wenn mein Herz nach Liebe verlangt. Es wäre mir lieber, du gäbst mir einen Tritt.

MAGNUS Manchmal, wenn du besonders aufreibend bist, würde ich dir ganz gern einen Tritt versetzen. Aber ich würde das schlecht machen. Ich hätte die ganze Zeit Angst, dir weh zu tun.

ORINTHIA Ich glaube, du würdest mein Todesurteil unterschreiben, ohne mit der Wimper zu zucken.

MAGNUS Das stimmt irgendwie. Es ist wundervoll, wie subtil du denkst, jedenfalls soweit du denkst.
ORINTHIA Ich denke wohl nicht so weit wie du, wie?
MAGNUS Ich weiß nicht. Unsere Gedanken gehen den halben Weg zusammen. Ob die deinen dann aufhören oder ob sich der Weg gabelt und die deinen sich nach rechts und die meinen sich nach links wenden, das kann ich nicht sagen; aber nach einem gewissen Punkt verlieren wir einander.
ORINTHIA Und dann gehst du zu deinen Amandas und Lysistratas zurück. Wesen, die sich unter Liebe einen Minister vorstellen, der in sein Ressort verliebt ist, und die auf ihrem Nachttisch Weißbücher liegen haben.
MAGNUS Sie haben wirklich auch noch etwas anderes als nur Männer im Kopf. Das ist meiner Meinung nach eine sehr erstrebenswerte Ausweitung der Interessen. Wenn Lysistrata einen Liebhaber hätte, so würde mich der nicht im geringsten interessieren; und sie würde mich zu Tode langweilen, wenn sie von nichts anderem reden könnte. Aber an ihrem Ressort bin ich sehr interessiert. Ihre Hingabe an dieses Ressort gibt uns einen Gesprächsstoff, der nie langweilig wird.
ORINTHIA Gut, dann geh zu ihr, ich halte dich nicht zurück. Aber sag ihr nicht, daß ich über nichts reden kann als über Männer; denn das ist eine Lüge, und du weißt es.
MAGNUS Es ist, wie du sagst, eine Lüge; und ich weiß es. Aber ich habe es nicht behauptet.
ORINTHIA Du hast es angedeutet. Du hast es gemeint. Wenn diese lächerlichen Politweiber bei uns sind, redest du die ganze Zeit mit ihnen, und zu mir sagst du kein Wort.
MAGNUS Du sagst aber auch kein Wort. Wir können in der Öffentlichkeit nicht miteinander reden; wir haben uns nichts zu sagen, was man vor anderen Leuten sagen könnte. Und doch haben wir einander genug zu sagen, wenn wir allein sind. Würdest du das ändern wollen?
ORINTHIA Du bist so schlüpfrig wie ein Aal; aber mir sollst du nicht durch die Finger schlüpfen. Warum umgibst du dich mit politischen Langweilern und alten Schachteln und uneleganten Gschaftlhubern, die nicht reden können; sie können nur über ihre langweiligen Ressorts debattieren und über ihre Lieblingsprojekte und ihre Wahlchancen. *Sie steht ungeduldig auf:* Wer kann mit solchen

Leuten reden? Wenn sie nicht ihre Nullen von Ehefrauen und Ehemännern mit sich herumschleppten, wäre überhaupt niemand da, mit dem man sprechen könnte. Und die können auch von nichts anderem reden als von den Kindern und den Dienstboten. *Sie kehrt plötzlich zu ihrem Sitz zurück:* Hör mich an, Magnus. Warum kannst du nicht so sein wie ein richtiger König?

MAGNUS Und wie wäre das, Geliebteste?

ORINTHIA Jag dieses ganze blöde Volk davon. Laß sie ihre langweilige Arbeit in ihren Ressorts tun, ohne dich damit zu behelligen, genau so, wie du deine Dienstboten hier die Böden kehren und Staub wischen läßt. Lebe ein wirklich edles und schönes Leben – ein königliches Leben – mit mir. Was du brauchst, um ein richtiger König zu werden, ist eine richtige Königin.

MAGNUS Aber ich habe schon eine.

ORINTHIA Oh, du bist blind. Du bist schlimmer als blind: Du hast einen gewöhnlichen Geschmack. Der Himmel bietet dir eine Rose, und du hältst an einem Kohlkopf fest.

MAGNUS *lacht:* Das ist ein sehr guter Vergleich, Geliebte. Aber welcher weise Mann, den man vor die Wahl stellte, entweder ohne Rosen oder ohne Kohl auszukommen, würde sich nicht für den Kohl entscheiden?
Übrigens waren alle diese alten verheirateten Kohlköpfe einmal Rosen; und obwohl das so junge Dinger wie du nicht wissen, erinnern sich doch ihre Ehemänner daran. Sie bemerken die Veränderung nicht. Übrigens solltest du besser als jeder andere wissen: wenn ein Mann seiner Ehefrau überdrüssig wird und sie verläßt, so nie darum, weil sie ihre Schönheit verloren hat. Die neue Liebe ist oft älter und häßlicher als die alte.

ORINTHIA Warum sollte ich das besser wissen als jeder andere?

MAGNUS Nun, weil du zweimal verheiratet gewesen bist; und weil deine beiden Männer mit Frauen davongelaufen sind, die viel weniger schön und dümmer waren als du. Als ich deinen jetzigen Mann bat, aus Gründen der Schicklichkeit für einige Zeit wieder an den Hof zu kommen, sagte er, kein Mann könne zusammen in einem Haus mit dir seine Seele sein eigen nennen. Und doch war dieser Mann, als er dich heiratete, unsterblich in deine Schönheit verliebt. Dein erster Mann zwang buchstäblich eine gute

Ehefrau, sich von ihm scheiden zu lassen, damit er dich heiraten konnte; aber bevor zwei Jahre um waren, kehrte er zu ihr zurück und starb in ihren Armen, der arme Kerl.

ORINTHIA Soll ich dir sagen, warum diese Männer nicht mit mir leben konnten? Weil ich ein Vollblut bin und sie nur Karrengäule. Sie hatten mir nichts vorzuwerfen. Ich war ihnen vollkommen treu. Ich führte ihre Häuser tadellos; ich gab ihnen besseres Essen, als sie je zuvor bekommen hatten. Aber weil ich höher stand als sie, ein größerer Mensch war, konnten sie die Anstrengung nicht ertragen, mir gerecht zu werden. Ich ließ sie also ihrer Wege gehen, die armen Krüppel, zurück zu ihren Kohlköpfen. Sieh dir das alte Stück an, mit dem Ignatius jetzt lebt. Die ist der beste Beweis.

MAGNUS Eine ausgezeichnete Frau. Ignatius ist völlig glücklich mit ihr. Ich habe noch nie bei einem Mann eine solche Veränderung erlebt.

ORINTHIA Sie paßt genau zu ihm. Gewöhnlich. Bourgeois. Sie trottet durch die Stadt und kauft ein. *Erhebt sich:* Ich wandle auf den Pfaden des Himmels. Gewöhnliche Frauen können nicht dort hinkommen, wo ich bin; und gewöhnliche Männer finden sich entlarvt und schleichen davon.

MAGNUS Es muß herrlich sein, sich wie eine Göttin vorzukommen, ohne daß man das Geringste tut, um diese Meinung zu rechtfertigen.

ORINTHIA Gib mir die Aufgabe einer Göttin, und ich werde sie erledigen. Ich werde mich sogar zu den Pflichten einer Königin herablassen, wenn du den Thron mit mir teilst. Aber behaupte nicht, daß Menschen groß werden, weil sie große Dinge tun. Sie tun große Dinge, weil sie groß sind, wenn diese großen Aufgaben ihnen in den Weg kommen. Aber auch wenn diese Aufgaben nicht kommen, so sind sie selbst doch groß. Wenn ich nichts anderes täte, als in diesem Zimmer zu sitzen, mir das Gesicht zu pudern und dir zu erzählen, was für ein kluger Narr du bist, so wäre ich immer noch himmelhoch erhaben über Millionen von gewöhnlichen Frauen, die ihre häuslichen Pflichten verrichten, sich opfern, Ressorts verwalten und all diese anderen gewöhnlichen Dinge. Hat die ganze langweilige öffentliche Arbeit, die du geleistet hast, dich besser gemacht? Ich habe dich vor und nach deinen berühmten politischen Streichen gesehen, und du warst der gleiche Mann, und du wärest für mich und für dich der gleiche gewesen, wenn du sie nie vollführt hättest. Gott-sei-Dank ist mein Selbstbewußtsein etwas Edleres als der vulgäre Stolz darauf, etwas getan zu haben. Was ich bin, nicht was ich tue, mußt du in mir verehren. Wenn du Taten willst, dann geh zu deinen Männern und Frauen der Tat, wie sie sich nennen. Sie haben sich alle verschworen, so zu tun, als ob die mechanischen Dinge, die sie tun, die leichtsinnige Art, wie sie ihre wertlosen Leben aufs Spiel setzen, oder die Tatsache, daß sie um vier Uhr morgens aufstehen und dreißig Jahre hindurch sechzehn Stunden am Tag arbeiten wie die Korallentierchen, sie groß machen. Wozu sind sie gut, diese dumpfen Sklaven? Dafür zu sorgen, daß die Straßen für mich sauber gehalten werden. Mir zu ermöglichen, in Schönheit über sie zu herrschen wie ein Stern der hoch über ihrer Sklaverei steht, der sie aber tröstet, ihre Niedrigkeit erhellt, sie vergessen läßt in Träumen, die mich verherrlichen. Bin ich das nicht wert? *Sie setzt sich und strahlt ihn an:* Schau mir in die Augen und sag die Wahrheit. Bin ich es wert oder nicht?

MAGNUS Für mich, der die Schönheit liebt, ja. Aber du solltest die Reden hören, die Balbus über deine Apanage führt.

ORINTHIA Und über meine Schulden: vergiß nicht meine Schulden, die Hypotheken, die Pfändung meiner Möbel, die Tausende, die ich bei den Geldleihern aufnehmen mußte, damit mein Eigentum nicht versteigert wurde. Und das alles, weil ich nicht von meinen Freunden borgen will. Halt mir wieder einen Vortrag darüber, aber wage nicht so zu tun, als ob das Volk mir meine Apanage nicht gönne. Sie freuen sich darüber, und über meine Verschwendung, wie du es nennst.

MAGNUS *ernster:* Übrigens, Orinthia, als deine Schneiderin sich bereit erklärte, diese letzte Rechnung stehen zu lassen, da hat sie doch wohl darauf spekuliert, daß du eines Tages meine Königin wirst?

ORINTHIA Und wenn schon.

MAGNUS Sie wäre bestimmt nicht darauf gekommen, wenn sie nicht einen Wink bekommen hätte. Kam der von dir?

ORINTHIA Hältst du mich dessen für fähig? Du hast etwas sehr Gemeines in dir, Magnus.

MAGNUS Ich habe ohne Zweifel wie jedes Ding meine zwei Seiten. Aber es nützt gar nichts, wenn du dich aufspielst, Geliebteste. Du bist zu allem fähig. Willst du leugnen, daß irgendeine Bemerkung diesbezüglich gefallen ist?

ORINTHIA Wie kannst du mir unterstellen, daß ich es leugnen will? Ich leugne nie etwas. Natürlich ist eine diesbezügliche Bemerkung gefallen.

MAGNUS Das hab ich mir gedacht.

ORINTHIA Oh, wie stupide, wie stupide! Geh, mach einen Krimskramladen auf, das würde genau zu dir passen. Denkst du etwa, ich hätte die Bemerkung gemacht? Hornochse, es liegt doch in der Luft. Als meine Schneiderin eine Anspielung machte, sagte ich ihr, wenn sie es noch einmal wage, so etwas zu wiederholen, bekäme sie nie mehr einen Auftrag von mir. Aber kann ich verhindern, daß die Menschen sehen, was sonnenklar ist? *Sie steht wieder auf:* Jedermann weiß, daß ich die wirkliche Königin bin. Jeder behandelt mich wie die wirkliche Königin. Man ruft mir auf den Straßen zu. Wenn ich eine Kunstausstellung eröffne oder ein Schiff taufe, läuft alles zusammen. Ich bin eine geborene Königin – und sie wissen es. Wenn du das nicht spürst, bist du es nicht.

MAGNUS Wie erhaben! Nichts außer echter Inspiration könnte eine Frau unverschämt machen.

ORINTHIA Ja, Inspiration, nicht Unverschämtheit. *Setzt sich hin wie vorhin:* Magnus; wann wirst du endlich meine Bestimmung begreifen und deine eigene.

MAGNUS Aber meine Frau? Die Königin. Was soll aus meiner lieben alten Jemima werden?

ORINTHIA Oh, ertränke sie, erschieße sie; sag deinem Chauffeur, er soll sie in den Weiher fahren. Die Frau macht dich lächerlich.

MAGNUS Das würde ich sehr ungern tun. Und die Leute würden es für undankbar halten.

ORINTHIA Oh, du weißt, was ich meine. Laß dich von ihr scheiden. Veranlasse sie, sich von dir scheiden zu lassen. Es ist ganz leicht. Auf diese Weise hat auch Ronny mich geheiratet. Jeder tut es, wenn er eine Abwechslung braucht.

MAGNUS Aber ich weiß nicht, was ich ohne Jemima anfangen soll!

ORINTHIA Kein Mensch kann sich vorstellen, was du mit ihr

anfängst. Aber du brauchst ja nicht ohne sie fertig zu werden. Wenn wir verheiratet sind, kannst du sie so oft sehen, wie du willst. Ich werde nicht eifersüchtig sein und keine Szenen machen.

MAGNUS Das ist sehr großzügig von dir. Aber ich fürchte, es behebt die Schwierigkeiten nicht. Jemima würde es für unrecht halten, ihre jetzige Intimität mit mir aufrecht zu erhalten, wenn ich mit Dir verheiratet wäre.

ORINTHIA Was für ein Weib! Würde sie dann etwa in einer schlimmeren Lage sein, als die ist, in der ich jetzt bin?

MAGNUS Nein.

ORINTHIA Du willst also sagen, daß es dir nichts ausmacht, mich in eine Lage zu bringen, die du für sie nicht gut genug fändest.

MAGNUS Orinthia, ich habe dich nicht in deine jetzige Lage gebracht. Du hast dich selbst hineingebracht. Ich konnte dir nicht widerstehen. Du hast mich gepflückt wie ein Gänseblümchen.

ORINTHIA Wolltest du mir denn widerstehen?

MAGNUS O nein. Ich widerstehe nie einer Versuchung, denn ich habe herausgefunden, daß Dinge, die schlecht für mich sind, mich gar nicht in Versuchung führen.

ORINTHIA Also, worüber reden wir denn eigentlich?

MAGNUS Ich habe es vergessen. Ich glaube, ich wollte dir erklären, daß meine Frau unmöglich den Platz mit dir tauschen kann.

ORINTHIA Und warum, bitte, ist es unmöglich?

MAGNUS Du wirst es nicht verstehen. Siehst du, obwohl du zwei Opfer vor den Altar geschleppt und einem davon sogar Kinder geboren hast, bist du noch nie richtig verheiratet gewesen. Dein Mann zu sein, ist ein Job, den ein Mann so gut ausführen kann wie ein anderer und den dein letzter Mann mit einer Frist von sechs Monaten beim Scheidungsgericht gekündigt hat. Meine Frau zu sein, ist etwas völlig anderes. Die geringste Kränkung von Jemima würde mich wie ein Peitschenhieb ins Gesicht treffen. Deine Würde kümmert mich dagegen keinen Deut.

ORINTHIA Meiner Würde kann nichts etwas anhaben: sie ist göttlich. Die ihre ist nur eine Konvention; darum zitterst du, wenn sie angetastet wird.

MAGNUS Ganz und gar nicht. Sie ist ein Teil meines alltäglichen Selbst. Du bist ein Mädchen.

ORINTHIA Und wenn sie nun stirbt? Wirst du dann auch sterben?

MAGNUS Nicht unmittelbar. Ich werde, so gut ich kann, ohne sie auskommen müssen. Aber die Aussicht erschreckt mich.

ORINTHIA Könnte ohne sie auskommen nicht bedeuten, daß du mich heiratest?

MAGNUS Meine liebe Orinthia. Eher würde ich den Teufel heiraten. Ehefrau zu sein, ist nicht deine Aufgabe.

ORINTHIA Du glaubst das, weil du keine Phantasie hast. Und du kennst mich nicht, denn ich habe mich von dir nie wirklich besitzen lassen. Ich würde dich glücklicher machen, als je ein Mann auf Erden gewesen ist.

MAGNUS Ich bin sicher, daß du mich nicht glücklicher machen kannst, als unsere seltsam unschuldigen Beziehungen mich schon gemacht haben.

ORINTHIA *erhebt sich voller Unruhe:* Du redest wie ein Kind oder ein Heiliger. *Sich an ihn wendend:* Ich kann dir ein neues Leben geben, eins, von dem du keine Vorstellung hast. Ich kann dir schöne, wunderbare Kinder schenken. Hast du je einen lieblicheren Knaben gesehen als meinen Basil?

MAGNUS Deine Kinder sind schön; aber es sind Märchenkinder, und ich habe schon mehrere sehr wirkliche Kinder. Eine Scheidung würde sie den Märchenkindern nicht aus dem Weg fegen.

ORINTHIA Kurz gesagt, wenn dein goldener Augenblick kommt – wenn die Tore des Himmels sich vor dir öffnen, hast du Angst, aus deinem Schweinestall herauszukommen.

MAGNUS Wenn ich ein Schwein bin, so ist der Schweinestall der angemessene Ort für mich.

ORINTHIA Ich kann es nicht begreifen. Wenn man sie richtig kennen lernt, entpuppen sich alle Männer als Narren und moralische Schwächlinge. Aber du bist weniger dumm und weniger moralisch feige als irgendein Mann, den ich bis jetzt kennengelernt habe. Du könntest beinahe eine erstklassige Frau sein. Wenn ich diese Erde verlasse und zu jenen Regionen emporschwebe, die meine wirkliche und ewige Heimat sind, kannst du mir folgen; mit dir kann ich sprechen, wie ich mit sonst niemandem sprechen kann, und du kannst mir Dinge sagen, die deine blöde

Frau zum Weinen bringen würden. In mir ist mehr von dir als in irgendeinem anderen Mann in meiner Reichweite. Und in dir ist mehr von mir als in irgendeiner anderen Frau in deiner Reichweite. Wir sind füreinander bestimmt; es steht am Himmelszelt geschrieben, daß du und ich König und Königin sind. Wie kannst du da zögern? Welchen Reiz haben für dich deine gewöhnlichen, gesunden, munteren Klötze von Kindern und deine gewöhnliche hausbackene Frau und diese Bande von Langweilern und Emporkömmlingen und Intriganten und Clowns, die sich einbilden, das Land zu regieren, und die sich doch nur mit dir herumzanken? Sieh mich noch einmal an, Mann, sieh mich immer und immer wieder an. Bin ich nicht eine Million solcher Wesen wert? Ist nicht ein Leben mit mir so hoch über ihnen wie die Sonne über dem Rinnstein?

MAGNUS Ja, ja, ja, ja natürlich. Du bist schön, du bist göttlich – *sie kann eine Geste des Triumphs nicht unterdrücken* – und du bist riesig amüsant.

Diese Anti-Klimax ist zu viel für Orinthias Exaltiertheit, aber sie ist zu klug, um sie nicht zu würdigen. Mit einer zweiten Geste, diesmal einer Geste der Ernüchterung, setzt sie sich zu seiner Linken nieder mit einer Miene leidender Geduld und hört sich schweigend den Wortschwall an, der jetzt kommt.)

MAGNUS Eines Tages wird die Natur vielleicht die Rosen auf die Kohlköpfe aufpfropfen und jede Frau so bezaubernd machen wie dich. Was für ein herrliches Leben wird das sein! Aber gegenwärtig komme ich her, um mit dir zu plaudern, wie wir es jetzt tun, wenn ich mich einmal für eine Stunde von meinem Königtum erholen muß, wenn meine blöde Frau mich geärgert, meine munteren Klötze von Kindern mich ermüden oder mein turbulentes Kabinett mich erschöpft hat, wenn ich, wie die Doktoren es ausdrücken, eine Abwechslung brauche. Weißt du, meine Liebe, es gibt auf Erden keine Ehefrau, die so teuer, keine Kinder, die so munter, kein Kabinett, das so taktvoll wäre, daß man ihrer unmöglich müde werden könnte. Jemima hat ihre Grenzen, wie du bemerkt hast. Und ich habe meine. Wenn sich nun unsere Beschränktheiten genau entsprächen, würde ich nie mit jemand anderem reden wollen, und sie auch nicht. Aber da das nie vorkommt, sind wir wie alle anderen Ehepaare; das heißt, es gibt Punkte, über die wir nicht miteinander sprechen können, weil es wunde Punkte sind. Es gibt Leute, die wir vor einander nicht erwähnen, weil der eine von uns sie mag und der andere nicht. Das sind nicht nur Individuen, sondern ganze Menschenklassen. Zum Beispiel deine Art Menschen. Meine Frau mag diese Art nicht, versteht sie nicht, mißtraut ihr und fürchtet sie. Nicht ohne Grund, denn Frauen wie du sind für Ehefrauen gefährlich. Aber mir mißfällt deine Art nicht; ich verstehe sie, weil ich selber ein wenig so bin. Vor allem habe ich keine Angst vor ihr; obgleich sich bei der leisesten Erwähnung dieser Art von Frauen die Stirn meiner Frau umwölkt. Wenn ich also offen darüber reden will, komme ich zu dir. Und ich nehme an, daß sie mit ihren Freunden über Leute redet, die sie mir gegenüber nie erwähnt. Sie hat Freunde, die ihr etwas geben können, das sie von mir nicht bekommen kann. Wenn das nicht so wäre, würde sie durch meine Begrenzung eingeschränkt, und das würde damit enden, daß sie mich haßt. Ich tue also immer mein Bestes, damit sich ihre Freunde bei uns wohl fühlen.

ORINTHIA Ein Musterehemann in einem Musterhaushalt! Und wenn der Musterhaushalt langweilig wird, dann bin ich zur Abwechslung da.

MAGNUS Was könntest du denn mehr verlangen. Laß uns doch nicht in den allgemeinen Irrtum verfallen, daß wir ein Fleisch und ein Geist werden wollen. Jeder Stern hat seine eigene Laufbahn, und zwischen dem Stern und seinem nächsten Nachbarn besteht nicht nur eine mächtige Anziehung, sondern auch ein unendlicher Abstand. Wenn die Anziehung stärker wird als der Abstand, umarmen sich die beiden nicht, sie stoßen zusammen und zerstören einander. Auch wir beide haben unsere Laufbahn und müssen einen unendlichen Abstand bewahren, um einen verhängnisvollen Zusammenstoß zu vermeiden. Diesen Abstand zu halten, ist das ganze Geheimnis guter Manieren, und ohne gute Manieren ist die menschliche Gesellschaft unerträglich und unmöglich.

ORINTHIA Keine andere Frau würde deine Predigten ertragen und sie sogar noch mögen.

MAGNUS Orinthia, wir sind nur zwei spielende Kinder; und du mußt dich damit zufrieden geben, im Märchen meine

Königin zu sein. Und – *er steht auf* – ich muß jetzt wieder an meine Arbeit.

ORINTHIA Was für eine Arbeit könnte so wichtig sein wie das Beisammensein mit mir?

MAGNUS Keine.

ORINTHIA Dann setz dich hin.

MAGNUS Unglücklicherweise muß diese dumme Regierungsarbeit aber getan werden. Und heute abend befinden wir uns wie gewöhnlich in einer Krise.

ORINTHIA Aber die Krise fängt doch erst um fünf Uhr an: Sempronius hat mir alles darüber erzählt. Warum ermutigst du Proteus, diesen habgierigen Intriganten. Er führt dich hinters Licht. Er führt alle hinters Licht. Er betrügt sich sogar selbst und natürlich betrügt er das Kabinett, das eine Schande für dich ist. Es ist wie ein überfülltes Dritter-Klasse-Abteil. Warum läßt du dir von solchem Gesindel die Zeit stehlen? Wofür wirst du eigentlich bezahlt? Um ein König zu sein, das heißt, an gewöhnlichen Leuten deine Stiefel abzustreifen.

MAGNUS Ja, aber dieses königliche Geschäft, wie die Amerikaner es nennen, ist inzwischen so mit der Demokratie verflochten, daß die Hälfte des Landes erwartet, daß ich meine tadellos sauberen Stiefel am Kabinett abstreife, und die andere Hälfte erwartet, daß das Kabinett seine schmutzigen Stiefel an mir abstreift. Die Krise um fünf Uhr soll entscheiden, wer von uns die Fußmatte sein soll.

ORINTHIA Und du willst dich herablassen, mit Proteus um die Macht zu kämpfen?

MAGNUS Oh nein, ich kämpfe nie. Ich gewinne nur manchmal.

ORINTHIA Wenn du dich von diesem Betrüger und Angeber besiegen läßt, dann wage nie mehr, mir nahe zu kommen.

MAGNUS Proteus ist ein schlauer Kerl, manchmal sogar ein feiner Kerl. Ihn zu besiegen, würde mich nicht befriedigen. Ich hasse es, Menschen zu besiegen. Aber wenn ich ihn überlisten könnte, das wäre ein unschuldiger Spaß.

ORINTHIA Magnus: Du bist ein Schlappschwanz. Wenn du ein richtiger Mann wärest, dann würdest du ihn mit Vergnügen zu Mus zerstampfen.

MAGNUS Ein richtiger Mann würde sich zum König nicht eignen. Ich bin nur ein Idol, meine Liebe; und ich kann nichts anderes tun, als zu vermeiden, daß ich ein grausamer Götze werden. *Er sieht auf die Uhr.* Jetzt muß ich aber wirklich gehen. Au revoir.

ORINTHIA *blickt auf ihre Armbanduhr:* Aber es ist erst fünfundzwanzig nach vier. Du hast doch bis fünf noch massenhaft Zeit.

MAGNUS Ja, aber um halb fünf gibt es Tee.

ORINTHIA *schnellt wie eine Schlange vor und packt ihn am Arm:* Laß doch den Tee. Ich mach dir Tee.

MAGNUS Unmöglich, Geliebteste. Jemima wartet nicht gern.

ORINTHIA Oh, geh zum Henker mit Jemima! Du sollst mich nicht allein lassen und zu Jemima gehen. *Sie zerrt ihn so heftig zurück, daß er neben ihr auf das Sofa fällt.*

MAGNUS Meine Liebe, ich muß aber.

ORINTHIA Nein, nicht heute. Höre Magnus. Ich muß dir etwas ganz Wichtiges sagen.

MAGNUS Das stimmt nicht. Du willst nur, daß ich mich verspäte, um meine Frau zu ärgern. *Er versucht aufzustehen, aber sie zerrt ihn zurück.* Laß mich los, bitte.

ORINTHIA *hält ihn fest:* Warum hast du solche Angst vor deiner Frau? Ganz London lacht über dich, du armer kleiner Pantoffelheld.

MAGNUS Pantoffelheld! Was ist denn das hier. Meine Frau wendet wenigstens keine körperliche Gewalt an.

ORINTHIA Ich will nicht wegen deiner Alten alleingelassen werden.

MAGNUS Hör mal, Orinthia. Das ist doch absurd. Du weißt doch, daß ich gehen muß. Sei lieb!

ORINTHIA Nur noch zehn Minuten.

MAGNUS Es ist jetzt schon halb. *Er versucht aufzustehen, aber sie hält ihn zurück. Macht eine Pause, um Atem zu schöpfen.* Du tust das hier aus reiner Bosheit. Du bist so abscheulich stark, daß ich mich nicht losmachen kann, ohne dir weh zu tun. Muß ich die Wache rufen?

ORINTHIA Ruf sie! Ruf sie doch! Dann wird es morgen in allen Zeitungen stehen.

MAGNUS Du Teufel! *Nimmt seine ganze Würde zusammen:* Orinthia, ich befehle dir!

ORINTHIA *lacht hemmungslos.*

MAGNUS *wütend:* Also gut, du Teufelin; du sollst mich loslassen.

Er wehrt sich im Ernst. Sie wirft ihm die Arme um den Hals und hält sich mit boshafter Freude fest. Es klopft an der Tür, aber sie hören es nicht. Als er sich beinahe losgemacht hat, greift sie plötzlich um seine Mitte und zerrt ihn zu Boden, wo sie übereinander rollen. Sempronius tritt ein. Er starrt einen Augenblick auf die skandalöse Szene, dann schlüpft er schnell nach draußen und schließt die Tür. Er räuspert sich draußen und putzt geräuschvoll die Nase, dann klopft er wiederholt laut. Die beiden geben den Kampf auf und rappeln sich hastig hoch.

MAGNUS Herein.

SEMPRONIUS *tritt ein:* Ihre Majestät schickt mich, um Sie daran zu erinnern, daß der Tee fertig ist, Majestät.

MAGNUS Danke. *Er geht hastig hinaus.*

ORINTHIA *keuchend, aber sehr zufrieden mit sich:* Der König vergißt alles, wenn er hier ist. Ich fürchte, ich auch. Es tut mir so leid.

SEMPRONIUS *steif:* Sie brauchen keine Erklärung abzugeben. Ich habe gesehen, was los war. *Er geht hinaus.*

ORINTHIA Das Schwein. Er muß durchs Schlüsselloch geguckt haben. *Sie macht eine herausfordernde Geste und tanzt lachend zu ihrem Schreibtisch zurück.*

Zweiter Akt

Später am Nachmittag. Die Terrasse des Palastes. Eine niedrige Balustrade trennt die Terrasse vom Rasen. Es stehen zahlreiche Gartenstühle entlang der Balustrade. Auch ein paar Eßzimmerstühle; diese sind nicht aufgestellt worden, sondern stehen herum, als ob sie eben benutzt worden wären. In der Mitte der Balustrade führt eine Freitreppe auf den Rasen hinunter.
Der König und die Königin sitzen etwas voneinander entfernt in der Nähe der Stufen. Die Königin rechts vom König. Er liest die Abendzeitung; sie strickt. Sie hat rechts neben sich einen kleinen Arbeitstisch mit einem kleinen Gong darauf.

KÖNIGIN Warum hast du gesagt, sie sollten die Stühle stehen lassen, als das Teegeschirr weggeholt wurde?
MAGNUS Ich werde das Kabinett hier empfangen.
KÖNIGIN Hier? Warum?
MAGNUS Nun, ich glaube, das Abendlicht und die frische Luft werden einen beruhigenden Einfluß ausüben. Hier können sie mir nicht so leicht Reden halten wie in einem Zimmer.
KÖNIGIN Bist du sicher? Als ich Robert Boanerges fragte, wo er so gut reden gelernt hätte, sagte er »im Hydepark«.
MAGNUS Ja, aber vor einer Menge, die ihn anfeuerte.
KÖNIGIN Robert sagt, du hättest Boanerges gezähmt.
MAGNUS Nein, ich habe ihn nicht gezähmt. Ich habe ihm beigebracht, sich zu benehmen. Das muß ich bei allen Anfängern tun; aber das zähmt sie nicht, es lehrt sie, ihre Kraft zu gebrauchen, statt sie zu verschwenden, indem sie sich bloß lächerlich machen. Wenn ich dann gegen sie kämpfen muß, ist es desto schlimmer für mich.
KÖNIGIN Du erntest keinen Dank dafür. Sie glauben nur, daß du sie hintergehst.
MAGNUS Nun, in den Anfangslektionen tue ich das ja auch. Aber wenn es wirklich um die Sache geht, hat Schwindeln keinen Sinn mehr: sie lernen es selber zu schnell.
Pamphilius kommt von der Seite der Königin her die Terrasse entlang.
MAGNUS *schaut auf die Uhr:* Um Himmels willen! Sie sind doch wohl noch nicht da? Es ist noch nicht fünf.

PAMPHILIUS Nein, Majestät. Es ist der Amerikanische Botschafter.
KÖNIGIN *die sich ein wenig über die Unterbrechung ärgert:* Hat er eine Audienz?
PAMPHILIUS Nein, Majestät. Ich glaube, er hat sich über irgendetwas ziemlich aufgeregt. Ich kann nichts aus ihm herauskriegen. Er sagt, er müsse seine Majestät sofort sprechen.
KÖNIGIN Muß! Ein Amerikaner muß den König ohne Audienz sofort sehen! Nein, so etwas!
MAGNUS *erhebt sich:* Schick ihn herein, Pam.
Pamphilius geht hinaus.
KÖNIGIN Ich hätte ihm gesagt, er solle schriftlich um eine Audienz nachsuchen, und ihn dann eine Woche warten lassen.
MAGNUS Was? Wo wir doch Amerika immer noch die alten Kriegskosten schulden? Und mit einem so verrückten Imperialisten wie Bossfield als Präsident? Nein, meine Liebe, das hättest du nicht getan: du würdest ihn mit kriecherischer Höflichkeit behandel, wie auch ich es tun werde, verdammt noch mal!
PAMPHILIUS *erscheint wieder:* Seine Exzellenz, der Amerikanische Botschafter, Mr. Vanhattan.
Er zieht sich zurück, während Vanhattan hereinstürzt und wie ein Mensch, der eines überschwenglichen Willkommens gewiß ist, auf die Königin zueilt und ihr so lange und ausgiebig die Hand schüttelt, daß sie zuerst ihn erstaunt, dann den König hilfesuchend anstarrt, während ihre Hände die ganze Zeit heftig gepreßt und aufundabgeschwenkt werden.
MAGNUS Was in aller Welt ist denn los, Mr. Vanhattan. Sie schütteln Ihrer Majesätt noch die Ringe von den Fingern.
VANHATTAN *hört auf zu schütteln:* Ihre Majestät wird mir verzeihen, wenn sie die Natur meiner heutigen Botschaft erfährt. Dies, König Magnus, ist ein großer historischer Augenblick, vielleicht einer der größten, von dem die Geschichtsschreibung je berichtet hat oder berichten wird.
MAGNUS Haben Sie schon Tee getrunken?
VANHATTAN Tee! Wer kann in einem solchen Augenblick an Tee denken?
KÖNIGIN *ziemlich kühl:* Es ist schwer für uns, Ihre Begeiste-

rung zu teilen, wenn wir die Ursache nicht kennen.
VANHATTAN Das ist wahr, Majestät. Ich benehme mich wie ein Verrückter. Aber Sie sollen es erfahren. Sie sollen urteilen. Und dann sollen Sie sagen, ob ich die Bedeutung übertreibe – die unendliche Bedeutung – eines Anlasses, der gar nicht übertrieben werden kann.
MAGNUS Du lieber Himmel! Wollen Sie sich nicht setzen?
VANHATTAN *nimmt einen Stuhl und stellt ihn zwischen beide:* Ich danke Eurer Majestät. *Er setzt sich.*
MAGNUS Offenbar haben Sie eine aufregende Nachricht für uns. Ist sie privat oder offiziell?
VANHATTAN Offiziell, Majestät – daran ist nicht zu zweifeln. Was ich Ihnen sagen werde, ist eine authentische Botschaft der Vereinigten Staaten von Amerika an das Britische Empire.
KÖNIGIN Vielleicht sollte ich lieber gehen.
VANHATTAN Nein, Majestät, Sie sollen nicht gehen. Wo auch immer die Grenzen Ihrer Privilegien als Gemahlin Ihres Souveräns liegen, es ist Ihr Recht als Engländerin, zu hören, was mitzuteilen ich hierher gekommen bin.
MAGNUS Mein lieber Vanhatten, was zum Teufel ist denn eigentlich los?
VANHATTAN König Magnus, zwischen Ihrem Land und dem meinen stehen Schulden.
MAGNUS Das ist doch ohne Bedeutung, jetzt wo unsere Kapitalisten so viel in amerikanischen Konzernen investiert haben, daß Sie, nachdem Sie sich die Zinsen für die Schulden abgezogen haben, uns noch zwei Milliarden Dollar jährlich schicken müssen, um die Bilanz auszugleichen.
VANHATTAN König Magnus, vergessen Sie einmal die Zahlen. Zwischen Ihrem Land und dem meinen gibt es nicht nur eine Schuld, sondern auch eine Grenze: eine Grenze, an der keine einzige Kanone steht und kein einziger Soldat, und über die hinweg der amerikanische Bürger täglich die Hand des kanadischen Untertanen Ihres Thrones schüttelt.
MAGNUS Es gibt auch noch die Grenze, die der Ozean bildet und die auf unsere gemeinsamen ziemlich erheblichen Kosten von der UN verteidigt wird.
VANHATTAN *steht auf, um seinen Worten mehr Nachdruck zu verleihen:* Majestät, die Schuld ist gestrichen. Die

Grenze existiert nicht mehr.
KÖNIGIN Wie ist das möglich?
MAGNUS Soll ich das so verstehen, Mr. Vanhatten, daß durch irgendeine Naturkatastrophe der Kontinent von Nordamerika im Atlantik versunken ist?
VANHATTAN Es ist sogar etwas viel Wunderbareres geschehen. Man könnte sagen, daß der Atlantische Ozean im Britischen Empire untergegangen ist.
MAGNUS Mir scheint, es wäre besser, Sie würden uns so kurz und bündig wie möglich sagen, was geschehen ist. Bitte, setzen Sie sich.
VANHATTAN *setzt sich wieder:* Sie sind sich doch bewußt, Majestät, daß die Vereinigten Staaten einmal einen Teil Ihres Reiches bildeten.
MAGNUS Man sagt so.
VANHATTAN Man sagt nicht nur so, Majestät. Es ist eine historische Tatsache. Im achtzehnten Jahrhundert –
MAGNUS Das ist lange her.
VANHATTAN Im Leben der großen Nationen bedeuten Jahrhunderte wenig, Majestät. Lassen Sie mich an das Gleichnis vom verlorenen Sohn erinnern.
MAGNUS Aber wirklich, Mr. Vanhatten, das ist nun schon sehr, sehr lange her. Ich nehme an, daß seit gestern etwas sehr Wichtiges passiert ist.
VANHATTAN In der Tat. In der Tat, König Magnus.
MAGNUS Also, was ist es denn? Ich habe im Augenblick keine Zeit, mich mit dem achtzehnten Jahrhundert und dem verlorenen Sohn zu befassen.
KÖNIGIN Der König hat in zehn Minuten eine Kabinettssitzung, Mr. Vanhatten.
VANHATTAN Ich würde gern die Gesichter Ihrer Kabinettsmitglieder sehen, König Magnus, wenn sie hören, was ich Ihnen zu sagen habe.
MAGNUS Ich auch. Aber ich bin nicht in der Lage, es ihnen zu sagen, denn ich weiß selber nicht, was es ist.
VANHATTAN Der verlorene Sohn, Majestät, ist ins Haus seines Vaters zurückgekehrt. Nicht arm, nicht hungrig, nicht in Lumpen wie damals. Oh nein. Diesmal kehrt er zurück und bringt die Reichtümer der Erde mit in das Heim seiner Ahnen.
MAGNUS *springt von seinem Stuhl auf:* Sie wollen doch nicht sagen –

VANHATTAN *steht ebenfalls auf, in offenem Triumph:* Doch, das will ich sagen, Majestät. Die Unabhängigkeitserklärung ist aufgehoben. Die Verträge, die sie besiegelten, sind zerrissen. Wir haben uns entschlossen, wieder ins Britische Empire heimzukehren. Natürlich werden wir uns im Status eines Dominions unter der Präsidentschaft von Mr. Bossfield selbst verwalten. Ich werde Sie bald wieder hier besuchen, nicht als Gesandter einer ausländischen Macht, sondern als Hochkommissar Ihres größten Dominions und als Ihr sehr ergebener und treuer Untertan, Majestät.

MAGNUS *fällt in seinem Stuhl zusammen:* Verdammt, das werden Sie nicht. *Er starrt verzweifelt in die Zukunft, zum ersten Mal ist er völlig ratlos.*

KÖNIGIN Was für eine herrliche Sache, Mr. Vanhattan!

VANHATTAN Ich dachte mir, daß Majestät das sagen würden. Es ist das Wunderbarste, was je geschehen ist. *Er setzt sich wieder.*

KÖNIGIN *blickt beunruhigt zum König hinüber:* Meinst Du nicht auch, Magnus?

MAGNUS *reißt sich mit sichtlicher Anstrengung zusammen:* Darf ich wissen, Mr. Vanhattan, wer ist auf diesen, diesen – diesen Meisterstreich amerikanischer Politik verfallen? Offen gesagt, ich war gewohnt, Ihren Präsidenten als einen Staatsmann zu betrachten, bei dem der Mund der wichtigste Teil seines Kopfes ist. Er kann sich das nicht selbst ausgedacht haben. Wer hat ihn auf den Gedanken gebracht?

VANHATTAN Ich muß Ihre Kritik gegenüber Mr. Bossfield mit aller gebotenen Reserve zur Kenntnis nehmen, aber darf vielleicht erwähnen, daß wir Amerikaner diese gute Nachricht wahrscheinlich mit dem kürzlichen Besuch in Verbindung bringen, den der Präsident des Irischen Freistaates unseren Gestaden abgestattet hat. Ich kann seinen Namen nicht in seiner offiziellen gälischen Form aussprechen, und in unserem Büro gibt es nur eine Schreibkraft, die ihn richtig buchstabieren kann, aber er ist seinen Freunden unter dem Namen Mick O'Rafferty bekannt.

MAGNUS Der Schurke! Jemima, wir werden nach Dublin ziehen müssen. Dies ist das Ende Englands.

VANHATTAN In gewissem Sinne mögen Sie recht haben. Aber England wird nicht untergehen. Es wird eingehen – eingehen, Majestät – in einen größeren und glänzenderen Konzern. Vielleicht hätte ich eine unserer Bedingungen erwähnen sollen: Sie sollen der Kaiser werden. Ein König mag gut genug sein für diese kleine Insel, aber wenn wir dazu kommen, brauchen wir etwas Großartigeres.

MAGNUS Diese kleine Insel! »Dieser Smaragd in der silbernen See«. Ist Ihnen nicht der Gedanke gekommen, Mr. Vanhattan, daß wir, ehe wir uns zu einem bloßen Anhängsel des großen amerikanischen Konzerns erniedrigen lassen, den alten Kriegsruf des Sinn Fein erheben und bis zum letzten Blutstropfen für Unabhängigkeit kämpfen könnten?

VANHATTAN Es tät mir richtig leid, wenn ich eine solche Rückkehr in eine barbarische Vergangenheit in Betracht ziehen müßte. Glücklicherweise ist sie unmöglich – unmööglich. Der alte Kriegsruf würde den internationalen Besatzungen der UN-Flotte im Atlantik gar nichts sagen. Diese Flotte würde Sie blockieren, Majestät, und ich fürchte, wir sähen uns verpflichtet, Sie zu boykottieren. Die zwei Milliarden Dollar würden nicht mehr fließen.

MAGNUS Aber die kontinentalen Mächte! Glauben sie, die würden auch nur einen Augenblick einer solchen Verschiebung der Machtverhältnisse zustimmen?

VANHATTAN Warum nicht? Die Veränderung wäre nur nominell.

MAGNUS Nominell? Sie nennen eine Verschmelzung des Britischen Commenwealth mit den Vereinigten Staaten eine nominelle Veränderung? Wie werden Frankreich und Deutschland es nennen?

VANHATTAN *schüttelt mitfühlend den Kopf:* Frankreich und Deutschland? Diese komischen alten geographischen Ausdrücke, die Sie hier aus alter Familientradition benutzen, kümmern uns nicht. Ich vermute, daß Sie unter Deutschland die mehr oder weniger Sowjetischen Republiken zwischen dem Ural und der Nordsee meinen. Nun, die klugen Leute in Moskau und Berlin und Genf versuchen, sie zu vereinigen; und wir sind uns vollkommen einig darüber, daß sie keinen Einspruch gegen unseren Schritt erheben werden, wenn wir keinen gegen ihren erheben. Frankreich, womit Sie wahrscheinlich die Regierung von Neu-Timgad meinen, hat in Afrika zu viel zu tun, um sich drum zu kümmern, was zu beiden Seiten Ihres kleinen Kanal-Tunnels passiert. So lange Paris voll von Amerikanern ist und die Amerikaner voll von Geld, ist vom französischen Standpunkt aus im Westen alles in bester Ordnung. Für die Amerikaner ist eine der großen Attraktionen von Paris der Ausflug ins alte England. Die Franzosen wünschen, daß wir uns hier zu Hause fühlen. Und das tun wir auch. Warum auch nicht? Schließlich sind wir ja hier zu Hause.

MAGNUS Darf ich fragen, wieso?

VANHATTAN Nun, wir finden hier alles vor, woran wir gewöhnt sind: unsere Industrieprodukte, unsere Bücher, unsere Theaterstücke, unsere Sportarten, unsere Ernsten-Bibelforscher, unsere Fußpflegesysteme, unsere Filme. Kurz zusammengefaßt, könnte man sagen: unsere Waren und unsere Ideen. Eine politische Union mit uns würde nur die offizielle Anerkennung einer schon bestehenden Tatsache bedeuten. Man könnte es auch als Verbrüderung bezeichnen.

KÖNIGIN Sie vergessen, Mr. Vanhattan, daß wir eine große nationale Tradition haben.

VANHATTAN Majestät, die Vereinigten Staaten haben alle großen nationalen Traditionen absorbiert und mit ihrer eigenen glorreichen Tradition der Freiheit zu etwas Einmaligem und Universalem verschmolzen.

KÖNIGIN Wir haben eine eigene Kultur und Zivilisation. Sie mögen nicht besser sein als Ihre, aber sie sind anders.

VANHATTAN Meinen Sie wirklich? Wir fanden diese Kultur in den Werken der bildenden Kunst Britanniens verkörpert: in den prächtigen Landsitzen Ihres Adels, in den Kathedralen, die unsere gemeinsamen Vorfahren als die Landsitze Gottes bauten. Was haben Sie mit ihnen getan? Sie haben sie uns verkauft. Ich bin im Schatten der Kathedrale von Ely aufgewachsen, deren Verlegung aus der Grafschaft Cambridge nach New Jersey der erste große berufliche Auftrag meines lieben alten Vaters war. Das Gebäude, das auf dem früheren Standort der Kathedrale steht, ist sehr schön, meiner Meinung nach das beste Beispiel für den Eisenbetonbau dieser Periode: aber es wurde von einem amerikanischen Architekten entworfen und vom Trust für synthetische Baustoffe ausgeführt, der ein internationales Unternehmen ist. Glauben Sie mir, das englische Volk, das wirkliche englische Volk, das die Dinge so nimmt, wie sie kommen, statt Bücher darüber zu lesen, wird sich bei uns mehr zu Hause fühlen als in einem England der alten Vorstellungen, wie unsere Touristen sie zu erhalten suchen. Wenn Sie einen Landedelmann treffen, der die alten englischen Weihnachtssitten und ähnliches aufrechterhält, wer ist das? Ein Amerikaner, der den Landsitz gekauft hat. Ihre Landsleute veranstalten die Schau für ihn, weil er dafür bezahlt, nicht weil sie ihnen selbstverständlich ist.

KÖNIGIN *mit einem Seufzer:* Unsere eigenen besten Familien gehen heutzutage so oft nach Irland. Man sollte den Leuten nicht erlauben, von England nach Irland zu gehen. Sie kommen nie zurück.

VANHATTAN Nun, kann man es ihnen verdenken, Majestät? Denken Sie nur an das Klima.

KÖNIGIN Nein, es ist nicht das Klima. Es sind die Pferderennen.

Der König erhebt sich nachdenklich. Vanhattan folgt seinem Beispiel.

MAGNUS Ich muß es mir überlegen. Ich wußte schon seit Jahren, daß es auf uns zukommt. Als ich jung war und unter dem Einfluß unserer Familientraditionen stand, die natürlich den Abfall der amerikanischen Kolonien nie als rechtmäßig anerkannte, träumte ich tatsächlich von einem wiedervereinigten Englisch sprechenden Reich an der Spitze der zivilisierten Welt.

VANHATTAN Schön! Großartig! Und nun ist es wahr geworden.

MAGNUS Noch nicht. Nun, da ich älter und weiser geworden bin, finde ich die Realität weniger anziehend als den Traum.

VANHATTAN Und ist das alles, was ich dem Präsidenten berichten soll, Majestät? Er wird enttäuscht sein. Und ich fühle mich auch ein wenig vor den Kopf gestoßen.

MAGNUS Im Augenblick ist das alles. Dies mag eine große Idee sein –

VANHATTAN Gewiß, ganz gewiß.

MAGNUS Es kann auch eine Falle sein, in der England umkommt.

VANHATTAN *macht ihm Mut:* Oh, so würde ich es nicht betrachten. Übrigens kann nichts – nicht einmal das liebe alte England – ewig währen. Fortschritt, wie Sie wissen, Majestät – Fortschritt, Fortschritt!

MAGNUS Genau. Genau das. Vielleicht überleben wir nur als ein weiterer Stern in Ihrer Flagge. Und doch klammern wir uns an das kleine Fetzchen Individualität, das Sie uns noch gelassen haben. Wenn wir eintauchen müssen – wie Sie es genannt haben – oder haben Sie gesagt untertauchen? – dann werden ein paar von uns zu schwimmen versuchen bis zuletzt. *Zur Königin:* Meine Liebe.
Die Königin schlägt ihren Gong. Pamphilius kehrt zurück.
MAGNUS Sie werden nach der Kabinettssitzung von mir hören. Nicht heute, bitte, bleiben Sie nicht auf, auf eine Nachricht zu warten. Morgen in der Früh, hoffe ich. Ich danke Ihnen, daß Sie mir die Nachricht gebracht haben, bevor die Presse sie erfuhr. Das geschieht heutzutage selten. Pamphilius, begleiten Sie seine Exzellenz nach draußen. Guten Abend. *Er schüttelt ihm die Hand.*
VANHATTAN Ich danke Euer Majestät. *Zur Königin:* Guten Abend, Majestät. Ich freue mich schon darauf, mich Ihnen bald in Hofkleidung vorzustellen.
KÖNIGIN Sie wird Ihnen sehr gut stehen, Mr. Vanhattan. Guten Abend.
Der Botschafter geht mit Pamphilius hinaus.
MAGNUS *schreitet grimmig auf und ab:* Diese Schurken! Dieser Schuft O'Rafferty! Dieser dumme Schreihals Bossfield! Die Bruch-Ltd. hat es sich in den Kopf gesetzt, das Britische Commonwealth zu reparieren.
KÖNIGIN *ruhig:* Ich meine, es wäre eine gute Sache. Du wirst einen sehr guten Kaiser abgeben. Wir werden diesen Amerikanern Kultur beibringen.
MAGNUS Wie können wir das, wo wir selbst noch nicht kultiviert sind? Sie betrachten uns nur als eine Art Indianerstamm. England wird nur noch ein Reservat sein.
KÖNIGIN Unsinn, mein Lieber! Sie wissen, daß wir ihnen von Natur überlegen sind. Du kannst es an der Art erkennen, wie ihre Frauen sich bei Hof benehmen. Sie lieben und verehren das Königtum wirklich; während unsere englischen Herzoginnen kaum noch höflich sind, wenn sie sich überhaupt herablassen zu kommen.
MAGNUS Nun, meine Liebe, ich tue Dir zuliebe manches, was ich mir zuliebe nie tun würde; und wahrscheinlich werde ich letzten Endes auch noch Kaiser von Amerika, nur um Dich bei Laune zu halten.
KÖNIGIN Ich habe nie etwas begehrt, das nicht gut für Dich

wäre, Magnus. Du weißt nicht immer, was gut für dich ist.
MAGNUS Ja, ja, ja, ja! Wie du willst, Liebste. Wo sind diese verfluchten Minister. Sie kommen zu spät.
KÖNIGIN *schaut in den Garten:* Sie kommen eben mit Sempronius über den Rasen.
Das Kabinett kommt. Die Männer nehmen, während sie die Stufen hinaufsteigen, die Hüte ab. Boanerges hat die Zwischenzeit wahrgenommen, um sich eine glänzende Uniform zu besorgen und anzulegen. Proteus führt mit Sempronius die Prozession an, gleich hinter ihm kommen die beiden weiblichen Minister. Die Königin steht auf, als Proteus sich an sie wendet. Sempronius rückt den kleinen Tisch schnell aus dem Weg, stellt ihn an die Balustrade und stellt den Stuhl der Königin für den König in die Mitte.
KÖNIGIN *schüttelt Proteus die Hand:* Wie gehts Ihnen Mr. Proteus?
PROTEUS Darf ich Ihnen den Handelsminister, Mr. Boanerges vorstellen?
KÖNIGIN Ich habe Sie schon einmal gesehen, Mr. Boanerges. Bei der Eröffnung des Sommerpalastes der Transportarbeiter. Sie trugen damals ein sehr kleidsames Kostüm. Ich hoffe, Sie tragen es noch.
BOANERGES Aber die Prinzessin hat mir gesagt, ich sähe lächerlich darin aus.
KÖNIGIN Das war sehr ungezogen von der Prinzessin. Sie sahen sogar besonders gut darin aus. Aber Sie sehen ja in allem gut aus. Und jetzt will ich Sie Ihren Geschäften überlassen.
Sie geht über die Terrasse ab. Sempronius folgt ihr, trägt ihre Strickarbeit.
MAGNUS *setzt sich:* Bitte setzen Sie sich, meine Damen und Herren.
Jeder nimmt sich den nächstbesten Stuhl. Zuvor haben sie ihre Hüte auf der Balustrade abgelegt. Es sitzen im Kreis nebeneinander von der rechten Seite des Königs bis zu seiner linken: Nicobar, Crassus, Boanerges, Amanda, der König, Proteus, Lysistrata, Pliny, Balbus. Es entsteht eine Pause. Proteus wartet darauf, daß der König anfängt. Dieser, tief in Gedanken versunken, sagt nichts. Das Schweigen wird bedrückend.
PLINY *im Plauderton:* Die Abende sind jetzt so schön.
AMANDA *platzt aus.*

MAGNUS Am westlichen Horizont steht eine recht bedrohliche Wolke, Mr. Pliny. *Zu Proteus:* Haben Sie schon das Neueste aus Amerika gehört?
PROTEUS Ja, Majestät.
MAGNUS Darf ich auf den Rat meiner Minister in dieser Angelegenheit hoffen?
BALBUS Wenn Sie gestatten, Majestät, wollen wir als erstes die Frage des Ultimatums behandeln.
MAGNUS Glauben Sie, daß dem Ultimatum noch viel Bedeutung zukommt, wenn die Hauptstadt des Britischen Weltreiches nach Washington verlegt ist?
NICOBAR Eher wird sie nach Melbourne oder Montreal oder Johannesburg verlegt.
MAGNUS Dort würde sie nicht lange bleiben. Sie wird nur in einem wirklichen Schwerpunkt bleiben.
PROTEUS Dieser Meinung sind wir auch. Wenn sie verlegt wird, dann entweder in westlicher Richtung nach Washington oder in östlicher nach Moskau.
BOANERGES Moskau hält sich für sehr wichtig. Aber was kann Moskau uns lehren, das wir uns nicht selber lehren könnten? Moskau fußt auf der englischen Geschichte, wie sie in London von Karl Marx geschrieben wurde.
PROTEUS Ja, und der englische König hat dich wieder abgelenkt. *Zu Magnus:* Wie ist das mit dem Ultimatum, Majestät? Sie haben uns für fünf Uhr Ihre Entscheidung versprochen. Es ist jetzt viertel nach.
MAGNUS Sind Sie unerbittlich entschlossen, diese Frage zu ihrem logischen Ende zu treiben? Sie wissen, wie unenglisch das ist.
PROTEUS Meine Familie kommt aus Schottland.
LYSISTRATA Ich wünschte, sie wäre dort geblieben. Ich bin englisch, englisch mit Haut und Haar.
BOANERGES *lautstark:* Ich auch!
PROTEUS England wäre verloren, wenn es keine Schotten hätte, die für es denken.
MAGNUS Was sagte das Kabinett dazu?
AMANDA Die Familien des ganzen Kabinetts kommen aus Schottland oder Irland oder Wales oder Jerusalem oder sonstwoher, Majestät. Es hat keine Sinn, hier an englische Gefühle zu appellieren.
CRASSUS Wenn Sie mich fragen: Politik ist nichts für die Engländer.

MAGNUS Soll denn ich, anscheinend der einzige Engländer in der Politik, zu einer vollkommenen Null gemacht werden?
PROTEUS *patzig:* Ja. Sie können uns nicht aus unserer Position treiben, indem Sie uns rot anmalen. Wenn ich wollte, könnte ich Ihre Position schwarz anmalen. Um es deutlicher zu machen: wir verlangen von Ihnen bedingungslose Übergabe. Wenn Sie sie verweigern, gehe ich und wende mich an das Land mit der Frage, ob England eine absolute oder eine konstitutionelle Monarchie sein soll. Es wird keine Rücktritte geben: darin sind wir uns alle einig. Ich habe Briefe von den abwesenden Mitgliedern der Regierung, die anwesenden werden für sich selbst sprechen.
ALLE ANDEREN MÄNNER Einverstanden! Einverstanden! Das gilt.
PROTEUS Also, wie lautet Ihre Antwort?
MAGNUS Die Tage der absoluten Monarchie sind vorüber. Sie glauben, daß Sie auf mich verzichten können, und ich weiß, daß ich nicht auf Sie verzichten kann. Ich entscheide mich natürlich zugunsten der konstitutionellen Monarchie.
DIE MÄNNER *sehr erleichtert und erfreut:* Hört! Hört!
MAGNUS Warten Sie einen Augenblick.
Plötzliches mißtrauisches Schweigen.
PROTEUS So, es ist also ein Haken dabei, wie?
MAGNUS Nicht eigentlich ein Haken. Aber Sie haben mich dahin gebracht einzusehen, daß ich zu einem konstitutionellen Monarchen nicht tauge. Ich bin von Natur zu der dazu erforderlichen Selbstaufgabe unfähig.
AMANDA Ja, das stimmt unbedingt. Sie und ich sind uns darin gleich, Majestät.
MAGNUS Ich danke Ihnen. Aber obwohl ich Ihr konstitutionelles Prinzip ohne die geringste Einschränkung anerkenne, kann ich Ihr Ultimatum nicht unterzeichnen. Denn, wenn ich das täte, würde ich ein Versprechen geben, von dem ich weiß, daß ich es brechen würde – das ich in der Tat brechen müßte, denn ich habe in mir Kräfte, die Ihre konstitutionellen Schranken nicht zurückhalten können.
BALBUS Wie können Sie unser Prinzip annehmen, wenn Sie das Ultimatum nicht unterschreiben?
MAGNUS Oh, da besteht gar keine Schwierigkeit. Wenn ein ehrlicher Mann feststellt, daß er nicht in der Lage ist, die

Pflichten einer öffentlichen Stellung zu erfüllen, dann tritt er zurück.
PROTEUS Zurücktreten? Worauf wollen Sie hinaus?
CRASSUS Ein König kann nicht zurücktreten.
NICOBAR Sie könnten ebensogut sagen, daß Sie sich selbst enthaupten wollen. Sie können sich nicht selber den Kopf abschlagen.
BOANERGES Andere Leute freilich könnten es.
MAGNUS Lassen Sie uns nicht über Worte streiten, meine Herren. Ich kann nicht zurücktreten. Aber ich kann abdanken.
ALLE ÜBRIGEN *springen auf.* Abdanken! *Sie starren ihn fassungslos an.*
AMANDA *pfeift sehr ausdrucksvoll eine absteigende chromatische Molltonleiter. Sie setzt sich.*
MAGNUS Natürlich: abdanken. Lysistrata, Sie sind Geschichtslehrerin gewesen. Sie können Ihren Kollegen versichern, daß es schon Abdankungen gegeben hat oder: schon vorgekommen sind. Kaiser Karl V. z. B. –
LYSISTRATA Oh, Karl V. kann mich – kann mir gestohlen werden! Der ist als Beispiel nicht gut genug. Majestät, ich habe zu Ihnen gehalten, solange ich es wagte. Lassen Sie mich nicht im Stich. Sie dürfen nicht abdanken. *Sie setzt sich bekümmert.*
PROTEUS Sie können nur abdanken, wenn ich es Ihnen rate.
MAGNUS Ich handle auf Ihren Rat.
PROTEUS Unsinn! *Setzt sich.*
BALBUS Lächerlich! *Setzt sich.*
PLINY Das ist nicht Ihr Ernst, wie Sie selbst wissen. *Er setzt sich.*
NICOBAR Sie können den Apfelkarren nicht so einfach umschmeißen. *Setzt sich.*
CRASSUS Ich muß sagen, ich finde das nicht fair. *Setzt sich.*
BOANERGES *mit Nachdruck:* Aber warum nicht? Warum eigentlich nicht? Obgleich ich als alter Republikaner vor seiner Majestät als König keinen Respekt habe, habe ich großen Respekt vor ihm als einem starken Mann. Aber er ist nicht der einzige Kiesel am Strand. Warum sollen wir nicht den Aberglauben der Monarchie aufgeben und das Britische Commonwealth mit allen anderen modernen Großmächten auf einen Nenner bringen, es zur Republik machen? *Er setzt sich.*

MAGNUS Meine Abdankung schließt diese Möglichkeit nicht ein, Mr. Boanerges. Ich danke ab, um die Monarchie zu retten, nicht um sie zu zerstören. Mein Sohn Robert, der Prinz of Wales, wird mir auf den Thron folgen. Er wird einen wundervollen konstitutionellen Monarchen abgeben.

PLINY Na, hören Sie! Sie tun dem Jungen unrecht. Er hat ne Menge Verstand.

MAGNUS Natürlich, natürlich! Ich wollte nicht sagen, daß er eine Null ist, ganz im Gegenteil: er ist viel klüger als ich. Aber es ist mir nie gelungen, in ihm das geringste Interesse an parlamentarischer Politik zu wecken. Er bevorzugt intellektuelle Tätigkeiten.

NICOBAR Glauben Sie das nur nicht. Er steckt bis zum Hals in Geschäften.

MAGNUS Genau. Er fragt mich, warum ich meine Zeit hier mit Ihnen verschwende und so tue, als regierten wir das Land, während es in Wirklichkeit von der Bruch-Ltd. regiert wird. Und wirklich – ich weiß kaum, was ich ihm darauf antworten soll.

CRASSUS So ist es nun mal heutzutage. Mein Sohn sagt genau das gleiche.

LYSISTRATA Ich persönlich komme sehr gut mit dem Prinzen aus; aber irgendwie habe ich nicht das Gefühl, daß er sich für das, was ich tue, interessiert.

BALBUS Das tut er auch nicht. Er wird sich nicht in deine Angelegenheiten einmischen, solange du dich nicht in seine mischst. Das ist gerade der richtige König für uns. Nicht starrköpfig, nicht naseweis. Er hält alles, war wir tun, für völlig überflüssig. Was meinst du, Joe?

PROTEUS Nun, warum nicht. Wenn Euer Majestät es wirklich ernst meinen?

MAGNUS Ich versichere Ihnen, es ist mir sehr ernst.

PROTEUS Na, ich muß gestehen, daß ich diese Wendung der Dinge nicht vorhergesehen habe. Aber ich hätte sie vorhersehen sollen. Was Euer Majestät vorschlagen, ist die gradlinige, logische und intelektuell ehrliche Lösung unserer Schwierigkeiten. Daher ist es auch die letzte Lösung, die ich in politischen Dingen habe erwarten können. Aber ich hatte nicht mit dem Charakter seiner Majestät gerechnet. Je mehr ich darüber nachdenke, desto klarer sehe ich, daß Sie recht haben – daß Sie den einzigen Weg einschla-

gen, der Ihnen offen bleibt.
CRASSUS Ich habe nie gesagt, daß ich dagegen wäre. Joe.
BALBUS Ich auch nicht.
NICOBAR Ich finde, daß vieles dafür spricht. Ich habe keinen Einwand.
PLINY Ein König ist so gut wie der andere, nicht wahr?
BOANERGES Aber ist er besser? Die Art, wie ihr Kerle von einer Meinung zur andern vor- und zurückhuscht, sobald Joe einen Finger hebt, ist ekelhaft. Dies ist ein Kabinett von Schafen.
PROTEUS Nun, führe die Herde besser, wenn du kannst. Hast du etwas anderes vorzuschlagen?
BOANERGES So auf Anhieb kann ich das nicht sagen. Man hätte uns vorher davon Mitteilung machen sollen. Aber der König muß wohl tun, was er für richtig hält.
PROTEUS Die Ziege geht also hinter den Schafen her. Dann ist ja alles in Ordnung.
BOANERGES Wen nennst du hier eine Ziege?
NICOBAR Wenn wir schon darauf zu sprechen kommen: wen bezeichnest d u als Schaf?
AMANDA Ruhe, Kinder, Ruhe, Ruhe! *Zum König:* Sie haben uns wie gewöhnlich alle um den Finger gewickelt.
PROTEUS Es ist nichts mehr dazu zu sagen.
AMANDA Das bedeutet mindestens noch eine halbe Stunde.
BOANERGES Weib, dies ist nicht der Augenblick für deine Albereien.
PROTEUS *nachdrücklich:* Bill hat recht, Amanda. *Er erhebt sich und verwandelt sich in den konventionellen Unterhausredner.*
Die Minister setzen sich zurecht, um mit ernsthafter Aufmerksamkeit zuzuhören, als säßen sie in der Kirche, nur Lysistrata macht ein verächtliches, Amanda ein amüsiertes Gesicht.
PROTEUS *fährt fort:* Dies ist ein feierlicher Augenblick. Es ist der Augenblick, in dem ein altes Band zerrissen wird. Ich schäme mich nicht zu gestehen, daß es ein Band ist, dem ich manches verdanke.
MÄNNLICHE MINISTER *murmeln:* Hört! Hört! Hört, hört!
PROTEUS Ich für meinen Teil – und ich glaube, ich spreche hier ebenso für die andern – habe es nicht als bloß politisches betrachtet, sondern als ein Band aufrichtiger Freundschaft. *Erneute gemurmelte Sympathiekundge-*

bung. Steigende Emotion: Wir haben unsere Meinungsverschiedenheiten gehabt – und wer von uns hat das nicht? – aber es waren bloß Familienstreitigkeiten.

CRASSUS Nur das war es. Nichts weiter.

PROTEUS Darf ich sagen, Streitereien unter Liebenden?

PLINY *wischt sich die Augen:* Du darfst, Jo. Du darfst.

PROTEUS Meine Freunde, wir sind hier zu einem Treffen zusammengekommen. Wir stellen fest, daß ach! diese Zusammenkunft ein Abschiednehmen ist.
Crassus schnüffelt.
Von unserer Seite ist es ein trauriger Abschied, aber ein herzlicher.
Hört, hört von Pliny.
Wir sind niedergeschlagen, aber nicht entmutigt. Während wir voller Bedauern auf die Vergangenheit zurückblicken, können wir doch noch mit Hoffnung in die Zukunft schauen. Diese Zukunft hat ihre Gefahren und ihre Schwierigkeiten. Sie wird uns vor neue Probleme stellen; und sie wird uns einem neuen König gegenüberstellen. Aber die neuen Probleme und der neue König werden uns unseren alten Ratgeber, Monarchen und – er wird mir diesen Ausdruck erlauben – Kameraden nicht vergessen lassen.
Hört, hört! ad libitum.
Ich weiß, meine Worte werden in euren Herzen einen Widerhall finden, wenn ich jetzt mit dem Satz schließe: Welcher König auch immer regieren wird –

AMANDA Du bleibst doch der alte Opportunist.
Aufruhr. Proteus läßt sich entrüstet in seinen Stuhl fallen.

BALBUS Eine Schande!

NICOBAR Halt du doch die Klappe, du freches Luder.

PLINY Ich kann einen Spaß vertragen, aber wirklich –

CRASSUS Das war stark, Amanda – benimm dich!

LYSISTRATA Sie hat vollkommen recht. Ihr seid ein Haufen sentimentaler Schafsköpfe.

BOANERGES *steht auf:* Ruhe! Zur Sache!

AMANDA Es tut mir leid.

BOANERGES Das sollte dir auch leid tun. Wo bleiben deine Manieren. Und deine Erziehung? König Magnus, wir trennen uns. Aber wir gehen auseinander, wie starke Männer auseinandergehen: als Freunde. Der Premierminister hat die Gefühle aller anwesenden Männer richtig

ausgedrückt. Ich fordere Sie auf, diesen Gefühlen auf gute, altenglische Weise Ausdruck zu geben. *Er stimmt mit Stentorstimme an:* De-e-n-n-n
Männliche Minister außer Proteus stehen auf und singen:
Hoch soll er leben
Hoch soll er leben
MAGNUS *gebieterisch:* Aufhören, aufhören!
Plötzlich verlegene Stille. Sie setzen sich ruhig hin.
MAGNUS Ich danke Ihnen von ganzem Herzen. Aber es gibt hier ein Mißverständnis. Wir nehmen nicht Abschied voneinander. Ich habe nicht die Absicht, mich aus der aktiven Politik zurückzuziehen.
PROTEUS Was?
MAGNUS Mit Empfindungen, die mich zutiefst gerührt haben, betrachten Sie mich als einen Mann mit einer politischen Vergangenheit. Aber ich betrachte mich selbst viel eher als einen Mann mit einer politischen Zukunft. Ich habe Ihnen meine Pläne noch gar nicht dargelegt.
NICOBAR Was für Pläne?
BALBUS Ein abgedankter König kann weder Pläne noch eine Zukunft haben.
MAGNUS Warum nicht? Ich erwarte mir eine sehr aufregende und vergnügliche Zeit. Da ich natürlich das Parlament auflösen werde, fängt der Spaß mit einer allgemeinen Wahl an.
BOANERGES *entsetzt:* Aber ich bin doch eben erst gewählt worden. Wollen Sie sagen, daß ich zwei Wahlen in einem Monat über mich ergehen lassen muß? Haben Sie an die Kosten gedacht?
MAGNUS Aber Ihre Kosten werden doch vom Staat getragen.
BOANERGES Vom Staat getragen! Ist das alles, was Sie über einen Wahlkampf in England wissen?
PROTEUS Du wirst deinen Anteil aus dem Parteifonds bekommen, Bill. Und wenn du die Extras nicht aufbringen kannst, mußt du dich mit spontanen Stimmen begnügen. Sprechen Sie weiter, Majestät – wir wollen Ihre Pläne hören.
MAGNUS Mein letzter Akt königlicher Autorität wird darin bestehen, daß ich mir alle Titel und Würden abspreche, so daß ich sofort in den Stand eines einfachen Bürgers absteigen kann.
BOANERGES Aufsteigen, wollen Sie wohl sagen. Der einfache

Mann ist dem mit einem Titel überlegen, nicht unterlegen.
MAGNUS Darum werde ich mich auch zu einem einfachen Mann machen, Mr. Boanerges.
PLINY Nun, das macht Ihnen Ehre.
CRASSUS Nicht jeder von uns wäre zu einem solchen Opfer fähig.
BOANERGES Eine noble Geste, Majestät. Eine noble Geste, das muß ich zugeben.
PROTEUS *mißtrauisch:* Darf ich fragen, seit wann Euer Majestät sich auf Gesten verlegen? Was führen Sie diesmal im Schilde?
BOANERGES Eine Schande!
PROTEUS Halt den Mund, du Dummkopf. *Zum König:* Ich frage: was führen Sie im Schilde?
MAGNUS Ich habe nicht die Absicht, Sie zu täuschen, Premierminister. Die Sache ist natürlich folgende: wenn ich wieder in die Politik gehe, bin ich als einfacher Bürger in einer besseren Situation denn als Edelmann. Ich werde mich um einen Sitz im Unterhaus bewerben.
PROTEUS Sie im Unterhaus?
MAGNUS *mit Offenheit:* Es ist meine Absicht, mich im Wahlkreis Windsor als Kandidat für die kommenden Allgemeinen Wahlen aufstellen zu lassen.
Alle außer den Damen und Boanerges springen entsetzt auf.
PROTEUS Das ist Verrat.
BALBUS Ein gemeiner Trick.
NICOBAR Der gemeinste, von dem man je gehört hat.
PLINY Er wird die meisten Stimmen bekommen.
CRASSUS Das wird gar keine Abstimmung, sondern ein Überlaufen.
BALBUS Jetzt sieht man, was Ihre feinen Manieren und Ihre Freundlichkeit wert sind.
NICOBAR Sie Scheinheiliger!
CRASSUS Schwindler!
LYSISTRATA Ich wünsche Euer Majestät jeden Erfolg.
AMANDA Hört, hört! Seid fair, Jungens. Warum sollte er nicht mit uns ins Parlament ziehen?
BOANERGES Sehr richtig! Sehr richtig! Warum nicht?
DIE ANDEREN MÄNNLICHEN MINISTER Phu! Pfui! *Sie setzen sich empört und angewidert hin.*
PROTEUS *sehr mürrisch:* Und wenn Sie im Parlament sitzen? Was dann?

MAGNUS Da gibt es verschiedene Möglichkeiten. Ich werde natürlich versuchen, eine Partei zu gründen. Mein Sohn, König Robert, wird einen Parteivorsitzenden, der sich auf die Unterstützung des Parlamentes verlassen kann, mit der Bildung einer Regierung beauftragen müssen. Er wird vielleicht Sie beauftragen. Er könnte sogar mich beauftragen.

AMANDA *unterbricht das düstere Schweigen, indem sie ein paar Takte der Nationalhymne pfeift.*

MAGNUS Was auch immer geschieht, es wird eine große Erleichterung für uns sein, daß wir ganz ungehemmt in der Öffentlichkeit über einander reden können. Sie haben dem britischen Volk nie sagen können, was Sie wirklich über mich denken; den König kann man nicht wirklich kritisieren. Ich habe nie aussprechen können, was ich wirklich über Ihre Fähigkeiten und Persönlichkeiten denke. Diese ganze Zurückhaltung, diese mühselige Verstellung, diese ungesunde Verschleierung wird aufhören. Ich hoffe, Sie sehen diesem neuen Verhältnis, das wir zueinander haben werden, mit ebensolchem Vergnügen entgegen wie ich.

LYSISTRATA Ich bin entzückt, Majestät. Sie werden für mich gegen die Bruch-Ltd. kämpfen.

AMANDA Das wird ein Spaß.

BOANERGES Nun, Herr Premierminister, wir warten auf Sie. Was haben Sie dazu zu sagen?

PROTEUS *steht auf und sagt langsam, mit düster zusammengezogenen Brauen:* Haben Euer Majestät das Ultimatum bei sich?

MAGNUS *zieht es aus der Brusttasche und reicht es ihm.*

PROTEUS *mit gemessenem Nachdruck, nachdem er mit entschlossenen Bewegungen das Papier in vier Stücke gerissen hat und die Stücke zu Boden geworfen hat:* Es wird keine Abdankung geben. Es wird keine allgemeine Wahl geben. Es wird kein Ultimatum geben. Wir machen weiter wie bisher. Die Krise war ein Reinfall. *Zum König mit todernster Konzentration:* Ich werde Ihnen das nie verzeihen. Sie haben mir das Trumpfas aus den Karten gestohlen, die ich heute morgen ausspielte. *Er nimmt seinen Hut von der Balustrade und geht durch den Park davon.*

BOANERGES *steht auf:* Das war ein sehr bedauerlicher Temperamentsausbruch von seiten des Premierministers, Ma-

jestät. Es war nicht die Geste eines starken Mannes. Ich werde ihm Vorhaltungen machen. Darauf können Sie sich verlassen. *Er nimmt seinen Hut und folgt Proteus in einer ernsten und würdigen Weise.*
NICOBAR *steht auf:* Nun, ich sage nicht, was ich denke. *Er nimmt seinen Hut. In diesem Augenblick spricht der König ihn an.*
MAGNUS Ich habe den Obstkarren also doch nicht umgekippt, Mr. Nicobar.
NICOBAR Von mir aus können Sie ihn umkippen, wann Sie wollen. Ich verlasse die Politik. Politik ist ein Ganovenspiel.
CRASSUS *erhebt sich zögernd und nimmt seinen Hut:* Wenn Nick geht, muß ich wohl auch gehen.
MAGNUS Werden Sie wirklich die Finger von der Politik lassen können?
CRASSUS Ich bin froh, nichts mehr damit zu tun zu haben, wenn nur die Bruch-Ltd. es zuläßt. Sie haben mich reingeschoben: na, ich denke, sie werden einen anderen Job für mich finden. *Er geht.*
PLINY *immer noch munter, nimmt auch er jetzt seinen Hut:* Also ich bin froh, daß nichts passiert ist. Wissen Sie, Majestät, in Wirklichkeit passiert im Kabinett nie etwas. Verzeihen Sie ihnen das bißchen Temperament. Morgen fressen sie Ihnen wieder aus der Hand. *Er geht.*
BALBUS *nachdem er seinen Hut genommen hat:* Jetzt, wo sie alle gegangen sind, kann ich es Ihnen ja sagen: Wenn je etwas mit dem Thron passieren sollte und Eure Majestät Präsident würden und ein Kabinett aufstellen müßten, so könnten Sie, trotz all meiner Fehler leicht einen schlechteren Innenminister finden als mich.
MAGNUS Ich werde es mir merken. Übrigens, wenn Sie zufällig den Premierminister einholen sollten, so erinnern Sie ihn doch daran, daß wir ganz vergessen haben, diese kleine Angelegenheit zu regeln, diesen Vorschlag der Amerikaner, das Britische Commonwealth zu annektieren.
BALBUS Bei Gott, das haben wir vergessen! Na, das ist vielleicht ein Witz! Ha, ha! Ha! H! Ha! Ha! *Er geht herzhaft lachend hinaus.*
MAGNUS Sie begreifen es nicht, Lizzie, überhaupt nicht. Es ist, als ob wir mit einem anderen Planeten zusammen-

krachten. Das Reich und die Macht und die Herrlichkeit werden uns verlassen und uns nackt und bloß zurücklassen, endlich Auge in Auge mit unserem wirklichen Selbst.

LYSISTRATA Wenn Sie mit unserem wirklichen Selbst den guten alten englischen Grundstock meinen, der anders war als alles sonst, dann um so besser. Heute sind die Menschen auf der ganzen Welt so ähnlich wie Hotelmahlzeiten. Es hat keinen Sinn, so zu tun, als würde das Amerika des George Washington das England der Königin Anne verschlingen. Das Amerika George Washingtons ist so tot wie das England der Königin Anne. Was man heute einen Amerikaner nennt, ist ein grober Kerl, der so tut, als wäre er einer von den Pilgervätern. Er ist ebensowenig Onkel Jonathan, wie Sie John Bull sind.

MAGNUS Ja, wir leben in einer Welt grober Klötze, die alle miteinander verschmelzen; und wenn alle Grenzen gefallen sind, kann London von Tennessee überstimmt werden, London und all die anderen Orte, wo wir immer noch verbissen bestrebt sind, unsere Kinder wie in einer Dorfschule des achtzehnten Jahrhunderts zu erziehen.

LYSISTRATA Keine Angst, Majestät. Nicht die dümmste nationale Masse wird an die Spitze kommen, sondern das beste Kraftwerk; denn ohne Kraftwerk kann man nicht existieren, und Kraftwerke kann man nicht mit patriotischen Liedern und Fremdenhaß, nicht mit Hurrageschrei und Schreckgespenstern betreiben. Nur den Nationalismus, den kann man mit nichts anderem betreiben. Aber ich bin ganz gebrochen, daß Sie nicht zu uns ins Unterhaus kommen, um mit uns das Alte England nach vorn zu bringen und eine neue Partei gegen die Bruch-Ltd. zu gründen. *Tränen steigen ihr in die Augen.*

MAGNUS *klopft ihr beruhigend auf den Rücken:* Das wäre herrlich gewesen, nicht wahr? Aber ich bin zu altmodisch. Dies ist eine Farce, die jüngere Männer zu Ende spielen müssen.

AMANDA *nimmt Lysistratas Arm:* Komm mit mir nach Hause, Schatz. Ich werde Dir was vorsingen, bis Du nicht anders kannst, als lachen. Komm.

Lysistrata steckt ihr Taschentuch ein; schüttelt dem König herzlich die Hand und geht mit Amanda. Der König versinkt in tiefes Nachdenken. Dann kommt die Königin zurück.

KÖNIGIN Hör mal, Magnus, es ist Zeit, sich zum Essen umzuziehen.
MAGNUS *ganz verwirrt:* Oh, nicht jetzt. Ich muß über etwas sehr Wichtiges nachdenken. Ich will nicht essen.
KÖNIGIN *energisch:* Nicht essen! Hat man so was schon gehört? Du weißt, daß du nicht einschlafen kannst, wenn du nach sieben noch nachdenkst.
MAGNUS *gequält:* Aber wirklich, Jemima –
KÖNIGIN *geht auf ihn zu und nimmt ihn beim Arm:* Na, na, na! Sei nicht ungezogen. Man darf nicht zu spät zum Essen kommen. Komm, sei ein guter Junge.
Der König läßt sich mit einem Ausdruck hoffnungsloser Zärtlichkeit wegführen.

Haus Herzenstod

Drei Akte
Deutsch von Hans Günter Michelsen

Personen

KAPITÄN SHOTOVER
LADY ARIADNE UTTERWORD ⎫ seine Töchter
HESIONE HUSHABYE ⎭
HECTOR HUSHABYE, Hesiones Gatte
RANDALL UTTERWORD, Ariadnes Schwager
MAZZINI DUNN
ELLIE, seine Tochter
MANGAN
EIN EINBRECHER
GUINESS, Amme

Zeit: Sommer 1914
Ort der Handlung: Ein Landhaus in der Nähe von London

Erster Akt

Die hügelige Gegend des nördlichen Sussex, an einem schönen Abend Ende September sehr einladend, ist durch die Fenster eines Zimmers zu sehn, das dem hohen hinteren Aufbau auf dem Oberdeck eines alten Segelschiffes mit anschließender Heckgalerie gleicht. Die lukenartigen, von schweren Balken umgebenen Fenster durchqueren den Raum so ununterbrochen, wie es die Festigkeit der Wand zuläßt. Darunter bildet eine Reihe verschließbarer Kästen eine ungepolsterte Fensterbank, die von parallelen Glastüren, jeweils in der Mitte zwischen Seite und Hintersteven, unterbrochen wird. Eine andere Tür, offensichtlich an der Backbordseite des Schiffes, schränkt die Täuschung ein wenig ein, da sie nicht aufs offene Meer, sondern in die Eingangshalle des Hauses führt. Zwischen dieser Tür und der Heckgalerie sind Bücherregale, Lichtschalter befinden sich neben der Tür zur Halle und neben den beiden Glastüren in der Heckgalerie. Gegenüber, dicht an der Steuerbordwand, steht eine Zimmermannsbank. Der Schraubstock hat ein Brett in seinen Backen, und auf dem Boden liegen Holzspäne herum, die aus einem Papierkorb überquellen. Auf der Bank ein paar Hobel und ein Zentrumsbohrer. Daneben, zwischen Bank und Fenstern, ein schmaler Torweg mit einer halben Tür, über der ein Schimmer des dahinter liegenden Raums zeigt, daß es sich um eine Speisekammer handelt, in der Gestelle mit Flaschen und Küchengeräten stehn.
Ebenfalls auf der Steuerbordseite, aber mehr zur Mitte hin, steht ein einfacher eichener Zeichentisch mit Zeichenbrett, Anschlaglineal, Richtscheiten, Winkelmaßen, mathematischen Instrumenten, Untertassen mit Wasserfarben, ein Becher mit verfärbtem Wasser, Tusche, Bleistifte und Pinsel. Das Zeichenbrett ist so aufgestellt, daß der Zeichner auf seinem Stuhl das Fenster zur linken Hand hat. Auf dem Boden, am Ende des Tisches rechts, steht ein lederner Schiffsfeuereimer. Auf der Backbordseite, nahe den Bücherregalen, steht ein Sofa mit dem Rücken zum Fenster. Es ist eine massive Mahagoniarbeit, einschließlich des Kopfkissens mit Segeltuch bezogen und mit ein paar Wolldecken über der Lehne. Zwischen Sofa und Zeichentisch steht ein großer Korbstuhl mit breiten Armstützen und einer niedrig schrägen

Lehne, mit dem Rücken zum Licht. Vor dem Sofa befindet sich ein kleiner fester Tisch aus Teakholz mit einer runden Platte und gedrechselten Füßen. Er ist der einzige Gegenstand im Raum, der die Hand einer Frau, wenn auch nicht überzeugend, vermuten läßt. Der Boden ist ohne Teppich, und die schmalen Bretter sind kalfatert und mit Sandstein gescheuert wie ein Verdeck.
Der Garten, in den die Glastüren führen, senkt sich nach Süden, ehe die Landschaft wieder zu den Hügeln ansteigt. Aus der Vertiefung ragt die Kuppel einer Sternwarte. Zwischen der Sternwarte und dem Haus befindet sich eine Fahnenstange auf einem kleinen freien Platz mit einer Hängematte an der Ostseite und einer Gartenbank im Westen.
Ellie, eine junge Lady, in Hut und Handschuhen, mit einem Staubmantel bekleidet, sitzt auf der Bank am Fenster in einer Haltung, die sie befähigt hinauszusehn. Eine Hand stützt das Kinn, während die andere herunterhängt und einen Band Shakespeare hält, mit dem Finger in der Seite, die sie eben gelesen hat.
Eine Uhr schlägt sechs.
Ellie dreht sich um und blickt auf ihre Uhr. Sie steht auf wie jemand, der wartet und fast am Ende seiner Geduld ist. Sie ist ein hübsches Mädchen, schlank, blond, sieht intelligent aus, ist nett, aber nicht kostspielig gekleidet und offenbar keine elegante Faulenzerin.
Mit einem Seufzer müder Ergebung geht sie an den Zeichenstuhl, setzt sich und beginnt Shakespeare zu lesen. Sogleich sinkt ihr das Buch in den Schoß, ihre Augen schließen sich, und sie schlummert ein.
Guiness, die ältere Haushälterin und ehemalige Amme, kommt mit drei Flaschen Rum auf einem Tablett aus der Halle. Ohne Ellie zu bemerken geht sie weiter und verschwindet in der Speisekammer. Sie stellt den Rum auf das Bord und belädt ihr Tablett mit leeren Flaschen. Als sie damit zurückkommt, erwacht Ellie und läßt das Buch fallen. Guiness erschrickt so, daß ihr beinahe das Tablett aus der Hand fällt.

GUINNESS Um Gottes Willen!
Ellie hebt das Buch auf und legt es auf den Tisch.
Es tut mir leid, daß ich Sie geweckt habe, Miss, wirklich. Aber ich kenn Sie nicht. Worauf warten Sie hier?

ELLIE Ich warte auf jemand, der weiß, daß ich eingeladen bin.
GUINNESS Was, Sie sind eingeladen? Und niemand war da? Ach je!
ELLIE Ein seltsam aussehender alter Mann kam ans Fenster, und ich hörte ihn rufen ›Amme, eine kleine Lady wartet im Hinterschiff. Sieh nach, was sie wünscht‹. Sind Sie die Amme?
GUINNESS Ich bin die Amme Guiness. Und das war Kapitän Shotover, Mrs. Hushabyes Vater. Ich hörte ihn brüllen, aber ich konnte mir nicht denken warum. Ich vermute, Mrs. Hushabye hat Sie eingeladen, mein Täubchen?
ELLIE So hab ich sie verstanden. Aber ich glaube, es ist besser, ich geh wieder.
GUINNESS Oh nein, wo denken Sie hin. Wenn Mrs. Hushabye es tatsächlich vergessen hat, wird es dann nicht eine angenehme Überraschung für sie sein, Sie plötzlich zu sehn?
ELLIE Für mich war es eine sehr unangenehme Überraschung, von niemand erwartet zu werden.
GUINNESS Daran gewöhnen Sie sich, mein Kind. Dies Haus steckt voller Überraschungen für den, der unsere Art zu leben nicht kennt.
Kapitän Shotover sieht plötzlich von der Halle aus herein. Er ist ein alter, aber noch kräftiger Mann mit einem riesig weißen Bart, in einem Segeltuchrock und eine Signalpfeife um den Hals.
KAPITÄN Amme! Vorn auf der Treppe, wo jeder drüber fallen kann, liegen Koffer und Tasche. Wer zum Teufel hat das Zeug da hingelegt?
ELLIE Das Zeug gehört mir, es tut mir leid.
KAPITÄN *kommt herein und geht an den Zeichentisch:* Amme. Wer ist diese irregeführte, unglückselige kleine Lady?
GUINNESS Sie sagt, Miss Hessy hat sie eingeladen, Sir.
KAPITÄN Und hat sie weder Freund noch Eltern, die sie vor den Einladungen meiner Tochter warnen? Das ist eine nette Familie, bei Gott! Eine reizende kleine Lady ist eingeladen. Ihr Gepäck bleibt stundenlang auf der Treppe liegen, sie wird nach achtern gesetzt und bleibt sich selbst überlassen, müde und hungrig. Das ist unsre Gastfreundschaft. So sind unsre Manieren. Kein Zimmer da. Kein

heißes Wasser. Kein Willkommen. Unser Besuch kann im Schuppen schlafen und sich im Ententeich waschen.
GUINNESS Ist schon gut, Kapitän. Ich mach Tee für die Lady, und bevor sie ihn ausgetrunken hat, ist ihr Zimmer fertig. *Zu Ellie:* Nehmen Sie Ihren Hut ab, Täubchen, und machen Sie sichs bequem. *Sie geht auf die Tür zur Halle zu.*
KAPITÄN *während sie an ihm vorbeigeht:* Täubchen! Weil diese kleine Lady beleidigt und vernachlässigt worden ist, glaubt dieses Weib ein Recht zu haben, sie wie meine armen Kinder anzusprechen, die ihretwegen in Unkenntnis der gewöhnlichsten Umgangsformen aufgewachsen sind, was?
GUINNESS Kümmern Sie sich nicht um ihn, Liebling. *Sie geht unbeirrt hinaus und weiter zur Küche.*
KAPITÄN Gnädigste, wollen Sie die Güte haben, mir Ihren Namen zu nennen? *Er setzt sich in den Korbstuhl.*
ELLIE Ich heiße Ellie Dunn.
KAPITÄN Dunn! Ich hatte einen Bootsmann, der Dunn hieß. Ursprünglich war er Seeräuber in China. Später wurde er Schiffszubehörhändler mit Vorräten, die er mir, und ich hab allen Grund zu der Annahme, gestohlen hat. Er ist sicher reich dabei geworden. Sie sind seine Tochter?
ELLIE *entrüstet:* Nein! Ganz gewiß nicht. Ich bin stolz darauf, behaupten zu dürfen, daß es niemand gibt, der meinem Vater irgend etwas vorwerfen könnte, obwohl er nie Erfolg gehabt hat. Mein Vater ist der beste Mensch, den ich je kennengelernt habe.
KAPITÄN Er muß sich außerordentlich verändert haben. Hat er den siebten Grad der Vollkommenheit erreicht?
ELLIE Ich versteh nicht.
KAPITÄN Aber wie könnte er das, mit einer Tochter? Ich habe zwei Töchter. Die eine davon ist Hesione Hushabye, die Sie eingeladen hat. Ich erhalte dieses Haus, sie richtet es zugrunde. Ich wünsche den siebenten Grad der Vollkommenheit zu erreichen, sie lädt Gäste ein und überläßt es mir, sie zu unterhalten.
Guiness kommt mit Tee zurück, den sie auf den Teakholztisch stellt.
Die zweite Tochter, die ich habe, lebt Gott sei Dank in einem entlegenen Teil des britischen Reiches, mit ihrem Dummkopf von Ehemann. Als Kind hielt sie die Galions-

figur von meinem Schiff, der Dauntless, für das schönste Ding auf Erden. Der Mann sah dem ähnlich. Er machte denselben Eindruck, hölzern und doch verwegen. Sie hat ihn geheiratet und wird ihren Fuß nie wieder in dieses Haus setzen.

GUINNESS *stellt den Tisch mit dem Tee an Ellies Seite:* Tatsächlich, Sie haben sich noch nie so geirrt. Im Augenblick ist sie in England.
Wir haben Ihnen diese Woche schon dreimal gesagt, daß sie ihrer Gesundheit wegen für ein Jahr nach Hause kommt. Und Sie sollten froh sein, Ihre Tochter nach all den Jahren wiederzusehn.

KAPITÄN Ich bin nicht froh. Die Liebe des Menschentiers zu seiner Brut dauert gewöhnlich sechs Jahre. Als meine Tochter Ariadne geboren wurde, war ich sechsundvierzig. Jetzt bin ich achtundachtzig. Wenn sie kommt, bin ich nicht zu Hause. Wenn sie was will, soll sie sichs nehmen. Wenn sie nach mir fragt, sagt ihr, ich bin uralt und hab sie total vergessen.

GUINNESS Das ist nichts für die Ohren eines jungen Mädchens. Hier, mein Täubchen, Ihr Tee. Und hören Sie nicht auf ihn. *Sie gießt Tee in eine Tasse.*

KAPITÄN *steht wütend auf:* Großer Gott im Himmel, jetzt geben Sie dem unschuldigen Kind indischen Tee. Damit kann man höchstens seine Eingeweide gerben. *Er nimmt Tasse und Kanne und leert beides in den Eimer.*

ELLIE *dem Weinen nahe:* Oh bitte! Ich bin so müde. Ich wär mit allem zufrieden gewesen.

GUINNESS Wie kann man nur! Das arme Lamm ist dem Umfallen nahe.

KAPITÄN Sie kriegen von meinem Tee. Und rühren Sie diesen fliegenverdreckten Kuchen nicht an. Keiner ißt davon, nur die Hunde. *Er verschwindet in der Speisekammer.*

GUINNESS Ist das ein Mensch! Die erzählen, er hat sich in Sansibar, bevor er Kapitän wurde, dem Teufel verschrieben. Und je älter er wird, um so mehr glaub ich daran.

LADY UTTERWORD *noch in der Halle:* Ist jemand zu Hause? Hesione! Amme! Papa! Komm doch einer und hol mein Gepäck.
Dumpfe Aufschläge von einem Schirm sind zu hören.

GUINNESS Du meine Güte! Das ist Miss Addy, Lady Utterword, Mrs. Hushabyes Schwester, von der wir eben spra-

chen. *Ruft:* Ich komme, Miss, ich komme schon.
Sie stellt den Tisch zurück und will hinauseilen, als Lady Utterword hereinstürzt und ihr in den Weg tritt. Lady Utterword ist blond, sehr schön und sehr gut gekleidet. Sie spricht und bewegt sich so überhastet, daß sie zunächst komisch und albern wirkt.

LADY UTTERWORD Guinness! Bist dus oder bist dus nicht? Wie gehts? Du siehst keinen Tag älter aus. Wo ist Hesione? Hat sie mich nicht erwartet? Wo sind die Dienstboten? Wem gehört das Gepäck auf der Treppe? Wo ist Papa? Schläft alles? *Sieht Ellie:* Oh! Verzeihung. Eine von meinen Nichten vermutlich. *Streckt die Arme aus:* Komm Liebling und küß deine Tante.

ELLIE Ich bin nur zu Besuch. Das Gepäck auf der Treppe gehört mir.

GUINNESS *nimmt das Tablett:* Ich bring Ihnen frischen Tee, mein Täubchen.

ELLIE Aber der alte Kapitän hat doch gesagt, er macht selber welchen.

GUINNESS Lieber Gott! Das hat er längst vergessen. Sein Geist wandert von einem Ding zum andern.

LADY UTTERWORD Ihr sprecht von Papa?

GUINNESS Ja, Miss.

LADY UTTERWORD *heftig:* Sei nicht albern, Amme. Nenn mich nicht Miss.

GUINNESS *gelassen:* Nein, Kindchen. *Sie geht mit dem Tablett hinaus.*

LADY UTTERWORD *setzt sich mit einem Ruck auf das Sofa:* Ich kann mir vorstellen, was Sie empfinden. Oh, dieses Haus, diese Familie! Nach dreiundzwanzig Jahren kehre ich zurück, und es ist genauso wie früher. Gepäck auf der Treppe, die Dienstboten verwöhnt und unmöglich, niemand zu Hause, um einen zu empfangen, keine regelmäßigen Mahlzeiten, nie jemand hungrig, weil sie den ganzen Tag Butterbrote kauen oder Äpfel verschlingen, und, was schlimmer ist, dieselbe Unordnung in den Gedanken, in den Worten und im Gefühl. Als Kind war ich daran gewöhnt. Ich kannte es nicht besser. Trotzdem war ich unglücklich und sehnte mich danach, anständig zu leben. Und wie ich mich sehnte! So zu leben wie die andern, nicht selbst an alles denken zu müssen, eine Lady zu sein. Mit neunzehn hab ich geheiratet, um von hier wegzukommen. Mein Mann ist Sir Hastings Utterword, der nacheinander Gouverneur sämtlicher Kronkolonien war. Ich bin immer die erste Frau im Lande gewesen. Ich war so glücklich. Ich hatte vergessen, daß man so leben kann wie hier. Und doch wollte ich meinen Vater wiedersehn, meine Schwester, meine Nichten und Neffen. Wie es sich gehört. Ich hab mich sogar darauf gefreut. Und jetzt diese Zustände! Wie werde ich empfangen! Die gedankenlose Unverschämtheit dieser Guiness, unserer alten Amme! Wenn Hesione wenigstens da wäre. Wirklich, einige Vorbereitungen hätte man für mich treffen können. Sie müssen entschuldigen, wenn ich so drauflos rede. Aber es tut mir alles sehr weh. Ich bin beunruhigt und enttäuscht. Und wenn ich mir das so vorgestellt hätte, wär ich gar nicht erst hergekommen. Ich hab große Lust, ohne ein Wort wieder umzukehren. *Sie ist nahe daran zu weinen.*

ELLIE *auch sehr elend:* Mich hat auch niemand empfangen. Ich wär auch am liebsten wieder gegangen. Aber wie, Lady Utterword? Mein Gepäck liegt auf der Treppe, und die Droschke ist weg.

Der Kapitän kommt aus der Speisekammer mit einem Tablett, einer chinesischen Lackarbeit, und einem kostbaren Teeservice darauf. Er stellt es auf die Tischkante, nimmt das Zeichenbrett weg, lehnt es an die Tischbeine und schiebt das Tablett zur Mitte. Ellie schenkt sich gierig Tee ein.

KAPITÄN Ihr Tee, kleine Lady. Was! Noch eine Lady! Ich muß noch eine Tasse holen. *Er geht auf die Speisekammer zu.*

LADY UTTERWORD *steht auf, vom Gefühl übermannt:* Papa! Kennst du mich nicht? Ich bin deine Tochter.

KAPITÄN Unsinn! Meine Tochter ist oben und schläft. *Er verschwindet in der Speisekammer.*

Lady Utterword geht nach hinten ans Fenster, um ihre Tränen zu verbergen.

ELLIE *folgt ihr mit der Tasse:* Seien Sie nicht so verzweifelt. Nehmen Sie meine Tasse. Er ist sehr alt und sehr wunderlich. Zu mir ist er genauso gewesen. Ich kann mir vorstellen, wie schrecklich das für Sie ist. Mein eigener Vater ist für mich die Welt. Aber ich bin sicher, er hat es nicht so gemeint.

Der Kapitän kommt mit einer neuen Tasse zurück.

KAPITÄN Jetzt sind wir komplett. *Er stellt die Tasse auf das Tablett.*
LADY UTTERWORD *hysterisch:* Papa! Du kannst mich nicht vergessen haben. Ich bin Ariadne. Ich bin dein kleines Paddykind. Willst du mir keinen Kuß geben? *Sie geht zu ihm und schlingt ihre Arme um seinen Hals.*
KAPITÄN *rührt sich nicht:* Wie können Sie Ariadne sein? Sie sind eine Frau in mittleren Jahren. Gut erhalten, Gnädigste, aber nicht mehr jung.
LADY UTTERWORD Aber denk doch an all die Jahre, die ich weggewesen bin, Papa. Ich bin älter geworden, wie alle Leute.
KAPITÄN *macht sich frei:* Sie sollten darüber hinaus sein, fremde Männer zu küssen. Noch dazu einen Mann, der vielleicht den siebenten Grad der Vollkommenheit erreichen wird.
LADY UTTERWORD Aber ich bin deine Tochter. Du hast mich jahrelang nicht gesehen.
KAPITÄN Um so schlimmer! Solange unsre Verwandten bei uns sind, denken wir nur an ihre guten Eigenschaften, oder es wär unmöglich, sie zu ertragen. Aber wenn sie weg sind, trösten wir uns über ihre Abwesenheit, indem wir dauernd an ihre Fehler denken. Dadurch bin ich dahin gekommen, meine Tochter Ariadne für eine wahre Teufelin zu halten. Versuch also nicht, ihre Rolle zu spielen, um dich hier beliebt zu machen. *Er wendet sich heftig von ihr ab.*
LADY UTTERWORD Um mich beliebt zu machen, wirklich. *Mit Würde:* Es ist gut, Papa. *Sie setzt sich an den Zeichentisch und schenkt sich Tee ein.*
KAPITÄN Ich vernachlässige meine gesellschaftlichen Pflichten. *Zu Lady Utterword:* Du erinnerst dich an Dunn? Billy Dunn?
LADY UTTERWORD Meinst du den Schurken von Matrosen, der dich bestohlen hat?
KAPITÄN *stellt Ellie vor:* Seine Tochter. *Er setzt sich auf das Sofa.*
ELLIE *protestiert:* Nein –
Guinness kommt mit frischem Tee.
KAPITÄN Weg mit dem Spülwasser. Verstanden?
GUINNESS Sie haben wirklich an den Tee gedacht! *Zu Ellie:* Da hat er Sie also doch nicht vergessen, Miss! Sie haben

ihm Eindruck gemacht.
KAPITÄN *düster:* Jugend! Schönheit! Neuheit! Wie dringend haben wir sie nötig in diesem Haus. Ich bin übermäßig alt. Hesione ist nur mäßig jung. Und ihre Kinder sind nicht jugendlich.
LADY UTTERWORD Wie kann man von Kindern verlangen, daß sie in diesem Haus jung sind? Fast noch ehe wir sprechen konnten, wurden wir vollgestopft mit Begriffen, die sehr gut für gottlose Philosophen um die Fünfzig getaugt haben dürften, aber bestimmt ganz ungehörig waren für anständige Menschen jeden Alters.
GUINNESS Miss Addy ist immer für Anstand gewesen.
LADY UTTERWORD Guinness! Wollen Sie sich bitte daran erinnern, daß ich Lady Utterword und nicht Miss Addy bin? Weder Liebling, noch Herzchen, noch Kindchen. Hörst du?
GUINNESS Ja, Täubchen. Ganz recht. Ich werde allen beibringen, daß sie Lady Utterword sagen müssen. *Sie geht mit ihrem Tablett unerschüttert hinaus.*
LADY UTTERWORD Hat das Sinn? Was für eine Erleichterung sind Dienstboten, die keine Manieren haben?
ELLIE *geht an den Tisch und stellt ihre leere Tasse ab:* Ob Mrs. Hushabye mich überhaupt erwartet, Lady Utterword?
LADY UTTERWORD Danach dürfen Sie mich nicht fragen. Sie sehen selbst, daß ich gerade angekommen bin. Ihre einzige Schwester. Nach dreiundzwanzigjähriger Abwesenheit! Und es scheint, daß auch ich nicht erwartet werde.
KAPITÄN Unwichtig, ob die kleine Lady erwartet wird oder nicht. Sie ist willkommen. Wir haben Betten. Wir haben zu essen. Ich such selber ein Zimmer für Sie aus. *Er geht auf die Tür zu.*
ELLIE *will ihn aufhalten:* Oh bitte –
Der Kapitän geht hinaus.
Lady Utterword, was soll ich nur tun. Der Kapitän glaubt wirklich, daß mein Vater irgendein Matrose ist, der ihn bestohlen hat.
LADY UTTERWORD Am besten, Sie kümmern sich nicht darum. Mein Vater ist ein äußerst gescheiter Mann, aber er war immer sehr vergeßlich. Und jetzt, im Alter, ist es natürlich noch schlimmer. Ich muß Sie allerdings warnen. Ganz sicher ist man nie, daß ers wirklich vergißt.

Mrs. Hushabye stürmt herein und umarmt Ellie. Sie ist einige Jahre älter als Lady Utterword und sieht noch besser aus. Sie hat wundervolles schwarzes Haar, Augen wie Goldfischweiher und einen edelgeformten Hals, kurz im Nacken und vorne tief angesetzt. Anders als ihre Schwester ist sie ohne Korsett und trägt unbekümmert ein kostbares schwarzes Spitzenkleid, das ihre weiße Haut und die üppige Figur unterstreicht.

MRS. HUSHABYE Ellie, mein Liebling, mein Kleines: *Küßt sie:* Wie lange bist du schon hier? Ich war die ganze Zeit zu Hause. Ich hab dir Blumen und Obst ins Zimmer gestellt, und als ich mich nur für einen Augenblick hinsetzte, um zu sehen, ob dein Sessel auch bequem ist, bin ich eingenickt. Papa weckte mich und sagte mir, daß du hier bist. Wenn ich mir vorstelle, daß niemand da war und du vernachlässigt und wie verlassen. *Küßt sie wieder:* Mein armer Schatz!

Sie setzt Ellie auf das Sofa. Inzwischen hat Ariadne den Tisch verlassen und kommt näher, um sich bemerkbar zu machen.

Ach! Du hast jemand mitgebracht. Mach uns bekannt.

LADY UTTERWORD Hesione! Du erkennst mich nicht? Ist das möglich.

MRS. HUSHABYE *förmlich:* Richtig, ich erinnere mich an Ihr Gesicht. Wo sind wir uns begegnet?

LADY UTTERWORD Hat Papa dir nicht gesagt, daß ich hier bin? Nein! Das ist wirklich zu viel. *Sie wirft sich trotzig in den Korbstuhl.*

MRS. HUSHABYE Papa?

LADY UTTERWORD Ja! Papa. Unser Papa, du gefühlloses Geschöpf. *Steht zornig wieder auf:* Ich such mir sofort ein Hotel.

MRS. HUSHABYE *ergreift sie bei den Schultern.* Du mein gütiger Gott im Himmel, du willst doch nicht damit sagen, daß du Addy bist!

LADY UTTERWORD Natürlich bin ich Addy. Ich kann mich unmöglich so verändert haben, daß du mich nicht wiederkennst, wenn du mich nur ein bißchen lieb hättest. Und Papa fand es nicht einmal der Mühe wert, von mir zu reden.

MRS. HUSHABYE Wie lustig! Setz dich. *Sie stößt sie zurück in den Korbstuhl, statt sie zu küssen, und stellt sich dahinter:*

Du siehst elegant aus. Du bist viel schöner als früher. Du hast sicher schon Ellies Bekanntschaft gemacht. Sie ist dabei, ein wahres Schwein von einem Millionär zu heiraten, ihrem Vater zuliebe, der so arm wie eine Kirchenmaus ist. Du mußt mir helfen, sie davon abzubringen.

ELLIE Hesione, bitte!

MRS. HUSHABYE Mein Kleines, der Mann kommt heute mit deinem Vater her, um Jagd auf dich zu machen, und jeder Mensch wird den Stand der Dinge in zehn Minuten erkennen. Was hat es also für einen Zweck, ein Geheimnis daraus zu machen?

ELLIE Er ist kein Schwein, Hesione. Du weißt nicht, wie fabelhaft anständig er sich meinem Vater gegenüber benommen hat, und wie sehr ich ihm dankbar sein muß.

MRS. HUSHABYE *zu Lady Utterword:* Ihr Vater ist ein bemerkenswerter Mann, Addy. Ellies Großeltern waren beide Dichter, wie die Brownings, und mit irgendeiner Berühmtheit namens Mazzini befreundet, und als Ellies Vater zur Welt kam, sagte dieser Mazzini ›Noch ein Soldat für die Freiheit geboren!‹ So tauften sie ihn denn Mazzini. Mazzini Dunn. Und er kämpft seitdem auf seine stille Art für die Freiheit. Darum ist er auch so arm geblieben.

ELLIE Ich bin stolz auf seine Armut.

MRS. HUSHABYE Natürlich bist du das, Kleines. Warum überläßt du ihn dann nicht seiner Armut und heiratest jemand, den du liebst?

LADY UTTERWORD *steht plötzlich auf und bricht aus:* Hesione! Küßt du mich nun, oder küßt du mich nicht?

MRS. HUSHABYE Warum willst du geküßt werden?

LADY UTTERWORD Ich will nicht geküßt werden. Aber ich will, daß du dich normal und manierlich benimmst. Wir sind Schwestern. Wir haben uns dreiundzwanzig Jahre nicht gesehn. Es ist deine Pflicht, mich zu küssen.

MRS. HUSHABYE Morgen früh, meine Liebe, bevor du dich zurecht machst. Ich hasse den Geruch von Puder.

LADY UTTERWORD Oh! Du gefühlloses – *Sie wird durch die Rückkehr des Kapitäns unterbrochen.*

KAPITÄN *zu Ellie:* Ihr Zimmer ist bereit. *Ellie steht auf:* Das Bettzeug war feucht. Ich hab es gewechselt. *Er geht auf die rechte Gartentür zu.*

LADY UTTERWORD Und was ist mit meinem Bettzeug?

KAPITÄN *bleibt an der Tür stehn:* Ich rate, es zu lüften. Oder es abzuziehn und mit der Wolldecke vorlieb zu nehmen. Sie wird in Ariadnes Kinderzimmer schlafen.

LADY UTTERWORD Ich denke nicht daran. Das kleine Loch! Ich hab ein Recht auf das beste Fremdenzimmer.

KAPITÄN *fährt unbewegt fort:* Sie hat einen Dummkopf geheiratet. Sie sagte mir, sie würde jeden heiraten, um von hier wegzukommen.

LADY UTTERWORD Du tust nur so, als ob du mich nicht kennst. Ich werde das Haus verlassen.

Mazzini Dunn kommt von der Halle herein. Er ist ein kleiner älterer Mann mit vorstehenden, gläubigen Augen und ernstem Benehmen. Er trägt einen blauen Sergerock, darüber einen offenen wasserdichten Regenmantel und in der Hand einen weichen schwarzen Hut, wie ihn Geistliche tragen.

ELLIE Endlich! Kapitän Shotover, das ist mein Vater.

KAPITÄN Der! Unsinn! Nicht die Spur von ihm. *Er geht in den Garten und schlägt die Tür heftig hinter sich zu.*

LADY UTTERWORD Ich will nicht, daß man mich ignoriert und vorgibt, ich sei jemand anders. Ich bring das jetzt mit Papa in Ordnung, und zwar sofort. *Zu Mazzini:* Entschuldigen Sie mich. *Sie folgt dem Kapitän und macht Mazzini eine hastige Verbeugung, die dieser erwidert.*

MRS. HUSHABYE *schüttelt Mazzini freundlich die Hand:* Wie nett von Ihnen, daß Sie gekommen sind, Mr. Dunn! Sie sind Papa doch nicht böse? Er ist total verrückt, wissen Sie, aber völlig harmlos und überaus gescheit. Sie werden sich wundervoll mit ihm unterhalten.

MAZZINI Ich hoffe sehr. *Zu Ellie:* Da bist du ja, liebe Ellie. *Er nimmt ihren Arm liebevoll in seinen:*
Ich möchte mich für Ihre Güte meiner Tochter gegenüber bedanken, Mrs. Hushabye. Ich fürchte, sie hätte ohne Ihre Einladung keine richtigen Ferien gehabt.

MRS. HUSHABYE Im Gegenteil. Es ist sehr lieb von ihr, herzukommen und uns junge Leute ins Haus zu locken.

MAZZINI *lächelnd:* Ich fürchte, Ellie interessiert sich nicht für junge Männer, Mrs. Hushabye. Sie hat einen ernsteren, mehr soliden Geschmack.

MRS. HUSHABYE *plötzlich sehr hart:* Wollen Sie Ihren Mantel nicht ablegen, Mr. Dunn? Die Garderobe ist in der Halle.

MAZZINI *läßt Ellie hastig los:* Ja – danke – es wär besser, wenn ich – *Er geht hinaus.*

MRS. HUSHABYE *mit Nachdruck:* Das alte Untier!
ELLIE Wer?
MRS. HUSHABYE Wer! Der. Er. Das. *Zeigt hinter Mazzini her:* Einen ernsteren, mehr soliden Geschmack, tatsächlich!
ELLIE *entsetzt:* Du willst doch nicht so von meinem Vater sprechen!
MRS. HUSHABYE Und ob. Von wem sonst.
ELLIE *mit Würde:* Ich gehe. *Wendet sich zur Tür:* Auf der Stelle.
MRS. HUSHABYE Dann sag ich deinem Vater den Grund.
ELLIE *kehrt um:* Mrs. Hushabye! Wie kann man einen Gast so behandeln?
MRS. HUSHABYE Ich dachte, ich bin für dich Hesione.
ELLIE Jetzt gewiß nicht.
MRS. HUSHABYE Also gut. Ich erzähls deinem Vater.
ELLIE *besorgt:* Nein!
MRS. HUSHABYE Wenn du mit der Wimper zuckst – wenn du auch nur einen Augenblick seine Partei ergreifst, gegen mich und gegen dein eigenes Herz, dann werde ich diesem geborenen Soldaten der Freiheit so meine Meinung sagen, daß er eine Woche lang Kopf steht, dieser alte Egoist.
ELLIE Mein Vater ein Egoist! Wie wenig kennst du ihn – *sie wird von Mazzini unterbrochen, der zurückkommt, aufgeregt und schwitzend.*
MAZZINI Ellie! Mangan ist gekommen. Ich denk, es wird dich freuen, das zu hören. Entschuldigen Sie, Mrs. Hushabye, dieser sonderbare alte Mann –
MRS. HUSHABYE Papa. Ganz recht.
MAZZINI Oh, verzeihen Sie. Selstverständlich. Sein Benehmen hat mich ein bißchen verwirrt. Er läßt sich von Mangan im Garten helfen und will, daß auch ich –
Lautes Pfeifen ist zu hören.
KAPITÄN *ruft von draußen:* Bootsmann ahoi!
Das Pfeifen wiederholt sich.
MAZZINI *verwirrt:* Mein Gott! Ich glaube, er pfeift nach mir. *Er läuft hinaus.*
MRS. HUSHABYE Papa. Ist er jetzt nicht wunderbar. Wie?
ELLIE Hesione. Hör mir zu. Du verstehst das nicht. Mein Vater und Mr. Mangan sind zusammen aufgewachsen. Mr. Man –
MRS. HUSHABYE Das kümmert mich wenig. Aber wir müssen uns setzen, wenn du so weit ausholen willst. *Sie zieht Ellie*

neben sich auf das Sofa:
So, mein Kleines, jetzt erzähl mir von diesem Mr. Mangan. Er ist das, was man einen Boss nennt, nicht wahr? Er ist ein Napoleon der Industrie und widerlich reich. Warum ist dein Vater nicht reich?

ELLIE Mein Vater hätte sich nie mit Geschäften abgeben sollen. Seine Eltern waren Dichter. Sie vermittelten ihm die edelsten Gedanken, aber sie konnten es sich nicht leisten, ihn studieren zu lassen.

MRS. HUSHABYE Ich kann mir deine Großeltern vorstellen, wie sie aus reiner Begeisterung mit den Augen rollten! Und so mußte dein armer Vater Kaufmann werden. Hatte er da keinen Erfolg?

ELLIE Er sagte immer, er könnte nur was werden, wenn er etwas Kapital hätte. Er hat sich durchgeschlagen, damit wir ein Dach über dem Kopf hatten und das Nötige zum Leben. Aber es ist ein ewiger Kampf gewesen. Immer dieselbe Schwierigkeit, weil er nicht genug Kapital hatte. Ich weiß nicht, wie ich dir das beschreiben soll.

MRS. HUSHABYE Arme Ellie! Ich weiß. Er mußte den Teufel beim Schwanz packen.

ELLIE *verletzt:* Oh nein. So nicht. Es blieb alles in würdigem Rahmen.

MRS. HUSHABYE Dadurch wird alles noch schwerer, nicht wahr? Ich jedenfalls hätte den Teufel nicht mit Würde behandelt. Ich hätte hart zugefaßt – *zwischen den Zähnen:* hart. Verstehst du? Aber weiter.

ELLIE Endlich schien es, als hätten all unsre Sorgen ein Ende. Aus reiner Freundschaft für meinen Vater und aus Achtung vor seinem Charakter tat Mr. Mangan etwas ungewöhnlich Edles. Er fragte ihn, wieviel Kapital er braucht, und gab es ihm. Ich meine, nicht geliehen oder als Kredit für sein Geschäft. Er hat es meinem Vater ganz einfach geschenkt. War das nicht großzügig von ihm?

MRS. HUSHABYE Unter der Bedingung, daß du ihn heiratest?

ELLIE Aber nein, nein. Da war ich noch Kind. Er hatte mich noch nie gesehn. Er kam nie zu uns nach Hause. Es geschah völlig uneigennützig. Aus reiner Großmut.

MRS. HUSHABYE Oh! Ich bitte ihn um Verzeihung. Und was wurde aus dem Geld?

ELLIE Wir bekamen alle neue Kleider und zogen in eine größere Wohnung. Und ich besuchte für zwei Jahre eine

bessere Schule.
MRS. HUSHABYE Nur zwei Jahre?
ELLIE Das war alles. Denn nach zwei Jahren war mein Vater vollkommen ruiniert.
MRS. HUSHABYE Wieso?
ELLIE Ich weiß nicht. Ich hab es nie verstanden. Aber es war schrecklich. Solange wir arm waren, hatte mein Vater nie Schulden. Aber als er sich auf große Geschäfte einließ, mußte er hohe Verpflichtungen eingehn. Und als er das Unternehmen aufgab, war er mehr Geld schuldig, als Mr. Mangan ihm gegeben hatte.
MRS. HUSHABYE Er wird mehr verschlungen haben, als er verdauen konnte, nehm ich an.
ELLIE Ich finde, das läßt dich ziemlich gleichgültig.
MRS. HUSHABYE Mein Kleines! Mach dir nichts draus, wie ich rede. Ich war früher genau so empfindlich und wählerisch wie du. Aber das gibt sich mit der Zeit. Dein Vater hatte also keinen Sinn für Geschäfte und machte alles verkehrt.
ELLIE Siehst du, das zeigt gerade, wie sehr du ihn verkennst. Das Unternehmen wurde ein großer Erfolg. Jetzt bringt es, nach Abzug der Gewinnsteuer, vierundvierzig Prozent ein.
MRS. HUSHABYE Warum schwimmt ihr dann nicht im Geld?
ELLIE Das ist ja die Ungerechtigkeit für mich. Weißt du, mein Vater wurde zugrunde gerichtet. Es hat ihm fast das Herz gebrochen, weil er mehrere Freunde überredet hatte, Geld bei ihm anzulegen. Er war so von seinem Erfolg überzeugt, und die Ereignisse haben bewiesen, wie recht er gehabt hat. Trotzdem haben sie alle ihr Geld verloren. Es war schrecklich. Ich weiß nicht, was wir ohne Mr. Mangan angefangen hätten.
MRS. HUSHABYE Was! Da hat der Boss wieder geholfen, nachdem sein ganzes Geld verloren war?
ELLIE Das hat er wirklich, und hat meinem Vater nie auch nur den leisesten Vorwurf gemacht. Er kaufte vom Konkursverwalter die Gebäude, die Maschinen und was sonst noch übrig war, für soviel Geld, daß mein Vater seinen Gläubigern wenigstens dreißig Prozent zurückzahlen konnte. Weil alle ihn bedauerten und jeder wußte, wie ehrenhaft er war, begnügten sie sich damit, anstatt die üblichen fünfzig Prozent zu verlangen. Danach gründete Mr. Mangan eine Gesellschaft zur Fortführung des Unter-

nehmens und stellte meinen Vater als Direktor an, um uns vor dem Verhungern zu bewahren. Denn ich verdiente damals noch nicht.

MRS. HUSHABYE Wie im Roman. Und wann hat es angefangen mit dieser zärtlichen Leidenschaft?

ELLIE Das war viele Jahre später, erst vor kurzem. Eines Abends hielt er die Ansprache bei einem Wohltätigkeitskonzert, bei dem ich mitwirkte. Als Laie natürlich. Ich sang drei kleine Lieder mit Zugaben. Und er war von meinem Gesang so beeindruckt, daß er mich fragte, ob er mich nach Hause begleiten darf. Ich habe nie jemand so bestürzt gesehn, als er mit raufkam und ich stellte ihn meinem Vater vor, seinem eigenen Direktor. Da erst erzählte mir Papa, wie edel er sich benommen hatte. Und natürlich bedeutete sein Reichtum eine große Chance für mich. Und – und – es kam zu einer Art Vereinbarung – man kann es auch Verlobung nennen – *Sie verstummt betrübt.*

MRS. HUSHABYE *steht auf und geht umher:* Du hast dich da in etwas hineintreiben lassen. Aber du wirst dich wieder herausboxen, mein Kleines, wenn ich irgend etwas damit zu tun haben soll.

ELLIE *ohne Hoffnung:* Das ist unmöglich. Ich bin durch Ehre und Dankbarkeit gebunden. Ich muß es durchstehn.

MRS. HUSHABYE *hinter dem Sofa, schimpft auf sie herunter:* Du weißt ganz genau, daß es weder ehrenhaft noch dankbar ist, einen Mann zu heiraten, den man nicht liebt. Liebst du diesen Kerl?

ELLIE Ja. Wenigstens –

MRS. HUSHABYE Ich will nicht wissen, was wenigstens! Ich will alles wissen. Mädchen in deinem Alter verlieben sich in alle möglichen und unmöglichen Leute, besonders in alte Männer.

ELLIE Ich mag Mr. Mangan sehr gern. Und ich werde ihm immer –

MRS. HUSHABYE *ungeduldig, entfernt sich von ihr:* – dankbar sein für seine Güte dem lieben Papa gegenüber. Ich weiß. Und der andere?

ELLIE Was meinst du?

MRS. HUSHABYE Ein anderer? Bist du in jemand anders verliebt?

ELLIE Natürlich nicht.

MRS. HUSHABYE So so! *Sie sieht das Buch auf dem Zeichentisch, nimmt es auf, sieht Ellie an und fragt schelmisch:* Bist du vielleicht in einen Schauspieler verliebt?
ELLIE Nein. nein. Warum? Wie kommst du denn darauf?
MRS. HUSHABYE Das gehört doch dir, nicht wahr? Wozu liest du sonst den Othello?
ELLIE Mein Vater lehrte mich, Shakespeare lieben.
MRS. HUSHABYE *wirft das Buch auf den Tisch:* Wahrhaftig! Dein Vater scheint unbegrenzte Möglichkeiten zu haben.
ELLIE *naiv:* Liest du nie Shakespeare, Hesione? Das find ich merkwürdig. Ich liebe Othello.
MRS. HUSHABYE Tust du das wirklich? Auch seine Eifersucht?
ELLIE Oh, die nicht. Die Eifersuchtszenen sind furchtbar. Aber glaubst du nicht, daß es für Desdemona, die still daheim aufgewachsen war, ein großartiges Erlebnis gewesen sein muß, einem solchen Mann zu begegnen? Ein Mann, der in der weiten Welt alle möglichen Heldentaten vollbracht und schreckliche Abenteuer erlebt hatte und der dennoch etwas an ihr fand, das ihn dazu trieb, gerne bei ihr zu sitzen und mit ihr zu plaudern und davon zu erzählen.
MRS. HUSHABYE Stellst du dir das so romantisch vor?
ELLIE Nicht nur romantisch. Das kann sich wirklich ereignen.
Auch Ellies Augen zeigen, daß sie nicht debattiert, sondern träumt. Mrs. Hushabye, die sie neugierig beobachtet, geht bedächtig ans Sofa und setzt sich wieder neben sie.
MRS. HUSHABYE Allerliebste Ellie! Ist dir nie aufgefallen, daß einige von den Geschichten, die Othello Desdemona erzählt, unmöglich wahr sein konnten?
ELLIE Oh nein. Auch Shakespeare glaubte, daß sie wahr sind.
MRS. HUSHABYE Das glaubte Desdemona! Und das ist ein Unterschied.
ELLIE Was rätselst du so daran herum. Du bist wie eine Sphinx. Ich weiß nie, was du meinst.
MRS. HUSHABYE Desdemona wär ihm schon dahinter gekommen, wenn sie länger gelebt hätte. Ich frage mich, ob er sie vielleicht deshalb erwürgt hat!
ELLIE Othello hat nicht gelogen.
MRS. HUSHABYE Woher weißt du das?
ELLIE Hesione! Es gibt Männer, die wunderbare Taten vollbracht haben. Männer wie Othello, nur weiß natürlich,

aber so stattlich und –
MRS. HUSHABYE Aha! Jetzt sind wir so weit. Erzähl mir von ihm. Ich wußte, es gibt einen, sonst wärst du wegen deiner Verlobung mit Mangan nicht so unglücklich gewesen. Es hätte dir Spaß gemacht, ihn zu heiraten.
ELLIE *wird rot:* Hesione! Du bist schrecklich. Aber ich will kein Geheimnis daraus machen, obwohl ich es nicht jedem erzählen möchte. Übrigens kenn ich ihn nicht näher.
MRS. HUSHABYE Du kennst ihn nicht! Was soll das heißen?
ELLIE Natürlich kenne ich ihn. Vom Sehn und vom Sprechen.
MRS. HUSHABYE Aber du möchtest ihn gern sehr viel intimer kennenlernen, was?
ELLIE Nein nein! Ich kenn ihn genau – fast intim.
MRS. HUSHABYE Du kennst ihn nicht näher, und du kennst ihn fast intim. Wie logisch!
ELLIE Ich meine, daß er uns nicht besucht. Ich – ich kam mit ihm durch Zufall ins Gespräch, bei einem Konzert.
MRS. HUSHABYE Du scheinst dich bei deinen Konzerten recht gut zu amüsieren.
ELLIE Aber nein, wir unterhalten uns nur im Künstlerzimmer mit vielen Leuten, wenn wir auf unseren Auftritt warten. Ich dachte, er gehört zu den Mitwirkenden. Er sah prachtvoll aus. Aber er war nur einer vom Komitee. Ich erzählte ihm zufällig, daß ich ein Bild in der Nationalgalerie kopiere. Ich verdiene mir ein bißchen Geld damit. Ich kann nicht gut malen. Aber weil es immer dasselbe Bild ist, hab ich es ziemlich heraus, und ich kriege zwei oder drei Pfund dafür. An einem solchen Tag kam er zufällig in die Galerie.
MRS. HUSHABYE An einem Kopiertag. Zahlte Eintritt, um sich zwischen einer Menge von Staffeleien herumzudrücken, wo er doch an anderen Tagen umsonst reingekommen wär und hätte sich ungestört umsehen können! Wirklich ganz zufällig?
ELLIE *triumphierend:* Nein. Mit Absicht. Er wollte sich gern weiter mit mir unterhalten. Er kennt eine Menge hervorragender Leute. Und elegante Frauen, die alle in ihn verliebt sind. Aber es war ihm wichtiger, mich in der Nationalgalerie aufzusuchen und mich zu überreden, mit ihm in einem Taxi durch den Richmondpark zu fahren.
MRS. HUSHABYE Du hast dich ganz schön ins Zeug gelegt,

mein Kleines. Es ist erstaunlich, was ihr anständigen Mädchen alles anstellen könnt, ohne daß sich jemand darüber aufhält.

ELLIE Ich besuche keine Gesellschaften, Hesione. Wenn ich nicht auf diese Weise Bekanntschaften mache, hätte ich niemand.

MRS. HUSHABYE Es ist ja nichts dabei, solange du weißt, was du tust. Und sein Name? Wenn ich fragen darf.

ELLIE *langsam und melodisch:* Marcus Darnly.

MRS. HUSHABYE *ahmt den Tonfall nach:* Marcus Darnly! Was für ein glanzvoller Name!

ELLIE Ich bin so froh, daß du das auch findest. Ich dachte dasselbe. Aber ich fürchtete, ich hätte es mir nur eingebildet.

MRS. HUSHABYE So! Ist er einer von den Darnlys aus Aberdeen?

ELLIE Das weiß niemand. Stell dir das vor! Man hat ihn in einer alten Kiste gefunden –

MRS. HUSHABYE In was?

ELLIE In einer alten Kiste. An einem Sommermorgen in einem Rosengarten, nach einer fürchterlichen Gewitternacht.

MRS. HUSHABYE Was in aller Welt soll diese Kiste? Ist er da reingekrochen, weil er Angst vor den Blitzen hatte?

ELLIE Oh nein, nein! Als Säugling. Die Windeln waren mit dem Namen Marcus Darnly bestickt. Und fünfhundert Pfund in Gold lagen dabei.

MRS. HUSHABYE *sieht sie scharf an:* Ellie!

ELLIE Im Garten des Vicomte –

MRS. HUSHABYE – de Rougemont?

ELLIE *unschuldig:* Nein. De Larochejaquelin. Eine französische Familie. Ein Vicomte. Sein Leben ist ein langer Roman gewesen. Ein Tiger –

MRS. HUSHABYE Den er mit eigener Hand erschlagen hat?

ELLIE Oh nein! Nicht so was Gewöhnliches. Er hat dem Tiger bei einer Jagd das Leben gerettet. In Indien, bei einem dieser Jagdausflüge König Eduards. Der König war wütend. Das war auch der Grund, warum seine militärischen Fähigkeiten nie richtig anerkannt wurden. Aber er macht sich nichts daraus. Er ist Sozialist und verachtet Rang und Würden. In drei Revolutionen hat er auf den Barrikaden gekämpft.

MRS. HUSHABYE Ellie! Wie kannst du mir solche Lügen auftischen? Ausgerechnet du! Ich habe dich für den ehrlichsten und aufrichtigsten Menschen gehalten.
ELLIE *steht auf, würdig aber ärgerlich:* Willst du damit sagen, daß du mir nicht glaubst?
MRS. HUSHABYE Natürlich glaub ich dir nicht. Jedes Wort davon ist erfunden. Willst du mich zum Narren halten? *Ellie starrt sie an. Ihre Aufrichtigkeit ist so überzeugend, daß Mrs. Hushabye verwirrt ist.*
ELLIE Leb wohl, Hesione. Es tut mir leid. Ich seh ein, daß es sehr unwahrscheinlich klingt, wenn ich das erzähle. Aber ich kann nicht hierbleiben, wenn du so von mir denkst.
MRS. HUSHABYE *hält sie fest:* Bleib. Ich kann mich nicht so geirrt haben. Und ich weiß zu gut, wie Lügner aussehen. Das hat dir wirklich jemand erzählt.
ELLIE Hesione! Sag nicht, daß du ihm nicht glaubst. Das kann ich nicht ertragen.
MRS. HUSHABYE *beruhigt sie:* Natürlich glaub ich ihm, mein Liebes. Aber das hättest du mir nach und nach beibringen sollen. *Zieht sie an ihren Platz zurück:* Und jetzt erzähl mir alles. Bist du in ihn verliebt?
ELLIE Oh nein. Ich bin nicht so töricht. So schnell verlieb ich mich nicht. Ich bin nicht so dumm, wie du denkst.
MRS. HUSHABYE Ich versteh. Nur irgendwas, woran du denkst – was dem Leben Inhalt und Freude gibt.
ELLIE Genau so. Wirklich, das ist alles.
MRS. HUSHABYE Und es beflügelt die Stunden, nicht wahr? Kein langweiliges Warten auf das Einschlafen, keine Angst vor einer schlechten Nacht. Und wie köstlich ist das Erwachen am Morgen! Wie viel besser als der glücklichste Traum! Das ganze Leben verwandelt! Man wünscht nicht mehr, ein interessantes Buch zu lesen, weil das Leben viel glücklicher macht als jedes Buch! Man will nur noch allein sein, um mit niemand sprechen zu müssen. Ganz allein und nur daran denken.
ELLIE *umarmt sie:* Hesione, du bist eine Zauberin! Woher weißt du das? Du bist die herrlichste Frau von der Welt.
MRS. HUSHABYE *streichelt sie:* Kleines, mein Kleines. Wie ich dich beneide! Und wie ich dich bedaure!
ELLIE Mich bedauern? Warum?
Hector Hushabye, ein sehr stattlicher Mann von fünfzig, mit einem Schnurrbart, der einen dandyhaften Hut mit

gebogenem Rand und einen kunstvollen Spazierstock in der Hand hält, tritt von der Halle aus ein und bleibt plötzlich stehn. Ellie sieht ihn und steht freudig überrascht auf.
Oh! Hesione, das ist Mr. Marcus Darnly.
MRS. HUSHABYE *steht auf:* Ein guter Witz. Das ist mein Mann.
ELLIE Aber wie – *Sie verstummt, wird bleich und schwankt.*
MRS. HUSHABYE *fängt sie auf und setzt sich mit ihr auf das Sofa:* Sachte, mein Kleines.
HECTOR *legt Stock und Hut auf den Teakholztisch, mit einer Mischung von Verwirrung und Unverschämtheit:* Mein richtiger Name, Miss Dunn, ist Hector Hushabye. Ich überlasse es Ihnen zu entscheiden, ob das ein Name für einen so feinfühligen Mann wie mich ist. Ich mache, wenn irgend möglich, nie von ihm Gebrauch. Ich war knapp einen Monat weg. Und ich hatte keine Ahnung, daß Sie meine Frau kennen, oder daß Sie hierher kommen. Nichtsdestoweniger bin ich entzückt, Sie in unserm kleinen Haus anzutreffen.
ELLIE *in großer Verzweiflung:* Was soll ich bloß tun. Bitte, kann ich mit meinem Vater sprechen. Verlassen Sie mich. Ich halt es nicht aus.
MRS. HUSHABYE Geh, Hector.
HECTOR Ich –
MRS. HUSHABYE Mach, daß du rauskommst. Schnell.
HECTOR Wenn du meinst, es ist besser – *Er nimmt nur seinen Hut und geht hinaus.*
MRS. HUSHABYE *legt Ellie aufs Sofa:* Jetzt ist er weg, mein Kleines. Nur ich bin da. Laß dich gehn. Versuch nicht, dich zu beherrschen. Wein dich tüchtig aus.
ELLIE *hebt den Kopf:* Verdammt!
MRS. HUSHABYE Ausgezeichnet! Welche Erleichterung! Ich dachte schon, dir bricht das Herz. Nimm auf mich keine Rücksicht. Verfluch ihn noch mal.
ELLIE Ich fluche nicht auf ihn. Mich verfluche ich, weil ich solch eine Närrin bin. *Steht auf:* Wie konnte ich nur so darauf reinfallen? *Sie beginnt auf und ab zu gehn, ihre Frische ist verschwunden, und sie sieht merkwürdig älter und härter aus.*
MRS. HUSHABYE *munter:* Warum nicht, Kleines? Nur wenig junge Frauen können Hector widerstehn. Ich konnte es nicht, als ich in deinem Alter war. Er ist wirklich großar-

tig, weißt du.
ELLIE *wendet sich zu ihr:* Großartig! Ja, aussehen tut er großartig, natürlich. Aber wie kannst du einen Lügner lieben?
MRS. HUSHABYE Ich weiß es nicht. Aber man kann es, glücklicherweise. Sonst gäbe es nicht viel Liebe in der Welt.
ELLIE Aber so zu lügen! Dieser Prahlhans! Dieser Feigling!
MRS. HUSHABYE *steht auf, unruhig:* Bitte, Kleines, das sag nicht. Wenn du den leisesten Zweifel an seinem Mut äußerst, ist er sofort imstande, die schrecklichsten und gefährlichsten Dinge zu tun, um sich selbst zu beweisen, daß er kein Feigling ist. Er macht dann grausige Kunststücke. Er steigt zum Beispiel aus einem Fenster im dritten Stock und klettert bei einem anderen wieder herein, nur um seine Nerven auf die Probe zu stellen. Dabei hat er eine ganze Schublade voll Rettungsmedaillen, weil er anderen Menschen das Leben gerettet hat.
ELLIE Davon hat er mir nie was erzählt.
MRS. HUSHABYE Er brüstet sich nicht mit dem, was er wirklich getan hat. Das mag er nicht, und er wird verlegen, wenn andre es tun. Seine Geschichten sind alle erfunden.
ELLIE *geht zu ihr:* Meinst du damit, daß er wirklich tapfer ist und wirklich Heldentaten vollbringt? Und trotzdem Sachen erfindet, die er nie getan hat und die sich nie ereignet haben?
MRS. HUSHABYE Ja, Kleines, das mein ich. Menschen haben ihre Tugenden und ihre Laster nicht geordnet in Schubfächern. Sie liegen kunterbunt durcheinander.
ELLIE *starrt sie nachdenklich an:* Dieses Haus hat etwas Seltsames, Hesione, und auch du auf einmal. Ich weiß nicht, wie ich so ruhig mit dir sprechen kann. Ich hab eine entsetzliche Angst, daß mir das Herz gebrochen ist. Aber dieses tote Herz ist nicht so, wie ich mirs vorgestellt habe.
MRS. HUSHABYE Es ist nur das Leben, das dich erzieht, mein Kleines. Was empfindest du jetzt für Mangan?
ELLIE *macht sich los, mißvergnügt:* Erinnere mich nicht daran, Hesione.
MRS. HUSHABYE Verzeih, Liebes. Ich glaube, Hector kommt zurück. Jetzt hast du doch nichts mehr dagegen, Liebling, nicht wahr?
ELLIE Kein bißchen. Ich bin völlig geheilt.
Mazzini und Hector kommen aus der Halle.

HECTOR *während er die Tür öffnet und Mazzini vorläßt:* Noch eine Sekunde, und sie wär tot gewesen.
MAZZINI Donnerwetter! Was für eine Errettung! Ellie, Mr. Hushabye hat mir da eine fabelhafte Geschichte erzählt –
ELLIE *geht auf die andere Seite:* Ich hab sie schon gehört.
HECTOR *folgt ihr:* Nein, diese nicht. Ich erzähl sie Ihnen nach Tisch. Ich glaube, sie wird Ihnen gefallen. Ehrlich gesagt, ich hab die Geschichte extra für Sie erfunden und hatte mich schon darauf gefreut, sie Ihnen zu erzählen. Aber als ich eben rausflog, hab ich sie in einem Augenblick der Ungeduld an Ihren Vater verschwendet.
ELLIE *verachtungsvoll und beherrscht:* Es war nicht verschwendet. Mein Vater glaubt sie Ihnen. Ich hätte sie Ihnen nicht geglaubt.
MAZZINI *wohlwollend:* Ellie ist sehr unartig, Mr. Hushabye. Natürlich meint sie das nicht so.
Er geht ans Bücherregal und liest die Titel der Bände. Mr. Mangan, der Boß, kommt von der Halle herein, gefolgt vom Kapitän. Mangan, im Gehrock, wie zu einem Kirchenbesuch oder einer Verwaltungsratsitzung, ist Mitte fünfzig, hat einen sorgenvollen, mißtrauischen Gesichtsausdruck, legt Wert auf eine vollkommene, eingebildete Würde, mit einer matten Gesichtsfarbe, straffen glanzlosen Haaren und ungewöhnlich gewöhnlichen Zügen.
KAPITÄN *zu Mrs. Hushabye, stellt Mangan vor:* Er sagt, er heißt Mangan. Nicht tauglich.
MRS. HUSHABYE *liebenswürdig:* Seien Sie willkommen, Mr. Mangan.
MANGAN *schüttelt ihr die Hand:* Sehr erfreut.
KAPITÄN Dunn hat seine Muskeln verloren, aber mit den Nerven ist er wieder in Ordnung. Das ist selten nach drei Anfällen von Delirium tremens. *Er geht in die Speisekammer.*
MRS. HUSHABYE Ich gratuliere, Mr. Dunn.
MAZZINI *verwirrt:* Ich bin mein Leben lang Abstinenzler.
MRS. HUSHABYE Es ist viel bequemer, Papa dabei zu lassen, als zu versuchen, ihm das auszureden.
MAZZINI Aber drei Anfälle von Delirium tremens, hören Sie!
MRS. HUSHABYE *zu Mangan:* Kennen Sie meinen Mann, Mr. Mangan?
MANGAN *geht auf Hector zu, der ihm mit ausgestreckter Hand entgegenkommt:* Sehr erfreut. *Wendet sich an Ellie:*

Miss Ellie, ich hoffe, die Reise hierher war nicht zu anstrengend für Sie.
Sie geben sich die Hand.
MRS. HUSHABYE Hector, zeig Mr. Dunn sein Zimmer.
HECTOR Gern. Kommen Sie, Mr. Dunn. *Er geht mit Mazzini hinaus.*
ELLIE Hesione, du hast mir mein Zimmer noch nicht gezeigt.
MRS. HUSHABYE Ja richtig! Zu blöd von mir. Komm mit. Tun Sie ganz wie zu Hause, Mr. Mangan. Papa wird Sie unterhalten. *Ruft in die Speisekammer:* Papa! Zeig Mr. Mangan das Haus.
Sie geht mit Ellie hinaus. Der Kapitän kommt aus der Speisekammer.
KAPITÄN Sie wollen Dunns Tocher heiraten. Lassen Sie das. Sie sind zu alt.
MANGAN *verblüfft:* Also! Das ist ziemlich grob, Kapitän.
KAPITÄN Es ist wahr.
MANGAN Sie findet das nicht.
KAPITÄN Doch.
MANGAN Ältere Männer als ich haben –
KAPITÄN *beendet den Satz für ihn:* – sich selbst zu Narren gemacht. Das ist auch wahr.
MANGAN *sich behauptend:* Ich wüßte nicht, was Sie das angeht.
KAPITÄN Das geht jeden an. Die Gestirne schwanken in ihrer Bahn, wenn solche Dinge geschehn.
MANGAN Trotzdem werd ich sie heiraten.
KAPITÄN Woher wollen Sie das wissen?
MANGAN *spielt den starken Mann:* Ich habe die Absicht. Ich bin dazu entschlossen. Verstehen Sie? Ich habe mich noch nie zu etwas entschlossen, ohne es zu Ende zu führen. So ein Mann bin ich. Und wir werden uns viel besser verstehn, wenn Sie sich danach richten, Kapitän.
KAPITÄN Sie gehen viel ins Kino.
MANGAN Vielleicht tu ich das. Wer hat Ihnen das erzählt?
KAPITÄN Sprechen Sie wie ein Mensch und nicht wie im Film. Sie wollen damit sagen, daß Sie hunderttausend im Jahr verdienen.
MANGAN Ich prahle nicht. Aber wenn ich einen Mann treffe, der hunderttausend im Jahr hat, zieh ich meinen Hut und streck ihm die Hand hin und nenn ihn Bruder.
KAPITÄN Dann sind es bei Ihnen auch hunderttausend im

Jahr, wie?
MANGAN Nein. Das kann ich nicht sagen. Fünfzigtausend, vielleicht.
KAPITÄN Sein Halbbruder also nur. *Er dreht sich um und sammelt die leeren Tassen von dem chinesischen Tablett.*
MANGAN *gereizt:* Hören Sie. Mir ist meine Stellung hier nicht ganz klar. Ich bin der Einladung Ihrer Tochter gefolgt. Bin ich nun in ihrem Haus oder in Ihrem, Kapitän Shotover?
KAPITÄN Sie sind unter dem Himmelsgewölbe im Hause Gottes. Was innerhalb dieser Mauern wahr ist, ist auch außerhalb wahr. Fahren Sie über die Meere, steigen Sie auf die Berge, wandern Sie durch die Täler. Sie ist doch zu jung.
MANGAN *schwächer:* Aber ich bin nur wenig über fünfzig.
KAPITÄN Sie sind noch weniger unter sechzig. Mr. Mangan, Sie werden das Kind des Seeräubers nicht heiraten. *Er trägt das Tablett in die Speisekammer.*
MANGAN *folgt ihm bis an die Tür:* Was für ein Seeräuberkind? Wovon reden Sie eigentlich?
KAPITÄN *in der Speisekammer:* Von Ellie Dunn. Sie werden sie nicht heiraten.
MANGAN Wer will mich daran hindern?
KAPITÄN *kommt zurück:* Meine Tochter. *Er geht auf die Tür zur Halle zu.*
MANGAN *folgt ihm:* Mrs. Hushabye! Wollen Sie damit sagen, sie hat mich hergeholt, um das zu hintertreiben?
KAPITÄN *bleibt stehn und sieht ihn an:* Ich weiß nur, was ich in ihren Augen gelesen habe. Sie wird es hintertreiben. Ich rate Ihnen, heiraten Sie eine westindische Negerin. Das sind ausgezeichnete Frauen. Ich war selber zwei Jahre mit einer verheiratet.
MANGAN Ich bin doch kein Idiot!
KAPITÄN Das dachte ich auch. Ich war einer, viele Jahre lang. Die Negerin hat mich erlöst.
MANGAN *schwach:* Das ist verrückt. Ich sollte dieses Haus verlassen.
KAPITÄN Warum?
MANGAN Nun, die meisten Menschen würden sich durch Ihre Art zu reden beleidigt fühlen.
KAPITÄN Unsinn! Jede andre Art zu reden, führt zu Streitigkeiten. Mit mir hat sich noch niemand gestritten.

Randall Utterword, ein ungewöhnlich gut gekleideter Mann mit tadellosen Manieren, kommt von der Halle herein. Er hat das gewinnende Wesen eines jungen unverheirateten Mannes, aber bei genauerem Hinsehen erkennt man, daß er mindestens vierzig ist.

RANDALL Entschuldigen Sie, daß ich so ins Haus falle. Aber es ist kein Klopfer an der Tür. Und die Klingel scheint nicht zu gehn.

KAPITÄN Was brauchen wir einen Klopfer? Wozu sollte die Klingel läuten? Die Tür ist offen.

RANDALL Genau. Deshalb wagte ich reinzukommen.

KAPITÄN Schon gut. Ich kümmer mich um ein Zimmer für Sie. *Er will gehn.*

RANDALL *hält ihn auf:* Aber ich fürchte, Sie wissen nicht, wer ich bin.

KAPITÄN Bilden Sie sich ein, daß ich in meinem Alter Unterschiede machen zwischen einem Mitmenschen und einem anderen?

Er geht hinaus. Mangan und Randall starren sich an.

MANGAN Ein merkwürdiges Original, dieser Kapitän Shotover, Sir.

RANDALL Sehr merkwürdig.

KAPITÄN *ruft draußen:* Hesione! Es ist noch wer gekommen und will ein Zimmer. Ein Weltmann, gutgekleidet, fünfzig.

RANDALL Darf ich fragen, ob Sie zur Familie gehören?

MANGAN Nein.

RANDALL Ich ja. Zumindest weitläufig.

Mrs. Hushabye kommt zurück.

MRS. HUSHABYE Hallo? Wie nett von dir, uns zu besuchen!

RANDALL Ich bin wirklich sehr froh, dich zu sehn, Hesione. *Anstatt ihre Hand zu ergreifen, küßt er sie. Im selben Augenblick erscheint der Kapitän auf der Schwelle.* Sie werden mir verzeihn, daß ich Ihre Tochter küsse, Kapitän, wenn ich Ihnen sage –

KAPITÄN Dummes Zeug! Jeder küßte meine Tochter. Küssen Sie sie, soviel Sie wollen. *Er geht auf die Speisekammer zu.*

RANDALL Danke. Einen Augenblick, Kapitän.

Der Kapitän bleibt stehn und dreht sich um. Randall geht auf ihn zu.

Erinnern Sie sich zufällig – wohl kaum, denn es ist lange

her — daß Ihre jüngere Tochter einen Dummkopf geheiratet hat?

KAPITÄN Ja. Sie sagte, sie würde jeden heiraten, um von hier wegzukommen. Ich hätte Sie nicht wiedererkannt. Ihr Kopf ist nicht mehr wie eine Walnuß. Sie sehen sanftmütiger aus. Man hat Sie weichgekocht, Jahr um Jahr, wie alle Ehemänner. Armer Teufel! *Er verschwindet in der Speisekammer.*

MRS. HUSHABYE *geht an Mangan vorbei auf Randall zu und sieht ihn forschend an.* Nein, Sie sind nicht Hastings Utterword!

RANDALL Das hab ich nie behauptet.

MRS. HUSHABYE Wie, warum haben Sie mich dann geküßt?

RANDALL Ich dachte, es wäre angenehm. Tatsache ist, daß ich Randall Utterword bin, der unwürdige kleine Bruder von Hastings. Ich war als Diplomat im Ausland, als er heiratete.

LADY UTTERWORD *stürmt herein:* Hesione! Wo ist der Schlüssel zum Kleiderschrank? Ich hab meine Diamanten mit. Ich muß sie einschließen — *erkennt bestürzt Randall:* Randall! Wie kannst du es wagen? *Sie geht auf ihn los, an Mrs. Hushabye vorbei, die ausweicht und in der Nähe des Sofas mit Mangan zusammen trifft.*

RANDALL Was heißt wagen? Ich tu doch nichts.

LADY UTTERWORD Wer hat dir gesagt, daß ich hier bin?

RANDALL Hastings. Du warst gerade abgereist, als ich dich im Claridge-Hotel aufsuchen wollte. Deshalb bin ich dir gefolgt. Du siehst ganz besonders gut aus.

LADY UTTERWORD Untersteh dich, so mit mir zu reden.

MRS. HUSHABYE Was hat er denn verbrochen, Addy?

LADY UTTERWORD *nimmt sich zusammen:* Ach nichts. Aber er hat kein Recht, dich und Papa zu belästigen, ohne eingeladen zu sein. *Sie geht an die Fensterbank, setzt sich, wendet sich schlecht gelaunt ab und blickt in den Garten, wo man Hector und Ellie spazieren gehen sieht.*

MRS. HUSHABYE Ich nehme an, du kennst Mr. Mangan noch nicht.

LADY UTTERWORD *nickt Mangan kühl zu:* Ich bitte um Entschuldigung. Randall, du hast mich so durcheinander gebracht. Ich benehme mich wie eine alberne Gans.

MRS. HUSHABYE Lady Utterword. Meine Schwester. Meine kleine Schwester.

MANGAN *verbeugt sich:* Sehr erfreut, Sie kennenzulernen, Lady Utterword.
LADY UTTERWORD *blickt wieder in den Garten, sehr interessiert:* Wer geht mit Miss Dunn im Garten spazieren?
MRS. HUSHABYE Keine Ahnung. Ob noch jemand gekommen ist. *Geht ans Fenster und sieht hinaus.* Das ist Hector! Sie haben sich versöhnt. Und vor kaum zehn Minuten hatten sie einen solchen Streit.
LADY UTTERWORD Dein Mann! Dieser stattliche Mensch?
MRS. HUSHABYE Und warum sollte mein Mann kein stattlicher Mann sein?
RANDALL *tritt zu ihnen ans Fenster:* Der eigene Mann ist nie stattlich, Ariadne. *Er setzt sich zu Lady Utterword, an ihre rechte Seite.*
MRS. HUSHABYE Der Mann der Schwester ist es immer, Mr. Randall.
LADY UTTERWORD Nicht vulgär sein, Randall. Und du, Hesione, bist genauso schlimm.
Ellie und Hector kommen durch die linke Glastür aus dem Garten. Randall steht auf. Ellie zieht sich in die Ecke in der Nähe der Speisekammer zurück. Hector kommt vor. Lady Utterword steht auf und bemüht sich, gut auszusehn.
MRS. HUSHABYE Hector, das ist Ariadne.
HECTOR *anscheinend überrascht:* Doch nicht deine Schwester?
LADY UTTERWORD *lächelnd:* Warum nicht?
HECTOR *mit tiefer, respektvoller Bewunderung:* Ich dachte – *Nimmt sich zusammen:* Verzeihen Sie, Lady Utterword. Ich freue mich außerordentlich, Sie endlich unter unserem Dach willkommen zu heißen. *Er bietet ihr mit ernster Höflichkeit die Hand.*
MRS. HUSHABYE Sie will geküßt werden, Hector.
LADY UTTERWORD Hesione! *Aber sie lächelt noch immer.*
MRS. HUSHABYE Sag Addy zu ihr. Und küß sie wie ein guter Schwager. Und Schluß damit. *Sie überläßt sie sich selber.*
HECTOR Benimm dich, Hesione. Lady Utterword hat nicht nur Anspruch auf Gastfreundschaft, sondern auch auf Höflichkeit.
LADY UTTERWORD *dankbar:* Danke, Hector.
Sie schütteln sich herzlich die Hände. Man sieht Mazzini Dunn den Garten durchqueren.

KAPITÄN *kommt aus der Speisekammer und wendet sich an Ellie:* Ihr Vater hat sich gewaschen.
ELLIE *vollkommen beherrscht:* Das tut er oft, Kapitän Shotover.
KAPITÄN Eine seltsame Bekehrung! Ich hab ihn durch das Speisekammerfenster beobachtet.
Mazzini kommt aus dem Garten herein, frisch gewaschen und gebürstet, und bleibt, gütig lächelnd, zwischen Mangan und Mrs. Hushabye stehn.
MRS. HUSHABYE *stellt vor:* Mr. Mazzini Dunn, Lady Ut – oh, ich vergaß. Sie kennen sich. *Zeigt auf Ellie:* Miss Dunn.
MAZZINI *geht durchs Zimmer, um Ellies Hand zu ergreifen:* Auch Miss Dunn bin ich schon begegnet. Sie ist meine Tochter. *Er nimmt streichelnd ihren Arm.*
MRS. HUSHABYE Natürlich. Wie dumm! *Zeigt auf Randall:* Mr. Utterword, meiner Schwester – wie –
RANDALL *schüttelt Mazzini die Hand:* Der Schwager. Freut mich, Sie kennenzulernen, Mr. Dunn.
MRS. HUSHABYE *zeigt auf Hector:* Das ist mein Mann.
HECTOR Wir kennen uns, Liebe. Stell nicht länger vor. *Er geht an den Korbstuhl:* Wollen Sie nicht Platz nehmen, Lady Utterword?
Lady Utterword setzt sich sehr graziös hin.
MRS. HUSHABYE Verzeihung. Ich hasse es auch. Als ob man die Namen wie Eintrittskarten abverlangt.
MAZZINI *lehrhaft:* Und was sagt uns schließlich ein Name! Die Frage ist nicht, wer wir sind, sondern was wir sind.
KAPITÄN Und was sind Sie?
MAZZINI *verwirrt:* Was ich bin?
KAPITÄN Ein Dieb, ein Seeräuber und ein Mörder.
MAZZINI Ich schwöre Ihnen, daß Sie sich irren.
KAPITÄN Ein Abenteurerleben. Und wie endet es? In Ehrbarkeit. Eine kleine Lady als Tochter. Die Sprache und das Aussehen eines Missionars. Das mag euch allen eine Warnung sein. *Er geht in den Garten hinaus und verschwindet.*
MAZZINI Ich hoffe, niemand hier glaubt, daß ich ein Dieb, ein Seeräuber oder ein Mörder bin. Mrs. Hushabye, entschuldigen Sie mich einen Augenblick. Ich muß das wirklich aufklären. *Er folgt dem Kapitän.*
MRS. HUSHABYE Das hat keinen Zweck. Wollen Sie nicht lieber – *Mazzini ist draußen.*

Wollen wir nicht alle lieber hinausgehen und uns nach etwas Tee umsehn. Auf der Küchenveranda werden wir ihn am ehesten bekommen. Darf ich Ihnen den Weg zeigen? *Sie geht an die linke Glastür zum Garten.*

RANDALL *geht mit ihr:* Nein danke, heute trink ich bestimmt keinen Tee mehr. Aber wenn Sie mir den Garten zeigen?

MRS. HUSHABYE Da gibt es nichts zu sehn, außer Papas Sternwarte und der Kiesgrube mit einer Höhle, wo er Dynamit und sowas aufbewahrt. Immerhin ist es draußen angenehmer.

RANDALL Dynamit! Ist das nicht ziemlich gefährlich?

MRS. HUSHABYE Bei einem Gewitter sitzen wir nicht gerade in der Kiesgrube.

LADY UTTERWORD Das ist ja ganz was Neues. Und was will er damit?

HECTOR Die menschliche Rasse in die Luft sprengen, wenn sie es zu bunt treibt. Er will einen psychischen Strahl entdecken, der alle Explosivstoffe zum Explodieren bringt, sobald ein wahrhaft edler Mensch es will.

MRS. HUSHABYE *will gehn:* Also los.

ELLIE Der Tee des Kapitäns ist jedenfalls köstlich.

MRS. HUSHABYE *auf der Schwelle:* Du hast von Papas Tee getrunken? Er hat dir Tee gemacht, kaum daß du zehn Minuten im Haus bist?

ELLIE Das hat er.

MRS. HUSHABYE Kleiner Teufel! *Sie geht mit Randall hinaus.*

MANGAN Wollen Sie nicht mitkommen, Miss Ellie?

ELLIE Ich bin müde. Ich nehm mir ein Buch mit ins Zimmer und ruh mich ein bißchen aus.

MANGAN Schön. Das ist sicher vernünftig. Aber ich bin enttäuscht. *Er folgt Randall und Mrs. Hushabye.*
Hector und Lady Utterword stehen dicht beieinander, sehen Ellie an und warten, daß sie geht.

ELLIE *sucht sich ein Buch aus:* Lieben Sie Abenteuergeschichten, Lady Utterword?

LADY UTTERWORD *mütterlich:* Natürlich, mein Kind.

ELLIE Dann will ich Sie Mr. Hushabye überlassen. *Sie geht durch die Halle hinaus.*

HECTOR Die Kleine ist verrückt nach Abenteuern. Was ich der für Lügen erzählen muß!

LADY UTTERWORD *interessiert sich nicht für Ellie:* Was meintest du damit, als du mich sahst und sagtest, ich dachte,

und verstummtest plötzlich? Was hast du gedacht?
HECTOR *verschränkt die Arme und starrt sie an:* Soll ich es sagen?
LADY UTTERWORD Aber ja.
HECTOR Es kling vielleicht nicht sehr höflich. Ich wollte sagen, ich dachte, du bist eine reizlose Frau.
LADY UTTERWORD Schäm dich, Hector! Wie kommst du dazu, dir darüber Gedanken zu machen, ob ich reizlos bin oder nicht?
HECTOR Ariadne! Bis heute habe ich nur Fotos von dir gesehn, und kein Bild kann die seltsame Faszination der Töchter dieses ungewöhnlichen alten Mannes wiedergeben. Sie haben irgendeinen verruchten Reiz, der den Sinn für Moral bei Männern zerstört und sie den Unterschied zwischen Ehre und Unehre vergessen läßt. Das weißt du doch?
LADY UTTERWORD Vielleicht weiß ich das. Aber laß dir ein für allemal gesagt sein, daß ich eine streng korrekte Frau bin. Du hälst mich womöglich für eine Zigeunerin, weil ich eine Shotover bin, und weil wir alle so entsetzliche Zigeuner sind. Ich hasse und verabscheue das Zigeunerleben. Kein Kind, das in einer puritanischen Familie aufgezogen worden ist, hat so unter der Ordnung gelitten, wie ich unter unserer Zigeunerwirtschaft gelitten habe.
HECTOR Unsre Kinder sind genauso. Sie verbringen ihre Ferien bei wohlerzogenen Schulfreunden.
LADY UTTERWORD Ich werde sie zu Weihnachten zu uns einladen.
HECTOR Ihre Abwesenheit beraubt uns beide unsrer natürlichen Beschützer.
LADY UTTERWORD Kinder sind sicher oft sehr lästig. Aber intelligente Eltern wissen sich immer zu helfen, wenn sie keine Zigeunernaturen sind.
HECTOR Du bist keine Zigeunernatur, aber du bist auch keine Puritanerin. Deine Anziehungskraft ist stark und lebendig. Für was für eine Art Frau hälst du dich selber?
LADY UTTERWORD Ich bin eine Frau von Welt. Glaub mir, Hector, wenn du dir Mühe gibst, dich immer nur so zu benehmen, wie es korrekt ist, und zu sagen, was alle sagen, kannst du schließlich tun, was dir beliebt. Eine nachlässige Frau, die sich schlecht benimmt, hat einfach keine Chance. Und ein Mann, der nachlässig ist und sich

schlecht benimmt, wird von keiner Frau, die zu kennen sich lohnt, auch nur geduldet.

HECTOR Ich versteh. Du bist weder Zigeuner noch Puritaner. Du bist eine gefährliche Frau.

LADY UTTERWORD Im Gegenteil. Ich bin eine zuverlässige Frau.

HECTOR Du bist eine verdammt reizvolle Frau. Merk dir das. Ich mach dir keine Liebeserklärung. Ich laß mich nicht gern fesseln. Aber du tust gut daran, dir klar zu machen, was ich fühle, wenn du die Absicht hast, hier zu bleiben.

LADY UTTERWORD Du bist ein ungemein geschickter Herzensbrecher, Hector. Und du siehst fabelhaft aus. Ich spiele dieses Spiel selber ziemlich gut. Ist es abgemacht, daß wir nur spielen?

HECTOR Abgemacht. Ich spiele mit vollem Bewußtsein den Narren, ohne eine Spur von Verruchtheit.

LADY UTTERWORD *steht strahlend auf:* Und du bist mein Schwager. Hesione hat dich aufgefordert, mich zu küssen. *Er nimmt sie in die Arme und küßt sie herzhaft.* Schwager! Das war mehr als Spiel. *Stößt ihn plötzlich weg:* Das darfst du nicht wiedertun.

HECTOR Tatsächlich, du hast mich mehr in den Krallen, als ich es wollte.

MRS. HUSHABYE *kommt aus dem Garten:* Laßt euch nicht stören. Ich hol nur eine Mütze für Papa. Die Sonne geht unter. Er kann sich erkälten. *Sie geht auf die Tür zur Halle zu.*

LADY UTTERWORD Dein Mann ist sehr charmant, Schwester. Er hat endlich geruht, mich zu küssen. Ich geh in den Garten. Es ist jetzt kühler. *Sie geht hinaus in den Garten.*

MRS. HUSHABYE Nimm dich in acht, großes Kind. Ich glaube nicht, daß ein Mann Addy küssen kann, ohne sich in sie zu verlieben. *Sie geht in die Halle.*

HECTOR *schlägt sich an die Brust:* Narr! Faun! *Mrs. Hushabye kommt zurück mit der Mütze für den Kapitän.* Deine Schwester ist unheimlich unternehmungslustig. Wo ist Miss Dunn?

MRS. HUSHABYE Mangan sagt, sie ist rauf in ihr Zimmer, um sich auszuruhen. Ariadne wird dich kaum noch mit Ellie allein lassen. Sie hat dich für sich selber bestimmt.

HECTOR Sie gehört zu deiner teuflisch faszinierenden Familie. Ich habe ganz automatisch angefangen, ihr den Hof zu

ERSTER AKT

machen. Was soll ich tun? Ich bin unfähig, mich zu verlieben. Aber ich bin ebenso unfähig, einer Frau, die sich in mich verliebt, das zu sagen und ihr Gefühl zu verletzen. Und da sich andauernd Frauen in mich und meinen Schnurrbart verlieben, gerate ich in alle möglichen langweiligen und entsetzlichen Flirts, die ich überhaupt nicht ernst nehme.

MRS. HUSHABYE Addy ist genauso. Sie ist in ihrem ganzen Leben nicht einmal verliebt gewesen, obwohl sie es immer Hals über Kopf versucht hat. Sie ist schlimmer als du. Du hast wenigstens eine echte Leidenschaft gehabt. Für mich.

HECTOR Das war eine grandiose Torheit. Ich kann nicht glauben, daß ein so erstaunliches Erlebnis alltäglich ist. Das hat seine Spuren hinterlassen. Und darum hab ich es nie fertiggebracht, so etwas zu wiederholen.

MRS. HUSHABYE *lacht und streichelt seinen Arm:* Wir sind furchtbar verliebt gewesen, Hector. Es war ein so herrlicher Traum, daß ich seitdem nie imstande war, ihn dir und irgend einer anderen zu mißgönnen. Ich habe viele hübsche Frauen eingeladen, um dir eine Gelegenheit dazu zu geben. Aber es ist nie was draus geworden.

HECTOR Ich weiß nicht, ob ich das jemals wollte. Es ist verdammt gefährlich. Du hast mich betört. Aber ich liebte dich, und es war der Himmel. Diese Schwester von dir betört mich. Aber ich hasse sie, und das ist die Hölle. Ich werde sie umbringen, wenn sie so weitermacht.

MRS. HUSHABYE Nichts wird Addy umbringen. Sie hat eine Pferdenatur. *Läßt ihn los:* Jetzt geh ich und betöre jemand.

HECTOR Doch nicht Randall? Diesen Laffen aus dem auswärtigen Amt.

MRS. HUSHABYE Großer Gott, nein! Warum sollte ich den betören?

HECTOR Oder den aufgeblasenen Kapitalisten Mangan?

MRS. HUSHABYE Immerhin! Ich halte es für besser, wenn er von mir betört ist statt von Ellie. *Sie will in den Garten, als der Kapitän mit einigen Brocken in der Hand von dort kommt:* Was hast du da, Papa?

KAPITÄN Dynamit.

MRS. HUSHABYE Du warst in der Kiesgrube. Bitte, streu es nicht im Haus herum, sei lieb. *Sie geht in den Garten, wo die Sonne rot untergeht.*

HECTOR Höre, du Weiser. Wie lange darf ein Gefühl dauern, wenn du nicht riskieren willst, daß es sich für den Rest des Lebens in deinem Bewußtsein einprägt?
KAPITÄN Neunzig Minuten. Eine Stunde und eine halbe. *Er geht in die Speisekammer.*
Hector runzelt die Brauen und fängt an zu träumen. Er rührt sich eine Zeitlang nicht, verschränkt dann die Arme auf dem Rücken und geht mit tragischer Gebärde auf und ab. Plötzlich reißt er den Spazierstock vom Teaktisch und zieht ihn, denn es ist ein Degenstock. Er duelliert sich mit einem eingebildeten Gegner, dem er nach einigem Hin und Her die Schneide bis ans Heft in den Leib stößt. Er steckt den Degen in den Stock zurück, wirft ihn aufs Sofa und beginnt einen neuen Traum. Einer imaginären Frau in die Augen starrend, packt er sie bei den Armen und sagt mit leidenschaftlicher Stimme ›Liebst du mich!‹ *In diesem Augenblick kommt der Kapitän aus der Speisekammer, und Hector, überrascht mit ausgestreckten Armen und geballten Fäusten, versucht seine Haltung dadurch zu erklären, daß er ein paar gymnastische Übungen macht.*
KAPITÄN Das taugt zu nichts. So stark wie ein Gorilla wirst du nie.
HECTOR Was willst du mit dem Dynamit?
KAPITÄN Kerle wie diesen Mangan in die Luft jagen.
HECTOR Das hat keinen Zweck. Die können mehr Dynamit kaufen als du.
KAPITÄN Was sollen wir tun? Für ewig im Schlamm stecken bleiben, niedergetrampelt von diesen Schweinen, für die das Weltall nichts ist als eine Maschine, um ihre Borsten zu fetten und um ihre Schnauzen zu füllen?
HECTOR Sind Mangans Borsten schlimmer als Randalls Schmachtlocken?
KAPITÄN Wir müssen an ihrer Stelle die Macht über Leben und Tod erobern. Ich weigere mich zu sterben, bevor ich nicht die Mittel dazu entdeckt habe.
HECTOR Wer sind wir, daß wir sie richten dürfen?
KAPITÄN Wer sind die, daß sie uns richten dürfen? Dennoch tun sie's, ohne zu zögern. Es ist Feindschaft zwischen ihrem Geschlecht und dem unseren. Sie wissen das und handeln danach, indem sie unsre Seelen abwürgen. Sie glauben nur an sich selber. Wenn wir an uns glauben, werden wir sie vernichten.

HECTOR Wir sind alle ein Geschlecht. Mangans Sohn kann ein Plato werden, Randalls Sohn ein Shelly. Was war mein Vater?

KAPITÄN Der niederträchtigste Schuft, dem ich je begegnet bin. *Er stellt das Zeichenbrett wieder an seinen Platz, setzt sich an den Tisch und beginnt Wasserfarben zu mischen.*

HECTOR Das stimmt genau. Wagst du es, seine unschuldigen Enkel zu töten?

KAPITÄN Es sind auch meine.

HECTOR Wir sind alle Glieder einer Kette. *Er lümmelt sich aufs Sofa:* Ehrliche Menschen leben wie Daniel in der Löwengrube. Daß sie gerettet werden, ist ein Wunder, und sie werden nicht immer gerettet. Ich sag dir, ich hab oft daran gedacht, alles Gesindel auszurotten. Aber wie wir unter den Kerlen wie Mangan und Randall leiden, leiden sie selber, diese armen Teufel, unter Krankheitskeimen und Ärzten, unter Advokaten, Pfarrern, Gasthausköchen und Krämern, und unter allen übrigen Parasiten und Erpressern. Was sind unsre Qualen gegen ihre Qualen? Gib mir die Macht, sie zu vernichten, und ich würde sie verschonen aus –

KAPITÄN *unterbricht ihn scharf:* Mitgefühl?

HECTOR Nein. Dann würde ich mich selber umbringen. Aber ich muß daran glauben, daß mein Funke, so klein er sein mag, göttlich ist, und daß das Feuer, von dem sie brennen, aus der Hölle kommt. Ich würde sie aus Großmut verschonen.

KAPITÄN Du kannst sie nicht verschonen, bevor du nicht die Macht hast, sie zu vernichten. Noch haben sie die Macht, uns zu vernichten. Und sie werden es tun. Sie tun es ja schon.

HECTOR Sie sind zu dumm, ihre Macht zu gebrauchen.

KAPITÄN *wirft seinen Pinsel hin und kommt ans Sofa:* Täusch dich nicht, sie gebrauchen sie. Wir töten täglich unser besseres Ich, um sie zu besänftigen. Weil wir wissen, daß dies Gesindel da ist, um all unser Streben unfruchtbar zu machen, hören wir schließlich, auf nach irgendetwas zu streben. Aber wenn wir uns doch noch aufraffen und uns wehren wollen, zeugen sie Dämonen, die uns als hübsche Töchter verkleidet verwirren, und wieder verschonen wir sie.

HECTOR *richtet sich auf:* Ist Hesione vielleicht so ein Dämon,

den du gezeugt hast, damit ich dich nicht erschlage?
KAPITÄN Das ist möglich. Sie hat dich aufgezehrt und dir nichts gelassen als Träume. So sind die Weiber.
HECTOR Dämonen. Vampire.
KAPITÄN Den Männern scheint es leicht, ihretwegen das wahre Leben zu verlieren, und sie verlieren es auch. Wer sind die Männer, die Großes vollbringen? Männer von Xantippen und von trunksüchtigen Weibern, die Männer mit dem Dorn im Fleisch. *Er geht verwirrt auf die Speisekammer zu:* Ich muß das zu Ende denken. *Bleibt stehn und dreht sich plötzlich um:* Aber mit dem Dynamit mach ich trotzdem weiter. Ich will einen Strahl entdecken, mächtiger als jeder andere Strahl. Einen geistigen Strahl, der die Munition in der Patronentasche meines Gegners entzündet, bevor er sein Gewehr auf mich richten kann. Und ich muß mich beeilen. Ich bin alt. Ich habe keine Zeit mehr zu verlieren.

Er ist im Begriff in die Speisekammer zu gehn, während Hector auf die Tür zur Halle zugeht, als Hesione erscheint.

MRS. HUSHABYE Papa! Hector! Um Gottes willen. Warum habt ihr denn so geschrien?
HECTOR *an der Tür:* Er ist noch verrückter als sonst.
MRS. HUSHABYE Das sind wir alle. Kommt, und helft mir, all die Leute zu unterhalten.
HECTOR *Macht die Tür auf:* Ich muß mich umziehn.
MRS. HUSHABYE Halt, halt. Kommt her. Alle beide. Kommt. *Sie kommen zögernd zurück.* Außerdem brauch ich Geld.
HECTOR Geld! Wo ist die Rate vom April?
MRS. HUSHABYE Wo ist der Schnee vom letzten Jahr?
KAPITÄN Wo ist das ganze Geld für das Rettungsboot, das ich erfunden habe?
MRS. HUSHABYE Fünfhundert Pfund. Und ich bin seit Ostern damit ausgekommen!
KAPITÄN Seit Ostern! Kaum vier Monate! Ungeheure Verschwendung! Ich könnte sieben Jahre davon leben.
MRS. HUSHABYE Nicht bei einem so gastfreien Haus, wie wir es führen.
KAPITÄN Nur fünfhundert für das Rettungsboot! Für meine Erfindung, davor bekam ich zwölftausend.
MRS. HUSHABYE Ja, mein Lieber. Aber das war für das Schiff mit dem Magnet am Kiel, das Unterseeboote anzieht. In

dieser Welt kannst du dir nicht leisten, den Lebensretter zu spielen. Kannst du dir nicht was ausdenken, das mit einem Schlag halb Europa vernichtet?

KAPITÄN Nein. Ich werde älter. Ich denk nicht mehr so weit wie damals, als ich noch jung war und von riesigen Schlachten träumte. Warum erfindet dein Mann nichts? Statt den Weibern einen Haufen Lügen zu erzählen.

HECTOR Ist das nicht auch eine Art Erfindung? Immerhin, du hast recht. Ich sollte meine Frau ernähren.

MRS. HUSHABYE Das fehlte mir gerade noch. Da würd ich dich von morgens bis abends nicht zu Gesicht bekommen. Ich will meinen Mann bei mir haben.

HECTOR *bitter:* Ich könnte ebensogut dein Schoßhund sein.

MRS. HUSHABYE Willst du für mich verdienen gehn, wie die anderen armen Männer?

HECTOR Gott soll mich behüten! Aber ein Ehemann ist so oder so ein verdammter Trottel.

MRS. HUSHABYE *zum Kapitän:* Was ist aus deiner Harpunenkanone geworden?

KAPITÄN Taugt nichts. Sie tötet Walfische, keine Menschen.

MRS. HUSHABYE Warum nicht? Du feuerst die Harpune aus der Kanone. Die spießt den feindlichen General auf, du kurbelst ihn her, und die Sache ist erledigt.

HECTOR Du bist die Tochter deines Vaters, Hesione.

KAPITÄN Da ist etwas dran. Ich will es zu Ende denken.

MRS. HUSHABYE *drückt zärtlich seinen Arm:* Gerettet! Du bist ein Schatz Papa. Aber jetzt müssen wir raus zu diesen entsetzlichen Leuten und sie unterhalten.

KAPITÄN Sie haben noch nichts zu essen bekommen. Vergiß das nicht.

HECTOR Ich auch nicht. Und es ist dunkel. Es muß höchste Zeit sein.

MRS. HUSHABYE Guinness wird schon irgendwas für sie herrichten. Sie ist immer besorgt, daß was zu essen da ist.

KAPITÄN *klagt mit seltsamer Stimme:* Was für ein Haus! Was für eine Tochter!

MRS. HUSHABYE *ebenso:* Was für ein Vater!

HECTOR *ebenso:* Was für ein Mann!

KAPITÄN Hat der Himmel keinen Blitz?

HECTOR Hat die Erde keine Schönheit? Keine Tapferkeit?

MRS. HUSHABYE Was wollen die Männer? Sie haben ihr Essen, ihren Platz am Kamin und unsere Liebe, wenn der Tag zu

Ende geht. Warum sind sie nicht zufrieden? Warum beneiden sie uns um die Schmerzen, mit denen wir sie zur Welt bringen, und schaffen sich unerhörte Gefahren und Qualen, um uns gleich zu sein?

KAPITÄN *leiert wunderlich:* Ich baute ein Haus meinen Töchtern, und öffnete Männern das Tor,
Daß aus frei sich wählender Liebe ein edler Geschlecht geh hervor.
Doch die eine kriegt einen Dummkopf –

HECTOR *nimmt den Rhytmus auf:* Einen Prahlhans die zweite sich nahm:

MRS. HUSHABYE *beendet die Strophe:* Und sie muß nun bei ihm liegen, wie sie gebettet der Wahn.

LADY UTTERWORD *ruft vom Garten:* Hesione! Hesione! Wo bist du?

HECTOR Die Katze liegt auf der Lauer.

MRS. HUSHABYE Ich komme, mein Liebling, ich komm schon. *Sie geht schnell in den Garten. Der Kapitän setzt sich wieder an seinen Zeichentisch.*

HECTOR Soll ich dir Licht machen?

KAPITÄN Nein. Mach es dunkler. Ohne Licht seh ich mehr.

Zweiter Akt

Derselbe Raum. Das Licht brennt und die Vorhänge sind zugezogen. Ellie kommt herein, gefolgt von Mangan. Beide sind in Abendtoilette. Sie schlendert an den Zeichentisch. Er bleibt zwischen Tisch und Korbstuhl stehn.

MANGAN Was für ein Essen! Das ist kein Essen für mich, das ist ein Fraß.

ELLIE Ich bin daran gewöhnt, Mr. Mangan, und froh, wenn ich überhaupt was bekomme. Außerdem hat der Kapitän mir Makkaroni gekocht.

MANGAN *schaudert:* Zu schwer. Solche Sachen vertrag ich nicht. Wahrscheinlich, weil ich zuviel mit dem Kopf arbeiten muß. Das ist das schlimmste, wenn man Unternehmer ist. Man sitzt immer nur da und denkt und denkt und denkt. Übrigens, wo wir jetzt allein sind, wollen wir nicht die Gelegenheit benutzen, uns ein bißchen zu verständigen?

ELLIE *setzt sich an den Zeichentisch:* Ja, gerne.

MANGAN *verwirrt:* Ja? Das überrascht mich. Ich hatte heute nachmittag den Eindruck, als gingen Sie mir so viel wie möglich aus dem Wege. Und das nicht zum erstenmal.

ELLIE Ich war sehr müde und verstimmt. Ich konnte mich an dieses merkwürdige Haus nicht gewöhnen. Bitte, verzeihen Sie mir.

MANGAN Oh, schon gut, das macht ja nichts. Aber Kapitän Shotover hat mit mir über Sie gesprochen. Über Sie und mich, verstehen Sie.

ELLIE *interessiert:* Der Kapitän! Was hat er gesagt?

MANGAN Nun, unser Altersunterschied ist ihm aufgefallen.

ELLIE Ihm fällt alles auf.

MANGAN Sie finden also nichts dabei?

ELLIE Ich weiß natürlich ganz gut, daß unsre Verlobung –

MANGAN Oh! Sie nennen es eine Verlobung.

ELLIE Ist es etwa keine?

MANGAN Doch, doch, zweifellos. Wenn Sie daran festhalten. Es ist das erste Mal, daß Sie dieses Wort gebrauchen. Und ich wußte nicht so genau, wie wir miteinander stehn. Das ist alles. *Er setzt sich in den Korbstuhl und wartet, daß sie weiterspricht.* Sie sagten –?

ELLIE Sagte ich? Ich hab's vergessen. Erzählen Sie mir was. Gefällt Ihnen die Gegend hier? Ich hörte, wie Sie Mr. Hushabye bei Tisch fragten, ob es hier nicht irgendwo ein nettes Haus zu mieten gibt.

MANGAN Ich mag die Gegend. Die Luft bekommt mir. Es würde mich nicht wundern, wenn ich mich hier niederließe.

ELLIE Nichts könnte mir angenehmer sein. Auch mir tut die Luft gut. Und ich wär in Hesiones Nähe.

MANGAN *mit wachsendem Unbehagen:* Die Luft paßt uns vielleicht. Aber es ist die Frage, ob wir zueinander passen. Haben Sie darüber nachgedacht?

ELLIE Mr. Mangan, wir müssen vernünftig sein. Es hat keinen Zweck, Romeo und Julia zu spielen. Aber wir können ganz gut miteinander auskommen, wenn wir dazu entschlossen sind. Ihr gütiges Herz wird mir dabei helfen.

MANGAN *beugt sich vor, in seiner Stimme etwas von bewußter Widerlichkeit:* Mein gütiges Herz? Ich hab Ihren Vater ruiniert, oder nicht?

ELLIE Aber nicht absichtlich.

MANGAN Doch. Ich hab ihn mit Absicht ruiniert.

ELLIE Mit Absicht!

MANGAN Nicht aus Bösartigkeit, natürlich. Und ich hab ihm sogar eine Stellung verschafft, als es mit ihm zu Ende war. Aber Geschäft ist Geschäft. Und ihn zu ruinieren, war für mich ein Geschäft.

ELLIE Ich verstehe kein Wort. Oder sagen Sie das nur, daß ich das Gefühl habe, als brauchte ich Ihnen nicht dankbar zu sein und könnte frei wählen?

MANGAN *steht auf, aggressiv:* Nein. Ich meine, was ich sage.

ELLIE Aber was konnte es Ihnen nützen, meinen Vater zu ruinieren? Das Geld, das er verlor, war Ihr Geld.

MANGAN *Mit einem falschen Lachen:* War meins! Es ist meins, Miss Ellie, und alles Geld, das die andern Burschen verloren haben, auch. *Er steckt die Hände in die Tasche und zeigt die Zähne:* Ich habe sie ausgeräuchert wie einen Schwarm Bienen. Was sagen Sie nun? Ein kleiner Schock für Sie, was?

ELLIE Es wäre einer gewesen, heute morgen. Aber jetzt! Sie können sich nicht vorstellen, wie wenig es mir ausmacht. Aber es ist ganz interessant. Sie müßten es mir nur erklären. So versteh ichs nicht. *Sie stützt die Ellenbogen auf den Tisch und den Kopf in die Hände und hört mit einer Mischung von bewußter Neugier und unbewußter Verachtung zu, was ihn mehr und mehr reizt, unhöflich zu sein und sie gönnerhaft zu belehren.*

MANGAN Das können Sie auch gar nicht verstehn. Was wissen Sie schon von Geschäften? Also hören Sie zu und lernen Sie's. Der Betrieb Ihres Vaters war eine Neueröffnung, und ich fange nichts Neues an. Das laß ich andere für mich tun. Die all ihr Geld und das Geld ihrer Freunde dafür opfern. Die mit Leib und Seele dafür schuften und sich abrackern, um es zu schaffen. Sogenannte Enthusiasten. Aber es fehlt ihnen an finanzieller Erfahrung, und der erste Mißerfolg schon wirft sie um. Nach einem Jahr oder so sind sie entweder total bankrott, oder sie verkaufen den ganzen Kram für einen Pappenstiel an eine neue Gesellschaft, wenn sie Glück haben und noch was dafür kriegen. Den neuen Leuten geht es wahrscheinlich nicht viel besser. Sie stecken noch mehr Geld und noch ein paar Jahre Arbeit hinein und müssen schließlich an Dritte verkaufen. Wenn es wirklich eine große Sache ist, werden auch die verkaufen und sich um die Früchte ihrer Arbeit und ihres Geldes bringen. Das ist der Augenblick, wo der wahre Geschäftsmann, wo ich den Plan betrete. Und ich bin klüger als die andern. Mir liegt nichts daran, mit ein bißchen Geld das Spiel von neuem zu beginnen. Ich hab die Eigenschaften Ihres Vaters richtig eingeschätzt. Ich sah, daß er eine brauchbare Idee hatte und daß er sich umbringen würde, wenn er Gelegenheit hätte, dafür zu arbeiten. Ich wußte, was für ein Kindskopf er im Geschäftemachen ist, und war völlig sicher, daß er mit den Finanzen nicht zurecht kommt, und viel zu ungeduldig ist, um auf seinen Markt zu warten. Und der sicherste Weg, einen Menschen zu ruinieren, der mit Geld nicht umgehen kann, ist, ihm welches zu geben. Ich setzte meinen Plan einigen Freunden in der City auseinander, und die trieben das Geld auf. Ich riskiere kein Geld für Ideen, selbst wenn es meine eigenen sind. Ihr Vater und seine Freunde, die ihr Geld auf ihn setzten, bedeuten mir nicht mehr, als ein Haufen ausgepreßter Zitronen. Sie haben Ihre Dankbarkeit vergeudet. Ein Blödsinn, mein gütiges Herz. Es kotzt mich an. Wenn ich Ihren Vater sehe, mit seinen feucht glänzenden Augen, förmlich in Dankbarkeit schwelgend, ist mir manchmal, als müßte ich ihm die Wahrheit ins Gesicht sagen oder platzen. Aber ich tus nicht, weil ich weiß, er würde mir nicht glauben. Er würde behaupten, das ist nur meine Bescheidenheit, genau wie Sie eben. Er würde alles eher als die Wahrheit glauben, und die lautet, daß er ein elender Narr ist, und ich bin ein Mann, der sich auf seinen Vorteil versteht. *Er lehnt sich selbstzufrieden zurück:* Was halten Sie jetzt von mir, Miss Ellie?

ELLIE *läßt die Hände sinken:* Wie komisch! Daß meine Mutter Sie sofort durchschaute, die doch so gar nichts von Geschäften begriff! Sie hat immer gesagt – nicht vor Papa natürlich, sondern vor uns Kindern – daß Sie genau zu der Sorte von Ausbeutern gehören.

MANGAN *richtet sich auf, sehr verletzt:* So! Sagte sie? Und doch hätte sie eingewilligt, daß Sie mich heiraten.

ELLIE Wie Sie wissen, Mr. Mangan, hat meine Mutter einen sehr guten Mann geheiratet – denn was immer Sie über meinen Vater als Geschäftsmann denken, er ist die Güte selbst –, und sie besteht durchaus nicht darauf, daß ich dasselbe tu.

MANGAN Egal. Aber Sie haben doch jetzt nicht mehr den Wunsch, mich zu heiraten?

ELLIE *sehr ruhig:* Ich glaub schon. Warum nicht?

MANGAN *steht auf, starr:* Warum nicht!

ELLIE Ich seh nicht ein, warum wir nicht sehr gut miteinander auskommen sollten.

MANGAN Aber hören Sie, Sie wissen doch – *Er verstummt, aus dem Text gebracht.*

ELLIE *geduldig:* Nun?

MANGAN Nun, ich dachte, Sie legen ziemlich großen Wert auf den Charakter eines Mannes.

ELLIE Wenn wir Frauen Wert auf den Charakter der Männer legten, könnten wir nie heiraten, Mr. Mangan.

MANGAN Ein Kind wie Sie und spricht von ›Wir Frauen‹! Was noch! Sie meinen es doch nicht ernst?

ELLIE Aber ja. Und Sie?

MANGAN Sie wollen mich also beim Wort nehmen?

ELLIE Wollen Sie es zurück?

MANGAN Nein, nein. Nicht gerade zurück.

ELLIE Also?

Er weiß nichts zu sagen. Mit einen langen leisen Pfiff läßt er sich in den Korbstuhl fallen und stiert wie ein abge-

brannter Spieler vor sich hin. Aber bald erhellt ein listiger Blick seine Züge. Er lehnt sich zu ihr hinüber und spricht mit fester Stimme.

MANGAN Wenn ich Ihnen nun sage, daß ich in eine andere Frau verliebt bin?

ELLIE *äfft ihn nach:* Wenn ich Ihnen nun sage, daß ich in einen anderen Mann verliebt bin?

MANGAN *springt ärgerlich auf:* Ich scherze nicht.

ELLIE Wer sagt Ihnen, daß ich scherze?

MANGAN Ich sag Ihnen, das ist mein Ernst. Sie sind zu jung, um etwas ernst zu nehmen. Aber Sie werden mir glauben müssen. Mich zieht es in die Nähe Ihrer Freundin Mrs. Hushabye. Ich bin verliebt in sie. Was sagen Sie nun?

ELLIE Mich zieht es in die Nähe Ihres Freundes Mr. Hushabye. Ich bin verliebt in ihn. *Sie steht auf und setzt aufrichtig hinzu:* Jetzt haben wir uns gegenseitig ins Vertrauen gezogen und werden wirklich Freunde sein. Ich danke Ihnen für Ihre Offenheit.

MANGAN *beinahe außer sich:* Bilden Sie sich ein, daß ich mich wie eine Null behandeln lasse?

ELLIE Hören Sie, Mr. Mangan! Sie haben meinen Vater als Geschäftsmann wie eine Null behandelt. Das Geschäft einer Frau ist die Ehe. Warum sollte ich Sie, wenn wir verheiratet sind, anders behandeln?

MANGAN Weil ich micht nicht dazu hergebe, verstanden? Weil ich kein Trottel bin, wie Ihr Vater. Darum.

ELLIE *mit erhabener Verachtung:* Sie sind es nicht wert, meinem Vater die Schuhe zu putzen, Mr. Mangan. Und ich erweise Ihnen eine große Ehre, wenn ich mich herablasse, Sie wer weiß wie zu behandeln. Natürlich sind Sie frei und können die Verlobung lösen, wenn Sie wollen. Aber wenn Sie es tun, betreten Sie Hesiones Haus nie wieder. Dafür werde ich sorgen.

MANGAN *atemlos:* Sie kleiner Teufel, Sie haben mich drangekriegt. *Im Begriff in den Korbstuhl zu sinken, rafft er sich wieder auf:* Moment, warten Sie. Sie sind nicht so schlau, wie Sie sich einbilden. Ganz so leicht läßt sich Mangan nicht schlagen. Und wenn ich schnurstracks zu Mrs. Hushabye geh und ihr sage, daß Sie in ihren Mann verliebt sind?

ELLIE Das weiß sie.

MANGAN Sie haben es ihr gesagt!

ELLIE Sie hat es mir gesagt.
MANGAN *faßt sich an die Schläfen:* Ist das ein Tollhaus. Oder ich werde verrückt. Will sie mit Ihnen tauschen – daß sie Ihren Mann kriegt und Sie ihren?
ELLIE Nun, Sie wollen uns doch beide haben, oder?
MANGAN *wirft sich wie wahnsinnig in den Korbstuhl:* Das hält mein Hirn nicht aus. Mein Kopf geht in Stücke. Hilfe! Helfen Sie mir. Schnell, halten Sie mir den Kopf, halten Sie. Retten Sie mich.
Ellie tritt hinter ihn und nimmt seinen Kopf in beide Hände. Dann beginnt sie, ihn von vorne nach hinten zu massieren.
Danke. *Schläfrig:* Das tut wohl. *Erwacht ein wenig:* Aber hypnotisieren Sie mich nicht. Ich habe Männer gekannt, die durch Hypnose den Verstand verloren haben.
ELLIE *unbeirrt:* Seien Sie ruhig. Ich hab Männer gekannt, die ohne Hypnose den Verstand verloren haben.
MANGAN *ergeben:* Sie haben mich noch nie angerührt, fällt mir ein. Ich hoffe, es ist Ihnen nicht unangenehm.
ELLIE Jetzt nicht mehr, seit Sie sich in eine reife, schöne Frau verliebt haben, die nicht erwartet, daß man ihr den Hof macht. Ich erwarte auch nicht, daß er mir den Hof macht.
MANGAN Vielleicht tut er es trotzdem.
ELLIE *massiert rhythmisch:* Still. Schlafen Sie ein. Hören Sie? Sie werden schlafen, Sie werden schlafen, Sie werden schlafen. Still sein, ganz ganz still. Schlafen, schlafen, schlafen, schlafen, schlafen.
Er schläft ein. Ellie hört auf, macht das Licht aus und geht in den Garten. Guinness öffnet die Tür und wird im Licht der Halle sichtbar.
GUINNESS *spricht mit Mrs. Hushabye, die nicht zu sehen ist:* Mr. Mangan ist nicht hier, Täubchen. Hier ist niemand. Es ist ganz dunkel.
MRS. HUSHABYE Sieh im Garten nach. Mr. Dunn und ich sind im Salon. Zeig ihm den Weg.
GUINNESS Ja, mein Täubchen. *Sie geht nach hinten, stolpert im Dunkeln über Mangan und schreit:* Ah! Allmächtiger Gott! Entschuldigen Sie, ich hab Sie in der Dunkelheit wirklich nicht gesehn! Wer ist das? *Sie geht zurück an die Tür und macht Licht:* Mr. Mangan! Ich hab Ihnen hoffentlich nicht weh getan. *Geht zu ihm:* Ich hab Sie gesucht, Sir. Mrs. Hushabye fragt, ob Sie nicht bitte – *Sie*

bemerkt, daß er bewußtlos ist: Großer Gott, ich hab ihn doch nicht tot gedrückt, Sir! Mr. Mangan! Sir! *Sie schüttelt ihn, er beginnt bewegungslos auf den Boden zu rollen, als sie ihn auffängt und wieder zurücksetzt:* Miss Hessy! Miss Hessy! Schnell Schätzchen. Miss Hessy!
Mrs. Hushabye kommt aus der Halle, gefolgt von Mazzini.
Ach Miss Hessy, ich hab ihn umgebracht.

MAZZINI *läuft auf den Korbstuhl zu und sieht Mangan bewußtlos:* Liebe Frau, wie haben Sie das fertig gebracht?

MRS. HUSHABYE *das Lachen verbeißend:* Hast dus absichtlich getan?

GUINNESS Seh ich danach aus? Ich bin über ihn gestolpert und auf ihn gefallen. Und bei meinem Gewicht. Er hat nichts mehr gesagt und sich nicht gerührt, bis ich ihn schüttelte, und dann ist er wie tot umgekippt. Ist das nicht ärgerlich?

MRS. HUSHABYE Unsinn! *Geht an Guinness vorbei zu Mangan, weniger gläubig als Mazzini:* Er ist nicht tot. Ach wo. Er schläft nur. Er atmet.

GUINNESS Aber wieso wacht er nicht auf?

MAZZINI *in Mangans Ohr:* Mangan! Mein lieber Mangan! *Er bläst ihm ins Ohr.*

MRS. HUSHABYE Das nützt nichts. *Schüttelt ihn kräftig:* Mr. Mangan, wachen Sie auf. Hören Sie mich?
Mangan wälzt sich herum.
Guinness! Er fällt. Hilf mir. Schnell!
Guinness eilt zu Hilfe. Mit Mazzinis Unterstützung wird Mangan wieder aufgerichtet.

GUINNESS *geht hinter den Korbstuhl, beugt sich vor und schnuppert:* Ob er betrunken ist, Kind?

MRS. HUSHABYE Ist er an Papas Rum gewesen?

MAZZINI Das kann nicht sein. Er trinkt kaum. Ich fürchte, er hat früher zu viel getrunken und muß jetzt vorsichtig sein. Mrs. Hushabye, ich glaube eher, er ist hypnotisiert worden.

GUINNESS Hypno was, Sir?

MAZZINI Eines Abends nach einer hypnotischen Vorstellung irgendwo spielten die Kinder zu Hause Hypnotiseur, und Ellie strich mir über den Kopf. Ich fiel tatsächlich in einen tiefen Schlaf. Die Kinder wollten mich rauf ins Schlafzimmer tragen. Aber sie waren zu schwach und ließen mich

fallen, und ich rollte die ganze Treppe hinunter, ohne aufzuwachen.
Mrs. Hushabye platzt heraus.
Sie haben gut lachen, Mrs. Hushabye. Aber mich hat es beinahe das Leben gekostet.
MRS. HUSHABYE Auch dann hätte ich lachen müssen, Mr. Dunn.
MAZZINI Sie mußten schließlich einen Arzt holen, um mich aufzuwecken, nachdem ich achtzehn Stunden geschlafen hatte.
MRS. HUSHABYE Also hat Ellie ihn hypnotisiert? Wie lustig!
MAZZINI Oh nein, bloß nicht. Das muß eine solche Lehre für sie gewesen sein.
MRS. HUSHABYE Wer denn?
MAZZINI Vielleicht der Kapitän. Unabsichtlich. Er ist unheimlich magnetisch. Ich spüre jedesmal einen Schlag, wenn er in meine Nähe kommt.
MRS. HUSHABYE Ach wo.
GUINNESS Der Kapitän wird ihn jedenfalls schon irgendwie wieder zu sich bringen, Sir. Dafür garantiere ich. Ich hol ihn her. *Sie geht auf die Speisekammer zu.*
MRS. HUSHABYE Warte.
Guinness bleibt stehn.
Achtzehn Stunden, sagen Sie, kann das dauern?
MAZZINI Ich habe solange geschlafen.
MRS. HUSHABYE Hat es Ihnen was geschadet?
MAZZINI Ich wüßte nicht. Sie haben mir Alkohol eingeflößt, wissen Sie, und dann –
MRS. HUSHABYE Sie haben es auf jeden Fall überlebt. Liebe Guinness, geh und bitte Miss Dunn zu uns herein. Ich muß sie dringend sprechen. Sie ist wahrscheinlich mit meinem Mann zusammen.
GUINNESS Ich glaub nicht, mein Täubchen. Miss Addy ist bei ihm. Aber ich werd sie schon finden. *Sie geht in den Garten.*
MRS. HUSHABYE *lenkt Mazzinis Aufmerksamkeit auf Mangan:* Mr. Dunn, nun sehen Sie. Sehen Sie sich das an. Und genau. Haben Sie noch die Absicht, diesem Stück Ihre Tochter zu opfern?
MAZZINI *beunruhigt:* Mrs. Hushabye, Sie haben mich ganz durcheinander gebracht mit all dem, was Sie mir sagten. Aber daß Sie mir zutrauen, ich – ich, ein geweihter Soldat

der Freiheit, wenn ich so sagen darf – wäre fähig, meine Tochter irgendwem oder für irgendwas zu opfern, oder ließe es mir auch nur träumen, ihre Neigungen in irgendeiner Weise zu beeinflussen, das ist ein schwerer Schlag für meine – nun, Sie würden wahrscheinlich sagen, für meine gute Meinung für mich selbst.

MRS. HUSHABYE *ziemlich ungerührt:* Verzeihung.

MAZZINI *sieht Mangan an:* Was haben Sie gegen den armen Mangan. Ich finde, er sieht ganz gut aus. Oder, weil ich an ihn gewöhnt bin.

MRS. HUSHABYE Haben Sie kein Herz? Haben Sie keinen Verstand? Sehen Sie sich dieses Untier an! Stellen Sie sich die arme schwache unschuldige Ellie in den Klauen dieses Sklavenhalters vor, der sein Leben damit verbringt, Tausende von rauhen starken Arbeitern seinem Willen zu unterwerfen und für sich schwitzen zu lassen. Ein Mann, der gewohnt ist, mit riesigen Mengen Eisen und Stahl umzugehn! Der mit Frauen und Mädchen unerbittlich herumstreitet, um einen halben Penny in der Stunde zu sparen! Ein Industriekapitän, so nennt man ihn wohl? Wollen Sie Ihr zartes liebes hilfloses Kind einer solchen Bestie vorwerfen, nur weil er Ellie ein Luxusleben bietet und sie mit Diamanten behängen wird, um zu zeigen, wie reich er ist?

MAZZINI *starrt sie an:* Um Himmels willen, liebe Mrs. Hushabye, was für abenteuerliche Vorstellungen Sie von Unternehmern haben. Der arme liebe Mangan ist durchaus nicht so.

MRS. HUSHABYE *höhnisch:* Der arme liebe Mangan, wahrhaftig!

MAZZINI Aber er versteht absolut nichts von Maschinen. Er begibt sich nie in die Nähe von Arbeitern. Er versteht sie nicht zu behandeln. Er fürchtet sich sogar vor ihnen. Ich kann ihn nicht einmal dazu bringen, sich auch nur ein bißchen für die Arbeit in der Fabrik zu interessieren. Er weiß darüber kaum mehr als Sie. Die Leute sind grausam ungerecht gegen Mangan. Sie glauben, er sei die verkörperte rohe Gewalt, bloß weil er schlechte Manieren hat.

MRS. HUSHABYE Wollen Sie mir weismachen, daß er nicht stark genug ist, die arme kleine Ellie an die Wand zu drücken?

MAZZINI Sicher, es ist sehr schwer vorauszusagen, wie es in

einer Ehe ausgeht. Aber meiner Meinung nach hat er wenig Aussicht, sich gegen Ellie zu behaupten. Ellie hat einen ungewöhnlich starken Willen, wie Sie wissen. Ich glaube das kommt daher, weil ich ihr beibrachte, Shakespeare zu lesen und zu lieben, als sie noch klein war.

MRS. HUSHABYE *verächtlich:* Shakespeare! Gleich werden Sie mir erzählen, daß Sie im Grunde mehr Geld verdienen könnten als Mangan. *Sie geht ans Sofa und setzt sich übel gelaunt.*

MAZZINI *folgt ihr und setzt sich, in einiger Entfernung, neben sie.* Nein. Zum Geldverdienen tauge ich nicht. Irgendwie ist mir das nicht wichtig genug. Ich hab nicht den Ehrgeiz, reich zu werden! Das muß es sein. Mangan ist großartig, wenn es um Geld geht. Er denkt an nichts anderes. Er hat entsetzliche Angst vor der Armut. Ich denke an ganz andere Dinge. Sogar in der Fabrik denke ich an das, was wir herstellen, und nicht daran, was es kostet. Aber das schlimmste ist, daß der arme Mangan nicht weiß, was er mit all dem Geld anfangen soll. Er ist ein solches Kind, daß er keine Ahnung vom Essen und Trinken hat. Er hat sich die Leber kaputt gemacht, weil er die verkehrtesten Sachen gegessen und getrunken hat, und jetzt kann er kaum noch was runterkriegen. Ellie wird ihm eine famose Diät kochen. Sie werden staunen, wenn Sie ihn besser kennenlernen. Er ist wirklich der hilfloseste von allen Sterblichen. Man bekommt ihm gegenüber förmlich das Gefühl, ihn beschützen zu müssen.

MRS. HUSHABYE Und wer macht die Arbeit für ihn, wenn ich fragen darf?

MAZZINI Ich. Und natürlich andere Leute wie ich.

MRS. HUSHABYE Narren, die sich ausnützen lassen, meinen Sie.

MAZZINI Sie würden uns wohl dafür halten.

MRS. HUSHABYE Und warum könnt ihr nicht ohne ihn fertig werden, wenn ihr alle soviel klüger seid?

MAZZINI Nein, das könnten wir nicht. Wir hätten in einem Jahr abgewirtschaftet. Ich hab es versucht und weiß das. Wir würden überall zu viel ausgeben. Wir würden die Qualität der Waren verbessern und sie verteuern. Wir hätten zuviel Verständnis für das schwere Los der Arbeiter. Aber Mangan hält uns an der Kandarre. Er ist wegen jedem Penny hinter uns her. Wir könnten nichts ohne ihn.

Er opfert ganze Nächte, um darüber nachzudenken, wie er sechs Pence einsparen kann. Ellie wird ihn zur Verzweiflung bringen, wenn sie ihm den Haushalt führt.

MRS. HUSHABYE Dann ist dieses Subjekt selbst als Industriekapitän ein gemeiner Betrüger.

MAZZINI Ich fürchte, alle Industriekapitäne sind das, was Sie Betrüger nennen, Mrs. Hushabye. Es gibt natürlich Fabrikbesitzer, die sich in der Produktion auskennen, aber die verdienen nicht so viel wie Mangan. Mangan ist auf seine Art bestimmt ein feiner Kerl. Und er meint es nur gut.

MRS. HUSHABYE Gut aussehn tut er nicht. Und er ist nicht mehr ganz jung.

MAZZINI Schließlich ist kein Ehemann lange ganz jung, Mrs. Hushabye. Und die Männer können sich heutzutage nicht leisten, in ihrer ersten Jugend zu heiraten.

MRS. HUSHABYE Wenn ich das sagte, würde es witzig klingen. Warum klingt es bei Ihnen nicht witzig? Was ist denn los mit Ihnen. Warum flößen Sie einem kein Vertrauen ein? Keine Achtung?

MAZZINI *demütig:* Ich glaube, es liegt daran, daß ich arm bin. Und was es bedeutet, wenn man Familie hat. Nicht, daß sie sich jemals beklagt hätte. Sie waren alle wunderbar. Sie waren geradezu stolz auf meine Armut. Die Kinder haben sogar oft darüber gelacht. Aber meine Frau hat dadurch ein sehr schweres Leben gehabt. Sie hat entsagen gelernt – *Mrs. Hushabye schaudert unwillkürlich zusammen.*
Ja! Das ist es, Mrs. Hushabye. Ich will nicht, daß Ellie entsagen lernt.

MRS. HUSHABYE Wollen Sie lieber, daß sie sich selber entsagt, und mit einem Mann lebt, den sie nicht liebt?

MAZZINI *wehmütig:* Sind Sie sicher, daß das schlimmer ist, als mit einem Hungerleider zu leben, den sie liebt?

MRS. HUSHABYE *gibt ihre verächtliche Haltung auf und zeigt Interesse für Mazzini:* Ich glaube wirklich, daß Sie Ellie aufrichtig lieben, denn Sie werden geradezu gescheit, wenn Sie von ihr sprechen.

MAZZINI Ich wußte nicht, daß ich sonst so dumm sein soll.

MRS. HUSHABYE Manchmal sind Sie das.

MAZZINI *wendet den Kopf ab, denn seine Augen sind feucht:* Ich habe mich durch Sie, Mrs. Hushabye, viel besser kennengelernt, nur fürchte ich, daß mich Ihre Aufrichtigkeit nicht glücklicher macht. Aber wenn Sie glauben, das wäre nötig gewesen, damit ich über Ellies Glück nachdenke, dann irren Sie sich sehr.

MRS. HUSHABYE *lehnt sich zu ihm, freundlich:* War ich ein Biest?

MAZZINI *nimmt sich zusammen:* Auf mich kommt es nicht an, Mrs. Hushabye. Ich glaube, daß Sie Ellie gern haben, und das genügt mir.

MRS. HUSHABYE Ich fange an, auch Sie ein bißchen gern zu haben. Ich hab Sie zuerst nicht ausstehn können. Ich hielt Sie für den widerlichsten, selbstzufriedensten, langweiligsten angejahrten Philister, der mir je begegnet ist.

MAZZINI *ergeben, und jetzt ganz fröhlich:* Das alles bin ich wohl auch. So blendend schöne Frauen wie Sie haben mich nie beachtet. Sie haben mir immer einen Schrecken eingejagt.

MRS. HUSHABYE *erfreut:* Bin ich eine blendend schöne Frau? Ich werde mich gleich in Sie verlieben.

MAZZINI *mit gelassener Galanterie:* Das werden Sie nicht. Aber Sie wären selbst dann vor mir sicher. Können Sie sich vorstellen, daß eine Menge Frauen mit mir geflirtet hat, nur weil ich so ungefährlich bin? Aus demselben Grund bekommen sie mich dann satt.

MRS. HUSHABYE *schelmisch:* Nehmen Sie sich in acht. Vielleicht sind Sie gar nicht so ungefährlich, wie Sie denken.

MAZZINI Oh doch, ganz ungefährlich. Sehen Sie, ich habe wirklich geliebt. Diese Art Liebe, die man nur einmal erlebt. *Sanft:* Deshalb ist Ellie auch so ein liebliches Mädchen.

MRS. HUSHABYE Wirklich, Sie entpuppen sich. Sind Sie ganz sicher, daß es mir nicht gelingt, Sie zu einer zweiten großen Leidenschaft hinzureißen?

MAZZINI Ganz sicher. Es wäre unnatürlich. Tatsache ist, daß Sie mich nicht entflammen, Mrs. Hushabye. Und ich Sie bestimmt auch nicht.

MRS. HUSHABYE Ich versteh. Ihre Ehe ist ein Sicherheitsventil.

MAZZINI Wie sehr das auf mich zutrifft! Darauf wäre ich nie gekommen.

Ellie kommt aus dem Garten. Sie sieht nicht glücklich aus.

MRS. HUSHABYE *steht auf:* Ellie, da bist du ja, endlich! *Sie geht hinter das Sofa.*

ELLIE *auf der Schwelle:* Guiness sagt, daß ihr mich sucht.

MRS. HUSHABYE Du hast uns so lange warten lassen, daß ich fast – aber egal. Dein Vater ist wirklich ein wunderbarer Mann. *Sie fährt ihm liebevoll durch das Haar:* Der einzige Mann, der mir sogar widerstehen könnte, wenn ich es wirklich darauf anlegte, liebenswürdig zu sein. *Sie geht an den Sessel zu Mangan:* Komm her. Ich muß dir was zeigen.
Ellie schlendert gleichgültig hinzu.
Da.
ELLIE *sieht Mangan ohne Interesse an:* Ich weiß. Er schläft. Wir hatten nach dem Essen eine Unterredung, und dabei ist er eingeschlafen.
MRS. HUSHABYE Das hast du getan, Ellie. Du hast ihn eingeschläfert.
MAZZINI *steht schnell auf und tritt zu ihnen:* Das will ich nicht hoffen. Wirklich, Ellie?
ELLIE *müde:* Er hat mich darum gebeten.
MAZZINI Das ist doch gefährlich. Du weißt, was mir passiert ist.
ELLIE *gleichgültig:* Ich kann ihn wieder wach machen. Wenn nicht, kanns ein anderer.
MRS. HUSHABYE Das ist jetzt nicht so wichtig. Jedenfalls hab ich deinen Vater endlich davon überzeugt, daß du ihn nicht heiraten willst.
ELLIE *verärgert, verliert plötzlich ihre Gleichgültigkeit:* Warum hast du das getan, Hesione? Ich will ihn heiraten. Ich bin fest entschlossen, ihn zu heiraten.
MAZZINI Bist du sicher, Ellie? Mrs. Hushabye hat mir klargemacht, daß ich in dieser Sache vielleicht gedankenlos und egoistisch war.
ELLIE *sehr klar und fest:* Papa. Wenn Mrs. Hushabye dir klarzumachen versucht, was ich denke und was ich nicht denke, dann halt dir die Ohren zu, und die Augen auch. Hesione weiß nichts von mir. Sie hat nicht die leiseste Ahnung, was für ein Mensch ich bin, und wird es auch nie wissen. Ich verspreche dir, nichts zu tun, was ich nicht will und was ich nicht meinetwegen tue.
MAZZINI Bist du ganz ganz sicher?
ELLIE Ganz ganz sicher. Und jetzt laß mich bitte mit Mrs. Hushabye allein.
MAZZINI Aber ich möchte gern zuhören. Stör ich denn?
ELLIE *unerbittlich:* Ich muß mit ihr allein sprechen.

MAZZINI *liebevoll:* Nun gut, ich weiß, wie lästig Eltern sein können, liebes Kind. Ich will brav sein und gehn. *Er geht an eine Gartentür.* Ach so, erinnerst du dich an die Adresse von dem Spezialisten, der mich aufgeweckt hat? Meinst du nicht, es ist besser, ich telegrafiere ihm.

MRS. HUSHABYE *geht auf das Sofa zu:* Es ist heute zu spät zum Telegrafieren.

MAZZINI Ich denke auch. Ich hoffe, er wird von selber wach. *Er geht in den Garten.*

ELLIE *wendet sich heftig an Hesione:* Hesione! Was zum Teufel fällt dir ein, meinen Vater wegen Mangan zu beunruhigen?

MRS. HUSHABYE *sofort wütend:* Untersteh dich, so mit mir zu sprechen, du freches Ding. Denke daran, daß du in meinem Hause bist.

ELLIE Quatsch! Warum kümmerst du dich nicht um deine eigenen Angelegenheiten? Was geht es dich an, ob ich Mangan heirate oder nicht?

MRS. HUSHABYE Meinst du, daß ich mich von dir anschreien lasse, du elende kleine Heiratsschwindlerin?

ELLIE Jede Frau, die kein Geld hat, ist eine Heiratsschwindlerin. Du hast leicht reden. Du hast nie gewußt, was es heißt, kein Geld zu haben, und kannst Männer pflücken wie Gänseblümchen. Ich bin arm und anständig –

MRS. HUSHABYE *unterbricht sie:* Hu! Anständig! Wie hast du Mangan gepflückt? Wie meinen Mann? Du hast die Frechheit, mir zu sagen, ich wäre ein – eine –

ELLIE Eine Circe. Das bist du. Du bist dazu geboren, Männer an der Nase herumzuführen. Wenn du nicht gewesen wärst, hätte Marcus vielleicht auf mich gewartet.

MRS. HUSHABYE *plötzlich milder und halb lachend:* Oh, meine arme Ellie, mein Kleines, mein unglücklicher Liebling! Es tut mir so leid wegen Hector. Aber was kann ich machen? Das ist nicht meine Schuld. Ich würde ihn dir überlassen, wenn ich könnte.

ELLIE Deswegen nicht.

MRS. HUSHABYE Wie roh von mir, mit dir zu streiten und dich zu beschimpfen! Küß mich und sag, daß du mir nicht mehr böse bist.

ELLIE *grimmig:* Bitte, keine Ergüsse. Sei nicht so überschwenglich und sentimental. Begreifst du denn nicht, daß ich verrückt werde, wenn ich nicht hart sein kann – hart wie Stahl. Mir ist es egal, ob du mich beschimpfst oder nicht. Glaubst du, eine Frau in meiner Lage ist mit ein paar harten Worten zu verletzen?

MRS. HUSHABYE Arme kleine Frau! In armer kleiner Lage!

ELLIE Du hältst dich wohl für sehr teilnahmsvoll. Aber du bist nur albern und dumm und egoistisch. Du siehst zu, wie ich einen Schlag mitten ins Gesicht bekomme, der einen ganzen Teil meines Lebens zerstört. Die schönste Aussicht, die nie wiederkommt, und du glaubst, du kannst mir darüber hinweghelfen mit ein bißchen Schmeichelei und Küssen. Ich brauche meine ganze Kraft, um mich aufrecht zu halten, ich muß hart wie Stein werden, hart wie Eisen, wie grausam das auch klingt, und du machst alles niedlich und willst mich damit trösten. Ich bin nicht ärgerlich, und ich bin auch nicht böse. Aber nimm dich um Gottes Willen zusammen und glaub nicht, daß Frauen, die in der Hölle sind, alles so leicht nehmen können wie du, die nur die Lichtseiten des Lebens kennengelenrt hat.

MRS. HUSHABYE *zuckt mit den Schultern:* Also gut. *Setzt sich auf das Sofa.* Aber ich warne dich. Wenn ich weder schmeicheln noch küssen noch lachen soll, dann frag ich mich, wie lange ich es noch ertrage, in dieser grausamen, dieser verdammten Welt zu leben. Mit der Circe willst du nichts zu tun haben. Gut, ich werde es lassen. Du willst deine wunde Brust an einen Mühlstein lehnen. Auch gut. *Breitet die Arme aus.* Hier ist der Mühlstein.

ELLIE *setzt sich zu ihr, beschwichtigt:* Das ist mir lieber. Du hast es wirklich heraus, dich der Stimmung eines anderen anzupassen. Aber du verstehst mich nicht, weil du nicht zu den Frauen gehörst, für die es nur einen Mann und nur ein Glück gibt.

MRS. HUSHABYE Das versteh ich bestimmt nicht, wieso eine Ehe mit diesem Subjekt dich darüber trösten soll, daß du Hector nicht heiraten kannst.

ELLIE Vielleicht verstehst du auch nicht, warum ich heute morgen ein kleines nettes Ding war, und jetzt weder klein noch besonders nett bin.

MRS. HUSHABYE Doch, das versteh ich. Das kommt daher, weil du dich entschlossen hast, etwas Erbärmliches und Gemeines zu tun.

ELLIE Das glaube ich nicht, Hesione. Meine Ansichten, eine

glückliche Familie zu gründen, sind zerstört, und ich muß mich damit abfinden, so gut es geht.

MRS. HUSHABYE Ach wo! Du wirst darüber hinwegkommen. Nichts ist zerstört.

ELLIE Natürlich werde ich darüber hinwegkommen. Du glaubst doch nicht, daß ich an gebrochenem Herzen sterbe, oder daß ich mich hinsetze und warte, bis ich eine alte Jungfer bin und mich von der Wohlfahrt unterstützen lasse. Aber mein Herz ist gebrochen, das bleibt bestehn. Ich meine, ich weiß, was sich ereignet hat, und daß sich so etwas nie wieder ereignen wird. Für mich gibt es in der Welt nur diesen einen Marcus und eine Menge anderer Männer. Liebe ist mir nicht bestimmt, gut, aber das ist kein Grund, warum mir Armut bestimmt sein sollte. Wenn Mangan sonst nichts hat, er hat Geld.

MRS. HUSHABYE Und gibt es keine jungen Männer mit Geld?

ELLIE Nicht für mich. Außerdem hätte ein junger Mann das Recht, Liebe von mir zu verlangen. Und er wird mich vielleicht sitzen lassen, wenn er herausfindet, daß ich ihm das nicht bieten kann. Reiche junge Männer können ihre Frauen schnell wieder loswerden, wie du weißt. Aber dieses Subjekt, wie du ihn nennst, kann von mir nicht mehr erwarten, als ich ihm zu geben bereit bin.

MRS. HUSHABYE Denk daran, daß er dich besitzen will. Wenn er dich kauft, wird er dafür sorgen, daß er auf seine Rechnung kommt und nicht du. Frag deinen Vater.

ELLIE *steht auf, geht an den Korbstuhl und betrachtet Mangan:* Darüber brauchst du dir keine Sorgen zu machen. Ich habe ihm mehr zu bieten als er mir. Ich bin es, die ihn kauft, und noch dazu ziemlich billig, wie mir scheint. Auf solche Geschäfte verstehen sich Frauen besser als Männer. Ich habe Mangan das Maß genommen. Und zehn Mangans sollen mich, wenn ich erst seine Frau bin, nicht hindern, alles das und mehr zu tun, was ich mir als armes Mädchen nicht gestatten durfte. *Beugt sich zu Mangan.* Werden Sie mich hindern, Boß? Ich denke nicht. *Sie geht an den Zeichentisch, lehnt sich daran, mit dem Gesicht zum Fenster.* Jedenfalls werde ich keine Zeit damit verbringen, mir zu überlegen, wie lange meine Handschuhe noch halten.

MRS. HUSHABYE *erhebt sich:* Ellie, du bist ein bösartiges, geldgieriges kleines Biest. Und ich habe mich herabgelassen, diese Kreatur zu bezaubern, um dich vor ihm zu retten! Aber laß dir gesagt sein, ich werde dafür sorgen, daß du Hector nie wiedersiehst, wenn du dich auf diesen widerlichen Handel einläßt.

ELLIE *ungerührt:* Ich habe Mangan gedroht, daß er dich nie wiedersehen wird, wenn er mich nicht heiratet. *Sie stemmt sich mit den Händen hoch und setzt sich auf den Tisch.*

MRS. HUSHABYE *weicht zurück:* Was!

ELLIE Du siehst, ich war darauf vorbereitet, daß du diesen Trumpf gegen mich ausspielst. Du kannst es versuchen. Mehr sag ich nicht. Ich hätte einen Mann aus Marcus gemacht und keinen Pantoffelhelden.

MRS. HUSHABYE *wütend:* Was erlaubst du dir!

ELLIE *sieht fast gefährlich aus:* Erlaube ihm, über mich nachzudenken.

MRS. HUSHABYE Du bist das Unverschämteste, was mir je begegnet ist. Hector sagt, es gibt einen Moment, wo man einem Menschen, der sich über alle Regeln hinwegsetzt, nur eine Antwort geben kann, und das ist ihn niederschlagen. Was würdest du sagen, wenn ich dich ohrfeigte?

ELLIE *ruhig:* Ich würde dir die Haare ausreißen.

MRS. HUSHABYE *schadenfroh:* Das tät mir nicht weh. Nachts nehme ich sie sowieso ab.

ELLIE *ist so verwirrt, daß sie vom Tisch springt und zu ihr läuft:* Was, Hesione, willst du damit sagen, daß dein wunderschönes schwarzes Haar falsch ist?

MRS. HUSHABYE *streicht sich übers Haar:* Erzähls Hector nicht. Er glaubt daran.

ELLIE *stöhnend:* Oh! Sogar das Haar, womit sie ihn eingewickelt hat, ist falsch! Alles ist falsch!

MRS. HUSHABYE Versuch es und zieh dran. Andere Frauen können Männer mit ihren Haaren einwickeln. Aber ich kann damit auch noch ein Baby schaukeln. Das kannst du nicht, Miß Goldhaar.

ELLIE *der das Herz bricht:* Nein. Du hast mir meine Babys gestohlen.

MRS. HUSHABYE Mein Kleines. Bring mich nicht zum Weinen. Weißt du, was du eben sagtest, ich hätte einen Pantoffelhelden aus ihm gemacht, ist ein bißchen wahr. Vielleicht hätte er auf dich warten sollen. Würde dir irgendeine Frau auf der Welt so verzeihen wie ich?

ELLIE Was für ein Recht hast du, ihn für dich allein zu

beanspruchen? *Sie nimmt sich zusammen:* Nun gut! Du konntest nichts dafür. Er konnte nichts dafür. Keiner von uns konnte dafür. Nein, sag nichts. Ich kann nicht mehr. Wir wollen ihn aufwecken. *Geht zu Mangan und beginnt, seinen Kopf gegen den Strich zu massieren.* Wachen Sie auf. Hören Sie? Sie müssen sofort aufwachen. Aufwachen, aufwachen, aufwachen –

MANGAN *springt wütend auf:* Aufwachen! Ihr glaubt also, daß ich geschlafen habe, was? *Er stößt mit dem Fuß gegen den Korbstuhl und tritt zwischen die beiden:* Sie versetzen mich in einen Zustand, daß ich weder Hand noch Fuß bewegen kann – man hätte mich lebendig begraben können! Ein Glück, daß das nicht geschehen ist – und Sie glauben, ich hab nur geschlafen. Wenn Sie mich fallengelassen hätten, die beiden Male, als Sie mich aufhoben, wär ich für mein ganzes Leben mit einer platten Nase herumgelaufen. Aber jetzt hab ich euch alle kennengelernt. Jetzt weiß ich, unter was für Menschen ich geraten bin. Jedes Wort hab ich gehört, das Sie gesprochen haben, Sie und Ihr feiner Vater. *Zu Mrs. Hushabye:* Und Sie auch. Ich bin also ein Subjekt? Ein Stück? Ich bin ein Narr, der nicht genug Verstand hat, um sich richtig zu ernähren? Ich habe Angst vor den Arbeitern? Die verhungern würden, ohne die Löhne, die ich ihnen gebe. Ich bin also nichts als ein widerlicher alter Geizkragen, den verschlagene Frauen und alberne Direktoren nur tüchtig ausnützen sollten? Ich bin –

MRS. HUSHABYE *unterbricht ihn mit elegantem Gleichmut:* Sch – sch – sch – sch! Mr. Mangan, Sie sind es Ihrer Ehre schuldig, alles aus Ihrem Gedächtnis zu streichen, was Sie gehört haben, während Sie sich schlafend stellten. Es war nicht für Ihre Ohren bestimmt.

MANGAN Mich schlafend stellte! Bilden Sie sich etwa ein, ich wär so liegen geblieben, wenn ich mich nur verstellt hätte? Und hätte mir diese Gemeinheiten angehört, diese Lügen, diese Ungerechtigkeiten und Intrigen, diese Verleumdungen und all den Klatsch, anstatt aufzuspringen und Ihnen zu sagen, was ich davon halte und von Ihnen! Mich wundert, daß ich nicht geplatzt bin.

MRS. HUSHABYE *süß:* Das haben Sie alles geträumt, Mr. Mangan. Wir haben nur gesagt, wie schön friedlich Sie im Schlaf aussehen. Das war alles, nicht wahr, Ellie? Glauben

Sie mir, Mr. Mangan, all diese unangenehmen Dinge sind Ihnen eine halbe Sekunde vor dem Erwachen in den Sinn gekommen. Ellie hat Ihr Haar gegen den Strich massiert, und diese unangenehme Empfindung bewirkte einen unangenehmen Traum.

MANGAN *hartnäckig:* Ich glaube an Träume.

MRS. HUSHABYE Ich auch. Aber sie bedeuten das Gegenteil, nicht wahr?

MANGAN *eine tiefe Ergriffenheit steigt plötzlich in ihm auf:* Bis an mein Lebensende werde ich nicht vergessen, daß Sie mich zum besten gehalten haben, als Sie mir vorhin im Garten Hoffnungen machten. Das war eine schmutzige, niederträchtige Gemeinheit. Sie hatten kein Recht, meine Annäherungen zu dulden, wenn ich Ihnen so widerlich bin. Ich kann nichts dafür, daß ich alt bin und keinen Schnurrbart habe wie Ihr Mann. Es gibt Dinge, die keine anständige Frau einem Mann antut – wie kein anständiger Mann einer Frau auf die Brust schlägt.

Mrs. Hushabye, tief beschämt, setzt sich auf das Sofa und bedeckt ihr Gesicht mit den Händen. Mangan setzt sich in seinen Korbstuhl und beginnt wie ein Kind zu weinen. Ellie sieht von einem zur anderen. Mrs. Hushabye läßt die Hände sinken. Sie steht auf und geht zu Mangan.

MRS. HUSHABYE Hören Sie auf zu weinen. Das ertrag ich nicht. Habe ich Ihnen das Herz gebrochen? Ich ahnte nicht, daß Sie eins haben. Wie konnte ich?

MANGAN Ich bin ein Mensch, oder nicht?

MRS. HUSHABYE *halb schmeichelnd, halb höhnisch:* Oh nein, kein Mensch. Nur ein Boß. Nur das und nichts anderes. Was fängt ein Boß mit einem Herzen an?

MANGAN Tut es Ihnen denn nicht ein bißchen leid, daß Sie sich schämen?

MRS. HUSHABYE Ich habe mich zum ersten Mal in meinem Leben geschämt, als Sie von dem Mann sprachen, der fähig wäre, einer Frau auf die Brust zu schlagen. Da wurde mir klar, was ich angerichtet habe. Ich bin rot geworden, bis auf die Knochen. Das war Ihre Rache, Boß. Sind Sie zufrieden?

MANGAN Geschieht Ihnen recht! Hören Sie? Das geschieht Ihnen recht! Sie sind grausam. Geradezu grausam.

MRS. HUSHABYE Ja. Grausamkeit wäre ein herrliches Gefühl, wenn man nur eine Art Grausamkeit ausfindig machen könnte, die nicht wirklich weh tut. Übrigens – *setzt sich neben ihn auf die Lehne* – wie heißen Sie mit Vornamen? Man nennt Sie doch nicht nur Boß?

MANGAN *schroff:* Wenn Sie es wissen wollen, ich heiße Alfred.

MRS. HUSHABYE *springt auf:* Alfred! Ellie, er ist nach Tennyson getauft!

MANGAN *steht auf:* Ich bin nach meinem Onkel getauft. Trotzdem hab ich von ihm nicht einen Penny geerbt. Der Teufel soll ihn holen. Aber was soll das?

MRS. HUSHABYE Ich begreife plötzlich, daß Sie wirklich ein menschliches Wesen sind. Daß Sie eine Mutter gehabt haben, wie jeder andere. *Legt ihre Hand auf seine Schultern und sieht ihn durchdringend an:* Kleiner Fredy.

MANGAN Sie haben vielleicht Nerven.

MRS. HUSHABYE Und Sie haben ein Herz, Fredy, ein wimmerndes kleines Herz, aber ein wirkliches. *Läßt ihn plötzlich los:* Jetzt schnell und versöhnen Sie sich mit Ellie. Sie hat Zeit gehabt, sich zu überlegen, was sie Ihnen sagen soll. Das hat sie vor mir voraus. *Sie geht schnell in den Garten hinaus.*

MANGAN Diese Frau hat Hände, die gehen durch und durch.

ELLIE Noch immer verliebt, trotz allem, was wir gesagt haben?

MANGAN Sind alle Frauen so wie ihr beide? Denkt jede bei einem Mann nur daran, wie viel sie aus ihm herausholen kann? Sie haben bei mir nicht einmal daran gedacht. Sie dachten nur, wie lange Ihre Handschuhe halten.

ELLIE Wenn wir verheiratet sind, werde ich nicht mehr daran denken müssen.

MANGAN Und Sie glauben wirklich, daß ich Sie heirate, nach all dem, was ich eben gehört habe!

ELLIE Sie haben nichts anderes gehört, als was ich Ihnen vorhin selber gesagt habe.

MANGAN Vielleicht bilden Sie sich ein, daß ich ohne Sie nicht leben kann.

ELLIE Ich bilde mir ein, daß Sie sich ohne uns einsam fühlen werden, nachdem Sie uns so gut kennengelernt haben.

MANGAN *wie verzweifelt:* Soll ich nie das letzte Wort haben?

KAPITÄN *erscheint in der linken Gartentür:* Hier ist eine Seele in Qual. Was ist los?

MANGAN Diese Frau will ihr Leben nicht damit verbringen,

darüber nachzudenken, wie lange ihre Handschuhe halten.

KAPITÄN *geht vorbei:* Tragen Sie keine. Ich trag nie welche. *Er geht in die Speisekammer.*

LADY UTTERWORD *erscheint in der anderen Gartentür, in prachtvoller Abendtoilette:* Ist irgendwas passiert?

ELLIE Dieser Mann möchte wissen, ob er nie das letzte Wort haben wird.

LADY UTTERWORD *geht an das Sofa:* Ich würde es ihm lassen, meine Liebe. Die Hauptsache ist nicht, daß man das letzte Wort hat, sondern daß man seinen Willen durchsetzt.

MANGAN Sie will beides.

LADY UTTERWORD Das wird ihr nicht gelingen, Mr. Mangan. Das letzte Wort hat immer die Vorsehung.

MANGAN Jetzt kommen Sie mir auch noch mit Religion. In diesem Haus wird der Verstand eines Mannes wie ein Fußball behandelt. Ich gehe.

Er geht auf die Halle zu, wird aber an der Tür vom Kapitän aufgehalten, der aus der Speisekammer kommt.

KAPITÄN Wohin Boß?

MANGAN In die Hölle! Bloß weg. Das mag Ihnen genügen. Ihnen allen.

KAPITÄN Sie waren willkommen, als Sie kamen. Es steht Ihnen frei, zu gehn. Die weite Erde, das hohe Meer und der unermeßliche Himmel warten auf Sie.

LADY UTTERWORD Aber Ihre Sachen, Mr. Mangan. Kamm, Zahnbürste, Nachthemd –

HECTOR *kommt aus dem Garten in einem prächtigen arabischen Kostüm:* Warum sollte der fliehende Sklave seine Ketten mit sich nehmen?

MANGAN Das stimmt Hushabye. Behalten Sie das Nachthemd, Gnädigste, und viel Spaß.

HECTOR *tritt an die Seite von Lady Utterword:* Gehen wir alle zusammen in die Nacht hinaus und lassen wir alles hinter uns.

MANGAN Bleibt wo ihr seid, alle miteinander. Ich will keine Gesellschaft, besonders keine weibliche.

ELLIE Laßt ihn gehn. Er fühlt sich hier unglücklich. Wir ärgern ihn.

KAPITÄN Gehen Sie, Mangan. Und wenn Sie das Land gefunden haben, wo es Glück gibt und keine Weiber, schicken Sie mir den Breitengrad und den Längengrad. Ich werde

zu Ihnen stoßen.
LADY UTTERWORD Sie werden sich ohne Ihr Gepäck bestimmt nicht wohl fühlen, Mr. Mangan.
ELLIE *ungeduldig:* Gehen Sie doch! Warum gehn Sie nicht? Es ist eine himmlische Nacht. Sie können auf der Wiese schlafen. Nehmen Sie meinen Regenmantel zum Unterlegen. Er hängt an der Garderobe.
HECTOR Frühstück um neun, falls Sie es nicht vorziehen, mit dem Kapitän um sechs zu frühstücken.
ELLIE Gute Nacht, Alfred.
HECTOR Alfred! *Er läuft nach hinten und ruft in den Garten:* Randall! Mangans Vorname ist Alfred.
RANDALL *erscheint im Frack:* Dann gewinnt Hesione ihre Wette.
Mrs. Hushabye kommt aus dem Garten. Sie legt ihren Arm um Hectors Nacken, zieht ihn mit sich ans Sofa und umschlingt mit dem anderen Arm Lady Utterword.
MRS. HUSHABYE Sie wollten mir nicht glauben, Fredy.
Alle sehen Mr. Mangan an.
MANGAN Noch jemand da, der reinkommt und mich anstarren möchte, als wär ich die letzte Errungenschaft einer Menagerie.
MRS. HUSHABYE Sie sind doch die letzte Errungenschaft in dieser Menagerie.
Bevor Mangan antworten kann, hört man oben ein Möbelstück umfallen, dann einen Pistolenschuß und einen Schmerzensschrei. Alle fahren bestürzt zusammen.
MAZZINI *von oben:* Hilfe! Ein Einbrecher! Zu Hilfe!
HECTOR *seine Augen glänzen:* Ein Einbrecher!
MRS. HUSHABYE Hector, bleib hier! Er wird dich erschießen.
Aber Hector ist schon hinausgestürzt, an Mangan vorbei, der ihm ausweicht und an das Bücherregal geht.
KAPITÄN *pfeift:* Alle Mann an Bord! *Er folgt Hector.*
LADY UTTERWORD Meine Diamanten! *Sie folgt dem Kapitän.*
RANDALL *hinter ihr her:* Nein, Ariadne. Laß mich.
ELLIE Ist Papa getroffen? *Sie rennt hinaus.*
MRS. HUSHABYE Fürchten Sie sich, Fredy?
MANGAN Nein. Es ist nicht mein Haus, Gott sei Dank.
MRS. HUSHABYE Wenn sie den Einbrecher erwischen, wird man uns als Zeugen vor Gericht laden und wir werden uns alle möglichen Fragen über unser Privatleben gefallen lassen müssen.

MANGAN Wenn Sie die Wahrheit sagen, wird Ihnen niemand glauben.
Mazzini kommt verstört aus der Halle mit einer Pistole in der Hand und geht an den Zeichentisch.
MAZZINI Meine liebe Mrs. Hushabye, ich hätte ihn töten können. *Er wirft die Pistole auf den Tisch und wankt zum Stuhl:*
Hoffentlich glauben Sie nicht, daß ich das wirklich wollte.
Hector kommt herein und schiebt einen alten, heruntergekommenen Mann am Kragen vor sich her, stellt ihn in die Mitte des Zimmers und läßt ihn dann los. Ellie folgt ihm, geht zu ihrem Vater und streichelt seine Schultern.
RANDALL *kommt mit einem Feuerhaken herein:* Behalten Sie diese Tür im Auge, Mangan. Ich werd die andere bewachen. *Er geht an eine Glastür und wacht.*
Lady Utterword kommt nach Randall herein und tritt zwischen Mrs. Hushabye und Mangan. Zuletzt kommt Guinness und wartet in der Nähe der Tür, links von Mangan.
MRS. HUSHABYE Was war denn nun?
MAZZINI Guinness sagte mir, daß oben jemand ist, und gab mir die Pistole. Ich wollte ihn nur einschüchtern. Aber sie ging los, als ich sie anrührte.
EINBRECHER Ja, und reißt mir die Haut vom Ohr. Das hätte mir den Schädel abreißen können. Warum haben Sie keinen richtigen Revolver, sondern ein Ding, das losgeht, wenn man nur draufbläst.
HECTOR Verzeihung. Es ist eine von meinen Duellpistolen.
MAZZINI Er nahm die Hände hoch und sagte, ich hätte einen anständigen Fang gemacht.
EINBRECHER Das haben Sie auch. Holen Sie die Polizei.
HECTOR Zum Donnerwetter, nein! Das war kein anständiger Fang. Wir waren zu viert gegen einen.
MRS. HUSHABYE Was wird man ihm tun?
EINBRECHER Zehn Jahre. Zuerst Einzelhaft. Zehn Jahre meines Lebens. Ich werd sie kaum absitzen, ich bin zu alt. Ich geh vorher drauf.
LADY UTTERWORD Daran hätten Sie denken sollen, bevor Sie meine Diamanten gestohlen haben.
EINBRECHER Sie haben sie doch wiedergekriegt, Lady, oder? Können Sie mir die Jahre zurückgeben, die Sie mir stehlen wollen?

MRS. HUSHABYE Nein, wir können einen Menschen für ein paar Diamanten nicht zehn Jahre lebendig begraben.

EINBRECHER Zehn kleine helle Diamanten! Zehn lange dunkle Jahre!

LADY UTTERWORD Bedenken Sie, was es für uns heißt, durch die Unannehmlichkeiten einer Gerichtsverhandlung geschleift zu werden und all unsere Familienangelegenheiten in der Zeitung zu lesen! Mir wär lieber, Sie wären ein Eingeborener in einer Kolonie und Hastings würde Sie gehörig durchprügeln lassen und davonjagen. Aber hier in England gibt es für anständige Menschen wirklich keinen Schutz.

EINBRECHER Ich bin zu alt, Lady, um mich durchprügeln zu lassen. Rufen Sie die Polizei und Schluß. Es ist nur recht und billig, wenn Sie's tun.

RANDALL *dessen Wachsamkeit nachgelassen hat, da er den Einbrecher in so friedfertiger Stimmung sieht, kommt nach vorn und schwenkt den Feuerhaken:* Es ist weder recht noch billig, daß wir uns Unannehmlichkeiten aussetzen, damit Sie Ihren moralischen Enthusiasmus befriedigen können, mein Freund. Verschwinden Sie lieber, solange Sie noch die Möglichkeit dazu haben.

EINBRECHER *unerbittlich:* Nein. Ich muß mein Gewissen von dieser Sünde befreien. Das ist wie ein Ruf an mich ergangen. Ich will den Rest meines Lebens in einer Zelle verbringen und bereuen. Ich werde meinen Lohn im Jenseits empfangen.

MANGAN *außer sich:* Nicht mal ein Einbrecher kann sich in diesem Haus natürlich benehmen.

HECTOR Guter Mann, befreien Sie Ihr Gewissen auf wessen Kosten auch immer. Von uns zeigt Sie niemand an.

EINBRECHER Sie wollen mich nicht anzeigen?

HECTOR Nein.

EINBRECHER Wirklich nicht?

HECTOR Ich bedaure, so ungastlich sein zu müssen. Aber wollen Sie die Güte haben, das Haus zu verlassen?

EINBRECHER Gut. Ich geh selber zur Polizei und stell mich. *Er wendet sich entschlossen zur Tür. Hector tritt ihm in den Weg.*

HECTOR Oh nein. Das tun Sie nicht.

RANDALL *gleichzeitig:* Nein, nein. Machen Sie, daß Sie rauskommen, Mann. Seien Sie kein Narr.

MRS. HUSHABYE *gleichzeitig:* Seien Sie nicht so dumm. Können Sie nicht zu Hause bereuen?
LADY UTTERWORD Tun Sie, was man von Ihnen verlangt.
EINBRECHER Sie vertuschen ein Verbrechen, wie Sie wissen.
MRS. HUSHABYE Das ist geradezu lächerlich. Wer kann uns zwingen, diesen Menschen anzuzeigen, wenn wir nicht wollen?
EINBRECHER Soll ich auf meine Erlösung verzichten, um Ihnen die Mühe einer Gerichtsverhandlung zu ersparen? Heißt das Gerechtigkeit? Gehört sich das? Ist das etwa anständig mir gegenüber?
MAZZINI *steht auf und lehnt sich über den Tisch, als ob es eine Kanzel oder ein Ladentisch wäre:* Hören Sie mich an! Ich werde Ihnen sagen, wie Sie Ihre Verbrechen zum allgemeinen Nutzen anwenden können. Warum wollen Sie nicht Schlosser werden? Sie verstehen sicher mehr von Schlössern, als die meisten ehrenhaften Menschen?
EINBRECHER Das ist wohl wahr, Sir. Aber ich könnte eine Schlosserei nicht mit weniger als zwanzig Pfund anfangen.
RANDALL Zwanzig Pfund sind schnell gestohlen. Die finden Sie in der nächstbesten Bank.
EINBRECHER *entsetzt:* Wie kann ein Gentleman einem armen Verbrecher, der sich anstrengt, aus dem bodenlosen Abgrund der Hölle nach oben zu kriechen, einen solchen Rat geben? Schämen Sie sich, Sir! Möge Gott Ihnen verzeihn! *Er läßt sich im Korbstuhl nieder und bedeckt sein Gesicht wie ein Betender.*
LADY UTTERWORD Wirklich, Randall!
HECTOR Es scheint, daß wir für diesen zur Unzeit reuigen Sünder eine Sammlung veranstalten müssen.
LADY UTTERWORD Aber zwanzig Pfund, das ist unverschämt.
EINBRECHER *sieht schnell auf:* Ich muß eine Menge Werkzeug kaufen, Lady.
LADY UTTERWORD Unsinn! Sie haben Ihr Einbrecherwerkzeug.
EINBRECHER Was sind schon eine Brechstange, ein paar Bohrer, Karbidgebläse und ein Bündel von Dietrichen? Ich brauch eine Werkstatt, einen Laden und die Ausstattung dazu. Mit zwanzig Pfund komm ich kaum aus.
HECTOR Werter Freund, wir haben keine zwanzig Pfund.
EINBRECHER *jetzt Herr der Lage:* Aber ihr könnt sie zusammen aufbringen, wie?

MRS. HUSHABYE Gib ihm ein Pfund, Hector, und schmeiß ihn raus.
HECTOR *gibt es ihm:* Da! Und raus mit Ihnen.
EINBRECHER *steht auf und nimmt das Geld, sehr dankbar:* Ich kann nichts versprechen. Ihr werdet doch mehr als ein Pfund haben. Alle zusammen, mein ich.
LADY UTTERWORD *heftig:* Laß ihn verhaften und Schluß damit. Ich habe auch ein Gewissen, hoff ich. Und ich bin nicht ganz sicher, ob wir das Recht haben, ihn laufen zu lassen, besonders wenn er so habgierig ist und auch noch frech wird.
EINBRECHER *schnell:* Richtig, Lady, ganz richtig. Ich will nicht weiter zur Last fallen. Guten Abend, Ladies und Gentlemen, und vielen Dank. *Er will hinauslaufen und begegnet auf der Schwelle Kapitän Shotover.*
KAPITÄN *fixiert den Einbrecher mit durchdringendem Blick:* Was ist das? Gibt es zwei von dir?
EINBRECHER *fällt vor dem Kapitän auf die Knie:* Großer Gott, was hab ich getan? Ich bin doch nicht in Ihr Haus eingebrochen, Kapitän Shotover?
Der Kapitän packt ihn beim Kragen, zieht ihn in die Höhe, bis er steht und zerrt ihn in die Mitte der Gruppe. Hector tritt neben seine Frau nach rückwärts, um für die beiden Platz zu machen.
KAPITÄN *dreht ihn zu Ellie hin:* Ist das deine Tochter? *Er läßt ihn los.*
EINBRECHER Wie soll ich das wissen, Kapitän? Sie kennen die Art Leben, die Sie und ich geführt haben. Jedes junge Mädchen in diesem Alter irgendwo in der weiten Welt, wie Sie sagen würden, könnte meine Tochter sein.
KAPITÄN *zu Mazzini:* Sie sind nicht Billy Dunn. Das ist Billy Dunn. Warum haben Sie mich belogen?
EINBRECHER *entrüstet zu Mazzini:* Sie haben sich für mich ausgegeben? Sie, der Sie mir beinahe den Kopf weggeschossen haben! Den eigenen Kopf, könnte man also sagen!
MAZZINI Mein lieber Kapitän Shotover, seit ich mich in diesem Hause befinde, hab ich kaum etwas anderes getan, als Ihnen zu versichern, daß ich nicht Billy Dunn sondern Mazzini Dunn bin, ein ganz anderer Dunn.
EINBRECHER Er gehört nicht zu meiner Linie, Kapitän. Es gibt zwei Gruppen in der Familie. Die Dunns, die denken,

und die Dunns, die trinken, und jede geht ihren eigenen Weg. Ich bin einer von denen, der trinkt. Er ist ein Dunn, der denkt. Aber deshalb hat er nicht das geringste Recht, mich zu erschießen.

KAPITÄN So, du bist also Einbrecher geworden?

EINBRECHER Nein, Kapitän! Ich werde doch unserm alten Seemannsleben mit so was keine Schande machen. Ich bin kein Einbrecher.

LADY UTTERWORD Und was wollten Sie mit meinen Diamanten?

GUINNESS Was hast du im Haus gemacht, wenn du kein Einbrecher bist?

RANDALL Oder haben Sie das Haus für Ihr eigenes gehalten und sind beim falschen Fenster eingestiegen?

EINBRECHER Es hat keinen Zweck, Sie anzulügen. Ich kann die meisten Kapitäne reinlegen, aber nicht Kapitän Shotover. Er hat sich in Sansibar dem Teufel verschrieben. Er kann Wasserquellen und Goldadern entdecken, er läßt die Patrone in deiner Tasche mit einem Blick seiner Augen explodieren, und er sieht die verborgene Wahrheit im Herzen eines Menschen. Aber ich bin kein Einbrecher.

KAPITÄN Du bist ein ehrlicher Mann?

EINBRECHER Ich bilde mir nicht ein, besser als andere Menschen zu sein, und das hab ich nie getan, wie Sie wissen, Kapitän. Aber was ich tue, ist unschuldig und fromm. Ich erkundige mich nach Häusern, in denen die richtige Sorte Menschen lebt. Und dann mach ich es so, wie ich es hier gemacht habe. Ich brech ein, steck ein paar Löffel oder Diamanten in die Tasche, schlage Lärm, werde erwischt und leite eine Sammlung ein. Und Sie haben keine Ahnung, wie schwer es ist, erwischt zu werden, wenn man es wirklich darauf anlegt. Ich habe schnell mal alle Stühle in einer Wohnung umgeworfen, ohne daß auch nur eine Seele mir die geringste Aufmerksamkeit geschenkt hätte. Schließlich mußte ich weggehen und die Sache aufgeben.

RANDALL Und was machen Sie in einem solchen Fall mit den Löffeln und den Diamanten?

EINBRECHER Nun, ich wehre mich nicht gegen den Willen der Vorsehung, wenn es das ist, was Sie wissen wollen.

KAPITÄN Guinness! Du erinnerst dich an diesen Mann?

GUINNESS Das will ich meinen. Ich bin doch mit dem Lum-

pen verheiratet gewesen!
MRS. HUSHABYE ⎫ *rufen gleichzeitig:* Mit ihm verheiratet!
LADY UTTERWORD ⎭ Guinness!
EINBRECHER Das war nicht legal. Ich bin mit einer Unmenge von Weibern verheiratet gewesen. Es hat keinen Zweck, mir damit zu kommen.
KAPITÄN Ins Vorderkastell mit ihm. *Er schleudert ihn mit einer über seine Jahre hinausgehenden Kraft zur Tür.*
GUINNESS Sie meinen wohl die Küche. Die wollen ihn nicht haben. Denken Sie, daß sich Dienstboten mit Dieben und solchem Gesindel abgeben?
KAPITÄN Landdiebe und Wasserdiebe sind ein Fleisch und ein Blut. Ich dulde auf meinem Oberdeck keinen Bootsmann. Weg mit euch beiden.
EINBRECHER Jawohl, Kapitän. *Er geht unterwürfig hinaus.*
MAZZINI Ist es nicht gefährlich, ihn im Haus zu behalten?
GUINNESS Warum haben Sie ihn nicht erschossen, Sir? Wenn ich gewußt hätte, wer das ist, hätt ich es selber getan. *Sie geht hinaus.*
MRS. HUSHABYE Setzt euch doch.
Sie setzt sich aufs Sofa. Alle, mit Ausnahme von Ellie, folgen der Aufforderung. Mazzini nimmt seinen Platz wieder ein. Randall setzt sich auf die Fensterbank, spielt mit dem Feuerhaken wie mit einem Pendel und studiert ihn, wie es Galiläi hätte tun können. Hector setzt sich links von ihm in die Mitte. Mangan, den man ganz vergessen hat, setzt sich auf die andere Seite. Lady Utterword setzt sich in den Korbstuhl. Der Kapitän geht, in Gedanken versunken, in die Speisekammer. Sie sehen ihm alle nach. Lady Utterword hustet befangen.
MRS. HUSHABYE Billy Dunn war also das kleine Abenteuer der armen Guinness. Ich wußte, daß es jemand gegeben hat.
RANDALL Die beiden werden ihre Schlachten noch einmal schlagen und sich königlich dabei unterhalten.
LADY UTTERWORD *gereizt:* Du bist nicht verheiratet, und du verstehst nichts davon, Randall. Halt den Mund.
RANDALL Tyrannin!
MRS. HUSHABYE Das war ein sehr aufregender Abend. Eine Steigerung ist nicht mehr möglich. Gehn wir also lieber schlafen.
RANDALL Vielleicht kommt noch ein Einbrecher.

ZWEITER AKT

MAZZINI Das ist unmöglich! Ich hoffe nicht.

RANDALL Warum? Es gibt mehr als einen Einbrecher in England.

MRS. HUSHABYE Was sagen Sie dazu, Fredy?

MANGAN *brummig:* Was liegt an mir. Ich bin schon vergessen. Der Einbrecher hat mich ausgestochen. Stellt mich in die Ecke und läßt mich zufrieden.

MRS. HUSHABYE *springt auf und geht zu ihm, schelmisch:* Möchten Sie nicht gern einen Spaziergang über die Wiesen machen, Alfred? Mit mir?

ELLIE Gehen Sie, Mr. Mangan. Es wird Ihnen gut tun. Hesione wird Sie besänftigen.

MRS. HUSHABYE *schiebt ihren Arm unter seinen und zieht ihn hoch:* Kommen Sie. Der Mond scheint. Es ist wie die Nacht in Tristan und Isolde. *Sie streichelt seinen Arm und führt ihn an die rechte Gartentür.*

MANGAN *wehrt sich und gibt nach:* Wie können Sie die Stirn haben – das Herz –

Er bricht ab und man hört ihn schluchzen, während sie hinausgehn.

LADY UTTERWORD Was für ein merkwürdiges Benehmen! Was hat der Mann?

ELLIE *mit einer seltsam ruhigen Stimme, während sie ins Leere blickt:* Ihm bricht das Herz. Weiter nichts.

Der Kapitän erscheint in der Tür der Speisekammer und horcht.

Es ist ein komisches Gefühl. Dieser Schmerz, der barmherzig unsre Fähigkeit zu leiden übersteigt. Wenn uns das Herz bricht, verbrennen alle unsere Schiffe. An nichts liegt uns mehr. Das ist das Ende vom Glück, und es beginnt der Frieden.

LADY UTTERWORD *steht plötzlich auf in einer Wut, die alle in Erstaunen setzt:* Was unterstehen Sie sich?

HECTOR Herrgott im Himmel! Was ist denn!

RANDALL *flüstert warnend:* Scht – scht – scht! Still.

ELLIE *überrascht und hochmütig:* Ich habe nicht von Ihnen gesprochen, Lady Utterword! Und ich bin nicht gewohnt, gefragt zu werden, was ich mich unterstehe.

LADY UTTERWORD Natürlich nicht. Das sieht jeder, wie schlecht Sie erzogen sind.

MAZZINI Das hoff ich nicht, Lady Utterword. Wirklich nicht!

LADY UTTERWORD Ich weiß genau, was Sie damit gemeint haben. Sie Unverschämte!
ELLIE Und Sie? Was meinen Sie?
KAPITÄN *kommt an den Tisch:* Sie meint, daß ihr das Herz nicht brechen wird. Sie hat sich ihr ganzes Leben nach einem gesehnt, der es ihr bricht. Und nun fürchtet sie, daß sie kein Herz hat, das brechen kann.
LADY UTTERWORD *wirft sich auf die Knie und umschlingt ihn:* Papa! Sag nicht, daß ich kein Herz habe.
KAPITÄN *hebt sie mit grimmiger Zärtlichkeit auf:* Wenn du kein Herz hättest, Kind, wie könntest du wünschen, daß es bricht?
HECTOR *springt auf:* Lady Utterword, auf Sie ist kein Verlaß. Sie haben eine Szene gemacht. *Er läuft in den Garten.*
LADY UTTERWORD Oh! Hector, Hector! *Sie läuft ihm nach.*
RANDALL Das sind nur die Nerven, glauben Sie mir. *Er steht auf und folgt ihnen, in der Aufregung den Feuerhaken schwingend.* Ariadne! Ariadne! Um Gottes Willen sei vorsichtig. Du wirst – *Er ist draußen.*
MAZZINI *steht auf:* Wie traurig! Kann ich irgendwie helfen?
KAPITÄN *nimmt sofort Mazzinis Platz ein und beginnt am Zeichentisch zu arbeiten:* Nein. Gehen Sie zu Bett. Gute Nacht.
MAZZINI *verwirrt:* Vielleicht haben Sie recht.
ELLIE Gute Nacht, Papa. *Sie küßt ihn.*
MAZZINI Gute Nacht, Liebes. *Er geht ans Bücherregal:* Ich will mir nur ein Buch nehmen. *Nimmt eins:* Gute Nacht. *Er geht hinaus.*
Der Kapitän ist in seine Zeichnung vertieft. Ellie steht hinter seinem Stuhl und betrachtet ihn.
ELLIE Bringt Sie nie was aus der Fassung, Kapitän Shotover?
KAPITÄN Ich bin bei einem Taifun achtzehn Stunden auf der Brücke gestanden. Das Leben hier ist stürmischer, aber ich kann es aushalten.
ELLIE Was denken Sie, soll ich Mr. Mangan heiraten?
KAPITÄN Ein Riff ist so gut wie das andere, um daran zu zerschellen.
ELLIE Ich liebe ihn nicht.
KAPITÄN Wer behauptet das?
ELLIE Sie sind nicht überrascht?
KAPITÄN Überrascht! In meinem Alter!
ELLIE Ich finde es ganz günstig. Er will mich für einen

Zweck. Ich will ihn für einen anderen.

KAPITÄN Geld?

ELLIE Ja.

KAPITÄN Nun, der eine hält die Wange hin, der andere küßt sie. Einer hat die Kasse, der andere gibt aus.

ELLIE Ich wüßte gern, wer bei dem Handel am besten wegkommt?

KAPITÄN Sie. Diese Kerle verbringen den ganzen Tag im Büro. Nachts werden Sie mit ihm auskommen müssen, aber die meiste Zeit davon verschlafen Sie beide. Den ganzen Tag sind Sie ihn los und können mit seinem Geld einkaufen gehn. Wenn das noch zu viel für Sie ist, heiraten Sie einen Seefahrer. Der plagt Sie höchstens drei Wochen im Jahr.

ELLIE Das wär wahrscheinlich das allerbeste.

KAPITÄN Es ist eine böse Sache, so ganz und gar verheiratet zu sein, wie der Mann meiner Tochter. Der Mensch ist den ganzen Tag zu Hause, wie eine zur Hölle verdammte Seele.

ELLIE Das hab ich noch nie bedacht.

KAPITÄN Wenn Sie aus Berechnung heiraten, können Sie gar nicht genug bedenken.

ELLIE Warum begehren Frauen immer die Männer anderer Frauen?

KAPITÄN Warum stehlen Pferdediebe lieber ein zahmes als ein wildes Pferd?

ELLIE *nach einem kurzen Lachen:* So ist es. Was für eine erbärmliche Welt!

KAPITÄN Das berührt mich nicht. Ich hab sie fast hinter mir.

ELLIE Aber ich fang gerade erst an.

KAPITÄN Ja, und da heißt es aufpassen.

ELLIE Nun, ich denke, ich bin sehr klug geworden.

KAPITÄN Ich sagte nicht klug. Ich sagte aufpassen.

ELLIE Was ist der Unterschied?

KAPITÄN Es ist klug, die ganze Welt zu gewinnen und seine Seele zu verlieren. Aber vergessen Sie nicht, daß Ihre Seele zu Ihnen hält, wenn Sie zu ihr halten. Und die Welt hat es heraus, einem durch die Finger zu rinnen.

ELLIE *müde, wendet sich ab und beginnt umherzugehn:* Ich bedaure, Kapitän Shotover, aber es hat keinen Zweck, so mit mir zu sprechen. Altmodische Menschen nützen mir nichts. Altmodische Menschen glauben, daß man eine

Seele haben kann ohne Geld. Sie glauben, je weniger Geld man hat, um so mehr Seele hätte man. Junge Menschen von heutzutage wissen das besser. Eine Seele ist eine sehr kostspielige Sache. Sehr viel kostspieliger als ein Auto.

KAPITÄN So? Wieviel verzehrt Ihre Seele?

ELLIE Eine ganze Menge. Musik und Bilder und Bücher, Berge, Seen, schöne Kleider und nette Leute, mit denen man zusammen ist. In diesem Land braucht man dazu viel Geld. Darum hungern unsre Seelen so entsetzlich.

KAPITÄN Mangans Seele lebt von Schweinefraß.

ELLIE Ja, an ihn ist das Geld vergeudet. Vielleicht verhungerte seine Seele, als er jung war. Aber an mich wird es nicht vergeudet sein. Gerade weil ich meine Seele retten will, heirate ich des Geldes wegen. Alle Frauen, die nicht dumm sind, tun das.

KAPITÄN Es gibt noch andere Wege, um zu Geld zu kommen. Warum stehlen sie keins?

ELLIE Weil ich nicht ins Gefängnis will.

KAPITÄN Ist das der einzige Grund? Sind Sie ganz sicher, daß Ehrlichkeit nichts damit zu tun hat?

ELLIE Oh, Sie sind sehr sehr altmodisch, Kapitän. Kann man noch daran glauben, daß die gesetzlichen Wege, zu Geld zu kommen, auch die ehrlichen sind, und die ungesetzlichen unehrlich? Mangan hat meinen Vater und seine Freunde ausgeraubt. Ich würde das Geld von Mangan zurückrauben, wenn die Polizei mich gewähren ließe. Da sie es nicht tut, muß ich ihn heiraten, um es wiederzukriegen.

KAPITÄN Ich kann nicht streiten. Ich bin zu alt. Meine Ansichten stehen fest und damit basta. Ich kann Ihnen nur sagen, ob altmodisch oder neumodisch, wenn Sie sich verkaufen, versetzen Sie Ihrer Seele einen Schlag, den Bücher und Bilder und Konzerte und alle Naturschönheiten der Welt nicht heilen können. *Er steht plötzlich auf und geht auf die Speisekammer zu.*

ELLIE *läuft hinter ihm her und faßt ihn beim Ärmel:* Und warum haben Sie sich in Sansibar dem Teufel verkauft?

KAPITÄN *bleibt stehn, verblüfft:* Was?

ELLIE Ich laß Sie nicht weg, bevor Sie nicht geantwortet haben. Ich bin Ihnen auf diesen Schlich gekommen. Wenn Sie sich verkauft haben, warum sollte ich es nicht auch tun?

KAPITÄN Fromme Menschen schicken Diebe von der Straße

auf ein Schulschiff, wo man sie den Stock statt Gott fürchten lehrt, und denkt, mit dieser Wohltätigkeit anständige Männer und Seeleute aus ihnen zu machen. Mit so verkommenen Kerlen hatte ich zu tun, die nicht anders gehorchten, als wenn ich sie mit Fußtritten und Faustschlägen traktierte. Da hab ich diesen Gaunern eingeredet, ich hätte mich dem Teufel verkauft. Das hat meine Seele davor bewahrt, weiter Fußtritte austeilen und fluchen zu müssen, was mich nach und nach in die Hölle gebracht hätte.

ELLIE *läßt ihn los:* Ich werde vorgeben, ich hätte mich dem Boß Mangan verkauft, um meine Seele vor der Armut zu bewahren, die mich nach und nach zur Hölle verdammen würde.

KAPITÄN Reichtum wird Sie zehnmal tiefer verdammen. Reichtum wird auch Ihren Leib nicht retten.

ELLIE Schon wieder altmodisch. Wir wissen längst, daß die Seele der Leib und der Leib die Seele ist. Man erzählt uns, daß sie verschieden sind, um uns einzureden, wir könnten die Seelen retten, auch wenn wir jemand erlauben, unsre Leiber zu versklaven. Ich fürchte, ich kann von Ihnen nichts lernen, Kapitän.

KAPITÄN Was haben Sie erwartet? Einen Erlöser, was? Sind Sie altmodisch genug, an so was zu glauben?

ELLIE Nein. Aber ich dachte, Sie sind sehr weise und könnten mir helfen. Jetzt hab ich Sie durchschaut. Sie tun wer weiß wie geschäftig, denken sich geistreiche Phrasen aus, laufen herum, um damit zu überraschen, und sind verschwunden, bevor Ihnen jemand antworten kann.

KAPITÄN Antworten machen mich konfus. Sie entmutigen mich. Ich kann weder Männer noch Weiber ertragen. Ich muß verschwinden. Ich werde auch jetzt verschwinden. *Er versucht es.*

ELLIE *hält ihn am Arm:* Mir werden Sie nicht davonlaufen. Ich kann Sie hypnotisieren. Sie sind der einzige Mensch in diesem Haus, mit dem ich so reden kann wie ich möchte. Ich weiß, daß Sie mich gern haben. Setzen Sie sich. *Sie zieht ihn ans Sofa.*

KAPITÄN *gibt nach:* Nehmen Sie sich in acht. Ich bin ein Greis. So alte Leute sind gefährlich. Es ist ihnen egal, was aus den Menschen wird.

Sie setzen sich nebeneinander aufs Sofa. Ellie lehnt den

Kopf liebevoll an die Schulter des Kapitäns und schließt die Augen halb.

ELLIE *träumerisch:* Ich hatte gedacht, nur das noch interessiert alte Leute. Sie können sich doch nicht dafür interessieren, was aus ihnen selber wird.

KAPITÄN Das Interesse eines Menschen an der Welt ist nur, was von seinem Interesse an sich selbst übrig bleibt. Solange man Kind ist, ist der Krug noch nicht voll, und man kümmert sich nur um seine eigenen Angelegenheiten. Wenn man erwachsen ist, fließt der Krug über, und man wird Politiker, Philosoph, Entdecker oder Abenteurer. Im Alter trocknet der Krug aus. Er fließt nicht mehr über. Man wird wieder Kind. Ich kann Ihnen sagen, was mir von meinem Verstand noch im Gedächtnis geblieben ist, nichts als Kratzer und Abfall. Und ich kümmere mich nur noch um meine eigenen kleinen Bedürfnisse und Steckenpferde. Ich sitz da und arbeite an meiner alten Idee, die Menschheit zu vernichten. Ich sehe, wie meine Töchter und ihre Männer ein törichtes Leben führen, romantisch, sentimental, versnobt. Ich seh euch, die Jüngeren, wie ihr euch von der Romantik, der Sentimentalität und dem Snobismus ab- und dem Geld, dem Komfort, und dem verdammt gesunden Menschenverstand zuwendet. Ich war zehnmal glücklicher auf meiner Brücke im Taifun, oder in der Arktis, monatelang eingefroren in Eis und Dunkelheit, zehnmal glücklicher als Sie und die anderen es jemals sein können. Sie suchen einen reichen Mann. In Ihrem Alter suchte ich Mühsal, Gefahr, Schrecken und Tod, um das Leben in mir noch stärker zu spüren. Ich ließ mein Leben nicht von Todesfurcht beherrschen, und mein Lohn war, daß ich mein Leben lebte. Sie lassen Ihr Leben von der Furcht vor Armut beherrschen, und Ihr Lohn wird sein, daß Sie zu essen haben, aber leben werden Sie nicht.

ELLIE *richtet sich auf, ungeduldig:* Aber was soll ich tun? Ich bin kein Schiffskapitän. Ich kann nicht in Taifunen auf Brücken stehn oder in Eisbergen Robben und Walfische jagen. Eine Frau kann nicht Kapitän werden. Wollen Sie, daß ich Stewardeß werde?

KAPITÄN Es gibt Schlimmeres. Stewardessen können jederzeit an Land, wenn sie möchten. Aber sie segeln und segeln und segeln.

ELLIE Was könnten sie an Land anderes tun, als nach einem Mann mit Geld suchen? Ich will keine Stewardeß werden. Ich vertrag das Wasser nicht. Denken Sie was anderes für mich aus.
KAPITÄN Ich kann nicht so lange und ununterbrochen nachdenken. Ich bin zu alt. Ich muß hin und her gehen. *Er versucht aufzustehn.*
ELLIE *hält ihn zurück:* Das werden Sie nicht. Fühlen Sie sich jetzt nicht glücklich?
KAPITÄN Ich sagte Ihnen schon, es ist gefährlich, mich zurückzuhalten. Ich kann mich nicht mehr so wach halten, um auf der Hut zu sein.
ELLIE Und warum laufen Sie weg? Um zu schlafen?
KAPITÄN Nein. Um ein Glas Rum zu trinken.
ELLIE *sehr enttäuscht:* Das ist es? Wie ekelhaft! Sind Sie gern betrunken?
KAPITÄN Nein. Mir graut vor dem Betrunkensein mehr, als vor irgend etwas auf der Welt. Betrunken sein, heißt Träume haben, sanft werden, sich leicht zufrieden geben und sich täuschen lassen, den Weibern in die Klauen fallen. Das bedeutet Trinken, solange man jung ist. Aber wenn man alt ist, uralt, wie ich, kommen die Träume von selber. Sie können sich nicht vorstellen, wie schrecklich das ist. Sie sind jung. Sie schlafen nur bei Nacht und schlafen fest. Aber später werden Sie am Nachmittag schlafen. Noch später schlafen Sie sogar am Vormittag, und Sie werden müde aufwachen, müde vom Leben. Sie werden ständig in Gefahr sein, einzunicken und zu träumen. Die Träume werden Sie alle zehn Minuten bei der Arbeit beschleichen, wenn Sie sich nicht mit Rum wach halten. Ich trinke jetzt, um nüchtern zu bleiben. Aber die Träume sind stärker. Der Rum ist nicht mehr, was er war. Zehn Glas hab ich getrunken, seit Sie hier sind, und es hätte ebensogut Wasser sein können. Holen Sie mir noch eins! Guinness weiß, wo er steht. Es ist besser, Sie sehen selber, wie entsetzlich es ist, wenn ein alter Mann trinkt.
ELLIE Sie werden nicht trinken. Träumen Sie. Ich mag, wenn Sie träumen. Es darf keine wirkliche Welt geben, wenn wir miteinander sprechen.
KAPITÄN Ich bin zu müde, um zu widerstehn, oder zu schwach. Ich bin in meiner zweiten Kindheit. Ich seh Sie nicht, wie Sie wirklich sind. Ich kann mich nicht erinnern,

was ich wirklich bin. Ich fühle nichts als die verfluchte
Glückseligkeit, die ich mein Leben lang gefürchtet habe.
Die Seligkeit, die einen überkommt, wenn das Leben zu
Ende geht.
Anstatt des Widerstandes und der Tat diese Seligkeit des
Nachgebens und Träumens, wie die Süße der Frucht, die
anfängt zu faulen.

ELLIE Sie fürchten sich fast so sehr davor zu träumen, wie ich
mich gefürchtet habe, meine Träume zu verlieren und
kämpfen und handeln zu müssen. Aber das ist für mich
vorbei. Meine Träume sind in Stücke geschlagen. Ich
möchte einen Mann heiraten, der sehr alt und sehr reich
ist. Ich möchte Sie heiraten. Viel lieber als Mangan. Sind
Sie reich?

KAPITÄN Nein, ich lebe von der Hand in den Mund. Und ich
habe eine Frau irgendwo in Jamaika. Eine Schwarze.
Meine erste Frau. Wenn sie nicht schon gestorben ist.

ELLIE Wie schade! Ich fühl mich so glücklich bei Ihnen. *Sie
nimmt seine Hand, beinahe unbewußt, und streichelt sie:*
Ich hab gedacht, ich würde mich nie wieder so glücklich
fühlen.

KAPITÄN Warum?

ELLIE Das wissen Sie nicht?

KAPITÄN Nein.

ELLIE Mein Herz ist tot. Ich habe mich in Hector verliebt
und wußte nicht, daß er verheiratet ist.

KAPITÄN Ihr Herz? Gehören Sie zu denen, die so selbstgenügsam sind, daß sie nur glücklich sein können, wenn
man sie aller Dinge beraubt hat, sogar der Hoffnung?

ELLIE *drückt seine Hand:* Es scheint so. Denn jetzt, seit ich
wunschlos bin, spüre ich, daß es nichts gibt, wozu ich
nicht imstande wäre.

KAPITÄN Das ist die einzig wahre Kraft. Das ist Genie. Das
ist besser als Rum.

ELLIE *stößt seine Hand weg:* Rum! Warum haben Sie alles
verdorben?
*Hector und Randall kommen durch die linke Tür aus dem
Garten.*

HECTOR Verzeihung. Wir wußten nicht, daß jemand hier ist.

ELLIE *steht auf:* Sie wollen Mr. Randall wohl die Geschichte
vom Tiger erzählen. Kommen Sie, Kapitän! Ich möchte
mit meinem Vater sprechen, und es wär schön, wenn Sie

mich begleiten.
KAPITÄN Unsinn! Der Mann ist im Bett.
ELLIE Aha! Ich hab Sie erwischt. Mein wirklicher Vater ist zu Bett gegangen. Aber der Vater, den Sie mir gegeben haben, ist in der Küche. Das haben Sie die ganze Zeit gewußt. Kommen Sie. *Sie zieht ihn mit sich hinaus in den Garten durch die rechte Glastür.*
HECTOR Ein tolles Weib, die Kleine. Sie hat den alten Seebären an der Leine wie ein Pekineserhündchen.
RANDALL Wir sind allein. Wollen wir uns jetzt freundschaftlich unterhalten?
HECTOR Sie sind in einem Hause, das sozusagen mir gehört. Ich stehe zu Ihrer Verfügung.
Hector setzt sich auf den Zeichentischstuhl und sieht Randall an, der sich an die Zimmermannsbank lehnt.
RANDALL Ich nehme an, wir können ganz offen miteinander sprechen. Was Lady Utterword betrifft, meine ich.
HECTOR Das können Sie. Ich wüßte nicht, was ich dazu zu sagen hätte. Ich bin ihr heute nachmittag das erstemal begegnet.
RANDALL *richtet sich auf:* Was! Sie sind doch der Mann ihrer Schwester.
HECTOR Nun, wenn Sie damit kommen, so sind Sie der Bruder ihres Mannes.
RANDALL Aber Sie scheinen auf vertrautem Fuß mit ihr zu stehn.
HECTOR Genau wie Sie.
RANDALL Ja, ich stehe auf vertrautem Fuß mit ihr. Ich kenne sie aber seit Jahren.
HECTOR Wie es scheint, hat sie Jahre dazu gebraucht, um mit Ihnen so weit zu kommen, wie mit mir in fünf Minuten.
RANDALL *wütend:* Ariadne geht wirklich zu weit. *Er geht mürrisch auf die Fenster zu.*
HECTOR *kühl:* Sie ist, wie ich schon zu Hesione bemerkte, eine sehr unternehmungslustige Frau.
RANDALL *kommt zurück:* Sehen Sie, Hushabye, Sie sind das, was die Frauen einen gutaussehenden Mann nennen.
HECTOR Ich habe mein Äußeres in den Tagen meiner Eitelkeit gepflegt. Und Hesione besteht darauf, daß ich es beibehalte. Sie läßt mich dieses lächerliche Zeug tragen, weil sie mich im Frack komisch findet.
RANDALL Also bleiben Sie dabei, alter Knabe. Und ich versi-

chere Ihnen, daß sich in meiner Veranlagung nicht die Spur von Eifersucht findet –

HECTOR Die Frage scheint mir eher, ob sich bei Ihrem Bruder eine solche Spur findet.

RANDALL Bei Hastings! Oh, machen Sie sich keine Sorge um Hastings. Der hat die Gabe, sechzehn Stunden am Tag an der langweiligsten Sache zu arbeiten, und es macht ihm sogar Spaß. Solange Ariadne darauf besteht, daß er regelmäßig zu essen hat, ist er jedem nur dankbar, der sie für ihn bei guter Laune erhält.

HECTOR Und da sie allen Reiz der Shotover hat, ist die Konkurrenz für diesen Job sehr groß, was?

RANDALL *ärgerlich:* Sie ermutigt jeden. Ihr Benehmen ist skandalös. Lieber Freund, ich versichere Ihnen, ich habe wirklich nicht die Spur von Eifersucht in meiner Veranlagung, aber wo immer sie sich aufhält, gibt sie allen durch ihren Leichtsinn Anlaß zum Klatsch. Es ist nichts daran. Es ist ihr nicht wirklich an den Männern gelegen, die sie gewähren läßt. Aber wer weiß das schon? Es ist nicht anständig Hastings gegenüber. Es ist nicht fair gegen mich.

HECTOR Sie hält ihr Benehmen so für korrekt –

RANDALL Korrekt! Sie macht von früh bis abends nichts als Szenen. Seien Sie vorsichtig, alter Knabe. Sie wird Sie in Verlegenheit bringen. Das heißt, sie würde es tun, wenn sie wirklich an Ihnen interessiert wäre.

HECTOR Ist sie das nicht?

RANDALL Kein bißchen. Vielleicht möchte sie Ihren Skalp ihrer Sammlung hinzufügen. Aber ihr Herz ist seit Jahren vergeben. Sie sollten wirklich lieber vorsichtig sein.

HECTOR Leiden Sie sehr unter dieser Eifersucht?

RANDALL Eifersucht! Ich eifersüchtig! Mein lieber Freund, habe ich Ihnen nicht gesagt, daß es keine Spur von –

HECTOR Ja. Und Lady Utterword hat mir gesagt, daß sie nie Szenen macht. Also verschwenden Sie Ihre Eifersucht nicht an meinem Schnurrbart. Man soll seine Eifersucht nie an einen wirklichen Mann verschwenden. Der imaginäre Held ist es, der uns schließlich alle verdrängt. Außerdem paßt die Eifersucht nicht zu Ihrer lässigen Mannvonweltpose, die Sie sonst so perfekt zur Schau stellen.

RANDALL Ich hoffe, es ist erlaubt, sich auch in diesem Haus als Gentleman zu benehmen, ohne daß es als Pose ver-

dächtigt wird.
HECTOR Es ist eine Pose, wie jede andre. Wir kennen alle möglichen Posen in diesem Haus. Unser Spiel besteht darin, den Menschen hinter der Pose ausfindig zu machen. Der Mensch hinter Ihrer Pose ist anscheinend Ellies Liebling, Othello.
RANDALL Manche Spiele in diesem Haus sind verdammt lästig, kann ich Ihnen sagen.
HECTOR Ich bin seit vielen Jahren ihr Opfer. Zuerst hab ich darunter gelitten, dann gewöhnte ich mich daran. Zuletzt lernte ich sie selber spielen.
RANDALL Wenn es Ihnen nichts ausmacht, wär mir lieber, Sie würden sie nicht mir mir spielen. Offenbar verstehen Sie weder meinen Charakter noch meine Begriffe von gutem Benehmen ganz.
HECTOR Verträgt es sich mit Ihren Begriffen von gutem Benehmen, Lady Utterword bloßzustellen?
RANDALL *mit kindlich klagendem Ton:* Ich habe nicht ein Wort gegen Lady Utterword gesagt. Das ist wieder dasselbe Komplott.
HECTOR Was für ein Komplott?
RANDALL Das wissen Sie sehr gut, Sir. Ein Komplott, um aus mir einen nervösen, eifersüchtigen und kindischen Menschen zu machen. Dabei weiß jeder, daß ich das genaue Gegenteil davon bin.
HECTOR *steht auf:* Die Atmosphäre dieses Hauses hat Sie verstimmt. Es hat oft diese Wirkung. *Er geht an die Gartentür und ruft Lady Utterword mit befehlendem Nachdruck:* Ariadne!
LADY UTTERWORD *in einiger Entfernung* Ja.
RANDALL Warum rufen Sie sie? Ich möchte mit Ihnen –
LADY UTTERWORD *kommt atemlos:* Ja. Du bist wirklich ein schrecklicher Tyrann. Was willst du denn?
HECTOR Ich weiß nicht, wie ich deinen Freund Randall behandeln soll. Ohne Zweifel kannst du's.
LADY UTTERWORD Randall! Hast du dich lächerlich gemacht, wie gewöhnlich? Ich seh es dir an. Du bist wirklich ein nervöses Geschöpf.
RANDALL Du weißt ganz genau, Ariadne, daß kein Funke von Nervosität in meiner Veranlagung ist. Ich habe mich hier ausgesprochen gut benommen. Ich bin in Gegenwart eines Einbrechers vollkommen kühl und gelassen geblie-

ben. Gelassenheit ist fast eine zu stark entwickelte Eigenschaft von mir. *Stampft mit dem Fuß auf und geht umher:* Aber ich bestehe darauf, mit einer gewissen Rücksicht behandelt zu werden. Ich erlaube nicht, daß Hushabye sich Freiheiten gegen mich herausnimmt. Und ich dulde nicht, daß du die Männer ermunterst, dir den Hof zu machen.

HECTOR Mr. Randall hat die fixe Idee, daß er dein Mann ist.

LADY UTTERWORD Ich weiß. Er ist eifersüchtig. Als ob er irgendein Recht dazu hätte! Er kompromittiert mich überall. Bei jeder Gelegenheit macht er Szenen. Randall! Ich dulde das nicht. Ich dulde es ganz einfach nicht. Du hattest kein Recht mit Hector über mich zu reden. Ich will nicht, daß Männer über mich reden.

HECTOR Sei vernünftig, Ariadne. Die verhängnisvolle Mitgift deiner Schönheit zwingt die Männer, über dich zu reden.

LADY UTTERWORD Tatsächlich? Und wie steht es mit dem Verhängnis deiner Schönheit?

HECTOR Was kann ich dagegen tun?

LADY UTTERWORD Du könntest dir den Schnurrbart abschneiden. Ich kann mir nicht die Nase abschneiden. Mein ganzes Leben wird durch Männer verpfuscht, die sich in mich verlieben. Und dann behauptet Randall, ich lauf ihnen nach.

RANDALL Ich –

LADY UTTERWORD Das tust du! Du hast es eben wieder gesagt. Warum kannst du an nichts anderes denken, als an Frauen? Napoleon hatte ganz recht, als er sagte, Frauen sind die Beschäftigung von Faulenzern. Und wenn es jemals einen Faulenzer in der Welt gab, dann heißt er Randall Utterword.

RANDALL Ariad –

LADY UTTERWORD *läßt ihn nicht zu Wort kommen:* Oh ja, das bist du! Es ist zwecklos, das zu leugnen. Was hast du jemals getan? Wofür bist du gut? Du machst einem Haushalt soviel Mühe wie ein dreijähriges Kind. Du bist unfähig ohne Kammerdiener zu existieren.

RANDALL Das ist –

LADY UTTERWORD Faulheit! Du bist die Faulheit in Person. Du bist der verkörperte Egoismus. Du bist der langweiligste Mann auf Erden. Du kannst von nichts anderem erzählen, als von dir, von deinen Leiden und Schmerzen, und von Leuten, die dich beleidigt haben. *Zu Hector:* Weißt du, wie man ihn nennt, Hector?

HECTOR Sag es mir bitte nicht.

RANDALL *gleichzeitig:* Ich laß' mir das nicht länger –

LADY UTTERWORD Randall der Tagdieb! So heißt er in der guten Gesellschaft.

RANDALL *schreit:* Ich laß mir das nicht gefallen, sag ich dir. Hörst du, du ekelhafte – *Er kann nicht weiter.*

LADY UTTERWORD Nun? Weiter. Wie wolltest du mich nennen? Eine ekelhafte was? Welches unappetitliche Tier soll es diesmal sein?

RANDALL *schäumend:* Es gibt kein Tier auf der Welt, das so abscheulich sein kann wie eine Frau. Du bist ein Teufel, der mich wahnsinnig macht. Hushabye! Sie werden mir nicht glauben, wenn ich sage, daß ich dieses Weib geliebt habe, seit ich lebe. Aber weiß Gott, ich habe dafür bezahlt. *Er setzt sich an den Zeichentisch und weint.*

LADY UTTERWORD *vor ihm, mit triumphierender Verachtung:* Heulsuse!

HECTOR *ernst, geht zu ihm:* Mein Freund. Die Schwestern Shotover haben zwei seltsame Fähigkeiten. Sie können die Männer dazu bringen zu lieben, und sie können sie dazu bringen zu weinen. Danken Sie Ihren Sternen, daß Sie mit keiner von beiden verheiratet sind.

LADY UTTERWORD *hochmütig:* Aber Ihr, Hector, bettelt –

HECTOR *packt sie plötzlich bei der Schulter, reißt sie von Randall weg und greift mit der anderen Hand nach ihrem Hals:* Ariadne! Ich erwürge dich, wenn du versuchst, mit mir was anzufangen! Hörst du? Das Katz- und Mausspiel mit dem anderen Geschlecht ist ein amüsantes Spiel, aber du kannst den Kopf dabei verlieren. *Er wirft sie unsanft in den Korbstuhl und fährt weniger zornig, aber entschlossen fort:* Es ist wahr, Napoleion hat gesagt, daß die Frauen die Beschäftigung des Faulenzers ist. Aber er fügte hinzu, und die Erholung für den Krieger. Nun, ich bin der Krieger. Also nimm dich in acht.

LADY UTTERWORD *nicht im geringsten aus der Fassung gebracht und eher angenehm berührt durch seine Heftigkeit:* Mein lieber Hector. Ich hab nur getan, worum du mich gebeten hast.

HECTOR Worum soll ich dich gebeten haben?

LADY UTTERWORD Du hast mich reingerufen, damit ich Randall zur Vernunft bringe, nicht wahr? Du sagtest, du wirst nicht mit ihm fertig.

HECTOR Was ist schon dabei? Ich hab dich nicht gerufen, um ihn wahnsinnig zu machen.

LADY UTTERWORD Er ist nicht wahnsinnig. Man muß ihn so behandeln. Wenn du Mutter wärst, könntest du das verstehn.

HECTOR Mutter! Was soll das wieder heißen?

LADY UTTERWORD Ganz einfach. Wenn die Kinder frech und ungezogen sind, schlage ich sie nur so viel, daß sie ordentlich weinen und ihnen ein gesunder Schock in die Glieder fährt. Sie gehen schlafen, und nachher sind sie brav. Ich kann Randall nicht schlagen, er ist zu groß. Wenn er frech und ungezogen wird, quäle ich ihn solange, bis er weint. Jetzt wird er vernünftig sein. Siehst du, er ist schon halb eingeschlafen.

RANDALL *der vor sich hindöste, wacht auf; entrüstet:* Das bin ich nicht. Du bist sehr grausam, Ariadne. *Sentimental:* Aber ich muß dir wohl verzeihen, wie gewöhnlich. *Er gähnt.*

LADY UTTERWORD *zu Hector:* Ist die Erklärung zufriedenstellend, furchtbarer Krieger?

HECTOR Eines Tages werde ich dich umbringen, wenn du zu weit gehst. Ich hielt dich für eine Närrin.

LADY UTTERWORD Jeder hält mich dafür, zuerst. *Lacht:* Aber ich bin nicht so närrisch, wie ich aussehe. *Sie steht auf, liebenswürdig:* Geh jetzt zu Bett, Randall. Morgen früh wirst du ein braver Junge sein.

RANDALL *nur noch wenig rebellisch:* Ich werde zu Bett gehn, wann es mir paßt. Es ist noch nicht zehn.

LADY UTTERWORD Es ist längst zehn vorbei. Hector, sorge dafür, daß er sofort ins Bett geht. *Sie geht in den Garten.*

HECTOR Gibt es eine erbärmlichere Sklaverei auf der Welt, als die Abhängigkeit der Männer von den Frauen?

RANDALL *steht entschlossen auf:* Morgen werde ich kein Wort mit ihr sprechen. Ich werde eine Woche lang kein Wort mit ihr sprechen. Ich werd ihr eine gehörige Lektion erteilen.

Ich geh sofort ins Bett, ohne ihr gute Nacht zu sagen. *Er geht an die Tür zur Halle.*

HECTOR Sie stehen unter einem Zauber, Mann. Der alte Shotover hat sich in Sansibar dem Teufel verschrieben.

ZWEITER AKT

Der Teufel gab ihm eine schwarze Hexe zur Frau. Und diese zwei Töchter sind ihre unheimliche Brut. Ich hänge an Hesiones Schürzenband, aber ich bin ihr Mann. Und wenn ich ihretwegen völlig irrsinnig geworden bin, wenigstens wurden wir Mann und Frau. Aber warum lassen Sie zu, daß Ariadne Sie mit sich herumschleppt und schlägt, wie ein Kind seinen Teddybären mit sich herumschleppt und schlägt? Was haben Sie davon? Sind Sie ihr Liebhaber?

RANDALL Sie dürfen mich nicht mißverstehn. In einem höheren Sinn – im platonischen Sinn –

HECTOR Quatsch! Platonischer Sinn! Sie macht Sie zu ihrem Hanswurst. Und wenn Zahltag ist, bemogelt sie Sie. Das meinen Sie wohl.

RANDALL *schwach:* Ich meine, daß Sie das nichts angeht. Außerdem sagte ich schon, ich werde sie bestrafen. Sie werden's erleben. Ich weiß, wie man mit Frauen umgeht. Ich bin wirklich sehr müde. Sagen Sie Mrs. Hushabye gute Nacht von mir, bitte, haben Sie die Freundlichkeit. Gute Nacht. *Er geht hinaus in die Halle.*

HECTOR Armer Teufel! Oh Weiber! Weiber! Weiber! *Er streckt die Fäuste beschwörend gen Himmel:* Stürz ein. Himmel stürz ein und begrabe sie.

Dritter Akt

Im Garten. Es ist eine schöne, stille Nacht, ohne Mond. Hector, nachdem er durch die Glastür herausgekommen ist, findet Lady Utterword genießerisch seitwärts der Fahnenstange in einer Hängematte liegen, im Lichtschein einer Bogenlampe, deren Kugel einem Mond gleicht. Am Kopfende der Hängematte steht ein Feldstuhl. Auf der anderen Seite der Fahnenstange liegt Kapitän Shotover wie schlafend auf der Gartenbank. Ellie sitzt neben ihm und lehnt sich zärtlich an seine rechte Hand. Links davon steht ein Deckstuhl. Hinter ihnen im Dunkel Mrs. Hushabye und Mangan, die umherschlendern.

LADY UTTERWORD Was für eine wundervolle Nacht! Wie für uns geschaffen.

HECTOR Die Nacht kümmert sich nicht um uns. *Er setzt sich mürrisch auf den Deckstühl:* Was bedeuten wir der Nacht?

ELLIE *träumerisch, schmiegt sich an den Kapitän:* Ihre Schönheit macht mir Mut. In der Nacht gibt es Frieden für die Alten und Hoffnung für die Jungen.

HECTOR Ist diese Bemerkung von Ihnen?

ELLIE Nein. Es sind die letzten Worte, die der Kapitän sagte, bevor er einschlief.

KAPITÄN Ich schlafe nicht.

HECTOR Randall schläft. Und Mazzini Dunn. Mangan wahrscheinlich auch.

MANGAN Nein.

HECTOR Ach, da sind Sie. Ich dachte, Hesione hätte Sie um die Zeit schon zu Bett geschickt.

MRS. HUSHABYE *kommt mit Mangan an die Lehne der Bank ins Licht:* Ich glaub, ich werde es tun. Er erzählt mir dauernd, daß er so eine Vorahnung hat und bald sterben wird. Ich kenn keinen Menschen, der so versessen auf Mitgefühl ist.

MANGAN *kläglich:* Aber ich habe eine Vorahnung. Ich hab sie wirklich. Und Sie wollen mir nicht zuhören.

MRS. HUSHABYE Ich hab was anderes gehört. Ich hörte ein großartiges Trommeln am Himmel. Hat es keiner gehört? Es kam aus weiter Ferne und verhallte dann.

MANGAN Ich sag Ihnen, es war ein Zug.
MRS. HUSHABYE Und ich sage Ihnen, Fredy, es fährt kein Zug mehr um diese Zeit. Der letzte geht um neun Uhr fünfundvierzig.
MANGAN Vielleicht ein Güterzug.
MRS. HUSHABYE Nicht auf dieser Strecke. Hier hängen sie die Güterwagen an den Personenzug. Was kann das gewesen sein, Hector?
HECTOR Das zornige Grollen des Himmels aus Ekel über uns unnütze wertlose Kreaturen. *Heftig:* Ich sage dir, eins von beiden muß geschehn. Entweder wird aus diesem Dunkel irgendeine neue Schöpfung entstehn und uns verdrängen, so wie wir die Tiere verdrängt haben, oder der Himmel wird mit Donnergetöse einstürzen und uns vernichten.
LADY UTTERWORD *kühl belehrend, sich in der Hängematte rekelnd:* Wir haben die Tiere nicht verdrängt, Hector. Warum verlangst du vom Himmel, er soll dieses Haus zerstören? Es könnte ganz behaglich sein, wenn Hesione eine Ahnung hätte, wie man lebt. Und weißt du, was wirklich daran schlecht ist?
HECTOR Wir sind daran schlecht. Es gibt keinen Sinn in uns. Wir sind nutzlos und gefährlich, und wir sollten zugrunde gehn.
LADY UTTERWORD Unsinn! Hastings sagte mir vor vierundzwanzig Jahren, sofort am Tag als er herkam, was an diesem Haus schlecht ist.
KAPITÄN Was! Dieser Dummkopf sagte, daß an meinem Haus irgend etwas schlecht ist!
LADY UTTERWORD Ich sage, Hastings hat es gesagt. Er ist keineswegs ein Dummkopf.
KAPITÄN Was ist schlecht an meinem Haus?
LADY UTTERWORD Genau das, was an einem Schiff schlecht ist, Papa. War das nicht klug von Hastings, daß er das gesehn hat?
KAPITÄN Der Mann ist ein Narr. Nichts ist schlecht an einem Schiff.
LADY UTTERWORD Aber ja.
MRS. HUSHABYE Und was? Mach keinen Ärger, Addy.
LADY UTTERWORD Rate mal.
HECTOR Dämonen. Die Töchter der Hexe von Sansibar. Dämonen.

LADY UTTERWORD Ach wo. Das einzige was diesem Haus wirklich fehlt, um es zu einem vernünftigen, gesunden, angenehmen Heim zu machen, wo man guten Appetit hat und fest schläft, sind Pferde.

MRS. HUSHABYE Pferde! So ein Quatsch!

LADY UTTERWORD Jawohl! Pferde. Warum konnten wir das Haus nie vermieten? Weil es keine ordentlichen Ställe hat. Überall in England, wo es natürliche, gesunde, zufriedene und wirklich nette Menschen gibt, geht wohin ihr wollt, und was werdet ihr immer finden? Daß der Stall der Mittelpunkt ihres Lebens ist. Und daß ein Gast, der Klavier spielen möchte, die ganze Wohnung auf den Kopf stellen muß, bevor er den Flügel öffnen kann, soviel Kram liegt darauf herum. Ich habe erst angefangen zu leben, als ich reiten lernte, und ich werde nie gut reiten, weil ich nicht schon als Kind damit begonnen habe. Es gibt nur zwei Klassen in der guten englischen Gesellschaft, die reitende Klasse und die neurotische Klasse. Das ist keine bloße Übereinkunft. Das begreift jeder, daß die Leute, die Jagden reiten, die richtigen sind, und die, die es nicht tun, die falschen.

KAPITÄN Da ist was Wahres dran. Mein Schiff hat aus mir einen Mann gemacht. Und das Schiff ist das Pferd des Meeres.

LADY UTTERWORD Mit denselben Worten hat Hastings erklärt, warum du ein Gentleman bist.

KAPITÄN Nicht übel für einen Dummkopf. Bring den Mann das nächste Mal mit. Ich muß mit ihm sprechen.

LADY UTTERWORD Warum ist Randall ein so ausgemachter Nichtsnutz? Er ist gut erzogen, er hat das Gymnasium und die Universität besucht, er war im auswärtigen Amt, er kennt die besten Leute und hat sein ganzes Leben mit ihnen verkehrt. Warum ist er so unbrauchbar, so verachtenswert? Warum kann er keinen Kammerdiener überreden, es länger als ein paar Monate bei ihm auszuhalten? Nur weil er zu träge und zu vergnügungssüchtig ist, um zu reiten und zu jagen. Er klimpert auf dem Klavier herum, er malt ein bißchen, liest literarische Bücher und Gedichte und rennt verheirateten Frauen nach. Er spielt sogar Flöte. Aber er durfte sie mir nie ins Haus bringen. Wenn er nur einmal – *Sie wird von den melancholischen Klängen einer Flöte unterbrochen, die von oben aus dem*

offenen Fenster kommen, und setzt sich entrüstet in der Hängematte auf: Randall! Bist du noch nicht im Bett. Hast du gehorcht? *Die Flöte antwortet unverschämt.* Wie unanständig! Geht sofort ins Bett, Randall. Was fällt dir ein?
Das Fenster wird zugeschlagen. Lady Utterword sinkt zurück: Wie kann man sich um so jemand eigentlich kümmern!

MRS. HUSHABYE Addy, was meinst du, soll Ellie den armen Alfred nur seines Geldes wegen heiraten?

MANGAN *sehr beunruhigt:* Was soll das? Mrs. Hushabye, wollen Sie etwa meine Angelegenheiten auf diese Weise vor allen Leuten erörtern?

LADY UTTERWORD Ich glaube nicht, daß Randall noch zuhört.

MANGAN Alle hören zu. Das gehört sich nicht.

MRS. HUSHABYE Aber in der Dunkelheit, was schadet das? Ellie hat nichts dagegen. Stimmts, Ellie?

ELLIE Nicht das geringste. Was ist Ihre Meinung, Lady Utterword? Sie haben einen so gesunden Menschenverstand.

MANGAN Aber es gehört sich nicht. Es ist –
Mrs. Hushabye hält ihm den Mund zu.
Also meinetwegen.

LADY UTTERWORD Wieviel Geld haben Sie, Mr. Mangan?

MANGAN Wirklich – nein! Das geht zu weit.

LADY UTTERWORD Unsinn, Mr. Mangan! Alles hängt von Ihrem Einkommen ab, oder nicht?

MANGAN Nun, wenn Sie schon davon sprechen, wieviel hat sie?

ELLIE Nichts.

LADY UTTERWORD Sie haben Ihre Antwort, Mr. Mangan. Und jetzt, nachdem Sie Miß Dunn gezwungen haben, ihre Karten auf den Tisch zu legen, können Sie sich nicht weigern, Ihre eigenen vorzuzeigen.

MRS. HUSHABYE Los Fredy! Heraus damit! Wieviel?

MANGAN *so in die Enge getrieben, daß er alle Vorsicht verliert:* Wenn Sie's unbedingt wissen wollen, ich hab kein Geld und ich hab nie welches gehabt.

MRS. HUSHABYE Alfred! Erzählen Sie keine Märchen.

MANGAN Das sind keine Märchen. Das ist die nackte Wahrheit.

LADY UTTERWORD Wovon leben Sie dann, Mr. Mangan?

MANGAN Von Reisespesen. Und ein wenig Provision.
KAPITÄN Wer von uns hat denn mehr, als Reisespesen für unsre Lebensfahrt?
MRS. HUSHABYE Aber Sie haben doch Fabriken und Kapital und so was?
MANGAN Denken die Leute. Sie glauben, daß ich ein Napoleon der Industrie bin. Deshalb will Miß Ellie mich heiraten. Aber ich sage Ihnen, ich habe nichts.
ELLIE Wollen Sie damit sagen, daß es mit Ihren Fabriken so ist, wie mit Marcus Tigern? Daß sie nicht existieren?
MANGAN Sie existieren alle. Aber sie gehören nicht mir. Sie gehören den Aktionären und sonst welchen Kapitalisten, die unfähig oder weit weg sind. Von solchen Leuten krieg ich Geld, daß die Produktion in Gang kommt. Ich finde Leute wie Miß Dunns Vater, die dafür arbeiten, und paß auf, daß es sich rentiert. Natürlich seh ich zu, daß ich gut dabei wegkomme. Aber es ist ein Hundeleben. Und nichts ist mein Eigentum.
MRS. HUSHABYE Alfred, Alfred! Sie stellen sich arm, um Ellie nicht heiraten zu müssen.
MANGAN Zum erstenmal in meinem Leben sag ich die Wahrheit über mein Geld, und es ist das erste Mal, daß an meinem Wort gezweifelt wird.
LADY UTTERWORD Wie traurig! Warum werden Sie nicht Politiker, Mr. Mangan?
MANGAN Warum nicht! Wo haben Sie gelebt? Ich bin Politiker.
LADY UTTERWORD Dann verzeihen Sie. Ich hab nie von Ihnen gehört.
MANGAN Lassen Sie sich's gesagt sein, Lady Utterword, daß der Ministerpräsident dieses Landes mir angeboten hat, als Leiter einer öffentlichen Abteilung in die Regierung einzutreten. Und das, ohne mich der unsinnigen Prozedur der Wahl zum Abgeordneten zu unterziehen.
LADY UTTERWORD Als Konservativer oder als Liberaler?
MANGAN Kein solcher Unsinn. Als praktischer Geschäftsmann.
Alle lachen.
Was gibt es da zu lachen?
MRS. HUSHABYE Oh Alfred, Alfred!
ELLIE Sie! Der meinen Vater braucht, damit er alles für Sie macht!

MRS. HUSHABYE Sie! Der sich vor seinen eigenen Arbeitern fürchtet!
HECTOR Sie! Mit dem drei Frauen den ganzen Abend Katz und Maus gespielt haben!
LADY UTTERWORD Sie müssen der Partei Unsummen gestiftet haben, Mr. Mangan.
MANGAN Keinen Penny aus meiner eigenen Tasche. Die Aktiengesellschaft gab das Geld. Sie wußte, wie nützlich ich ihr in der Regierung sein würde.
LADY UTTERWORD Das klingt sehr interessant und unerwartet, Mr. Mangan. Und was sind bis jetzt Ihre administrativen Großtaten gewesen?
MANGAN Großtaten? Ich weiß nicht so genau, was Sie Großtaten nennen. Aber ich habe den Intrigen der Burschen in den anderen Abteilungen des Ministeriums ganz schön ein Ende gemacht. Jeder von ihnen dachte nämlich, er ganz allein könnte das Land retten und mich so um die Chance bringen, Ehren und Titel zu erwerben. Solange sie mich aber nicht machen ließen, sorgte ich dafür, daß sie auch nichts tun konnten. Vielleicht versteh ich nichts von Maschinen, aber ich weiß genau, wie man einem anderen Knüppel zwischen die Beine wirft. Und jetzt stehn sie alle da wie Vollidioten.
HECTOR Und Sie, in Gottes Namen, wie stehen Sie da?
MANGAN Ich steh da wie ein Kerl, der allen anderen über war, oder? Wenn das kein Triumph für den Mann der Praxis ist, was denn dann?
HECTOR Ist dies England oder ein Irrenhaus?
LADY UTTERWORD Können Sie unser Land retten, Mr. Mangan?
MANGAN Wer denn sonst? Wird Ihr Mr. Randall es retten?
LADY UTTERWORD Randall der Tagdieb! Gewiß nicht.
MANGAN Wird Ihr Schwager es retten, mit seinem Schnurrbart und seinem feinen Geschwätz?
HECTOR Ja, wenn man mich machen ließe.
MANGAN *spöttisch:* Aha! Und wird man Sie machen lassen?
HECTOR Nein. Man zieht Sie vor.
MANGAN Also gut, da Sie in einer Welt leben, die mich so schätzt und Sie nicht, wäre es da nicht das beste für Sie, mich höflich zu behandeln? Wer kommt außer mir noch in Frage?
LADY UTTERWORD Hastings. Macht Schluß mit dieser lächer-

lichen Scheindemokratie und stattet Hastings mit der nötigen Macht und einer gehörigen Menge von Bambusstöcken aus, um die britischen Eingeborenen zur Vernunft zu bringen. Er wird das Land mit Leichtigkeit retten.

KAPITÄN Dann lieber zugrunde gehn. Mit dem Stock in der Hand kann jeder Narr regieren. So könnte ich auch regieren. Das ist nicht Gottes Weg. Der Mann ist ein Dummkopf.

LADY UTTERWORD Er ist mehr wert als ihr alle zusammen. Was sagen Sie dazu, Miß Dunn?

ELLIE Ich denke, meinem Vater würde es sehr wohl tun, wenn die Leute ihn nicht mehr verfolgen und betrügen und verachten, weil er so gut ist.

MANGAN *verächtlich:* Das möchte ich sehn, wenn Mazzini Dunn ins Parlament käme oder einen Posten in der Regierung kriegte. Gott sei Dank, daß wir noch nicht so weit sind! Und was sagen Sie, Mrs. Hushabye?

MRS. HUSHABYE Oh, ich sage, es ist ziemlich gleichgültig, wer von euch das Land regiert, solange wir euch regieren.

HECTOR Wir? Wer ist wir?

MRS. HUSHABYE Die Enkelinnen des Teufels, Lieber. Die lieblichen Frauen.

HECTOR *streckt die Arme gen Himmel, wie vorher:* Stürz ein, sag ich! Und befrei uns von den Lockvögeln des Statans.

ELLIE Nichts auf der Welt scheint echt zu sein, außer meinem Vater und Shakespeare. Marcus und seine Tiger sind falsch, Mangans Millionen sind falsch, nichts kommt mir an Hesione so stark und wahr vor wie ihre wundervollen schwarzen Haare, und auch das Haar von Lady Utterword ist zu schön, um echt zu sein. Das einzige, was noch übrig blieb, war der siebente Grad der Vollkommenheit des Kapitäns, und der erweist sich als falsch –

KAPITÄN Rum.

LADY UTTERWORD *gelassen:* Das sind alles meine Haare. *Streicht darüber:* Abgesehen von der Farbe ist alles Natur.

MANGAN *wild:* Seht her! Ich reiß mir jetzt die Kleider vom Leibe. *Er zieht seinen Rock aus.*

LADY UTTERWORD *verblüfft:* Mr. Mangan!

KAPITÄN Was soll das?

HECTOR Ja, tun Sie's! Tun Sie's doch.

ELLIE Bitte nicht.

DRITTER AKT

MRS. HUSHABYE *hält ihn zurück:* Schämen Sie sich! Alfred, sind Sie verrückt?

MANGAN Schämen! Wo ist Scham in diesem Haus? Ziehen wir uns doch alle splitternackt aus. Wenn wir schon dabei sind, sollten wir's wenigstens gründlich tun. Wir haben uns moralisch ausgezogen, nun ziehen wir uns wirklich aus und sehen zu, wie uns das gefällt. Ich sage Ihnen, ich habe genug davon. Ich bin zur Anständigkeit erzogen worden. Ich habe nichts dagegen, wenn sich Frauen die Haare färben und Männer trinken. Das liegt in der menschlichen Natur. Aber es liegt nicht in der menschlichen Natur, es jedem zu erzählen. Jedesmal, wenn einer von Ihnen den Mund aufmacht, hab ich schon Angst, was als Nächstes drankommt. *Er kauert sich zusammen, als wollte er einem Geschoß ausweichen:* Wie sollen wir Respekt vor uns selber haben, wenn wir nicht wenigstens vorgeben, daß wir besser sind als in Wirklichkeit?

LADY UTTERWORD Ich pflichte Ihnen vollkommen bei, Mr. Mangan. Ich habe das alles durchgemacht, und ich weiß aus Erfahrung, daß Männer und Frauen empfindliche Pflanzen sind, die in Glashäusern aufgezogen werden müssen. Die Angewohnheit unserer Familie, Steine in alle Richtungen zu werfen und Luft hereinzulassen, ist nicht nur unerträglich roh, sondern geradezu gefährlich. Dennoch, es hat keinen Zweck, sich nach der moralischen Erkältung auch noch wirklich zu erkälten. Behalten Sie also bitte die Kleider an.

MANGAN Ich tu, was mir gefällt! Nicht, was Sie wollen. Bin ich ein Kind oder ein erwachsener Mann? Ich laß mich nicht länger bemuttern und tyrannisieren. Ich geh zurück in die City, wo ich geachtet werde und wer bin.

MRS. HUSHABYE Leben Sie wohl, Fredy. Denken Sie manchmal an uns in Ihrer City. Denken Sie an Ellies Jugend!

ELLIE Denken Sie an Hesiones Augen und an ihr Haar!

KAPITÄN Denken Sie an diesen Garten, wo Sie kein Hund sind, der bellt, um die Wahrheit zu verscheuchen!

HECTOR Denken Sie an Lady Utterwords Schönheit! An ihren gesunden Menschenverstand! Ihren Lebensstil!

LADY UTTERWORD Schmeichler. Denken Sie daran, Mr. Mangan, ob es Ihnen woanders wirklich besser geht. Das ist das Wesentliche, nicht wahr?

MANGAN *ergeben:* Schon gut! Schon gut. Ich bin erledigt.

Machen Sie, was Sie wollen. Aber laßt mich in Ruhe. Ich weiß nicht mehr, wo oben und unten ist, wenn Sie alle so auf mich einreden. Ich bleibe. Ich heirate sie. Ich tu alles, was Sie wollen, wenn ich nur meine Ruhe habe. Sind Sie jetzt zufrieden?

ELLIE Nein. Ich hatte nie die ernstliche Absicht, Sie zu heiraten, Mr. Mangan. Im Grunde meiner Seele nie. Ich wollte nur meine Macht fühlen und wissen, daß Sie mir nicht widerstehn, wenn ich es will.

MANGAN *entrüstet:* Was! Wollen Sie damit sagen, daß Sie mich über Bord werfen, nachdem ich mich so großzügig benommen habe?

LADY UTTERWORD Ich würde nicht so voreilig sein, Miß Dunn. Sie können Mr. Mangan immer noch über Bord werfen. Männer in seiner Position machen selten bankrott. Sie können von dem Ruf, daß er ungeheuer reich ist, angenehm leben.

ELLIE Ich kann nicht Bigamie begehen, Lady Utterword.

MRS. HUSHABYE Bigamie! Was in aller Welt erzählst du, Ellie?

LADY UTTERWORD Bigamie! Was soll das heißen Miß Dunn?

MANGAN Bigamie! Sind Sie etwa schon verheiratet?

HECTOR Bigamie! Das ist ziemlich rätselhaft.
Alle gleichzeitig.

ELLIE Vor einer halben Stunde wurde ich Kapitän Shotovers weiße Frau.

MRS. HUSHABYE Ellie! Was für ein Unsinn! Wo?

ELLIE Im Himmel, wo die wahren Ehen geschlossen werden.

LADY UTTERWORD Miß Dunn! Das ist doch – Papa!

MANGAN Mir sagte er, ich wär zu alt! Und er ist eine Mumie!

HECTOR *zitiert Shelly:*
›Den Altar bereitet die grünende Erde,
Und ihr Priester ist der murmelnde Wind.‹

ELLIE Ja! Ich, Ellie Dunn, schenke mein gebrochenes Herz und meine standhaft gesunde Seele ihrem wahren Lenker, meinem vergeistigten Mann und zweiten Vater.
Sie zieht den Arm des Kapitäns durch ihren und streichelt seine Hand. Der Kapitän tut, als ob er schläft.

MRS. HUSHABYE Oh, das ist sehr klug von dir, Kleines. Sehr klug. Alfred! Sie hätten nie auf der Höhe von Ellie leben können. Sie müssen sich mit einem kleinen Stück von mir zufrieden geben.

MANGAN *schnäuzt sich und trocknet die Augen:* Das gehört

sich nicht – *Er verstummt vor Rührung.*
LADY UTTERWORD Sie kommen gut dabei weg, Mr. Mangan. Miß Dunn ist das eingebildetste Frauenzimmer, dem ich seit meiner Rückkehr nach England begegnet bin.
MRS. HUSHABYE Oh, Ellie ist nicht eingebildet. Nicht wahr, Kleines?
ELLIE Jetzt kenne ich meine Stärke, Hesione.
MANGAN Unverschämt, nenn ich sie. Unverschämt.
MRS. HUSHABYE Pfui, Alfred, pfui! Nicht grob werden. Spüren Sie nicht, wie schön diese im Himmel beschlossene Hochzeitsnacht ist? Öffnet eure Augen! Addy und Ellie sind schön genug, um dem eitelsten Mann zu gefallen. Wir leben und lieben und haben nicht eine Sorge in der Welt. Das haben wir Frauen so für euch eingerichtet. Hector, warum in Gottes Namen benehmt ihr euch, als ob ihr zwei erbärmliche Sünder wärt? Seid ihr nicht glücklich?
KAPITÄN Glück taugt zu nichts. Du kannst glücklich sein, wenn du nur noch halb am Leben bist. Ich bin halb tot und glücklicher als jemals. Aber auf meinem Glück ruht kein Segen.
ELLIE *ihr Gesicht leuchtet auf:* Ein gesegnetes Leben! Das ist es, was ich will. Jetzt kenn ich den wahren Grund, warum ich Mr. Mangan nicht heiraten konnte. Auf unsrer Heirat hätte kein Segen geruht. Auf meinem gebrochenen Herzen ruht Segen. Auf deiner Schönheit ruht Segen, Hesione. Segen ruht auf dem Geist deines Vaters. Auch auf den Lügen von Marcus ruht ein Segen. Auf dem Geld von Mr. Mangan ruht nichts.
MANGAN Ich versteh davon kein Wort.
ELLIE Ich auch nicht. Aber ich weiß, daß es irgendwas bedeutet. Sagen Sie bloß nicht, daß es Schwierigkeiten mit dem Segen gegeben hätte. Ich war bereit, uns von einem Bischof trauen zu lassen.
MRS. HUSHABYE Ist er nicht ein Narr, Kleines?
HECTOR *heftig:* Verspottet ihn nicht. Wir sind alle Narren.
Mazzini kommt im Schlafanzug mit buntem Morgenmantel aus dem Haus und tritt an Lady Utterwords Seite.
MRS. HUSHABYE Oh! Da kommt der einzige Mann, der mir jemals widerstanden hat. Was ist los, Mr. Dunn? Brennt das Haus?
MAZZINI Nein, nein. Nichts ist los. Aber es ist ganz unmöglich zu schlafen, wenn man unter seinem Fenster eine so

interessante Unterhaltung hört, noch dazu in einer so herrlichen Nacht. Ich mußte herunterkommen und mich zu ihnen setzen. Worum ging es eigentlich?

MRS. HUSHABYE Um wundervolle Dinge, Soldat der Freiheit.

HECTOR Zum Beispiel hat Mangan als praktischer Geschäftsmann versucht, sich zu entkleiden, und schmählich versagt, während das Ihnen, einem Idealisten, vorzüglich gelungen ist.

MAZZINI Ich hoffe, Sie nehmen keinen Anstoß an meinem Aufzug, Mrs. Hushabye. *Er setzt sich auf den Feldstuhl.*

MRS. HUSHABYE Im Gegenteil. Ich wollte, Sie liefen immer so herum.

LADY UTTERWORD Die Heirat Ihrer Tochter findet nicht statt, Mr. Dunn. Mr. Mangan, den wir alle für einen reichen Mann gehalten haben, hat anscheinend keinen roten Heller.

MAZZINI Das hab ich natürlich irgendwie gewußt, Lady Utterword. Aber wenn die Leute an ihn glauben und ihm immer wieder Geld geben. An mich glaubt niemand und mir gibt niemand Geld. Wie kann ich von der armen Ellie verlangen, ihr ganzes Leben davon abhängig zu machen, was ich für sie tun kann?

MANGAN Bilden Sie sich doch nicht ein, daß ich überhaupt nichts habe. Ich –

HECTOR Keine Erklärungen. Wir verstehn. Sie haben ein paar tausend Pfund in Schatzanweisungen, fünfzigtausend Anteilscheine, die zehn Pence das Dutzend wert sind, und ein paar Gramm Zyankali, um sich zu vergiften, wenn es schief geht. Das sind Ihre Millionen.

MAZZINI Aber nein, nein. Er ist vollkommen ehrlich. Die Geschäfte sind solide und durchaus gesetzlich.

HECTOR *angewidert:* Puh! Nicht mal ein großer Schwindler!

MANGAN Das denken Sie. Trotzdem ist mir mancher ehrliche Mann bei all dem nicht gewachsen gewesen.

LADY UTTERWORD Nichts ist Ihnen recht, Mr. Mangan. Sie sind entschlossen, weder reich noch arm, weder ehrlich noch unehrlich zu sein.

MANGAN Sie fangen schon wieder an. Seit ich in diesem Hause bin, versuchen Sie, einen Narren aus mir zu machen, obwohl ich hier derselbe Mann bin wie in der City.

ELLIE *musikalisch:* Ja! Dieses dumme Haus, dieses seltsam glückliche Haus, dieses sterbende Haus, dieses Haus ohne

Rettung. Ich werde es Haus Herzenstod nennen.
MRS. HUSHABYE Hör auf, Ellie. Oder ich muß heulen wie ein Tier.
Mangan bricht in leises Schluchzen aus.
Da! Jetzt hast du Alfred dazu gebracht.
ELLIE Ich mag ihn am liebsten, wenn er heult.
KAPITÄN Ruhe!
Mangan verstummt.
Ihr sollt schweigen, wenn ein Herz bricht.
HECTOR Läßt du diesen Namen für dein Haus gelten?
KAPITÄN Es ist nicht mein Haus. Es ist meine Hütte.
HECTOR Wir sind schon zu lange hier. Wir sind nicht mehr lebendig in diesem Haus. Wir sind seine Gespenster.
LADY UTTERWORD *gequält:* Es ist schrecklich zu denken, daß ihr die ganze Zeit hier gewesen seid, während ich rund um die Welt gereist bin. Ich war jung, als ich wegging. Aber es hat mich zurückgetrieben. Auch mir will das Herz brechen. Aber es soll nicht. Ich habe euch und alles hinter mir gelassen. Es war dumm von mir zurückzukommen. Ich hatte Sehnsucht nach Papa, nach Hesione und nach der alten Gegend. Ich spürte, daß sie mich riefen.
MAZZINI Aber das ist doch ein natürliches, instinktives und bezaubernd menschliches Gefühl, Lady Utterword!
LADY UTTERWORD Das dachte ich auch, Mr. Dunn. Aber jetzt weiß ich, daß es nur das Ende dieser Krankheit war. Ich fand, daß man sich nicht an mich erinnerte und mich nicht brauchte.
KAPITÄN Du gingst weg, weil du uns nicht brauchtest. War das nicht genug, deinem Vater das Herz zu brechen? Du hast dich selber entwurzelt, und die Erde heilte zu, brachte neue Triebe hervor und vergaß dich. Was für ein Recht hattest du, zurückzukommen und alte Wunden aufzureißen?
MRS. HUSHABYE Du warst mir zuerst völlig fremd, Addy. Aber jetzt ist mir, als wärst du nie weggewesen.
LADY UTTERWORD Danke, Hesione. Aber ich bin vollkommen kuriert. Für Sie, Miß Dunn, und für diesen Gentleman aus der City, der sich offensichtlich so wenig beherrschen kann, mag es Haus Herzenstod sein. Für mich ist es nur ein sehr schlecht in Ordnung gehaltenes und ziemlich unsauberes Landhaus ohne Stallungen.
HECTOR Bewohnt von –?

ELLIE Einem verrückten alten Schiffskapitän und einer kleinen Lady, die ihn anbetet.
MRS. HUSHABYE Von einer Schlampe, die Doppelkinn und Altersspeck loszuwerden sucht, und vergeblich um den geborenen Kämpfer für die Freiheit wirbt.
MAZZINI Nein wirklich, Mrs. Hushabye –
MANGAN Von einem Mitglied der Regierung seiner Majestät, das jeder für einen Einfaltspinsel hält. Vergessen Sie den nicht, Lady Utterword.
LADY UTTERWORD Und von einem faszinierenden Gentleman, dessen Hauptbeschäftigung es ist, mit meiner Schwester verheiratet zu sein.
HECTOR Von lauter Schwachköpfen mit gebrochenem Herzen.
MAZZINI Oh nein. Vielmehr, wenn ich so sagen darf, von so ziemlich den besten Exemplaren unsrer englischen Kultur. Sie sind reizende Leute, ungemein fortschrittlich, ohne Vorurteile, aufrichtig, human, unkonventionell, demokratisch, aufgeklärt und alles, was denkenden Menschen kostbar ist.
MRS. HUSHABYE Sie machen uns stolz, Mazzini.
MAZZINI Ich schmeichle wirklich nicht. Wo anders könnte ich mich in diesem Aufzug so wohl fühlen? Ich träume manchmal, daß ich in sehr vornehmer Gesellschaft bin und plötzlich nichts weiter anhabe als meinen Schlafanzug! Manchmal nicht einmal den. Und immer überwältigt mich ein Gefühl von Verlegenheit. Aber hier macht es mir gar nichts aus. Es scheint ganz natürlich.
LADY UTTERWORD Ein untrügliches Zeichen, daß Sie jetzt nicht in wirklich vornehmer Gesellschaft sind, Mr. Dunn. Wenn Sie in meinem Haus wären, würden Sie verlegen sein.
MAZZINI Ich werde mich sehr hüten, Ihr Haus zu betreten, Lady Utterword.
LADY UTTERWORD Das wäre sehr töricht, Mr. Dunn. Sie hätten es nirgends bequemer. Und Sie hätten weder Mühe noch Qual, sich zu fragen, ob Sie Ihren rotgoldenen Morgenrock anziehen sollten oder den grünroten. Sie machen sich das Leben kompliziert, statt es zu vereinfachen, wenn Sie diese lächerlichen Sachen tragen.
ELLIE Ihr Haus ist kein Haus Herzenstod, nicht wahr, Lady Utterword?

HECTOR Und doch bricht sie Herzen, so bequem sie es hat. Dieser arme Teufel da oben heult mit seiner Flöte, wenn sie ihn quält, genau wie Mangan heult, wenn meine Frau ihm das Herz im Leibe umdreht.

LADY UTTERWORD Nur weil Randall nichts anderes zu tun hat, als sich das Herz brechen zu lassen. Zur Abwechslung, statt sich den Kopf waschen zu lassen. Zeigt mir jemanden, der Hastings das Herz bricht!

KAPITÄN Der Dummkopf bleibt übrig.

LADY UTTERWORD Ich werde höchst zufrieden zu meinem Dummkopf zurückkehren, wenn ich euch alle satt habe, so klug wie ihr seid.

MANGAN *brummig:* Ich hab nie behauptet, daß ich klug bin.

LADY UTTERWORD Sie hab ich vergessen, Mr. Mangan.

MANGAN Nun, das war auch nicht gerade nötig.

LADY UTTERWORD Sie sind vielleicht nicht klug, Mr. Mangan, aber Sie sind erfolgreich.

MANGAN Ich will nicht nur als erfolgreicher Mann gelten. Ich hab Phantasie wie jeder andere. Ich habe eine Vorahnung –

MRS. HUSHABYE Sie sind unmöglich, Alfred. Ich widme mich Ihnen, und Sie denken an nichts anderes als an Ihre lächerliche Vorahnung. Sie langweilen mich. Kommen Sie, sprechen wir unter dem Sternenhimmel von Poesie. *Sie zieht ihn mit sich in die Dunkelheit.*

MANGAN *weinerlich, während sie verschwinden:* Ja, es ist leicht, sich über mich lustig zu machen. Aber wenn Sie wüßten –

HECTOR *ungeduldig:* Wie soll das alles enden?

MAZZINI Es wird nicht enden, Mr. Hushabye. Das Leben endet nicht. Es geht weiter.

ELLIE Es kann nicht ewig so weitergehn. Immer warte ich auf was. Ich weiß nicht worauf. Aber irgendwann muß das Leben einen Sinn haben.

LADY UTTERWORD Der Sinn für eine junge Frau in Ihrem Alter ist ein Kind.

HECTOR Ja, aber, verdammt nochmal, ich habe dasselbe Gefühl. Und ich kriege kein Kind.

LADY UTTERWORD Deine Frau, Hector.

HECTOR Gut. Dann hab ich schon Kinder. Dann ist das für mich vorbei und erledigt. Und trotzdem fühl auch ich, daß es so nicht bleiben kann. Wir sitzen hier herum und reden und überlassen alles andere Mangan, dem Zufall und dem Teufel. Denkt an die Kräfte der Zerstörung, über die Mangan und die Bande seiner Bewunderer verfügen! Das ist Wahnsinn. Als würde man einem bösartigen Kind eine Bombe geben, damit es Erdbeben spielen kann.

MAZZINI Ich weiß. Ich hab oft darüber nachgedacht, als ich jung war.

HECTOR Nachgedacht! Was nützt es, darüber nachzudenken? Warum haben Sie nicht irgendwas getan?

MAZZINI Aber ich habe was getan. Ich war Mitglied von verschiedenen Vereinen und Parteien, ich hielt Reden und schrieb Broschüren. Das war alles, was ich tun konnte. Und jedes Jahr hab ich eine Revolution oder irgendeinen fürchterlichen Krach erwartet. Es schien mir unmöglich, daß die Welt noch länger so herumpfuschen könnte. Aber nichts geschah. Ausgenommen natürlich die übliche Armut, die Verbrechen und die Trunkenheit, an die wir gewöhnt sind. Es geschieht nie etwas. Es geht immer so weiter. Und es geht erstaunlich gut, alles in allem.

LADY UTTERWORD Vielleicht war ein Klügerer als Sie und Ihresgleichen die ganze Zeit über an der Arbeit.

MAZZINI Vielleicht. Und obwohl ich dazu erzogen wurde, an nichts zu glauben, hab ich oft das Gefühl, daß sehr viel für die Theorie einer alles beherrschenden Vorsehung spricht.

LADY UTTERWORD Vorsehung! Ich meine Hastings.

MAZZINI Oh, ich bitte um Verzeihung, Lady Utterword.

KAPITÄN Jeder betrunkene Matrose glaubt an die Vorsehung. Aber eine Maßnahme der Vorsehung betrunkenen Matrosen gegenüber besteht darin, ihre Schiffe auf Felsenriffe zu schmettern.

MAZZINI Das stimmt, was die See betrifft. Aber in der Politik, glauben Sie mir, ist alles weich und quallig. Da passiert nichts.

KAPITÄN Auf See passiert der See nichts. Nichts passiert dem Himmel. Die Sonne geht im Osten auf und geht unter im Westen. Der Mond wächst von einer Sichel zu einer Bogenlampe und geht später und später auf, bis er sich verliert im Licht, wie andre Dinge sich verlieren in der Dunkelheit. Nach einem Taifun glänzen die fliegenden Fische in der Sonne wie Vögel. Es ist wirklich erstaunlich, wie alles weitergeht, wenn man alles bedenkt. Nichts ereignet sich, außer was nicht wert ist, erwähnt zu werden.

ELLIE Und was ist das, Kapitän, mein Kapitän?
KAPITÄN *wild:* Nichts als das Krachen des Schiffes am Felsen, das Zersplittern morscher Planken, das In-Stücke-gerissen-werden von rostigem Blech und das Absaufen der betrunkenen Besatzung, die wie Ratten in der Falle sitzen.
ELLIE Und das alles macht der Rum.
KAPITÄN Das ist eine verdammte Lüge, Kind! Laß einen Mann zehn Faß Rum am Tag trinken; solange er sich nicht treiben läßt, ist er kein betrunkener Matrose. Solange er auf der Brücke steht und seinen Kurs einhält und steuert, ist er kein Säufer. Den Mann, der in der Kajüte liegt und trinkt und der Vorsehung vertraut, nenne ich einen betrunkenen Matrosen, und wenn er nur Wasser im Becher hat.
ELLIE Großartig! Und Sie haben seit einer Stunde keinen Tropfen getrunken. Sie sehen, daß Sie es nicht nötig haben. Ihr Geist ist nicht tot.
KAPITÄN Echo. Nichts als Echo. Der letzte Schuß ist vor vielen Jahren gefallen.
HECTOR Und dieses Schiff, in dem wir alle sitzen? Dies Gefängnis der Seelen, das wir England nennen?
KAPITÄN Der Kapitän in seiner Kajüte säuft abgestandenes Latrinenwasser, und die Mannschaft würfelt auf dem Vorderdeck. Sie werden auflaufen und zerbrechen und sinken. Denkst du, Gottes Gesetze werden zugunsten Englands aufgehoben, weil du da geboren bist?
HECTOR Aber ich hab keine Lust, wie eine Ratte in der Falle abzusaufen. Noch hab ich den Willen zu leben. Was soll ich tun?
KAPITÄN Tun? Nichts ist einfacher. Lern deinen Beruf als Engländer.
HECTOR Und was könnte mein Beruf als Engländer sein, bitte?
KAPITÄN Navigation. Lern es und lebe. Oder laß es bleiben und geh zugrunde.
ELLIE Ruhig, ruhig! Sie werden sich überanstrengen.
MAZZINI Ich dachte mal genau so, Kapitän. Aber ich versichere Ihnen, es wird nichts geschehen.
Eine dumpfe Explosion ist von weit her zu hören.
HECTOR *springt auf:* Was war das?
KAPITÄN Es ist etwas geschehn. *Er pfeift:* Brandung voraus!
Das Licht geht aus.
HECTOR *wütend:* Wer hat das Licht ausgemacht? Wer hat

sich erlaubt, das Licht auszumachen?
GUINNESS *kommt aus dem Haus:* Ich, Sir. Die Polizei hat angerufen. Wir werden bestraft, wenn wir das Licht nicht ausmachen. Es ist meilenweit zu sehn.
HECTOR Es soll hundert Meilen weit zu sehen sein. *Er stürzt ins Haus.*
GUINNESS Es heißt, das Pfarrhaus ist nur noch ein Trümmerhaufen. Wenn wir dem Pfarrer kein Bett geben, weiß er nicht, wo er die Nacht bleiben soll.
KAPITÄN Die Kirche ist auf Grund gelaufen und zerschellt. Ich hab ihm gesagt, daß es so kommen wird, wenn er nicht hinaus aufs offene Meer zusteuert.
GUINNESS Und alle sollen runter in den Keller.
KAPITÄN Das könnt ihr tun, ihr und das ganze Schiffsvolk. Die Luken verschalen.
GUINNESS Ich mich nicht mit dem Feigling verstecken, den ich geheiratet habe! Lieber geh ich aufs Dach.
Das Licht geht wieder an.
Da! Mr. Hushabye hat es wieder angemacht.
EINBRECHER *kommt heraus und wendet sich an Guinness:* Du, wo ist der Weg zur Kiesgrube? In der Kiesgrube soll eine Höhle sein. Die Keller traugen nichts. Wo ist die Kiesgrube, Kapitän.
GUINNESS Geradeaus, an der Fahnenstange vorbei, bis du hineinfällst und dir deinen dreckigen Hals brichst. *Sie stößt ihn verächtlich in Richtung Fahnenstange und bleibt am Fuß der Hängematte stehn, als ob es Ariadnes Wiege wäre.*
Eine lautere Explosion ist zu hören. Der Einbrecher bleibt stehn und zittert.
ELLIE *steht auf:* Das war näher.
KAPITÄN Das nächste Mal sind wir dran. *Er steht auf:* Alle Mann an Deck für das jüngste Gericht.
EINBRECHER Du mein gütiger Gott! *Er stürzt nach hinten in die Dunkelheit.*
MRS. HUSHABYE *kommt aus der Dunkelheit:* Wer ist da weggelaufen? *Sie geht zu Ellie:* Hast du die Explosionen gehört? Und das Geräusch am Himmel. Wie großartig. Es ist wie ein Orchester. Es ist wie Beethoven.
ELLIE Zum Donnerwetter, Hesione! Es ist Beethoven.
Ellie und Hesione umarmen sich erregt. Das Licht wird stärker.

MAZZINI *ängstlich:* Das Licht wird immer heller.
GUINNESS *blickt zum Haus hinauf:* Mr. Hushabye macht alle Lampen an und reißt die Vorhänge herunter.
RANDALL *stürzt im Schlafanzug heraus und schwingt seine Flöte:* Ariadne! Meine Seele, mein Schatz, geh in den Keller. Ich bitte dich, ich beschwöre dich, geh in den Keller!
LADY UTTERWORD *ganz gelassen in der Hängematte:* Die Frau des Gouverneurs im Keller mit Dienstboten! Unmöglich, Randall!
RANDALL Aber was soll ich anfangen, wenn du tot bist?
LADY UTTERWORD Du wirst dann wahrscheinlich auch tot sein, Randall. Spiel jetzt Flöte und zeig, daß du keine Angst hast. Sei brav. Spiel uns ›Laß des Herdes Feuer brennen‹.
GUINNESS *grimmig:* Die werden das Feuer im Herd schon für uns anzünden. Die da oben.
RANDALL *hat versucht zu spielen:* Meine Lippen zittern. Ich krieg keinen Ton heraus.
MAZZINI Ich hoffe, der arme Mangan ist in Sicherheit.
MRS. HUSHABYE Er versteckt sich in der Höhle der Keisgrube.
KAPITÄN Mein Dynamit lockte ihn hin. Das ist die Hand Gottes.
HECTOR *kommt aus dem Haus und geht langsam an seinen früheren Platz:* Es ist nicht hell genug. Wir müssen bis in den Himmel leuchten.
ELLIE *starr vor Aufregung:* Steck das Haus an, Marcus.
MRS. HUSHABYE Mein Haus! Nein.
HECTOR Ich dachte daran. Aber es war zu spät.
KAPITÄN Das jüngste Gericht ist da. Mut wird euch nicht retten. Aber er wird beweisen, daß eure Seelen noch lebendig sind.
MRS. HUSHABYE Sch – scht! Still. Hört ihr es jetzt? Es ist herrlich.
Alle wenden sich vom Haus ab und blicken nach oben.
HECTOR *ernst:* Miß Dunn, es hat keinen Sinn, daß Sie hierbleiben. Wir andern hier sind nur noch Motten, die ins Feuer fliegen. Sie gehen besser in den Keller.
ELLIE *verächtlich:* Ich denke nicht daran.
MAZZINI Liebe Ellie, es ist keine Schande, in den Keller zu gehn. Ein Offizier würde seinen Soldaten Deckung befehlen. Mr. Hushabye benimmt sich wie ein Stümper. Mangan und der Einbrecher haben sehr vernünftig gehandelt. Und sie werden am Leben bleiben.

ELLIE Laß sie. Ich will unvernünftig sein. Aber warum willst du dich der Gefahr aussetzen?

MAZZINI Denk an die Gefahr, der sich die armen Kerle da oben aussetzen!

GUINNESS An die denken, tatsächlich, an diese Mordbrenner! Was noch?

Eine furchtbare Explosion erschüttert die Erde. Sie werden auf ihre Plätze geschleudert oder suchen Halt. Man hört Fensterglas splittern.

MAZZINI Ist jemand verletzt?

HECTOR Wo ist sie hingefallen?

GUINNESS *in schrecklichem Triumph:* Direkt in die Kiesgrube! Ich habs gesehn. Geschieht ihnen recht! Ich habs gesehn. *Sie läuft auf die Kiesgrube zu und lacht gellend.*

HECTOR Ein Ehekrüppel weniger.

KAPITÄN Dreißig Kilo Dynamit verschwendet.

MAZZINI Oh, armer Mangan!

HECTOR Sind Sie unsterblich, daß Sie ihn bedauern? Wir sind die nächsten.

Sie warten schweigend in angespannter Erwartung. Hesione und Ellie halten sich bei der Hand. Man hört weiter weg eine neue Explosion.

MRS. HUSHABYE *lockert ihren Griff:* Oh! Sie haben uns verschont.

LADY UTTERWORD Die Gefahr ist vorbei, Randall. Geh ins Bett.

KAPITÄN Alle Mann in die Kojen. Das Schiff ist gerettet. *Er setzt sich hin und schläft ein.*

ELLIE *enttäuscht:* Gerettet!

HECTOR *angewidert:* Ja, gerettet. Und wie verdammt langweilig wird die Welt plötzlich wieder. *Er setzt sich hin.*

MAZZINI *setzt sich:* Ich hatte unrecht. Wir sind es, die am Leben geblieben sind. Während Mangan und der Einbrecher –

HECTOR – die beiden Einbrecher –

LADY UTTERWORD – die beiden Unternehmer –

MAZZINI – tot sind. Und der arme Kirchenmann wird sich ein neues Haus suchen müssen.

MRS. HUSHABYE Aber was für ein prächtiges Erlebnis. Hoffentlich kommen sie morgen nacht wieder.

ELLIE *von dieser Erwartung verklärt:* Oh ja, das hoff ich.

Endlich gelingt es Randall auf seiner Flöte zu blasen.

Des Doktors Dilemma

(Der Arzt am Scheideweg)
Komödie in fünf Akten
Deutsch von Hans Günter Michelsen

Personen

SIR PATRICK CULLEN
SIR RALPH BLOOMFIELD BONINGTON
SIR COLENSO RIDGEON
CUTLER WALPOLE
LEO SCHUTZMACHER
DR.BLENKINSOP
LOUIS DUBEDAT
REDPENNY
EIN REPORTER
MR. DANBY
EIN KELLNER
JENNIFER DUBEDAT
EMMY
MINNIE TINWELL

I

Am frühen Vormittag des 15. Juni 1903 sitzt Redpenny, ein Medizinstudent, der als Hilfskraft bei Dr. Ridgeon arbeitet, im Sprechzimmer des Arztes und beantwortet Briefe. Redpenny ist nicht stolz und tut, ohne Rücksicht auf seine persönliche Würde, alles, was von ihm verlangt wird, wenn man ihn nur auf kameradschaftliche Weise darum bittet. Dafür heimst er die nicht spezifizierbaren Vorteile ein, die der vertrauliche Umgang mit einer Kapazität seines Berufs mit sich bringt, und als deren Assistent er sich fühlen kann. Er ist ein großäugiger, leicht gläubiger, freundlicher und vorschneller Jüngling, dessen Haar und Kleidung die Verwandlung vom unsauberen Jungen zum ordentlichen Arzt nur widerstrebend mitmachen.

Redpenny wird unterbrochen durch den Eintritt von Emmy, der alten, häßlichen Wirtschafterin, die die Sorgen, die Vorurteile, die Verpflichtung und die Eifersüchteleien körperlicher Schönheit nie gekannt hat. Sie hat die Hautfarbe einer Zigeunerin, der alle Seife nichts anhaben kann, und sie hat keinen regelrechten Bart, sondern eine Vielzahl von Bärten, die meist aus Muttermalen über das ganze Gesicht verteilt hervorsprießen. Sie trägt einen Lappen mit sich herum und wischt ständig Staub, während sie nach neuem Staub Ausschau hält. So ähnlich macht sie es beim Sprechen, ohne jemand anzusehn, außer wenn sie sehr aufgeregt ist. Sie kennt nur ein Verhalten, und das ist das Verhalten einer alten Kinderfrau dem Kind gegenüber, das eben laufen gelernt hat. Sie hat ihre Häßlichkeit dazu benützt, sich eine Nachsicht zu sichern, die weder Cleopatra noch die schöne Rosamunde hätten erreichen können, und sie hat diesen gegenüber den großen Vorteil, daß das Alter ihre Gaben erhöht, statt sie zu vermindern.

Das Sprechzimmer hat zwei Fenster zur Straße hin. Dazwischen steht eine Konsole mit Marmorplatte und gebogenen Beinen, die vergoldet sind und in Sphinxkrallen enden. Darüber hängt ein riesiger Wandspiegel, der zum größten Teil mit Palmen, Farnkräutern, Lilien, Tulpen und Sonnenblumen übermalt ist. Die anschließende Wand ist unterbrochen von einem Kamin, vor dem zwei Sessel stehn. Da die Ecke des Zimmers dem Zuschauerraum genau gegenüber angenommen ist, sind die beiden übrigen Wände nicht zu sehn. Rechts, vom Kamin aus zur Ecke hin, ist die Tür. Links vom Kamin steht der Schreibtisch, an dem Redpenny sitzt. Der Tisch, mit Mikroskop, verschiedenen Reagenzgläsern und Lampe, ist mit unordentlich herumliegenden Papieren bedeckt. In der Mitte, parallel zum Kamin und im rechten Winkel zur Konsole, steht ein Sofa. Zwischen Sofa und Fenster steht ein Stuhl. Weitere Stühle in der Ecke und an der Fensterwand im Vordergrund. Die Fenster haben grüne Jalousien und Ripsvorhänge. An der Decke hängt ein Gaslüster, der für elektrisches Licht eingerichtet ist. Die Tapeten und Teppiche sind vorherrschend grün.

EMMY *kommt herein und beginnt sofort, das Sofa abzustauben:* Da ist eine Frau, die mir in den Ohren liegt, sie möchte den Doktor sprechen.
REDPENNY *ärgerlich:* Aber der Doktor ist nicht zu sprechen. Also, wozu sag ich Ihnen eigentlich, daß wir keine neuen Patienten mehr annehmen, wenn Sie bei jeder Gelegenheit mit der Frage hereinstürzen, ob der Doktor für jemand zu sprechen ist?
EMMY Wer hat Sie gefragt, ob er für jemand zu sprechen ist?
REDPENNY Sie.
EMMY Ich hab gesagt, da ist eine Frau, die mir in den Ohren liegt, sie möchte den Doktor sprechen. Das ist kein Fragen. Das ist Erzählen.
REDPENNY Und ist diese Frau, die Ihnen in den Ohren liegt, ein Grund, mir in den Ohren zu liegen und mich in meiner Arbeit zu stören?
EMMY Haben Sie die Zeitungen gelesen?
REDPENNY Nein.
EMMY Nichts gelesen von den Ehrungen zu Königs Geburtstag?
REDPENNY *will fluchen:* Was zum –
EMMY Langsam, mein Täubchen, langsam!
REDPENNY Was glauben Sie, was mich die Geburtstagsehrungen kümmern? Hören Sie auf mit Ihrem Gewäsch. Gleich kommt Dr. Ridgeon runter, und ich hab die Briefe noch nicht fertig.
EMMY Dr. Ridgeon kommt nie mehr runter, junger Mann. *Sie entdeckt Staub auf der Konsole und stürzt sich darauf. Redpenny springt auf und folgt ihr.*
REDPENNY Was?

EMMY Man hat ihn zum Ritter geschlagen. Nennen Sie ihn ja nicht mehr Dr. Ridgeon. Sein Name ist von jetzt an Sir Colenso Ridgeon.
REDPENNY Das freut mich aber.
EMMY Und ich war noch nie so überrascht. Ich begreif nicht, daß seine großen Entdeckungen was taugen sollen. Ich dachte immer, das macht nur Dreck, diese Experimente mit seinen Blutstropfen und all den Röhren voll mit Fieberbazillen und sowas. Da wird er mich schön auslachen.
REDPENNY Das geschieht Ihnen recht! Das sieht Ihnen verdammt ähnlich, mit dem Doktor über Wissenschaft zu reden. *Er geht an den Tisch und schreibt weiter.*
EMMY Ach, ich halte nicht viel von Wissenschaft. Und das werden Sie auch nicht mehr, wenn Sie so lange mit ihr zusammengelebt haben wie ich. Was mir Sorge macht, ist, wie oft ich heute noch zur Tür laufen muß. Der alte Sir Patrick Cullen war schon da und hat gratuliert. Er war auf dem Weg ins Krankenhaus und hatte keine Zeit raufzukommen, aber er wollte unbedingt der erste sein. Er kommt später nochmal. All die andern werden auch kommen. Wird das ein Gerenne den ganzen Tag. Ich fürchte nur, der Doktor schafft sich so einen Diener an, wie die anderen, jetzt wo er Sir Colenso ist. Hören Sie, reden Sie ihm das ja nicht ein, mein Täubchen. Keiner wird ihn so zufriedenstellen wie ich, denn wenn ich die Tür aufmache, weiß ich, wen ich reinlassen kann und wen nicht. Das erinnert mich an die arme junge Frau. Ich denke, er sollte sie anhören. Sie ist genau der Typ, der ihm gefällt. *Sie staubt Redpennys Papiere ab.*
REDPENNY Ich sage Ihnen, er hört sich niemand an. Verschwinden Sie schon. Wie kann ich arbeiten, wenn Sie hier mit Ihrem Staublappen herumwischen.
EMMY Ich halte Sie nicht von der Arbeit ab – wenn Sie Briefe schreiben arbeiten nennen. Da, es klingelt. *Sie geht ans Fenster und sieht hinaus:* Ein Wagen. Da will wieder jemand gratulieren.
Sie geht auf die Tür zu, als Sir Colenso Ridgeon eintritt.
Haben Sie beide Eier aufgegessen, mein Sohn?
RIDGEON Ja.
EMMY Haben Sie ein frisches Hemd angezogen?
RIDGEON Ja.

EMMY Sie sind mein Goldtäubchen! Bleiben Sie jetzt so sauber, und kramen Sie nicht so viel herum und machen sich die Hände wieder schmutzig. Die Leute kommen, um Ihnen zu gratulieren.

Sie geht hinaus. Sir Colenso Ridgeon ist ein Mann von fünfzig, der sich jung gehalten hat. Er hat das lässige Benehmen und die kleinen Gewagtheiten des Sprechens, die ein schüchterner und feinfühliger Mensch im Umgang mit allen möglichen Leuten in allen möglichen Lebenslagen annimmt. Sein Gesicht ist faltig, er bewegt sich langsamer als Redpenny, und sein blondes Haar hat den Glanz verloren, aber nach Gestalt und Auftreten gleicht er eher einem jungen Mann als dem geadelten Arzt. Sogar die Falten in seinem Gesicht sind vor allem Zeichen der Überarbeitung und des ruhelosen Zweifelns, und teilweise vielleicht mehr als Folge von Neugier und Wißbegierde entstanden, als auf Grund des Alters. Im Augenblick macht ihn die Bekanntmachung seines Ritterstandes in den Morgenzeitungen befangen und er behandelt Redpenny daher besonders beiläufig.

RIDGEON Haben Sie die Zeitungen gelesen? Sie müssen meinen Namen in den Briefen ändern, wenn Sie's nicht schon getan haben.

REDPENNY Emmy hat es mir eben erzählt. Freut mich riesig. Ich –

RIDGEON Genug, junger Mann, genug. Sie werden sich bald daran gewöhnt haben.

REDPENNY Sie hätten es schon vor Jahren verdient gehabt.

RIDGEON Kann sein. Vielleicht lag es an Emmy. Die meisten Leute erschrecken, wenn sie die Tür öffnet.

EMMY *in der Tür:* Dr. Shoemaker.

Sie zieht sich zurück. Dr. Schutzmacher tritt ein. Er ist gut gekleidet, macht ein freundliches aber verlegenes Gesicht, da er nicht ganz sicher ist, wie er empfangen wird. Er vereinigt sanfte Manieren und entgegenkommende Höflichkeit mit einer gewissen, kaum merkbaren Reserve, und die vertrauten und dennoch fremdartig geschnittenen Züge weisen auf den Juden hin, auf den stattlichen, gebildeten Juden, der nach seinem dreißigsten Jahr etwas engbrüstig und schwächlich geworden ist, wie es bei dieser Art Juden oft der Fall ist, aber immer noch sehr gut aussieht.

SCHUTZMACHER Kennst du mich noch? Schutzmacher. Wir

studierten im selben Semester. Loony Schutzmacher, weißt du.

RIDGEON Was! Loony! *Er schüttelt ihm die Hand:* Menschenskind, ich dachte, du bist längst tot. Setz dich. *Schutzmacher setzt sich aufs Sofa, Ridgeon auf den Stuhl zwischen Sofa und Fenster.*
Und wo hast du die letzten dreißig gesteckt?

SCHUTZMACHER Ich hatte meine Praxis, bis vor ein paar Monaten. Ich hab mich zurückgezogen.

RIDGEON Da hast du recht, Loony! Ich wollte, ich könnte es mir auch leisten, mich zurückzuziehn. Hast du in London praktiziert?

SCHUTZMACHER Nein.

RIDGEON In einem eleganten Seebad, nehm ich an.

SCHUTZMACHER Wie hätte ich mir da eine Praxis kaufen können? Ich hatte keinen Penny. Ich saß in einer Fabrikstadt in Mittelengland, in einem kleinen Sprechzimmer für zehn Schilling die Woche.

RIDGEON Und hast ein Vermögen verdient?

SCHUTZMACHER Nun, es geht mir recht gut. Ich hab ein Haus in Hertfordshire, außer meiner Stadtwohnung. Wenn du mal Lust hast, ein ruhiges Wochenende zu verleben, sag mir Bescheid. Ich kann dich im Auto mitnehmen.

RIDGEON Du schwimmst also in Geld! Ich wollte, ihr reichen Kerle bringt mir bei, wie man welches macht. Was ist das Geheimnis dabei?

SCHUTZMACHER In meinem Fall gibt es kein großes Geheimnis, obwohl ich vielleicht Unannehmlichkeiten gehabt hätte, wenn meine Methode allgemein bekannt geworden wäre. Ich fürchte, auch du wirst es für ziemlich unwürdig halten.

RIDGEON Oh, ich habe ein weites Herz. Was war's denn?

SCHUTZMACHER Es bestand eigentlich nur aus zwei Worten.

RIDGEON Doch nicht Behandlung frei?

SCHUTZMACHER Nein, nein. Wirklich nicht!

RIDGEON Natürlich nicht. Ich mach nur Spaß.

SCHUTZMACHER Bei mir hieß es einfach, Heilung garantiert.

RIDGEON Heilung garantiert!

SCHUTZMACHER Garantiert. Das, was im Grunde jeder von einem Arzt verlangt, nicht wahr?

RIDGEON Mein lieber Loony, das war ein Einfall. Und so stand es auf deinem Schild?

SCHUTZMACHER Ich hatte kein Schild. Nur ein Ladenfenster mit einem Plakat. Doktor Leo Schutzmacher. Beratung und Arzneien Sixpence. Heilung garantiert.

RIDGEON Und das mit der Garantie stimmte in neun von zehn Fällen, was?

SCHUTZMACHER *etwas verletzt über eine so geringe Einschätzung:* Viel viel öfter. Siehst du, die meisten Menschen werden wieder gesund, wenn sie vorsichtig sind, und man gibt ihnen einen vernünftigen Rat. Und meine Medizin hat den Leuten wirklich gut getan. Ferritol, ein Eisenpräparat, weißt du. Ein Eßlöffel auf einen halben Liter Wasser. Nichts ist besser, egal worum sichs handelt.

RIDGEON Redpenny, notieren Sie, Ferritol.

SCHUTZMACHER Ich nehme es selber, wenn ich mich abgespannt fühle. Also auf Wiedersehn. Mein Besuch war dir hoffentlich nicht unangenehm? Ich wollte nur gratulieren.

RIDGEON Es war reizend, mein lieber Loony. Komm nächsten Samstag zu mir zum Essen. Und anschließend fahr ich mit nach Hertford.

SCHUTZMACHER Ja, gern, mit dem größten Vergnügen. Danke. Und auf Wiedersehn. *Er geht mit Ridgeon hinaus, der sofort wieder zurückkommt.*

REDPENNY Der alte Paddy Cullen war da, als Sie noch nicht auf waren. Er wollte der erste sein, der Ihnen gratuliert.

RIDGEON Wer hat Ihnen erlaubt, Sir Patrick Cullen den alten Paddy zu nennen, Sie junger Schnösel?

REDPENNY Sie nennen ihn immer so.

RIDGEON Jetzt, als Sir Colenso bestimmt nicht mehr. Demnächst nennt ihr Burschen mich den alten Colly Ridgeon.

REDPENNY In der Klinik tun wir das längst.

RIDGEON Wahrhaftig! Das ist das, was den Medizinstudenten zu der widerlichsten Erscheinung in der modernen Zivilisation macht. Keine Ehrfurcht, keine Manieren – kein –

EMMY *in der Tür:* Sir Patrick Cullen.

Sie zieht sich zurück. Sir Patrick Cullen ist über zwanzig Jahre älter als Ridgeon, noch nicht ganz am Ende seiner Kraft, aber nahe daran und hat sich damit abgefunden. Sein Name, sein gerader, rechtlicher, manchmal ziemlich trockener Verstand, seine breite Statur, der Mangel aller jener wunderlichen Zeichen von feierlicher Unterwürfigkeit, wodurch ein alter englischer Arzt einem klar macht, wie es in seiner Jugend um seinen Stand in England bestellt war, und eine gelegentliche Redewendung sind irisch, aber er hat sein Leben lang in England gelebt und ist vollständig akklimatisiert. Seine Art Ridgeon gegenüber, den er mag, ist schrullig und väterlich zugleich. Zu anderen ist er etwas mürrisch und abwesend, bereit, ein mehr oder weniger ausdrucksvolles Grunzen anstelle artikulierten Sprechens zu setzen und in seinem Alter nicht mehr gelaunt, sich gesellschaftlich sehr anzustrengen. *Er schüttelt Ridgeon die Hand und blinzelt verschmitzt.*

SIR PATRICK Na, junger Freund. Dieser Mantel ist Ihnen wohl zu weit, was?

RIDGEON Viel zu weit. Alles was ich bin, verdanke ich Ihnen.

SIR PATRICK Dummes Zeug, mein Junge. Trotzdem freu ich mich.
Er setzt sich in einen Sessel an den Kamin. Ridgeon setzt sich aufs Sofa.
Ich möchte mich ein bißchen mit Ihnen unterhalten. *Zu Redpenny:* Junger Mann, verschwinden Sie.

REDPENNY Sofort, Sir Patrick. *Er nimmt seine Papiere zusammen und geht auf die Tür zu.*

SIR PATRICK Danke. Ein prima Kerl.
Redpenny geht hinaus.
Diese jungen Burschen lassen sich von mir alles gefallen, weil ich ein alter Mann bin, ein wirklich alter Mann, nicht so wie Sie. Sie fangen erst an, sich den Anschein des Alters zu geben. Haben Sie mal einen Jüngling beobachtet, wie der seinen Schnurrbart pflegt? Nun, ein Doktor in mittleren Jahren, der seinen Graukopf pflegt, ist ziemlich derselbe Anblick.

RIDGEON Mein Gott! Ja, das kann ich mir vorstellen. Und ich dachte, die Tage meiner Eitelkeit sind vorbei. Sagen Sie, in welchem Alter hört der Mensch auf, ein Narr zu sein?

SIR PATRICK Denken Sie an den Franzosen, der seine Großmutter fragte, in welchem Alter die Versuchungen der Liebe uns nichts mehr anhaben können. Und die alte Frau antwortet, das wüßte sie nicht.
Ridgeon lacht.
Nun, ich gebe Ihnen dieselbe Antwort. Aber die Welt fängt jetzt an, sehr interessant für mich zu werden, Colly.

RIDGEON Und Sie haben sich Ihr Interesse für die Wissenschaft bewahrt, nicht wahr?

SIR PATRICK Gott! Ja. Die moderne Wissenschaft ist eine wunderbare Sache. Nehmen Sie Ihre große Entdeckung! Nehmen Sie alle großen Entdeckungen! Wo führen sie hin? Nun, geradewegs zurück zu den Ideen und Entdeckungen meines armen alten Vaters. Er ist jetzt über vierzig Jahre tot. Das ist schon sehr interessant.

RIDGEON Und dennoch geht nichts über den Fortschritt, finden Sie nicht?

SIR PATRICK Mißverstehen wir uns nicht, mein Junge. Ich will Ihre Entdeckung nicht herabsetzen. Die meisten Entdeckungen werden regelmäßig alle fünfzehn Jahre gemacht. Seit Ihre Entdeckung zum letztenmal gemacht wurde, sind immerhin hundertfünfzig verstrichen. Und darauf können Sie stolz sein. Aber neu ist sie nicht. Es handelt sich dabei um eine Art Impfung. Mein Vater impfte schon gegen die Pocken, ehe es um 1840 zum Verbrechen erklärt wurde. Das brach dem alten Mann das Herz, Colly, daran ist er gestorben. Und jetzt stellt sich heraus, daß mein Vater doch recht gehabt hat. Sie sind darauf zurückgekommen.

RIDGEON Ich verstehe nichts von Pocken. Mein Gebiet ist die Tuberkulose. Aber natürlich, im Prinzip ist die Handhabung die gleiche.

SIR PATRICK Tuberkulose? Hm! Sie haben also ein Mittel gegen die Schwindsucht?

RIDGEON Ich glaube ja.

SIR PATRICK Ah ja. Das ist sehr interessant. Wie sagt doch der alte Kardinal in Brownings Stück? ›Ich habe vierundzwanzig Anführer des Aufruhrs gekannt.‹ Nun, ich habe über dreißig Ärzte gekannt, die ein Mittel gegen die Schwindsucht entdeckt haben. Warum sterben die Leute noch daran, Colly? Aus Niedertracht wahrscheinlich. Da gab es George Boddington aus Sutton Coldfield, ein alter Freund von meinem Vater. Der entdeckte 1840 die Freiluftkur. Er wurde ruiniert und verlor seine Praxis, bloß weil er die Fenster öffnete. Und heute würden wir einem lungenkranken Patienten am liebsten nicht mal ein Dach über dem Kopf lassen. Oh, das ist sehr sehr interessant für einen alten Mann.

RIDGEON Sie alter Zyniker, Sie halten kein bißchen von meiner Entdeckung.

SIR PATRICK Nein, nein. So weit möchte ich nicht gehn. Aber immerhin, Sie erinnern sich an Jane Marsh?
RIDGEON Jane Marsh? Nein.
SIR PATRICK Was nicht!
RIDGEON Nein.
SIR PATRICK Wollen Sie damit sagen, daß Sie sich nicht mehr an die Frau mit dem tuberkulösen Geschwür am Arm erinnern?
RIDGEON *erinnert sich:* Ach so, die Tochter Ihrer Putzfrau. Hieß die Jane Marsh? Das hatte ich vergessen.
SIR PATRICK Vielleicht haben Sie auch vergessen, daß Sie den Arm mit Kochs Tuberkulin retten wollten.
RIDGEON Und anstatt zu heilen, faulte der Arm einfach ab. Ja, ich erinnere mich. Arme Jane. Immerhin lebt sie jetzt davon. Sie zeigt ihren Arm bei medizinischen Vorlesungen.
SIR PATRICK Aber das war wohl kaum das, was Sie beabsichtigt hatten?
RIDGEON Ich ging das Risiko eben ein.
SIR PATRICK Jane ging es ein, meinen Sie.
RIDGEON Nun, für den Patienten ist es immer ein Risiko, wenn es nötig wird zu experimentieren. Und ohne Experiment finden wir nichts heraus.
SIR PATRICK Was fanden Sie in Janes Fall heraus?
RIDGEON Daß die Injektion, die heilen soll, manchmal tötet.
SIR PATRICK Das hätte ich Ihnen sagen können. Ich habe selber ein paar Versuche nach diesen modernen Methoden angestellt. Ich habe Leute damit getötet, und ich habe Leute damit geheilt. Aber ich hab es aufgegeben, weil ich nie wußte, wie es ausgeht.
RIDGEON *steht auf, nimmt eine Broschüre aus der Schreibtischschublade und gibt sie ihm:* Lesen Sie das, wenn Sie mal Zeit haben. Und sie werden wissen warum.
SIR PATRICK *brummt und sucht seine Brille:* Zum Kuckuck mit euren Schreibereien. Was soll das? *Liest:* Opsonin? Was zum Teufel ist Opsonin?
RIDGEON *setzt sich wieder hin:* Mit Opsonin werden die Krankheitskeime angereichert, um von den weißen Blutkörpern verzehrt zu werden.
SIR PATRICK Das ist nicht neu. Diese Meinung, daß die weißen Blutkörper, die – wie heißt er noch – Metchnikoff – wie nannte?

RIDGEON Phagozyten.
SIR PATRICK Ah ja, Phagozyten, natürlich. Von der Theorie, daß die Phagozyten die Krankheitskeime verzehren, habe ich schon vor Jahren gehört, lange bevor Sie ins Gespräch kamen. Allerdings, sie tun es nicht immer.
RIDGEON Sie tun es, wenn die Krankheitskeime genug Opsoningehalt haben.
SIR PATRICK Humbug.
RIDGEON Nein, das ist kein Humbug. Es geht folgendermaßen vor sich. Die Phagozyten fressen die Mikroben nur, wenn sie fett genug für sie sind. Nun produzieren die Patienten das Fett selber, das ist klar, aber meine Entdeckung ist, daß dieses Fett das sich Opsonin nenne, sich in einem System von Auf und Nieder befindet – die Natur bewegt sich immer rhythmisch, wie sie wissen – und das, was wir tun können, ist, dieses Auf und Ab, je nachdem, zu stimulieren. Wenn wir Jane Marsh die Spritze gegeben hätten, als die Fettbildung im Steigen begriffen war, wäre ihr Arm gerettet gewesen. Aber wir erwischten den falschen Moment, und der Arm war verloren. Alles hängt davon ab, daß wir im richtigen Augenblick handeln. Treffen wir auf die negative Phase, töten wir den Patienten, treffen wir auf die positive Phase, heilen wir ihn.
SIR PATRICK Und woher wissen Sie, in welcher Phase der Patient sich befindet?
RIDGEON Schicken Sie mir einen Tropfen Blut des Kranken ins Labor, und in fünfzehn Minuten habe ich das Ergebnis. Bei einem Prozent und mehr Opsoningehalt hat die Injektion Erfolg. Bei weniger als nullkommaacht ist sie tödlich. Das ist meine Entdeckung. Die wichtigste Entdeckung, seit Harvey den Blutkreislauf entdeckte. Meine Patienten sterben nicht mehr an Tuberkulose.
SIR PATRICK Und meine sterben, wenn ich in der negativen Phase dasselbe tue, was?
RIDGEON Unweigerlich. Einem Patienten ein Serum injizieren, ohne den Opsoningehalt festgestellt zu haben, heißt im Morden so weit gehen, wie ein anständiger Arzt überhaupt gehen kann. Wenn ich einen Menschen töten wollte, würde ich genau das tun.
EMMY *in der Tür:* Da ist eine junge Frau, die einen lungenkranken Mann hat. Darf sie reinkommen?
RIDGEON *ungeduldig:* Nein. Sie wissen doch, daß ich nie-

mand mehr annehme. *Zu Sir Patrick:* Ich lebe in einem
ständigen Belagerungszustand, seit bekannt ist, daß ich ein
Magier bin, der die Schwindsucht mit einem Tropfen
Serum heilt. *Zu Emmy:* Stören Sie mich nicht noch einmal
deswegen. Ich habe genug Patienten.
EMMY Gut, ich sag ihr, sie soll noch warten.
RIDGEON *gereizt:* Sie sagen ihr, ich kann nichts für sie tun,
und schicken sie weg. Hören Sie?
EMMY *unbewegt:* Aber Dr. Walpole, wollen Sie den empfangen? Der braucht keine Beratung. Er will Ihnen nur
gratulieren.
RIDGEON Natürlich. Bringen Sie ihn herauf.
Sie will gehn.
Halt. *Zu Sir Patrick:* Ich möchte Sie noch was fragen. *Zu
Emmy:* Bitten Sie Mr. Walpole, noch zwei Minuten zu
warten. Wir sind bei einer Besprechung.
EMMY Oh, er wartet gern. Er unterhält sich mit der Frau. *Sie
geht.*
SIR PATRICK Nun? Was gibts?
RIDGEON Lachen Sie nicht. Ich möchte wissen, was mit mir
los ist.
SIR PATRICK Fragen Sie mich als Arzt?
RIDGEON Ja. Es muß irgend etwas sein. Ich weiß nur nicht
was.
SIR PATRICK Hm. Ich vermute, Sie haben sich untersuchen
lassen.
RIDGEON Natürlich. Mit den Organen ist nichts, nichts besonderes jedenfalls. Aber ich habe merkwürdige Schmerzen. Ich weiß nicht wo. Ich kann sie nicht lokalisieren.
Manchmal denk ich, es ist das Herz, und manchmal denk
ich an die Wirbelsäule. Es tut mir nicht richtig weh, aber
es beunruhigt mich. Ich spüre, daß irgendwas in mir
vorgeht. Und es gibt noch andere Symptome. Fetzen von
Melodien kommen mir in den Kopf, die ich wunderschön
finde, obwohl sie ganz alltäglich sind.
SIR PATRICK Hören Sie Stimmen?
RIDGEON Nein.
SIR PATRICK Da bin ich froh. Wenn mir ein Patient erzählt,
daß er eine größere Entdeckung als Harvey gemacht hat
und Stimmen hört, sperr ich ihn ein.
RIDGEON Sie denken, ich bin verrückt! Denselben Verdacht
hatte ich auch schon. Sagen Sie mir die Wahrheit. Ich halte

sie aus.

SIR PATRICK Sind Sie sicher, daß es keine Stimmen sind?

RIDGEON Ganz sicher.

SIR PATRICK Dann ist es nur Torheit.

RIDGEON Haben Sie jemals so einen Fall in Ihrer Praxis erlebt?

SIR PATRICK Oh ja, oft. Es ist ziemlich allgemein im Alter zwischen siebzehn und zweiundzwanzig. Manchmal kommt es wieder mit vierzig oder darüber. Sie sind Junggeselle, wissen Sie. Es ist nicht schlimm – wenn Sie aufpassen.

RIDGEON Mit dem Essen?

SIR PATRICK Nein. Im großen und ganzen. Mit Ihrer Wirbelsäule ist nichts und nichts mit Ihrem Herzen, aber mit dem gesunden Menschenverstand stimmt irgendwas nicht. Davon stirbt man nicht, aber es kann sein, daß Sie einen Narren aus sich machen. Nehmen Sie sich also in acht.

RIDGEON Ich seh, Sie glauben nicht an meine Entdeckung. Manchmal glaube ich selber nicht daran. Trotzdem danke ich Ihnen. Sollen wir Walpole raufkommen lassen?

SIR PATRICK Meinetwegen.

Ridgeon klingelt.

Dieser Walpole ist ein geschickter Chirurg, obwohl er das nur dem Chloroform zu verdanken hat. In meiner Jugend machtest du deinen Mann betrunken, Pfleger und Studenten hielten ihn fest, und du mußtest die Zähne zusammenbeißen und deine Arbeit schnell erledigen. Heute dagegen geht es gemütlicher zu, du kannst dir Zeit lassen, und die Schmerzen kommen erst hinterher, wenn du dein Honorar kassiert hast und bist über alle Berge. Ich sag Ihnen, Colly, das Chloroform richtet eine Menge Unheil an. Es befähigt jeden Dummkopf zu operieren.

RIDGEON *zu Emmy, die auf das Klingelzeichen in der Tür erscheint:* Bitten Sie Mr. Walpole herauf.

EMMY Er unterhält sich noch mit der Frau.

RIDGEON *außer sich:* Habe ich Ihnen nicht befohlen –

Emmy geht, ohne auf ihn zu achten. Er gibt es auf, zuckt mit den Schultern, steht auf und lehnt sich resigniert mit dem Rücken an die Konsole.

SIR PATRICK Ich kenne diese Sorte Mediziner. Sie haben herausgefunden, daß der menschliche Körper voll von Resten alter Organe ist, die nicht mehr lebensnotwendig sind. Mit

Hilfe des Chloroforms kann man all dies Zeug herausschneiden, ohne irgendwelchen Schaden anzurichten, außer der Zeit im Bett und den Goldstücken, die das kostet. Ich kenne sie seit fünfzehn Jahren. Einer pflegte den Leuten für fünfzig Pfund das Ende der Gaumenzäpfchen abzuschneiden und pinselte danach ihre Hälse täglich mit Jod ein, was ihm noch einmal zwei Pfund pro Tag einbrachte. Ein anderer entfernte für zweihundert Pfund die Mandeln, bis er sich für das doppelte Honorar auf Unterleibsgeschichten bei Frauen spezialisierte. Unser Cutler hat angestrengt Anatomie studiert, um was Neues zum Herausschneiden zu finden, und er hat wirklich irgendwas gefunden, das er in Mode gebracht hat. Die Leute zahlen zweitausend Pfund dafür, daß er ihnen so ein Ding herausschneidet. Sie könnten sich ebensogut die Haare schneiden lassen, aber ich vermute, sie kommen sich danach sehr wichtig vor. Du kannst jetzt zu keiner Veranstaltung mehr gehn, ohne daß sich ein Nachbar irgendeiner dieser nutzlosen Operationen rühmt.

EMMY *in der Tür:* Dr. Cutler Walpole.

Sie geht. Cutler Walpole ist ein energischer, skrupelloser Mann von vierzig, mit klar gezeichneten Zügen. Im Gegensatz zu Ridgeons leicht gebrochenem Aussehn und dem altersverwitterten von Sir Patrick, sieht sein Gesicht wie von einer Maschine gemacht und geglättet aus, nur die kühnen, forschenden Augen geben ihm Leben und Kraft. Er scheint nie verlegen, nie im Zweifel. Man spürt, daß er auch Fehler gründlich und entschlossen macht. Er hat gut gepflegte Hände, kurze Arme und ist mehr gedrungen und breit als groß. Er ist elegant gekleidet, trägt eine gemusterte Weste, eine bunte Krawatte samt Nadel, Anhänger an seiner Uhrenkette, Gamaschen über den Schuhen und hat etwas von einem wohlhabenden Sportsmann an sich. Er geht sofort auf Ridgeon zu und schüttelt ihm die Hand.

WALPOLE Mein lieber Ridgeon, die besten Wünsche! Herzlichsten Glückwunsch! Sie verdienen es.

RIDGEON Danke.

WALPOLE Als Mensch, versteht sich. Sie verdienen es als Mensch. Das mit dem Opsonin ist einfach Quatsch, wie jeder fähige Chirurg Ihnen sagen kann. Aber wir sind alle entzückt zu erleben, daß man Ihre persönlichen Eigenschaften öffentlich anerkennt. Sir Patrick, wie gehts? Ich schickte Ihnen neulich einen Aufsatz über eine kleine Erfindung, die ich gemacht habe. Eine neue Säge. Für die Schulterblätter.

SIR PATRICK *überlegt:* Ja, ich erinnere mich. Das ist eine gute Säge. Ein nützliches und handliches Werkzeug.

WALPOLE *vertraulich:* Ich wußte, daß Sie was davon verstehn.

SIR PATRICK Und ich erinnerte mich dabei an eine Säge von vor fünfundsechzig Jahren.

WALPOLE Was!

SIR PATRICK Die es damals in jeder Tischlerwerkstatt gab.

WALPOLE Daß ich nicht lache! Unsinn! Tischlerwerkstatt –

RIDGEON Machen Sie sich nichts draus, Walpole. Er ist neidisch.

WALPOLE Ich hoffe übrigens nicht, Sie bei irgendeiner Privatangelegenheit zu stören.

RIDGEON Durchaus nicht. Nehmen Sie Platz. Ich habe ihn nur um Rat gefragt. Ich bin ziemlich daneben. Überarbeitet wahrscheinlich.

WALPOLE *schnell:* Ich weiß, was Ihnen fehlt. Ich seh es Ihnen an. Ich spürte es schon, als Sie mir die Hand gaben.

RIDGEON Und was ist es?

WALPOLE Blutvergiftung.

RIDGEON Blutvergiftung! Unmöglich.

WALPOLE Wenn ich es Ihnen sage. Fünfundneunzig Prozent der Menschheit leidet an chronischer Blutvergiftung und stirbt daran. Das ist einfach wie das ABC. In Ihrem Körper ist ein verkümmertes Organ, der Parabeutel, wie ich ihn nenne, der voller Verwesungsstoffe ist – unverdaute Speisen und Abfallprodukte – wucherndes Leichengift. Wenn ich Ihnen raten soll, Ridgeon. Lassen Sie mich das Ding herausschneiden. Sie werden danach ein anderer Mensch sein.

SIR PATRICK Mögen Sie ihn nicht, wie er ist?

WALPOLE Nein. Ich mag niemand, dessen Stoffwechsel nicht in Ordnung ist. Und ich behaupte, in einem wirklich intelligent regierten Land würde man keinem Menschen erlauben, mit diesem sinnlosen Organ herumzulaufen und sich zum Herd der Ansteckung zu machen.

SIR PATRICK Darf ich fragen, ob Sie sich Ihren Parabeutel haben herausschneiden lassen?

WALPOLE *triumphierend:* Ich habe keinen gehabt. Sehen Sie

mich an! Nichts deutet darauf hin. Ich bin kerngesund. Rund fünf Prozent der Bevölkerung hat keinen, und ich gehöre zu diesen fünf Prozent. Ich gebe Ihnen ein Beispiel. Kennen Sie Mrs. Jack Foljambe, diese reizende Mrs. Foljambe? Zu Ostern operierte ich ihre Schwägerin, Lady Gorran, und fand bei ihr den größten Parabeutel, den ich jemals gesehen habe. Er wog ungefähr zwei Unzen. Und Mrs. Foljambe hatte den richtigen Geist – den echten hygienischen Instinkt. Sie konnte es nicht ertragen, daß ihre Schwägerin nun eine saubere, gesunde Frau sein sollte und sie einfach ein wandelndes Grab. Daher bestand sie darauf, daß ich sie auch operiere. Und bei Gott, sie hatte überhaupt keinen. Nicht die Spur! Keinen Rückstand! Ich war so verwirrt – so interessiert, daß ich vergaß, die Schwämme herauszunehmen, und war schon dabei die Wunde zu vernähen, als die Schwester mich darauf aufmerksam machte. Wie dem auch sei, ich war sicher, sie müßte einen besonders großen haben. *Er setzt sich auf das Sofa, richtet sich auf, schnellt die Hände aus den Manschetten und stemmt sie in die Seiten.*

EMMY *in der Tür:* Sir Ralph Bloomfield Bonington.
Eine lange und erwartungsvolle Pause folgt dieser Ankündigung. Alle blicken zur Tür, aber Sir Ralph kommt nicht.

RIDGEON *endlich:* Wo denn?

EMMY *sieht hinter sich:* Der Teufel soll ihn holen, ich dachte, er kommt mit. Er ist unten geblieben und spricht mit dieser Frau.

RIDGEON *braust auf:* Sollten Sie dieser Frau nicht sagen –
Emmy verschwindet.

WALPOLE *springt auf:* Ja richtig, Ridgeon, das erinnert mich daran. Ich habe mit dem armen Ding gesprochen. Es handelt sich um ihren Mann. Und sie denkt, er hat Schwindsucht. Die falsche Diagnose, wie gewöhnlich. Diesen verdammten praktischen Ärzten sollte verboten werden, einen Patienten zu untersuchen, außer im Auftrag eines Spezialisten. Sie hat mir die Symptome beschrieben, und der Fall ist sonnenklar. Schlimme Blutvergiftung. Nun ist sie arm. Sie kann sichs nicht leisten, ihn operieren zu lassen. Schicken Sie ihn also zu mir. Ich mach es umsonst. Ich habe Platz in meiner Klinik. Ich werd ihm auf die Beine helfen, ich werde ihn herausfüttern und sie glücklich machen. Ich mache Menschen gern glücklich. *Er*

geht an den Stuhl neben dem Fenster und setzt sich hin.
EMMY *in der Tür:* Hier ist er.
Sie geht. Sir Ralph Bloomfield Bonington schwebt herein. Er ist ein hochgewachsener Mann, mit einem Kopf wie ein großes schlankes Ei. Er war früher auch ein schlanker Mann, aber jetzt, in seinem sechsten Jahrzehnt, ist er etwas fülliger geworden. Seine hellen Augenbrauen wölben sich gutmütig und unkritisch. Er hat eine äußerst musikalische Stimme, seine Sprechweise ist ein ununterbrochener Singsang, und er kriegt diesen Klang nie über. Er strahlt eine ungeheure Selbstzufriedenheit aus, erheiternd, beruhigend und sogar heilend, weil weder Angst noch Krankheit sich mit seiner sympathischen Erscheinung vertragen. Er ist der geborene Heiler und von eigentlicher Behandlung und Geschick ebenso unabhängig wie irgendein gläubiger Gesundbeter. In seiner Beredsamkeit und der Darstellung wissenschaftlicher Ausführungen ist er genauso energisch wie Walpole, aber es ist eine Energie, die wie eine Naturgewalt wirkt und sowohl den Gegenstand als auch die Zuschauer geradezu einhüllt und die jede Unterbrechung oder Unaufmerksamkeit unmöglich macht und allen Verehrung und Gläubigkeit aufzwingt. Unter Ärzten ist er als B. B. bekannt, und der Neid, den seine erfolgreiche Praxis hervorruft, wird durch die Überzeugung gemildert, daß er vom fachlichen Standpunkt aus ein ungeheurer Schwindler ist. Tatsache ist, daß er nicht mehr und nicht weniger weiß als seine Kollegen.

B. B. Aha! Sir Colenso, Sir Colenso, was? Willkommen im Stand der Ritterschaft.
RIDGEON *schüttelt ihm die Hand:* Danke, B. B.
B. B. Was! Sir Patrick! Und wie geht es uns heute? Ein bißchen fröstlig? Ein bißchen steif? Aber gesund und noch immer der Gescheiteste von uns allen.
Sir Patrick brummt.
Was! Walpole! Der zerstreute Professor, he?
WALPOLE Was soll das heißen?
B. B. Haben Sie die entzückende Opernsängerin vergessen, die ich Ihnen schickte wegen einer Schwellung an den Stimmbändern?
WALPOLE *springt auf:* Großer Gott, Mensch, Sie wollen doch nicht sagen, daß ich ihr den Hals hätte operieren sollen!
B. B. *schelmisch:* Aha! Ha ha! Aha! *Trällert und droht Wal-*

pole mit dem Finger: Sie haben ihr den Bauch aufgeschnitten. Gut, gut! Die Macht der Gewohnheit! Macht der Gewohnheit! Macht nichts, es macht nichts. Sie bekam ihre Stimme danach wieder und hält Sie für den größten lebenden Chirurgen, und das sind Sie, das sind Sie und sind Sie.

WALPOLE *flüstert, sehr ernst:* Blutvergiftung. Ich seh. Ich sehe. *Er setzt sich wieder hin.*

SIR PATRICK Und wie befindet sich die königliche Familie unter Ihrer Obhut, Sir Ralph?

B. B. Unser Freund Ridgeon wird erfreut sein zu hören, daß ich seine Behandlungsmethode bei dem kleinen Prinzen versucht habe, und zwar mit durchschlagendem Erfolg.

RIDGEON *bestürzt:* Aber wie –

B. B. *fährt fort:* Ich hatte den Verdacht auf Tuberkulose. Der Junge vom Obergärtner leidet daran. Daher begab ich mich eines Tages in Ihre Klinik und ließ mir eine Ampulle Ihres ausgezeichneten Serums geben. Sie waren unglücklicherweise nicht da.

RIDGEON Ich hoffe, man hat es Ihnen genau erklärt –

B. B. *weist diese Zumutung zurück:* Du lieber Himmel, teurer Freund, ich habe keine Erklärungen nötig. Meine Frau wartete draußen im Wagen, und ich hatte keine Zeit, mich von Ihren jungen Kollegen belehren zu lassen. Ich weiß alles darüber. Ich bin mit diesen Antitoxinen umgegangen, seit es sie gibt.

RIDGEON Aber das ist nicht dasselbe, und dieses Serum ist gefährlich, wenn es nicht zum richtigen Zeitpunkt angewandt wird.

B. B. Natürlich ist es das. Alles ist gefährlich, was nicht zum richtigen Zeitpunkt geschieht. Ein Apfel zum Frühstück bekommt mir, ein Apfel vorm Schlafengehn macht mich für eine Woche krank. Es gibt nur zwei Regeln für Antitoxine. Erstens, fürchte dich nicht vor ihnen, zweitens, injiziere eine viertel Stunde vor den Mahlzeiten, dreimal am Tag.

RIDGEON *entsetzt:* Großer Gott, B. B., aber nein, nein.

B. B. *unbeirrt:* Doch, doch, doch, Colly. Probieren geht über studieren, wie Sie wissen. Es war ein ungeheurer Erfolg. Ich wirkte Wunder für den kleinen Prinzen. Seine Temperatur stieg, ich steckte ihn ins Bett, und in einer Woche war alles wieder in Ordnung, und er ist für den Rest seines

Lebens absolut immun gegen Tuberkulose. Die Familie war überglücklich, ihre Dankbarkeit geradezu rührend, aber ich sagte, sie hätten es Ihnen zu verdanken, Ridgeon, und ich freue mich, wenn ich daran denke, daß Ihre Erhebung in den Ritterstand das Resultat davon ist.

RIDGEON Ich bin Ihnen zutiefst verpflichtet. *Er ist überwältigt und sinkt auf den Stuhl in der Nähe des Sofas.*

B. B. Durchaus nicht, durchaus nicht. Das ist Ihr Verdienst. Sicher, sicher, sicher. Lassen Sie sich nicht gehn.

RIDGEON Es ist nichts weiter. Mir wurde schwindlig. Ich bin wahrscheinlich überarbeitet.

WALPOLE Blutvergiftung.

B. B. Überarbeitet! Das gibt es nicht. Ich arbeite für zehn. Wird mir schwindlig? Nein, nein. Wenn Sie sich nicht wohlfühlen, sind Sie krank. Es kann was Leichtes sein, aber es ist eine Krankheit. Und was ist eine Krankheit? Die systematische Ansammlung krankheitserregender Bazillen und deren rasche Vermehrung. Was ist das Heilmittel? Ein sehr einfaches. Finde den Bazillus und vernichte ihn.

SIR PATRICK Nehmen wir an, das sind keine Bazillen.

B. B. Unmöglich, Sir Patrick. Es müssen Bazillen da sein. Wie könnte der Patient sonst krank sein?

SIR PATRICK Können Sie mir einen Bazillus nachweisen, der für das Überarbeitetsein verantwortlich ist?

B. B. Nein. Und warum? Warum nicht? Weil, mein lieber Sir Patrick, alle Bazillen, die vorhandenen und die nicht vorhandenen, unsichtbar sind. Die Natur hat ihnen kein Warnzeichen für uns gegeben. Diese Bazillen – diese Bakterien – sind farblose Körper, wie Glas oder wie Wasser. Um sie sichtbar zu machen, muß man sie färben. Nun, mein lieber Paddy, machen Sie was Sie wollen, einige von ihnen nehmen keine Farbe an. Weder Karminrot, noch Methylenblau, noch Enzianviolett, sie lassen sich auf keine Weise färben. Die Konsequenz ist, daß wir sie nicht sehen, obwohl wir wissen, als Wissenschaftler, daß auch sie existieren. Oder wollen Sie beweisen, daß sie nicht existieren? Können Sie sich vorstellen, es gibt Krankheiten ohne Bazillen? Können Sie mir zum Beispiel einen Fall von Diphtherie ohne Erreger nachweisen?

SIR PATRICK Nein, aber ich weise Ihnen denselben Erreger ohne Krankheit nach, in Ihrem eigenen Hals.

B. B. Nein, nicht denselben, Sir Patrick. Sie sind völlig verschiedenartig, nur gleichen sie sich unglücklicherweise so exakt, daß man den Unterschied nicht erkennt. Sie müssen verstehen, mein lieber Sir Patrick, daß jedes einzelne dieser kleinen Lebewesen eine Nachahmung hat. Genau wie Menschen einander nachahmen, ahmen Bazillen einander nach. Es gibt den echten Diphtheriebazillus, den Loeffler entdeckt hat, und es gibt den Pseudobazillus, der ihm gleicht und den Sie, wie Sie sagen, in meinem Hals finden können.

SIR PATRICK Und wie unterscheiden Sie den einen vom andern?

B. B. Das ist wohl klar. Beim echten Loeffler haben Sie Diphthterie, und mit dem anderen sind Sie gesund. Nichts ist einfacher. Wissenschaft ist immer einfach und immer gründlich. Nur die Halbwahrheiten sind gefährlich. Unwissende Schwärmer greifen ein paar oberflächliche Erfahrungen mit Bakterien heraus, schreiben darüber in Zeitschriften und bringen die Wissenschaft in Mißkredit. Sie führen viele redliche und ehrenwerte Leute hinters Licht. Aber die Wissenschaft hat dafür eine in jeder Hinsicht passende Antwort bereit. Ein Klügling läßt sich, sich selbst zum Schaden, weise dünken. Man muß den Musenquell nicht kosten, sondern trinken. Ich habe durchaus Respekt vor Ihrer Generation, Sir Patrick. So mancher alte Praktiker hat Wunder gewirkt durch bloßen fachmännischen Blick und klinische Erfahrung, aber wenn ich an den Durchschnittsmann jener Tage denke, der, unwissend wie er war, zur Ader ließ und schnitt und purgierte, der seinen Patieten mit Bazillen von Kleidern und Instrumenten überschüttete, und dagegen die Sicherheit und Einfachheit meiner Behandlung neulich bei dem kleinen Prinzen, ich kann mir nicht helfen, ich bin stolz auf meine eigene Generation. Die Männer, an der Theorie von den Bakterien geschult, die Veteranen des großen Kampfes für die Evolution in den siebziger Jahren. Wir mögen unsre Fehler haben. Aber wir sind zumindest Männer der Wissenschaft. Und darum habe ich Ihre Behandlungsmethode übernommen, Ridgeon, und werde sie vorantreiben. Sie ist wissenschaftlich. *Er setzt sich auf den Stuhl in der Nähe des Sofas.*

EMMY *in der Tür:* Dr. Blenkinsop.

Sie geht. Dr. Blenkinsop tritt ein. Er unterscheidet sich sehr von den anderen. Er ist offensichtlich kein erfolgreicher Mann. Er ist schäbig gekleidet und schlecht ernährt. Er begrüßt seine wohlhabenden Kollegen als deren Altersgenosse und Mitarbeiter, obwohl er selbst als dieser mit dem Mißtrauen kämpfen muß, das man der Armut allgemein entgegenbringt.

RIDGEON Wie geht es Ihnen, Blenkinsop?

BLENKINSOP Ich bin gekommen, Ihnen meine ergebensten Glückwünsche auszusprechen. Oh Gott! Alle Größen sind hier versammelt.

B. B. *gönnerhaft, aber freundlich:* Was machen Sie, Blenkinsop? Wie gehts?

BLENKINSOP Und sogar Sir Patrick.

Sir Patrick brummt.

RIDGEON Sie kennen doch Walpole?

WALPOLE Guten Tag.

BLENKINSOP Ich hatte noch nicht die Ehre. In meiner kleinen Praxis habe ich keine Gelegenheit, großen Männern zu begegnen. Ich kenne niemand, außer den Ärzten aus meiner Klinikzeit. *Zu Ridgeon:* Sie sind also jetzt Sir Colenso. Wie fühlt man sich da?

RIDGEON Etwas lächerlich zunächst. Aber lassen wir das.

BLENKINSOP Ich muß zu meiner Schande gestehn, daß ich keine Ahnung habe, woraus Ihre große Entdeckung besteht, aber ich gratuliere Ihnen trotzdem im Hinblick auf die alten Zeiten.

B. B. *schockiert:* Aber, mein lieber Blenkinsop, Sie waren früher ziemlich interessiert an der Wissenschaft.

BLENKINSOP Ich interessierte mich früher für viele Dinge. Früher besaß ich auch zwei oder drei anständige Anzüge und andere Kleidung, in der ich sonntags rudern ging. Sehen Sie mich jetzt an. Das ist mein bester Anzug, und er muß bis Weihnachten halten. Was soll ich machen? Ich habe, seit ich vor dreißig Jahren promovierte, kein Buch mehr aufgeschlagen. Zuerst las ich noch medizinische Zeitschriften, aber Sie wissen, wie schnell man das aufgibt. Und im Grunde handelt es sich dabei doch meist um Geschäftsberichte und Anzeigen. Ich habe all mein Wissen vergessen. Warum soll ich es leugnen? Aber ich habe große Erfahrung, klinische Erfahrung. Und Krankenbetterfahrung ist doch die Hauptsache, finden Sie nicht?

B. B. Ohne Zweifel. Immer vorausgesetzt, verstehen Sie, Sie haben eine intakte wissenschaftliche Theorie, um die Beobachtungen am Krankenbett zu korrigieren. Bloße Erfahrung an sich ist nichts. Wenn ich meinen Hund mit ans Krankenbett nehme, sieht er, was ich sehe. Aber er lernt nichts daraus. Warum? Weil er kein wissenschaftlich gebildeter Hund ist.

WALPOLE Es belustigt mich, euch Internisten und praktische Ärzte über klinische Erfahrung reden zu hören. Was sehen Sie am Krankenbett anders als die Oberfläche des Patienten? Nun, nicht die Oberfläche ist krank, ausgenommen vielleicht in Fällen von Hautkrankheit. Was nottut ist eine genaue Kenntnis des inneren Menschen, und die kann man nur am Operationstisch gewinnen. Ich weiß, was ich sage. Ich bin seit zwanzig Jahren Chirurg und Gutachter, und ich habe bis jetzt noch keinen praktischen Arzt kennengelernt, dessen Diagnose gestimmt hätte. Nehmen Sie einen ganz einfachen Fall, und er stellt Krebst und Arthritis und Appendicitis oder irgendeine andere Itis fest, während jeder wirklich erfahrene Chirurg sofort sieht, daß es sich um einen gewöhnlichen Fall von Blutvergiftung handelt.

BLENKINSOP Sie haben gut reden. Aber was würden Sie sagen, wenn Sie meine Praxis hätten? Außer den Arbeiterorganisationen sind meine Patienten alle kleine Angestellte und Verkäufer. Die dürfen nicht krank sein, sie können es sich nicht leisten. Und wenn sie zusammenbrechen, was kann ich für sie tun? Sie schicken Ihre Patienten nach St. Moritz oder nach Ägypten, Sie verschreiben eine sechsmonatige Luftveränderung und Ruhe. Ich könnte meinen Patienten ebensogut ein Luftschloß verordnen. Und das schlimmste ist, ich bin selber zu arm, um gesund zu bleiben, bei der Ernährung, auf die ich angewiesen bin. Ich fühle mich dermaßen elend, und ich seh danach aus. Wer soll da noch Vertrauen zu mir haben? *Er setzt sich deprimiert aufs Sofa.*

RIDGEON *unruhig:* Nicht Blenkinsop. Das ist zu quälend. Nichts ist tragischer als ein kranker Arzt.

WALPOLE Bei Gott, das stimmt. Er gleicht einem Kahlköpfigen, der versucht, ein Haarwuchsmittel zu verkaufen. Ich bin Gott sei Dank Chirurg!

B. B. *strahlend:* Ich bin nie krank. Ich bin in meinem Leben noch keinen Tag krank gewesen. Das befähigt mich, meine Patienten mit Sympathie zu behandeln.

WALPOLE *interessiert:* Was! Sie sind nie krank!

B. B. Nie.

WALPOLE Das ist interessant. Dann haben Sie keinen Parabeutel. Wenn Sie sich jemals unpäßlich fühlen sollten, würde ich sehr gerne nachsehn.

B. B. Danke, danke, mein Lieber. Aber ich habe auch so genug zu tun.

RIDGEON Gerade als Sie hereinkamen, Blenkinsop, erzählte ich, daß ich vor Überarbeitung völlig aus dem Geleise bin.

BLENKINSOP Wenn Sie meinen bescheidenen Rat annehmen wollen. Ich habe da ziemlich Erfahrung. Ich würde Ihnen ein Pfund reife Renekloden täglich eine halbe Stunde vor dem Mittagessen empfehlen. Das wird Ihnen bestimmt helfen. Sie sind jetzt sehr billig.

RIDGEON Was sagen Sie dazu, B. B.?

B. B. *ermutigt ihn:* Sehr vernünftig, Blenkinsop, wirklich sehr vernünftig. Es freut mich zu hören, daß Sie ein Gegner von Medikamenten sind.
Sir Patrick brummt.
Aha! Haha! Hab ich da im Sessel am Kamin das Wauwau der alten Schule gehört, die ihre Medizin verteidigt? Glauben Sie mir, Paddy, die Welt wäre gesünder, wenn alle Apotheken in England niedergerissen würden. Lesen Sie die Zeitungen! Eine Fülle von skandalösen Anzeigen aller möglichen Mittel! Ein riesiges Werbesystem für Quacksalberei und Gifte. Und wer ist schuld daran? Wir. Ich sage, wir. Wir gaben das Beispiel. Wir haben den Aberglauben verbreitet. Wir lehrten die Leute, an die Medizinflasche des Doktors zu glauben, und jetzt kaufen sie sich das Zeug selber, anstatt einen Arzt aufzusuchen.

WALPOLE Das ist wahr. Ich habe seit fünfzehn Jahren keine Medikamente mehr verschrieben.

B. B. Diese chemischen Präparate bekämpfen nur die Symptome, sie können das Übel nicht ausrotten. Die einzigen Heilmittel für alle Leiden hat die Natur. Natur und Wissenschaft gehen zusammen, Sir Patrick, glauben Sie mir. Die Natur hat in den weißen Blutkörperchen, wie Sie sie nennen – den Phagozyten, wie wir sie nennen – ein natürliches Mittel hervorgebracht, um alle Krankheitskeime zu zerstören und zu vernichten. Es gibt im Grunde nur eine streng wissenschaftliche Methode der Behandlung für alle Krankheiten, und das ist, die Bildung der Phagozyten anzuregen. Die Phagozyten vermehren. Diese Mittel und Mittelchen führen uns in die Irre. Finde den Erreger der Krankheit, präpariere aus ihm ein verträgliches Antitoxin, injiziere dreimal am Tag eine viertel Stunde vor jeder Mahlzeit, und was ist das Resultat? Die Phagozyten sind angeregt, sie verzehren die Ursache, und das Patient erholt sich – außer, natürlich, es ist zu spät. Das ist, wie ich es sehe, das wesentliche an Ridgeons Entdeckung.

SIR PATRICK *verträumt:* So wahr ich hier sitze, mir ist, als hörte ich meinen armen alten Vater wieder sprechen.

B. B. *steht auf, erstaunt:* Ihr Vater! Aber Gott behüte, Paddy, Ihr Vater muß ein älterer Mann gewesen sein als Sie.

SIR PATRICK Fast Wort für Wort sagte er, was Sie sagen. Keine Pulver und Pülverchen mehr. Nur noch impfen.

B. B. *fast geringschätzig:* Impfen? Meinen Sie die Pockenimpfung?

SIR PATRICK Im vertrauten Familienkreis pflegte mein Vater zu erklären, er sei überzeugt, daß die Pockenimpfung nicht nur bei Pocken wirke, sondern bei jeder Art von Fieberkrankheit.

B. B. *nimmt plötzlich den neuen Gedanken mit ungeheurem Interesse auf:* Was! Ridgeon, haben Sie das gehört? Sir Patrick, ich bin durch das, was Sie eben gesagt haben, mehr betroffen, als ich ausdrücken kann. Ihr Vater hat eine meiner eigenen Entdeckungen vorweggenommen. Hören Sie zu. Es wird Sie alle brennend interessieren. Ein Zufall hat mich auf die richtige Fährte gebracht. Ich hatte in der Klinik Bett an Bett einen Fall von Typhus und einen Fall von Wundstarrkrampf, einen Küster und einen Stadtmissionar. Überlegen Sie mal, was das für die armen Kerle bedeutete! Kann ein Küster sich mit Typhus im Leib würdig benehmen? Kann ein Missionar beredsam sein mit einem Kaumuskelkrampf? Nein. Nein. Ich lege mir also eine Ampulle mit Typhusantitoxin und eine Ampulle mit Antitetanusserum zurecht. Aber mein Missionar wirft bei einem seiner Anfälle den Tisch um, und als alles wieder an Ort und Stelle liegt, verwechsle ich die Ampullen, so daß ich dem Typhuskranken eine Spritze gegen Wundstarrkrampf gebe und dem Tetanuskranken eine gegen Typhus.

Die Ärzte sehen bestürzt drein. B. B., ungedämpft, lächelt triumphierend.
Und sie wurden gesund. Sie sind gesund geworden. Ausgenommen von einem Anflug von Veitstanz geht es dem Missionar heute so gut wie vorher, und der Küster ist zehnmal der Mann, der er war.

BLENKINSOP Ich habe ähnliche Fälle erlebt. Sie sind nicht zu erklären.

B. B. *streng:* Blenkinsop, es gibt nichts, was die Wissenschaft nicht erklären kann. Was hab ich gemacht? Hab ich die Hände in den Schoß gelegt und mich damit getröstet, daß es in diesem Fall keine Erklärung gibt? Im Gegenteil. Ich habe mich hingesetzt und mir den Kopf zerbrochen. Ich durchdachte den Fall nach wissenschaftlichen Prinzipien. Ich fragte mich, warum starb der Missionar nicht, außer am Wundstarrkrampf, an Typhus, und der Küster, außer an Typhus, nicht an Wundstarrkrampf? Das ist ein Problem für Sie, Ridgeon. Denken Sie nach, Sir Patrick. Überlegen Sie, Blenkinsop. Betrachten Sie es ohne Vorurteil, Walpole. Was ist die eigentliche Aufgabe der Antitoxine? Die Phagozyten zu stimulieren. Sehr gut. Und was für eine Rolle spielt es, welche Art von Serum wir für diesen Zweck verwenden, sofern das unser Hauptziel ist? Haha! Was? Begreifen Sie? Sind Sie überzeugt? Seitdem gebrauche ich alle Arten von Antitoxinen absolut unterschiedslos, und mit vollkommen zufriedenstellenden Ergebnissen. Ich habe bei dem kleinen Prinzen Ihr Serum verwendet, Ridgeon, weil ich Ihnen helfen wollte. Aber schon zwei Jahre vorher unternahm ich den Versuch, einen Scharlachkranken mit einer Probe von Tollwutserum aus dem Pasteur Institut zu behandeln, und es sprach großartig an. Es stimulierte die Phagozyten, und die Phagozyten taten ihre Pflicht. Aus demselben Grund war Sir Patricks Vater der Überzeugung, daß die Impfung alle Fieber heilt. Sie regt die Bildung der weißen Blutkörper an. *Er setzt sich hin, erschöpft von seiner Beweisführung, und blickt triumphierend um sich.*

EMMY *in der Tür:* Dr. Walpole, Ihr Auto ist da, und Sir Patricks Pferde scheuen davor. Kommen Sie schnell.

WALPOLE *steht auf:* Auf Wiedersehn, Ridgeon.

RIDGEON Wiedersehn. Und vielen Dank.

B. B. Ist Ihnen mein Standpunkt klar, Walpole?

EMMY Er kann nicht warten, Sir Ralph. Die Pferde gehen durch, wenn er nicht abfährt.

WALPOLE Ich komme schon. *Zu B. B.:* Es ist ist nichts dran. Die Tätigkeit der Phagozyten ist blanker Unsinn. Das sind alles Fälle von Blutvergiftung, und wirklich helfen kann nur das Messer. Wiedersehn allerseits. Hat mich sehr gefreut, Blenkinsop. Also los, Emmy.
Er geht hinaus, Emmy folgt ihm.

B. B. *betrübt:* Walpole hat keinen Verstand. Ein bloßer Chirurg. Ein glänzender zwar, aber was ist schon operieren? Nur eine Handarbeit. Der Kopf – das Gehirn muß Herr der Situation bleiben. Das Paradingsda ist völliger Nonsens, es gibt kein solches Organ. Es ist nichts als ein unwesentlicher Hauptlappen, der höchstens bei zweieinhalb Prozent der Bevölkerung vorkommt. Natürlich freue ich mich für Walpole, daß seine Operationen in Mode gekommen sind. Er ist sonst ein netter Kerl, und, wie ich allen Leuten immer wieder erzähle, kann so eine Operation niemandem schaden. Tatsächlich, ich habe erlebt, daß diese ganze Aufregung und die anschließenden vierzehn Tage Bettruhe Leuten, die eine anstrengende Londoner Saison hinter sich haben, sehr gut tun. Trotzdem ist das Ganze ein abscheulicher Betrug. *Steht auf.* Aber ich muß weiter. Wiedersehn, Paddy.
Sir Patrick brummt.
Wiedersehn, wiedersehn. Wiedersehn, mein lieber Blenkinsop, Wiedersehn! Wiedersehn, Ridgeon. Machen Sie sich keine Sorgen um Ihre Gesundheit. Ein bißchen Quecksilber für die Leber, das kann nie schaden. Wenn Sie sich unruhig fühlen, versuchen Sie es mit Brom. Wenn das nicht hilft, irgendein Anregungsmittel, Sie wissen schon, mit Phosphor und Strychnin. Und wenn Sie nicht schlafen können, Trional, Trional, Trion –

SIR PATRICK *trocken:* Aber keine Medikamente, Colly, denken Sie dran.

B. B. *standhaft:* Gewiß nicht. Sehr richtig, Sir Patrick. Als gelegentlichen Notbehelf, natürlich, aber als Behandlung, nein, nein. Meiden Sie die Apotheke, mein lieber Ridgeon, was immer Sie tun.

RIDGEON *begleitet ihn an die Tür:* Das werd ich. Und danke für den Ritterschlag. Alles Gute.

B. B. *hält an der Tür und zwinkert mit den Augen:* Übrigens,

was ist das für eine Patientin?
RIDGEON Wer?
B. B. Unten. Eine charmante Frau. Ihr Mann hat die Tuberkulose.
RIDGEON Ist sie noch immer da?
EMMY *in der Tür:* Kommen Sie, Sir Ralph. Ihre Frau wartet mit dem Wagen.
B. B. *plötzlich ernüchtert:* Oh! Also. *Er stürzt hinaus.*
RIDGEON Emmy, die Frau ist noch da? Dann sagen Sie ihr ein für allemal, ich kann sie und ich will sie nicht sehn. Hören Sie?
EMMY Sie hat keine Eile. Ihr ist egal, wie lange sie warten muß. *Sie geht.*
BLENKINSOP Ich muß auch gehn. Ich kann meine Praxis nicht solange allein lassen. Auf Wiedersehn, Sir Patrick.
SIR PATRICK Wiedersehn, Wiedersehn.
RIDGEON Wir könnten einen Tag in dieser Woche zusammen essen.
BLENKINSOP Lieber nicht. Und es würde mir den Appetit auf meine Mahlzeiten für eine Weile verderben. Vielen Dank.
RIDGEON *beunruhigt über seine Armut:* Kann ich nichts für Sie tun?
BLENKINSOP Wenn Sie mal einen alten Anzug übrig haben? Sie sehen, was für Sie alt ist, wär für mich noch wie neu. Vielleicht finden Sie was, was Sie ausrangieren können. Wiedersehn. *Er eilt hinaus.*
RIDGEON *sieht ihm nach:* Armer Kerl! *Zu Sir Patrick:* Darum also hat man mich zum Ritter geschlagen! Und so sieht unser Beruf aus!
SIR PATRICK Und trotzdem ein sehr schöner Beruf, mein Junge. Wenn Sie die Ignoranz und den Aberglauben unserer Patienten so gut kennen würden wie ich, wäre es Ihnen schon verwunderlich, wenn wir nur halb so gut wären, wie wir sind.
RIDGEON Das ist kein Beruf, das ist eine Verschwörung.
SIR PATRICK Alle Berufe sind Verschwörung gegen den Laien. Und wir können nicht alle so genial sein wie Sie. Jeder Narr kann krank werden, aber nicht jeder Narr ist ein guter Arzt. Daher gibt es, alles in allem, so wenig gute Ärzte. Und wer weiß, vielleicht bringt Bloomfield Bonnington weniger Leute um als Sie.
RIDGEON Schon möglich. Aber es wäre seine Pflicht, den

Unterschied zwischen einem Impfstoff und einem Antitoxin zu kennen. Die Phagozyten anregen! Der Impfstoff hat auf die weißen Blutkörper überhaupt keinen Einfluß. Er hat vollkommen unrecht. Hoffnungslos, gefährlich unrecht. Ihm eine Ampulle mit Serum in die Hand geben, ist Mord, glatter Mord.

EMMY *in der Tür:* Was ist, Sir Patrick. Wie lange soll der Kutscher die Pferde noch beruhigen?

SIR PATRICK Was geht Sie das an, Sie alte Kratzbürste.

EMMY Langsam, immer langsam! Lassen Sie Ihre Launen nicht an mir aus. Und es ist Zeit, daß Colly anfängt zu arbeiten.

RIDGEON Benehmen Sie sich, Emmy. Verschwinden Sie.

EMMY Ich konnte mich benehmen, bevor ich Ihnen Benehmen beibrachte. Ich kenne die Doktoren. Sitzen zusammen und reden übereinander, anstatt sich um ihre armen Patienten zu kümmern. Und ich kenne Pferde, Sir Patrick. Ich bin auf dem Lande aufgewachsen. Seien Sie so gut und kommen Sie.

SIR PATRICK *steht auf:* Also gut, gut, gut. Wiedersehn Colly. *Er klopft Ridgeon auf die Schulter, geht, bleibt stehn und sieht Emmy an.*
Sie sind eine häßliche alte Hexe, da gibt es keinen Zweifel. *Er geht hinaus.*

EMMY *entrüstet, schreit hinter ihm her:* Sie sind auch keine Schönheit. *Zu Ridgeon, aufgeregt:* Die haben kein Benehmen. Die bilden sich ein, sie können mir sagen, was sie wollen. Und Sie hetzen sie auch noch auf. Denen werd ichs zeigen. Und Ihnen auch. Wollen Sie jetzt mit dem armen Ding da draußen sprechen, oder wollen Sie nicht mit ihr sprechen?

RIDGEON Ich sage Ihnen zum fünfzigsten Mal, daß es zwecklos ist. Schicken Sie sie weg.

EMMY Ich bin es leid, immer wieder dasselbe zu hören. Was hat sie davon, wenn ich sie wegschicke?

RIDGEON Soll ich ärgerlich werden, Emmy?

EMMY *schmeichelnd:* Bitte, nur eine Minute, mir zuliebe. Seien Sie ein guter Junge. Sie hat mir Zweieinhalb Schilling gegeben. Sie glaubt, es bedeutet Leben oder Tod für ihren Mann, ob sie mit Ihnen spricht oder nicht.

RIDGEON Sie schätzt das Leben ihres Mannes auf zweieinhalb Schilling!

EMMY Das ist wohl alles, was sie aufbringen kann, die Arme. Es gibt Weiber, die zahlen zehn Schilling, nur um sich mit Ihnen über sich selber unterhalten zu können. Sie wird Ihnen die richtige Stimmung für den ganzen Tag geben, weil es eine gute Tat ist, sie anzuhören, und außerdem ist sie von genau der Art, die Sie mögen.

RIDGEON Nun, sie hat es nicht schlecht getroffen. Sie hat Sir Ralph Bloomfield Bonnington und Cutler Walpole konsultiert. Das sind schon sechs Pfund für den Anfang. Hinzu kommt noch der Rat von Blenkinsop, wie ich vermute.

EMMY Dann darf sie mir zuliebe raufkommen?

RIDGEON Meinetwegen, und scheren Sie sich zum Teufel.

Emmy geht zufrieden hinaus.

Redpenny!

REDPENNY *in der Tür:* Ja bitte?

RIDGEON Da kommt eine Patientin. Wenn sie in zehn Minuten nicht gegangen ist, melden Sie mir einen dringenden Anruf aus der Klinik, irgendwas, daß sie geht.

REDPENNY In Ordnung! *Er verschwindet.*

Ridgeon geht an den Spiegel und rückt sich den Schlips zurecht.

EMMY *in der Tür:* Mrs. Doobedat.

Ridgeon verläßt den Spiegel und geht an den Schreibtisch. Mrs. Dubedat kommt herein. Emmy geht und schließt die Tür. Ridgeon, der eine unnahbare und ziemlich abweisende amtliche Miene aufgesetzt hat, bietet ihr, mit einer Geste, Platz auf dem Sofa an. Jennifer Dubedat ist eine anziehende, gutaussehende Frau. Graziös und anmutig, aber ebenso elegant und würdevoll. Ridgeon, auf den schöne Frauen außerordentlichen Eindruck machen, fühlt sich sofort instinktiv in die Verteidigung gedrängt, und sein Benehmen wird noch kühler. Er hat den Eindruck, daß sie sehr gut gekleidet ist, aber an ihrer Figur würde jedes Kleid gut aussehen, und sie hält sich mit der unaffektierten Vornehmheit einer Frau, die nie in ihrem Leben unter Zweifeln und Ängsten im Hinblick auf ihre soziale Stellung gelitten hat. Sie ist groß, schlank und kräftig, hat dunkles Haar und trägt es ungekünstelt. Sie hat auffallend schmale Augen mit dunklen Wimpern, die den ersten Eindruck merkwürdig verändern, wenn sie erregt ist und die Augen weit aufreißt. Sie spricht mit sanfter Leiden-

schaft und bewegt sich rasch und befindet sich in tödlicher Angst. Sie hat eine Mappe bei sich.
JENNIFER *leise und eindringlich:* Doktor –
RIDGEON *kurz angebunden:* Warten Sie. Bevor Sie beginnen, muß ich Ihnen sofort sagen, daß ich nichts für Sie tun kann. Mir sind die Hände gebunden. Ich hatte Ihnen das schon durch meine alte Wirtschafterin sagen lassen. Sie waren mit der Antwort nicht zufrieden.
JENNIFER Wie konnte ich das?
RIDGEON Sie haben sie bestochen.
JENNIFER Ich –
RIDGEON Es nützt nichts. Sie hat mich überredet, daß ich Sie empfange. Nun, ich kann nur wiederholen, daß es mir beim besten Willen nicht möglich ist, einen neuen Fall zu übernehmen.
JENNIFER Doktor. Sie müssen meinen Mann retten. Sie müssen. Wenn ich es Ihnen erkläre, werden Sie sehn, daß Sie müssen. Er ist kein gewöhnlicher Fall, kein Fall wie jeder andere. Wie ihn gibt es niemand auf der ganzen Welt, oh, glauben Sie mir, nicht einen. Ich kann es Ihnen beweisen. *Greift in die Mappe.* Ich habe einige Dinge mitgebracht, die ich Ihnen zeigen möchte. Und Sie können ihn retten. Die Zeitungen schreiben, daß Sie das können.
RIDGEON Was fehlt ihm? Tuberkulose?
JENNIFER Ja. Der linke Lungenflügel –
RIDGEON Gut. Sie brauchen nichts weiter zu sagen.
JENNIFER Und Sie könnten ihn heilen, wenn Sie nur wollen. Ist es wahr, daß Sie das können? *In großer Qual:* Bitte, sagen Sie es mir, bitte.
RIDGEON *warnend:* Sie werden ruhig bleiben und sich beherrschen, nicht wahr?
JENNIFER Ja. Ich bitte um Entschuldigung. Ich weiß, ich sollte nicht – *Läßt sich wieder gehn:* Aber bitte, sagen Sie, daß Sie es können, dann werde ich ruhig sein.
RIDGEON *mürrisch:* Ich bin kein Wunderdoktor. *Schämt sich über den Ton der eigenen Stimme und beherrscht sich:* Aber ich habe in der Klinik zehn Tuberkulosepatienten, deren Leben ich retten kann, wie ich glaube.
JENNIFER Gott sei Dank!
RIDGEON Einen Augenblick. Versuchen Sie sich vorzustellen, daß diese zehn Patienten zehn Schiffbrüchige auf einem Floß sind – ein Floß, das gerade groß genug für sie

ist – das nicht einen einzigen mehr tragen kann. Nun taucht aus den Wellen ein anderer Mensch auf. Er bittet um Aufnahme. Er beschwört den Kapitän des Floßes, ihn zu retten. Aber der Kapitän, wenn er dem Neuankömmling Platz machen will, kann nur einen anderen dafür vom Floß ins Meer stoßen und ihn ertrinken lassen. Das ist es, um was Sie mich bitten.

JENNIFER Aber wie kann das sein? Ich versteh nicht. Sicherlich –

RIDGEON Ich gebe Ihnen mein Wort, daß es so ist. Mein Laboratorium, meine Assistenten und ich selber sind völlig ausgelastet. Wir tun unser möglichstes. Die Behandlung ist neu. Sie kostet Zeit, erfordert Mittel und Fähigkeit, und es bleibt nichts übrig für einen weiteren Fall. Unsre zehn Fälle sind bereits ausgewählte Fälle. Verstehen Sie, was ich mit ausgewählt meine?

JENNIFER Ausgewählt. Nein. Das kann ich nicht verstehen.

RIDGEON *streng:* Sie müssen es verstehn. Strengen Sie sich an, zu begreifen und dem ins Auge zu sehn. Bei jedem einzelnen dieser zehn Fälle hatte ich zu überlegen, nicht nur, ob der Mensch gerettet werden kann, sondern auch, ob er wert ist, gerettet zu werden. Unter fünfzig Fällen war zu wählen, das hieß, vierzig Menschen zum Tode zu verdammen. Mancher von diesen vierzig hatten junge Frauen und hilflose Kinder. Wenn die Härte ihrer Fälle sie hätte retten können, sie wären zehnmal gerettet worden. Ich zweifle nicht, daß Ihr Fall hart ist. Ich sehe die Tränen in Ihren Augen.

Mrs. Dubedat wischt sich hastig über die Augen.

Ich weiß, daß Sie eine Flut von Bitten für mich bereit haben, wenn ich aufhöre zu sprechen, aber es nützt nichts. Sie müssen zu einem anderen Arzt gehen.

JENNIFER Und wissen Sie einen anderen Arzt, der Ihr Geheimnis versteht?

RIDGEON Ich habe kein Geheimnis. Ich bin kein Quacksalber.

JENNIFER Entschuldigen Sie. Ich wollte nichts Falsches sagen. Ich weiß nicht, wie ich mit Ihnen sprechen soll. Bitte, seien Sie nicht böse.

RIDGEON Ach wo! Macht nichts. *Er mäßigt sich und setzt sich hin.* Ich rede Unsinn. Ich bin ein Quacksalber, ein Quacksalber mit Qualifikationen. Aber meine Entdek-

kung ist nicht gesetzlich geschützt.
JENNIFER Dann kann also jeder Doktor meinen Mann heilen? Und warum tut es keiner. Ich habe es bei vielen versucht. Ich habe so viel ausgegeben. Können Sie mir wenigstens den Namen eines solchen Arztes nennen.
RIDGEON Hier in der Straße wohnt ein Arzt neben dem anderen. Aber außer mir und den paar Leuten, die ich in der Klinik anleite, beherrscht kein Mensch die Opsoninbehandlung. Und wir sind vollauf beschäftigt. Es tut mir leid, aber mehr kann ich nicht sagen. *Steht auf.* Guten Morgen.
JENNIFER *nimmt plötzlich verzweifelt einige Zeichnungen aus der Mappe:* Doktor, sehen Sie. Sie verstehen etwas davon. Sie haben gute Bilder im Wartezimmer. Sehen Sie sich die an. Sie sind von ihm.
RIDGEON Ob ich sie ansehe oder nicht. *Er sieht trotzdem hin:* Oho! *Er nimmt ein Blatt und geht damit zum Fenster.* Ja. das ist was. Donnerwetter. *Er sieht sich weitere Blätter an.* Das ist äußerst begabt. Nur noch nicht ganz fertig, stimmts?
JENNIFER Er wird so schnell müde. Aber sehen Sie nicht, was für ein Genie er ist? Sie sehen, er ist wert, gerettet zu werden. Auch deshalb hab ich ihn geheiratet, um ihm zu helfen. Ich hatte Geld, um ihm über die harten Anfangsjahre hinwegzuhelfen – ihm zu ermöglichen, seiner Eingebung zu folgen, bis man ihn öffentlich anerkennt. Und ich war sein Modell. Die Bilder von mir verkauften sich gut.
RIDGEON Haben Sie eins dabei?
JENNIFER *nimmt ein Blatt aus der Mappe:* Nur dieses eine. Es war das erste.
RIDGEON *starrt es an:* Das ist ein herrliches Bild. Steht darunter Jennifer?
JENNIFER Ich heiße Jennifer.
RIDGEON Ein seltener Name.
JENNIFER Nicht in Cornwall. Ich bin aus Cornwall. Hier sagt man Guinevere.
RIDGEON *wiederholt die Namen andächtig:* Guinevere. Jennifer. *Blickt wieder auf das Bild.* Ja, es ist wirklich wundervoll. Verzeihung, aber darf ich fragen, ob es zu verkaufen ist? Ich möchte es haben.
JENNIFER Nehmen Sie es. Es gehört mir. Er hat es mir geschenkt. Behalten Sie es. Nehmen Sie alle. Nehmen Sie

alles, verlangen Sie, was Sie wollen, aber retten Sie ihn. Sie können es, Sie werden es und Sie müssen es.

REDPENNY *kommt herein und spielt den Beunruhigten:* Es ist eben von der Klinik angerufen worden, daß Sie sofort kommen müssen – ein Patient liegt im Sterben. Der Wagen wartet.

RIDGEON *ärgerlich:* Ach Unsinn, verschwinden Sie. *Schimpft:* Was bilden Sie sich ein, mich jetzt zu unterbrechen?

REDPENNY Aber –

RIDGEON Halten Sie den Mund! Sehen Sie nicht, daß ich beschäftigt bin? Raus mit Ihnen.
Redpenny ist verblüfft und verschwindet.

JENNIFER *steht auf:* Doktor. Einen Augenblick noch, bevor Sie gehn –

RIDGEON Bleiben Sie sitzen. Es ist nichts.

JENNIFER Aber ein Patient. Der im Sterben liegt.

RIDGEON Inzwischen ist er tot. Macht nichts. Setzen Sie sich doch.

JENNIFER *setzt sich und bricht aus:* Das macht nichts. Nichts und niemand kümmert Sie. Sie sehen jeden Tag Leute sterben.

RIDGEON *tröstet sie:* Unsinn! Es war nichts. Ich hatte ihn beauftragt, hereinzukommen und irgendwas zu sagen. Weil ich dachte, ich müßte Sie loswerden.

JENNIFER *abgestoßen:* Oh!

RIDGEON Seien Sie nicht so bestürzt. Da stirbt niemand.

JENNIFER Doch. Mein Mann.

RIDGEON *nimmt sich zusammen:* Ja, richtig. Ihren Mann hatte ich vergessen. Mrs. Dubedat, verlangen Sie nicht etwas sehr Bedenkliches von mir?

JENNIFER Ich flehe Sie an, das Leben eines großen Mannes zu retten.

RIDGEON Sie verlangen, daß ich seinetwegen einen anderen töte. Denn eines ist sicher, wenn ich einen neuen Fall übernehme, bin ich gezwungen, einen der alten Fälle von der Behandlung auszuschließen. Nun, ich schrecke nicht davor zurück. Ich hab es vorher getan, und ich werde es wieder tun, wenn Sie mich davon überzeugen, daß sein Leben wertvoller ist als ein einziges Leben meiner jetzigen Patienten. Aber ich muß davon überzeugt sein.

JENNIFER Er malt diese Bilder. Und es sind nicht die besten

ERSTER AKT

– lange nicht die besten. Die wirklich guten hab ich nicht mitgebracht. Nur wenig Leute mögen sie. Er ist dreiundzwanzig. Das ganze Leben liegt noch vor ihm. Wollen Sie nicht, daß ich ihn herbringe? Wollen Sie nicht mit ihm sprechen? Wollen Sie nicht selber sehn?

RIDGEON Geht es ihm gut genug, daß er zu einem Abendessen ins Star und Garter Hotel nach Richmond kommen kann?

JENNIFER Oh ja. Warum?

RIDGEON Ich werde es Ihnen sagen. Ich habe vor, alle meine alten Freunde dorthin einzuladen, um meine Erhebung in den Ritterstand zu feiern – Sie werden davon in der Zeitung gelesen haben?

JENNIFER Ja, natürlich. Dadurch bin ich auf Sie aufmerksam geworden.

RIDGEON Es sind lauter Ärzte, und es sollte eigentlich ein Essen ohne Frauen sein. Ich bin Junggeselle. Wenn Sie die Gastgeberin für mich spielen und Ihren Mann mitbringen, kann ich ihn kennenlernen, und ihn mit einigen der bedeutendsten Ärzte bekanntmachen. Sir Patrick Cullen zum Beispiel, Sir Ralph Bloomfield Bonigton, Cutler Walpole und andere. Dort können wir den Fall besprechen, und Ihr Mann wird stehen oder fallen mit dem, was wir von ihm halten. Wollen Sie kommen?

JENNIFER Ja, natürlich will ich kommen. Oh danke, vielen Dank. Und soll ich Bilder mitbringen – von den ganz guten?

RIDGEON Ja. Sie bekommen den Termin im Laufe des morgigen Tages. Lassen Sie mir Ihre Adresse hier.

JENNIFER Vielen vielen Dank. Sie machen mich so glücklich. Ich weiß, er wird Ihnen gefallen und Sie werden ihn bewundern. *Sie gibt ihm ihre Karte:* Das ist unsre Adresse.

RIDGEON Danke. *Er klingelt.*

JENNIFER *verlegen:* Und was – wieviel – müßte ich – ich meine – *Sie verstummt verwirrt.*

RIDGEON Was noch?

JENNIFER Ihr Honorar mein ich.

RIDGEON Oh, das hab ich vergessen. Sollen wir sagen, ein schönes Bild von seinem Lieblingsmodell für die ganze Behandlung, alles eingeschlossen?

JENNIFER Sie sind sehr großzügig. Ich danke Ihnen. Ich weiß, Sie werden ihn heilen. Auf Wiedersehn.

RIDGEON Ich hoffe. Auf Wiedersehn.
Sie schütteln sich die Hände.
Übrigens, Sie wissen doch, daß Tuberkulose ansteckend ist. Sie müssen vorsichtig sein.
JENNIFER Das kann ich schwerlich vergessen. Man behandelt uns überall wie Aussätzige.
EMMY *in der Tür:* Nun, Schatz, haben Sie ihn wieder zu sich gebracht?
RIDGEON Ja. Kümmern Sie sich um die Tür, und halten Sie den Mund.
EMMY Er ist ein guter Junge. *Sie geht mit Mrs. Dubedat hinaus.*
RIDGEON *allein:* Behandlung frei. Heilung garantiert. *Er seufzt.*

II

Nach dem Abendessen auf der Terrasse des Star und Garter Hotels in Richmond. Eine wolkenlose Sommernacht. Nichts stört die Stille, außer von Zeit zu Zeit das Geräusch eines entfernt vorbeifahrenden Zuges und das gleichmäßige Rudergeplätscher, das von der Themse heraufdringt. Das Essen ist abgetragen, und drei von den acht Stühlen sind leer. Sir Patrick, mit dem Rücken zur Aussicht, sitzt am Ende des länglichen Tisches neben Ridgeon. Die beiden ihnen gegenüberstehenden Stühle sind leer. Neben den beiden, rechts, ein weiterer leerer Stuhl und dann der, auf dem B. B. sich breitmacht. Schutzmacher und Walpole sitzen links von ihnen. Der Eingang des Hotels befindet sich hinter B. B. Die fünf Männer sitzen schweigend bei Kaffee und Zigaretten. Sie sind satt und genießen die Wirkung des getrunkenen Weins.

Jennifer, zum Weggehen angezogen, kommt herein. Die Ärzte, mit Ausnahme von Sir Patrick, stehen auf.

JENNIFER Louis ist gleich wieder da. Er zeigt Dr. Blenkinsop nur das Telefon. *Sie setzt sich:* Es tut mir leid, daß wir schon gehen müssen. Es ist so schade um den schönen Abend. Und wir haben uns so gut unterhalten.

RIDGEON Eine halbe Stunde noch. Ich glaube nicht, daß ihm das schadet.

SIR PATRICK Schluß jetzt, Colly, Schluß! Kommt nicht in Frage. Sie bringen Ihren Mann nach Hause, Mrs. Dubedat, und legen ihn vor elf ins Bett.

B. B. Ja, ja. Zu Bett vor elf. Ganz recht, ganz recht. So bedauerlich das ist, meine liebe Mrs. Dubedat, besonders für uns, aber Sir Patricks Rat ist Gesetz – unabänderliches Gesetz.

WALPOLE Ich laß Sie in meinem Auto nach Hause bringen.

SIR PATRICK Nein. Seien Sie nicht unvernünftig, Walpole. Bis zum Bahnhof höchstens. Das ist weit genug für eine Fahrt durch die Nacht im offenen Wagen.

JENNIFER Wirklich, es ist besser, wir nehmen den Zug.

RIDGEON Nun, Mrs. Dubedat, es war ein sehr erfreulicher Abend.

WALPOLE Äußerst erfreulich.

B. B. Entzückend. Charmant. Unvergeßlich.

JENNIFER *etwas ängstlich:* Und was denken Sie von Louis? Oder hab ich kein Recht, danach zu fragen?
RIDGEON Kein Recht! Wir alle finden ihn reizend.
WALPOLE Äußerst reizend.
B. B. Bin glücklich, ihn kennengelernt zu haben. Ein Vergnügen, ein wahrhaftiges Vergnügen.
Sir Patrick brummt.
JENNIFER *schnell:* Sir Patrick, und Ihnen gefällt er nicht?
SIR PATRICK *vorsichtig:* Ich finde seine Bilder bewunderungswürdig, Madam.
JENNIFER Ja, aber ich meinte –
RIDGEON Sie können ganz beruhigt gehn. Er ist es wert, gerettet zu werden. Er muß und soll gerettet werden.
Jennifer steht auf, trunken vor Freude, Erleichterung und Dankbarkeit. Alle, außer Sir Patrick und Schutzmacher, umringen sie.
B. B. Gewiß, ganz gewiß.
WALPOLE Da gibt es keine Schwierigkeit, wenn Sie wissen, was zu tun ist.
JENNIFER Oh, wie kann ich Ihnen jemals danken! Von heute an kann ich endlich ganz glücklich sein. Sie wissen nicht, was ich fühle.
Sie setzt sich mit Tränen in den Augen. Alle wollen sie trösten.
B. B. Meine liebe Mrs. Dubedat, bitte bitte! Ich bitte Sie! *Sehr überzeugend:* Es ist ja gut!
WALPOLE Kümmern Sie sich nicht um uns. Weinen Sie sich aus.
RIDGEON Nein, weinen Sie nicht. Es ist besser, Ihr Mann merkt nicht, daß wir über ihn gesprochen haben.
JENNIFER *nimmt sich sofort zusammen:* Nein, natürlich nicht. Seien Sie mir nicht böse. Ein Arzt ist doch etwas Großartiges!
Alle lachen.
Lachen Sie nicht. Sie ahnen nicht, was Sie für mich getan haben. Ich habe nie gewußt, wie groß meine Furcht war – in welcher Angst ich lebte. Ich wagte nie, es mir einzugestehn. Jetzt erst, nach dieser Erleichterung, jetzt weiß ich es.
Louis Dubedat kommt aus dem Hotel, im Mantel und einen Schal um den Hals. Er ist ein schlanker junger Mann, noch ein Jüngling fast, sehr gut aussehend, aber

ZWEITER AKT

nicht verweichlicht. Er hat türkisblaue Augen und eine Art, einem gerade ins Gesicht zu blicken, die, zusammen mit einem offenen Lächeln, sehr für ihn einnimmt. Obwohl er sehr sensibel ist, alles beobachtet und leicht unruhig wird, ist er durchaus nicht schüchtern. Er ist jünger als Jennifer, aber er bevormundet sie wie selbstverständlich. Die Ärzte bringen ihn nicht aus der Fassung. Weder Sir Patricks Alter, noch Bloomfield Boningtons würdevolles Betragen machen den geringsten Eindruck auf ihn. Er ist so natürlich wie ein Raubtier. Er bewegt sich unter Menschen, wie die meisten Menschen sich unter Sachen bewegen, obwohl er bemüht ist, so liebenswürdig wie möglich zu sein. Wie alle Leute, bei denen man sich darauf verlassen kann, daß sie sich beherrschen, ist er ein guter Gesellschafter, und wegen seiner künstlerischen Kraft, an die Phantasie zu appellieren, vermutet man bei ihm besondere Eigenschaften und Kräfte, ob er sie nun besitzt oder nicht.

LOUIS *bleibt hinter Ridgeons Stuhl stehen und zieht Handschuhe an:* Jinny-Gwinny, komm, das Auto ist da.

RIDGEON Warum lassen Sie Ihren schönen Namen so von ihm verhunzen, Mrs. Dubedat?

JENNIFER Oh, ich bleibe trotzdem Jennifer.

B. B. Sie sind Junggeselle, Ridgeon, Sie verstehen das nicht. Sehen Sie mich an.
Alle sehen ihn an.
Ich habe auch zwei Namen. Wenn der Haussegen schief hängt, bin ich einfach Ralph. Wenn eitel Sonnenschein herrscht, bin ich Beedle-Deedle-Dumkins. So ist es in der Ehe! Mr. Dubedat, darf ich Sie um eine Gefälligkeit bitten, bevor Sie gehn. Schreiben Sie mir Ihren Namen auf diese Speisekarte unter die Zeichnung, die Sie von mir gemacht haben?

WALPOLE Ja, und mir auch, wenn Sie so gut sein wollen.

LOUIS Gerne. *Er setzt sich hin und unterschreibt.*

JENNIFER Willst du nicht auch die Karte von Dr. Schutzmacher unterschreiben, Louis?

LOUIS Ich glaube, Dr. Schutzmacher ist nicht zufrieden mit seinem Porträt. Ich werde es zerreißen.
Er geht um den Tisch, nimmt Schutzmachers Speisekarte und will sie zerreißen. Schutzmacher rührt sich nicht.

RIDGEON Nein, nein, wenn Loony sie nicht haben will, nehm ich sie.

LOUIS Für Sie unterschreibe ich mit Vergnügen. *Er unterschreibt und gibt sie Ridgeon:* Ich habe vorhin den Fluß bei Nacht skizziert. Ich werde es ausarbeiten. *Zeigt sein Skizzenbuch:* Es soll Silber Donau heißen.
B. B. Ah, wie charmant, wirlich.
WALPOLE Sehr hübsch. Sie sind ein Meister in Pastell.
Louis hustet, zuerst aus Bescheidenheit, dann weil er lungenkrank ist.
SIR PATRICK Schluß jetzt, Mr. Dubedat. Sie haben genug von der Nachtluft. Bringen Sie ihn nach Hause, Madam.
JENNIFER Ja. Komm, Louis.
RIDGEON Keine Angst. Macht nichts. Den Husten werden wir bald weghaben.
B. B. Wir werden die Phagozyten stimulieren. *Schüttelt ihr teilnahmsvoll die Hand:* Gute Nacht, Mrs. Dubedat. Gute Nacht. Gute Nacht.
WALPOLE Wenn die Phagozyten versagen, kommen Sie zu mir. Ich bring Sie in Ordnung.
LOUIS Gute Nacht, Sir Patrick. Es hat mich sehr gefreut.
SIR PATRICK *brummt:* Nacht.
JENNIFER Gute Nacht, Sir Patrick.
SIR PATRICK Packen Sie sich gut ein. Denken Sie nicht, Ihre Lungen sind unempfindlich, weil sie besser sind als seine. Gute Nacht.
JENNIFER Vielen Dank. Ich danke Ihnen. Ich bin so froh. Gute Nacht.
Louis geht durch das Hotel hinaus, ohne von Schutzmacher Notiz zu nehmen. Jennifer zögert und nickt ihm dann zu. Schutzmacher steht auf und verbeugt sich nach deutscher Art. Sie geht hinaus, begleitet von Ridgeon. Die anderen setzen sich wieder hin und rauchen schweigend oder verdauen.
B. B. *zufrieden:* Entzückendes Paar! Charmante Frau! Ein begabter Junge! Bemerkenswertes Talent! Anmutige Konturen! Ein vollendeter Abend! Ein großer Erfolg! Ein interessanter Fall! Herrliche Nacht! Exquisite Gegend! Üppiges Mahl! Anregende Konversation! Ein ruhiger Ausflug! Guter Wein! Happy end! Rührende Dankbarkeit und ein glücklicher Ridgeon –
RIDGEON *kommt zurück:* Was gibts? Haben Sie mich gerufen, B. B.? *Er setzt sich auf seinen Platz neben Sir Patrick.*
B. B. Nein, nein. Ich gratuliere Ihnen nur zu diesem erfolg-

reichen Abend! Zu der hinreißenden Frau! Rassig und edel! Eine vollkommene –
Blenkinsop kommt aus dem Hotel und setzt sich auf den leeren Stuhl neben Ridgeon.
BLENKINSOP Es tut mir leid, daß ich Sie solange hab warten lassen, Ridgeon. Aber es war ein Anruf von der Polizei. Bei uns an der Ecke ist ein Mann überfahren worden, bei dem sie ein Rezept von mir in der Tasche gefunden haben. Wo ist Mr. Dubedat?
RIDGEON Er ist gegangen.
BLENKINSOP *steht auf, blaß:* Gegangen!
RIDGEON Vor einem Augenblick –
BLENKINSOP Vielleicht kann ich ihn einholen – *Er läuft ins Hotel.*
WALPOLE *ruft ihm nach:* Der ist schon meilenweit, mit dem Auto. Den kriegen Sie nicht – *Gibt es auf:* Dann nicht.
RIDGEON Es sind wirklich nette Leute. Ich gebe zu, ich hatte befürchtet, dieser Mann könnte ein entsetzlicher Flegel sein. Aber er ist auf seine Art fast so angenehm wie sie. Und ohne Zweifel ist er genial. Es ist doch was, einen Fall zu übernehmen, den zu übernehmen sich wirklich lohnt. Irgend jemand muß zurückstehn. Und es ist bestimmt nicht schwer, einen schlechteren Mann zu finden.
SIR PATRICK Woher wissen Sie das?
RIDGEON Bitte, Sir Paddy, brummen Sie nicht. Trinken Sie lieber noch was.
SIR PATRICK Nein danke.
WALPOLE Finden Sie auch, daß bei Dubedat etwas nicht stimmt, B. B.?
B. B. Ein charmanter junger Mann. Ich wüßte nicht, wirklich nicht, nach allem, was wir bis jetzt wissen. Und dem Aussehn nach. Was sollte bei ihm nicht stimmen?
SIR PATRICK Es gibt zwei Dinge, die bei jedem Mann stimmen müssen. Das eine ist sein Umgang mit Geld. Das andere sind die Frauen. Bevor wir nicht wissen, ob ein Mann in diesen beiden Punkten zuverlässig ist, wissen wir nichts von ihm.
B. B. Zyniker, Sie Zyniker!
WALPOLE Das mit dem Geld ist ein schwieriges Problem. Besonders für einen Künstler. Er sprach vor dem Essen ganz offen zu mir darüber, und wie er darunter leidet. Er hat keine Laster und lebt sehr sparsam, wie er mir sagte.

Nur einen Luxus, den er sich nicht erlauben kann und dem er dennoch nicht widersteht, gibt es für ihn, und das ist, seine Frau hübsch anzuziehn. Da sagte ich, plötzlich herausplatzend,:›Lassen Sie mich Ihnen zwanzig Pfund leihen, und zahlen Sie es mir zurück, wenn Sie's geschafft haben.‹ Er benahm sich sehr nett dabei. Er nahm es wie ein Mann, und es war ein Vergnügen zu sehn, wie glücklich es ihn machte, den armen Kerl.

B. B. *der Walpole mit wachsendem Staunen zugehört hat:* Aber wieso – aber – aber – und wann war das, wenn ich fragen darf?

WALPOLE Nachdem ich Sie beide unten am Fluß getroffen hatte.

B. B. Aber, mein lieber Walpole, da hatte er sich gerade zehn Pfund von mir geliehen.

WALPOLE Was!
Sir Patrick brummt.

B. B. *nachsichtig:* Na ja, von leihen kann kaum die Rede sein, denn er sagte gleich, der Himmel wüßte, wann er mirs wiedergibt. Ich konnte nicht nein sagen. Es scheint, daß Mrs. Dubedat eine Art Zuneigung für mich hat und –

WALPOLE *unterbricht ihn:* Nein, für mich.

B. B. Bestimmt nicht. Ihr Name wurde zwischen uns überhaupt nicht erwähnt. Er ist von seiner Arbeit so völlig in Anspruch genommen, daß sie ziemlich viel allein ist, und der arme unschuldige Junge – er hat natürlich keine Ahnung von meiner Position oder wie beschäftigt ich bin – bat mich tatsächlich, sie gelegentlich zu besuchen und mit ihr zu plaudern.

WALPOLE Genau das, was er mir sagte!

B. B. Ach was! Dummes Zeug! Wirklich, ich muß sagen. *Er ist verwirrt, steht auf, geht ans Geländer und betrachtet mürrisch die Landschaft.*

WALPOLE Passen Sie auf! Ridgeon! Jetzt wird es ernst. *Blenkinsop, sehr ängstlich und elend, aber mit dem Versuch, unbefangen auszusehn, kommt zurück.*

RIDGEON Haben Sie ihn erwischt?

BLENKINSOP Nein. Entschuldigen Sie, daß ich so weggerannt bin. *Er setzt sich an den Tisch neben den Platz von Bloomfield Bonington.*

WALPOLE Ist was los?

BLENKINSOP Ach nein. Eine Kleinigkeit – irgendwie lächer-

lich. Es hilft nichts. Lassen Sie nur.
RIDGEON Irgendwas mit Dubedat?
BLENKINSOP *niedergeschlagen:* Ich sollte es eigentlich für mich behalten. Ich kann Ihnen gar nicht sagen, Ridgeon, wie ich mich schäme, Ihre Gastfreundschaft mit meiner jämmerlichen Armut bedrängt zu haben, nachdem Sie so gütig waren. Nicht, daß Sie mich nicht wieder einladen, aber es ist so demütigend. Und ich hatte mich so auf den Abend gefreut. Ich wollte einmal alle Sorgen vergessen, wie in alten Zeiten.
RIDGEON Aber was ist denn passiert?
BLENKINSOP Ich hatte mir für diesen Ausflug vier Schilling zusammengespart, und die Fahrt nach hier kostete ein Schilling vier Pence. Mr. Dubedat hat mich, ihm zweieinhalb Schilling zu leihen, um dem Zimmermädchen, das die Sachen seiner Frau aufbewahrt hatte, ein Trinkgeld zu geben. Er wollte es nur für fünf Minuten, bis seine Frau mit dem Geld kommt. Natürlich gab ich es ihm. Und er hat es vergessen. Ich habe gerade noch zwei Pence bei mir.
RIDGEON Oh, wenn es nur das ist –
BLENKINSOP *unterbricht ihn entschlossen:* Nein. Ich weiß, was Sie sagen wollen, aber ich kann es nicht annehmen. Ich borge mir nie Geld, und ich werde es nie tun. Ich habe nur meine Freunde, und die will ich nicht verlieren. Wenn niemand mich mehr treffen könnte ohne die Furcht, daß meine Höflichkeit nur dazu dient, ihn anzupumpen, wäre für mich alles zu Ende. Ja, ich trage Ihre alten Kleider, und ich begegne Ihnen auf der Straße lieber so, als in meinem eigenen Anzug, aber Geld werde ich nicht annehmen. Ich fahre so weit ich damit komme und gehe den Rest zu Fuß.
WALPOLE Sie werden den ganzen Weg mit mir im Auto fahren.
Alle atmen erleichtert auf, Walpole beeilt sich, das Thema zu wechseln und fügt hinzu.
Hat er auch von Ihnen was gekriegt, Mr. Schutzmacher?
Schutzmacher schüttelt den Kopf.
Ihnen gefiel seine Zeichnung wohl nicht.
SCHUTZMACHER Doch, sie gefiel mir. Ich hätte die Skizze sehr gern behalten und von ihm unterschreiben lassen.
B. B. Und warum haben Sie's nicht getan?
SCHUTZMACHER Gut, ich erzähl es Ihnen. Nach seinem Ge-

spräch mit Walpole kam Dubedat zu mir und sagte, daß die Juden die einzigen sind, die etwas von Kunst verstehn, und obwohl er sich auch Ihr Spießergeschwätz, wie er es nannte, anhören müsse, freue er sich wirklich nur über das, was ich ihm darüber gesagt habe. Und was für einen großen Eindruck mein Verständnis auf seine Frau gemacht hätte, die die Juden bewundert. Dann bat er mich, ihm fünfzig Pfund vorzuschießen, und bot mir als Sicherheit seine Bilder an.
Alle zusammen.
B. B. Nein nein. Wahrhaftig! Im Ernst!
WALPOLE Was! Noch fünfzig!
BLENKINSOP Unglaublich!
Sir Patrick brummt.
SCHUTZMACHER Natürlich konnte ich einem Fremden nicht so ohne weiteres Geld leihen.
B. B. Ich beneide Sie um die Fähigkeit, nein zu sagen, Mr. Schutzmacher. Ich weiß auch, daß man auf diese Weise einem jungen Mann kein Geld leihen sollte, aber ich hatte einfach keinen Mut, es zu verweigern. Ich konnte nicht, verstehen Sie?
SCHUTZMACHER Das versteh ich nicht. Ich hatte einfach keinen Mut, es ihm nicht zu verweigern.
WALPOLE Und was sagte er dazu?
SCHUTZMACHER Er machte eine sehr ungehörige Bemerkung über einen Juden, der die Gefühle eines Gentlemans nicht zu würdigen versteht. Ich muß sagen, ihr Nichtjuden seid schwer zufriedenzustellen. Ihr sagt, wir sind keine Gentlemen, wenn wir Geld verleihen, und wenn wir es ablehnen, welches zu verleihen, sagt ihr genau dasselbe. Ich erwiderte ihm, daß ich es ihm vielleicht geliehen hätte, wenn er selber Jude wär.
SIR PATRICK *brummt:* Und was sagte er nun?
SCHUTZMACHER Er versuchte mich zu überreden, daß auch er zum auserwählten Volk gehört – seine künstlerischen Fähigkeiten würden es beweisen und sein Name zeuge so gut davon wie meiner. Schließlich bat er mich um zwei Pfund und behauptete, das mit den fünfzig sei nur Spaß gewesen.
B. B. Unmöglich, Mr. Schutzmacher. Das haben Sie eben erfunden. Doch nicht im Ernst?
SCHUTZMACHER Im Ernst. Bei Geschichten über Gentlemen

wie Mr. Dubedat braucht man nichts zu erfinden. Die Wahrheit genügt.

BLENKINSOP Und es ist auch wahr, daß die Juden einander immer und überall helfen, Mr. Schutzmacher?

SCHUTZMACHER Durchaus nicht. Mir zum Beispiel gefallen Nichtjuden besser als Juden, und ich verkehre lieber mit Engländern. Das ist nur natürlich, denn als Jude kenne ich die Juden genau, während ein Engländer für mich immer interessant und fremdartig bleibt. Aber in Geldsachen ist es was anderes. Wenn ein Engländer Geld leiht, denkt er nur daran, daß er es nötig hat. Alles andere ist ihm egal. Er geht auf jede Bedingung ein, ob er sie später erfüllen kann oder nicht. Er fühlt sich sogar betrogen und übers Ohr gehauen, wenn man darauf besteht. So wie im Kaufmann von Venedig. Aber wenn ein Jude einen Vertrag macht, will er ihn erfüllen und erwartet, daß auch der andere ihn erfüllt. Wenn er für eine Zeitlang Geld braucht, leiht er sich welches und weiß genau, daß er es am Ende des Zeitraums zurückzahlen muß. Und darauf kann man sich verlassen.

RIDGEON Loony, ich bitte dich! Willst du damit sagen, daß es unter Juden keine Gauner gibt?

SCHUTZMACHER Durchaus nicht, nein. Aber ich spreche nicht von Kriminellen. Ich vergleiche ehrliche Engländer mit ehrlichen Juden.

Minnie Tinwell, ein Zimmermädchen, hübsch, blond und ungefähr fünfundzwanzig Jahre, kommt etwas verstohlen aus dem Hotel. Sie wendet sich an Ridgeon.

MINNIE Bitte, Sir. Es hat nichts mit dem Hotel zu tun. Ich darf die Terrasse eigentlich nicht betreten, und ich würde Schwierigkeiten bekommen, wenn mich jemand mit Ihnen sprechen sieht. Außer Sie würden so tun, als hätten Sie mich gerufen, um zu fragen, ob das Auto schon vom Bahnhof zurück ist.

WALPOLE Ist es zurück?

MINNIE Ja, Sir.

RIDGEON Und was wünschen Sie?

MINNIE Haben Sie etwas dagegen, mir die Adresse von dem Gentleman zu geben, der hier mit Ihnen gegessen hat?

RIDGEON *scharf:* Ja, ich habe sehr viel dagegen. Sie haben kein Recht, danach zu fragen.

MINNIE Ja, Sir, ich weiß, es sieht so aus. Aber was soll ich tun?

SIR PATRICK Was ist denn los mit Ihnen?
MINNIE Nichts, Sir. Ich brauche die Adresse. Das ist alles.
B. B. Sie meinen den jungen Mann?
MINNIE Ja, Sir. Der den Zug erreichen wollte, mit dieser Frau, die er mitgebracht hatte.
RIDGEON Mit dieser Frau! Was fällt Ihnen ein? Das war seine Frau!
MINNIE Glauben Sie das nicht, Sir. Sie kann nicht seine Frau sein. Ich bin seine Frau.
B. B. *protestiert erstaunt:* Liebes Kind!
RIDGEON Sie seine Frau!
WALPOLE Was! Was soll das? Oh, es beginnt spannend zu werden, Ridgeon.
MINNIE Ich kann Ihnen die Heiratsurkunde runterholen. Ich bin in einer Minute wieder da, Sir, wenn Sie daran zweifeln. Das war doch Louis Dubedat, nicht wahr?
RIDGEON Ja.
MINNIE Also, Sir, ob Sie es glauben oder nicht, aber ich bin die rechtmäßige Mrs. Dubedat.
SIR PATRICK Und warum leben Sie nicht mit Ihrem Mann zusammen?
MINNIE Wir konnten es uns nicht leisten, Sir. Ich hatte dreißig Pfund gespart, die haben wir ausgegeben für die Hochzeitsreise, und noch mehr, was er sich ausgeliehen hatte. Danach mußte ich zurück zum Dienst, und er ging nach London, um zu malen. Er hat mir nie geschrieben oder seine Adresse geschickt. Ich habe ihn nicht mehr wiedergesehn, bis ich ihn vorhin vom Fenster aus erkannte, als er mit dieser Frau ins Auto stieg.
SIR PATRICK Nun, das wären schon zwei Frauen für den Anfang.
B. B. Fürwahr, ich möchte nicht zu hart urteilen, aber ich fürchte, unser junger Freund ist ziemlich leichtsinnig.
SIR PATRICK Sie fürchten! Wie lange wird es dauern, Menschenskind, bis Sie erkennen, daß er ein ganz gemeiner Schurke ist.
BLENKINSOP Das ist streng, Sir Patrick, viel zu streng. Natürlich ist es Bigamie, aber er ist noch sehr jung und sie ist sehr hübsch. Mr. Walpole, darf ich Sie noch um eine von Ihren guten Zigaretten bitten?
WALPOLE Aber sicher. *Er faßt in die Tasche:* Nanu! Wo –? *Erinnert sich plötzlich:* Ach ja, richtig. Ich überließ Dube-

dat meine Zigarettendose, und er gab sie mir nicht zurück. Sie war aus Gold.

MINNIE Er hat sich nichts Schlechtes dabei gedacht. Er denkt sich nie was bei solchen Sachen. Ich werde sie Ihnen wiederbringen, Sir, wenn Sie mir sagen, wo er ist.

RIDGEON Was soll ich tun? Soll ich ihr die Adresse geben oder nicht?

SIR PATRICK Geben Sie Ihre eigene Adresse, und dann werden wir sehn. *Zu Minnie:* Das wird ihnen zunächst genügen, mein Kind.
Ridgeon gibt Minnie seine Karte.
Wie heißen Sie?

MINNIE Minnie Tinwell, Sir.

SIR PATRICK Schreiben Sie ihm einen Brief an diese Adresse, und von da wird er weiter besorgt. Gehen Sie jetzt.

MINNIE Ich danke Ihnen, Sir. Ich bin sicher, daß Sie es ehrlich mit mir meinen. Ich danke Ihnen allen, und entschuldigen Sie, daß ich Sie damit belästigt habe.
Sie geht ins Hotel. Alle sehen ihr schweigend nach.

RIDGEON *sobald sie weg ist:* Ist Ihnen klar, daß wir Mrs. Dubedat versprochen haben, diesem Burschen das Leben zu retten?

BLENKINSOP Was fehlt ihm denn?

RIDGEON Lungentuberkulose.

BLENKINSOP *interessiert:* Und Sie können sie heilen?

RIDGEON Ich glaube ja.

BLENKINSOP Dann wollte ich, Sie könnten mich heilen. Meine Lunge ist kavernös. Es tut mir leid, daß ich das sagen muß.
Alle zusammen.

RIDGEON Was! Ihre Lunge!

B. B. *kommt, voller Teilnahme für Blenkinshop, vom Geländer zurück:* Mein lieber Blenkinsop, was sagen Sie da?

SIR PATRICK Was hör ich da? Was?

WALPOLE Hallo! Das dürfen Sie nicht verschleppen. Damit ist nicht zu spaßen.

BLENKINSOP *hält sich die Ohren zu:* Es hat keinen Zweck. Ich weiß, was Sie sagen wollen. Ich hab es oft zu anderen gesagt. Ich kann mir nicht erlauben, mich selber in acht zu nehmen, und damit Schluß. Wenn ein Urlaub mein Leben retten könnte, dann müßte ich eben sterben. Ich werde so weitermachen, wie andre auch. Wir können nicht alle nach

St. Moritz oder Ägypten. Sprechen wir nicht mehr davon. *Verlegenes Schweigen. Sir Patrick brummt und sieht Ridgeon scharf an. Schutzmacher blickt auf seine Uhr und steht auf.*

SCHUTZMACHER Ich muß gehn. Es war ein sehr schöner Abend, Colly. Gib mir meine Zeichnung, wenn es dir nichts ausmacht. Ich werde Mr. Dubedat die zwei Pfund dafür schicken.

RIDGEON *gibt ihm die Speisekarte:* Tu das nicht, Loony. Das ist ihm sicher unangenehm.

SCHUTZMACHER Wenn das deine Meinung ist, laß ich es natürlich. Aber ich glaube, du kennst Dubedat nicht. Vielleicht versteh ich, als Jude, ihn besser. Wie dem auch sei. *Schüttelt ihm und Blenkinsop die Hand:* Gute Nacht, Dr. Blenkinsop.

BLENKINSOP Gute Nacht, Sir – ich meine – gute Nacht.

SCHUTZMACHER *winkt den anderen zu:* Gute Nacht zusammen.

RIDGEON Gute Nacht.

WALPOLE Gute Nacht.

B. B. Gute Nacht.

SIR PATRICK Nacht.

Schutzmacher geht durch das Hotel hinaus.
Es ist Zeit für uns alle.
Er steht auf und tritt zwischen Blenkinsop und Walpole. Ridgeon steht auf.
Mr. Walpole, bringen Sie Blenkinsop nach Hause, er war für heute lange genug in der frischen Luft.

WALPOLE Also los, kommen Sie. Sie fahren doch auch mit uns, B. B.?

B. B. Ja, gern.
Walpole und Blenkinsop gehen ab durch das Hotel.
Gute Nacht, mein lieber Ridgeon. *Schüttelt ihm herzlich die Hand:* Lassen Sie uns Ihren interessanten Patienten und seine charmante Frau nicht aus den Augen verlieren. Wir dürfen ihn nicht zu schnell verurteilen, wissen Sie. *Salbungsvoll:* Gute Nacht, Paddy. Gott segne Sie, lieber alter Knabe.
Sir Patrick brummt. B. B. lacht und klopft ihm nachsichtig auf die Schulter.
Gute Nacht. Gute Nacht. Gute Nacht.
Er gutenachtet sich ins Hotel und geht ab. Ridgeon und Sir

Patrick sind allein. Ridgeon, in Gedanken vertieft, geht zu Sir Patrick.

SIR PATRICK Na, Sie Lebensretter. Wer soll es sein? Dieser ehrenwerte, bescheidene Blenkinsop, oder dieser verdammte Schurke von einem Künstler?

RIDGEON Das ist schwer zu sagen. Blenkinsop ist ein ehrenwerter, bescheidener Mann, das stimmt, aber was noch? Dubedat ist vielleicht wirklich ein Schurke, aber er ist gleichzeitig die Quelle schöner und großartiger Werke.

SIR PATRICK Und was wird diese Quelle für seine arme unschuldige Frau, wenn sie ihn erstmal durchschaut?

RIDGEON Das ist wahr. Ihr Leben würde zur Hölle.

SIR PATRICK Und noch eins. Angenommen, Sie hätten die Wahl zwischen einem Leben, in dem alle Bilder schlecht wären, aber alle Männer und Frauen gut, und einem Leben mit lauter guten Bildern und schlechten Menschen. Wie würden Sie sich entscheiden?

RIDGEON Das ist eine verteufelt schwere Frage, Paddy. Bilder sind so angenehm, und die guten Leute so verdammt unangenehm und widerwärtig, daß ich wirklich nicht ohne weiteres sagen kann, was ich vorziehen würde.

SIR PATRICK Nicht doch! Lassen Sie mich mit ihrer Intelligenz zufrieden. Dafür bin ich zu alt. Blenkinsop gehört nicht zu der Sorte von guten Leuten, und das wissen Sie.

RIDGEON Es wäre einfacher, wenn Blenkinsop Dubedats Bilder malen könnte.

SIR PATRICK Es wäre noch einfacher, wenn Dubedat etwas von Blenkinsops Ehrgefühl hätte. Die Welt läßt sich Ihretwegen nicht vereinfachen, lieber Freund. Sie müssen sie nehmen wie sie ist. Sie müssen Blenkinsop und Dubedat auf die Waagschale legen. Machen Sie es fair.

RIDGEON Nun, ich werde so fair sein, wie ich kann. Ich werde in eine Schale all die Pfunde legen, die Dubedat sich geliehen hat, und in die andere all die Schillinge, die Blenkinsop sich nicht geliehen hat.

SIR PATRICK Und Sie werden bei Dubedat das Vertrauen abziehn, das er zerstört, und die Hochachtung, die er verloren hat, und bei Blenkinsop hinzuzählen das Vertrauen, das er gerechtfertigt hat, und die Hochachtung, die er verbreitet.

RIDGEON Nicht doch, Paddy! Lassen Sie mich mit Ihren Phrasen zufrieden. Dafür bin ich ein zu großer Skeptiker.

Ich bin durchaus nicht davon überzeugt, daß es schlechter wäre, wenn alle Welt sich so wie Dubedat benehmen würde.

SIR PATRICK Und warum benehmen Sie sich nicht so?

RIDGEON Das trifft mich. Ja. Das ist die Probe aufs Exempel. Und dennoch bleibt es ein Dilemma. Es ist ein Dilemma. Sehen Sie, es gibt da noch eine Komplikation, die wir nicht bedacht haben.

SIR PATRICK Und die wäre?

RIDGEON Nun, wenn ich Blenkinsop sterben lasse, kann wenigstens niemand behaupten, ich hätte es getan, um seine Witwe zu heiraten.

SIR PATRICK Ah! Und weiter?

RIDGEON Wenn ich Dubedat sterben lasse, werde ich seine Witwe heiraten.

SIR PATRICK Vielleicht will sie Sie gar nicht haben.

RIDGEON *schüttelt selbstsicher den Kopf:* Ich hab eine ziemlich feine Nase für so was. Ich merke, wenn eine Frau an mir interessiert ist. Sie ist es.

SIR PATRICK Nun ja, manchmal merkt man es selber am besten, manchmal am schlechtesten. Es wäre besser, sie beide zu kurieren.

RIDGEON Unmöglich. Ich bin an der Grenze. Ich kann zur Not noch einen Fall unterbringen, aber nicht zwei. Ich muß wählen.

SIR PATRICK Und Sie müssen wählen, als ob die Frau nicht existiert, das ist klar.

RIDGEON Ist Ihnen das klar? Mir nicht. Sie verwirrt mein Urteil.

SIR PATRICK Für mich ist es einfach eine Wahl zwischen einem Menschen und einem Haufen Bilder.

RIDGEON Ein toter Mensch ist leichter zu ersetzen, als ein gutes Bild.

SIR PATRICK Colly, wenn man in einem Zeitalter lebt, das hinter Bildern und Statuen und Stücken und Musik herrennt, weil seine Menschen nicht gut genug sind, ihre Seelen anders zu erfreuen, sollte man der Vorsehung danken, daß man zu einem Beruf gehört, der eine hohe und große Berufung ist, weil er sich darauf beschränkt, Männer und Frauen gesund zu machen und zu heilen.

RIDGEON Kurz, ich soll als Mitglied dieses hohen und großen Berufs meinen Patienten töten.

SIR PATRICK Reden Sie nicht so einen Unsinn. Sie brauchen ihn nicht zu töten. Aber Sie können den Fall jemand anders übergeben.
RIDGEON B. B. zum Beispiel, was? *Er sieht ihn bedeutungsvoll an.*
SIR PATRICK *hält seinen Blick aus:* Sir Ralph Bloomfield Bonnington ist ein sehr bedeutender Arzt.
RIDGEON Das ist er.
SIR PATRICK Ich hol mir meinen Hut.
Ridgeon klingelt, während Sir Patrick ins Hotel geht. Ein Ober kommt.
RIDGEON *zum Ober:* Die Rechnung, bitte.
OBER Sofort, Sir. *Er geht sie holen.*

III

Im Atelier von Dubedat. Man blickt durch das große Atelierfenster, im Vordergrund angenommen, auf die gegenüberliegende Wand, die weder Tür noch Fenster hat. Die Tür nach draußen befindet sich in der Seitenwand, links vorne, die Tür zu den Wohnräumen auf der anderen Seite, rechts hinten. Die kalkigen Wände sind untapeziert und mit Kohlezeichnungen und Notizen bekritzelt. Eine Art Thron, ein Sessel auf einem Podium, befindet sich etwas links von der Mitte auf der Höhe der hinteren Tür, und rechts davon eine Staffelei, auf der Höhe der vorderen Tür, mit einem schäbigen Stuhl davor. Neben der Staffelei an der Wand steht ein einfacher Holztisch mit Flaschen, Ölkannen, Bindemittel, farbenverschmierten Lappen, Farbtuben, Pinseln, Zeichenkohle, einer Gliederpuppe, einer alten Spirituslampe und anderen Kleinigkeiten. Ein Sofa, auf dem Zeichenblock, Skizzenbücher, lose Blätter, Zeitungen und Zeitschriften herumliegen, schließt sich an. Neben der vorderen Tür ein Kleiderständer, der mit Louis Garderobe und allerlei anderen Kostümen behängt ist. Auf der anderen Seite der Tür steht ein alter Klavierstuhl. In der Ecke bei der hinteren Tür ein kleiner Teetisch. Die Gliederpuppe, als Kardinal ausstaffiert, mit einer Sense auf dem Rücken und einem Stundenglas in der Hand, scheint Louis mit leerer Bosheit anzulächeln, der in einem weißen, farbbekleckstem Kittel seine Frau malt, die, in Brokat drapiert, auf dem erhöhten Sessel thront. Sie interessiert sich nicht sehr für sein Malen und beschwört ihn ängstlich wegen einer anderen Angelegenheit.

JENNIFER Versprich mir.

LOUIS *führt den Pinsel sorgfältig und mit auffälligem Geschick, während er nachlässig antwortet:* Ich versprech es, mein Liebling.

JENNIFER Wenn du Geld brauchst, fragst du nur mich.

LOUIS Aber es ist so abscheulich, Liebste. Ich hasse Geld. Ich ertrag es nicht, dich dauernd damit zu quälen. Geld, Geld, Geld. Deshalb versuch ichs manchmal bei anderen Leuten, obwohl ich auch das hasse.

JENNIFER Lieber, es ist viel besser, du fragst mich. Die Leute bekommen eine schlechte Meinung von dir.

LOUIS Ich möchte dir dein bißchen Vermögen erhalten und mit meiner eigenen Arbeit Geld verdienen. Sei nicht unglücklich, Liebe, ich schaffe es schon, alles wieder zurückzuzahlen. Und nächstes Jahr ist meine Ausstellung. Da gibt es keine Geldsorgen mehr. *Legt die Palette weg:* So! Jetzt muß ich warten, bis es trocken ist. Komm runter, wenn du willst.

JENNIFER *legt das Tuch ab und steigt, in einem einfachen Kleid aus indischer Seide, herab:* Aber du hast es mir versprochen, ernst und aufrichtig, denke daran, dir nie wieder Geld zu leihen, bevor du nicht zuerst mich gefragt hast.

LOUIS Ernst und aufrichtig. *Umarmt sie:* Ach, meine Liebe, wie recht du hast! Wieviel bedeutet es für mich, dich zu haben, und daß du mich davor beschützt, zu sehr in den Wolken zu leben. Ich schwöre dir feierlich, von diesem Augenblick an werde ich niemand mehr anpumpen.

JENNIFER *entzückt:* Ja, das ist schön. So quält dich dein niederträchtiges Weib und zerrt dich zur Erde zurück. *Sie küßt ihn:* Und jetzt, Lieber, willst du nicht die Zeichnungen für Maclean fertig machen?

LOUIS Das hat Zeit. Ich habe von ihm fast das ganze Geld im voraus bekommen.

JENNIFER Aber, Liebster, deshalb ja gerade solltest du sie fertig machen. Er fragte mich neulich erst wieder, ob du überhaupt noch daran denkst, ihm die Bilder zu liefern.

LOUIS Verfluchte Unverschämtheit! Wofür zum Teufel hält er mich? Durch dieses Gerede habe ich alles Interesse an diesem blöden Auftrag verloren. Ich hätte große Lust, alles rückgängig zu machen und ihm sein Geld zurückzugeben.

JENNIFER Das können wir uns nicht erlauben, Lieber. Mach lieber die Zeichnungen fertig, und damit hat sichs. Ich glaube, es ist ein Fehler, Geld im voraus anzunehmen.

LOUIS Und wovon sollen wir leben?

JENNIFER Es wird sowieso bald keiner mehr bezahlen, bevor er nicht was in den Händen hat.

LOUIS Verdammtes Volk! Die denken an nichts, als an ihr dreckiges Geld.

JENNIFER Aber wenn sie bezahlen, haben sie doch ein Recht darauf, etwas dafür zu bekommen.

LOUIS *schmeichelnd:* Mach Schluß. Die Predigt reicht für heute. Ich habe versprochen, brav zu sein, oder?

JENNIFER *legt die Arme um seinen Hals:* Du weißt, daß ich

Predigten hasse. Und daß ich dich nicht einen Augenblick lang mißverstehe, Lieber, das weißt du?

LOUIS *liebevoll:* Ich weiß. Ich weiß. Ich bin ein Scheusal, und du bist ein Engel. Wenn ich könnte, würde ich das Haus meiner Liebsten in einen Tempel verwandeln und sie schmücken wie eine Göttin, die ich anbete. Ich geh an keinem Geschäft vorüber, ohne mit der Versuchung zu kämpfen, alles, was gut und teuer ist, für dich zu bestellen.

JENNIFER Ich will nichts, nur dich. Lieber. *Sie umarmt ihn, und er erwidert so leidenschaftlich, daß sie sich frei macht:* Nicht! Sei brav. Vergiß nicht, daß die Doktoren heute morgen kommen. Ist es nicht sehr nett von ihnen, daß sie unbedingt kommen wollten, um über dich zu beraten?

LOUIS *kühl:* Sie glauben wahrscheinlich, daß es ihnen neuen Ruhm einbringt, wenn sie mich heilen. Sie würden nicht kommen, wenn es ihnen nicht auch Spaß machte.
Es klopft an der Tür.
Was, ist es schon so weit? *Öffnet die Tür und steht Ridgeon gegenüber:* Hallo, Ridgeon. Entzückt, Sie zu sehn. Kommen Sie rein.

JENNIFER *schüttelt ihm die Hand:* Es ist wirklich nett, daß Sie kommen, Doktor.

LOUIS Sie entschuldigen wohl diese Räuberhöhle? So sieht es aus in einem Atelier. Nicht sehr bequem. Aber ohne Jennifer wäre es noch schlimmer.

JENNIFER Ich geh jetzt. Vielleicht darf ich später kommen und das Urteil hören, wenn Sie mit Louis fertig sind. *Ridgeon verbeugt sich ziemlich förmlich.*
Oder wär es Ihnen lieber, ich käme nicht?

RIDGEON Nein. Durchaus nicht.
Jennifer sieht ihn an, etwas verwirrt durch seine förmliche Art, und geht dann durch die hintere Tür in die Wohnung.

LOUIS *respektlos:* Machen Sie kein so feierliches Gesicht. Oder wird etwas Fürchterliches passieren?

RIDGEON Nein.

LOUIS Na also. Sie können sich nicht vorstellen, wie sich die arme Jennifer auf Ihren Besuch gefreut hat. Sie ist in Sie vernarrt, Ridgeon. Sie hat niemand, mit dem sie sich unterhalten könnte. Ich male meistens. *Nimmt ein Blatt auf:* Da ist eine kleine Sizze, die ich gestern von ihr gemacht habe.

RIDGEON Sie zeigte sie mir vor vierzehn Tagen, als sie das

erste Mal bei mir war.

LOUIS *unerschrocken:* Oh! Wirklich? Großer Gott! Wie die Zeit vergeht! Ich hätte schwören können, daß ich eben erst damit fertig geworden bin. Es ist schlimm für sie, wenn sie sieht, wie sich hier die Bilder stapeln, und ich nehme nichts dafür ein. Nächstes Jahr, nach meiner Ausstellung, werde ich genug verkaufen, das stimmt, aber während das Gras wächst, verhungert das Pferd. Wie ich es hasse, wenn sie Geld von mir will, und ich kann ihr keins geben. Aber was soll ich machen?

RIDGEON Ich habe es so verstanden, daß Mrs. Dubedat einiges Vermögen hat.

LOUIS Oh ja, ein bißchen. Aber wie könnte ein halbwegs anständiger Mann davon etwas anrühren? Nehmen Sie an, ich täte es, was würde ihr zum Leben bleiben, wenn ich sterbe? Ich bin nicht versichert. Ich kann die Prämien nicht aufbringen. *Sucht ein anderes Blatt aus:* Wie gefällt Ihnen dies?

RIDGEON *legt es beiseite:* Ich bin nicht hergekommen, um Ihre Bilder anzusehn. Heut geht es um etwas anderes, was ernster und dringender ist.

LOUIS Sie wollen meine elende Lunge heilen. *Mit plötzlicher Offenheit:* Mein lieber Ridgeon, ich will offen zu Ihnen sein. Es geht in diesem Haus nicht um meine Lunge, sondern um Geld. Es geht nicht um mich, sondern um Jennifer, die damit haushalten muß. Sie haben uns fühlen lassen, daß wir Sie als Freund behandeln dürfen. Wollen Sie uns hundertfünfzig Pfund leihen?

RIDGEON Nein.

LOUIS *überrascht:* Warum nicht?

RIDGEON Ich bin kein reicher Mann. Und ich brauche jeden Penny und mehr für meine Forschungen.

LOUIS Sie meinen, Sie möchten das Geld wieder zurück haben.

RIDGEON Ich nehme an, daß Leute das manchmal meinen, wenn sie Geld verleihen.

LOUIS *denkt einen Moment nach:* Nun, das kann ich für Sie arrangieren. Ich gebe Ihnen einen Scheck – oder sehen Sie her. Es gibt keinen Grund, warum nicht auch Sie dabei profitieren sollten. Ich stelle Ihnen einen Scheck auf zweihundert Pfund aus.

RIDGEON Warum lösen Sie ihn nicht selber ein, und lassen

mich damit zufrieden?

LOUIS Wo denken Sie hin! Niemand würde ihn einlösen. Mein Konto ist überzogen. Nein, wir müssen anders vorgehn. Ich datiere den Scheck auf nächsten Oktober. Im Oktober kriegt Jennifer ihre Zinsen. Sie präsentieren den Scheck bei der Bank, die ihn mit dem Stempel Zurück an den Aussteller oder so ähnlich versieht. Damit gehen Sie zu Jennifer und geben ihr zu verstehn, daß ich ins Gefängnis komme, wenn sie ihn nicht einlöst. Sie bezahlt Ihnen sofort. Das sind für Sie glatte fünfzig Pfund, und Sie haben mir einen wirklichen Dienst erwiesen, alter Knabe, denn ich brauche das Geld sehr nötig, das können Sie mir glauben.

RIDGEON *starrt ihn an:* Sie haben keine Bedenken gegen diese Art von Geschäft und unterstellen, ich hätte auch keine.

LOUIS Was für Bedenken soll es dabei geben? Es ist völlig sicher. Jennifers Zinsen kommen auf jeden Fall.

RIDGEON Ich meine, wie ich das finde – soll ich sagen unehrenhaft?

LOUIS Sicher, wenn ich das Geld nicht so dringend brauchte, hätte ich Ihnen das nicht vorgeschlagen.

RIDGEON Aha! Nun, dann müssen Sie sich das Geld irgendwie anders verschaffen.

LOUIS Soll das heißen, Sie schlagen mirs ab?

RIDGEON Soll heißen –! *Entrüstet:* Selbstverständlich schlage ich ab, Mensch. Wofür halten Sie mich? Wie können Sie es wagen, mir einen solchen Vorschlag zu machen?

LOUIS Warum nicht?

RIDGEON Unverschämtheit! Aber Sie würden mich sowieso nicht verstehn, und wenn ich es Ihnen zehnmal erkläre. Ein für allemal, Sie kriegen von mir nicht einen roten Heller. Ihrer Frau würde ich mit Freuden helfen, aber ich tue ihr keinen Gefallen, wenn ich Ihnen Geld leihe.

LOUIS Also gut, wenn Sie ihr wirklich helfen wollen, kann ich Ihnen sagen, was Sie machen müssen. Bringen Sie Ihre Patienten dazu, Bilder von mir zu kaufen oder sich von mir malen zu lassen.

RIDGEON Meine Patienten rufen mich als Arzt, nicht als Handlungsreisenden.

Es klopft. Louis geht unbefangen zur Tür und setzt das Gespräch im Gehen fort.

LOUIS Bei dem Einfluß, den Sie auf sie haben. Sie müssen doch eine ganze Menge über diese Leute wissen – private Dinge, deren Verbreitung ihnen bestimmt unangenehm wäre. Die würden nicht wagen, einfach nein zu sagen.

RIDGEON *explodiert:* Da hört sich doch alles –
Louis öffnet die Tür und läßt Sir Patrick, Sir Ralph und Walpole eintreten. Ridgeon fährt wütend fort.
Walpole, ich bin höchstens zehn Minuten hier, und schon hat er versucht, mich um hundertfünfzig Pfund anzupumpen. Dann schlug er mir vor, ich sollte seine Frau erpressen, um das Geld wiederzubekommen, und Sie haben ihn gerade dabei unterbrochen, als er mir auseinandersetzte, wie ich meine Patienten dazu bringen könnte, daß sie sich von ihm malen lassen.

LOUIS Das ist also das, Ridgeon, was Sie einen Ehrenmann nennen. Ich sprach vertraulich mit Ihnen.

SIR PATRICK Wir werden alle vertraulich mit Ihnen sprechen, junger Mann.

WALPOLE *hängt seinen Hut an den einzig noch leeren Haken des Kleiderständers:* Wir werden uns hier für eine halbe Stunde häuslich einrichten, Dubedat. Erschrecken Sie nicht. Sie sind ein faszinierender Kerl, und wir mögen Sie.

LOUIS Gut, schon gut. Setzen Sie sich – irgendwohin. Das ist Ihr Platz, Sir Patrick. *Er führt ihn an den erhöhten Sessel:* So!
Er hilft ihm hinauf, Sir Patrick brummt und setzt sich.
Hier sitzen Sie, B. B.
Sir Ralph ist starr über die Vertraulichkeit, aber Louis, unbefangen, legt ein großes Buch und ein Sofakissen auf das Podium rechts unterhalb von Sir Patrick, und B. B., protestierend, setzt sich.
Geben Sie mir Ihren Hut. *Er nimmt ohne weiteres B. B.'s Hut und vertauscht ihn mit dem Kardinalshut auf der Gliederpuppe und zerstört auf lustige Weise die Würde der Sitzung. Dann nimmt er den Klavierstuhl von der Wand und bietet ihn Walpole an:* Sie haben doch nichts dagegen, hier Platz zu nehmen, Walpole?
Walpole setzt sich, faßt in die Tasche und erinnert sich.

WALPOLE Ja, richtig, es handelt sich um meine Zigarettendose. Sie nehmen es mir hoffentlich nicht übel?

LOUIS Was für eine Zigarettendose?

WALPOLE Aus Gold. Von neulich Abend. Sie haben verges-

sen, sie mir wiederzugeben.
LOUIS *überrascht:* Die gehörte Ihnen?
WALPOLE Ja.
LOUIS Das ist mir furchtbar peinlich. Ich war ganz erstaunt, woher ich sie habe. Es tut mir leid, aber das ist alles, was davon übrig ist. *Er langt unter seinen Kittel, holt einen Zettel aus der Tasche und reicht ihn Walpole.*
WALPOLE Ein Pfandschein!
LOUIS *beruhigend:* Da ist sie vollkommen sicher. Sie muß ein Jahr lang aufbewahrt werden. Mein lieber Walpole, wirklich, es tut mir leid. *Er legt seine Hand ungezwungen auf seine Schulter und sieht ihn treuherzig an.*
WALPOLE *sinkt mit einem Seufzer auf den Stuhl:* Es ist nicht der Rede wert. Es erhöht Ihre Faszination.
RIDGEON *steht in der Nähe der Staffelei:* Aber eine Schuld müssen Sie bezahlen, Mr. Dubedat, bevor wir fortfahren.
LOUIS Ich habe eine Masse Schulden zu bezahlen, Ridgeon. Ich hol Ihnen einen Stuhl. *Er geht auf die hintere Tür zu.*
RIDGEON *hält ihn auf:* Sie werden diesen Raum nicht verlassen, bis das erledigt ist. Es ist eine kleine Schuld, aber Sie werden und müssen sie begleichen. Es macht mir nichts aus, daß Sie von einem meiner Gäste zehn und von einem anderen zwanzig Pfund geliehen haben –
WALPOLE Es lag an mir, wie Sie wissen. Ich bot es ihm an.
RIDGEON – denen es nicht weh tat. Aber dem armen Blenkinsop seine letzten Schillinge aus der Tasche zu ziehen, das war schändlich. Ich habe die Absicht, ihm diese zweieinhalb Schillinge zurückzugeben, und ich muß in der Lage sein, ihm mein Ehrenwort zu geben, daß ich das Geld von Ihnen habe. Er will es von Ihnen.
B. B. Ganz recht, Ridgeon, ganz recht. Kommen Sie, junger Mann! Beißen Sie in den sauren Apfel. Zahlen Sie.
LOUIS Sie brauchen sich deswegen nicht so aufzuregen. Natürlich zahl ich. Ich hatte keine Ahnung, daß der arme Bursche so schlecht dran ist. Es trifft mich genau so wie Sie. *Kramt in seinen Taschen:* Aber leider. Ich habe im Moment nichts bei mir. Walpole, würden Sie mir diese zweieinhalb Schilling vorstrecken, damit es in Ordnung kommt.
WALPOLE Ihnen vorstrecken – *Die Sprache versagt ihm.*
LOUIS Wenn nicht, muß Blenkinsop noch warten, denn ich habe keinen Heller. Wenn Sie wollen, können Sie meine

Taschen durchsuchen.
WALPOLE Das ist überzeugend.
Er holt zweieinhalb Schilling hervor. Louis nimmt sie in Empfang und übergibt sie Ridgeon.
LOUIS Da! Ich bin wirklich froh, daß das erledigt ist. Das war das einzige, was mir Gewissensbisse gemacht hätte. Ich hoffe, Sie sind jetzt zufrieden.
SIR PATRICK Nicht ganz, Mr. Dubedat. Kennen Sie zufällig eine junge Frau, die Minnie Tinwell heißt?
LOUIS Minnie! Und ob ich sie kenne. Und Minnie kennt mich auch. Sie ist wirklich ein liebes, nettes Kind. Was ist aus ihr geworden?
WALPOLE Es hat keinen Zweck, uns was vorzumachen, Dubedat. Wir haben ihre Heiratspapiere gesehn.
LOUIS *kühl:* So? Haben Sie auch die von Jennifer gesehn?
RIDGEON *steht zornig auf:* Wagen Sie, darauf anzuspielen, daß Mrs. Dubedat mit Ihnen lebt, ohne mit Ihnen verheiratet zu sein?
LOUIS Warum nicht?
Alle wiederholen ihn, entrüstet oder abwehrend:
B. B. Warum nicht!
SIR PATRICK Warum nicht!
RIDGEON Warum nicht!
WALPOLE Warum nicht!
LOUIS Ja, warum nicht? Eine Menge Leute tut das. Genau so gute Leute wie Sie. Warum lernen Sie nicht denken, anstatt zu blöken und bäh zu machen wie ein Haufen Schafe, wenn Ihnen irgend etwas gegen den Strich geht, weil Sie's nicht gewöhnt sind. *Betrachtet vergnügt ihre abweisende Mienen:* So sollte ich Sie zeichnen, wirklich. Sie sehen zu komisch aus. Besonders Sie, Ridgeon. Jetzt hab ich Sie erwischt.
RIDGEON Wieso, bitte?
LOUIS Sie haben sich in den Kopf gesetzt, Jennifer zu verehren. Stimmt's? Und mich zu verachten.
RIDGEON Ich verabscheue Sie. *Er setzt sich auf das Sofa.*
LOUIS Genau. Und trotzdem glauben Sie von Jennifer gleich das Schlechteste, nur weil ich eine Andeutung mache.
RIDGEON Haben Sie gelogen?
LOUIS Was heißt lügen. Aber Sie witterten sofort einen Skandal, statt klar und nüchtern zu denken. Mit Leuten wie Ihnen macht es mir Spaß zu spielen. Ich habe nur

gefragt, ob Sie Jennifers Heiratspapiere gesehn haben, und Sie schließen messerscharf, daß sie keine hat. Sie sind unfähig, eine Frau zu beurteilen.

B. B. *würdevoll:* Darf ich fragen, was Sie damit meinen?

LOUIS Ich bin nur ein unmoralischer Künstler. Aber wenn Sie mir erzählt hätten, daß Jennifer nicht verheiratet ist, hätte ich so viel Taktgefühl und künstlerischen Instinkt, um zu sehen, daß sie ihre Heiratspapiere im Gesicht und im Charakter trägt. Sie sind alle moralische Menschen, und Jennifer ist bloß die Frau eines Künstlers – wahrscheinlich nur sein Modell. Aber eure ganze Moral besteht darin, andere Leute zu verdächtigen, daß sie nicht legal verheiratet sind. Schämen Sie sich nicht? Kann einer von Ihnen mir jetzt noch ins Gesicht sehn?

WALPOLE Es ist ziemlich schwierig, Ihnen ins Gesicht zu sehen, Dubedat. Ihre Frechheit blendet einen geradezu. Und was ist mit Minnie Tinwell, wie?

LOUIS Minnie Tinwell ist eine junge Frau, die in ihrem armen kleinen Leben drei Wochen unerhörtes Glück genossen hat. Und das ist mehr, als die meisten Frauen erreichen, kann ich Ihnen sagen. Fragen Sie sie, ob sie es rückgängig machen würde, wenn sie könnte. Ihr Name wird in die Geschichte eingehn. Um die kleinen Skizzen, die ich von ihr gemacht habe, wird man sich reißen, und in meiner Biografie erscheint ihr Name. Ganz schön, für ein Zimmermädchen in einem Hotel, finde ich. Was haben Sie, damit verglichen, für sie getan?

RIDGEON Wir haben sie nicht in eine Scheinheirat gelockt und dann verlassen.

LOUIS Nein, den Mut hätten Sie nicht gehabt. Aber machen Sie nicht soviel Aufhebens davon. Ich habe die kleine Minnie nicht verlassen. Wir hatten unser ganzes Geld verbraucht –

WALPOLE Ihr ganzes Geld. Dreißig Pfund.

LOUIS Ich sagte unser Geld. Ihrs und meins auch. Ihre dreißig Pfund hätten nicht drei Tage gereicht. Ich mußte mir doppelt so viel leihen. Aber es tat mir nicht leid darum. Und ihr tat es auch nicht leid. Als wir blank waren, hatten wir genug. Sie glauben doch selber nicht, daß wir fähig gewesen wären, länger zusammen zu bleiben. Ich, ein Künstler, und sie, die der Kunst und allem, was damit zusammenhängt, völlig fremd gegenübersteht.

Das war kein Verlassen, kein Mißverstehn, keine Polizeiaktion oder Scheidungsgeschichte, über die sich moralische Leute wie Sie beim Frühstück das Maul zerreißen. Wir sagten nur, gut, das Geld ist alle, wir hatten eine schöne Zeit, die niemand uns nehmen kann, einen Kuß noch, und wir scheiden als gute Freunde. Sie ging zurück in ihren Dienst und ich in mein Atelier und zu meiner Jennifer, beide besser und glücklicher als vor diesen Wochen.

WALPOLE Welch rührende Geschichte, bei Gott!

B. B. Wenn Sie wissenschaftlich gebildet wären, Mr. Dubedat, würden Sie wissen, wie höchst selten tatsächliches Geschehn ein Prinzip bestätigt. In der medizinischen Praxis kann ein Mensch sterben, wenn er, wissenschaftlich gesprochen, am Leben hätte bleiben sollen. Ich habe wirklich einen Menschen gekannt, der an einer Krankheit gestorben ist, gegen die er, wissenschaftlich gesprochen, immun war. Aber das beeinträchtigt nicht die fundamentale Wahrheit der Wissenschaft. Genau so kann in der Moral das Benehmen eines Menschen völlig harmlos und sogar wohltuend sein, auch wenn er sich unmoralisch wie ein Schuft verhält. Und er kann großen Schaden anrichten, wenn er nach höchsten moralischen Prinzipien handelt. Aber das beeinträchtigt nicht die fundamentale Wahrheit der Moralität.

SIR PATRICK Und es beeinträchtigt nicht das Gesetz über den Tatbestand der Bigamie.

LOUIS Bigamie, Bigamie, Bigamie! Was für eine Faszination hat für Sie doch alles, was mit der Polizei zusammenhängt, Sie Moralisten! Ich habe Ihnen bewiesen, daß Sie völlig im Irrtum waren, was die Moral betrifft. Jetzt werde ich Ihnen zeigen, daß Sie sich im Hinblick auf die Rechtmäßigkeit ebenfalls irren, und ich hoffe, das wird eine Lektion für Sie sein, in nächster Zeit weniger selbstgefällig zu agieren.

WALPOLE Quatsch! Sie waren schon verheiratet, als Sie sie heirateten, und damit ist alles klar.

LOUIS Klar! Warum denken Sie nicht? Woher wissen Sie, daß sie nicht auch schon verheiratet war?

B. B. Walpole! Ridgeon!

RIDGEON Das ist die Höhe.

WALPOLE Verdammt nochmal!

SIR PATRICK Sie Halunke.
LOUIS *ignoriert ihr Geschrei:* Sie war mit einem Steward von einem Überseedampfer verheiratet. Er verschwand und ließ sie sitzen, und sie dachte, sie kann wieder heiraten, wenn sie drei Jahre nichts von dem Mann gehört hat. So wie sie sich als durchaus anständige Frau weigerte, irgendwas mit mir zu haben, bevor wir nicht verheiratet sind. Daher ließ ich die Zeremonie über mich ergehn, ihr zuliebe und um ihrer Selbstachtung willen.
RIDGEON Haben Sie ihr erzählt, daß Sie schon verheiratet sind?
LOUIS Natürlich nicht. Wenn sie das gewußt hätte, wie hätte sie sich da als meine Frau fühlen können. Sie scheinen es noch immer nicht zu begreifen.
SIR PATRICK Sie riskierten also, daß man sie ihrer Unwissenheit wegen einsperrt?
LOUIS Ich riskierte, ihretwegen eingesperrt zu werden. Für mich war es dasselbe Risiko. Wenn ein Mann derartige Opfer für eine Frau bringt, prahlt er nicht damit vor ihr, wenigstens dann nicht, wenn er ein Gentleman ist.
WALPOLE Was machen wir mit diesem Prachtexemplar?
LOUIS *ungeduldig:* Ach gehen Sie hin und machen Sie, was Sie wollen. Lassen Sie Minnie einsperren. Lassen Sie mich einsperren. Lassen Sie Jennifer an all der Schande zugrunde gehn. Und danach, wenn Sie all dies Unheil angerichtet haben, gehen Sie in die Kirche und fühlen Sie sich erhoben. *Er setzt sich mürrisch auf den alten Stuhl vor der Staffelei, nimmt einen Block und beginnt zu zeichnen.*
WALPOLE Er hat es uns gegeben.
SIR PATRICK *grimmig:* Das hat er.
B. B. Aber ist es ihm erlaubt, die Strafgesetze zu übertreten?
SIR PATRICK Die Strafgesetze taugen nicht für anständige Menschen. Sie helfen nur Gaunern, ihre Familien zu erpressen. Was tun wir Hausärzte die halbe Zeit anderes, als zusammen mit dem Anwalt der Familie zu verhandeln, um irgendeinen Schurken vor dem Gefängnis und die Familie vor Schande zu bewahren?
B. B. Aber zuletzt wird es ihn treffen.
SIR PATRICK Oh ja, es wird ihn treffen. Es wird nicht nur ihn treffen, sondern alle, die mit ihm verbunden sind, ob schuldig oder unschuldig. Er kriegt ein paar Tage Kost und Logis von unseren Steuergeldern, und dann lassen sie

ihn, gefährlicher als vorher, wieder auf uns los. Man wird das Mädchen ins Gefängnis werfen und ruinieren. Man wird das Leben seiner Frau zerstören. Schlagen Sie sich das Gesetz ein für allemal aus dem Kopf. Es taugt nur für Narren und Wilde.

LOUIS Würden Sie bitte Ihr Gesicht etwas zu mir herdrehen, Sir Patrick.
Sir Patrick dreht sich und starrt ihn empört an.
Nicht so weit.

SIR PATRICK Legen Sie Ihren blödsinnigen Stift beiseite, Mensch, und denken Sie an Ihre Lage. Sie können menschliche Gesetze verachten, aber es gibt Gesetze, mit denen Sie rechnen müssen, ob Sie wollen oder nicht. Wissen Sie, daß Sie dabei sind zu sterben?

LOUIS Wir sind alle dabei zu sterben, oder?

WALPOLE Wir sind nicht dabei, in sechs Monaten zu sterben.

LOUIS Woher wissen Sie das?
Das ist für B. B. die größte Frechheit. Er verliert die Geduld, steht auf und beginnt erregt auf und ab zu gehn.

B. B. Bei meiner Seele, das laß ich mir nicht gefallen. Es zeugt von fragwürdigem Geschmack, unter allen Umständen und bei jeder Gelegenheit auf die Tatsache des Todes anzuspielen, aber es ist bodenlos feige, vor einem Arzt daraus Nutzen zu ziehn. *Donnert Dubedat an:* Ich erlaube es nicht, hören Sie?

LOUIS Ich hab nicht davon angefangen. Das taten Sie. Es ist immer dasselbe bei Leuten mit unkünstlerischen Berufen. Wenn die Argumente ausgehn, versucht man es mit Einschüchterung. Ich habe noch keinen Rechtsanwalt getroffen, der mir nicht damit drohte, mich früher oder später ins Gefängnis zu bringen. Ich habe noch keinen Pfaffen gekannt, der mir nicht mit der Verdammnis gedroht hätte. Und jetzt drohen Sie mir mit dem Tod. Mit all Ihrem großartigen Geschwätz haben Sie nur einen wirklichen Trumpf in der Hand, und das ist, mich einzuschüchtern. Aber ich bin kein Feigling, daher hat es bei mir keinen Zweck.

B. B. *geht auf ihn zu:* Ich sage Ihnen, was Sie sind, Sir. Sie sind ein Schuft.

LOUIS Es macht mir nichts aus, wenn Sie mich einen Schuft nennen. Ein Wort, mehr nicht. Ein Wort, von dem Sie nicht einmal wissen, was es bedeutet. Was ist ein Schuft?

B. B. Sie sind ein Schuft, Sir.

LOUIS Genau. Was ist ein Schuft? Ich bin einer. Was bin ich? Ein Schuft. Und immer so weiter im Kreis herum. Und Sie bilden sich ein, ein Mann der Wissenschaft zu sein!

B. B. Ich – ich – ich hätte große Lust, Sie beim Kragen zu packen, Sie infamer Halunke, und Sie gehörig durchzuprügeln.

LOUIS Tun Sies doch. Da hätten Sie ganz schön zu zahlen, um die Sache zu vertuschen.

B. B. weicht schnaubend zurück.

Haben Sie noch irgendwelche anderen Höflichkeiten, die Sie mir in meinem eigenen Hause erweisen möchten? Es wär mir lieb, Sie rückten damit heraus, bevor meine Frau zurückkommt. *Er zeichnet weiter.*

RIDGEON Mein Entschluß ist gefaßt. Wenn das Gesetz versagt, müssen ehrliche Menschen eigene Mittel und Wege finden. Ich werde keinen Finger rühren, um diese Bestie zu retten.

B. B. Bestie. Das ist das Wort, was ich gesucht habe.

WALPOLE Ich kann mir nicht helfen, Dubedat, ich mag Sie trotzdem. Aber Sie sind wahrhaftig ein extremer Fall.

SIR PATRICK Sie wissen jetzt, was für eine Meinung wir von Ihnen haben.

LOUIS *legt den Stift hin, geduldig:* Sehen Sie. Das ist alles sinnlos. Sie verstehen nichts. Sie bilden sich ein, ich sei ein gewöhnlicher Verbrecher.

WALPOLE Kein gewöhnlicher, Dubedat. Seien Sie gerecht gegen sich.

LOUIS Nun, Sie sind alle zusammen auf dem Holzweg. Ich bin kein Krimineller. All Ihr Moralisieren hat keinen Wert für mich. Ich glaube nicht an die Moral. Ich bin ein Anhänger von Bernard Shaw.

SIR PATRICK *verwirrt:* Was?

B. B. *mit einer Handbewegung, als ob die Sache damit für ihn erledigt wäre:* Das genügt. Ich brauche nichts mehr zu hören.

LOUIS Natürlich bilde ich mir nichts darauf ein, und ich weiß nicht, ob ich mein Vorbild jemals erreichen werde. Aber es ist ein Ideal, dem ich nachstrebe. So wie jeder Mensch seinem Ideal nachstrebt.

B. B. *unduldsam:* Genug. Ich verstehe Sie jetzt vollkommen. Sagen Sie nichts mehr, bitte. Wenn einer vorgibt über

Wissenschaft, Moral und Religion zu diskutieren, und sich dann offen als Anhänger eines notorischen Impfgegners bekennt, da gibt es nichts mehr zu sagen. *Wendet sich plötzlich an Ridgeon:* Mein lieber Ridgeon, nicht daß ich an die Impfung im volkstümlichen Sinne irgendwie mehr als Sie glaube. Das brauche ich Ihnen nicht zu sagen. Aber es gibt Dinge, die einen Menschen sozial einordnen, und die Impfgegnerschaft ist eines davon. *Er setzt sich wieder auf seinen Platz zu Füßen von Sir Patrick.*

SIR PATRICK Bernard Shaw? Ich hab nie von ihm gehört. Ein Methodistenprediger, vermute ich.

LOUIS *empört:* Nein, nein, er ist einer der fortschrittlichsten Menschen, die je gelebt haben. Er war nichts Bestimmtes.

SIR PATRICK Ich versichere Ihnen, junger Mann, mein Vater hörte John Wesley noch mit eigenen Ohren, wenn er von der Vergebung der Sünden predigte, bevor Sie oder Mr. Shaw geboren waren. Das war eine sehr gebräuchliche Lehre, um Betrügereien jedweder Art zu rechtfertigen. Sie sind ein echter Methodist, mein Junge, Sie wissen es bloß noch nicht.

LOUIS *zum erstenmal verärgert:* Das ist eine Beleidigung des Verstandes. Ich glaube nicht daran, daß es so etwas wie Sünde gibt.

SIR PATRICK Nun, Sir, es gibt auch Leute, die nicht daran glauben, daß es so etwas wie Krankheit gibt. Die nennen sich Gesundbeter, glaub ich. Die sind für Ihren Fall das richtige. Wir können nichts für Sie tun. *Er steht auf:* Guten Tag.

LOUIS *geht zu ihm hin:* Bitte, gehen Sie nicht, Sir Patrick. Bleiben Sie sitzen. Bitte. Ich wollte Sie nicht kränken, wirlich. Setzen Sie sich wieder hin. Geben Sie mir noch diese Gelegenheit. Noch zwei Minuten. Mehr brauch ich nicht.

SIR PATRICK *erstaunt über den Charme und ein wenig gerührt:* Meinetwegen – *Er setzt sich hin.*

LOUIS *taktvoll:* Tausend Dank. *Er zeichnet weiter.*

SIR PATRICK *fährt fort:* – die zwei Minuten machen mir nichts aus. Aber erwarten Sie nichts von mir. Ich praktiziere nicht mehr, und ich gestehe, daß ich nicht in der Lage bin, Ihnen zu helfen. Ihr Leben liegt in den Händen meiner Kollegen.

RIDGEON Nicht in meinen. Ich habe vollauf zu tun. Ich habe

keine Zeit und keine verfügbaren Mittel für diesen Fall.
SIR PATRICK Und was sagen Sie dazu, Mr. Walpole?
WALPOLE Oh, ich werde ihn übernehmen. Ich habe nichts dagegen. Ich bin vollkommen davon überzeugt, daß es sich letzten Endes nicht um Moral handelt. Es ist ein durchaus physischer Fall. Sein Gehirn arbeitet anomal. Das hängt wahrscheinlich mit einem krankhaften Zustand zusammen, der das Rückenmark betrifft. Und das wieder deute auf den Kreislauf hin. Somit scheint mir klar, daß er an einer Form von obskurer Blutvergiftung leidet, die mit ziemlicher Sicherheit von der Ansammlung gärender Stoffe im Parabeutel herrührt. Ich werde den Beutel entfernen.
LOUIS Das heißt, Sie wollen mich operieren? Nein, ich bedanke mich.
WALPOLE Keine Angst. Sie spüren überhaupt nichts. Sie sind vollkommen betäubt. Und es wird außerordentlich interessant werden. Für uns beide.
LOUIS Gut, wenn es Sie interessiert, und es tut nicht weh, das ist was anderes. Und wieviel bekomm ich dafür?
WALPOLE *steht empört auf:* Wieviel! Was soll das heißen?
LOUIS Oder soll ich dafür zahlen, daß Sie mir den Bauch aufschneiden dürfen?
WALPOLE Würden Sie mich etwa umsonst malen?
LOUIS Nein. Aber ich gebe Ihnen das Bild, wenn es fertig ist, und Sie können es später vielleicht für das doppelte Geld weiterverkaufen. Aber meinen Parabeutel kann ich nicht verkaufen, wenn Sie ihn herausgeschnitten haben.
WALPOLE Ridgeon, haben Sie jemals so etwas gehört? *Zu Louis:* Dann behalten Sie Ihren Beutel und Ihre tuberkulose Lunge und Ihr krankes Gehirn. Ich bin fertig mit Ihnen. Als ob ich ihm nicht einen Gefallen erweisen wollte! *Er geht zurück an seinen Klavierstuhl und setzt sich zornig hin.*
SIR PATRICK Da bleibt nur noch einer übrig, der Ihren Fall nicht abgelehnt hat, Mr. Dubedat. Und das ist Sir Ralph Bloomfield Bonington.
WALPOLE Wenn ich Sie wäre, B. B., würde ich ihn nicht mit der Kneifzange anfassen. Lassen Sie ihn mit seiner Lunge ins Brompton Hospital gehen. Sie werden ihn da nicht heilen, aber sie werden ihm Manieren beibringen.
B. B. Ich kann nun mal schlecht nein sagen, sogar ganz und

gar unwürdigen Leuten gegenüber. Im übrigen fühle ich mich verpflichtet zu sagen, daß es für mich als Mediziner vollkommen unmöglich ist, die Frage nach dem Wert des Lebens zu stellen, das ich retten soll. Überlegen Sie mal, Ridgeon. Hören Sie mich an, Paddy. Befreien Sie sich von aller Heuchelei, Walpole.

WALPOLE *entrüstet:* Ich denke nicht daran zu heucheln.

B. B. Ganz recht. Also jetzt sehen Sie sich mal meine Praxis an. Es ist eine Praxis, die Sie vermutlich modern nennen, eine elegante Praxis, eine Praxis in der besten Gegend. Und nun verlangen Sie von mir, ich sollte mich fragen, ob meine Patienten auf irgendeine Weise für sich oder für jemand anders nützlich sind. Wenn Sie das durchdiskutieren und wollen es wissenschaftlich analysieren, werden Sie dieses Problem ad absurdum führen. Sie werden herausbekommen, daß die Mehrzahl der Menschen, wie mein Freund Mr. Barrie es kurz und bündig formuliert hat, besser tot wäre. Besser tot. Es gibt Ausnahmen, ohne Zweifel. Zum Beispiel, es gibt den Hof, eine im höchsten Sinn sozialdemokratische Einrichtung, unterhalten von öffentlichen Geldern, weil die Öffentlichkeit es will und ihn gern hat. Meine Patienten vom Hof sind Leute, die fleißig arbeiten und dadurch ihre Befriedigung haben. Auch ein Herzog oder zwei sind darunter, deren Güter wahrscheinlich besser bewirtschaftet sind, als wenn sie in öffentlicher Hand wären. Aber was den Rest betrifft, wenn ich davon anfangen wollte, so würde das Urteil fraglos lauten, besser tot. Wenn von diesen wirklich einer stirbt, sag ich dasselbe manchmal als Trost, kaum verhüllt, der Familie. *Durch den Tonfall der eigenen Stimme eingelullt, wird er schläfrig und schläfriger:* Die Tatsache, daß sie für den medizinischen Beistand so übermäßig viel Geld ausgeben, ist für mich kein Grund, meine Fähigkeiten zu vergeuden, um sie – so wie sie sind – am Leben zu erhalten. Meine Honorare sind hoch, sicher, aber ich habe auch enorme Ausgaben. Meine persönlichen Ansprüche sind gering, ein Feldbett, ein paar Räume, ein Stück Brot, eine Flasche Wein, und ich bin glücklich und zufrieden. Die Ansprüche meiner Frau mögen üppiger sein, aber sogar sie beklagt einen Aufwand, der nur den einen Zweck hat, einen Status aufrecht zu erhalten, den meine Patienten von ihrem Arzt gewöhnt sind. Das und – das – und – *Wird plötzlich wach:* Ich hab den Faden der Geschichte verloren. Worüber hab ich gesprochen, Ridgeon?

RIDGEON Über Dubedat.

B. B. Ach ja. Richtig. Danke. Dubedat, natürlich. Nun, und was ist unser Freund Dubedat? Ein lasterhafter, unwissender junger Mann mit einem Talent zum Zeichnen.

LOUIS Danke. Nehmen Sie keine Rücksicht auf mich.

B. B. Aber andrerseits, was sind viele von meinen Patienten? Lasterhafte, unwissende junge Leute ohne Talent zu irgendwas. Wäre ich gezwungen über ihren Wert nachzudenken, müßte ich auf dreiviertel meiner Praxis verzichten. Ich denke also nicht darüber nach. Und als ehrlicher Mann, der sich dies bei zahlenden Patienten zur Regel gemacht hat, kann ich eine Ausnahme machen bei einem Patienten, der, weit entfernt ein zahlender Patient zu sein, eher als ein Patient, der einen anpumpt, beschrieben werden müßte? Nein. Ich sage, nein. Mr. Dubedat, Ihr moralischer Charakter geht mich nichts an. Ich betrachte Sie vom rein wissenschaftlichen Standpunkt aus. Für mich sind Sie ganz einfach ein Schlachtfeld, auf dem eine Invasionsarmee von Tuberkelbazillen gegen die heimische Streitmacht der Phagozyten kämpft. Diese Phagozyten gilt es zu stärken und zu vermehren. Ich werde sie vermehren. Ich habe es Ihrer Frau versprochen. Ich habe Ihrer Frau ein Versprechen gegeben, das zu brechen mir meine Prinzipien nicht erlauben. *Er setzt sich erschöpft auf seinen Platz.*

SIR PATRICK Also Mr. Dubedat, da Sir Ralph sich so freundlich angeboten hat, Ihren Fall zu übernehmen und da die zwei Minuten, die ich Ihnen zugesagt hatte, um sind, muß ich Sie bitten, mich zu entschuldigen. *Er steht auf.*

LOUIS Aber gewiß. Ich habe das, was ich von Ihnen wollte. *Steht auf und hält ihm den Zeichenblock hin:* Da! Während Sie geredet haben, hab ich was getan. Was ist von Ihrem Moralisieren übrig geblieben? Ein bißchen Stickstoff, der die Luft verschlechtert hat. Und was ist übrig geblieben von meiner Arbeit? Hier. Sehen Sie sichs an. *Ridgeon steht auf und sieht es an.*

SIR PATRICK *steigt zu ihm herunter:* Sie Grünschnabel, Sie wollten mich also nur zeichnen?

LOUIS Natürlich. Was sonst?

SIR PATRICK *nimmt das Blatt und brummt beifällig:* Das ist

ziemlich gut. Finden Sie nicht, Colly?
RIDGEON Ja. So gut, daß ich es haben möchte.
SIR PATRICK Danke, aber das behalte ich lieber selbst. Was meinen Sie, Walpole?
WALPOLE *steht auf und tritt hinzu:* Nein, bei Gott, das muß ich haben.
LOUIS Ich wollte, ich könnte es Ihnen geben, Sir Patrick. Aber ich würde Ihnen eher fünf Pfund schenken, als mich davon zu trennen.
RIDGEON Was das betrifft, ich gebe Ihnen sechs.
WALPOLE Zehn.
LOUIS Ich denke, Sir Patrick, als Modell sozusagen, hat einen moralischen Anspruch darauf. Darf ich es Ihnen für zwölf Pfund zuschicken?
SIR PATRICK Zwölf Pfund! Nein, junger Mann, und wenn Sie Präsident der königlichen Akademie wären. *Er gibt das Blatt zurück und nimmt seinen Hut.*
LOUIS *zu B. B.:* Wollen Sie es für zwölf haben, Sir Ralph?
B. B. *tritt zwischen Louis und Walpole:* Zwölf Pfund? Ja, das will ich. *Er nimmt das Blatt und gibt es Sir Patrick:* Nehmen Sie es von mir an, Paddy, und mögen Sie noch lange Ihre Freude daran haben.
SIR PATRICK Danke Ihnen. *Er legt das Blatt in seinen Hut.*
B. B. Ich brauche wohl nicht sofort mit Ihnen abzurechnen, Mr. Dubedat. Mein Honorar wird mehr als das betragen. *Er nimmt seinen Hut.*
LOUIS *entrüstet:* Nun, bei allem was recht ist – *Ihm fehlen die Worte:* Ich würde mich eher umbringen, als sowas zu tun. Das ist glatter Diebstahl.
SIR PATRICK *trocken:* Da haben wir Sie also doch dazu gebracht, an die Moral zu glauben, wie?
LOUIS Puh! *Zu Walpole:* Ich werde was Neues für Sie machen, Walpole, wenn Sie mir die zehn Pfund geben, von denen Sie sprachen.
WALPOLE Schön. Ich werde bezahlen, wenn Sie mirs abliefern.
LOUIS Wofür halten Sie mich? Haben Sie kein Vertrauen zu mir?
WALPOLE Kein bißchen.
LOUIS Oh ja, natürlich, wenn das Ihre Meinung ist, können Sie nicht anders. Aber bevor Sie gehn, Sir Patrick, lassen Sie mich Jennifer holen, wenn es Ihnen nichts ausmacht.

Ich weiß, sie wird sich freuen, Sie zu sehn. *Er geht an die hintere Tür:* Und noch ein Wort. Sie haben alle ziemlich offen über mich gesprochen – in meinem eigenen Hause noch dazu. Mir macht es nichts aus, ich bin ein Mann und kann mich selber schützen. Aber wenn Jennifer kommt, erinnern Sie sich bitte daran, daß sie eine Lady ist, und daß man Sie für Gentlemen hält. *Er geht hinaus.*
WALPOLE Donnerwetter! *Er hält die Situation für unbeschreibbar und nimmt seinen Hut.*
RIDGEON Verdammte Unverschämtheit!
B. B. Es würde mich gar nicht überraschen zu hören, daß er aus gutem Hause ist. Sooft ich sicheres Auftreten und Selbstbeherrschung antreffe, ohne daß ein plausibler Grund dafür vorliegt, diagnostiziere ich gute Familie.
RIDGEON Sagen Sie künstlerisches Genie, B. B. Das rettet ihm, bei aller Verkommenheit, die Achtung vor sich selber.
SIR PATRICK So ist die Welt nun mal. Die anständigen und bescheidenen Leute werden immer von talentierten Angebern beschimpft und aus der Fassung gebracht.
B. B. *weigert sich, das zu akzeptieren:* Ich bin nicht aus der Fassung gebracht. Ich würde, bei Gott, gern jemand sehn, der mich aus der Fassung bringen kann.
Jennifer kommt herein.
Ah, Mrs. Dubedat! Und wie geht es uns heute?
JENNIFER *schüttelt ihm die Hand:* Ich danke Ihnen allen so sehr, daß Sie gekommen sind. *Sie schüttelt Walpole die Hand:* Ich danke Ihnen, Sir Patrick. *Sie schüttelt Sir Patrick die Hand:* Das Leben ist wieder lebenswert, seit ich Sie kennengelernt habe. Seit Richmond habe ich keinen Augenblick mehr Angst gehabt. Und wenn ich an die Zeit davor denke. Wollen Sie nicht Platz nehmen und mir das Ergebnis der Beratung mitteilen.
WALPOLE Ich gehe schon mal, Mrs. Dubedat, wenn es Ihnen nichts ausmacht. Ich habe eine Verabredung. Lassen Sie mich nur noch sagen, daß ich mit meinen Kollegen hier völlig einer Meinung bin, was die Art des Falles betrifft. Mit den Ursachen und der Heilung habe ich nichts zu tun, ich bin nur Chirurg. Diese Gentlemen sind Internisten und werden Sie beraten. Ich mag meine eigenen Ansichten haben, ich habe sie tatsächlich, und sie sind meinen Kollegen bekannt. Wenn Sie mich brauchen – und schließlich

wird man mich brauchen – so weiß jeder, wo ich zu finden bin. Ich bin immer für Sie da. Bis dahin guten Tag und auf Wiedersehn. *Er geht und verwirrt Jennifer durch seinen unerwarteten Aufbruch und sein steifes Benehmen.*

SIR PATRICK Auch mich bitte ich zu entschuldigen, Mrs. Dubedat.

RIDGEON *besorgt:* Sie gehen?

SIR PATRICK Ja, ich kann hier nicht helfen, und ich muß nach Hause. Wie Sie wissen, Madam, praktiziere ich nicht mehr. Ich kann also den Fall nicht übernehmen. Die Sache entscheidet sich zwischen Sir Colenso Ridgeon und Sir Ralph Bloomfield Bonigton. Die beiden kennen meine Meinung. Ihnen einen guten Tag, Madam. *Er geht auf die Tür zu.*

JENNIFER *hält ihn zurück:* Das hat doch nichts Schlimmes zu bedeuten? Oder geht es ihm schlechter?

SIR PATRICK Nein, nicht schlechter. Er ist genau derselbe wie in Richmond.

JENNIFER Oh, vielen Dank. Sie haben mich so erschreckt. Entschuldigen Sie.

SIR PATRICK Nicht der Rede wert, Madam. *Er geht hinaus.*

B. B. Also Mrs. Dubedat, wenn ich den Patienten in meine Obhut nehme –

JENNIFER *erschrocken, mit einem Blick auf Ridgeon:* Sie! Aber ich dachte, daß Sir Colenso –

B. B. *lächelt in der Überzeugung, daß es für sie eine willkommene Überraschung ist:* Meine liebe gnädige Frau, Ihr Mann soll mich haben.

JENNIFER Aber –

B. B. Kein Wort. Es ist mir ein Vergnügen, Ihretwegen. Sir Colenso Ridgeon wird an seinem Platz sein, im baktereologischen Institut. Ich werde an meinem Platz sein, am Krankenbett. Ihr Mann wird behandelt werden, als ob er ein Mitglied der königlichen Familie ist.
Jennifer fühlt sich unbehaglich und will wieder protestieren.
Keine Dankbarkeit. Es würde mich verwirren, bitte nicht. Und jetzt darf ich fragen, ob Sie an diese Wohnung gebunden sind. Natürlich, das Auto hat die Entfernung verringert, aber ich gestehe, es wäre für mich ein klein wenig bequemer, wenn Sie ein bißchen näher wohnten.

JENNIFER Wie Sie sehen, gehören das Atelier und die Wohnung zusammen. Wir könnten in eine Pension ziehen. Aber ich habe so schlechte Erfahrungen damit. Das Personal ist furchtbar unehrlich.

B. B. Aha! Wirklich? Wirklich? Gott ja!

JENNIFER Ich war nie gewöhnt, meine Sachen abzuschließen. Und ich vermißte so viele kleine Beträge. Schließlich geschah etwas Schreckliches. Ein Fünfpfundschein war weg. Die Spur führte zu dem Zimmermädchen, und die behauptete doch wirklich, Louis hätte ihr das Geld gegeben. Und er ließ nicht zu, daß ich etwas gegen sie unternahm. Er ist so zartfühlend, daß solche Dinge ihn rasend machen.

B. B. Aha – hm – na ja – sagen Sie nichts mehr, Mrs. Dubedat. Sie werden nicht umziehn. Wenn der Berg nicht zum Propheten kommt, muß der Prophet eben zum Berg kommen. Also gut. Ich werde Ihnen schreiben und eine Zusammenkunft festsetzen. Wir werden beginnen, die Phagozyten zu stimulieren am – am – wahrscheinlich nächsten Dienstag, aber wie gesagt, ich gebe Ihnen noch Bescheid. Verlassen Sie sich auf mich. Regen Sie sich nicht auf, essen Sie regelmäßig, schlafen Sie gut, bleiben Sie in Schwung, halten Sie den Patienten bei guter Laune und hoffen Sie das Beste. Kein Mittel übertrifft eine charmante Frau, keine Medizin ist besser als Frohsinn und kein Ausweg ohne die Wissenschaft. Auf Wiedersehn, auf Wiedersehn, auf Wiedersehn. *Er schüttelt ihr die Hand, geht auf die Tür zu, bleibt stehn und wendet sich an Ridgeon:* Schicken Sie mir Dienstag morgen einige Ampullen von Ihrem Antitoxin. Sie wissen schon. Vergessen Sie es nicht. Wiedersehn, Colly. *Er geht hinaus.*

RIDGEON Sie sehen wieder so mutlos aus.
Sie ist den Tränen nahe.
Was ist los? Sind Sie enttäuscht?

JENNIFER Ich weiß, ich sollte sehr dankbar sein. Glauben Sie mir, ich bin sehr dankbar. Aber – aber –

RIDGEON Nun?

JENNIFER Ich hatte mein Herz daran gehängt, daß Sie Louis heilen.

RIDGEON Sir Ralph Bloomfield Bonington ist –

JENNIFER Ja, ich weiß, ich weiß. Es ist ein großes Privileg, von ihm behandelt zu werden. Aber ich hatte nur an Sie gedacht. Vielleicht ist es unvernünftig, ich kann es mir nicht erklären, aber ich hatte ein so starkes Gefühl, daß Sie ihn heilen werden. Ich habe es nicht – ich kann es nicht haben bei Sir Ralph. Und Sie hatten es mir versprochen. Warum geben Sie Louis auf?

RIDGEON Ich habe es Ihnen erklärt. Ich kann keinen neuen Fall übernehmen.

JENNIFER Und in Richmond?

RIDGEON In Richmond dachte ich noch, ich habe Platz für einen weiteren Fall. Aber mein alter Freund Dr. Blenkinsop hat Anspruch darauf. Er ist auch lungenkrank. Das wußte ich nicht.

JENNIFER Meinen Sie diesen älteren Mann – diesen ziemlich albernen –

RIDGEON *unterbricht sie streng:* Ich meine den Gentleman, der mit uns gegessen hat. Ein ausgezeichneter und ehrenwerter Mann, dessen Leben so wertvoll ist wie das irgendeines anderen. Ich habe vereinbart, daß ich seinen Fall übernehme, und daß Sir Ralph Bloomfield Bonington Mr. Dubedat übernimmt.

JENNIFER *empört:* Jetzt weiß ich Bescheid! Oh! Sie sind neidisch und gemein und grausam. Und ich dachte, Sie stehen darüber.

RIDGEON Wie meinen Sie das?

JENNIFER Denken Sie, ich merke das nicht? Aber so war es oft. Was bringt denn jeden gegen ihn auf? Kann ihm niemand verzeihen, daß er allen überlegen ist? Daß er klüger ist? Daß er tapferer ist? Daß er ein großer Künstler ist?

RIDGEON Das alles kann ich ihm verzeihen.

JENNIFER Oder haben Sie sonst was gegen ihn? Ich habe schon viele, die gegen ihn waren, aufgefordert – ich habe sie herausgefordert, von Angesicht zu Angesicht, mir zu sagen, was er Schlechtes getan, welchen niedrigen Gedanken er geäußert hat. Und keiner konnte es, nicht ein einziger. Nun fordere ich Sie heraus. Was haben Sie ihm vorzuwerfen?

RIDGEON Ich bin wie alle. Von Angesicht zu Angesicht mit Ihnen weiß ich nichts gegen ihn vorzubringen.

JENNIFER Aber Ihr Benehmen hat sich verändert. Und Sie haben Ihr Versprechen gebrochen.

RIDGEON Immerhin, einige der besten Mediziner Londons haben über ihn beraten, und eine Kapazität unsres Berufes hat seinen Fall übernommen. Sicher –

JENNIFER Oh, es ist so grausam, mir das immer wieder

vorzurechnen. Auch wenn es stimmt. Aber es stimmt nicht. Denn zu Ihnen habe ich Vertrauen, und zu den andern hab ich kein Vertrauen. Kein bißchen. Wir hatten so viele Ärzte. Ich weiß, wie es sich anhört, wenn sie nur reden und reden ... nichts tun können. Mit Ihnen ist es anders. Das spüre ich. Sie müssen mich anhören, Doktor. *Plötzlich besorgt:* Verletzt es Sie, wenn ich einfach Doktor zu Ihnen sage?

RIDGEON Unsinn. Ich bin Doktor. Aber Sir Ralph dürfen Sie nicht so nennen.

JENNIFER Was geht mich Sir Ralph an. Sie müssen mir helfen. Bitte, setzen Sie sich und hören Sie mich an. Ein paar Minuten noch.
Er nickt ernst und nimmt auf dem Sofa Platz. Sie setzt sich auf den alten Stuhl vor der Staffelei.
Danke. Ich will Sie nicht lange aufhalten, aber ich muß Ihnen die ganze Wahrheit sagen. Hören Sie, ich kenne Louis, wie kein anderer Mensch auf der Welt ihn kennt oder jemals kennen wird. Ich bin seine Frau. Ich weiß, er hat kleine Fehler. Er ist ungeduldig, empfindlich und sogar selbstsüchtig. Fehler, die ihm zu unerheblich sind, als daß er sie wahrnimmt. Und ich weiß, daß er in Geldangelegenheiten die Leute manchmal schockiert, weil er sich nichts daraus macht und nicht versteht, wie wichtig das Geld für gewöhnliche Leute ist. Sagen Sie mir, hat er – hat er Geld von Ihnen geborgt?

RIDGEON Er bat mich um etwas – einmal.

JENNIFER *mit Tränen in den Augen:* Oh, es tut mir leid – so leid. Aber er wird es nie wiedertun. Ich gebe Ihnen mein Wort. Er hat es mir versprochen, hier an dieser Stelle, kurz bevor Sie kamen, und er wird es halten. Das war seine einzige wirkliche Schwäche, und jetzt ist sie bezwungen und für immer erledigt.

RIDGEON War das wirklich seine einzige Schwäche?

JENNIFER Er ist vielleicht manchmal schwach Frauen gegenüber, weil sie ihn anbeten und sich ihm an den Hals werfen. Und natürlich, wenn er sagt, er glaubt nicht an die Moral, halten ihn normale und einfältige Menschen für böse. Verstehen Sie? Und dann dieser Klatsch, der dadurch über ihn entsteht und der solange wiederholt wird, bis sogar gute Freunde gegen ihn sind.

RIDGEON Ich verstehe.

JENNIFER Wenn Sie nur die guten Seiten von ihm kennen würden, so wie ich! Wissen Sie, Doktor, wenn Louis sich durch eine wirklich schlechte Tat entehrt, würde ich mich töten.
RIDGEON Bitte! Übertreiben Sie nicht.
JENNIFER Doch, das würde ich tun. Ich weiß, die hiesigen Menschen begreifen so was nicht.
RIDGEON Sie haben wohl in Ihrem Cornwall nicht viel von der Welt gesehen?
JENNIFER *naiv:* Oh doch. Ich habe jeden Tag sehr viel von der Schönheit der Welt gesehn – mehr als Sie jemals hier in London sehen können. Aber ich habe sehr wenig Leute gekannt, wenn es das ist, was Sie meinen. Und ich war das einzige Kind.
RIDGEON Das erklärt eine ganze Menge.
JENNIFER Ich hatte viele Träume, aber zuletzt wurden sie alle zu einem Traum.
RIDGEON *mit einem halben Seufzer):* Ja, der gewöhnliche Traum.
JENNIFER *überrascht:* Ist er gewöhnlich?
RIDGEON Nehm ich an. Wie meistens. Oder was war Ihr Traum?
JENNIFER Ich wollte mein Leben nicht nutzlos verbringen. Ich selber konnte nichts tun, aber ich hatte ein kleines Vermögen, um damit jemand anders zu helfen. Außerdem sah ich gut aus. Und ich wußte, daß geniale Menschen anfangs immer einen schrecklichen Kampf mit der Armut und der Mißachtung zu bestehen haben. Mein Traum war, einen davon zu erretten und etwas Zauber und Glück in sein Leben zu bringen. Ich flehte den Himmel an, mir einen solchen Menschen zu schicken. Und ich glaube fest daran, daß Louis die Erfüllung meiner Bitte bedeutete. Er glich den anderen Männern, die ich gekannt hatte, wie die steil aufragende Küste von Cornwall den flachen Ufern der Themse gleicht. Er sah alles, was ich sah, und er malte es für mich. Er hatte für alles Verständnis. Er kam zu mir wie ein Kind. Und stellen Sie sich vor, Doktor, nicht einmal den Wunsch mich zu heiraten hatte er. Niemals dachte er so von den Dingen wie andere Männer! Ich mußte es ihm vorschlagen. Darauf sagte er, er hätte kein Geld. Aber als ich ihm sagte, ich hab welches, sagte er nur oh schön, ganz wie ein Junge. Und so ist er immer noch,

ganz unverdorben. Ein Mann in seinen Gedanken, ein großer Dichter und Künstler in seinen Träumen, und ein Kind in seinem Benehmen. Ich gab mich ihm hin mit allem was ich hatte, um ihm, mit einer Fülle von Sonnenschein, zu seiner wahren Größe zu verhelfen. Wenn ich den Glauben an ihn verliere, bedeutet das den Schiffbruch meines Lebens. Das wäre das Ende. Ich würde zurück nach Cornwall gehen und sterben. Ich kann Ihnen den Felsen zeigen, von dem ich mich ins Meer stürzen werde. Sie müssen ihn heilen. Sie müssen ihn wieder gesund machen für mich. Ich weiß, daß nur Sie das können und niemand anders. Ich beschwöre Sie, es mir nicht zu verweigern. Übernehmen Sie Louis Behandlung, und lassen Sie Sir Ralph Blenkinsop heilen.

RIDGEON *langsam:* Mrs. Dubedat, glauben Sie wirklich so an mein Wissen und an meine Fähigkeit, wie Sie sagen?

JENNIFER Unbedingt. Ich vertraue jemand ganz oder gar nicht.

RIDGEON Gut. Ich werde Sie prüfen – hart. Sie müssen mir glauben, wenn ich Ihnen sage, daß ich das, was Sie mir eben erzählt haben, verstehe, daß ich keinen anderen Wunsch habe, als Ihnen als treuer Freund zu dienen, und daß Ihr Held Ihnen erhalten bleiben muß.

JENNIFER Oh verzeihen Sie. Verzeihen Sie mir, was ich gesagt habe. Sie werden ihn mir erhalten.

RIDGEON Unter allen Umständen.
Sie küßt seine Hand. Er steht hastig auf.
Nein. Sie haben noch nicht alles gehört.
Sie steht auf.
Denn die einzige Chance, Ihnen Ihren Helden zu erhalten, liegt darin, die Behandlung Ihres Mannes Sir Ralph anzuvertrauen.

JENNIFER *fest:* Wenn Sie es sagen. Dann habe ich keine Zweifel mehr. Danke.

RIDGEON Auf Wiedersehn.
Sie schüttelt ihm die Hand.
Ich hoffe auf eine beständige Freundschaft.

JENNIFER Ich auch. Meine Freundschaften enden nur mit dem Tod.

RIDGEON Der Tod macht allem ein Ende, nicht wahr? *Er geht, mit einem Seufzer und einem mitleidigen Blick auf sie, den sie nicht versteht.* Wiedersehn.

IV

Im Atelier. Die Staffelei ist nach hinten an die Wand geschoben. Die Gliederpuppe als Kardinal, mit Sichel und Stundenglas wie Szepter und Reichsapfel in den Händen, sitzt auf dem erhöhten Sessel. Am Kleiderständer hängen die Hüte von Sir Patrick und Sir Ralph. Walpole, der eben gekommen ist, hängt seinen daneben. Es klopft. Walpole öffnet die Tür und sieht Ridgeon.

WALPOLE Hallo, Ridgeon!
  Ridgeon kommt herein, sie gehen zusammen in die Mitte des Raums und ziehen die Handschuhe aus.
RIDGEON Wie stehts? Man hat Sie also auch gerufen.
WALPOLE Wir sind alle da. Ich hab ihn noch nicht gesehn. Die Frau unten sagt, daß der alte Paddy Cullen und B. B. schon seit einer halben Stunde hier sind.
  Sir Patrick kommt mit ernstem Gesicht aus der hinteren Tür.
  Was ist los?
SIR PATRICK Sehn Sie selber. B. B. ist noch drin.
  Walpole geht. Ridgeon will ihm folgen, aber Sir Patrick hält ihn mit einem Blick zurück.
RIDGEON Was ist passiert?
SIR PATRICK Erinnern Sie sich an den Arm von Jane Marsh?
RIDGEON Das also?
SIR PATRICK Genau das. Seiner Lunge geht es wie ihrem Arm. Einen solchen Fall hab ich noch nie gesehn. Er macht die galoppierende Schwindsucht von drei Wochen in drei Tagen durch.
RIDGEON B. B geriet in die negative Phase.
SIR PATRICK Negativ oder positiv, dem Burschen genügt es. Er wird den Tag nicht überleben. Das geht ganz plötzlich. Ich hab es oft erlebt.
RIDGEON Hauptsache, er stirbt, bevor seine Frau ihn durchschaut. Das hab ich erwartet.
SIR PATRICK *trocken:* Es ist ein bißchen hart für den Jungen, getötet zu werden, weil seine Frau eine zu hohe Meinung von ihm hat. Glücklicherweise schweben nur wenige von uns in solcher Gefahr.
  Sir Ralph kommt durch die hintere Tür herein, menschlich betroffen, aber beruflich erregt und mitteilsam.

B. B. Ah, da sind Sie ja, Ridgeon. Paddy hat Ihnen natürlich schon erzählt.
RIDGEON Ja.
B. B. Es ist ein enorm interessanter Fall. Wissen Sie, Colly, bei Gott, wenn ich nicht wüßte, daß ich, streng wissenschaftlich, die Phagozyten angeregt hätte, würde ich sagen, ich hätte die andern Dinger erwischt. Was ist die Erklärung dafür, Sir Patrick? Wie beurteilen Sie die Sache, Ridgeon? Haben wir die Phagozyten zu sehr angeregt? Haben sie nicht nur die Bazillen verzehrt, sondern auch die roten Blutkörper angegriffen und zerstört? Eine Möglichkeit, die das blasse Aussehen des Patienten vermuten läßt. Oder ist schließlich sogar die Lunge selbst ihrer Freßgier zum Opfer gefallen? Oder fressen sie sich gegenseitig auf? Ich werde eine Abhandlung über diesen Fall schreiben.
Walpole kommt zurück, sehr ernst, sogar bestürzt. Er tritt zwischen B. B. und Ridgeon.
WALPOLE Oh je! B. B., diesmal haben Sie es geschafft.
B. B. Was wollen Sie damit sagen?
WALPOLE Ihn umzubringen. Der schlimmste Fall einer vernachlässigten Blutvergiftung, den ich jemals gesehen habe. Jetzt ist es für alles zu spät. Er würde in der Narkose sterben.
B. B. *beleidigt:* Umgebracht! Wirklich, Walpole, ich würde einen solchen Ausdruck sehr ernst nehmen, wenn ich Sie mit Ihrer fixen Idee nicht so gut kennen würde.
SIR PATRICK Hören Sie! Wenn Sie beide so viele Leute umgebracht haben wie ich in meinem Leben, werden Sie sparsamer mit Ihren Gefühlen umgehn. Sehen wir nach ihm, Colly.
Ridgeon und Sir Patrick gehen nach hinten.
WALPOLE Ich entschuldige mich, B. B. Aber es ist Blutvergiftung.
B. B. *mit der alten unwiderstehlichen Gutmütigkeit:* Mein lieber Walpole, alles ist Blutvergiftung. Aber, bei meiner Seele, ich werde das Zeug von Ridgeon nicht mehr anwenden. Was mich so empfindlich macht gegen das, was Sie gerade sagten, ist, daß Ridgeon unserem jungen Freund den Garaus gemacht hat.
Jennifer, verstört und traurig, aber immer freundlich, kommt von hinten. Sie hat Schwesternkleidung an.

JENNIFER Sir Ralph, was soll ich tun? Dieser Mann, der mich unbedingt sprechen wollte und sagen ließ, es wäre wichtig, ist Reporter. Heute morgen erschien in der Zeitung eine Notiz, daß Louis ernsthaft erkrankt ist, und der Mann möchte ihn deshalb interviewen. Wie können Menschen nur so brutal und gefühllos sein?
WALPOLE *geht rachedurstig auf die vordere Tür zu:* Lassen Sie, ich werde mich mit ihm befassen.
JENNIFER *hält ihn zurück:* Aber Louis besteht darauf, ihn zu sehen. Er hat fast geweint deswegen. Und er sagt, er kann es in seinem Zimmer nicht länger aushalten. Er sagt, er will in seinem Atelier – *Sie kämpft mit einem Schluchzen:* – sterben. Sir Patrick sagt, ich soll ihm seinen Willen lassen. Es kann ihm nicht schaden. Was sollen wir machen?
B. B. *ermutigt sie:* Den ausgezeichneten Rat von Sir Patrick befolgen natürlich. Wie er ganz richtig sagt, kann es nicht schaden, und es wird ihm ohne Zweifel gut tun – sehr gut sogar. Er wird sich hier besser fühlen.
JENNIFER *ein bißchen getröstet:* Und würden Sie den Mann heraufholen, Mr. Walpole? Und ihm sagen, daß er Louis sehen kann, aber er soll ihn nicht durch vieles Reden ermüden.
Walpole nickt und geht durch die vordere Tür ab.
Sir Ralph, seien Sie nicht böse, aber Louis wird sterben, wenn er in dieser Stadt bleibt. Ich muß ihn nach Cornwall bringen. Dort wird er gesund werden.
B. B. *merkwürdig heiter, als ob Dubedat schon gerettet wäre:* Cornwall! Das ist die richtige Gegend für ihn! Wundervoll für die Lunge. Wie töricht von mir, nicht selber darauf gekommen zu sein. Sie sind letzten Endes sein bester Arzt, meine liebe Mrs. Dubedat. Eine Eingebung! Cornwall, natürlich, ja, ja, ja.
JENNIFER *gerührt:* Sie sind so gütig, Sir Ralph. Aber machen Sie mir nicht zuviel Hoffnung, oder ich werde weinen, und das kann Louis nicht ertragen.
B. B. *legt sanft seinen schützenden Arm um ihre Schulter:* Dann lassen Sie uns zu ihm gehn und ihn hereintragen helfen. Cornwall! Natürlich, natürlich. Das ist das richtige!
Sie gehen zusammen nach hinten. Walpole kommt mit dem Reporter, einem gut gelaunten, freundlichen jungen

Mann, der für einen gewöhnlichen Beruf untauglich ist infolge eines geistigen Gebrechens, das ihn unfähig macht, das, was er sieht, genau zu beschreiben, oder das, was er hört, genau zu verstehn, um darüber zu berichten. Da die einzige Beschäftigung, bei der diese Mängel nicht schaden, der Journalismus ist, war er gezwungen, Journalist zu werden. Er hat ein Notizbuch bei sich und versucht gelegentlich zu notieren. Da er aber weder stenografieren, noch schnell schreiben kann, gibt er es, bevor er einen Satz zustande gebracht hat, gewöhnlich wieder auf.

REPORTER *blickt umher und versucht unbestimmte Notizen zu machen:* Das ist sein Atelier, nehm ich an.

WALPOLE Ja.

REPORTER *witzig:* Wo er seine Modelle malt, wie?

WALPOLE *grimmig:* Kein Zweifel.

REPORTER Kuterbulose, sagten Sie, hat er?

WALPOLE Tuberkulose.

REPORTER Wie buchstabieren Sie das. K-u-t-e-r-b-u-l-o-s-e, oder wie?

WALPOLE Tuberkulose, Mensch, nicht Kuterbulose. *Buchstabiert:* T-u-b-e-r-k-u-l-o-s-e.

REPORTER Aha! Tuberkulose. Und ich dachte, er hätte die Schwindsucht. Gehören Sie zur Familie, oder sind Sie der Doktor?

WALPOLE Ich bin weder das eine noch das andere. Ich bin Cutler Walpole, Chirurg. Schreiben Sie das auf. Dann notieren Sie Sir Colenso Ridgeon.

REPORTER Pidgeon?

WALPOLE Ridgeon. *Reißt ihm das Notizbuch aus der Hand:* Geben Sie her. Sie schreiben die Namen doch bloß falsch. Ich mach das schon. Das kommt davon, wenn man einen ungelernten Beruf ausübt, ohne Qualifikation und ohne Prüfungen. *Er schreibt.*

REPORTER Uns von der Presse haben Sie wohl gefressen?

WALPOLE Und wie. Ich wollte, ich könnte bessere Menschen aus euch machen. Passen Sie auf. *Zeigt ihm das Geschriebene:* Das sind die Namen der drei Doktoren. Dies ist der Patient. Dies ist Adresse. Und hier die Krankheit. *Er klappt das Buch zu und gibt es zurück:* Mr. Dubedat kommt gleich. Er empfängt Sie, weil er nicht weiß, wie schlecht es ihm geht. Wir erlauben Ihnen ein paar Minuten, um ihn aufzumuntern, aber wenn Sie anfangen zu

quatschen, fliegen Sie raus. Er kann jeden Moment sterben.
REPORTER *neugierig:* Steht es so schlecht um ihn? Ich sags ja, heute ist ein Glückstag für mich. Haben Sie etwas dagegen, wenn ich Sie fotografiere? *Macht seine Kamera bereit:* Können Sie nicht eine Lanzette oder so was in die Hand nehmen?
WALPOLE Weg mit dem Ding. Wenn Sie ein Bild von mir brauchen, nehmen Sie eins aus der Serie bekannter Männer, die es überall zu kaufen gibt.
REPORTER Aber dafür muß ich bezahlen. Wenn Sie nichts dagegen haben –? *Will fotografieren:*
WALPOLE Ich habe was dagegen. Weg damit, sag ich. Setzen Sie sich hin und seien Sie ruhig.

Der Reporter setzt sich flink auf den Klavierstuhl, als Louis, in einem Rollstuhl, von Jennifer und Sir Ralph hereingeschoben wird. Sie halten an der Stelle, wo vorher die Staffelei gestanden hat. Louis hat sich kaum verändert und ist nicht verstört. Seine Augen sehen größer aus, und physisch ist er so schwach, daß er sich kaum bewegen kann und ermattet am Kissen lehnt, aber sein Geist ist hellwach. Er macht das Beste aus seiner Verfassung, die Schwäche ist ihm Wollust und der Tod ein Drama. Er macht auf alle, gegen ihren Willen, einen starken Eindruck, außer auf Ridgeon, der unversöhnlich ist. B. B. ist voller Mitgefühl und Vergebung. Ridgeon folgt dem Stuhl mit Milch und Medikamenten auf einem Tablett. Sir Patrick, der ihn begleitet, nimmt den Teetisch aus der Ecke und stellt ihn vor den Stuhl, auf den Ridgeon das Tablett absetzt. B. B. stellt einen Stuhl für Jennifer an die Seite von Louis und vor das Podium, von wo die Gliederpuppe den sterbenden Künstler betrachtet. B. B. geht zurück auf die andere Seite. Jennifer setzt sich hin. Walpole setzt sich auf den Rand des Podiums. Ridgeon steht neben ihm.

LOUIS *selig:* Das ist Glück. Im Atelier sein! Glück!
JENNIFER Ja, Lieber. Sir Patrick sagt, du darfst so lange hier bleiben, wie du willst.
LOUIS Jennifer.
JENNIFER Mein Liebling.
LOUIS Ist der Mann von der Zeitung da?
REPORTER *eifrig:* Hier, Mrd. Dubedat. Ich bin hier, zu Ihren Diensten. Ich vertrete die Presse. Ich dachte, Sie würden

uns noch gern ein paar Worte über – über – nun, einige
Worte von Ihrer Krankheit und die weiteren Pläne.
LOUIS Meine weiteren Pläne sind höchst einfach. Ich werde
sterben.
JENNIFER *gequält:* Louis – Liebster –
LOUIS Mein Liebling. Ich bin sehr schwach und müde. Verlang nicht diese fürchterliche Anstrengung, daß ich so tue,
als ob ich es nicht wüßte. Ich habe zugehört, als ich dalag,
und die Ärzte flüsterten miteinander – ich mußte heimlich
lachen. Sie wissen Bescheid. Liebste, wein nicht. Das
macht dich häßlich, und das ertrag ich nicht.
Sie trocknet die Augen und richtet sich auf.
Du mußt mir was versprechen.
JENNIFER Ja, ja, alles was du willst. *Flehend:* Nur, Lieber,
bitte, nicht sprechen. Das schwächt dich zu sehr.
LOUIS Dafür muß es noch reichen. Ridgeon, geben Sie mir
irgendwas, das mich für ein paar Minuten stärkt – ich habe
noch einiges zu sagen, bevor ich gehe.
RIDGEON *zu Sir Patrick:* Es schadet ihm wohl nicht? *Er gießt
etwas in ein Glas und will Wasser zuschütten.*
SIR PATRICK *korrigiert ihn:* Mit Milch. Damit er nicht hustet.
LOUIS *nachdem er getrunken hat:* Jennifer.
JENNIFER Ja, Lieber.
LOUIS Ich mag keine Witwen. Versprich mir, daß du niemals
Witwe sein wirst.
JENNIFER Lieber, was soll das heißen?
LOUIS Ich will, daß du schön bist. Die Leute sollen in deinen
Augen lesen, daß du meine Frau warst. In Italien zeigte
man auf Dante und sagte ›Das ist der Mann, der in der
Hölle war‹. Ich will, daß man auf dich zeigt und sagt ›Das
ist die Frau, die im Himmel war‹. War es nicht der
Himmel, Liebling – manchmal?
JENNIFER Oh ja, ja. Immer, immer.
LOUIS Wenn du in Schwarz gehst und weinst, werden die
Leute sagen ›Seht das elende Weib, ihr Mann hat sie elend
gemacht‹.
JENNIFER Nein, niemals. Du bist das Licht und der Segen
meines Lebens. Mein Leben begann mit dir.
LOUIS *mit glänzenden Augen:* Dann mußt du immer herrliche Kleider tragen und die Welt verzaubern. Denk an all
die wundervollen Bilder, die ich nie mehr malen werde.
Sie kann ein Schluchzen kaum verbergen.

All die Schönheit dieser Bilder muß dich verklären. Dein Anblick muß die Menschen zu Träumen verleiten, die kein Pinsel und keine Farbe wiederholen kann. Maler müssen dich malen, als hätten sie nie zuvor eine sterbliche Frau gemalt. Es muß dich lauter Schönheit umgeben, in einer Atmosphäre von Wunder und Romantik. Dieses Bild müssen die Menschen vor sich sehn, wenn sie an mich denken. Das ist die Art von Unsterblichkeit, die ich wünsche. Das kannst du für mich sein, Jennifer. Es gibt eine Menge Dinge, die du nicht verstehst. Dinge, die jede Frau auf der Straße versteht. Aber das verstehst nur du. Versprich mir diese Unsterblichkeit. Versprich es mir. Und mach dieses schreckliche Theater nicht mit. Dieses Beerdigen mit Trauerflor und Tränen, mit welken Blumen und all dem verlogenen Geschwätz.

JENNIFER Ich verspreche es. Aber alles das ist noch weit weg, Lieber. Du kommst mit mir nach Cornwall und wirst gesund. Sir Ralph sagt es auch.

LOUIS Armer alter B. B./

B. B. *zu Tränen gerührt, wendet sich ab und flüstert mit Sir Patrick:* Armer Junge! Der Verstand schwindet.

LOUIS Sir Patrick, sind Sie da?

SIR PATRICK Ja, ja. Ich bin hier.

LOUIS Wollen Sie sich nicht setzen? Sie können nicht mehr so lange stehn.

SIR PATRICK Ja, ja. Danke. Schon gut.

LOUIS Jennifer.

JENNIFER Ja, Lieber.

LOUIS *entzückt:* Erinnerst du dich an den brennenden Baum?

JENNIFER Ja, ja. Oh, Lieber, wie es mein Herz trifft, jetzt daran zu denken.

LOUIS Wirklich? Das erfüllt mich mit Freude. Erzähl ihnen davon.

JENNIFER Es war nichts – nur einmal, zu Hause in Cornwall, als wir das erste Mal Feuer machten in dem Winter und sahen in den Fensterscheiben, wie die Flammen vom Kamin sich spiegelten und draußen im Garten auf einem Lorbeerbaum zu tanzen schienen.

LOUIS Diese Farbe! Granatrot. Wie wehende Seide. Flüssige, liebliche Flammen, auffließend durch die Lorbeerblätter, ohne sie zu verbrennen. Ich werde so eine Flamme sein.

Es tut mir leid, die Würmer, die auf mich lauern, zu enttäuschen. Aber ich werde zu der Flamme in den brennenden Zweigen. So oft du die Flamme siehst, Jennifer, wirst du denken, das bin ich. Versprich mir, daß ich verbrannt werde.

JENNIFER Oh, ich möchte mit dir kommen. Louis!

LOUIS Nein. Du mußt in den Garten sehn, wenn das Feuer brennt. Du hälst mich in dieser Welt. Du bist meine Unsterblichkeit. Versprich es.

JENNIFER Ich höre. Ich werde es nicht vergessen. Du weißt, daß ich es verspreche.

LOUIS Das ist alles. Ausgenommen, daß du die Bilder für meine Ausstellung aussuchst. Deinen Augen kann ich trauen. Das wirst du niemand anders tun lassen.

JENNIFER Bestimmt nicht.

LOUIS Dann gibt es nichts mehr, was uns quält, oder? Geben Sie mir noch etwas zu trinken. Ich bin furchtbar müde, und wenn ich aufhöre zu sprechen, fang ich nicht wieder an.

Sir Ralph gibt ihm zu trinken. Er trinkt und sieht ihn verschmitzt an.

Was sagen Sie nun B. B. Hätten Sie gedacht, daß es irgend etwas gibt, daß Sie zum Schweigen bringt?

B. B. *beinahe entgeistert:* Er verwechselt mich mit Ihnen, Paddy. Armer Kerl! Armer Kerl!

LOUIS *nachdenklich:* Ich hatte immer schreckliche Angst vor dem Tod, aber jetzt, wo er kommt, nicht mehr. Ich fühle mich vollkommen glücklich. Jennifer.

JENNIFER Ja, Lieber?

LOUIS Ich werde dir ein Geheimnis anvertrauen. Ich habe oft gedacht, daß unsre Heirat Heuchelei war, und daß ich mich davon frei mache und eines Tages weglaufe. Aber jetzt, wo ich wirklich weggehe, ob ich will oder nicht, lieb ich dich wirklich und bin völlig zufrieden, daß ich als Teil von dir durchs Leben gehe und nicht als mein beschwerliches Selbst.

JENNIFER *mit gebrochenem Herzen:* Bleib bei mir, Louis. Oh, verlaß mich nicht, Liebster.

LOUIS Nicht daß ich selbstsüchtig bin. Mit allen meinen Fehlern glaube ich nicht, daß ich ein wirklicher Egoist gewesen bin. Kein Künstler ist das. Dafür ist die Kunst zu mächtig. Du wirst wieder heiraten, Jennifer.

VIERTER AKT

JENNIFER Oh, wie kannst du, Louis?

LOUIS *besteht darauf:* Weil Menschen, die glücklich verheiratet waren, immer wieder heiraten. Nein, ich werde nicht eifersüchtig sein. *schelmisch:* Aber erzähl dem anderen Mann nicht zu viel über mich, er wird es nicht mögen. *Beinahe kichernd:* Ich werde die ganze Zeit über dein Geliebter sein, aber er wird es nicht merken, der arme Teufel.

SIR PATRICK Genug! Sie haben genug geredet. Ruhen Sie sich aus.

LOUIS *schwach:* Ja, ich bin müde. Aber ich kann mich gleich ausruhn. Ich habe Ihnen noch einiges zu sagen. Sie sind doch alle hier? Ich bin zu schwach, um etwas anderes zu sehn, außer Jennifers Herz. Das verheißt Ruhe.

RIDGEON Wir sind alle da.

LOUIS *erschrocken:* Diese Stimme klingt schrecklich. Nehmen Sie sich in acht, Ridgeon. Meine Ohren hören Dinge, die die Ohren anderer Leute nicht hören. Ich habe gedacht – und gedacht. Ich bin klüger, als Sie sich vorstellen.

SIR PATRICK *flüstert zu Ridgeon:* Sie gehen ihm auf die Nerven, Colly. Verschwinden Sie lieber.

RIDGEON *flüstert:* Wollen Sie den sterbenden Schauspieler seines Publikums berauben?

LOUIS *mit mutwillig aufleuchtendem Gesicht:* Ich habs gehört, Ridgeon. Das war gut. Jennifer, Liebe, sei immer freundlich zu Ridgeon. Er war der Letzte, über den ich mich amüsiert habe.

RIDGEON *unbarmherzig:* So?

LOUIS Aber es stimmt nicht. Das sind Sie, der noch auf der Bühne steht. Ich bin schon halb auf dem Weg nach Hause.

JENNIFER *zu Ridgeon:* Was haben Sie gesagt?

LOUIS *antwortet für ihn:* Nichts, Liebe. Nur eins von diesen kleinen Geheimnissen, die Männer für sich behalten. Nun, sie haben alle eine ziemlich schlechte Meinung von mir gehabt und haben es mir gesagt.

B. B. *überwältigt:* Nein, nein, Dubedat. Durchaus nicht.

LOUIS Doch doch. Ich weiß, was Sie alle von mir denken. Glauben Sie nicht, daß ich darüber gekränkt bin. Ich vergebe Ihnen.

WALPOLE *unwillkürlich:* Verdammt nochmal! *Schämt sich:* Oh, ich bitte um Verzeihung.

LOUIS Das war der alte Walpole, den ich kenne. Das soll Sie nicht bekümmern, Walpole. Ich bin vollkommen glücklich. Ich habe keine Schmerzen. Ich will nicht mehr leben. Ich bin mir selber entflohn. Ich bin im Himmel, unsterblich im Herzen meiner wunderschönen Jennifer. Ich fürchte mich nicht und ich schäme mich nicht. *Grübelt, schwächer werdend, vor sich hin:* Ich weiß, daß ich im zufälligen, äußeren Leben nicht immer fähig war, nach meinen Idealen zu leben, wenn ich um das nackte Leben zu kämpfen hatte. Aber in meiner wirklichen, inneren Welt habe ich nie irgend etwas Schlechtes getan, habe nie meinen Glauben verleugnet und bin mir niemals untreu geworden. Ich wurde bedroht, man hat mich erpreßt und beleidigt, und ich habe gehungert. Aber ich habe fair gespielt. Ich hab mich nicht geschont. Und nun ist alles vorbei. Ein unbeschreiblicher Friede erfüllt mich. *Er versucht die Hände zu falten:* Ich glaube an Michelangelo, Velasquez und Rembrandt, an die Macht der Form, das Mysterium der Farbe, die unaufhörliche Erlösung aller Dinge durch Schönheit und an die Sendung der Kunst, die diese Hände gesegnet hat. Amen. Amen. *Er schließt die Augen und liegt still.*

JENNIFER *atemlos:* Louis, bist du –
Walpole steht auf und tritt schnell heran, um zu sehn, ob er tot ist.

LOUIS Noch nicht, Liebe. Gleich, aber noch nicht. Ich möchte meinen Kopf gern an deine Brust legen, aber es würde dir lästig sein.

JENNIFER Nein, nein, nein, Liebling, wie köntest du mir lästig sein? *Sie hebt ihn und legt seinen Kopf an ihren Busen.*

LOUIS Das tut gut. Das ist das Wahre.

JENNIFER Schone mich nicht, Lieber. Wirklich, wirklich nicht. Lehn dich an mich mit aller Kraft.

LOUIS *plötzlich wie gekräftigt:* Jinny Gwinny, ich glaube, ich werde doch noch gesund.
Sir Patrick sieht Ridgeon bedeutungsvoll an.

JENNIFER *hoffnungsvoll:* Ja, ja, das wirst du.

LOUIS Weil ich schlafen möchte. Ganz einfach schlafen.

JENNIFER *wiegt ihn:* Ja, Lieber. Schlaf.
Er scheint einzuschlafen. Walpole macht noch eine Bewegung. Sie hält ihn auf.
Scht – sch, bitte, stören Sie ihn nicht.

Er bewegt die Lippen.
Was sagst du, Lieber? *In großer Trauer:* Ich kann so nicht hören.
Er bewegt wieder die Lippen. Walpole beugt sich über ihn und lauscht.
WALPOLE Er will wissen, ob der Mann von der Zeitung noch da ist.
REPORTER *angeregt, denn er hat sich glänzend unterhalten:* Ja, Mr. Dubedat. Hier bin ich.
Walpole hebt die Hand und gebietet ihm Schweigen. Sir Ralph setzt sich aufs Sofa und verbirgt sein Gesicht in seinem Taschentuch.
JENNIFER *erleichtert:* Das ist gut, Lieber, schone mich nicht. Lehn dich an mich, so fest du kannst. Jetzt ruhst du wirklich aus.
Sir Patrick kommt schnell vor und faßt nach Louis Puls, dann nimmt er ihn bei den Schultern.
SIR PATRICK Lassen Sie mich ihn ins Kissen zurücklegen. Es ist besser für ihn.
JENNIFER *rührend:* Oh nein, bitte, Doktor. Er ist mir nicht zu schwer. Und es wird ihn kränken, wenn er aufwacht und sieht, daß ich ihn zurückgelegt habe.
SIR PATRICK Er wird nie wieder aufwachen.
Er zieht den Körper von ihr in den Rollstuhl. Ridgeon, unbewegt, läßt die Lehne herunter und macht eine Bahre daraus.
JENNIFER *die unerwartet aufgesprungen ist und aufrecht und ohne Tränen dasteht:* War das der Tod?
WALPOLE Ja.
JENNIFER *mit vollkommener Würde:* Würden Sie einen Augenblick auf mich warten. Ich komme wieder. *Sie geht nach hinten ab.*
WALPOLE Soll einer mitgehn, ist sie bei Sinnen?
SIR PATRICK *überzeugt:* Ja. Sie ist ganz da. Lassen Sie sie allein. Sie kommt wieder.
RIDGEON *gleichgültig:* Schaffen wir die Leiche weg, bevor sie zurückkommt.
B. B. *steht auf, schockiert:* Aber mein lieber Colly! Der arme Junge. Er ist großartig gestorben.
SIR PATRICK Ja! Wie von den Gottlosen geschrieben steht. Denn sie sind in keiner Gefahr des Todes, sondern stehen fest wie ein Palast.

Sie sind nicht in Unglück wie andere Leute und werden nicht wie andere Menschen geplagt.

Egal. Es ist nicht an uns zu richten. Er ist in einer anderen Welt.

WALPOLE Und pumpt sich da wahrscheinlich die ersten fünf Pfund.

RIDGEON Ich sagte neulich, das Tragischste auf der Welt ist ein kranker Arzt. Das war falsch. Am tragischsten in der Welt ist ein Mann von Genie, der kein Ehrenmann ist.

Ridgeon und Walpole schieben die Bahre in eine Nische.

REPORTER *zu Sir Ralph:* Ich finde, es beweist ein tiefes Gefühl, wenn er so darauf bestand, daß seine Frau ordentlich in Trauer geht und ihm versprechen mußte, nie wieder zu heiraten.

B. B. *eindrucksvoll:* Mrs. Dubedat ist nicht in der Lage, dieses Interview noch länger auszudehnen. Noch sind wir es.

SIR PATRICK Ihnen einen guten Tag.

REPORTER Mrs. Dubedat sagte, sie kommt wieder.

B. B. Nachdem Sie gegangen sind.

REPORTER Glauben Sie nicht, sie würde mir gern einige Worte zu dem Thema ›Wie fühlt man sich als Witwe‹ sagen? Ein ziemlich guter Titel für einen Artikel, finden Sie nicht?

B. B. Junger Mann, wenn Sie warten bis Mrs. Dubedat zurück ist, können Sie einen Artikel über das Thema schreiben, ›Wie fühlt man sich, wenn man irgendwo rausgeschmissen worden ist‹.

REPORTER *Sie meinen, sie würde lieber nicht –*

B. B. *unterbricht ihn:* Guten Tag. *Gibt ihm eine Karte.* Versuchen Sie, meinen Namen richtig zu schreiben. Tag.

REPORTER Guten Tag. *Versucht zu lesen:* Mr –

B. B. Nein, nicht Mister. Das ist Ihr Hut, denk ich. *Gibt ihm seinen Hut.* Handschuhe? Nein, natürlich, keine Handschuhe. Guten Tag nun.

Er drängt ihn schließlich hinaus, schließt die Tür hinter ihm und geht zu Sir Patrick, als Ridgeon und Walpole wieder vorkommen. Walpole geht an den Kleiderständer und Ridgeon stellt sich zwischen Sir Ralph und Sir Patrick.

Armer Junge! Der arme Junge! Wie schön er gestorben ist. Ich fühle mich wirklich als ein besserer Mensch.

SIR PATRICK Wenn Sie so alt sind wie ich, werden Sie wissen, daß es sehr wenig darauf ankommt, wie ein Mensch stirbt.

Es kommt darauf an, wie er lebt. Jeder Narr, den eine Kugel erwischt, ist heutzutage ein Held, weil er fürs Vaterland stirbt. Warum lebt er nicht dafür und macht sich nützlich.

B. B. Nein, bitte, Paddy, urteilen Sie nicht zu hart über den armen Kerl. Nicht jetzt, nicht jetzt. War er denn wirklich so schlecht? Er hatte nur zwei Schwächen, Geld und Weiber. Nun, laßt uns ehrlich sein. Sagen Sie die Wahrheit, Paddy. Seien Sie kein Heuchler, Ridgeon. Lassen Sie die Maske fallen, Walpole. Sind diese zwei Dinge gegenwärtig so gut eingerichtet, daß die Mißachtung der gesellschaftlichen Einrichtungen wirklich auf Verderbtheit schließen läßt?

WALPOLE Ich habe nichts gegen seine Mißachtung der gesellschaftlichen Einrichtungen. Zum Teufel mit allen Einrichtungen! Als Mann der Wissenschaft ist man weit davon entfernt, jemand wegen Geld und Weibern zu verachten. Was mich ärgerte, war, daß er alles gering schätzte, außer seiner eigenen Tasche und seiner eigenen Phantasie. Er hat die üblichen Einrichtungen nicht verachtet, wenn sie ihm was einbrachten. Hat er uns seine Bilder umsonst gegeben? Glauben Sie, er hätte gezögert, mich zu erpressen, wenn ich mich im Hinblick auf seine Frau bloßgestellt hätte? Er nicht.

SIR PATRICK Vergeuden Sie nicht Ihre Zeit damit, über ihn zu streiten. Ein Gauner ist ein Gauner, ein anständiger Mann ist ein anständiger Mann, und weder der eine noch der andere wird jemals eine Gelegenheit auslassen, mit Religion oder Moral zu beweisen, daß seine Art zu leben die richtige Art ist. Es ist dasselbe mit den Nationen, dasselbe mit den Berufen. So wie mit allem in der Welt, und wie es wahrscheinlich immer sein wird.

B. B. Nun ja, vielleicht, vielleicht, vielleicht. Doch, de mortuis nil nisi bonum. Er ist außerordentlich schön gestorben, bemerkenswert schön. Er hat uns ein Beispiel gegeben. daran laßt uns denken, statt die Schwächen zu betonen, die mit ihm vergangen sind. Ich glaube Shakespeare hat gesagt, daß das Gute die meisten Menschen überlebt, und das Böse liegt begraben mit ihren Gebeinen. Paddy, wir sind alle sterblich. Das ist jedermanns Los, Ridgeon. Sagen Sie, was Sie wollen, Walpole, alle Schuld wird bezahlt. Wenn nicht heute, dann morgen.

Morgen und morgen und morgen
Nach des Lebens wechselhaftem Fieber schlafen sie aus
Und gleich dem wesenlosen Ziel von dem
Kein Wandrer wiederkehrt
Bleibt nicht ein Hauch zurück.

Walpole will etwas sagen, aber B. B., plötzlich verstärkt fortfahrend, bringt ihn zum Schweigen.

Aus, aus das Licht:
Denn der Verdammnis fügst du nichts hinzu,
Bereit sei selber.

WALPOLE *sanft, denn B. B.s Gefühl, so lächerlich es auch ausgedrückt ist, ist zu aufrichtig, als daß man sich darüber lustig machen könnte:* Ja, B. B., der Tod nimmt einen immer mit. Ich weiß nicht, warum, aber es ist so. Übrigens, was tun wir noch hier? Sollen wir verschwinden, oder warten wir lieber und sehn, ob Mrs. Dubedat zurückkommt?

SIR PATRICK Es ist besser, wir gehn. Wir können der Frau unten sagen, was zu tun ist.

Sie nehmen ihre Hüte und gehen auf die vordere Tür zu.

JENNIFER *kommt von hinten, strahlend und wunderschön, prachtvoll gekleidet, mit einem purpurnen Schal aus Seide, kunstvoll bestickt, über dem Arm:* Es tut mir leid, daß ich Sie hab warten lassen.

Alle sind sehr betroffen.

SIR PATRICK Das macht nichts, Madam.

B. B. Durchaus nicht, durchaus nicht.

RIDGEON In keiner Weise.

WALPOLE Das macht überhaupt nichts.

JENNIFER *tritt zu ihnen:* Ich möchte seinen Freunden noch einmal die Hand drücken, bevor wir heute auseinandergehn. Wir hatten zusammen teil an einem großen Vorrecht und an einem großen Glück. Ich glaube, wir können uns niemals mehr wie ganz gewöhnliche Leute fühlen. Wir hatten ein wundervolles Erlebnis, und das gibt uns ein gemeinsames Vertrauen, ein gemeinsames Ideal, wie es niemand anders so haben kann. Das Leben wird immer Schönheit für uns bedeuten, und auch der Tod bedeutet Schönheit für uns. Wollen wir uns die Hand darauf geben?

SIR PATRICK *gibt ihr die Hand:* Denken Sie daran, alle Papiere Ihrem Anwalt zu übergeben. Er muß alles sichten und

ordnen. Das Gesetz verlangt es.
JENNIFER Ich danke Ihnen, das wußte ich nicht.
Sir Patrick geht.
WALPOLE Auf Wiedersehn. *Gibt ihr die Hand.* Ich schäme mich. Ich hätte darauf bestehen sollen zu operieren. *Er geht.*
B. B. Ich werde Ihnen Leute herschicken, die wissen, was zu tun ist. Sie sollen keine Mühe haben. *Schüttelt ihr die Hand.* Auf Wiedersehn, meine liebe, liebe Mrs. Dubedat. Wiedersehn. *Er geht.*
RIDGEON *bietet ihr die Hand:* Auf Wiedersehn.
JENNIFER *weicht majestätisch zurück:* Ich sagte, seinen Freunden, Sir Colenso.
Er macht eine Verbeugung und geht. Sie entfaltet die Seide und geht in die Nische, um ihren Toten damit zu bedecken.

V

In einer kleineren Bildergalerie in Bond Street. Der Eingang führt von hinten durch ein Bildergeschäft. Ungefähr in der Mitte der Galerie steht ein Schreibtisch, an dem der Sekretär, modern gekleidet, mit dem Rücken zum Eingang sitzt und einen Probeabzug des Kataloges korrigiert. Auf dem Tisch liegen einige Exemplare eines neuen Buches, der Hut des Sekretärs und ein paar Vergrößerungsgläser. Links vom Schreibtisch, etwas nach hinten, befindet sich eine kleine Tür mit der Aufschrift PRIVAT. Auf derselben Seite eine gepolsterte Bank an der Wand, die mit Dubedats Bildern bedeckt ist. Zwei Wandschirme, mit Bildern behängt, stehen außerdem in den Ecken links und rechts vom Eingang.
Jennifer, gut gekleidet und augenscheinlich sehr glücklich und wohlhabend, kommt aus der Tür mit der Aufschrift PRIVAT.

JENNIFER Sind die Kataloge schon da, Mr. Danby?

SEKRETÄR Noch nicht.

JENNIFER Das ist unerhört! Es ist viertel nach. Die Eröffnung ist in knapp einer halben Stunde.

SEKRETÄR Es ist vielleicht besser, ich geh rüber in die Druckerei und mach Dampf.

JENNIFER Wenn Sie so gut sein wollen, Mr. Danby. Ich werde Sie inzwischen vertreten.

SEKRETÄR Wenn irgend jemand vor der Eröffnung kommen sollte, achten Sie nicht darauf. Der Pförtner läßt keinen rein, den er nicht kennt. Es gibt immer einige Leute, die gerne kommen, bevor das Gedränge anfängt – Leute, die wirklich kaufen, und die sehen wir natürlich gern. Haben Sie die Artikel in den Kunstzeitschriften gelesen?

JENNIFER *entrüstet:* Ja, es ist eine Schande. Sie schreiben so gönnerhaft, als wären sie Dubedat überlegen. Nach all den Zigarren und Sandwiches beim Presseempfang und nach allem, was sie getrunken haben, finde ich es wirklich infam, daß sie so zu schreiben wagen. Ich hoffe, Sie haben ihnen keine Karten für heute geschickt.

SEKRETÄR Die würden sowieso nicht kommen. Es gibt ja heute kein kaltes Büffet. Die Vorausexemplare von Ihrem Buch sind gekommen. *Er zeigt auf die neuen Bücher.*

JENNIFER *stürzt sich auf ein Buch, erregt:* Geben Sie her. Oh!

Entschuldigen Sie mich einen Augenblick. *Sie geht eilig damit in den Privatraum. Der Sekretär sieht in einen Spiegel und macht sich vor dem Weggehn zurecht. Ridgeon kommt herein.*

RIDGEON Guten Morgen. Darf ich mich umsehn, bevor es anfängt?

SEKRETÄR Gewiß, Sir Colenso. Es tut mir leid, die Kataloge sind noch nicht da. Ich geh gerade, um danach zu sehn. Wenn Sie meine eigene Liste benutzen wollen.

RIDGEON Danke. Und was ist das? *Er nimmt eins von den neuen Büchern in die Hand.*

SEKRETÄR Sie sind eben gekommen. Die Vorausexemplare von Dubedats Leben.

RIDGEON *liest den Titel:* Die Frau eines Königs der Menschen, von seiner Frau. *Sieht das Titelbild.* Ja, das ist er. Sie hier haben ihn sicher auch gekannt.

SEKRETÄR Ja, wir kannten ihn. Besser als seine Frau vielleicht, Sir Colenso, sozusagen.

RIDGEON Sozusagen.

Sie sehen sich bedeutungsvoll an.

Ich werd mich ein bißchen umsehn.

Der Sekretär nimmt seinen Hut und geht hinaus. Ridgeon sieht sich die Bilder an. Gleich darauf kommt er zurück an den Tisch, nimmt sich ein Vergrößerungsglas und prüft ein Bild sehr sorgfältig. Er seufzt, schüttelt den Kopf, als ob er gezwungen wäre, die Faszination, die von dem Bild ausgeht, zuzugeben, das er auf der Liste des Sekretärs ankreuzt. Er setzt seine Besichtigung fort und verschwindet hinter einem Wandschirm. Jennifer kommt, ihr Buch in der Hand, zurück. Sie glaubt, allein zu sein. Sie setzt sich an den Tisch und blättert voller Bewunderung in dem Buch. Ridgeon erscheint wieder, das Gesicht zur Wand, und betrachtet die Bilder. Nachdem er die Lupe benützt hat, tritt er weiter zurück, um aus größerem Abstand einen Blick auf das Bild zu werfen. Sie macht das Buch zu, sieht sich um, erkennt ihn und starrt ihn an.

RIDGEON *schüttelt wieder den Kopf, ruft aus:* Eine talentvolle Bestie!

Sie reagiert, als ob er sie geschlagen hätte. Er geht an den Tisch, um die Lupe abzulegen und sieht ihren starren Blick auf sich gerichtet.

Ich bitte um Verzeihung. Ich dachte, ich bin allein.

JENNIFER *beherrscht sich, spricht fest und bedeutungsvoll:* Ich freue mich, Sie zu sehn, Sir Colenso Ridgeon. Gestern traf ich Dr. Blenkinsop. Ich gratuliere Ihnen zu der wunderbaren Heilung.
Ridgeon findet keine Worte, macht, nach einem Augenblick verlegenen Schweigens, eine zustimmende Bewegung und legt Lupe und Liste auf den Tisch.
Er sieht gut aus. Gesund und kräftig und wohlhabend. *Sie sieht auf die Bilder an den Wänden, als vergliche sie Blenkinsops Schicksal mit dem Dubedats.*

RIDGEON *leise, noch verlegen:* Er hat Glück gehabt.

JENNIFER Sehr viel Glück. Sein Leben wurde gerettet.

RIDGEON Soviel ich weiß, ist er Arzt beim Gesundheitsamt geworden. Er hat den Präsidenten einer Bezirksversammlung sehr erfolgreich behandelt.

JENNIFER Mit Ihren Medikamenten?

RIDGEON Nein. Ich glaube, mit einem Pfund reifer Renekloden.

JENNIFER *ernst:* Wie komisch.

RIDGEON Ja. Das Leben hört nicht auf, komisch zu sein, wenn Leute sterben, genausowenig wie es aufhört, ernst zu sein, wenn Leute lachen.

JENNIFER Dr. Blenkinsop sagte etwas sehr Seltsames zu mir.

RIDGEON Was war das?

JENNIFER Er sagte, den Privatärzten sollte man durch Gesetz das Handwerk legen. Als ich fragte, warum, sagte er, daß die privaten Ärzte unwissende, amtlich zugelassene Mörder sind.

RIDGEON Diese Meinung ist bei öffentlich bestallten Ärzten allgemein. Nun, Blenkinsop muß es wissen. Er hat lange genug privat praktiziert. Lassen wir das! Sie haben mir etwas vorzuwerfen. Das seh ich Ihnen an, und das hör ich an Ihrer Stimme. Alles an Ihnen ist Vorwurf.

JENNIFER Für Vorwürfe ist es nun zu spät. Ich staune nur, wie Sie es fertigbringen, hierherzukommen und seine Bilder so gelassen anzusehn. Aber Sie haben darauf schon geantwortet. Für Sie war er nur eine talentvolle Bestie.

RIDGEON *zuckt zusammen:* Nicht doch. Ich wußte nicht, daß Sie hier sind.

JENNIFER *hebt den Kopf, fast hochmütig:* Sie glauben, es kommt nur darauf an, ob ich es gehört habe. Als ob das mich oder ihn treffen könnte! Merken Sie nicht, das wirklich Schreckliche ist, daß für Sie lebende Dinge keine Seele haben.

RIDGEON *skeptisch:* Die Seele ist ein Organ, dem ich bei meinen anatomischen Studien nicht begegnet bin.

JENNIFER Sie wissen genau, daß Sie nicht wagen würden, so etwas Dummes zu irgend jemand zu sagen, außer zu einer Frau, die Sie gering schätzen. Wenn Sie mich sezieren, werden Sie mein Gewissen nicht finden. Glauben Sie, ich habe keins?

RIDGEON Ich habe Leute gekannt, die keins hatten.

JENNIFER Talentvolle Bestien? Wissen Sie, Doktor, daß einige meiner teuersten und treuesten Freunde, die ich jemals gehabt habe, nur Bestien waren! Sie hätten sie lebend seziert. Der teuerste und größte aller meiner Freunde war von einer Schönheit und Leidenschaft, wie sie nur Tiere haben. Ich hoffe, Sie brauchen niemals zu empfinden, was ich empfand, als ich ihn Leuten in die Hände gab, die das Quälen von Tieren verteidigen, bloß weil es Bestien sind.

RIDGEON Hielten Sie uns wirklich für so grausam? Obwohl Sie mich fallengelassen haben, sind Sie doch, wie ich höre, wochenlang mit den Bloomfield Boningtons und den Walpoles zusammen.

JENNIFER Die Tiere in Sir Ralphs Haus sind wie verzogene Kinder. Wenn Mr. Walpole bei seiner Bulldogge einen Splitter aus der Pfote zieht, muß ich die Dogge halten und Mr. Walpole wartet, bis Sir Ralph das Zimmer verlassen hat. Und Mrs. Walpole muß dem Gärtner sagen, daß er keine Wespen totschlagen darf, wenn Mr. Walpole zusieht. Aber es gibt Ärzte, die von Natur aus grausam sind, und es gibt andere, die gewöhnen sich daran und werden gefühllos. Sie werden blind für die Seele der Tiere, und das macht sie blind für die Seelen der Menschen. Sie haben bei Louis einen schrecklichen Fehler gemacht. Sie würden ihn nicht gemacht haben, wenn Sie sich nicht angewöhnt hätten, denselben Fehler bei Hunden zu machen. Sie sehen nichts weiter in ihnen als stumme Bestien, und so konnten Sie auch in ihm nichts sehen, als eine talentvolle Bestie.

RIDGEON *mit plötzlicher Entschlossenheit:* Ich habe nicht den geringsten Fehler bei ihm gemacht.

JENNIFER Oh, Doktor!

RIDGEON *hartnäckig:* Nein, nicht den geringsten Fehler.
JENNIFER Haben Sie vergessen, daß er gestorben ist?
RIDGEON *zeigt auf die Bilder:* Er ist nicht gestorben. Da ist er. *Nimmt das Buch auf.* Und da.
JENNIFER *springt auf:* Legen Sie es hin. Wie können Sie wagen, es zu berühren?
Ridgeon, über den heftigen Ausbruch erstaunt, legt das Buch wieder hin. Sie nimmt es und sieht es an, als hätte er es entweiht.
RIDGEON Es tut mir leid. Es ist wohl besser, ich gehe.
JENNIFER *legt das Buch hin:* Ich bitte um Entschuldigung. Ich – ich vergaß mich. Aber es ist noch nicht erschienen – es ist nur ein Vordruck.
RIDGEON Ohne mich wäre es ein ganz anderes Buch geworden.
JENNIFER Aber ohne Sie wäre es länger geworden.
RIDGEON Sie wissen also, daß ich ihn umgebracht habe.
JENNIFER *plötzlich bewegt und sanft:* Oh, Doktor, wenn Sie das zugeben – wenn Sie sich das eingestanden haben – wenn Sie begreifen, was Sie angerichtet haben, dann gibt es Vergebung. Zuerst vertraute ich instinktiv Ihrer Stärke, dann dachte ich, ich hätte Stärke mit Gleichgültigkeit verwechselt. Können Sie mir deswegen einen Vorwurf machen? Aber wenn es wirklich Stärke war – wenn es nur ein Irrtum war, wie er uns allen manchmal unterläuft – es würde mich so glücklich machen, daß wir wieder Freunde sein könnten.
RIDGEON Ich sage Ihnen, es war kein Irrtum. Ich habe Blenkinsop behandelt. Er wurde gesund.
JENNIFER Oh, nicht diesen albernen Stolz, Doktor. Gestehen Sie einen Mißerfolg ein, und retten Sie unsre Freundschaft. Sie wissen doch, Sir Ralph gab Louis Ihr Medikament, und sein Zustand verschlimmerte sich.
RIDGEON Unter diesen Voraussetzungen kann ich nicht Ihr Freund sein. Die Wahrheit sitzt mir in der Kehle, sie muß heraus. Ich habe dasselbe Medikament bei Blenkinsop verwendet. Sein Zustand verschlimmerte sich nicht. Es ist ein gefährliches Mittel. Es heilte Blenkinsop. Louis Dubedat hat es getötet. Wenn ich es anwende, heilt es. Wenn ein anderer es anwendet, tötet es – manchmal.
JENNIFER *naiv, begreift es nicht ganz:* Und warum überließen Sie es Sir Ralph, Louis damit zu behandeln?

RIDGEON Das will ich Ihnen sagen. Ich tat es, weil ich Sie liebte.
JENNIFER *unschuldig überrascht:* Liebte – Sie! Ein alter Mann!
RIDGEON *wie vom Donner gerührt:* Dubedat, du bist gerächt! *Er taumelt an die Bank und setzt sich.* Daran habe ich nie gedacht. Daß ich in Ihren Augen ein alter lächerlicher Kauz bin.
JENNIFER Ich wollte Sie nicht beleidigen – aber Sie sind bestimmt zwanzig Jahre älter als ich.
RIDGEON Kann sein. Mehr vielleicht. In zwanzig Jahren wissen Sie, wie wenig das ausmacht.
JENNIFER Aber auch so, wie konnten Sie annehmen, daß ich – seine Frau – an Sie hätte denken können. –
RIDGEON *unterbricht sie mit einer Handbewegung:* Ja, ja, ja, ja. Ich verstehe vollkommen. Sie brauchen nicht darauf herumzureiten.
JENNIFER Aber – oh, das dämmert mir jetzt erst – ich war zu überrascht – Sie behaupten, daß Sie ihn absichtlich aus Eifersucht – oh! Sie haben ihn ermordet.
RIDGEON Ich denke, das stimmt. So ungefähr ist es dazu gekommen. Ja. Ich habe ihn getötet.
JENNIFER Und das sagen Sie mir ins Gesicht! Mit dieser Gleichgültigkeit! Haben Sie keine Angst?
RIDGEON Ich bin Arzt. Ich habe nichts zu befürchten. Es ist nicht strafbar, einen Kranken von Sir Ralph behandeln zu lassen. Vielleicht sollte es das sein. Aber es ist es nicht.
JENNIFER Daran dachte ich nicht. Ich meinte Angst davor, daß ich Louis räche und Sie töte.
RIDGEON Ich bin so unverbesserlich töricht Ihnen gegenüber, daß mich das kein bißchen beunruhigt. Sie würden immer an mich denken, wenn Sie das tun.
JENNIFER Für mich sind Sie für immer der kleine neidische Mann, der versucht hat, einen großen Mann umzubringen.
RIDGEON Sie verzeihen. Es ist mir gelungen.
JENNIFER *mit ruhiger Überzeugung:* Nein. Ärzte denken, sie haben den Schlüssel für Leben und Tod in der Hand. Aber es ist nicht ihr Wille, der sich vollzieht. Ich glaube nicht, daß es wirklich in ihrer Macht liegt, Entscheidendes zu ändern.
RIDGEON Vielleicht nicht. Aber ich hatte die Absicht.

JENNIFER *sieht ihn erstaunt an, nicht ohne Mitleid:* Und Sie haben versucht, dieses wundervolle schöne Leben zu zerstören, weil Sie ihm die Frau mißgönnten, von der Sie nie erwarten konnten, daß sie sich etwas aus Ihnen macht!

RIDGEON Wer küßte mir die Hände. Wer glaubte an mich. Wer trug mir Freundschaft bis zum Tode an.

JENNIFER Die, die Sie betrogen haben.

RIDGEON Nein. Die ich rettete.

JENNIFER *sanft:* Bitte, Doktor, wovor?

RIDGEON Vor der Notwendigkeit, eine furchtbare Entdeckung zu machen. Vor einem verlorengegangenen Leben.

JENNIFER Wieso?

RIDGEON Das spielt keine Rolle. Ich habe Sie gerettet. Ich bin Ihnen der beste Freund gewesen, den Sie jemals hatten. Sie sind glücklich. Es geht Ihnen gut. Sein Werk bedeutet unvergängliche Freude und Stolz für Sie.

JENNIFER Und Sie bilden sich ein, das ist Ihr Verdienst. Oh Doktor, Doktor! Sir Patrick hat recht, Sie glauben, Sie sind ein kleiner Gott. Wie können Sie so dumm sein? Sie haben diese Bilder nicht gemalt, die mich unvergänglich erfreuen und stolz machen, Sie haben die Worte nicht gesagt, die mir immer wie himmlische Musik in den Ohren klingen werden. Ich höre seine Stimme, sooft ich müde oder bekümmert bin. Darum bin ich immer glücklich.

RIDGEON Ja, weil er tot ist. Waren Sie immer glücklich, als er lebte?

JENNIFER *verletzt:* Oh, Sie sind grausam, grausam. Als er lebte, konnte ich seiner Größe nicht gerecht werden. Ich war oft kleinlich und ärgerte mich über ihn. Ich war unfreundlich zu ihm. Ich war seiner nicht würdig.
Ridgeon lacht bitter auf.
Beleidigen Sie mich nicht. Lästern Sie nicht. *Sie nimmt ein Buch an die Brust:* Oh, mein König der Menschen!

RIDGEON König der Menschen! Das ist zu ungeheuer, das ist grotesk. Wir grausamen Ärzte haben die Wahrheit vor Ihnen verborgen. Aber es ist wie mit allen Wahrheiten. Sie lassen sich auf die Dauer nicht verbergen und wollen ans Licht.

JENNIFER Was für eine Wahrheit?

RIDGEON Was für eine Wahrheit! Nun, daß Louis Dubedat, König der Menschen, der vollkommenste Schurke, der gemeinste Halunke, der gefühlloseste, selbstsüchtigste Lump war, der jemals eine Frau elend gemacht hat.

JENNIFER *unerschüttert, ruhig und lieblich:* Er hat seine Frau zu der glücklichsten Frau der Welt gemacht, Doktor.

RIDGEON Nein, bei allem, was wahr ist, er hat seine Witwe zur glücklichsten Frau der Welt gemacht. Und ich machte sie zur Witwe. Ihr Glück ist meine Rechtfertigung und meine Belohnung. Jetzt wissen Sie, was ich getan habe und was ich von ihm dachte. Zürnen Sie mir, so viel Sie wollen, wenigstens kennen Sie mich nun, wie ich wirklich bin.

JENNIFER *Freundlich und ruhig:* Ich bin Ihnen nicht mehr böse, Sir Colenso. Ich wußte, daß Sie Louis nicht mochten. Aber das ist nicht Ihr Fehler. Sie haben ihn nicht begriffen, das ist alles. Sie begreifen nichts. Genauso, wie Sie nicht an meine Religion glauben. Es ist eine Art sechster Sinn, der Ihnen fehlt. *Mit einer beruhigenden Handbewegung:* Und denken Sie nicht, daß Sie mich so furchtbar getroffen haben. Ich weiß genau, was Sie mit seiner Selbstsucht meinen. Er hat alles für seine Kunst geopfert. In einem gewissen Sinn hätte er sogar jeden geopfert –

RIDGEON Jeden, ausgenommen sich selber. Dadurch verlor er das Recht, Sie zu opfern, und gab mir das Recht, ihn zu opfern. Das hab ich getan.

JENNIFER *schüttelt den Kopf, mitleidig:* Er war einer von den Männern, die wissen, was Frauen wissen, daß sich selber opfern eitel und feige ist.

RIDGEON Ja, wenn das Opfer verschmäht und in den Wind geschlagen wird. Nicht, wenn es zur Speise der Götter wird.

JENNIFER Das verstehe ich nicht. Ich kann darüber mit Ihnen nicht streiten. Sie sind klug genug, mich zu verwirren, aber Sie beirren mich nicht. Sie sind so völlig, so ungeheuer im Unrecht, so unfähig, Louis zu beurteilen –

RIDGEON Wirklich? *Nimmt die Katalogliste vom Tisch:* Ich habe fünf Bilder angestrichen, die ich kaufen möchte.

JENNIFER Sie werden sie nicht bekommen. Louis Schuldner bestanden darauf zu verkaufen. Aber heute habe ich Geburtstag, und mein Mann hat alle Bilder für mich aufgekauft.

RIDGEON Ihr was?

JENNIFER Mein Mann.
RIDGEON *stottert:* Was für ein Mann? Wessen Mann? Was heißt Mann? Wieso? Was? Wollen Sie damit sagen, daß Sie wieder geheiratet haben?
JENNIFER Haben Sie vergessen, daß Louis Witwen nicht mochte und daß Leute, die glücklich verheiratet waren, immer wieder heiraten?
RIDGEON Dann habe ich einen völlig uneigennützigen Mord begangen!
Der Sekretär kommt mit einem Packen Kataloge zurück.
SEKRETÄR Gerade noch rechtzeitig die ersten Kataloge. Wir machen auf.
JENNIFER *zu Ridgeon, höflich:* Ich freue mich, daß Ihnen die Bilder gefallen, Sir Colenso. Guten Morgen.
RIDGEON Guten Morgen. *Er geht auf die Tür zu, zögert, dreht sich um, als ob er noch was zu sagen hätte, läßt es und geht.*

Androklus und der Löwe

*Ein altes Märchen
erneuert von Bernard Shaw und übersetzt
von Harald Mueller*

Personen

ANDROKLUS
DER LÖWE
FERROVIUS
DER HAUPTMANN
LENTULUS
METELLUS
DER CENTURIO
DER KAISER
SPINTHO
SECUTOR
RETIARIUS
DER AUSRUFER
DER SPIELLEITER
DER WÄRTER
DER OCHSENTREIBER
MEGÄRA
LAVINIA
GLADIATOREN, SKLAVEN
RÖMISCHES VOLK, CHRISTEN

Der Prolog spielt im Dschungel,
der erste Akt vor den Toren Roms,
der zweite im Kolosseum.

Prolog

Ouvertüre: Urwaldgeräusche, das Gebrüll von Löwen, jemand singt kraftlos eine christliche Hymne.
Ein Dschungelpfad. Das Gebrüll eines Löwen kommt melancholisch und leidend aus dem Dschungel und nähert sich. Der Löwe hinkt auf drei Beinen aus dem Dschungel und hält seine rechte Vorderpfote hoch, in der ein großer Dorn steckt. Er setzt sich und schaut sich die Geschichte nachdenklich an. Er leckt die Pfote. Er schüttelt sie. Er reibt sie den Boden entlang, um den Dorn herauszubekommen, was ihm noch mehr Schmerzen verursacht. Er stöhnt erbarmungswürdig und leckt die Pfote nochmals. Tränen tropfen ihm aus den Augen. Unter großen Schmerzen hinkt er vom Pfad herunter und legt sich unter die Bäume. Die Qualen haben ihn erschöpft, und mit einem tiefen Seufzer – es klingt wie der Wind in einer Posaune – legt er sich schlafen.
Androklus und seine Frau Megära kommen den Pfad entlang. Er ist ein schmächtiger, dünner und lächerlich kleiner Mann, der jedes Alter zwischen dreißig und fünfundfünfzig haben könnte. Strohblondes Haar, wässerige, teilnahmsvolle blaue Augen, feinfühlige Nasenflügel und eine sehr bemerkenswerte Stirn sind das Positive an ihm. Seine Arme, seine Beine und sein Rücken, obwohl drahtig auf ihre Art, sehen eingeschrumpft und verhungert aus. Androklus trägt ein großes Bündel, ist sehr ärmlich gekleidet und scheint müde und hungrig zu sein. Seine Frau ist eine ziemlich hübsche und verwöhnte Schlampe, gutgenährt und im besten Frauenalter. Sie braucht nichts zu tragen und geht an einem starken Stock, den sie plötzlich hinwirft.

MEGÄRA Ich geh keinen Schritt weiter.
ANDROKLUS *müde und bittend:* Doch nicht schon wieder, Liebling. Alle zwei Meilen bleibst du stehn und sagst, daß du keinen Schritt weitergehst. Was versprichst du dir davon? Wir müssen vor Einbruch der Nacht im nächsten Dorf sein. Hier im Wald gibt es wilde Tiere. Sogar Löwen, sagt man.
MEGÄRA Glaubst du ja selber nicht. Du mit deinen wilden Tieren, daß ich mir die Seele aus dem Leib renn, wo ich kaum noch einen Fuß vor den andern setzen kann. Wo

habn wir einen einzigen Löwen gesehn?
ANDROKLUS Du willst wohl gern einen sehn, Liebling, was?
MEGÄRA *zieht ihm das Bündel vom Rücken:* Sowas Brutales gibts nur einmal. Wie müde ich bin oder was aus mir wird, intressiert dich überhaupt nicht. *Sie wirft das Bündel auf den Boden und setzt sich drauf.* Du denkst immer nur an dich. Du, du, du! Immer nur du!
ANDROKLUS *setzt sich traurig auf den Boden, stützt die Ellbogen auf die Knie und nimmt den Kopf in die Hände:* Jeder muß gelegentlich an sich selber denken, Liebling.
MEGÄRA Aber ein Mann sollte manchmal auch an seine Frau denken.
ANDROKLUS Ja, Liebling, manchmal kommt er nicht drum herum. Du sorgst schon dafür, daß ich an dich denke. Ich will damit gar nichts gesagt haben.
MEGÄRA So? Wirklich nicht? Wer ist schuld, daß ich mit dir verheiratet bin? Ich vielleicht?
ANDROKLUS Nein, Liebling: ich!
MEGÄRA Wirklich reizend, was du mir da sagst. Bist du etwa nicht glücklich mit mir?
ANDROKLUS Ich hab doch gar nichts gesagt, mein Schatz.
MEGÄRA Du solltest dich tatsächlich was schämen.
ANDROKLUS Das tu ich doch, Schätzchen.
MEGÄRA Du und dich schämen. Gibst doch nur damit an.
ANDROKLUS Womit?
MEGÄRA Mit allem. Daß du aus mir eine Sklavin gemacht hast und aus dir selbst eine Witzfigur. Ist das vielleicht schön? Bei deiner sanften Tour halten mich alle für ne Xanthippe. Als ob du kein Wässerchen trüben könntest. Und nur weil ich aussehe, als ob ich groß und stark bin. Und weil ichn gutes Herz hab und auchn bißchen temperamentvoll bin. Und weil du mich immer dazu bringst, was ich hinterher bereue. Nur deshalb sagen sie alle: Armer Mann! Wie die ihm das Leben zur Hölle macht. Wenn die wüßten. Und dann glaubst du noch, – ich krieg das nicht mit. Aber ich krieg das mit, ich krieg das mit. *Schreiend:* Ja, ich krieg das alles mit!
ANDROKLUS Ja, mein Schatz, ich habs jetzt mitgekriegt, daß du alles mitkriegst.
MEGÄRA Warum behandelst du mich dann nicht anständig und wie ein guter Ehemann.
ANDROKLUS Aber Schätzchen, was soll ich denn tun?

MEGÄRA Was soll ich denn tun? Auf deine Pflicht besinnen sollst du dich. Nach Hause gehn. Zu deinen Freunden. Und den Göttern opfern wie alle anständigen Menschen. Aber nein, du willst, daß man uns von Haus und Hof jagt, weil wir dreckige, verrufene Atheisten sind und die Götter lästern.
ANDROKLUS Schätzchen, ich bin kein Atheist. Ich bin Christ.
MEGÄRA Wo istn da ein Unterschied? Ist doch zehnmal schlimmer. Jeder weiß, daß die Christen das Niedrigste vom Niedrigsten sind.
ANDROKLUS Das sind wir, mein Schatz.
MEGÄRA Höchstens du. Untersteh dich, mich mit diesem Pack zu vergleichen. Mein Vater besaß ein eigenes Gasthaus. Es war ein Unglückstag für mich, als du zum ersten Mal bei uns einen heben kamst.
ANDROKLUS Ich war Alkoholiker, zugegeben. Aber als Christ gab ich den Alkohol auf.
MEGÄRA Wenn dus bloß geblieben wärst. Einem Trinker kann ich vergeben. Trinken ist natürlich. Ich gebs ja auch selber zu, daß ich manchmal einen kippe. Aber daß du dem Christentum verfallen bist, vertrag ich nicht. Und was noch viel schlimmer ist: den Tieren. Wie kann eine Frau ihr Haus sauberhalten, wenn du jede streunende Katze, jeden verlorengegangenen Köter und jede lahme Ente aus der ganzen Gegend angeschleppt bringst? Du reißt mir das Brot noch aus den Zähnen, um die Biester zu füttern. Leugnen ist zwecklos. Du weißt, es stimmt.
ANDROKLUS Nur weil sie hungrig waren und du zu dick wurdest, Schätzchen.
MEGÄRA Noch eine Beleidigung. Mach nur so weiter. *Erhebt sich:* Oh, ich habs jetzt endgültig satt! Du setzt dich hin, quasselst stundenlang mit deinen dummen, blöden Biestern und für mich hast du kein einziges Wort.
ANDROKLUS Die haben mir auch nie contra gegeben, mein Schatz. *Steht auf und schultert wieder das Bündel.*
MEGÄRA Also gut: Wenn sie dir lieber sind als deine eigene Frau, kannst du gern hier bei ihnen im Dschungel bleiben. Ich hab genug. Von ihnen und von dir. Ich geh zurück. Ich geh nach Hause.
ANDROKLUS *versperrt ihr den Rückweg:* Nein, Schätzchen, so geht es nicht. Wir können nicht mehr zurück. Wir haben alles verkauft. Wir würden verhungern. Oder ich

würde nach Rom gebracht und den Löwen vorgeworfen werden.

MEGÄRA Genau das richtige für dich. Ich wünsch den Löwen viel Spaß mit dir. *Schreit:* Läßt du mich jetzt durch und nach Hause, oder nicht?

ANDROKLUS Nein, mein Schatz.

MEGÄRA Dann geh ich einfach hier durch den Wald. Wenn mich die wilden Tiere auffressen, wirst du schon sehn, was für ne Frau du verloren hast. *Sie rennt in den Dschungel und fällt beinahe über den schlafenden Löwen.* Oh! Oh! Andy! Andy! *Sie taumelt zurück und Androklus in die Arme, der, erdrückt von ihrem Gewicht, auf sein Bündel fällt.*

ANDROKLUS *kriecht unter ihr hervor und tätschelt aufgeregt ihre Hände:* Was ist denn, mein Schätzchen? Aber Schlafmäuschen, was istn los?
Er hebt ihren Kopf an. Vor Entsetzen sprachlos zeigt sie zum schlafenden Löwen hinüber. Androklus schleicht vorsichtig hin. Sie erhebt sich und wankt hinterher.

MEGÄRA Nein, Andy, er wird dich zerreißen. Komm zurück. *Der Löwe stößt einen langen schnarchenden Seufzer aus. Androklus sieht das Tier, ist einer Ohnmacht nahe und fällt in die Arme von Megära, die rücklings auf das Bündel stürzt. Sie rollen auseinander, bleiben liegen und starren sich schreckerfüllt an. Aus dem Dschungel hört man das schwere Stöhnen des Löwen.*

ANDROKLUS *flüsternd:* Hast du gesehn? Ein Löwe.

MEGÄRA Den haben uns die Götter auf den Hals gehetzt. Als Strafe für unser Christentum. Bring mich weg, Andy. Sofort! Rette mich!

ANDROKLUS *steht auf:* Meggy, du hast noch eine Chance: Er braucht ungefähr zwanzig Minuten, bis er mich aufgefressen hat. Du weißt ja, wie sehnig und zäh ich bin. So lange brauchst du nicht mal, um zu verschwinden.

MEGÄRA Bitte, nicht von auffressen sprechen.
Der Löwe erhebt sich unter großem Gestöhne und hinkt auf sie zu.
Oh! *Sie fällt in Ohnmacht.*

ANDROKLUS *zitternd, aber immer noch zwischen dem Löwen und Megära:* Vergreif dich ja nicht an meiner Frau. Hörst du?
Der Löwe stöhnt. Androklus kann kaum stehen, so sehr

zittert er.
Lauf, Meggy. Lauf um dein Leben. Wenn ich ihn aus den Augen lasse, ist alles aus.
Der Löwe hebt seine verwundete Pfote hoch und läßt sie kläglich vor Androklus baumeln.
Oh, er hat ein lahmes Pfötchen. Du Ärmster. Und einen großen Dorn da drin. Einen entsetzlich großen Dorn. *Voller Mitleid:* Oh, du armes, altes Kerlchen. Hast du da ein Riesendorni in dein kleines Tatzi-Pratzi? Hat er dich so krank gemacht, daß du nicht mal mehr ein Christlein zum Frühstück schnabulieren kannst? Oh, das Christlein zieht ihm jetzt den bösen Dorni raus, und dann kann er es gleich fressen und sein nettes, fettes zartes Weibili dazu.
Der Löwe antwortet mit einem Stöhnen voller Selbstmitleid.
Ja, ja, ja, ja, ja! Und nun – *Nimmt die Pfote in die Hand:* wollen wir nicht beißen und nicht kratzen, selbst wenn es ein ganz kleinwenig wehtut. So, jetzt Samtpfötchen gemacht. Sehr schön.
Er zieht behutsam an dem Dorn. Der Löwe reißt mit einem wütenden Schmerzensschrei seine Pfote so plötzlich zurück, daß Androklus auf den Rücken fällt.
Sachte, sachte –! Hat das grausame, schlimme Christlein dem kranken Pfötchen wehgetan?
Der Löwe stöhnt zustimmend, aber mit einem Unterton von Entschuldigung.
Jetzt noch eine kleinen Ruck, und alles, alles ist wieder gut. Nur noch ein einziges kleines Rückchen, und du wirst dein Leben lang glücklich sein.
Er gibt dem Dorn noch einen Ruck. Der Löwe brüllt und schlägt mit einem erschreckenden Geräusch seine Kinnbacken zusammen.
Nanana, wer wird denn den lieben, guten Onkel Doktor so sehr erschrecken? Das hat doch gar nicht wehgetan. Nich ein kleines bißchen. Jetzt nur noch ein einziges Mal. Nur mal zeigen, daß der tapfere, große Löwe Schmerzen besser ertragen kann als der kleine Schreihals von Christ. Hau-ruck!
Der Dorn kommt heraus. Der Löwe schreit auf vor Schmerz und schüttelt wild seine Pfote.
Na, da ist er ja! *Androklus hält den Dorn in die Höhe.* Nun ist er raus. Jetzt lecken wir nur nochmal unser

Pfötchen, um die böse Entzündung loszuwerden. So!
Er leckt seine eigene Hand. Der Löwe nicht verständnisvoll und beginnt emsig an seiner Pfote zu lecken.
Kluger kleiner Löwi-Pöwi. Wie gut er seinen lieben, alten Freund Andy-Wandy versteht.
Der Löwe leckt ihm das Gesicht.
So, jetzt gib noch Küßchen dem Andy-Wandy.
Der Löwe wedelt wild mit dem Schwanz, erhebt sich auf seine Hinterbeine und umarmt Androklus, der ein gequältes Gesicht macht und schreit:
Samtpfötchen machen! Samtpfötchen machen!
Der Löwe zieht die Krallen ein.
So ist schön.
Androklus umarmt den Löwen, der zum Schluß das Ende seines Schwanzes in eine Pfote nimmt und damit Androklus' Hüfte umschlingt. Dieser nimmt die andere Pfote in seine Hand, streckt den Arm aus und beide tanzen hingerissen einen Walzer im Kreis. Schließlich verschwinden sie tanzend im Dschungel.

MEGÄRA *die während des Walzers zu sich gekommen ist:* Oh, du Feigling, du! Mit mir jahrelang nicht tanzen und jetzt mitm dummen Riesenvieh, das du ganze zehn Minuten kennst und das deine eigne Frau auffressen will! Feigling! Feigling! Feigling! *Sie läuft ihnen in den Dschungel nach.*

Erster Akt

Abend. Der Endpunkt von drei zusammenlaufenden Straßen nach Rom, die an der Stelle, wo sie auf einen Platz vor einem Stadttor münden, von drei Triumphbögen überspannt werden. Blickt man nordwärts durch die Bögen, so kann man die Campagna sehen, durch die sich drei lange, staubige Wege ziehen. An der Ost- und an der Westseite des Platzes sind lange Steinbänke. Ein alter Bettler, den Napf zu seinen Füßen, sitzt an der Ostseite.
Durch den östlichen Bogen marschiert ein Trupp römischer Soldaten, der einen Haufen christlicher Gefangener beiderlei Geschlechts und jeden Alters eskortiert. Unter den Gefangenen ist Lavinia, eine gutaussehende, resolute junge Frau. Sie ist offensichtlich von höherem sozialen Rang als ihre Mitgefangenen. Ein Centurio mit einem Knüppel aus Rebenholz trottet rechts neben der Abteilung und befehligt sie. Alle sind müde und staubig. Die Soldaten machen einen verbissenen und gleichgültigen Eindruck, während die Christen, frohen Herzens und entschlossen, ihre Mühsal als Spaß aufzufassen, sich gegenseitig ermutigen. Weit hinten, wo der Rest der Kohorte folgt, hört man ein Horn.

CENTURIO *bleibt stehen:* Halt! Wir empfangen Befehle vom Hauptmann!
Sie halten an und warten
Hergehört, Christen! Der Hauptmann kommt. Deshalb keine von euern Albernheiten! Anständiges Benehmen! Gesungen wird nicht! Respektvolles Verhalten! Und Ernst, Herrschaften, wenn ihr dazu fähig seid! Da! Das große Gebäude dort drüben! Das ist das Kolosseum. Da werdet ihr demnächst den Löwen vorgeworfen werden, oder ihr müßt gegen die Gladiatoren kämpfen. Denkt dran, und es wird euch leichter fallen, euch vor dem Hauptmann ordentlich zu benehmen.
Der Hauptmann kommt.
Achtung! Salutiert!
Die Soldaten salutieren.
EIN CHRIST *fröhlich:* Gott segne dich, Hauptmann!
CENTURIO *empört:* Schnauze!
Der Hauptmann, ein hübscher Patrizier, etwa fünfund-

dreißig, sehr kalt und distinguiert, sehr überlegen und autoritär, stellt sich auf einen Steinsockel an der Westseite des Platzes hinter den Centurio, um die Szene besser beherrschen zu können.

HAUPTMANN Centurio!

CENTURIO *steht stramm und salutiert:* Hauptmann!

HAUPTMANN *steif und offiziell:* Du wirst deinen Leuten einschärfen, Centurio, daß wir jetzt in Rom einmarschieren. Du wirst ihnen beibringen, daß sie, einmal in den Toren Roms, in Gegenwart des Kaisers sind. Du wirst ihnen klarmachen, daß ihre laxe Marschdisziplin hier nicht gestattet werden kann. Du wirst ihnen befehlen, sich täglich zu rasieren. Nicht nur ein einziges Mal in der Woche! Du wirst es ihnen besonders einprägen, daß es mit der Gottlosigkeit und Blasphemie, beim Marschieren christliche Lieder zu singen, sofort ein Ende haben muß. Centurio, ich sehe mich gezwungen, dich in dieser Hinsicht aufs schärfste zu rügen: Du hast es nämlich nicht nur erlaubt, nein, du hast selber mitgesungen!

CENTURIO *entschuldigend:* Die Leute marschieren dann besser, mein Hauptmann.

HAUPTMANN Ganz ohne Zweifel. Ich befehle deshalb, eine Ausnahme zu machen: Der Marsch »Vorwärts, christliche Soldaten« wird gesungen. Allerdings nicht auf dem Weg über das Forum oder in Hörweite des kaiserlichen Palastes. Es erfolgt jedoch eine Änderung des Textes. Wir singen: »Werfet sie den Löwen vor«.

Zum großen Schrecken von Centurio brüllen die Christen vor Lachen.

CENTURIO Ruhe, da! Ruheeee! Habt ihr denn überhaupt kein Benehmen? Vor euch steht ein Offizier! Sowas müssen wir uns tagtäglich von diesen Christen gefallen lassen, mein Hauptmann. Ständig lachen sie und machen Witze. Es ist ein Skandal. Da fehlt die richtige Religion. Sowas kommt von sowas.

LAVINIA Aber ich glaube, Centurio, der Hauptmann wollte doch, daß wir lachen. Er war so komisch.

CENTURIO Du wirst schon sehn, wie komisch es ist, morgen den Löwen vorgeworfen zu werden. *Zum Hauptmann, der unzufrieden aussieht:* Verzeihung, Hauptmann. *Zu den Christen:* Schnauze!

HAUPTMANN Centurio, du mußt deinen Leuten einbleuen,

daß jetzt alle Vertraulichkeiten mit christlichen Gefangenen ein Ende haben. Sie sind von ihnen ja direkt abhängig geworden. Von den weiblichen besonders. Ich denke an die Kocherei, das Ausbessern von Uniformen. Ich denke an das Schreiben von Briefen und an das Erteilen von Ratschlägen in Privatangelegenheiten. Eine derartige Abhängigkeit ist für einen römischen Soldaten unzulässig. Daß ich davon nichts mehr merke, wenn wir in der Stadt sind. Außerdem ordne ich an, daß christliche Gefangene von deinen Soldaten so angesprochen werden müssen, daß man Abscheu und Verachtung spürt. Jedes Pflichtversäumnis in dieser Hinsicht wird als disziplinarisches Vergehen betrachtet. *Er wendet sich an die Gefangenen:* Gefangene!

CENTURIO *grimmig:* Achtung, Gefangene! Ruheee!

HAUPTMANN Gefangene, ich mache euch auf die Tatsache aufmerksam, daß ihr ab morgen jederzeit, den Anforderungen der Verwaltung entsprechend, auf Abruf im kaiserlichen Zirkus erscheinen müßt. Da dort Christen momentan Mangelware sind, teile ich euch hiermit mit, daß ihr erwarten könnt, sehr bald sogar abgerufen zu werden.

LAVINIA Was wird man mit uns machen, Hauptmann?

CENTURIO Schnauze!

HAUPTMANN Die Frauen werden mit den wilden Tieren der kaiserlichen Menagerie in die Arena gebracht, wo sie mit den Konsequenzen fertig werden müssen.
Den Männern im waffenfähigen Alter werden, sofern sie es wünschen, Waffen ausgehändigt werden, damit sie sich gegen die kaiserlichen Gladiatoren verteidigen können.

LAVINIA Gibt es keine Hoffnung, Hauptmann, daß diese grausame Verfolgung –

CENTURIO *schockiert:* Aufhörn! Schnauze gehalten dort! Verfolgung – – – unglaublich!

HAUPTMANN *ungerührt und leicht sardonisch:* Der Terminus »Verfolgung« ist kein für die Handlungen des Kaisers geeigneter Ausdruck. Der Kaiser ist der Schirmherr des Glaubens. Er wirft euch lediglich den Löwen vor, um die religiösen Interessen Roms zu wahren. Verfolgung wäre es daher zweifellos erst, wenn ihr ihn den Löwen vorwerfen würdet.

Die Christen lachen wiederum von ganzem Herzen.

CENTURIO *entsetzt:* Ruhe, sag ich! Ihr sollt ruhig sein! Hat

man sowas schon mal gehört?
LAVINIA Hauptmann? Wenn wir weg sind, wird niemand mehr deine Scherze zu würdigen wissen.
HAUPTMANN *unerschütterlich in seinem offiziellen Vortrag:* Ich lenke die Aufmerksamkeit der weiblichen Gefangenen Lavinia auf die Tatsache, daß der Kaiser ein göttliches Wesen ist. Die Unterstellung, daß er grausam sei, ist deshalb nicht nur Verrat, sondern auch Gotteslästerung. Zudem weise ich sie darauf hin, daß ihr Vorwurf unbegründet ist, da der Kaiser nicht die Absicht hat, einen Gefangenen leiden zu lassen. Keinem Christen und keiner Christin wird etwas angetan, außer durch seine oder ihre eigene Hartnäckigkeit. Ihr braucht nur den Göttern zu opfern. Mehr nicht. Eine – einfache und bequeme Zeremonie: Der Gefangene wirft etwas Weihrauch auf den Altar und ist sofort frei. Unter diesen Umständen habt ihr es lediglich eurer eigenen dummen Verstocktheit zuzuschreiben, wenn ihr leiden müßt. Wenn ihr schon aus Überzeugung so ein winziges Quentchen Weihrauch nicht verbrennen könnt, so rate ich euch, es wenigstens aus Taktgefühl zu tun, um die religiösen Überzeugungen eurer Mitbürger nicht zu verletzen. Es ist mir bekannt, daß derartige Erwägungen bei Christen nicht ins Gewicht fallen, dennoch ist es meine Pflicht, euch darauf aufmerksam zu machen, damit ihr keinen Grund habt, euch über eure Behandlung zu beklagen oder den Kaiser der Grausamkeit zu beschuldigen, während grade er euch außerordentliche Beweise seiner Milde gibt. Unter diesem Gesichtspunkt betrachtet, verübt jeder Christ, der in der Arena umkommt, in Wirklichkeit Selbstmord.
LAVINIA Du machst grausame Scherze, Hauptmann. Denke nicht, daß der Tod uns leichtfällt. Unser Glaube hat unser Leben jetzt viel stärker und wunderbarer als früher gemacht, da uns Dunkelheit umgab und wir nichts besaßen, wofür es sich zu leben lohnte. Für uns ist der Tod härter als für euch. Die Agonie des Märtyrers ist ebenso schmerzlich, wie sein Triumph herrlich ist.
HAUPTMANN *ziemlich beunruhigt wendet sich der Hauptmann persönlich an sie. Sehr ernst:* Ein Märtyrer, Lavinia, ist ein Narr. Dein Tod wird nichts beweisen.
LAVINIA Warum dann mich töten?
HAUPTMANN Die Wahrheit nämlich, wenn es eine gibt,

braucht keine Märtyrer.
LAVINIA Aber mein Glaube muß erprobt werden wie dein Schwert. Kannst du dein Schwert anders erproben als unter Einsatz deines Lebens?
HAUPTMANN *nimmt plötzlich seinen offiziellen Ton wieder auf:* Ich mache die weibliche Gefangene auf die Tatsache aufmerksam, daß es Christen nicht gestattet ist, – die Offiziere des Kaisers in Debatten zu verwickeln und ihnen Fragen zu stellen, für die im Dienstreglement keine Antworten vorgesehen sind.
Die Christen kichern.
LAVINIA Hauptmann, wie kannst du nur?
HAUPTMANN Besonders möchte ich auch der Gefangenen in Erinnerung rufen, daß ihr von Offizieren dieses Regiments vier angenehme Heimstätten angeboten worden sind, unter denen sie die Wahl treffen kann, sobald sie sich entschließt, wie alle wohlerzogenen Damen Roms den Göttern zu opfern. Ich habe den Gefangenen weiter nichts zu sagen.
CENTURIO Rührt euch! Aber stehenbleiben!
HAUPTMANN Centurio! Bis zur Ankunft von drei anderen Christen unter der Aufsicht einer Kohorte der zehnten Legion wirst du mit deinen Männern zur Bewachung dieser Gefangenen hierbleiben. Unter den neuen Christen wirst du besonders auf einen Waffenschmied namens Ferrovius achten, der von gefährlichem Charakter und großer Körperkraft ist, und auf einen griechischen Schneider, der im Ruf eines Zauberers steht. Du wirst die drei deiner Gruppe hinzufügen und mit allem zum Kolosseum marschieren, wo du sie der Obhut des Gladiatorenführers gegen Quittung, gegengezeichnet vom Löwenverwalter und dem Leiter der Spiele, aushändigen wirst. Verstanden?
CENTURIO Jawohl, mein Hauptmann!
HAUPTMANN Weggetreten!
Er gibt seine offizielle Haltung auf und kommt von seinem »Thron« herab. Der Centurio läßt sich seinerseits dort nieder, um ein Schläfchen zu machen, während seine Leute sich bequem niederlassen. Die Christen, froh über die Ruhepause, machen es sich auf der Westseite des Platzes bequem. Nur Lavinia bleibt stehen und unterhält sich mit dem Hauptmann.

LAVINIA Hauptmann? Ist der Mann, der sich uns anschließen soll, dieser berühmte Ferrovius, der in den nördlichen Städten so wunderbare Bekehrungen erzielt hat?
HAUPTMANN Ja. Man hat uns gewarnt, daß er die Kraft eines Elefanten und das Temperament eines rasenden Stieres hat. Außerdem soll er total verrückt sein. Anscheinend kein Musterchrist.
LAVINIA Wenn er ein Christ ist, Hauptmann, brauchst du ihn nicht zu fürchten.
HAUPTMANN *kalt:* Ich fürchte ihn überhaupt nicht, Lavinia.
LAVINIA *mit irritierenden Augen:* Wie tapfer von dir, Hauptmann.
HAUPTMANN Du hast recht. Es war dumm von mir. *Leise, eindringlich:* Lavinia, verstehen Christen zu lieben?
LAVINIA Ja, Hauptmann. Selbst ihre Feinde.
HAUPTMANN Ist das leicht?
LAVINIA Sehr leicht, Hauptmann, wenn ihre Feinde so hübsch sind wie du.
HAUPTMANN Du machst dich über mich lustig, Lavinia.
LAVINIA Über dich, Hauptmann? Unmöglich.
HAUPTMANN Dann flirtest du mit mir, was noch schlimmer ist. Sei nicht albern.
LAVINIA Aber bei einem so hübschen Hauptmann –
HAUPTMANN Unverbesserlich. *Dringend:* Hör zu! Die Männer morgen im Publikum werden die widerlichsten Lüstlinge sein. Es sind Kerle, deren einzige Leidenschaft die Lust ist, eine schöne Frau gefoltert und Stück für Stück in Fetzen gerissen zu sehen. Es ist ein Verbrechen, eine solche Perversität zu befriedigen. Es heißt, sich zur Vergewaltigung durch den ganzen Pöbel der Straße und das Hofgesindel anzubieten. Warum willst du nicht lieber die reine Liebe und eine ehrenvolle Heirat wählen?
LAVINIA Meine Seele können sie nicht vergewaltigen. Das kann nur ich, wenn ich den falschen Göttern Opfer bringe.
HAUPTMANN Dann opfere dem wahren Gotte. Ist sein Name denn so wichtig? Wir nennen ihn Jupiter. Die Griechen nennen ihn Zeus. Nenne ihn, wie du willst, wenn du den Weihrauch in die Flamme des Altars wirfst. Er wird dich schon verstehen.
LAVINIA Nein, Hauptmann, das könnte ich nicht. Es ist seltsam, daß so ein bißchen Weihrauch soviel Unterschied

macht. Religion ist etwas so Großes, daß ich mit wirklich religiösen Menschen, die ich treffe, sofort gut Freund bin, egal welchen Namen sie dem göttlichen Willen geben, der uns erschaffen hat und uns bewegt. Oder glaubst du, ich als Frau hätte etwas daran auszusetzen, wenn du einem weiblichen Gotte wie Diana opfern würdest, vorausgesetzt, daß Diana dir das bedeutet, was Christus mir bedeutet? Nein, wie zwei Kinder könnten wir nebeneinander vor ihrem Altar knien. Wenn aber Menschen, die weder an meinen Gott, noch an ihren eigenen glauben und die wahre Bedeutung des Wortes Religion nicht kennen, wenn sie mich an den Fuß einer eisernen Statue schleppen, vor das Symbol des Terrors und der Dunkelheit, durch die sie gehen, vor das Symbol ihrer Grausamkeit und Habgier, ihres Gotteshasses und ihrer Unterdrückung, wenn also solche Menschen dann von mir verlangen, ich soll mit meiner Seele vor anderen dafür einstehen, daß dieser widerliche Götze Gott und all diese Bosheit und Falschheit göttliche Wahrheit sei: Das kann ich nicht, und wenn sie mir auch tausendmal den grausamsten Tod auferlegen. Ich sage dir, es ist mir physisch unmöglich. Hast du jemals versucht, Hauptmann, eine Maus mit der Hand zu fangen? Da gab es mal eine süße kleine Maus. Sie kam immer hervor und spielte auf meinem Tisch, wenn ich las. Ich wollte sie in die Hand nehmen und streicheln. Manchmal geriet sie so zwischen meine Bücher, daß sie mir nicht entkommen konnte. Ich streckte meine Hand aus, aber diese Hand zuckte unwillkürlich zurück. In meinem Herzen fürchtete ich mich nicht vor dem Mäuschen, nur meine Hand weigerte sich. Es liegt nicht in der Natur meiner Hand, eine Maus zu berühren. Ja, Hauptmann, auch wenn ich etwas Weihrauch nähme und meine Hand ausstreckte über das Feuer des Altars, sie würde zurückzucken, glaube mir. Selbst wenn du meinen Geist verführen könntest, mein Körper wäre meinem Glauben treu. Währenddessen jedoch würde ich mehr an Diana glauben, als meine Verfolger überhaupt jemals an irgend etwas geglaubt haben. Kannst du das verstehen?

HAUPTMANN *einfach:* Ja, Lavinia, das verstehe ich. Meine Hand aber würde nicht zurückzucken. Eine Hand, die das Schwert hält, ist es gewohnt, erst nach dem Siege zurückzuzucken.

LAVINIA Nicht einmal vor dem Tod?
HAUPTMANN Vor ihm am allerwenigsten.
LAVINIA Dann darf auch ich nicht vor dem Tode zurückzukken. Ein Weib muß tapferer sein als ein Soldat.
HAUPTMANN Stolzer, meinst du.
LAVINIA *bestürzt:* Stolzer? Du nennst unsern Mut Stolz?
HAUPTMANN Es gibt keinen Mut. Es gibt nur Stolz. Ihr Christen seid die stolzesten Teufel auf Erden.
LAVINIA *verletzt:* Gebe Gott, daß mein Stolz niemals ein falscher Stolz werde. *Sie wendet sich ab, als ob sie die Unterhaltung beenden möchte, beruhigt sich aber und sagt lächelnd:* Ich danke dir, daß du mich retten wolltest.
HAUPTMANN Ich wußte, daß es zwecklos ist. Aber man versucht es trotzdem immer wieder.
LAVINIA Selbst in der eisernen Brust eines römischen Hauptmanns regt sich was?
HAUPTMANN Ich werde bald wieder eisern sein. Ich sah schon viele Frauen sterben und vergaß sie nach einer Woche.
LAVINIA Denke zwei Wochen an mich, hübscher Hauptmann. Vielleicht beobachte ich dich dabei.
HAUPTMANN Aus dem Himmel? Täusche dich nicht, Lavinia. Es gibt keine Zukunft für dich jenseits des Grabes.
LAVINIA Was liegt daran? Glaubst du, ich will nur den Schrecken des Lebens entfliehen in die Annehmlichkeiten des Himmels? Auch wenn es keine Zukunft gäbe oder wenn sie sehr qualvoll wäre, ich müßte doch denselben Weg gehn. Die Hand Gottes ist über mir.
HAUPTMANN Wenn es so ist, Lavinia – Wir sind beide Aristokraten und müssen für unsern Glauben sterben. Lavinia, ich grüße dich.
Er gibt ihr die Hand, die sie nimmt und drückt. Dann geht er vornehm und ruhig davon. Lavinia schaut hinterher und weint ein wenig, als er durch den östlichen Triumphbogen verschwindet. Man hört einen Trompetenstoß von der Straße durch den westlichen Bogen.
CENTURIO *wacht auf und erhebt sich:* Die Kohorte der zehnten mit den Gefangenen. Erstes und zwotes Glied kommt zum Empfang mit!
Er geht durch den westlichen Bogen hinaus, gefolgt von vier Soldaten in zwei Gliedern. Lentulus und Metellus kommen mit kleinem Gefolge von der Westseite her auf den Platz. Sie sind beide junge Höflinge und sehr modern

gekleidet. Lentulus ist schlank, blond und weibisch; Metellus männlich, kräftig gebaut, dunkelhäutig und schweigsam.
LENTULUS Christen! Bei Jupiter, komm, wir wollen sie ein bißchen verschaukeln.
METELLUS Eine gräßliche Bagage. Wenn du soviel von ihnen wüßtest wie ich, würdest du sie nicht mehr verschaukeln wollen. Überlassen wir sie den Löwen.
LENTULUS *zeigt auf Lavinia, die immer noch dem Hauptmann nachschaut:* Guck, die hat ne gute Figur.
Er geht an ihr vorbei und sieht sie einladend an. Lavinia aber denkt an den Hauptmann und bemerkt ihn nicht.
LENTULUS Hältst du auch die andere Backe hin, wenn man dich auf die eine küßt?
LAVINIA *fährt auf:* Was?
LENTULUS Ob du auch die andere Backe hinhältst, wenn man dich auf die eine küßte, schöne Christin?
LAVINIA Sei nicht albern. *Zu Metellus, während sie zwischen den beiden steht:* Paß auf, daß dein Freund sich vor den Soldaten nicht wie ein Prolet benimmt. Wie können die euch Patriziern noch gehorchen und euch respektieren, wenn sie sehen, daß ihr euch wie der Straßenpöbel aufführt? *Scharf zu Lentulus:* Nimm dich zusammen, Mann! Laß deinen Mund nicht so schief hängen! Und Respekt bitte ich mir aus! Wofür hältst du mich eigentlich?
LENTULUS *unentschlossen:* Schau – weißt du – ich – du – du – ich
LAVINIA Quatsch nicht. Kümmere dich um deinen eigenen Kram.
Sie wendet sich entschlossen ab und setzt sich zu ihren Schicksalsgenossen, während Lentulus verlegen stehenbleibt.
METELLUS Viel hast du bei der nicht erreicht. Ich habs dir doch gesagt: Tiere.
LENTULUS Diese schneidige kleine Biene denkt wohl, ich will was von ihr.
Mit gleichgültigem Gesicht schlendert er mit Metellus zur Ostseite des Platzes, wo sie stehenbleiben, um die Rückkehr des Centurio mit seinen Leuten und den drei neuen Gefangenen (Ferrovius, Androklus und Spintho) durch den westlichen Bogen zu beobachten. Ferrovius ist ein bärenstärker, jähzorniger Mann im besten Mannesalter.

Er hat breite Nasenflügel, brennende Augen und einen kräftigen Nacken. Ferrovius ist ein Mensch, dessen Empfindlichkeit stark und heftig ist und bis an die Grenzen des Irrsinns geht. Spintho, ein Wüstling, ist das Wrack eines gutaussehenden Mannes, der hoffnungslos auf die schiefe Bahn geraten ist. Androklus erscheint gramgebeugt und hält nur mühsam seine Tränen zurück.

CENTURIO *zu Lavinia:* Da sind nochn paar Kumpels für dich. Diese Handvoll da ist Ferrovius, von dem du immer soviel sprichst.

Ferrovius wendet sich ihm bedrohlich zu. Der Centurio droht ihm mit dem linken Zeigefinger.

Denk dran, daß du ein Christ bist und Böses mit Gutem vergelten mußt.

Ferrovius beherrscht sich krampfhaft und weicht der Versuchung aus, indem er sich in der Nähe von Lentulus auf die Knie wirft, die Hände faltet und schweigend betet.

So kriegt man sie am besten in den Griff. Der Schönling da – *zeigt auf Androklus der von links kommt und vor Lavinia eine traurige Verbeugung macht:* – ist ein Zauberer. Eigentlich nur ein griechischer Schneider. Aber auch ein richtiger Zauberer. Zweifellos. Die zehnte marschiert immer mit einem Leoparden vorne weg. Er hat aus ihm ein Schoßhündchen gemacht. Nun weint er, weil man sie getrennt hat.

Androklus schluchzt jämmerlich.

Nicht wahr, Alterchen? Aber nimms nicht so tragisch: Wir marschieren mit einem Ziegenbock, der schon zwei Leoparden getötet und einen Truthahn aufgefressen hat. Den kannst du als Schoßtierchen haben, wenn du willst.

Androklus' Gesicht hellt sich auf. Getröstet geht er an dem Centurio vorbei und setzt sich links von Lavinia zufrieden auf den Boden. Der Centurio packt Spintho im Genick und schüttelt ihn bei jeder Beschuldigung hin und her.

Dieser dreckige Hund da ist ein echter Christ. Er überfällt die Tempel, jawohl! Total besoffen schlägt er alles in Stücke. Jawohl! Er klaut die goldenen Gefäße. Jawohl! Vergewaltigt die Priesterinnen. Jawohl! Aaah! *Er schleudert Spintho mitten unter die übrigen Gefangenen.* Diese Art Leute machen einem die Pflicht zum Vergnügen. Jawohl!

SPINTHO *keuchend:* Richtig! Würg mich, stoß mich, schlag

ERSTER AKT

mich, beschimpf mich! Unser Herr wurde auch geschlagen und beschimpft. Das ist der einzige Weg in den Himmel. Jeder Märtyrer kommt in den Himmel, egal was er verbrochen hat. Das stimmt doch, Bruder, nicht wahr, das stimmt doch?

CENTURIO Also wenn du in den Himmel kommst, will ich da auf gar keinen Fall rein. Mit dir will ich mich da nicht blicken lassen.

LENTULUS Haha! Ausgezeichnet! *Zeigt auf den knieenden Ferrovius:* Centurio! Ist das ebenfalls einer vom »Halt-auch-die-andere-Backe-hin-Verein«?

CENTURIO Ja, Herr. Und das ist euer Glück, falls ihr ihn auf den Arm nehmen wollt.

LENTULUS *zu Ferrovius:* Wie ich höre, hältst du auch die andere Backe hin, wenn man dich auf die eine schlägt.

FERROVIUS *richtet langsam seine großen Augen auf ihn:* Ja. Durch Gottes Gnade bin ich soweit. Endlich.

LENTULUS Natürlich nicht etwa, weil du ein Feigling bist, sondern aus reiner Frömmigkeit.

FERROVIUS Ich fürchte Gott mehr als die Menschen. Ich versuche es jedenfalls.

LENTULUS Das wollen wir doch gleich mal sehn.
Er schlägt ihn auf die Wange. Androklus will sich dazwischenwerfen, aber Lavinia hält ihn zurück. Sie beobachtet aufmerksam Ferrovius, der, ohne zu zucken, nun auch die andere Wange hinhält. Lentulus ist ziemlich außer Fassung. Er kichert albern und schlägt Ferrvoius schwach auf die zweite Wange.

LENTULUS Weißt du, ich würde mich schämen, mich so schlagen zu lassen und es einfach hinzunehmen. Aber ich bin ja auch kein Christ: Ich bin ein Mann.
Ferrovius erhebt sich und baut sich groß vor ihm auf. Lentulus wird weiß vor Angst.

FERROVIUS *mit der Ruhe eines Dampfhammers:* Ich bin nicht immer glaubensstark gewesen. Der erste Mann, der mich schlug wie grade du, war stärker als du. Er traf mich härter, als ich erwartet hatte. Ich kam in Versuchung und erlag ihr. Damals habe ich mich zum ersten Mal geschämt. Glücklich war ich erst wieder, als ich vor seinem Bett im Spital kniete und ihn bat, mir zu vergeben. *Er legt mit väterlichem Nachdruck seine Hände auf Lentulus' Schultern.* Aber jetzt habe ich zu widerstehen gelernt. Mit einer

Kraft, die nicht von mir kommen kann. Ich schäme und ärgere mich jetzt nicht mehr.

LENTULUS *ängstlich:* Na ja – dann guten Abend! *Er will fort.*

FERROVIUS *hält ihn an den Schultern fest:* Oh, laß dein Herz nicht hart werden, junger Mann. Komm und sieh selbst, ob unser Weg nicht besser als deiner ist. Ich werde dich nun auf die eine Backe schlagen, und du wirst mir auch noch die andere hinhalten und lernen, um wieviel besser du dich fühlst, wenn du der Stimme des Zornes in dir nicht nachgibst. *Er hält ihn mit einer Hand fest und ballt die andere zur Faust.*

LENTULUS Centurio, hilf mir! Das ist ein Befehl.

CENTURIO Das habt ihr euch selber eingebrockt, Herr. Wir halten uns da raus. Gib ihm ein Trinkgeld, und der Fall ist erledigt.

LENTULUS Ja. Natürlich. *Zu Ferrovius:* Du, ich hab doch nur Spaß gemacht. Wirklich, ich schwörs. Es war nicht böse gemeint. Hier.

Er bietet ihm ein Geldstück an. Ferrovius nimmt es und wirft es dem alten Bettler zu, der es eifrig auffängt und davonhumpelt, um es auszugeben.

FERROVIUS Gib alles, was du hast, den Armen. Komm, Freund, Mut! Vielleicht tut es deinem Körper ein bißchen weh, aber deine Seele wird frohlocken, wenn der Geist den Körper besiegt. *Er bereitet den Schlag vor.*

ANDROKLUS Langsam, Ferrovius, langsam. Dem letzten Mann hast du den Unterkiefer zertrümmert.

Lentulus schreit entsetzt auf und versucht zu fliehen, aber Ferrovius hält ihn unerbittlich fest.

FERROVIUS Das stimmt. Aber ich rettete seine Seele. Ist ein zertrümmerter Unterkiefer so wichtig?

LENTULUS Rühr mich nicht an, hörst du! Das Gesetz –

FERROVIUS – wirft mich morgen den Löwen vor. Was könnte mir Schlimmeres passieren, wenn ich dich jetzt totschlagen würde? Bete um Kraft, und sie wird dir gegeben.

LENTULUS Laß mich gehen. Bitte. Deine Religion verbietet dir, mich zu schlagen.

FERROVIUS Im Gegenteil: Sie befiehlt es mir. Du kannst mir doch nicht die zweite Backe hinhalten, wenn ich dich nicht zuerst auf die erste schlage.

LENTULUS *fast weinend:* Natürlich. Du hast vollkommen recht. Ich bin restlos überzeugt davon. Entschuldige bitte,

daß ich vorhin geschlagen habe.
FERROVIUS *sehr erfreut:* Habe ich endlich dein Herz besänftigt, mein Sohn? Ist die Saat auf einen fruchtbaren Boden gefallen? Geht dein Fuß jetzt einen besseren Pfad?
LENTULUS *unterwürfig:* Ja, ja, da ist allerhand dran, an dem, was du sagst.
FERROVIUS *strahlend:* Dann folge uns nach! Komm zu den Löwen! Folge uns in Leid und Tod!
LENTULUS *fällt auf die Knie und bricht in Tränen aus:* Mutter, Mutter! Oh, hilf mir, Mutter!
FERROVIUS Diese Tränen werden deine Seele netzen und gute Früchte bringen, mein Sohn. Gott hat meine Arbeit, euch zu bekehren, wahrhaft wunderbar gesegnet. Soll ich dir von einem Wunder berichten? Ja, es war ein Wunder, das ich in Cappadocia vollbrachte. Ein junger Mensch – so einer wie du, auch mit dem gleichen blonden Haar – verspottete und schlug mich einst, wie du mich verspottet grad und geschlagen hast. Da blieb ich die ganze Nacht bei ihm und kämpfte um dieses Jünglings Seele. Als der Morgen graute, war er nicht nur Christ, nein, sein Haar war auch weiß wie Schnee.
Lentulus fällt in Ohnmacht.
Da! Seht doch, da! Nehmt ihn hinweg. Zu plötzlich kam der Geist über ihn. Mein armer Junge. Tragt ihn heimwärts. Aber sanft. Und überlaßt alles andere dem Himmel
CENTURIO Bringt ihn nach Haus.
Die eingeschüchterten Diener tragen Lentulus schnell davon. Metellus will ihnen folgen, als Ferrovius ihm seine Hand auf die Schulter legt.
FERROVIUS Nicht wahr, junger Mann, du bist sein Freund? Du sorgst dafür, daß er sicher heimgelangt.
METELLUS *voller Ehrfurcht und höflich:* Selbstverständlich, Herr. Ich tue alles, was Ihr für das beste haltet. Sehr glücklich, Eure Bekanntschaft gemacht zu haben. Ehrlich. Ihr könnt euch ganz und gar auf mich verlassen. Guten Abend, der Herr!
FERROVIUS *salbungsvoll:* Die Gnade des Himmels über dich und über ihn.
Metellus folgt Lentulus. Der Centurio geht zu seinem Platz zurück, um sein Schläfchen fortzusetzen. Tiefe Ehrfurcht hat alle ergriffen. Ferrovius seufzt vor Glück, geht zu Lavinia und gibt ihr die Hand.

LAVINIA Also auf diese Art und Weise bekehrst du die Menschen, Ferrovius.
FERROVIUS Ja. Mein Werk war gesegnet, obgleich ich unwürdig bin und der alte Adam oftmals noch über mich kam. Durch mein böses, teuflisches Temperament. Dieser Mann –
ANDROKLUS *schnell:* Bitte nicht auf den Rücken hauen, Bruder. Sie weiß auch so, daß du mich meinst.
FERROVIUS Oh, wäre ich doch nur so schwach wie dieser unser Bruder hier! Dann wäre ich vielleicht auch so mild und sanft. Aber die Vorsehung, scheints, sorgt besonders dafür, daß meine Heimsuchungen viel kleiner als die seinen sind. Oft hörte ich, daß die Menge tobt und unsere Brüder schmäht und steinigt. Doch komme ich, so hat das ein Ende. Meine Kraft besänftigt den wildesten Pöbel, und alle hören mir schweigend zu. So ward schon so mancher Heide bekehrt in einem direkten Gespräch mit mir. So von Herz zu Herzen. Ja, ich fühle mich glücklicher jeden Tag, und immer mehr wächst mein Vertrauen. Und täglich schrumpft auch die Last der Angst.
LAVINIA Die Last der Angst? Wieso?
Ferrovius schüttelt den Kopf und antwortet nicht. Er setzt sich links neben sie, vergräbt seinen Kopf in den Händen und versinkt in düstere Gedanken.
ANDROKLUS Weißt du, Schwester, er ist seiner nie ganz sicher. Angenommen, einer der Gladiatoren, die in der Arena gegen ihn kämpfen sollen, sagt im letzten Moment irgendwas, das ihn ärgert. Vielleicht vergißt er sich dann und legt den Mann um.
LAVINIA Das wäre herrlich!
FERROVIUS *springt entsetzt auf:* Was?
ANDROKLUS Aber Schwester!
FERROVIUS Herrlich, meinen Herrn zu verraten wie Petrus? Herrlich sich am Tage der Prüfung wie ein gemeiner Lump zu benehmen? Oh, du bist keine Christin, Weib! *Er entfernt sich von ihr in die Mitte des Platzes, als ob ihre Gegenwart ihn anstecken würde.*
LAVINIA *lachend:* Weißt du, Ferrovius, ich bin nicht immer eine Christin. Das kann niemand sein, glaube ich. In manchen Momenten, wie grade eben, vergesse ich es und reagiere ganz natürlich.
SPINTHO Ist auch vollkommen nebensächlich. Wenn du in

der Arena stirbst, wirst du doch ein Märtyrer. Und die kommen alle, alle in den Himmel. Egal, was sie verbrochen haben. Das stimmt doch, Ferrovius, nicht wahr, das stimmt doch?
FERROVIUS Ja, das stimmt. Wenn wir nur treu bis zum Ende sind.
LAVINIA Ich bin da nicht so ganz sicher.
SPINTHO Hör auf, Schwester, hör auf! Du lästerst Gott. Das darfst du nicht sagen, sag ich dir. Wir werden alle gerettet werden, egal was wir tun.
LAVINIA Vielleicht werdet ihr Männer alle tapfer und erhobenen Hauptes im Triumphzug in den Himmel einziehen. Und goldene Trompeten werden für euch ertönen. Aber mir wird es sicher erst nach längerem Betteln erlaubt sein, mich durch einen schmalen Spalt in der Himmelspforte hineinzuquetschen. Ich bin nicht immer gut. Nur manchmal.
SPINTHO Du redest großen Blödsinn, Weib. Das Martyrium bügelt alles aus, sag ich dir.
ANDROKLUS Hoffen wirs, Bruder. Deinetwegen. Du hast ziemlich ein draufgemacht, was? Allein deine Abstecher durch die Tempel. Ich kann mir nicht helfen, aber der Himmel wird doch für einen Mann deiner Bauart ziemlich langweilig sein.
Spintho knurrt.
Nun nicht gleich sauer werden, Bruder. Ich sag doch sowas auch nur für den Fall, daß du heut nacht ganz normal im Bett stirbst. Vonwegen der vielen Seuchen hier.
SPINTHO *springt auf und läuft ängstlich auf und ab:* Oh, Gott, daran hab ich überhaupt noch nie gedacht, verschone mich für das Martyrium! Warum hast du mich nur darauf gebracht? Oh, macht mich doch heut schon zum Märtyrer! Jetzt! Sofort! Sonst sterb ich heut nacht und komm in die Hölle. Du bist ein Zauberer. Du hast mir den Tod in den Kopf gezaubert. Hol dich der Teufel! Hol dich der Teufel! *Er versucht, Androklus zu würgen.*
FERROVIUS *hält ihn mit eisernem Griff:* Was sehe ich Bruder? Wut und Gewalt? Du erhebst deine Hand gegen einen Bruder in Christo?
SPINTHO Du hast gut reden. Du bist stark. Du bist mitn Nerven nicht so runter. Aber ich bin durch und durch kaputt.

Ferrovius zieht mit instinktivem Ekel seine Hand von ihm zurück.
Ich hab meine Nerven kaputtgesoffen. Jetzt liegt eine schreckliche Nacht vor mir.
ANDROKLUS *teilnahmsvoll:* Nimms nicht so tragisch, Bruder. Wir sind alle Sünder.
SPINTHO *schluchzend und trostsuchend:* Richtig. Das einzig Wahre ist: Ihr seid alle genauso schlecht wie ich.
LAVINIA *verachtungsvoll:* Beruhigt dich das?
FERROVIUS *streng:* Bete, Mann, bete!
SPINTHO Was hab ich davon? Wenn sie Märtyrer aus uns machen, kommen wir sowieso in den Himmel, nicht wahr? Ob wir beten oder nicht.
FERROVIUS Was sagst du da? Du willst nicht beten? *Packt ihn wieder:* Wirst du sofort beten, du Vieh! Du krummer Hund! Du schleimige Schlange! Du verdammter Ziegenbock, du! Bete, sonst –
SPINTHO Ja, schlag mich, stoß mich! Denk dran, ich vergebe dir.
FERROVIUS *stößt ihn mit Ekel von sich:* Aaah!
Spintho taumelt und fällt vor Ferrovius nieder. Androklus ergreift Ferrovius beim Saum seiner Tunika.
ANDROKLUS Lieber Bruder, wenns dir nichts ausmacht –
FERROVIUS Was denn?
ANDROKLUS Beschimpf ihn nicht mit den Namen von Tieren. Bitte. Wir haben kein Recht dazu. Mit Hunden war ich schon sehr gut befreundet. Eine Schlange als Stubentier ist die beste Gesellschaft. Und man hat mich mit Ziegenmilch großgezogen. Es ist diesen Tieren gegenüber nicht fair, wenn man jemanden wie ihn Hund, Schlange oder Ziegenbock nennt.
FERROVIUS Ich meinte doch nur, weil sie keine Seele haben.
ANDROKLUS *protestiert ängstlich:* Nein, glaube mir, sie haben eine. Genau wie du und ich. Ich würde wirklich nicht gern in den Himmel gehen, wenn ich wüßte, daß es da keine Tiere gibt. Überleg dir doch nur mal, was die hier so zu leiden haben.
FERROVIUS Das ist wahr. Ja, das ist gerecht. Sie werden ihr Stückchen Himmel bekommen.
Spintho ist aufgestanden, will sich an Ferrovius vorbeidrücken und grinst höhnisch. Ferrovius wendet sich ihm zu: Na, was sagst du dazu?

SPINTHO Nichts.
FERROVIUS *ballt die Faust:* Kommen Tiere in den Himmel oder nicht?
SPINTHO Ich habe nie gesagt, daß sie nicht in den Himmel kommen.
FERROVIUS *unerbittlich:* Kommen sie oder nicht?
SPINTHO Sie kommen, ja, sie kommen! *Flieht aus Ferrovius' Reichweite:* Eim immer Schiß machen, verdammt nochmal!
Man hört ein Hornsignal.
CENTURIO *wacht auf:* Achtung! Angetreten! In gleicher Formation! Hopphopp, die Gefangenen, auf und los gehts!
Die Soldaten formieren sich. Die Christen stehen auf. Ein Mann mit einem Ochsenknüppel kommt durch den Mittelbogen gelaufen.
OCHSENTREIBER Platz da, Soldaten! Macht den Weg für den Kaiser frei!
CENTURIO Der Kaiser? Ich seh keinen Kaiser. Bist du vielleicht der Kaiser?
OCHSENTREIBER Nein, aber sein Menageriebetrieb. Mein Ochsengespann bringt den neuen Löwen ins Kolosseum. Macht den Weg frei!
CENTURIO Was? Im Staub hinter dir in die Stadt einmarschieren? Wo halb Rom dir und dem Löwen nachrennt? Auf gar keinen Fall. Wir gehn zuerst.
OCHSENTREIBER Die Menagerie gehört zum persönlichen Gefolge des Kaisers. Macht den Weg frei, sag ich dir!
CENTURIO So? Sagst du mir? Wirklich? Gut, dann werde ich dir auch was sagen. Wenn der Löwe zum Menageriedienst gehört, gehört seine Mahlzeit auch dazu. Und das da – *Zeigt auf die Christen:* Das da ist nämlich seine Mahlzeit. Also verdrück dich zu deinen Ochsen. Na, wirds bald? Damit du weißt, wo du hingehörst. Marsch!
Die Soldaten marschieren los.
He, ihr Christen, es geht los!
LAVINIA *marschierend:* Wo bleibt die Hauptmahlzeit? Kommt mit! Ich werde nur Oliven und Sardellen sein.
EIN 2. CHRIST *lachend:* Und ich die Suppe!
EIN 3. CHRIST Ich der Fisch!
EIN 4. CHRIST Ferrovius der gebratene Eber!
FERROVIUS *scher:* Ein schöner Spaß. Ich werde der gebratene Eber sein, jaja. Hahahaha! *Er lacht gewissenhaft und*

marschiert mit.
ANDROKLUS *folgend:* Und ich ein kleines Fleischpastetchen!
Jede Ankündigung wird von den anderen mit lautem Gelächter begrüßt.
CENTURIO *empört:* Ruhe! Kapiert ihr denn nicht, was mit euch geschieht? Ein schönes Benehmen für Märtyrer! *Zu Spintho, der zittert und zögert:* Was du bei der Mahlzeit sein wirst, weiß ich. Das Brechmittel. *Er stößt ihn vorwärts.*
SPINTHO Entsetzlich! Ich bin noch gar nicht reif für den Tod.
CENTURIO Reifer als fürs Leben, du Schwein.
Sie verlassen den Platz in westlicher Richtung. Die Ochsen kommen beim Mittelbogen an. Sie ziehen einen großen Holzkäfig, in dem sich der Löwe befindet.

Zweiter Akt

Im Kolosseum hinter der kaiserlichen Loge, wo sich vor Eintritt in die Arena die Mitwirkenden versammeln. Vom Niveau des Erdbodens abwärts führt in der Mitte eine breite Passage unter der kaiserlichen Loge hindurch in die Arena. Zu beiden Seiten der Passage führen Treppen zu einer Balustrade hinauf, die die Passage überbrückt und von der aus man von hinten in die Loge gelangt. Am Eingang zur Passage hängt auf jeder Seite ein Bronzespiegel. Auf der Westseite der Passage, rechts von jemandem, der aus der Loge auf die Balustrade kommt, sitzen die Märtyrer auf der Treppe. Lavinia, auf halber Höhe der Treppe, sitzt gedankenverloren da und versucht, sich mit dem Tod abzufinden. Links von ihr tröstet sich Androklus, indem er eine Katze streichelt. Ferrovius steht mit funkelnden Augen hinter ihm, straff vor innerer Entschlossenheit. Am Fuße der Treppe kauert Spintho, den Kopf in den Händen und voller Angst vor dem nahenden Martyrium. An der Ostseite der Passage stehen und sitzen zwanglos die Gladiatoren, die wie die Christen auf ihren Auftritt in der Arena warten. Einer von ihnen ist Retiarius, ein fast nackter Mann mit einem Netz und einem Dreizack. Secutor, ein anderer, ist mit einem Schwert bewaffnet und trägt einen Helm mit herabgelassenem Visier in der Hand. Der Leiter der Gladiatorenspiele sitzt etwas von ihnen entfernt auf einem Sessel. Der Ausrufer kommt aus der Passage.

AUSRUFER Nummer sechs! Retiarius versus Secutor!
Retiarius nimmt sein Netz, Secutor setzt seinen Helm auf, und sie gehen beide in die Arena, wobei Retiarius sich mit einer kleinen Bürste das Haar bürstet und Secutor den Riemen des Helms festzieht und zur Lockerung die Schultern schüttelt. Bevor sie in die Passage treten, betrachten sie sich in den Spiegeln.
LAVINIA Werden sie sich wirklich gegenseitig töten?
SPINTHO Ja, wenn das Publikum die Daumen nach unten hält.
SPIELLEITER Du hast ja keinen blassen Schimmer. Das Publikum, pah! Glaubst du, wir würden diesem Gesindel zuliebe einen Mann, der gut seine dreißig Talente wert ist,

töten? Ich möchte nur mal einen meiner Männer dabei erwischen.
SPINTHO Ich dachte nur –
SPIELLEITER *verachtungsvoll:* Du dachtest! Wen interessiert es, was du denkst? Du wirst früh genug getötet werden. *Spintho verdeckt wieder stöhnend sein Gesicht.*
LAVINIA Dann wird also außer uns Christen nie jemand getötet?
SPIELLEITER Na ja, wenn die vestalischen Jungfrauen ihre Daumen nach unten halten, ist das eine andere Sache. Weil das nämlich Damen von Rang sind.
LAVINIA Mischt sich auch mal der Kaiser ein?
SPIELLEITER Und ob. Der dreht seine Daumen verdammt schnell nach oben, wenn die Vestalinnen einen seiner Lieblingskämpfer töten lassen wollen.
ANDROKLUS Ich dachte, die tun nur immer so, als ob sie sich totmachen wollten. Warum stellen sie sich denn nicht tot, lassen sich aus der Arena schleifen, springen dann auf und gehn nach Hause wie die Schauspieler?
SPIELLEITER Hör mal, Kleiner, du fragst zuviel. Beim neuen Löwen ist totstellen nicht drin. Laß dir das gesagt sein. Der ist verdammt hungrig.
SPINTHO *stöhnt vor Entsetzen:* Kannst du nicht aufhören, mein Gott? Ist doch auch so schon schlimm genug für uns.
ANDROKLUS Ich freue mich, daß er hungrig ist. Ich möchte natürlich nicht, daß er leidet, der arme Kerl. Aber wenn er hungrig ist, wird ihm das Fressen besser schmecken. Jedes Ding hat seine gute Seite.
SPIELLEITER *Geht zu Androklus:* Hör mal, du, sei doch nicht so verbockt. Komm mit und schmeiß das bißchen Weihrauch auf den Altar, Nur das, und du bist frei.
ANDROKLUS Vielen herzlichen Dank, aber ich darf wirklich nicht.
SPIELLEITER Was? Nicht mal, um dein Leben zu retten?
ANDROKLUS Lieber nicht. Der Diana könnt ich schon gar nicht opfern. Sie ist doch eine Jägerin, weißt du. Sie tötet Tiere.
SPIELLEITER Macht doch nichts. Du kannst dir ruhig einen andern Altar aussuchen. Opfer doch dem Jupiter. Der hat Tiere gern. Weil er sich selbst in ein Tier verwandelt, wenn er mal ausspannt.

ZWEITER AKT

ANDROKLUS Nein. Es ist wirklich sehr freundlich von dir, aber ich glaube, auf diese Art kann ich mich nicht retten.

SPIELLEITER Ich will ja gar nicht, daß du dich deinetwegen rettest. Tu es doch einfach mir zuliebe.

ANDROKLUS *sehr heftig bewegt:* Oh, ich bitte dich, sag sowas nicht. Das ist schrecklich. Du meinst es so gut mit mir, daß es mir ganz abscheulich vorkommt, dir den Wunsch nicht zu erfüllen. Vielleicht kannst dus so hinkriegen, daß es niemand sieht. Dann hätte ich nichts dagegen zu opfern. Aber ich muß trotzdem mit den andern in die Arena. Das ist Ehrensache, weißt du.

SPIELLEITER Ehrensache! Die Ehrensache eines Schneiders.

ANDROKLUS *entschuldigend:* Na ja, vielleicht ist der Ausdruck Ehrensache ein bißchen übertrieben. Trotzdem, weißt du, ich möchte nicht gern, daß die Schneider durch mich ihren guten Ruf verlieren.

SPIELLEITER Wirst du daran auch noch denken, wenn du den Atem der Bestie riechst? Wenn du ihren aufgerissenen Rachen siehst? Wenn sie dir die Kehle zerfleischen will?

SPINTHO *springt auf und schreit:* Also ich halte es nicht mehr aus! Wo ist der Altar? Ich will jetzt opfern!

FERROVIUS Abtrünniger Hund! Ischariot!

SPINTHO Hinterher werd ich Buße tun. Ich will dann auch in der Arena sterben. Hundertprozentig. Als Märtyrer und in den Himmel kommen. Aber nicht um diese Zeit. Nicht jetzt. Erst wenn ich mitn Nerven wieder ganz in Ordnung bin. Außerdem bin ich auch noch zu jung. Ich will noch was vom Leben haben. Nur noch einmal.
Die Gladiatoren lachen über ihn.
Sagt mir doch, wo der Altar ist. *Er rennt in die Passage und verschwindet.*

ANDROKLUS *zeigt hinter Spintho her. Zum Spielleiter:* Ich bring sowas nicht fertig, Bruder. Nicht mal dir zuliebe. Verlang es bitte nicht von mir.

SPIELLEITER Wenn du unbedingt sterben willst, kann ich dir nicht helfen. Aber von einem Schwein wie dem da würd ich mich nicht aus dem Konzept bringen lassen.

FERROVIUS Friede, Friede! Führe ihn nicht in Versuchung. Satanas, hebe dich hinweg!

SPIELLEITER *rot vor Wut:* Für zwei Humpen Wein würd ich heute liebend gern selbern kleinen Gang in die Arena

machen und dir heimzahlen, daß dus wagst, so mit mir zu sprechen.
Ferrovius springt auf ihn zu, aber Lavinia geht dazwischen.
LAVINIA Bruder, Bruder, du vergißt dich.
FERROVIUS Oh, mein Temperament, mein böses Temperament! *Zum Spielleiter, als sich Lavinia wieder gesetzt hat:* Vergib mir, Bruder. Mein Herz war voller Zorn. Ich hätte an deine Seele, die kostbare, teure, denken sollen.
SPIELLEITER Blödmann. *Er dreht Ferrovius verachtungsvoll den Rücken zu und geht zu seinem Platz zurück.*
FERROVIUS *spricht weiter:* Aber das habe ich nicht getan. Ich wollte nur noch mit dir kämpfen, die eine Hand auf den Rücken gebunden.
SPIELLEITER *kampflustig:* So?
FERROVIUS *zwischen Inbrunst und Wildheit:* Oh, Bruder, bitte, vergiß Stolz und Zorn. Sonst könnte ich dich so leicht – – – – oh, ich könnte –
Sie werden durch den Menageriewärter getrennt, der wütend aus der Passage gelaufen kommt.
WÄRTER Schöne Sauerei, das! Wer hat hier den Christen zu uns runter gelassen, grad wie wir den Löwen in den Arenakäfig treiben?
SPIELLEITER Niemand. Er ging von selbst.
WÄRTER Sehr gut: Der Löwe hat ihn gefressen.
Entsetzen. Die Christen stehen sehr erregt auf. Die Gladiatoren bleiben gleichgültig sitzen und finden es äußerst komisch. Alle sprechen, schreien oder lachen: Tumult.
LAVINIA Oh, der arme Teufel!
FERROVIUS Der Abtrünnige ist krepiert. Gelobt sei Gottes Gerechtigkeit!
ANDROKLUS Ach, das arme Tierchen war am Verhungern. Es kann nichts dafür.
DIE ÜBRIGEN CHRISTEN Was? Aufgefressen? Wie furchtbar! Gott, wie entsetzlich! Ohne Gelegenheit zu bereuen! Gott sei dem armen Sünder gnädig! Oh, es ist nicht auszudenken! Mit all seinen Sünden aufgefressen! Schrecklich, schrecklich!
SPIELLEITER Na ja, der Schweinehund ist bedient.
DIE GLADIATOREN Einfach reingegangen ist er. Einfach so rein. Nun hat er genug Martyrium. Guter, alter Papa Löwe. Und der Chef ist jetzt wieder schwer sauer. Sieht

man ihm doch anner Nasenspitze an. Teufel nochmal! Der Kaiser lacht sichn Ast, wenn er das hört. Irgendwie ist das wahnsinnig komisch. Hahahahaha!
WÄRTER Na ja, nun hat er kein Appetit mehr und kann ne Woche lang keinen Christen mehr sehn.
ANDROKLUS Konntest du ihn nicht retten, Bruder?
WÄRTER Ihn retten? Retten vor einem Löwen, den ich grad erst vor Hunger verrückt gemacht hab? Vor soner Bestie, wo erst vor knapp vier Wochen ausm Dschungel kam? Bevor man piep sagen konnte, hatte er ihn schon verdrückt.
LAVINIA Armer Spintho! Und jetzt ist er nicht einmal ein Märtyrer.
WÄRTER Geschieht ihm ganz recht. Was fällt ihm auch ein, ohne Befehl von unsrer Seite dem Löwen in den Rachen hineinzuspazieren.
ANDROKLUS Vielleicht will der Löwe mich jetzt gar nicht mehr auffressen.
WÄRTER Typisch Christ: immer nur an sich selber denken. Und was soll ich jetzt machen, eh? Was soll ich dem Kaiser sagen, wenn er jetzt einen meiner Löwen verschlafen in die Arena trotten sieht?
SPIELLEITER Gar nichts. Gib Papa Löwe ein Magenbitter undn bißchen angebratenen Fisch, damit er wieder Kohldampf kriegt.
Gelächter.
WÄRTER Ja, du hast gut reden, aber –
SPIELLEITER *springt auf:* Pst! Achtung, Leute, der Kaiser!
Der Wärter macht sich aus dem Staub und rennt in die Passage. Die Gladiatoren erheben sich zackig und treten in einer Reihe an. Der Kaiser tritt ein auf der Seite der Christen, gefolgt von seiner Suite, und plaudert mit Metellus.
DIE GLADIATOREN Salve, Cäsar! Morituri te salutant!
CÄSAR Guten Morgen, Freunde.
Metellus schüttelt dem Spielleiter die Hand, der diese Herablassung starr und achtungsvoll entgegennimmt.
LAVINIA Segen, Cäsar, und Verzeihung!
CÄSAR *überrascht, dreht sich zu ihr um:* Es gibt keine Verzeihung für das Christentum.
LAVINIA So hab ichs nicht gemeint, Cäsar. Ich meinte, daß wir dir verzeihen.

METELLUS Eine gradezu unglaubliche Frechheit! Ist es dir nicht bekannt, Weib, daß der Kaiser überhaupt kein Unrecht begehen und ihm deshalb auch nicht verziehen werden kann?

LAVINIA Er selber weiß das sicher besser. Wir verzeihen ihm jedenfalls.

DIE CHRISTEN Amen!

CÄSAR Ja, Metellus, da siehst du nun den Nachteil von zu großer Härte. Diese Leute haben keine Hoffnung mehr. Es hält sie daher nichts davon ab, mir alles Mögliche zu sagen. Sie sind fast genauso impertinent wie die Gladiatoren. Wer von euch ist der griechische Zauberer?

ANDROKLUS *berührt demütig seine Stirnlocke:* Ich, Euer Gnaden.

CÄSAR Euer Gnaden? Gut! Ein neuer Titel. Aufschreiben! Nun, was für Wunder kannst du vollbringen?

ANDROKLUS Ich kann Warzen wegmachen. Die reib ich einfach mit meiner Schneiderkreide ein. Und ich kann mit meiner Frau leben, ohne sie zu prügeln.

CÄSAR Ist das alles?

ANDROKLUS Ihr kennt sie nicht, Cäsar, sonst würdet Ihr das nicht sagen.

CÄSAR Gut, mein Freund. Zweifellos wird es uns nicht schwerfallen, dich glücklich zu erlösen. Wer ist Ferrovius?

FERROVIUS Ich bin es.

CÄSAR Man hat mir gesagt, daß du kämpfen kannst.

FERROVIUS Kämpfen ist leicht, Cäsar. Ich kann sterben.

CÄSAR Das ist doch noch leichter, oder nicht?

FERROVIUS Nein, Cäsar, nicht für mich. Der Tod fällt meinem Fleische sehr schwer. Aber der Kampf mir sehr leicht. *Schlägt sich auf die Brust und klagt:* Oh, was bin ich für ein Sünder! *Wirft sich entmutigt auf die Stufen.*

CÄSAR Diesen Mann, Metellus, möchte ich in der Prätorianergarde haben.

METELLUS Lieber nicht, Cäsar. Er sieht wie ein Spielverderber aus. Es gibt Männer, deren Gegenwart einem den Spaß verdirbt. Männer, die so eine Art wandelndes Gewissen sind. Wir würden uns alle nicht mehr wohlfühlen.

CÄSAR Grade deshalb sollte man ihn vielleicht nehmen. Ein Kaiser kann nie zuviele Gewissen haben. Höre, Ferrovius –

Ferrovius schüttelt den Kopf und blickt nicht auf.

Du und deine Freunde sollen heute in der Arena nicht gegen eine Übermacht kämpfen müssen. Man wird euch bewaffnen, und jeder Christ soll nicht mehr als einen Gladiator zum Gegner haben. Wenn du die Arena lebend verläßt, will ich dir jede Bitte gewähren und dich in die Prätorianergarde aufnehmen. Selbst die Bitte, daß man dich nicht nach deinem Glauben fragt, würde ich dir vielleicht nicht abschlagen.

FERROVIUS Ich will nicht kämpfen, ich will sterben. Besser zu den Erzengeln gehören als zur Prätorianergarde.

CÄSAR Ich glaube, daß auch die Erzengel, wer immer sie sein mögen, es vorziehen würden, ihre Leute aus der Prätorianergarde zu rekrutieren. Aber wie du willst. Kommt, laßt uns das Schauspiel sehen.

Als der Hof die Treppe betritt, kommen Secutor und Retiarius aus der Arena zurück. Secutor ist staubbedeckt und ärgert sich sehr, während Retiarius grinst.

SECUTOR Ha, der Kaiser! Jetzt wolln wir doch mal sehn. Cäsar? Retiarius hat doch sein Netz, statt es mir anständig überzuwerfen, den Boden entlang geschleift und mir Staub in die Augen gewirbelt, um mich dann, als ich blind war, zu fangen. Ich frage dich, Cäsar, ist das fair? Hätten die Vestalinnen nicht mit den Daumen nach oben gezeigt, so wäre ich jetzt ein toter Mann.

CÄSAR *bleibt auf der Treppe stehen:* In den Kampfregeln steht nichts dagegen.

SECUTOR *entrüstet:* Cäsar, das ist dochn schmutziger Trick.

CÄSAR Nein, ein staubiger, mein Freund.

Serviles Gelächter.

Paß das nächste Mal besser auf.

SECUTOR Soll er lieber aufpassen das nächste Mal. Ich werd ihm mein Schwert an die Beine schmeißen und ihn mit seinem eigenen Netz erwürgen, bevor er aus der Arena kriechen kann. *Zu Retiarius:* Wirst schon sehn. *Er geht eingeschnappt und wütend an den Gladiatoren vorbei hinaus.*

CÄSAR *zu dem glucksenden Retiarius:* Solche Tricks sind nicht klug, mein Freund. Das Publikum will einen toten Mann in all seiner Schönheit und Pracht bewundern. Wenn du nun sein Gesicht schmutzig machst und ihm seine Rüstung verdirbst, werden die Leute sehr ärgerlich sein und dir nicht erlauben, ihn zu töten. Und wenn du

irgendwann mal dran bist, werden sie sich daran erinnern und ihre Daumen nach unten drehen.
RETIARIUS Vielleicht hab ichs grade deshalb getan, Cäsar. Er hat nämlich um zehn Sesterzen mit mir gewettet, daß er mich besiegen würde. Hätte ich ihn töten müssen, würde ich das Geld nicht bekommen.
CÄSAR *lacht nachsichtig:* Ihr Halunken mit euern endlosen Tricks. Ich werde euch alle rausschmeißen und nur noch Elefanten kämpfen lassen. Die kämpfen ehrlich.
Er geht zu seiner Loge hinauf und klopft an die Tür. Von innen öffnet der Hauptmann und läßt ihn in Habachtstellung vorbeigehen. Der Ausrufer kommt aus der Passage. Drei Diener folgen ihm mit einem Bündel Schwerter, einigen Helmen, Brustpanzern und anderen Ausrüstungsgegenständen, die sie auf einen Haufen werfen.
AUSRUFER Wenn es erlaubt ist, Cäsar: Nummer elf! Gladiatoren und Christen!
Ferrovius springt auf, bereit zum Martyrium. Die anderen Christen folgen der Aufforderung, so gut sie es können. Einige fröhlich und tapfer, andere geduldig und würdig, mehrere hilflos weinend, und einige umarmen sich leidenschaftlich. Der Ausrufer geht in die Passage zurück. Cäsar dreht sich in der Logentür um.
CÄSAR Jetzt hat dein Stündchen geschlagen, Ferrovius. Ich werde in meine Loge gehen und zusehen, wie du getötet wirst, weil du die Prätorianergarde verschmäht hast.
Er geht in die Loge. Der Hauptmann schließt von innen die Tür und bleibt bei ihm. Metellus und die übrigen des Gefolges verteilen sich auf ihre Sitze. Die Christen, angeführt von Ferrovius, gehen in die Passage.
LAVINIA *zu Ferrovius:* Lebe wohl!
SPIELLEITER Ruhe! Ihr müßt kämpfen, Christen! Hier, nehmt! Bewaffnet euch!
FERROVIUS *nimmt ein Schwert auf:* Ich will mit dem Schwert in der Hand sterben, um den Leuten zu zeigen, daß ich sehr wohl kämpfen könnte, wenn es der Wille meines Herrn wäre, und daß ich den Mann, der mich tötet, selber töten könnte, wenn ich nur wollte.
SPIELLEITER Leg diesen Panzer an.
FERROVIUS Nein.
SPIELLEITER *will ihn einschüchtern:* Tu, was ich dir sage: Leg ihn an.

FERROVIUS *packt das Schwert, gefährlich:* Ich sage: keinen Panzer.
SPIELLEITER Und was soll ich sagen, wenn man mir vorwirft, daß ich einen Mann nackt in die Arena schicke und ihn gegen meine Gepanzerten kämpfen lasse?
FERROVIUS Sprich deine Gebete, Bruder, und fürchte die Großen dieser Welt nicht.
SPIELLEITER Blablabla! Du sturer Dummkopf! *Er beißt sich auf die Lippen und weiß nicht genau, was er tun soll.*
ANDROKLUS *zu Ferrovius:* Lebe wohl, Bruder, bis wir uns im süßen Jenseits wiedersehen.
SPIELLEITER *zu Androklus:* Du bist jetzt auch dran. Nimm dir ein Schwert und zieh dir irgendeinen Panzer an, der dir paßt.
ANDROKLUS Nein. Ich kann wirklich nicht kämpfen. Das konnt ich nie. Ich schaffe es einfach nicht, jemanden genug zu hassen. Ich muß mit dieser Dame den Löwen vorgeworfen werden.
SPIELLEITER Dann mach Platz und halt die Klappe!
Androklus tritt freundlich und fügsam zur Seite.
Also dann: Seid ihr bereit?
Man hört eine Trompete aus der Arena.
FERROVIUS *richtet sich wild auf:* Der Himmel gebe mir Kraft.
SPIELLEITER Aha! Da kriegste Schiß, was?
FERROVIUS Mann, nichts ist entsetzlicher für mich als dieser Klang. Höre ich eine Trompete, eine Trommel, das Klirren von Stahl oder das Summen des Katapults, wenn der große Stein fliegt, so läuft Feuer durch meine Adern und heiß schießt mir das Blut in die Augen. Dann breche ich los. Dann schlage ich zu. Dann siege ich. Cäsar selbst wird nicht mehr sicher sein auf seinem kaiserlichen Sitz, wenn dieser Geist erst über mich kommt. Oh, betet, Brüder, und ermahnt mich! Sagt mir immer wieder, daß ich meine Ehre verliere und unser Herr erneut gekreuzigt wird durch mein Schwert.
ANDROKLUS Du mußt einfach immer dran denken, wie furchtbar du den armen Gladiatoren wehtun könntest.
FERROVIUS Es tut einem Manne nicht weh, wenn man ihn tötet.
LAVINIA Nichts als der Glaube kann dich retten.
FERROVIUS Glaube? Welcher Glaube? Es gibt zwei Arten von Glauben. Da ist unser Glaube. Und da ist der Glaube

des Kriegers. Der Glaube an den Kampf. Der Glaube, daß Gott im Schwert ist. Was, wenn nun dieser Glaube mich überkommt?

LAVINIA In der Stunde der Prüfung wirst du deinen wahren Glauben finden.

FERROVIUS Und genau das fürchte ich. Ich weiß, daß ich ein Kämpfer bin. Aber wie kann ich sicher sein, daß ich ein Christ bin?

ANDROKLUS Wirf das Schwert weg, Bruder.

FERROVIUS Ich kann nicht. Es klebt an meiner Hand. Ebensogut könnte ich eine Geliebte aus meinen Armen stoßen. *Fährt zusammen:* Wer sprach diese furchtbare Lästerung aus? Ich nicht.

LAVINIA Ich kann dir nicht helfen, mein Freund. Ich kann dir nicht verbieten, dein eigenes Leben zu retten. Etwas wie Eigensinn in mir will es sogar, daß du dir deinen Weg in den Himmel erkämpfst.

FERROVIUS Ha!

ANDROKLUS Aber wenn du schon unsern Glauben aufgeben willst, Bruder, tu es wenigstens, ohne jemandem wehzutun. Verbrenn dann lieber den Weihrauch, statt mit ihnen zu kämpfen.

FERROVIUS Ich den Weihrauch verbrennen? Niemals!

LAVINIA Das ist nur dein Stolz, Ferrovius.

FERROVIUS Nur Stolz? Was ist edler als Stolz? *Hat Gewissensbisse:* Oh, ich Sünder! Jetzt bin ich schon stolz auf meinen Stolz!

LAVINIA Man sagt, wir Christen seien die stolzesten Teufel auf Erden. Und daß nur die Schwachen demütig sind. Oh, ich bin noch schlimmer als du. Ich sollte dich in den Tod führen, aber ich führe dich in Versuchung.

ANDROKLUS Bruder, Bruder, laß die andern rasen und töten. Wir wollen tapfer sein und leiden. Du mußt wie ein Lämmchen zur Schlachtbank gehn.

FERROVIUS Gewiß. Ja. Du hast recht. Allerdings nicht wie ein Lamm, das der Schlachter erschlägt, sondern wie ein Schlachter, der sich freiwillig erschlagen läßt von einem – *schaut den Spielleiter an:* ja, von einem blöden Schafsbock, dessen Schafskopf er mit einem einzigen Hieb vom Rumpf trennen könnte.

Bevor der Spielleiter antworten kann, kommt der Ausrufer aus der Passage gelaufen, und der Hauptmann verläßt die

kaiserliche Loge und geht die Treppe hinunter.
AUSRUFER Rein mit euch! In die Arena! Das Theater wartet!
HAUPTMANN Der Kaiser wartet! *Zum Spielleiter:* Was träumst du, Mann? Schick deine Leute sofort rein.
SPIELLEITER Jawohl, Hauptmann. Aber die Christen zögern.
FERROVIUS *mit Donnerstimme:* Lügner!
SPIELLEITER *beachtet ihn nicht:* Marsch!
Die zum Kampf mit den Christen bestimmten Gladiatoren marschieren ein.
Und ihr hinterher!
DIE CHRISTEN UND CHRISTINNEN *im Abgehen:* Sei standhaft, Bruder. Denke an unsern Glauben, Bruder. Lebe wohl. Auf in die himmlische Herrlichkeit, Liebster. Lebe wohl. Denk dran, daß wir für dich beten. Lebwohl. Bruder, sei stark. Lebe wohl. Vergiß nicht, daß Gottes und unsere Liebe dich begleiten. Lebe wohl. Nichts kann dir wehtun. Denk dran, Bruder. Lebwohl. Auf ewig in Gottes Herrlichkeit, Liebster. Lebe wohl.
SPIELLEITER *ungeduldig:* Jagt sie rein.
Die zurückgebliebenen Gladiatoren und der Ausrufer nähern sich den Christen.
FERROVIUS Wagt es nicht, sie zu berühren, ihr Hunde! Sonst sterben wir hier schon und bringen die Heiden um ihr Schauspiel. *Zu seinen Mitchristen:* Brüder, der große Augenblick ist da. Hier geht es zu euerm Kalvarienberg. Besteigt ihn mutig, aber in Demut. Und denket daran: Nicht ein Wort des Vorwurfs. Nicht einen einzigen Schlag. Daß ihr mir nicht kämpft. Geht!
Sie gehen durch die Passage. Er wendet sich an Lavinia.
Lebe wohl.
LAVINIA Du vergißt, daß ich dir folgen muß, bevor du kalt bist.
FERROVIUS Das ist wahr. Beneide mich nicht, daß ich vor dir die Herrlichkeit Gottes erlange. *Er geht durch die Passage.*
SPIELLEITER *zum Ausrufer:* Diese Arbeit macht mich ganz krank. Warum wirft man sie nicht einfach alle den Löwen vor? Ist doch nichts für einen Mann.
Er wirft sich verstimmt auf seinen Sessel. Die restlichen Gladiatoren gehen teilnahmslos zu ihren Plätzen zurück. Der Ausrufer zuckt mit den Achseln und hockt sich im Eingang zur Passage neben den Spielleiter. Lavinia und die anderen Christinnen setzen sich wieder voller

Schmerz. Einige weinen stumm vor sich hin oder beten, andere sind ruhig und gefaßt. Androklus läßt sich zu Lavinias Füßen nieder. Der Hauptmann steht auf der Treppe und beobachtet sie neugierig.

ANDROKLUS Gottseidank muß ich nicht kämpfen. Das wäre wirklich ein entsetzliches Martyrium. Ich bin glücklich.

LAVINIA *hat heftige Gewissensbisse:* Androklus, verbrenne den Weihrauch. Es wird dir bestimmt vergeben werden. Laß meinen Tod für uns beide sühnen. Mir ist zumute, als würde ich dich töten.

ANDROKLUS Denk nicht an mich, Schwester. Denk an dich selbst. Das möbelt dich wieder ein bißchen auf.

Der Hauptmann lacht sardonisch.

LAVINIA *überrascht, denn sie hatte seine Gegenwart vergessen.* Du, hübscher Hauptmann? Bist du gekommen, um mich sterben zu sehen?

HAUPTMANN *geht zu ihr:* Ich habe Dienst beim Kaiser, Lavinia.

LAVINIA Gehört es zu deinem Dienst, über uns zu lachen?

HAUPTMANN Nein, das gehört zu meinem Privatvergnügen. Dein Freund da ist ein Spaßmacher. Ich habe darüber gelacht, daß du an dich selbst denken sollst, um dich ein bißchen aufzumuntern. Ich rate dir statt dessen: Denke an dich und verbrenne den Weihrauch.

LAVINIA Er ist kein Spaßmacher. Er hat recht. Du solltest das wissen, Hauptmann. Du hast dem Tode ins Auge gesehen.

HAUPTMANN Nicht dem sicheren Tod, Lavinia. Nur dem Tod in der Schlacht, der mehr Menschen verschont als der Tod im Bett. Du siehst dem sicheren Tod ins Auge. Du hast nur noch deinen Glauben an diesen Wahnsinn: dein Christentum. Sind deine christlichen Märchen denn irgendwie wahrer als unsere Märchen von Jupiter und Diana, an die, dir darf ich es ruhig sagen, ich ebensowenig glaube wie der Kaiser oder irgendein anderer gebildeter Mensch in Rom?

LAVINIA All das, Hauptmann, bedeutet mir jetzt nichts. Ich will nicht behaupten, daß der Tod besonders schrecklich ist. Aber ich behaupte, daß er so wirklich ist, daß alle Einbildungen, alle Märchen, wie du es nennst, in seiner Nähe zu bloßen Träumen verblassen neben dieser unerbittlichen Wirklichkeit. Ich bin jetzt sicher, daß ich nicht für Märchen oder Träume sterbe. Hast du gehört, was für

eine fürchterliche Sache grade passiert ist, während wir hier gewartet haben?
HAUPTMANN Ich hörte, daß einer von euch durchgedreht hat und direkt in den Rachen des Löwen rannte. Ich mußte lachen. Ich lache immer noch.
LAVINIA Dann weißt du nicht, was das bedeutet.
HAUPTMANN Es bedeutet, daß der Löwe einen Halunken zum Frühstück hatte.
LAVINIA Nein. Es bedeutet mehr als das, Hauptmann. Es bedeutet, daß ein Mensch für ein Märchen und für einen Traum nicht sterben kann. Keiner von uns hat an Märchen und Träume stärker geglaubt als der arme Spintho. Aber er konnte der großen Wirklichkeit nicht ins Auge sehen. Was er meinen Glauben genannt hat, ist von Minute zu Minute dahingeschwunden, als ich hier saß, während der Tod näher und näher kam, während die Wirklichkeit wirklicher und wirklicher wurde, während Märchen und Träume ins Nichts zerrannen.
HAUPTMANN Du stirbst also jetzt für nichts.
LAVINIA Ja. Das ist das Wunderbare. Seit alle Märchen und Träume verflogen sind, zweifle ich keinen Augenblick mehr, daß ich für etwas Größeres als Märchen und Träume sterben muß.
HAUPTMANN Aber wofür?
LAVINIA Ich weiß es nicht. Wenn es so klein wäre, daß ich es wüßte, wäre es zu klein, um dafür zu sterben. Ich glaube, daß ich für Gott sterben werde. Nichts anderes ist wirklich groß genug, um dafür zu sterben.
HAUPTMANN Was ist Gott?
LAVINIA Wenn wir das wissen, Hauptmann, werden wir selber Götter sein.
HAUPTMANN Lavinia, komm zur Erde herab. Verbrenne den Weihrauch und heirate mich.
LAVINIA Hübscher Hauptmann, würdest du mich heiraten, wenn ich am Tage der Schlacht die Fahne herunterholen und den Weihrauch verbrennen würde? Söhne geraten nach ihren Müttern, sagt man. Willst du, daß dein Sohn ein Feigling sei?
HAUPTMANN Bei der großen Diana, ich glaube, ich werde dich erdrosseln, wenn du jetzt nachgibst.
LAVINIA *legt ihre Hand auf Androklus' Kopf:* Die Hand Gottes ruht auf uns dreien, Hauptmann.

HAUPTMANN Was für ein Unsinn ist das alles. Und was für eine Ungeheuerlichkeit, daß du für so einen Unsinn sterben sollst. Und ich muß hilflos zusehen, obgleich sich meine ganze Seele empört? Stirb, wenn du mußt. Aber wenn ich dein Blut sehe, schneide ich dem Kaiser die Gurgel durch. Wenigstens das. Und meine eigene danach.
Der Kaiser stößt ärgerlich die Tür seiner Loge auf und erscheint wütend auf der Schwelle. Der Spielleiter, der Ausrufer und die Gladiatoren springen auf.
CÄSAR Die Christen wollen nicht kämpfen. Und eure Strolche sind auch zu schlapp, um sie anzugreifen. Daran ist nur dieser Kerl mit den flammenden Augen schuld. Her mit der Peitsche!
Der Ausrufer läuft zur Ostseite, um die Peitsche zu holen.
Und bringt sie das nicht in Bewegung, versuchen wir es mit den heißen Eisen. Dieser Mann ist ja wie ein Fels!
Er geht ärgerlich in seine Loge zurück und schlägt die Tür zu. Der Ausrufer kommt mit einem Manne in einer widerlichen Etruskermaske, der eine Peitsche trägt, zurück. Beide laufen durch die Passage in die Arena.
LAVINIA *steht auf:* Oh, das ist unwürdig. Können sie ihn nicht töten, ohne ihn zu entehren?
ANDROKLUS *springt auf und läuft zwischen die Treppen:* Wie furchtbar! Jetzt will ich kämpfen. Ich kann den Anblick einer Peitsche einfach nicht verkraften. Nur einmal hab ich einen Mann geschlagen. Weil der ein altes Pferd mit der Peitsche traktierte. Es war schrecklich. Ich trampelte auf seinem Gesicht herum, wie er am Boden lag. Man darf Ferrovius nicht schlagen. Ich will in die Arena und ihn vorher töten.
Er rennt wie wild in die Passage, als man aus der Arena großen Lärm und rasenden Beifall hört. Die Gladiatoren horchen auf und sehen sich fragend an.
SPIELLEITER Was istn jetzt los?
LAVINIA *Zum Hauptmann:* Was kann passiert sein?
HAUPTMANN Was kann schon passieren? Wahrscheinlich tötet man sie jetzt.
Androklus kommt aus der Passage, schreit vor Entsetzen und schlägt die Hände vors Gesicht.
LAVINIA Androklus? Androklus, was ist passiert?
ANDROKLUS Frag mich nicht, bitte, frag mich nicht. Es ist einfach grauenhaft. Oh! *Er wirft sich vor ihr nieder und*

versteckt schluchzend sein Gesicht in ihrem Kleid.
AUSRUFER *kommt aus der Passage gelaufen:* Seile und Haken her! Seile und Haken!
SPIELLEITER Weshalb regst du dich denn so auf?
Wieder ein Ausbruch von Applaus in der Arena. Zwei Sklaven in Etruskermasken laufen mit Seilen und Zughaken herbei.
EIN SKLAVE Wieviel Tote?
AUSRUFER Sechs
Der Sklave pfeift zweimal auf einer Pfeife, und vier weitere maskierte Sklaven laufen mit den gleichen Geräten vorbei und in die Arena.
Und die Körbe! Bringt die Körbe!
Der Sklave pfeift dreimal und rennt mit seinem Gefährten in die Passage.
HAUPTMANN Wozu die Körbe?
AUSRUFER Für den Peitscher. Er ist restlos zerstückelt. Sie sind alle ziemlich zerstückelt.
Lavinia bedeckt ihr Gesicht. Noch zwei maskierte Sklaven kommen mit einem Korb und folgen den anderen in die Arena. Der Ausrufer wendet sich den Gladiatoren zu und ruft erschöpft:
Männer, er hat sie alle getötet!
Der Kaiser, diesmal in einer Ekstase des Entzückens, stürzt wieder aus seiner Loge.
CÄSAR Wo ist er? Herrlich! Gebt ihm den Lorbeerkranz!
Ferrovius kommt verzweifelt aus der Passage gelaufen und schwingt wie verrückt sein blutbeflecktes Schwert. Die anderen Christen und der Wärter folgen ihm. Der Wärter geht zu den Gladiatoren, die nervös ihre Schwerter ziehen.
FERROVIUS Verloren! Für immer verloren! Ich habe meinen Herrn verraten! Schlagt mir die rechte Hand ab, denn sie hat gesündigt. Ihr habt Schwerter, meine Brüder, schlagt zu!
LAVINIA Nein, nein, Ferrovius, was hast du getan?
FERROVIUS Ich weiß nicht. Mir wurde rot vor Augen, und Blut klebt jetzt an diesem Schwert. Was kann das bedeuten?
CÄSAR *vor seiner Loge, begeistert:* Was das bedeutet? Es bedeutet, daß du der größte Mann in Rom bist. Es bedeutet, daß dir ein goldener Lorbeerkranz gebührt. Am liebsten möchte ich dir meinen Thron abtreten, du gewaltig-

ster aller Kämpfer, du! Das ist der Rekord meiner Regierungszeit. Ich werde in die Geschichte eingehen. Einmal, zur Zeit Domitians tötete ein Gallier drei Männer in der Arena und wurde dadurch wieder frei. Aber wann hat jemals ein nackter Mann gleich sechs Gepanzerte erschlagen? Sechs der tapfersten und besten! Deshalb Schluß jetzt mit der Christenverfolgung! Wenn Christen so herrlich kämpfen können, dann sollen nur sie noch für mich kämpfen. *Zu den Gladiatoren:* Ihr da, ich befehle euch, Christen zu werden! Habt ihr gehört?

RETIARIUS Uns ist alles wurscht, Cäsar. Wär ich mit meinem Netz dabei gewesen, die Geschichte wäre garantiert anders verlaufen.

HAUPTMANN *Nimmt Lavinia beim Handgelenk und schleppt sie die Treppe hinauf zum Kaiser:* Dieses Weib, Cäsar, ist Ferrovius' Schwester. Wenn sie den Löwen vorgeworfen wird, wird er sich innerlich aufreiben. Er wird Gewicht verlieren und seine ganze Kondition –

CÄSAR Den Löwen vorwerfen? Was für ein Unsinn! *Zu Lavinia:* Madame, ich bin stolz auf die Ehre, Ihre Bekanntschaft zu machen. Ihr Herr Bruder ist der Stolz meiner Stadt Rom.

LAVINIA Und meine Freunde hier? Müssen sie sterben?

CÄSAR Sterben? Aber natürlich nicht. Wir haben nie auch nur im geringsten daran gedacht, ihnen etwas anzutun. Meine Damen und Herren, ihr seid alle frei. Geht bitte durch den Vordereingang rein und genießt das Schauspiel, zu dem euer Bruder einen so wunderbaren Beitrag geleistet hat. Tu mir den Gefallen, Hauptmann, und führe sie auf die Plätze, die für meine persönlichen Freunde reserviert sind.

WÄRTER Aber ich brauch einen Christen für den neuen Löwen, Cäsar. Er ist den Leuten versprochen worden. Sie werden die Einrichtung kurz und klein schlagen, wenn wir jetzt einen Rückzieher machen.

CÄSAR Richtig, richtig. Wir müssen ja jemanden für den neuen Löwen haben –

FERROVIUS Wirf mich ihm vor, Cäsar! Laß den Abtrünnigen sterben!

CÄSAR Nein, nein, mein Freund. Du würdest ihn doch in Stücke reißen. Weißt du, wir können es uns einfach nicht leisten, Löwen wie bloße Sklaven zu verschwenden. Das

ist jetzt aber wirklich äußerst peinlich.
WÄRTER Und warum nicht diesen kleinen Griechen? Der ist doch kein Christ. Der ist doch bloß Zauberer.
CÄSAR Großartig. Der ist genau richtig.
AUSRUFER *geht in die Passage und kündigt an:* Nummer zwölf! Der Christ für den neuen Löwen!
ANDROKLUS *erhebt sich traurig und nimmt sich dann zusammen:* Na ja, gut, es muß wohl so sein.
LAVINIA Laß mich an seiner Stelle gehen, Cäsar. Frage den Hauptmann hier, ob das Volk nicht lieber ein Weib in Stücke gerissen sieht. Gestern hat er es mir gesagt.
CÄSAR Das ist gar nicht so von der Hand zu weisen – Ja, da ist was Wahres dran – Wenn ich doch nur sicher sein könnte, daß sich Ferrovius nicht innerlich aufreibt –
ANDROKLUS Nein. Ich hätte keine glückliche Stunde mehr. Nein, beim Glauben eines Christen und der Ehre eines Schneiders, ich nehme das Los an, das auf mich gefallen ist. Falls meine Frau auftauchen sollte, bestellt ihr schöne Grüße und sie soll mit meinem Nachfolger glücklich sein, der Ärmste! Geh in deine Loge, Cäsar, und schau zu, wie ein Schneider sterben kann. Macht Platz für Nummer zwölf!

Androklus marschiert in die Arena. Die Masse des Publikums im Amphitheater sieht den Kaiser in seine Loge zurückkehren und wieder seinen Platz einnehmen. Androklus kommt verzweifelt und verängstigt, aber dennoch fromm und ergeben aus der Passage in die Arena und sieht sich im Brennpunkt von tausend neugierigen Augen. Der Löwenkäfig steht links und ist mit einem schweren Fallgitter verschlossen. Als der Kaiser ein Zeichen gibt, ertönt ein Gong, bei dessen Klang Androklus zu zittern beginnt, auf die Knie fällt und betet. Das Fallgitter geht rasselnd hoch, und der Löwe springt in die Arena. Er rennt herum und macht große Freudensprünge, da er sich über seine wiedergewonnene Freiheit freut. Als er Androklus sieht, bleibt er stehen, erhebt sich steif mit gestreckten Beinen, schiebt die Nase vor und den Schwanz wie ein Vorstehhund nach hinten und stößt ein fürchterliches Gebrüll aus. Androklus hockt sich hin und bedeckt sein Gesicht mit den Händen. Der Löwe sammelt sich zum Sprung. Er peitscht in der Erregung des Vorgeschmacks mit dem Schwanz den Boden und wirbelt Staub auf. Androklus wirft seine Hände fle-

hend gen Himmel. Der Löwe sieht dabei sein Gesicht und stutzt. Er schleicht näher, beschnuppert Androklus, macht einen Buckel, brummt wie ein Auto, reibt sich schließlich gegen Androklus und wirft ihn um. Androklus stützt sich auf seine Hände und blickt den Löwen entsetzt an. Der Löwe hinkt auf drei Pfoten und hält die vierte hoch, als ob er verwundet wäre. Ein Schimmer des Wiedererkennens fliegt über Androklus' Gesicht. Er schüttelt seine Hand, als ob in ihr ein Dorn steckte, und tut, als zöge er ihn heraus und verletzte sich dabei. Der Löwe nickt dazu mehrmals mit dem Kopf. Androklus streckt ihm seine Hände entgegen, der Löwe gibt ihm beide Vorderpfoten, und sie begrüßen sich begeistert. Zum Schluß umarmen sie sich stürmisch und tanzen, während rasender Applaus ausbricht, rund um die Arena einen Walzer zur Passage hinaus. Der Kaiser beobachtet sie in atemlosem Staunen. Als sie verschwunden sind, stürzt er aus seiner Loge und rennt in großer Aufregung die Treppe hinunter.

CÄSAR Meine Freunde, etwas Unglaubliches, etwas ganz Unbegreifliches ist geschehen. Ich kann an der Wahrheit des Christentums nicht länger mehr zweifeln.
Die Christen umdrängen ihn voller Freude.
Dieser christliche Zauberer –
Er unterbricht sich mit einem Aufschrei, da Androklus mit dem Löwen walzertanzend aus der Passage kommt, stürzt die Treppe hinauf in seine Loge und schlägt die Tür zu. Auch alle Christen und Gladiatoren laufen um ihr Leben: die Gladiatoren in die Arena, die übrigen in alle Richtungen auseinander. Plötzlich, wie verhext, ist der Platz leer.
ANDROKLUS Nanu? Was rennen die alle vor uns weg?
Der Löwe gähnt, faucht und brüllt, daß es fast wie ein Lachen klingt.
CÄSAR *steht auf einem Stuhl in seiner Loge und schaut über die Brüstung:* Zauberer, ich befehle dir, diesen Löwen sofort zu töten! Er ist des Hochverrats schuldig. Du benimmst dich einfach unmögl –
Der Löwe setzt die Treppe hinauf.
Hilfe!
Der Kaiser verschwindet, der Löwe richtet sich an der Loge auf, schaut ihn über die Brüstung an und brüllt. Der Kaiser schießt aus der Tür und fegt, verfolgt von dem Löwen, zu Androklus hinunter.

ANDROKLUS Nicht rennen, Cäsar. Das zwingt ihn, hinterherzusetzen. *Er hält den Kaiser fest und stellt sich zwischen ihn und den Löwen, der sofort stehenbleibt.*
Weißt du, du darfst keine Angst vor ihm haben.
CÄSAR Ich habe keine Angst vor ihm.
Der Löwe kauert sich brummend nieder, während der Kaiser sich neben Androklus hält.
Bleib ja zwischen uns.
ANDROKLUS Man darf niemals Schiß vor Tieren haben, Euer Gnaden. Das ist das ganze Geheimnis. Er wird sanft wie ein Lämmchen, wenn er weiß, daß Ihr sein Freund seid. Ganz ruhig stehenbleiben, lächeln und sich von oben bis unten beschnuppern lassen. Das beruhigt ihn. Denn seht, er fürchtet sich vor Euch. Deshalb muß er Euch erst gründlich prüfen, bevor er Euch sein Vertrauen schenkt. *Zum Löwen:* Komm jetzt, Tommy, und sag was Nettes zum Kaiser. Zu diesem großen, guten Kaiser, der uns alle köpfen lassen kann, wenn wir nicht sehr, sehr respektvoll sind.
Der Löwe stößt ein fürchterliches Gebrüll aus, und der Kaiser rennt wie verrückt die Treppe hinauf, über die Balustrade und auf der anderen Seite wieder herunter. Der Löwe und Androklus rennen hinterher. Androklus holt den Löwen ein, wirft sich ihm auf den Rücken und versucht, seine Zehen als Bremsen zu benutzen. Bevor er ihn jedoch zum Stehen bringt, hat das Tier den Kaiser beim Saum seiner Toga gepackt.
ANDROKLUS Oh, du böser, schlimmer Tommy! Wie kann man nur den Kaiser so rumjagen? Laß jetzt sofort seine Toga los! Was ist'n das für ein Benehmen?
Der Löwe grollt und zerzaust die Toga.
Laßt ihn, Euer Gnaden, nicht dran reißen. Er spielt doch nur. Jetzt werd ich aber wirklich böse, Tommy, wenn du nicht augenblicklich losläßt.
Der Löwe grollt wieder.
Ich werd Euch sagen, was los ist. Cäsar. Er glaubt einfach nicht, daß wir Freunde sind.
CÄSAR *versucht seine Spange an der Toga zu lösen:* Freunde? Du verdammter Schuft!
Der Löwe grollt.
Halt ihn gut fest. Diese verfluchte Spange geht nicht auf.
ANDROKLUS Er darf gar nicht erst wütend werden. Zeigt

ihm, daß Ihr mein spezieller Freund seid. Wenn Ihr so herablassend sein wollt. *Er greift nach den Händen des Kaisers und schüttelt sie herzlich:* Da, Tommy, der liebe Herr Kaiser ist Andy-Wandys bester Freund auf der ganzen Welt. Er liebt ihn wie seinen eigenen Bruder.

CÄSAR Du kleines Biest. Du verdammter, dreckiger Hund von einem griechischen Schneider! Ich werde dich bei lebendigem Leibe verbrennen lassen, weil du es gewagt hast, die göttliche Person des Kaisers zu berühren.
Der Löwe grollt.

ANDROKLUS Vorsicht, Cäsar, so dürft Ihr nicht sprechen. Er versteht jedes Wort. Wie alle Tiere. Sie hören es am Ton Eurer Stimme.
Der Löwe grollt und schlägt mit dem Schweif.
Gleich springt er Euer Gnaden an. Vielleicht sagt Ihr rasch etwas ganz Liebes zu mir.
Der Löwe grollt, und der Kaiser schüttelt krampfhaft Androklus' Hände.

CÄSAR Mein teuerster Herr Androklus. Mein liebster Freund. Mein lange verlorengegangener Bruder. Komm. Komm in meine Arme. *Er umarmt Androklus:* Jupiter, was für ein abscheulicher Knoblauchgestank!
Der Löwe läßt die Toga los, rollt sich auf den Rücken und verschränkt seine Vorderpfoten kokett vor der Nase.

ANDROKLUS Da, Euer Gnaden, seht doch, seht! Ein Kind könnte jetzt mit ihm spielen. Schaut mal.
Er kitzelt den Löwen am Bauch. Der Löwe windet sich begeistert.
Kommt und streichelt ihn.

CÄSAR Ich muß diese unkaiserliche Furcht überwinden. Geh aber trotzdem nicht weg von ihm. *Er streichelt dem Löwen die Brust.*

ANDROKLUS Donnerwetter, Cäsar! Nur ganz wenige Männer hätten den Mut, sowas zu tun.

CÄSAR Ja, Nerven kostet es schon. Wir werden jetzt meinen Hofstaat kommen lassen und sie alle zu Tode erschrecken. Glaubst du, daß er sicher ist?

ANDROKLUS Hundertprozentig, Euer Gnaden.

CÄSAR He! Wo seid ihr alle? Jeder, der mich hört, komme ohne Furcht wieder her! Cäsar hat den Löwen gezähmt!
Alle, die weggelaufen waren, stehlen sich vorsichtig wieder herein. Der Menageriewärter kommt mit anderen Wär-

tern. Sie sind mit Eisenstangen und Dreizacks bewaffnet. Legt das Zeug da weg. Ich habe die Bestie unterjocht. *Er stellt seinen Fuß auf den Löwen.*
FERROVIUS *nähert sich ängstlich und blickt scheu auf den Löwen herab.* Komisch, ich fürchte keinen Mann. Aber bei einem Löwen wird mir unbehaglich.
HAUPTMANN Irgendwas fürchtet jeder Mann, Ferrovius.
CÄSAR Wie stehts denn jetzt mit der Prätorianergarde?
FERROVIUS In meiner Jugend verehrte ich Mars, den Gott des Krieges. Von ihm wandte ich mich ab, um dem Christengott zu dienen. Aber dieser hat mich heute verlassen. Mars kam wieder über mich und forderte sein Eigentum zurück. Der Christengott ist noch nicht da. Er kommt, wenn Mars und ich zu Staub sind. Aber inzwischen muß ich den Göttern dienen, die es augenblicklich gibt, nicht einem Gott, der erst kommen wird. Bis dahin trete ich der Garde bei, Cäsar.
CÄSAR Sehr klug gesprochen. Alle wirklich vernünftigen Männer sind sich darin einig, daß es am klügsten ist, weder in unserer Anhänglichkeit an das Alte engstirnig zu sein, noch das Neue überstürzt anzunehmen, sondern aus beiden göttlichen Fügungen das Beste zu machen.
HAUPTMANN Was meinst du, Lavinia? Willst du auch klug sein?
LAVINIA *auf der Treppe:* Nein, ich will für den kommenden Gott streiten.
HAUPTMANN Darf ich gelegentlich zu dir kommen und mit dir darüber streiten.
LAVINIA Ja, hübscher Hauptmann, das darfst du. *Er küßt ihr die Hand.*
CÄSAR Und nun, meine Freunde, obgleich ich, wie ihr seht, nicht die geringste Angst vor der Bestie habe, ist die Last der Verantwortung, wenn er hier so liegt, nicht unbeträchtlich. Keiner von uns kann genau wissen, was er im nächsten Augenblick vorhat.
WÄRTER Cäsar, gib uns den griechischen Zauberer als Sklaven für die Menagerie. Er versteht mit Tieren umzugehen.
ANDROKLUS *bekümmert:* Aber nicht, wenn sie in Käfigen sind. Man sollte sie da nicht hineintun. Sie müssen alle freigelassen werden.
CÄSAR Ich gebe diesen Zauberer demjenigen zum Sklaven, der ihn als erster festnehmen kann.

Die Wärter und die Gladiatoren stürzen auf Androklus zu. Der Löwe springt auf, schaut sie bedrohlich an, und sie weichen zurück.

Du siehst, Androklus, wie großmütig wir Römer sind. Wir erlauben dir, in Frieden zu gehen.

ANDROKLUS Ich danke, Euer Gnaden. Ich danke euch allen, meine Damen und Herren. Komm, Tommy, solange wir zusammenhalten, gibt es keinen Käfig für dich und auch keine Sklaverei für mich.

Er geht mit dem Löwen hinaus. Jeder tritt zur Seite, um ihm soviel Platz wie möglich zu machen.)

Vorhang

Der Mann des Schicksals

Komödie in einem Akt
Deutsch von Harald Mueller

Personen

NAPOLEON
EIN LEUTNANT
EINE FREMDE DAME
GUISEPPE GRANDI, Gastwirt

Schauplatz der Handlung: Tavazzano, ein kleiner Ort auf dem Wege von Mailand nach Lodi

Der 12. Mai 1796 in Tavazzano, Norditalien, an der Straße von Lodi nach Mailand. Die Nachmittagssonne scheint gelassen auf die Ebene der Lombardei. Sie behandelt die Alpen mit Respekt, die Ameisenhügel mit Nachsicht, wird weder von den Schweinen, die sich in den Dörfern sonnen, angewidert, noch verletzt durch den kühlen Empfang in den Kirchen. Unbarmherzig verachtet sie jedoch zwei Horden schädlicher Insekten: die österreichische und die französische Armee. Vor zwei Tagen hatten die Österreicher versucht, die Franzosen daran zu hindern, den Fluß bei Lodi auf einer schmalen Brücke zu überschreiten. Unter ihrem siebenundzwanzigjährigen General Napoleon Bonaparte, der sich an die üblichen Kriegsregeln hält, stürmten die Franzosen dennoch die im Feuer liegende Brücke. Sie wurden dabei von einer fürchterlichen Kanonade unterstützt, bei welcher der junge General selbst Hand anlegte, denn Kanonaden sind seine technische Spezialität. Er wurde unter dem alten Regime in der Artillerie ausgebildet und ist ein Meister in den militärischen Künsten, sich vor seinen Pflichten zu drücken, den Zahlmeister um Reisespesen zu bemogeln und den Krieg mit Krach und Rauch von Kanonen so zu verherrlichen, wie es auf allen militärischen Portraits zu sehen ist. Da er jedoch auch der geborene Beobachter ist, hat er zum ersten Mal seit der Erfindung des Schießpulvers festgestellt, daß eine Kanonenkugel den Mann, den sie trifft, töten kann. Dem gründlichen Erfassen dieser bemerkenswerten Entdeckung fügt er eine hochentwickelte Fähigkeit für physikalische Geographie und für die Berechnung von Zeit und Entfernung hinzu. Er besitzt eine erstaunliche Arbeitskraft und eine klare realistische Kenntnis der menschlichen Natur in bezug auf öffentliche Angelegenheiten, die er während der Französischen Revolution reichlich erprobt hat. Er besitzt Einbildungskraft ohne Illusionen und schöpferischen Geist ohne Religion, Treue, Patriotismus oder irgendeines der sonst üblichen Ideale. Er ist nicht unbegabt für diese Ideale; im Gegenteil: In seiner Jugend hat er sie begierig in sich aufgenommen, und da er ein großes dramatisches Talent ist, versteht er sie auch jetzt mit der Fertigkeit eines Schauspielers und Regisseurs äußerst geschickt auszuspielen. Er ist dabei durchaus kein verzogenes Kind. Armut, Unglück, der Notbehelf einer zur Schau gestellten verblichenen, ärmlichen Eleganz, wiederholte Mißerfolge als Möchte-gern-Autor, die Demütigungen als zurückgestoßener Streber und etliche Verweise und Bestrafungen als untauglicher und unehrlicher Offizier haben dieses verhindern können. Einmal entging er nur mit knapper Not der Strafe, aus dem Dienst gejagt zu werden. Hätte nicht die Emigration der Adligen den Wert selbst des miesesten Leutnants bis zum Höchstpreis eines Generals gesteigert, würde er unehrenhaft aus dem Heere ausgestoßen worden sein. All diese Schicksalsschläge haben ihm jede Selbstüberschätzung ausgetrieben und ihn gezwungen, genügsam zu sein und zu begreifen, daß die Welt einem Manne wie ihm nur das gibt, was er ihr mit Gewalt abringen kann. In dieser Beziehung ist die Welt nämlich feige und dumm. Denn ein erbarmungsloser Beseitiger des politischen Abfalls, wie Napoleon es war, ist sehr nützlich. Noch heute ist es wirklich unmöglich, in England zu leben, ohne mitunter das Gefühl zu haben, daß diesem Lande viel verlorenging, weil es nicht von Napoleon ebenso wie von Cäsar erobert worden ist.

An diesem Mainachmittag des Jahres 1796 ist es jedoch noch früh in seinem Leben. Er ist vor kurzem erst General geworden. Dieses geschah teilweise mit Hilfe seiner Frau, die er dazu benutzt hat, das damals Frankreich regierende Direktorium zu verführen, teilweise auch durch den bereits erwähnten, infolge von Auswanderung entstandenen Mangel an Offizieren, aber auch dank seiner Fähigkeit, ein Land mit all seinen Flüssen, Hügeln und Tälern wie seine Handfläche zu kennen, und vor allem dank seines neuen Glaubens an die Wirkung von Kanonen auf Menschen. Was die Disziplin betrifft, ist seine Armee in einem Zustand, der moderne Historiker, vor denen das folgende Stück aufgeführt worden ist, so sehr entsetzt hat, daß sie, eingeschüchtert von dem späteren Ruhme des »Empereur«, sich geweigert haben, daran zu glauben. Aber noch ist Napoleon nicht der »Empereur«. Seine Leute nennen ihn »Le Petit Caporal«, und er ist grade erst dabei, durch zur Schau gestellte persönliche Tapferkeit Einfluß auf sie zu gewinnen. Denn er ist nicht fähig, seinen Willen nach orthodoxer militärischer Art mittels der neunschwänzigen Katze bei ihnen durchzusetzen. Die Französische Revolution, die nur durch die Gewohnheit der Monarchie, den Soldaten ihren Sold wenigstens ein Jahr lang schuldig zu bleiben, dem Schicksal, unterdrückt zu werden, entging, hat, wo immer möglich, diesen Brauch durch die Gewohnheit ersetzt, überhaupt nichts zu zahlen außer Ver-

*sprechungen und patriotischen Schmeicheleien, die mit dem Militärrecht preußischen Typs unvereinbar gewesen wären. Napoleon hat sich daher als Befehlshaber von zerlumpten Leuten den Alpen genähert. Sie haben kein Geld und lassen sich auch nicht viel Disziplin gefallen, namentlich nicht von emporgekommenen Generälen. Dieser Umstand, der einen idealistischen Offizier in Verlegenheit gebracht hätte, ersetzte Napoleon tausend Kanonen. »Ihr habt Vaterlandsliebe und Mut«, sagte er seiner Armee, »aber ihr habt kein Geld, keine Kleidung und kaum was zu essen. In Italien ist das alles vorhanden. Dazu auch noch Ruhm für eine ergebene Armee, die von einem General geführt wird, der Plünderung als das natürliche Recht jedes Soldaten betrachtet. Ich bin ein solcher General. En avant, mes enfants!« Das Resultat hat ihm vollkommen recht gegeben. Seine Soldaten eroberten Italien, wie die Wanderheuschrecken Cypern erobert haben. Sie kämpften den ganzen Tag, marschierten die ganze Nacht, legten unglaubliche Entfernungen zurück und tauchten an unmöglichen Orten auf, nicht jedoch, weil jeder Soldat den Marschallstab im Tornister trug, sondern weil er immer hoffte, am nächsten Tag ein halbes Dutzend silberner Gabeln erbeuten zu können. Gleichzeitig muß man sich auch darüber im klaren sein, daß die französische Armee nicht mit der italienischen Krieg führt. Sie ist nur da, um Italien von der Tyrannei seiner österreichischen Eroberer zu befreien und republikanische Einrichtungen herzustellen, so daß sie, wenn sie gelegentlich plündert, nur ein wenig frei mit dem Eigentum ihrer Freunde umgeht, wofür Italien sogar dankbar sein würde, wenn Undankbarkeit nicht die sprichwörtliche Schwäche der Italiener wäre.
Die Österreicher, ihre Feinde, haben eine recht ansehnliche, gutdisziplinierte, reguläre Armee. Sie wird von Herren kommandiert, die in herkömmlichen Feldzügen erfahren sind. An ihrer Spitze steht Beaulieu, der klassische Kriegskunst praktiziert. Er erhält seine Befehle aus Wien und wird deshalb von Napoleon, der auf eigene Faust und ohne Rücksicht auf militärische Gewohnheiten und Befehle aus Paris handelt, fürchterlich geschlagen. Selbst wenn die Österreicher mal eine Schlacht gewannen, brauchte man nur zu warten, bis sie nach ihrer Gewohnheit in ihre Quartiere zurückgekehrt waren, sozusagen zum Nachmittagstee, um sie dann doch noch zu gewinnen, ein Verfahren, das Napoleon später mit*

glänzendem Erfolg bei Marengo anzuwenden wußte. Mit einem Wort, Napoleon versteht es, ohne heroische Wunder zu vollbringen, einem Feinde gegenüber unwiderstehlich zu sein, der den Nachteil hat, von einer österreichischen Staatsmannschaft, der klassischen Generalsweisheit und den Forderungen der aristokratischen Wiener Gesellschaft geleitet zu werden. Die Welt jedoch liebt Wunder und Helden und ist vollkommen unfähig, die Handlungsweise solcher Mächte, wie akademischer Militarismus und Wiener Boudoirunwesen es sind, zu begreifen. Daher hat sie schon jetzt begonnen, das Wort »Empereur« zu prägen, und hat es dadurch den Romantikern hundert Jahre später erschwert, an die folgende und bis dahin noch nicht aufgezeichnete kleine Szene zu glauben, die sich in Tavazzano ereignet hat.

Das beste Quartier in Tavazzano ist ein kleines Gasthaus, das erste, auf das der Wanderer trifft, wenn er auf dem Wege von Mailand nach Lodi den Ort durchquert. Es steht in einem Weingarten, und sein größtes Zimmer, ein angenehmer Zufluchtsort vor der Sommerhitze, ist gegen diesen Weingarten so weit nach hinten geöffnet, daß es fast einer großen Veranda gleicht. Die mutigeren der Dorfkinder, durch die ständige Alarmsignale, durch die Ausfälle der letzten Tage und durch den Einmarsch der französischen Truppen um sechs Uhr in große Aufregung versetzt, wissen, daß sich der französische Kommandant in diesem Zimmer einquartiert hat. Sie schwanken zwischen dem Verlangen, durch das Vorderfenster verstohlene Blicke hineinzuwerfen, und einer tödlichen Angst vor der Schildwache, einem jungen Soldaten aus vornehmer Familie, der keinen natürlichen Schnurrbart besitzt und sich deshalb einen sehr martialischen mit Stiefelwichse von seinem Sergeanten hat ins Gesicht malen lassen. Da seine schwere Uniform, wie alle Uniformen seiner Zeit, ohne die geringste Rücksicht auf Gesundheit oder Bequemlichkeit nur für Paraden bestimmt ist, schwitzt er entsetzlich in der Sonne. Sein gemalter Schnurrbart ist in kleinen Streifen über Kinn und Hals gelaufen, ausgenommen jene Stellen, wo er zu einer Kruste wie von japanischem Lack getrocknet ist und wo seine geschweifte Linie durch groteske kleine Buchten und Landzungen unterbrochen wird. All dieses macht ihn in den Augen der Geschichte hundert Jahre später unsagbar lächerlich, fürchterlich und schrecklich jedoch in den Augen der zeitgenössischen norditalienischen

Kinder, denen es ganz natürlich erscheinen würde, wenn die Wache die Eintönigkeit des Postenstehens dadurch zu beleben versuchte, daß sie ein verlaufenes Kind auf ihr Bajonett spießt, um es ungekocht zu verspeisen. Trotzdem hat ein Mädchen mit schlechtem Charakter, in dem schon der Instinkt für Privilegien, die es bei den Soldaten hat, erwacht ist, sich für einen Augenblick verstohlen an das sicherste Fenster geschlichen, bis ein Blick und ein Geräusch der Wache es davonjagt. Das meiste von dem, was die Kleine sieht, hat sie schon früher gesehen: den Weingarten hinten mit der alten Kelter und den Karren bei den Weinstöcken; die Türe dicht zu ihrer Rechten, die zum Eingang des Gasthauses führt; den besten Schenktisch des Wirtes, bereits in voller Aktion für das Mittagessen, weiter hinten auf derselben Seite; den Kamin auf der anderen Seite mit einem Sofa in der Nähe und eine zweite Tür, die zwischen Kamin und Weingarten in die inneren Räume führt; den Tisch in der Mitte mit einer Mahlzeit aus Mailänder Risotto, Käse, Trauben, Brot, Oliven und einer großen Korbflasche Rotwein. Auch der Wirt Giuseppe Grandi ist nichts Neues für sie. Er ist ein kleiner Mann von vierzig Jahren: dunkelfarbig, lebhaft, durchtrieben, lustig, schwarzgelockt, kugelköpfig und stets grinsend. Schon von Natur aus ein guter Wirt, ist er heute abend auf Hochtouren, da er sehr glücklich ist, den französischen Kommandeur, dessen Gegenwart ihn vor den Übergriffen der Soldaten schützt, als Gast unter seinem Dache zu haben. Er protzt sogar mit einem Paar goldener Ohrringe, die er andernfalls mit seiner Ausstattung an Silbergeschirr sorgfältig unter der Kelter versteckt haben würde. Nur den General Napoleon sieht die Kleine zum ersten Mal. Er sitzt ihr gegenüber an der anderen Seite des Tisches und arbeitet hart, teils an seiner Mahlzeit, die er in zehn Minuten zu verschlingen gelernt hat, indem er alle Gerichte gleichzeitig in Angriff nimmt (diese Gewohnheit ist der erste Schritt zu seinem Untergang), teils an einer Landkarte, die er aus dem Gedächtnis verbessert: Er kennzeichnet von Zeit zu Zeit die Stellungen seiner Streitkräfte, indem er eine Traubenschale aus dem Mund nimmt und sie mit dem Daumen wie eine Oblate auf die Karte drückt. Kleidung und Person zeigen nichts von der Unordentlichkeit eines Revolutionärs, aber mit dem Ellbogen hat er fast alle Schüsseln und Gläser zur Seite geschoben, und sein langes Haar fällt, wenn er nicht dran denkt und sich gespannt über die Karte beugt, in die Risottobrühe herab.

GIUSEPPE Wollen Exzellenz –
NAPOLEON *blickt gespannt auf seine Karte, stopft sich aber dabei mit der Linken mechanisch den Mund voll:* Klappe halten. Ich habe zu tun.
GIUSEPPE *gut gelaunt:* Wie Exzellenz befehlen.
NAPOLEON Rote Tinte her.
GIUSEPPE Leider, Exzellenz, ist keine da.
NAPOLEON *mit korsischem Humor:* Mache was tot und bringe mir das Blut.
GIUSEPPE *grinsend:* Es ist nichts da als Eurer Exzellenz' Pferd, der Wachposten, die Dame oben und meine Frau.
NAPOLEON Mache deine Frau tot.
GIUSEPPE Sehr gern, Exzellenz. Aber unglücklicherweise bin ich nicht stark genug. Sie würde mich töten.
NAPOLEON Genausogut.
GIUSEPPE Exzellenz erweisen mir zuviel Ehre. *Streckt seine Hand nach der Flasche aus.* Etwas Wein erfüllt vielleicht den gleichen Zweck.
NAPOLEON *bringt schnell die Flasche in Sicherheit und wird sehr ernst:* Wein? Nein! Das wäre Verschwendung. Ihr seid alle gleich: Verschwendung! Verschwendung! Verschwendung! *Er markiert die Landkarte mit Sauce, wobei er die Gabel als Feder benutzt.* Abräumen! *Er leert sein Weinglas, stößt seinen Stuhl zurück, benutzt die Serviette, streckt dann die Beine aus und lehnt sich zurück: immer noch mit finsterem Blick und in Gedanken.*
GIUSEPPE *räumt den Tisch ab und stellt die Sachen auf ein Tablett, das auf dem Büfett steht:* Jeder nach seinem Beruf, Exzellenz. Wir Gastwirte haben jede Menge billigen Wein. Wir finden nichts dabei, Wein zu vergießen. Ihr großen Generäle habt jede Menge billiges Blut. Ihr findet nichts dabei, Blut zu vergießen. Hab ich recht, Exzellenz?
NAPOLEON Blut kostet nichts, Wein kostet Geld. *Er erhebt sich und geht zum Kamin.*
GIUSEPPE Man sagt, daß Sie sich um alles sorgen, nur nicht um Menschenleben, Exzellenz.
NAPOLEON Ein Menschenleben, mein Freund, ist das einzige, was für sich selbst sorgt. *Er wirft sich zwanglos auf das Sofa.*
GIUSEPPE *ihn bewundernd:* O Exzellenz, wie dumm sind wir

alle, mit Ihnen verglichen! Wenn ich nur das Geheimnis erraten könnte, warum Sie so erfolgreich sind.
NAPOLEON Dann würdest du dich zum Kaiser von Italien machen, was?
GIUSEPPE Zu anstrengend, Exzellenz. Das überlasse ich lieber Ihnen. Außerdem, was sollte aus meiner Wirtschaft werden, wenn ich Kaiser wäre? Sie sehen mir doch gerne zu, wie ich meine Wirtschaft für Sie führe und Sie bediene. Nun, ich will Ihnen gerne zusehen, wie Sie Kaiser von Europa werden und für mich das Land regieren. *Während er schwatzt, räumt er geschickt das Tischtuch ab, ohne die Landkarte zu entfernen. Dann nimmt er die Enden des Tuches in die Hände, die Mitte in den Mund und faltet es zusammen.*
NAPOLEON Kaiser von Europa? Warum nur von Europa?
GIUSEPPE Ja, wirklich, Kaiser der Welt, Exzellenz. Warum nicht? *Er faltet das Tuch und rollt es zusammen, wobei er seine Sätze durch die einzelnen Phasen dieses Vorganges nachdrücklich unterstreicht.* Ein Mensch ist dem andern gleich. *Faltet.* Ein Land ist dem andern gleich. *Faltet.* Eine Schlacht ist der andern gleich. *Als er das letzte Stück gefaltet hat, schlägt er das Tuch auf den Tisch, rollt es geschickt zusammen und beendet seine Rede mit:* Gewinnt man eine, so gewinnt man alle. *Er bringt das Tischtuch zum Büfett und legt es in eine Schublade.*
NAPOLEON Und für alle regieren, für alle kämpfen, jedermanns Diener sein unter dem Vorwand, jedermanns Herr zu sein. Giuseppe?
GIUSEPPE *am Büfett:* Exzellenz?
NAPOLEON Ich verbiete dir, mit mir über mich zu sprechen.
GIUSEPPE *kommt zum Fußende des Sofas:* Pardon. Euer Exzellenz sind ganz anders als andere große Männer. Die lieben grade dieses Thema am meisten.
NAPOLEON Gut, sprich mit mir über das, was sie am zweitmeisten lieben, egal, was es ist.
GIUSEPPE *unverfroren:* Sehr gern, Exzellenz. Haben Euer Exzellenz zufällig etwas von der Dame da oben zu sehen bekommen?
NAPOLEON *setzt sich sofort auf:* Wie alt ist sie?
GIUSEPPE Das richtige Alter, Exzellenz.
NAPOLEON Meinst du siebzehn oder dreißig?
GIUSEPPE Dreißig, Exzellenz.

NAPOLEON Sieht sie gut aus?
GIUSEPPE Ich kann nicht mit den Augen Eurer Exzellenz sehen. Jeder Mann muß das selber beurteilen. Meiner Meinung nach, Exzellenz, ist sie bildschön. *Schlau:* Soll ich ihr hier den Tisch decken?
NAPOLEON *springt auf:* Nein, hier wird nichts mehr gedeckt, bevor der Offizier, auf den ich warte, zurückkommt. *Er schaut auf seine Uhr und beginnt zwischen Kamin und Weingarten auf und ab zu gehen.*
GIUSEPPE *mit Überzeugung:* Glauben Sie mir, Exzellenz, er ist von den verfluchten Österreichern gefangengenommen worden. Er würde es nicht wagen, Sie warten zu lassen, wenn er frei wäre.
NAPOLEON *kehrt beim Schatten der Veranda um:* Giuseppe, wenn das wahr ist, werde ich so wütend werden, daß mich nichts anderes besänftigen kann, als dich und deinen ganzen Haushalt, die Dame da oben inbegriffen, aufhängen zu lassen.
GIUSEPPE Wir stehen Ihnen gerne alle zur Verfügung, Exzellenz, die Dame ausgenommen. Für die kann ich nicht sprechen, aber welche Frau könnte Ihnen widerstehen, Herr General?
NAPOLEON *läuft mürrisch weiter:* Hm – Du wirst niemals am Galgen enden. Es macht keinen Spaß, einen Mann aufzuhängen, der nichts dagegen hat.
GIUSEPPE *liebenswürdig:* Nicht das geringste, Exzellenz, wirklich.
Napoleon schaut wieder auf die Uhr und wird sichtlich unruhig.
Ah, man sieht, daß Sie ein großer Mann sind, General. Sie verstehen zu warten. Wenn ein Korporal oder ein junger Leutnant an Ihrer Stelle wäre – nach drei Minuten würde er fluchen, vor Wut kochen, drohen und das Haus von oben nach unten kehren.
NAPOLEON Giuseppe, deine Schmeicheleien sind unerträglich. Geh und quatsche draußen weiter. *Er setzt sich wieder an den Tisch, nimmt das Kinn in die Hände und stützt die Ellbogen auf die Landkarte, die er unruhig grübelnd anstarrt.*
GIUSEPPE Sehr gern, Euer Exzellenz. Sie sollen nicht gestört werden. *Er nimmt das Tablett auf und will sich zurückziehen.*

NAPOLEON Wenn er kommt, schicke ihn gleich zu mir herein.
GIUSEPPE Augenblicklich, Exzellenz.
DIE STIMME EINER DAME *ruft entfernt von irgendwoher aus dem Gasthaus:* Giusep-pe! *Die Stimme ist sehr melodisch, und die beiden letzten Noten werden in aufsteigendem Intervall gesungen.*
NAPOLEON *überrascht:* Wer ist das?
GIUSEPPE Die Dame, Exzellenz.
NAPOLEON Die Dame von oben?
GIUSEPPE Ja, Exzellenz. Die fremde Dame.
NAPOLEON Fremd? Woher kommt sie?
GIUSEPPE *mit einem Achselzucken:* Wer weiß? Sie kam kurz vor Euer Exzellenz hier an. In einer gemieteten Kutsche, die dem Goldenen Adler in Borghetto gehört. Ganz allein, Exzellenz. Keine Dienerschaft. Eine Handtasche und ein Koffer. Das ist alles. Der Postillon sagt, daß sie ein Pferd im Goldenen Adler stehen ließ. Ein Offizierspferd in militärischem Geschirr.
NAPOLEON Eine Frau mit einem Offizierspferd? Französisch oder österreichisch?
GIUSEPPE Französisch, Exzellenz.
NAPOLEON Das Pferd ihres Mannes. Zweifellos. Gefallen in Lodi, der Ärmste.
DIE STIMME DER DAME *die beiden letzten Noten werden jetzt in absteigendem Intervall gesungen:* Giuseppe!
NAPOLEON *erhebt sich, um zu horchen:* Das ist nicht die Stimme einer Frau, deren Mann gestern getötet wurde.
GIUSEPPE Der Tod eines Ehemannes wird nicht immer bedauert, Exzellenz. *Ruft:* Ich komme, Gnädigste, ich komme. *Er läuft zur inneren Tür.*
NAPOLEON *hält ihn mit starker Hand an der Schulter fest:* Halt! Laß sie herkommen.
DIE STIMME *ungeduldig:* Giuseppe!
GIUSEPPE Lassen Sie mich gehen, Exzellenz. Es ist meine Ehrenpflicht als Wirt, zu kommen, wenn man mich ruft. Ich appelliere an Sie als Soldat.
EINES MANNES STIMME *ruft draußen vor der Tür der Wirtschaft:* Hallo! Wirt! Wo bist du?
Jemand schlägt nachdrücklich mit einem Peitschenstiel auf eine Bank in der Einfahrt.
NAPOLEON *wird plötzlich wieder kommandierender Offizier*

und stößt Giuseppe von sich: Da ist er endlich! *Er zeigt auf die innere Tür:* Geh! Kümmere dich um dein Geschäft. Die Dame ruft dich. *Er stellt sich, jetzt ganz Militär, mit dem Rücken an den Kamin.*

GIUSEPPE *reißt atemlos das Tablett an sich:* Natürlich, Exzellenz! *Läuft durch die innere Tür hinaus.*

DIE STIMME DES MANNES *ungeduldig:* Schläft denn hier alles? *Die andere Tür wird roh mit dem Fuße aufgestoßen. Ein staubbedeckter Oberleutnant stürzt ins Zimmer. Er ist ein großer, dummer Bursche von 24 mit dem Aussehen und der Art eines Mannes von Stand und der Selbstsicherheit von Leuten, welche die Französische Revolution nicht im geringsten erschüttern konnte. Er hat einen dicken, blöden Mund, ein einfriges, leichtgläubiges Auge, eine eigensinnige Nase und eine laute, selbstbewußte Stimme. Ein junger Mann ohne Furcht, ohne Ehrfurcht, ohne Phantasie, ohne Verstand, hoffnungslos unempfänglich für die napoleonische oder irgendeine andere Idee, ungeheuer egoistisch, sehr dazu geeignet, dort hereinzupoltern, wo selbst ein Engel sich fürchtete, den Fuß aufzusetzen, doch von einer starken, geschwätzigen Vitalität, die ihn zu einer schlimmen »Betriebsnudel« macht. Im Moment kocht er anscheinend vor Wut, weil er empört ist, nicht schnell genug vom Gesinde des Gasthauses bedient zu werden, aber ein schärferer Beobachter kann eine gewisse Depression an ihm entdecken, die andeutet, daß er unter einem anhaltenden und folgenschweren Verdruß leidet. Als er Napoleon bemerkt, kommt er genügend zu sich, um sich zusammenzureißen und zu salutieren. Durch sein Benehmen verrät er jedoch auf keine Weise irgend etwas von dem prophetischen Bewußtsein von Marengo und Austerlitz, Waterloo und St. Helena oder der Napoleonbilder eines Delaroche und eines Meissonier, wie es spätere Zeitalter bei ihm voraussetzen werden.*

NAPOLEON *mit der Uhr in der Hand:* Nun, Monsieur, endlich gekommen? Ich war um sechs hier, und Sie hatten Befehl, mich mit meiner Post aus Paris und den Depeschen zu erwarten. Jetzt ist es zwanzig Minuten vor acht. Als guter Reiter wurden Sie mit dem schnellsten Pferd des Lagers für diesen Dienst abgestellt. Sie kommen hundert Minuten zu spät, und Sie kommen zu Fuß. Wo ist Ihr Pferd?

LEUTNANT *zieht verdrießlich seine Handschuhe aus und*

wirft sie mit Mütze und Peitsche auf den Tisch: Ja, wo ist es? Das würde ich selber gerne wissen. *Gefühlvoll:* Sie ahnen nicht, wie sehr ich dieses Pferd geliebt habe, General.
NAPOLEON *ärgerlich und sarkastisch:* Tatsächlich? *Plötzlich sehr besorgt:* Wo sind die Briefe und Depeschen?
LEUTNANT *wichtigtuerisch und im übrigen fast froh, als hätte er besondere Neuigkeiten:* Das weiß ich nicht.
NAPOLEON *traut seinen Ohren nicht:* Das wissen Sie nicht?
LEUTNANT Nicht besser als Sie, General. Vermutlich komme ich jetzt vors Kriegsgericht. Na schön! Soll man mich ruhig standrechtlich behandeln, ich habe nichts dagegen, aber – *mit feierlichem Entschluß:* ich sage Ihnen, General, wenn ich jemals diesen Burschen mit dem Engelsgesicht erwische, diesen schmutzigen kleinen Lügner, dann werde ich ihm sein süßes Frätzchen gründlich demolieren. Eine Fratze werde ich aus ihm machen. Ich werde –
NAPOLEON *kommt vom Kamin an den Tisch:* Was für ein Engelsgesicht? Reißen Sie sich zusammen, Monsieur! Und geben Sie gefälligst eine Erklärung ab!
LEUTNANT *steht ihm gegenüber am Tisch und stützt sich mit den Fäusten auf:* Oh, ich bin völlig da, General. Ich bin hundertprozentig einsatzbereit, eine Erklärung meines Zustandes abzugeben. Ich werde es dem Kriegsgericht vollkommen klarmachen, daß es nicht meine Schuld war. Die bessere Seite meiner Natur wurde schändlich ausgenutzt, und ich schäme mich dessen nicht. Aber mit allem Respekt vor Ihnen als meinem Vorgesetzten, General, wiederholte ich: Wenn ich diesem Satanssohn jemals wieder begegnen sollte, werde ich –
NAPOLEON *ärgerlich:* Das haben Sie schon gesagt.
LEUTNANT *richtet sich auf:* Aber ich wiederhole es doch: Warten Sie nur, bis ich ihn beim Schlafittchen habe. Warten Sie nur: weiter nichts. *Er kreuzt entschlossen die Arme und atmet schwer mit aufeinandergepreßten Lippen.*
NAPOLEON Ich warte, Monsieur, – – – auf Ihre Erklärung!
LEUTNANT *zuversichtlich:* Sie werden Ihren Ton ändern, General, wenn Sie hören, was mir passiert ist.
NAPOLEON Monsieur, es ist Ihnen nichts passiert! Sie leben und sind nicht kampfunfähig. Wo sind die Ihnen anvertrauten Papiere?
LEUTNANT Nichts soll mir passiert sein? Nichts? Er schwor mir ewige Bruderschaft. Ist das nichts? Er sagte, daß

meine Augen ihn an die Augen seiner Schwester erinnern. Ist das nichts? Er weinte – und zwar richtige Tränen – über meine Trennung von Angelica. Ist das nichts? Er bezahlte beide Flaschen Wein, obgleich er selbst nur Brot und Trauben aß. Vielleicht nennen Sie auch das »nichts«. Er gab mir seine Pistolen, sein Pferd und seine Depeschen – äußerst wichtige Depeschen – und ließ mich damit weggehen. *Triumphierend, da er sieht, daß er Napoleon in sprachloses Erstaunen versetzt hat:* Ist das nichts?

NAPOLEON *schwach vor Erstaunen:* Und warum hat er das getan?

LEUTNANT *als ob es selbstverständlich wäre:* Um mir sein Vertrauen zu zeigen, natürlich.
Napoleons Kiefer fällt nicht gerade herunter, aber seine Gelenkbänder werden schlaff. Der Leutnant fährt mit ehrlicher Entrüstung fort:
Und ich habe sein Vertrauen auch verdient: Ich gab ihm alles ehrlich zurück. Aber was jetzt kommt, klingt unglaublich. Als ich ihm nämlich meine Pistolen, mein Pferd und meine Depeschen anvertraute –

NAPOLEON Warum, zum Teufel, taten Sie das?

LEUTNANT Aber das ist doch klar. Um ihm mein Vertrauen zu zeigen, natürlich. Doch er hat es mißbraucht, hat es verraten, ist nicht wieder zurückgekommen. Dieser Dieb! Dieser Schwindler! Dieser herzlose kleine Verräterschuft! Vermutlich nennen Sie auch das »nichts«. Aber sehen Sie, General: *Stützt sich wieder mit den Fäusten auf den Tisch, um mit größerem Nachdruck reden zu können:* Sie können diesen Vertrauensbruch der Österreicher hinnehmen, wenn Sie wollen, ich persönlich jedoch sage Ihnen: Wenn ich ihn jemals beim Schlafittchen –

NAPOLEON *dreht sich angewidert auf dem Absatz herum und nimmt seine Wanderung wieder auf:* Jajajaja, das haben Sie schon mehr als einmal gesagt.

LEUTNANT *aufgeregt:* Mehr als einmal? Hundertmal werde ich es sagen! Und mehr als das: Ich werde es tun! Ja, General, ich werde ihm schon mein Vertrauen schenken. Ich werds ihm schon zeigen! Ich werde –

NAPOLEON Jaja, Herr, das werden Sie zweifellos. Was für ein Mann war das?

LEUTNANT Also, wenn einer sich so benimmt, weiß man doch, denke ich, was für ein Mann das ist.

NAPOLEON Pah! Wie sah er aus?

LEUTNANT Wie er aussah? Er sah aus wie – Also, Sie hätten den nur mal sehen sollen, dann hätten Sie schon gesehen, wie der aussah. Aber wenn ich ihn beim Schlafittchen habe, wird er fünf Minuten später nicht mehr so aussehen. Denn ich sage Ihnen, General, wenn ich den beim Schlafitt –

NAPOLEON *ruft wütend nach dem Gastwirt:* Giuseppe! *Zum Leutnant, am Ende seiner Geduld:* Halten Sie jetzt Ihren Mund, Monsieur! Wenn es geht.

LEUTNANT *wehleidig:* Ich möchte Sie darauf aufmerksam machen, daß es zwecklos ist, mir die Schuld in die Schuhe zu schieben. Wie konnte ich wissen, was für einer das ist? *Er nimmt den Sessel, der zwischen dem Büfett und der äußeren Tür steht, stellt ihn an den Tisch und setzt sich:* Wüßten Sie nur, wie hungrig und wie müde ich bin, würden Sie mehr Rücksicht nehmen.

GIUSEPPE *kommt zurück:* Was befehlen Exzellenz?

NAPOLEON *kämpft mit seinem Temperament:* Nimm diesen – – – diesen Offizier. Gib ihm zu essen. Lege ihn nötigenfalls ins Bett. Wenn er dann wieder bei sich ist, laß dir erzählen, was ihm passiert ist, und teile es mir mit. *Zum Leutnant:* Sie können sich als verhaftet betrachten, Monsieur.

LEUTNANT *eingeschnappt und steif:* Darauf war ich vorbereitet. Nur ein Gentleman kann einen Gentleman verstehen. *Er wirft seinen Degen auf den Tisch.*

GIUSEPPE *teilnahmsvoll:* Sind Sie von den Österreichern überfallen worden, Herr Leutnant? O weh, o weh, o weh!

LEUTNANT *verachtungsvoll:* Überfallen? Ich hätte sein Rückgrat zwischen Zeigefinger und Daumen zerbrechen können. Hätte ich es nur getan! Nein, er hat die bessere Seite meiner Natur angesprochen. Darüber komme ich nicht hinweg. Er sagte, daß ihm noch nie ein Mann so gefallen hätte wie ich. Er band sein Taschentuch um meinen Hals, weil mich eine Mücke gestochen hatte und mein Kragen mich wundrieb. Da! *Er zieht ein Taschentuch unter dem Kragen hervor. Giuseppe nimmt und untersucht es.*

GIUSEPPE *zu Napoleon:* Ein Damentaschentuch, Exzellenz. *Schnuppert daran:* Parfümiert.

NAPOLEON Was? *Er nimmt es und betrachtet es aufmerksam:*

Hm – *schnuppert ebenfalls:* Ha! *Er geht nachdenklich im Zimmer umher, betrachtet das Taschentuch und steckt es schließlich in seine Brusttasche.*
LEUTNANT Jedenfalls paßt es zu ihm. Ich sah, daß er Frauenhände hatte, als er meinen Hals berührte auf seine einschmeichelnde Art, dieser gemeine, weibische kleine Hund! *Leise, aber mit gespannter Intensität:* Aber merken Sie sich folgendes, General: Wenn ich ihn jemals –
DIE STIMME DER DAME *von draußen, wie zuvor:* Giuseppe!
LEUTNANT *erstarrt:* Was war das?
GIUSEPPE Nur eine Dame dort oben, Herr Leutnant, die mich ruft.
LEUTNANT Dame?
DIE STIMME Giuseppe, Giuseppe! Wo bleiben Sie?
LEUTNANT *mordlustig:* Her mit dem Degen! *Er reißt den Degen an sich und zieht ihn aus der Scheide.*
GIUSEPPE *springt vor und greift ihn beim rechten Arm:* Aber Herr Leutnant, was wollen Sie tun? Das ist eine Dame. Hören Sie nicht? Eine Frauenstimme.
LEUTNANT Es ist s e i n e Stimme, sage ich Ihnen, Lassen Sie mich los.

Er läuft zur Verandaecke, stellt sich mit dem Schwert in der Hand auf und beobachtet die Tür wie die Katze das Mauseloch. Sie wird geöffnet, und die fremde Dame kommt herein. Sie ist groß, sehr graziös und hat ein zartes, intelligentes, empfindsames und fragendes Gesicht. Ihre Stirn spricht von rascher Auffassungskraft, die Nasenflügel verraten Sensitivität, das Kinn Charakterstärke. Alles zusammen sieht sie scharfsinnig, vornehm und originell aus. Sie wirkt sehr weiblich, jedoch keineswegs schwach. Ihre geschmeidige und schlanke Gestalt ist kräftig gebaut. Hände und Füße, Hals und Schultern sind stark und stehen in ausgewogenem Verhältnis zum ganzen Körper. Sie ist etwa so groß wie der Leutnant, überragt also sowohl Napoleon als auch den Wirt. Dabei verdecken jedoch Eleganz und strahlender Charme Größe und Kraft. Ihrer Kleidung nach gehört sie nicht zu den Bewunderern der neuesten Mode des Direktoriums. Möglicherweise trägt sie aber auch nur alte Kleider als Reisekleider auf. Sie hat jedenfalls keine Jacke mit auffallenden Aufschlägen an, kein nachgemacht griechisches Unterkleid à la Madame Tallien, wirklich nichts, das die Prinzessin von Lamballe nicht auch hätte tragen können. Ihr Kleid aus geblümter Seide hat eine lange Taille und eine Watteaufalte am Rücken, aber die Puffen sind, weil sie dafür zu groß ist, zu bloßen Rudimenten verkürzt. Das Kleid, im Nacken etwas ausgeschnitten, ist mit einem cremefarbenen Fichu geschmückt. Die Dame ist hellhäutig, hat goldbraunes Haar und graue Augen. Sie betritt den Raum mit der Selbstsicherheit einer Frau die an die Vorrechte von Rang und Schönheit gewöhnt ist. Der Wirt, der von Natur aus vorzügliche Manieren hat, ist hellbegeistert von ihr. Napoleon wird verlegen, wird rot und steifer und unsicherer als zuvor. Die fremde Dame nähert sich ihm in ihrer außerordentlich wohlerzogenen Art, um ihm ihre Aufwartung zu machen, aber der Leutnant stürzt auf sie zu und packt sie am rechten Handgelenk. Sie erkennt ihn und wird totenblaß, ein Ausdruck, der nicht mißverstanden werden kann: Ihr ist irgendein schrecklicher Irrtum klargeworden. Es kam gänzlich unerwartet und traf sie mitten in ihrer ruhigen Sicherheit und Siegeszuversicht. Unter dem cremefarbenen Fichu steigt im nächsten Moment eine Blutwelle auf und ergießt sich über ihr ganzes Gesicht. Man sieht, daß sie am ganzen Leibe errötet. Selbst der Leutnant, der sonst nie irgend etwas bemerkt, sieht, was man so rot für ihn angestrichen hat. Er legt ihr Erröten als das unfreiwillige Geständnis schwarzer, mit ihrem Opfer konfrontierter Verräterei aus und zeigt mit einem lauten Schrei vergeltenden Triumphes auf sie.

LEUTNANT Habe ich dich jetzt beim Schlafittchen, Bursche? So hast du dich also verkleidet, aha! *Mit Donnerstimme, läßt ihr Handgelenk los:* Zieh diesen Rock aus!

GIUSEPPE *protestierend:* Aber Herr Leutnant!

DAME *erschrocken, aber sehr erstaunt, daß er es gewagt hat, sie anzurühren:* Meine Herren, ich wende mich an Sie. *Zu Napoleon:* Sie sind Offizier, mein Herr. Sogar General. Sie werden mich doch wohl beschützen?

LEUTNANT Kümmern Sie sich nicht um ihn, General. Überlassen Sie ihn mir.

NAPOLEON Ihn? Wen, Monsieur? Wie behandeln Sie diese Dame?

LEUTNANT Dame? Das ist ein Mann. Der Mann, dem ich mein Vertrauen schenkte. *Hebt den Degen:* Hier, du –

DAME *versteckt sich hinter Napoleon und umklammert in*

ihrer Aufregung den Arm, den er ausstreckt, um sie zu schützen: Oh, ich danke Ihnen, Herr General. Halten Sie ihn mir vom Leibe, bitte.

NAPOLEON Unsinn, Leutnant! Das ist ganz bestimmt eine Frau.

Sie läßt plötzlich seinen Arm los und errötet wieder:
Und Sie stehen unter Arrest. Legen Sie Ihren Degen ab, Leutnant! Sofort!

LEUTNANT Ich sage Ihnen, General, das ist ein österreichischer Spion. Heute nachmittag gab er sich mir gegenüber als jemand aus dem Stabe General Massenas aus. Jetzt gibt er sich Ihnen gegenüber als Frau aus. Man kann doch wohl seinen eigenen Augen noch trauen, oder?

DAME Das muß mein Bruder sein, Herr General. Er ist Stabsoffizier bei General Massenas und sieht aus wie ich.

LEUTNANT *verwirrt:* Heißt das, daß Sie nicht Ihr Bruder, sondern Ihre Schwester sind? Die Schwester, die mir so ähnlich ist? Die meine hübschen blauen Augen hat? Das ist eine Lüge. Ihre Augen sind nicht wie meine. Sie sind genau wie Ihre eigenen.

NAPOLEON *mit gezügeltem Zorn:* Gehorchen Sie jetzt meinem Befehl, Leutnant, und verlassen Sie dieses Zimmer. Sie sind doch nun endlich überzeugt, daß diese Dame kein Gentleman ist.

LEUTNANT Gentleman? Nein, das ist sie nicht. Kein wirklicher Gentleman hätte mein Vertrauen so enttäuscht.

NAPOLEON *verliert die Geduld:* Herr, jetzt reicht es mir! Hören Sie? Verlassen Sie augenblicklich das Zimmer! Das ist ein Befehl!

DAME Bitte, lassen Sie lieber mich gehen.

NAPOLEON *trocken:* Verzeihung, Madame, aber bei aller Achtung für Ihren Herrn Bruder begreife ich dennoch nicht, wieso sich ein Offizier aus Massenas Stab für meine Briefe interessiert. Ich muß ihnen einige Fragen stellen.

GIUSEPPE *diskret:* Kommen Sie, Herr Leutnant. *Öffnet die Tür.*

LEUTNANT Ich bin schon nicht mehr da, General. Aber lassen Sie sich warnen: Hüten Sie sich vor der besseren Seite Ihrer Natur! *Zur Dame:* Sie entschuldigen, Madame, aber ich hielt Sie für dieselbe Person. Nur vom anderen Geschlecht. Das hat mich natürlich irregeführt.

DAME *wieder gut gelaunt:* Aber das war doch nicht Ihre

Schuld, Herr Leutnant. Ich bin froh, daß Sie mir nicht mehr böse sind. *Sie reicht ihm die Hand.*
LEUTNANT *beugt sich galant, um die Hand zu küssen:* Oh, Madame, nicht im gering – *Unterbricht und betrachtet ihre Hand:* Sie haben die Hand Ihres Bruders, Madame. Und den gleichen Ring.
DAME *süß:* Wir sind Zwillinge.
LEUTNANT Damit ist alles klar. *Küßt ihr die Hand:* Bitte tausendmal um Verzeihung. Es ging mir gar nicht um die Depeschen – das betrifft mehr den General als mich –, es war der Mißbrauch meines Vertrauens, der besseren Seite meiner Natur – *Nimmt Mütze, Handschuhe und Peitsche vom Tisch und geht:* Hoffentlich entschuldigen Sie, General, daß ich Sie jetzt verlasse. Es tut mit leid, wirklich, aber –
Er schwätzt sich aus dem Zimmer hinaus. Giuseppe folgt ihm und schließt die Tür.
NAPOLEON *schaut ihm nach, aufs höchste gereizt:* Idiot!
Die fremde Dame lächelt liebenswürdig. Napoleon geht stirnrunzelnd zwischen Tisch und Kamin auf und ab. Mit ihr allein, ist er gar nicht mehr verlegen.
DAME Wie kann ich Ihnen für Ihren Schutz danken, Herr General?
NAPOLEON *dreht sich plötzlich nach ihr um:* Meine Depeschen! Her damit! *Streckt die Hand aus.*
DAME Herr General! *Sie greift unwillkürlich mit den Händen nach ihrem Fichu, als ob sie dort etwas verstecken wollte.*
NAPOLEON Natürlich haben Sie sie diesem Dummkopf abgelistet. Sie haben sich einfach als Mann verkleidet. Aber ich will sie jetzt haben. Dort sind sie. Unter Ihrem Kleid an der Brust. Sie halten sie jetzt in Ihren Händen.
DAME *zieht ihre Hände zurück:* Oh, wie häßlich Sie mit mir reden! *Zieht ihr Taschentuch aus dem Fichu:* Sie machen mir Angst. *Fährt sich über die Augen, als wolle sie eine Träne wegwischen.*
NAPOLEON Ich sehe, Sie kennen mich nicht, Madame. Sie würden sich sonst nicht die Mühe machen, so zu tun, als ob Sie weinten.
DAME *wie unter Tränen lächelnd:* Aber natürlich kenne ich Sie. Sie sind der berühmte General Buonaparte. *Sie gibt dem Namen eine deutlich italienische Aussprache:* Bwaw-

na-parr-te.
NAPOLEON *ärgerlich, mit französischer Aussprache:* Bonaparte, Madame, Bonaparte. Die Papiere, wenn ich bitten darf.
DAME Aber ich versichere Ihnen doch –
Er reißt ihr roh das Taschentuch aus der Hand. Sie entrüstet:
Herr General!
NAPOLEON *holt das andere Taschentuch aus seiner Brusttasche:* Sie liehen meinem Leutnant eines Ihrer Taschentücher, als Sie ihn beraubten. *Schaut sich beide Taschentücher an:* Sie gleichen sich wie ein Ei dem andern. *Schnuppert an ihnen:* Derselbe Duft. *Wirft sie auf den Tisch:* Ich warte auf meine Depeschen. Nötigenfalls werde ich sie Ihnen wie das Taschentuch ohne viel Federlesen abnehmen.
DAME *mit würdevollem Vorwurf:* Herr General! Drohen Sie wehrlosen Frauen?
NAPOLEON *grob:* Ja.
DAME *verblüfft, sucht Zeit zu gewinnen:* Aber ich verstehe nicht. Ich –
NAPOLEON Sie verstehen sehr gut. Sie kamen hierher, weil Ihre österreichischen Auftraggeber damit gerechnet haben, daß ich sechs Meilen weiter sei. Ich bin immer dort zu finden, wo meine Feinde mich nicht vermuten. Sie sind in die Höhle des Löwen geraten. Kommen Sie, Sie sind eine tapfere Frau, seien Sie auch eine vernünftige. Ich habe keine Zeit zu verlieren. Die Papiere! *Geht drohend einen Schritt vor.*
DAME *bricht in ohnmächtiger, kindischer Wut zusammen und wirft sich in Tränen auf den Stuhl, den der Leutnant neben dem Tisch stehen ließ:* Ich und tapfer! Wie wenig Sie mich kennen. Ich habe den ganzen Tag über wahre Todesängste ausgestanden. Bei jedem mißtrauischen Blick und jeder drohenden Bewegung habe ich vor Herzklopfen Schmerzen hier. Halten Sie jeden für so tapfer wie Sie? Oh, warum vollbringt ihr tapferen Männer nicht all die tapferen Taten? Warum müssen wir sie vollbringen, die wir überhaupt nicht tapfer sind? Nein, ich bin nicht tapfer. Ich schrecke vor Gewalt zurück. Bei Gefahr wird mir ganz schlecht.
NAPOLEON *interessiert:* Warum haben Sie sich dann in Gefahr begeben?

DAME Weil es keinen anderen Ausweg gibt. Weil ich niemandem trauen kann. Doch nun ist alles umsonst gewesen. Ihretwegen. Der keine Furcht kennt. Weil er kein Herz hat, kein Gefühl, kein – *Sie unterbricht und wirft sich auf die Knie:* Oh, lassen Sie mich gehen, Herr General! Lassen Sie mich gehen, ohne zu fragen. Sie werden Ihre Depeschen und Briefe bekommen. Ich schwöre es.

NAPOLEON *streckt seine Hand aus:* Ja, ich warte darauf.
Sie schnappt nach Luft. Von seiner unbarmherzigen Schlagfertigkeit bis zur Verzweiflung entmutigt, gibt sie es auf, ihn durch Schmeicheleien zu rühren. Sie blickt starr zu ihm hoch und zermartert ihr Hirn, um ihn zu überlisten. Er begegnet ihr mit unbeugsamem Blick.

DAME *erhebt sich schließlich und seufzt:* Also, ich werde sie Ihnen holen. Sie sind in meinem Zimmer. *Will zur Tür.*

NAPOLEON Ich werde Sie begleiten, Madame.

DAME *richtet sich mit einer noblen Geste beleidigten Zartgefühls auf:* Ich kann Ihnen das Betreten meines Zimmers nicht gestatten, Herr General.

NAPOLEON Dann, Madame, bleiben Sie hier, und ich lasse Ihr Zimmer nach meinen Papieren durchsuchen.

DAME *gibt ihren Plan offenbar auf und sagt gehässig:* Sie können sich die Mühe sparen. Dort sind sie nicht.

NAPOLEON Ich weiß. Habe ich Ihnen nicht schon gesagt, wo sie sind? *Zeigt auf ihre Brust.*

DAME *niedlich und kläglich zugleich:* Ich möchte nur einen kleinen Privatbrief, Herr General. Nur einen einzigen kleinen. Lassen Sie ihn mir.

NAPOLEON *kalt und finster:* Ist das eine vernünftige Forderung, Madame?

DAME *ermutigt, da er nicht sofort ablehnt:* Nein. Aber grade deshalb müssen Sie es mir zugestehen. Sind Ihre eigenen Forderungen denn vernünftig? Tausende von Menschenleben für Ihre Siege, Ihren Ehrgeiz, Ihr Schicksal? Dabei verlange ich nur eine Kleinigkeit. Denn ich bin eine schwache Frau, und Sie sind ein sehr starker, mutiger Mann. *Sie sieht ihn mit Augen voller Zartheit bittend an und will ihm wieder zu Füßen fallen.*

NAPOLEON Lassen Sie das und bleiben Sie stehen! *Wendet sich ärgerlich ab, durchkreuzt wieder das Zimmer und bleibt einen Augenblick stehen, um über die Schulter zu*

sagen: Sie reden Unsinn und wissen es nicht.
Sie setzt sich unterwürfig auf das Sofa. Er dreht sich um, sieht ihre Verzweiflung und fühlt, daß sein Sieg komplett ist und daß er jetzt ein kleines Spiel mit seinem Opfer beginnen kann. Also kommt er zurück und setzt sich neben sie. Sie rückt beunruhigt etwas von ihm ab, aber in ihren Augen bemerkt man wieder ein wenig Hoffnung. Er beginnt wie einer, der sich über einen geheimen Scherz freut: Woher wissen Sie, daß ich mutig bin?
DAME *erstaunt:* Sie? General Buonaparte? *Italienische Aussprache.*
NAPOLEON Ja, ich, General Bonaparte. *Französische Aussprache.*
DAME Wie können Sie mich nur sowas fragen? Sie, der vor zwei Tagen erst an der Brücke von Lodi stand, um ein Kanonenduell über den Fluß hinweg auszufechten. Und die Luft war voller Tod. *Schaudernd:* Oh, Sie vollbringen Heldentaten.
NAPOLEON Genau wie Sie.
DAME Wie ich? *Hat plötzlich einen komischen Gedanken:* Aha, Sie sind also ein Feigling?
NAPOLEON *lacht grimmig und schlägt sich auf die Knie:* Das ist die einzige Frage, die Sie einem Soldaten nie stellen dürfen. Ein Feldwebel fragt den Rekruten nach seiner Länge, seinem Alter, nach Haut und Knochen, aber niemals nach seinem Mut.
DAME *als ob sie das keineswegs lächerlich fände:* So, Sie können über die Angst lachen. Dann wissen Sie nicht, was wahre Angst ist.
NAPOLEON Ich will nur eines wissen: Angenommen, Sie hätten diesen Brief nur bekommen können, wenn Sie gestern über die Brücke von Lodi zu mir gekommen wären; angenommen, es hätte keinen anderen Weg gegeben und dieses wäre ein sicherer Weg, vorausgesetzt, Sie wären von den Kanonenkugeln verschont geblieben – *Sie schaudert und bedeckt ihre Augen kurz mit den Händen:* Hätten Sie dann Angst gehabt?
DAME Schreckliche Angst, entsetzliche, schreckliche Todesangst. *Drückt ihre Hand aufs Herz:* Es tut weh, sich das auch nur vorzustellen.
NAPOLEON *unbeugsam:* Wären Sie wegen der Depeschen dennoch gekommen?

DAME *überwältigt von dieser entsetzlichen Vorstellung:* Fragen Sie nicht! Ich hätte kommen müssen.
NAPOLEON Warum?
DAME Weil ich gezwungen gewesen wäre. Weil es keinen anderen Ausweg gegeben hätte.
NAPOLEON *mit Überzeugung:* Weil Sie so sehr hinter meinem Brief her waren, daß Sie die Angst ertragen hätten. *Steht plötzlich auf und stellt sich bewußt in Rednerpose:* Es gibt nur einen universellen Trieb: Angst! Von all den tausend Eigenschaften, die ein Mensch haben kann, ist die einzige, die Sie sowohl bei dem jüngsten Trommeljungen meiner Armee als auch bei mir finden werden, die Angst. Angst treibt Menschen in den Kampf, Gleichgültigkeit läßt sie fliehen. Angst ist die Triebfeder des Krieges. Angst! Und ich kenne sie genau. Besser als Sie. Besser als jede Frau. Ich sah einmal, wie ein Regiment guter Schweizer Soldaten vom Pariser Mob massakriert wurde, weil ich Angst hatte einzugreifen. Ich fühlte mich als Feigling von Kopf bis Fuß, als ich dabei zusah. Vor sieben Monaten rächte ich meine Feigheit und ließ diesen Mob mit Kanonenkugeln zusammenschießen. Was ist schon dabei? Hat jemals Angst einen Mann zurückgehalten, wenn er etwas wirklich haben wollte? Oder auch nur eine Frau? Niemals! Kommen Sie mit, und ich zeige Ihnen zwanzigtausend Feiglinge, die jeden Tag für ein Glas Branntwein den Tod riskieren. Und denken Sie etwa, es gäbe keine Frauen in der Armee, tapferer als Männer, obgleich ihr Leben wertvoller ist? Ich halte weder etwas von Ihrer Angst, noch von Ihrem Mut. Wären Sie bei Lodi gezwungen gewesen, zu mir zu kommen, hätten Sie keine Angst gehabt. Einmal auf der Brücke wäre die Notwendigkeit stärker als jedes andere Gefühl gewesen. Die Notwendigkeit, Ihren Weg zu mir zu finden, um zu bekommen, was Sie wollten. Und nun nehmen Sie an, Sie wären mit dem Brief in der Hand davon gekommen und um die Erfahrung reicher geworden, daß in der Stunde der Not die Angst Ihnen nicht das Herz zusammenpreßt, sondern Sie fester zugreifen ließ, daß sie aufgehört hatte, Angst zu sein, und sich in Kraft, Scharfsinn, Wachsamkeit und eiserne Entschlossenheit verwandelt hatte, – wie würden Sie dann antworten auf die Frage, ob Sie ein Feigling seien?

DAME *steht auf:* Ah, Sie sind ein Held. Ein wirklicher Held.
NAPOLEON Quatsch! Wirkliche Helden gibt es nicht. *Er schlendert durch das Zimmer, scheint ihren Enthusiasmus leicht zu nehmen, ist dabei aber nicht unzufrieden, ihn hervorgerufen zu haben.*
DAME Oh ja, es gibt sie. Es ist ein Unterschied zwischen dem, was Sie meinen Mut nennen, und Ihrem. Die Schlacht bei Lodi wollten Sie für sich selbst gewinnen. Für keinen anderen, nicht wahr?
NAPOLEON Selbstverständlich. *Besinnt sich plötzlich:* Halt, nein! *Reißt sich ehrfürchtig zusammen und sagt wie ein Mann, der einen heiligen Dienst versieht:* Ich bin nur der Diener der Französischen Republik und folge demütig den Fußspuren der Helden des klassischen Altertums, meine Schlachten gewinne ich für die Menschlichkeit, für mein Vaterland, nicht für mich selbst.
DAME *enttäuscht:* Dann sind Sie doch nur ein weibischer Held. *Sie setzt sich wieder, und ihr Enthusiasmus ist verflogen.*
NAPOLEON *sehr überrascht:* Weibisch?
DAME *teilnahmslos:* Ja, wie ich. *Tief melancholisch:* Glauben Sie, daß ich mich in eine Schlacht wagen würde, wenn ich diese Depeschen nur für mich haben wollte? Nein! Wenn das alles wäre, würde ich nicht einmal den Mut finden, Sie in Ihrem Hotel aufzusuchen. Mein Mut ist reine Sklaverei. Für eigene Ziele ist er nutzlos. Nur aus Liebe, aus Mitleid, aus dem Instinkt, jemanden zu beschützen, kann ich Dinge tun, über die ich entsetzt bin.
NAPOLEON *verachtungsvoll:* Pah! *Wendet sich geringschätzig ab.*
DAME Aha! Nun begreifen Sie, daß ich nicht wirklich tapfer bin. *Wieder aufreizend gleichgültig:* Aber welches Recht haben Sie, mich zu verachten, wenn Sie Ihre Schlachten auch nur für andere gewinnen? Für Ihr Land. Aus Patriotismus. Das nenne ich weibisch. Der typische Franzose.
NAPOLEON *wütend:* Ich bin kein Franzose.
DAME *unschuldig:* Ich glaubte zu hören, Sie hätten die Schlacht bei Lodi für Ihr Land gewonnen, General Bu – – – Soll ich es nun italienisch oder französisch aussprechen?
NAPOLEON Sie mißbrauchen meine Geduld, Madame. Ich wurde als französischer Untertan, aber nicht in Frank-

reich geboren.

DAME *plötzlich sehr interessiert:* Ich denke, Sie wurden überhaupt nicht als Untertan geboren.

NAPOLEON *sehr erfreut:* Wirklich? Meinen Sie das wirklich?

DAME Ich bin völlig sicher.

NAPOLEON Sehr gut. Wahrscheinlich haben Sie recht. *Er bemerkt, wie selbstgefällig er zustimmt, hört auf, errötet, nimmt dann eine würdevolle, den Helden des klassischen Altertums nachgeahmte Haltung ein und schlägt einen höchst moralischen Ton an:* Aber wir dürfen nicht nur für uns leben, meine Kleine. Vergessen Sie nie, daß wir immer an andere denken sollen, für andere arbeiten und sie zu ihrem Besten lenken und regieren. Selbstaufopferung ist die Grundlage jeder echten Charaktergröße.

DAME *seufzt und gibt ihre Haltung wieder auf:* Daran erkennt man leicht, daß Sie es damit nie versucht haben, Herr General.

NAPOLEON *ist entrüstet und vergißt alles über Brutus und Scipio:* Was wollen Sie damit sagen, Madame?

DAME Haben Sie nicht bemerkt, daß Menschen den Wert von Dingen, die sie nicht besitzen, immer überschätzen? Die Armen glauben, daß sie nichts als Reichtum brauchten, um vollkommen glücklich und gut zu sein. Jedermann vergöttert Wahrheit, Reinheit und Selbstlosigkeit aus demselben Grunde. Eben, weil er auf diesen Gebieten keinerlei Erfahrung hat. Oh, wenn die Menschen das nur wüßten!

NAPOLEON *verärgert und entschlossen:* Wenn die Menschen das nur wüßten –! Ich will nur hoffen, daß Sie es wissen.

DAME Natürlich. Ich hatte das Unglück, als guter Mensch geboren zu werden. *Schaut kurz zu ihm auf:* Und ich kann Ihnen versichern, Herr General, daß es wirklich ein Unglück ist. Denn ich bin tatsächlich aufrichtig und selbstlos und all das andere. Und es ist nichts als Feigheit, Mangel an Charakter und an Mut, wirklich streng und unbedingt sich selber treu zu sein.

NAPOLEON Ha! *Wendet sich ihr mit plötzlichem Interesse wieder zu.*

DAME *ernst und mit sich steigernder Begeisterung:* Was ist denn das Geheimnis Ihrer Kraft? Nur, daß Sie an sich selber glauben. Nur für sich können Sie kämpfen und siegen. Für keinen anderen. Sie haben keine Angst vor

Ihrer eigenen Bestimmung. Sie zeigen uns, was wir alle sein könnten, wenn wir nur den Willen und den Mut dazu hätten. Und das – *Sinkt plötzlich vor ihm auf die Knie:* Das ist der Grund, warum wir Sie alle anzubeten beginnen. *Sie küßt seine Hände.*

NAPOLEON *verlegen:* Aber, aber – – – Bitte, erheben Sie sich Madame.

DAME Nehmen Sie doch meine Huldigung an. Es ist Ihr gutes Recht. Sie werden Kaiser von Frankreich sein.

NAPOLEON *schnell:* Vorsicht, Hochverrat!

DAME *beharrlich:* Ja, Kaiser von Frankreich. Dann von Europa. Vielleicht sogar Kaiser der ganzen Welt. Ich bin nur der erste Untertan, der Ihnen Treue schwört. *Küßt ihm wieder die Hand:* Mein Kaiser!

NAPOLEON *hebt sie überwältigt auf:* Bitte, bitte! Nein, nein! Das ist Wahnsinn. Kommen Sie. Ruhig, nur ruhig. Schon gut, mein Kind.

DAME *kämpft mit Glückstränen:* Ja, es ist unverschämt von mir, Ihnen Dinge zu sagen, die Sie selber viel besser wissen. Aber Sie sind mir nicht böse, oder?

NAPOLEON Böse? Aber nein, nicht im geringsten. Kommen Sie! Sie sind eine ungeheuer kluge, sensible und interessante Frau. *Er streichelt ihr die Wange:* Wollen wir Freunde sein?

DAME *hingerissen:* Ihre Freundin? Ich darf Ihre Freundin sein? Oh, mein Gott – *Reicht ihm mit strahlendem Lächeln ihre Hände:* Ich schenke Ihnen mein Vertrauen, sehen Sie?

Dieses unvorsichtige Echo auf die Worte des Leutnants bringt ihr kein Glück. Mit einem Wutschrei und blitzenden Augen springt Napoleon auf.

NAPOLEON Was!!?

DAME Was ist denn?

NAPOLEON Ihr Vertrauen schenken Sie mir? Damit ich Ihnen dafür mein Vertrauen schenke und Sie mit meinen Depeschen abhauen lasse, was? Ah, Dalila, Dalila, Sie haben Ihre Tricks an mir versucht, und ich war genauso ein Trottel wie dieser Esel von Leutnant. *Drohend:* Her mit den Depeschen! Ich lasse mich jetzt nicht mehr an der Nase herumführen.

DAME *flieht hinter das Sofa:* Herr General –

NAPOLEON Schnell, sage ich Ihnen. *Er geht durch das Zim-*

mer und stellt sich ihr in den Weg, als sie zum Weingarten hinaus will.
DAME *bleibt stehen und läßt ihrem Temperament freien Lauf:* Sie wagen es, so mit mir zu reden!?
NAPOLEON Wagen?
DAME Ja, wagen. Wer sind Sie, daß Sie es sich anmaßen, derart gemein mit mir zu sprechen? Oh, der dreckige, vulgäre, korsische Abenteurer bricht sehr leicht bei Ihnen durch.
NAPOLEON *außer sich:* Sie Teufel, Sie! *Wild:* Ich sage es nur noch ein einziges Mal: Geben Sie mir die Papiere, oder soll ich sie Ihnen entreißen? – Mit Gewalt!
DAME Entreißen Sie sie mir mit Gewalt.
Da er sie wie ein sprungbereiter Tiger anstarrt, kreuzt sie in Märtyrerstellung die Arme vor der Brust. Diese Pose erweckt sofort seinen Theaterinstinkt. Er vergißt seine Wut, um ihr zu zeigen, daß er ihr auch als Schauspieler gewachsen ist: Er läßt sie einen Augenblick warten, dann hellt sich sein Gesicht plötzlich auf. Er legt mit provozierender Kälte die Hände auf den Rücken, mustert sie mehrer Male von oben bis unten, nimmt eine Prise Schnupftabak, wischt sich sorgfältig mit einem Taschentuch die Finger ab und steckt das Tuch wieder ein. Ihre heroische Pose wird dadurch immer lächerlicher.
NAPOLEON *endlich:* Nun?
DAME *verlegen, aber immer noch mit opferbereit gekreuzten Armen:* Nun? Was wollen Sie tun?
NAPOLEON Ihnen die große Pose verderben.
DAME Sie Rohling! *Gibt die Pose auf, geht zum Ende des Sofas, dreht sich um, lehnt sich mit dem Rücken dagegen und steht ihm, die Hände auf dem Rücken, gegenüber.*
NAPOLEON Aha! Das ist schon wesentlich besser. Und nun hören Sie mir mal zu. Sie gefallen mir, und was mehr ist: Ich schätze Ihre Hochachtung vor mir.
DAME Dann schätzen Sie etwas, das Sie selber nicht besitzen.
NAPOLEON Das wird sich gleich ändern. Hören Sie: Angenommen, ich würde mich von der Achtung, die ich Ihrem Geschlecht, Ihrer Schönheit, Ihrem Heroismus und allem übrigen schuldig bin, leiten lassen; angenommen, daß nichts als derart sentimentales Zeug zwischen diesen meinen Muskeln und den Papieren stünde, die Sie bei sich tragen und die ich haben muß und auch bekommen

werde; angenommen, daß ich, mit der Beute zum Greifen nahe, zögern und mich mit leeren Händen verdrücken würde, oder daß ich, was noch weit schlimmer wäre, meine Schwäche zu verdecken suchte, indem ich den großen Helden spielen und Ihnen den Gewaltakt ersparen würde, den ich nicht durchzuführen wagte, – würden Sie mich dann nicht im tiefsten Grunde Ihrer weiblichen Seele verachten? Würde auch nur irgendeine Frau so dumm sein? Nun, ein Bonaparte ist auch dieser Situation gewachsen und kann es sich notfalls leisten, wie eine Frau zu handeln. Verstehen Sie das?

Die Dame richtet sich schweigend auf und nimmt ein Paket mit Briefen aus ihrem Busen. Einen Moment lang hat sie das Bedürfnis, es ihm ins Gesicht zu werfen, aber ihre gute Erziehung hält sie davon ab, sich auf so vulgäre Weise Luft zu machen. Sie überreicht es ihm höflich und wendet nur den Kopf dabei ab. Als er es nimmt, läuft sie sofort auf die andere Seite des Zimmers, setzt sich und bedeckt ihr Gesicht mit den Händen.

NAPOLEON *weidet sich an den Papieren:* Aha! Schön, sehr schön! *Ehe er das Paket öffnet, blickt er sie an und sagt:* Sie entschuldigen. *Er sieht, daß sie ihr Gesicht verdeckt:* Sehr böse auf mich, was? *Er bricht das Paket auf, dessen Siegel schon erbrochen ist, und legt es auf den Tisch, um seinen Inhalt zu untersuchen.*

DAME *nimmt ihre Hände vom Gesicht und zeigt, daß sie nicht weint, sondern nur nachdenkt:* Nein. Sie sind im Recht. Aber Sie tun mir leid.

NAPOLEON *unterbricht es, den ersten Brief aus dem Paket zu nehmen:* Ich tue Ihnen leid? Warum?

DAME Ich werde sehen müssen, wie Sie Ihre Ehre verlieren.

NAPOLEON Hm! Ist das alles? *Nimmt den Brief auf.*

DAME Und Ihr Glück.

NAPOLEON Glück! Glück ist das langweiligste Ding der Welt für mich. Wäre ich das, was ich bin, wenn ich mich um Glück kümmern würde? Sonst noch was?

DAME Nichts –

NAPOLEON Gut.

DAME – als daß Sie in den Augen Frankreichs eine komische Figur abgeben werden.

NAPOLEON *schnell:* Was?

Die Hand, die den Brief auseinanderfaltet, sinkt herab.

Die Dame blickt ihn rätselhaft an und schweigt. Er wirft den Brief hin und bricht in Schmähungen aus: Was wollen Sie damit sagen? Was? Kommen Sie mir nicht wieder mit Ihren Tricks. Glauben Sie, daß ich nicht weiß, was in diesen Briefen steht? Ich werde es Ihnen sagen. Erstens, die Meldung von Beaulieus Rückzug. Dieser hirnrissige alte Idiot hat alle Chancen verspielt bis auf die Alternative, sich in Mantua zu verschanzen oder die Neutralität Venedigs durch die Einnahme von Peschiera zu verletzen. Sie sind ein Spion dieses alten Idioten. Er hat entdeckt, daß er verraten wurde, und Sie ausgeschickt, diese Meldung um jeden Preis aufzufangen. Als ob ihn das vor mir retten könnte, dieser alte Narr! Das andere ist nur meine private Korrespondenz aus Paris, über die Sie nichts wissen.

DAME *rasch und geschäftsmäßig:* Lassen Sie uns ehrlich teilen, General. Sie behalten die Meldung Ihrer Spione über die österreichische Armee und geben mir Ihre Pariser Korrespondenz. Das genügt mir.

NAPOLEON *bleibt die Luft weg über die Ruhe, mit der sie ihren Vorschlag macht:* Ehrlich teil – *Schnappt nach Luft:* Mir scheint, Madame, Sie betrachten meine Briefe als Ihr rechtmäßiges Eigentum, das ich Ihnen wegzunehmen versuche.

DAME *ernst:* Bei meiner Ehre, nein. Ich verlange keinen Ihrer Briefe. Nicht ein Wort, das von Ihnen oder an Sie geschrieben wurde. Aber es ist ein gestohlener Brief in diesem Paket. Ein Brief von einer Frau an einen Mann. An einen Mann, der nicht ihr Ehemann ist. Ein Brief, der Schimpf und Schande bedeutet –

NAPOLEON Ein Liebesbrief?

DAME *süßsauer:* Was sonst als ein Liebesbrief könnte soviel Haß erzeugen?

NAPOLEON Warum hat man ihn mir geschickt? Um mir den Ehemann auszuliefern?

DAME Nein, nein, er kann Ihnen nicht nützlich sein.- Ich schwöre, Sie verlieren nichts, wenn Sie ihn mir geben. Er wurde Ihnen aus reiner Bosheit geschickt. Einzig und allein, um die Frau, die ihn schrieb, zu kompromittieren.

NAPOLEON Warum hat man ihn nicht ihrem Manne geschickt? Was soll ich damit?

DAME *vollkommen aus dem Text gebracht:* Oh! *Sie sinkt in den Stuhl zurück:* Ich – – – ich weiß es nicht. *Sie bricht*

zusammen.
NAPOLEON Aha! Das habe ich gleich vermutet. Ein kleiner Roman, um die Papiere zurückzubekommen. Per Bacco, ich kann nicht umhin, Sie zu bewundern. So möchte ich auch lügen können. Das würde mir viele Mühen ersparen.
DAME *händeringend:* Oh, hätte ich Ihnen bloß eine Lüge erzählt! Dann hätten Sie mir bestimmt geglaubt. Das einzige, was niemand glauben will, ist die Wahrheit.
NAPOLEON *behandelt sie mit so roher Vertraulichkeit, als ob sie eine Marketenderin wäre:* Ausgezeichnet! Ganz ausgezeichnet! *Er legt seine Hände hinter sich auf den Tisch und setzt sich mit in die Seite gestemmten Armen und weit auseinandergestreckten Beinen auf ihn.* Kommen Sie, ich bin ein echter Korse mit meiner Vorliebe für Geschichten. Aber ich könnte sie besser als Sie erzählen, wenn ich nur wollte. Wenn man Sie wieder einmal fragen sollte, warum man einen Brief, der eine Frau kompromittiert, nicht ihrem Ehemann schicken soll, dann antworten Sie einfach: Weil er ihn gar nicht lesen würde. Oder bilden Sie Gänschen sich ein, daß ein Mann von der öffentlichen Meinung gezwungen werden will, eine Szene zu machen, ein Duell auszutragen, seine Familie zu ruinieren und seine Karriere durch einen Skandal zu zerstören? Das kann er doch alles vermeiden, indem er sich hütet, etwas zu wissen.
DAME *empört:* Nehmen wir an, dieses Paket enthielte einen Brief über Ihre eigene Frau.
NAPOLEON *verläßt beleidigt den Tisch:* Sie werden unverschämt, Madame.
DAME *demütig:* Ach so, verzeihen Sie. Cäsars eigene Frau ist über jeden Verdacht erhaben.
NAPOLEON *mit wohlerzogener Überlegenheit:* Sie haben eine Indiskretion begangen. Ich verzeihe Ihnen. Aber in Zukunft sollten Sie es sich nicht mehr erlauben, wirkliche Personen in Ihre Romane einzuführen.
DAME *überhört höflich diese Sätze, die doch nur eine Vernachlässigung guter Manieren bedeuten:* Es ist wirklich der Brief einer Frau dabei, Herr General. *Zeigt auf das Paket:* Geben Sie ihn mir.
NAPOLEON *kurz und grob:* Warum?
DAME Sie ist eine alte Freundin von mir. Wir sind zusammen zur Schule gegangen. Sie hat mir geschrieben und mich dringend gebeten, zu verhindern, daß der Brief in Ihre

Hände fällt.
NAPOLEON Warum wurde er mir geschickt?
DAME Weil er Direktor Barras kompromittiert.
NAPOLEON *runzelt die Stirn und ist sichtlich erregt:* Barras? *Hochmütig:* Sehen Sie sich vor, Madame. Direktor Barras ist ein guter persönlicher Freund von mir.
DAME *nickt gelassen:* Ja. Sie wurden Freunde durch Ihre Frau.
NAPOLEON Schon wieder! Habe ich Ihnen nicht verboten, von meiner Frau zu sprechen?
Sie blickt ihn immer noch auf eine merkwürdige Art an, ohne seine Zurechtweisung zu beachten. Mehr und mehr irritiert, läßt er seine hochmütige Art fallen und sagt mit leiser Stimme argwöhnisch:
Wer ist diese Frau, mit der Sie sich so tief verbunden fühlen?
DAME Oh, Herr General! Wie könnte ich Ihnen das verraten?
NAPOLEON *übelgelaunt, beginnt wieder ärgerlich und verwundert, auf und ab zu gehen:* Jaja, eine hilft der anderen. Ihr Weiber seid alle gleich.
DAME *entrüstet:* Wir sind nicht gleicher, als ihr es seid. Glauben Sie, wenn ich einen anderen liebte, würde ich so tun, als ob ich weiter in meinen Mann verliebt sei? Ich würde mich nicht fürchten, ihm und der ganzen Welt alles zu sagen. Aber diese Frau ist da anders. Sie beherrscht die Männer durch Betrug. Und sie haben das gern und lassen sich von ihr beherrschen. *Dreht ihm verachtungsvoll den Rücken zu.*
NAPOLEON *kümmert sich nicht um sie:* Barras? Barras? *Drohend und mit finsterem Gesicht:* Nehmen Sie sich in acht. Nehmen Sie sich nur in acht! Hören Sie? Sie könnten zu weit gehen.
DAME *wendet ihm unschuldig ihr Gesicht zu:* Was haben Sie denn nur?
NAPOLEON Worauf spielen Sie an? Wer ist diese Frau?
DAME *begegnet seinem ärgerlich forschenden Blick mit ruhiger Gleichgültigkeit, bleibt sitzen und schaut zu ihm auf:* Ein eitles, dummes und überspanntes Geschöpf, das einen sehr fähigen und ehrgeizigen Mann hat, der weiß, daß sie ihm Lügen aufgetischt hat über ihr Alter, Ihr Einkommen, ihre soziale Stellung, einfach über alles, worüber dumme

Frauen Lügen erzählen. Der auch weiß, daß sie unfähig ist, irgendeinem Grundsatz oder irgendeinem Menschen treu zu sein. Und der sie dennoch weiterlieben muß, ja, der sie instinktiv sogar dazu gebraucht, mit ihrer Hilfe bei Barras etwas zu erreichen.

NAPOLEON *mit einem kalten, wilden, aber leisen Flüstern:* Das ist Ihre Rache, Sie Katze, weil Sie mir die Briefe zurückgeben mußten.

DAME Unsinn! Oder halten Sie sich selber für so einen Mann?

NAPOLEON *ist außer sich: Er schlingt die Hände auf dem Rücken ineinander, seine Finger zucken, und während er aufgeregt zum Kamin geht:* Dieses Weib macht mich verrückt. – – – Gehen Sie!

DAME *bleibt unbeweglich sitzen:* Nicht ohne den Brief.

NAPOLEON Ich sage Ihnen, gehen Sie! *Läuft vom Kamin zum Weingarten und wieder zurück an den Tisch:* Sie werden keinen Brief bekommen. Sie gefallen mir nicht. Sie sind ein abscheuliches Weib und häßlich wie des Teufels Großmutter. Ich lasse mich nicht von fremden Weibern belästigen. Raus.
Er wendet ihr den Rücken zu. Sie stützt ihren Kopf auf und lacht stillvergnügt vor sich hin. Er dreht sich darauf wieder zu ihr um und ahmt sie ärgerlich nach:

NAPOLEON Hahahaha! Was gibt es da groß zu lachen?

DAME Sie, Herr General. Ich habe schon oft gesehen, daß sich Ihre Geschlechtsgenossen ärgerlich und wie Kinder benahmen. Aber noch nie war ein wirklich berühmter Mann dabei.

NAPOLEON *schleudert ihr die Worte brutal ins Gesicht:* Pah! Schmeichelei! Schmeichelei! Plumpe, unverschämte Schmeichelei!

DAME *errötet und springt auf:* Oh, Sie sind wirklich schlecht. Behalten Sie Ihre Briefe. Lesen Sie da die Geschichte Ihrer eigenen Schande. Wohl bekomms! Guten Tag! *Sie geht entrüstet zur inneren Tür.*

NAPOLEON Meiner eigenen – – – was? Halt! Stehengeblieben! Ich befehle Ihnen zu bleiben!
Sie mißachtet stolz seinen wilden befehlshaberischen Ton und setzt den Weg zur Tür fort. Er läuft zu ihr, packt sie am Arm und zerrt sie zurück.
Also was wollten Sie damit sagen? Drücken Sie sich

genauer aus. Entweder Sie erklären es mir, oder –
*Macht eine drohende Gebärde. Sie blickt ihn furchtlos und
trotzig an.*
Brrr! Sie eigensinniger Teufel, Sie! Können Sie eine höfliche Frage nicht beantworten?
DAME *durch seine Heftigkeit verletzt:* Warum fragen Sie mich? Die Erklärung haben Sie doch schon.
NAPOLEON Wo?
DAME *deutet auf den Tisch mit den Briefen:* Da! Sie brauchen sie nur zu lesen.
Er nimmt das Paket auf, zögert, sieht sie argwöhnisch an und wirft es wieder hin.
NAPOLEON Um die Ehre Ihrer alten Freundin machen Sie sich wohl keine Sorgen mehr?
DAME Es ist für meine alte Freundin jetzt nicht mehr gefährlich. Sie hat sich ein ganz falsches Bild von ihrem Manne gemacht.
NAPOLEON Ich soll den Brief also lesen? *Er streckt seine Hand aus, als ob er das Paket wieder aufnehmen wollte, und schaut sie dabei an.*
DAME Das können Sie jetzt wohl nicht mehr vermeiden.
Er zieht sofort seine Hand zurück.
Nur keine Angst. Sie werden da allerhand Interessantes finden.
NAPOLEON Zum Beispiel?
DAME Zum Beispiel ein Duell mit Barras, eine häusliche Szene, eine ruinierte Familie, einen öffentlichen Skandal, eine geplatze Karriere – – – allerlei hochinteressante Dinge.
NAPOLEON Hm –
Er blickt sie an, nimmt das Paket auf, betrachtet es, spitzt die Lippen, wiegt es in der Hand hin und her, blickt sie wieder an, nimmt das Paket in die Linke und hält es hinter seinen Rücken. Dann kratzt er sich mit der Rechten den Hinterkopf, dreht sich um, geht an die Schwelle zum Weingarten, bleibt dort einen Augenblick tief in Gedanken stehen und schaut auf die Reben. Die Dame beobachtet ihn schweigend und abschätzig. Plötzlich kommt er voller Kraft und Entschlossenheit zurück.
Ich werde Ihre Bitte erfüllen, Madame. Ihr Mut und Ihre Entschlossenheit verdienen eine Belohnung. Nehmen Sie die Briefe, für die Sie so gut gefochten haben, und denken

Sie immer daran, daß Sie den dreckigen, vulgären korsischen Abenteurer nach der gewonnen Schlacht dem Besiegten gegenüber ebenso großmütig fanden, wie er vorher angesichts des Feindes unerbittlich war. *Er bietet ihr das Paket an.*

DAME *nimmt es nicht entgegen, betrachtet Napoleon mit festem Blick:* Ich frage mich, was Sie jetzt wohl im Schilde führen.

Er wirft das Paket wütend zu Boden.

DAME Aha! Ich habe Ihnen die große Pose verdorben. *Sie macht spöttisch eine niedliche Verbeugung.*

NAPOLEON *hebt das Paket wieder auf:* Wollen Sie jetzt die Briefe nehmen und verschwinden? *Geht auf sie zu, um ihr die Briefe aufzudrängen*

DAME *flieht um den Tisch:* Nein. Ich will Ihre Briefe nicht.

NAPOLEON Noch vor ganzen zehn Minuten wollten Sie nichts anderes auf der Welt.

DAME *achtet vorsichtig darauf, daß der Tisch zwischen ihnen bleibt:* Vor zehn Minuten hatten Sie mich auch noch nicht so unerträglich beleidigt.

NAPOLEON Ich – – –
Würgt seine Wut hinunter: Ich bitte Sie um Verzeihung.

DAME *kühl:* Bitte.

Mit erzwungener Höflichkeit reicht er ihr das Paket über den Tisch. Sie tritt einen Schritt aus seiner Reichweite und sagt: Ja, aber wollen Sie denn nicht mehr wissen, ob die Österreicher in Mantua oder in Peschiera stehen?

NAPOLEON Habe ich Ihnen nicht schon gesagt, Madame, daß ich meine Feinde auch ohne die Hilfe von Spionen besiegen kann?

DAME Und der Brief? Wollen Sie den nicht lesen?

NAPOLEON Sie selbst sagten, daß er nicht an mich adressiert sei. Es ist nicht meine Art, anderer Leute Briefe zu lesen. *Er bietet ihr das Paket nochmals an.*

DAME Dann habe ich nichts dagegen, daß Sie ihn behalten. Ich wollte wirklich nur verhindern, daß Sie ihn lesen. *Heiter:* Guten Abend, Herr General! *Dreht sich kühl um und will zur inneren Tür.*

NAPOLEON *wirft das Paket verärgert auf das Sofa:* Himmel, gib mir Geduld! *Pflanzt sich entschlossen vor der Tür auf und verstellt ihr so den Weg:* Fehlt Ihnen eigentlich jeder Sinn für persönliche Gefahr, oder gehören Sie zu den

Frauen, die es lieben, grün und blau geschlagen zu werden?
DAME Vielen Dank, Herr General. Zweifellos wäre das ein sehr reizvolles Gefühl, aber ich möchte trotzdem lieber darauf verzichten. Ich will jetzt einfach nach Hause gehen, weiter nichts. Ich war so bösartig, Ihre Depeschen zu stehlen, aber jetzt sind sie wieder in Ihrem Besitz, und Sie haben mir verziehen, weil *ahmt seinen Tonfall genau nach:* Sie nach der gewonnen Schlacht ebenso großmütig gegen den Besiegten sind, wie Sie vorher angesichts des Feindes unerbittlich waren. Wollen Sie mir gar nicht Lebewohl sagen? *Sie reicht ihm freundlich die Hand.*
NAPOLEON weist ihr Entgegenkommen in maßloser Wut zurück und öffnet die Tür, um wütend zu schreien: Giuseppe! *Noch lauter:* Giuseppe!
Schlägt die Tür zu und kommt in die Mitte des Zimmers. Die Dame weicht in Richtung Weingarten aus.
GIUSEPPE *erscheint in der Tür:* Exzellenz?
NAPOLEON Wo ist der Trottel?
GIUSEPPE Wie Exzellenz befohlen haben, hat er ein gutes Essen bekommen. Jetzt gibt er mir die Ehre, zum Zeitvertreib mit mir zu würfeln.
NAPOLEON Schicke ihn her. Schleppe ihn her. Komm sofort mit ihm her.
Giuseppe läuft mit unerschütterlicher Bereitwilligkeit hinaus. Napoleon wendet sich der Dame zu und sagt barsch: Madame, ich muß Sie bitten, noch einen Moment hierzubleiben.
Er geht zum Sofa. Sie kommt vom Weingarten zum Büfett, lehnt sich dagegen und beobachtet ihn. Er nimmt das Paket vom Sofa, knöpft es langsam und sorgfältig in seine Brusttasche ein und beobachtet sie dabei mit einem Ausdruck, der besagen will, daß sie den Zweck seiner Handlung bald kennenlernen und über ihn nicht sehr erfreut sein wird. Bis der Leutnant kommt, fällt kein Wort. Giuseppe folgt dem Leutnant und bleibt bescheiden in Bereitschaft vor dem Tische stehen. Der Leutnant, ohne Mütze, Degen und Handschuhe, ist nach der Mahlzeit gutgelaunt und in Stimmung. Er stellt sich auf die Seite des Zimmers, auf der die Dame steht, und wartet ruhig, bis Napoleon beginnt.
NAPOLEON Leutnant!

LEUTNANT *entgegenkommend:* Mein General?
NAPOLEON Ich kann diese Dame nicht dazu bewegen, mir genügend Auskunft zu geben. Aber es besteht kein Zweifel, daß der Mann, der Sie durch List zu einer Verletzung Ihrer Pflicht veranlaßt hat, ihr Bruder ist. Was sie Ihnen gegenüber ja auch schon zugegeben hat.
LEUTNANT *triumphierend:* Na also, was habe ich Ihnen gesagt, General? Was habe ich gesagt?
NAPOLEON Sie müssen diesen Mann finden. Ihre Ehre steht auf dem Spiel, ja, der Ausgang des Feldzuges, das Schicksal Frankreichs, Europas, vielleicht sogar der ganzen Menschheit. Das alles hängt von den Mitteilungen ab, die diese Depeschen enthalten.
LEUTNANT *als hätte er vorher kaum daran gedacht:* Ja, mir scheint auch, daß sie ziemlich wichtig sind.
NAPOLEON *energisch:* Sie sind so wichtig, Monsieur, daß ich Sie in Gegenwart Ihres Regiments degradieren werde, wenn Sie sie nicht wiederbeschaffen.
LEUTNANT Auwei! Das wird das Regiment aber gar nicht gern haben, sage ich Ihnen.
NAPOLEON Persönlich bedaure ich Sie. Wenn es möglich wäre, würde ich die Angelegenheit gern unter den Tisch fallen lassen. Aber wenn ich nicht den Depeschen entsprechend handle, wird man mich zur Rechenschaft ziehen. Ich werde also der ganzen Welt beweisen müssen, daß ich sie niemals erhalten habe, welche Konsequenzen das auch immer für Sie haben mag. Es tut mir leid, aber ich kann mir nicht anders helfen, wie Sie sehen.
LEUTNANT *gutmütig:* Nehmen Sie sich das nicht so zu Herzen, General. Es ist wirklich sehr freundlich von Ihnen. Was mit mir geschieht, ist nicht so wichtig. Irgendwie komme ich schon durch. Und wir werden die Österreicher für Sie schlagen. Mit oder ohne diese Depeschen. Ich hoffe, Sie bestehen nicht darauf, daß ich jetzt wie ein Wilder hinter dem Burschen herlaufe. Ich habe ja keinen blassen Schimmer, wo ich ihn suchen soll.
GIUSEPPE *ehrerbietig:* Herr Leutnant vergessen, daß er Ihr Pferd hat.
LEUTNANT *schreckt auf:* Tatsächlich, das habe ich vergessen. *Entschlossen:* General, ich werde nach ihm fahnden. Und falls dieses Pferd irgendwo in Italien noch am Leben ist, werde ich es aufstöbern. Keine Angst, die Depeschen

werde ich dabei auch nicht vergessen. Giuseppe, geh einen von deinen schäbigen alten Postgäulen satteln. Ich hole meine Mütze, den Degen und alles. Schnell, lauf! Raus mit dir! *Drängt ihn hinaus.*
GIUSEPPE Sofort, Herr Leutnant, sofort. *Er verschwindet im Weingarten, den jetzt der Sonnenuntergang rötet.*
LEUTNANT *geht zur inneren Tür und blickt sich um:* Was ich noch fragen wollte, General, gab ich Ihnen eigentlich meinen Degen vorhin oder nicht? Ah, jetzt erinnere ich mich! *Verdrießlich:* Das kommt von dem Quatsch, einen Mann unter Arrest zu setzen. Man weiß nie, wo man seine Siebensachen liegengelassen hat. *Er schwätzt sich aus dem Zimmer.*
DAME *noch vor dem Büfett:* Was soll das alles bedeuten, General?
NAPOLEON Er wird Ihren Bruder nicht finden.
DAME Natürlich nicht. Ich habe keinen.
NAPOLEON Die Depeschen werden unwiederbringlich verloren sein.
DAME Unsinn! Sie sind in Ihrer Brusttasche.
NAPOLEON Ich glaube, es wird Ihnen schwerfallen, diese abenteuerliche Behauptung zu beweisen.
Die Dame fährt auf, und er fügt entschieden hinzu:
Diese Papiere sind verloren.
DAME *besorgt:* Und deshalb soll die Karriere dieses unglücklichen jungen Mannes geopfert werden?
NAPOLEON Seine Karriere? Der Bursche ist das Schießpulver nicht wert, das man braucht, ihn niederzuknallen. *Er wendet sich voller Verachtung ab, geht zum Kamin und dreht der Dame den Rücken zu.*
DAME *nachdenklich:* Sie sind sehr hart. Männer und Frauen sind für Sie nur Dinge, die man gebraucht, selbst wenn sie dabei kaputtgehen.
NAPOLEON *dreht sich ihr zu:* Wer von uns beiden hat diesen Burschen kaputtgemacht? Ich oder Sie? Wer hat ihm die Depeschen abgelistet? Haben Sie dabei an seine Karriere gedacht?
DAME *schuldbewußt:* Nein, daran habe ich nicht gedacht. Es war schlecht von mir, aber ich konnte nicht anders. Oder? Wie hätte ich sonst die Papiere bekommen? *Flehentlich:* Retten Sie ihn vor der Schande, Herr General.
NAPOLEON *lacht bitter:* Retten Sie ihn doch selber, wenn Sie

so schlau sind. Sie haben ihn doch auch ruiniert. *Mit wilder Intensität:* Ich hasse schlechte Soldaten!
Er geht entschlossen durch den Weingarten hinaus. Sie folgt ihm einige Schritte mit einer beschwörenden Gebärde, wird aber durch die Rückkehr des Leutnants aufgehalten, der sich mit Handschuhen, Mütze und Degen versehen hat und marschbereit ist. Der Leutnant will zur äußeren Tür, als die Dame ihm in den Weg tritt.

DAME Herr Leutnant?
LEUTNANT *wichtigtuerisch:* Sie dürfen mich nicht aufhalten, Madame, Dienst ist Dienst.
DAME *inständig:* Was wollen Sie meinem armen Bruder antun, Herr Leutnant?
LEUTNANT Lieben Sie ihn sehr?
DAME Ich würde sterben, wenn ihm irgendetwas zustieße. Sie müssen ihn schonen.
Der Leutnant schüttelt düster den Kopf.
DAME Ja, ja Sie müssen und werden es auch tun. Er darf noch nicht sterben. Hören Sie mir zu! Wenn ich Ihnen sage, wo Sie ihn finden, wenn ich ihn Ihnen als Gefangenen übergebe, damit Sie ihn General Bonaparte ausliefern können, schwören Sie mir dann bei Ihrer Ehre als Offizier und Gentleman, weder mit ihm zu kämpfen, noch ihn auf irgendeine andere Weise schlecht zu behandeln?
LEUTNANT Aber wenn er mich angreift? Er hat meine Pistolen.
DAME Dazu ist er viel zu feige.
LEUTNANT Da bin ich gar nicht so sicher. Der ist zu allem fähig.
DAME Wenn er Sie angreift oder auch nur den leisesten Widerstand leistet, entbinde ich Sie von Ihrem Schwur.
LEUTNANT Von meinem Schwur? Ich habe ja noch gar nichts geschworen. Sehen Sie, Sie sind genauso schlecht wie Ihr Bruder. Sie nutzen die bessere Seite meiner Natur aus. Und wie steht es mit meinem Pferd?
DAME Es gehört zu unserer Abmachung, daß Sie Ihr Pferd und Ihre Pistolen zurückbekommen.
LEUTNANT Auf Ehre und Gewissen?
DAME Auf Ehre und Gewissen. *Hält ihm die Hand hin.*
LEUTNANT *nimmt die Hand und drückt sie:* Abgemacht. Ich werde ihn sanft wie ein Lamm behandeln. Seine Schwester ist eine sehr hübsche Frau. *Er versucht, sie zu küssen.*

DAME *entschlüpft ihm:* Herr Leutnant, Sie vergessen, es geht um Ihre Karriere, um das Schicksal Europas, der Menschheit vielleicht –
LEUTNANT Das Schicksal der Menschheit interessiert mich nicht. *Geht ihr nach:* Nur einen Kuß.
DAME *zieht sich hinter den Tisch zurück:* Erst wenn Sie Ihre Ehre als Offizier wiedergewonnen haben. Denken Sie daran: Noch ist mein Bruder nicht Ihr Gefangener.
LEUTNANT *verführerisch:* Sie sagen mir, wo er ist, nicht wahr?
DAME Auf ein bestimmtes Zeichen von mir kann er in einer Viertelstunde hier sein.
LEUTNANT Dann ist er also gar nicht weit.
DAME Nein, ganz nah. Warten Sie hier auf ihn. Wenn ihn meine Botschaft erreicht, wird er sofort kommen und sich Ihnen ergeben. Verstehen Sie?
LEUTNANT *intellektuell überfordert:* Naja, es ist alles etwas kompliziert, aber ich denke, es wird schon seine Richtigkeit haben.
DAME Glauben Sie nicht, daß Sie, während Sie auf den Gefangenen warten, mit dem General die Bedingungen der Übergabe vereinbaren sollten?
LEUTNANT Da sehen Sie, wie kompliziert die Sache wird. Was für Bedingungen?
DAME Lassen Sie sich zusichern, daß er Ihre Soldatenehre als wiederhergestellt betrachtet, sobald Sie meinen Bruder gefangen haben. Unter dieser Bedingungen wird er alles versprechen, was Sie von ihm verlangen.
LEUTNANT Keine schlechte Idee. Ich danke Ihnen. Ich denke, ich werde es versuchen.
DAME Nur zu. Und vor allem, lassen Sie es ihn nicht spüren, wie klug Sie sind.
LEUTNANT Ich verstehe: Er könnte eifersüchtig werden.
DAME Sagen Sie ihm nur, daß Sie entschlossen sind, meinen Bruder gefangenzunehmen oder bei dem Versuch zu sterben. Das wird er Ihnen nicht glauben wollen. Sie werden dann meinen Bruder vorführen –
LEUTNANT *unterbricht, da er endlich das Komplott begreift:* – und er wird mich auslachen. Nein, was für eine gescheite kleine Frau Sie doch sind! *Ruft:* Giuseppe!
DAME Scht! Kein Wort zu Giuseppe über mich.
Legt ihren Finger auf die Lippen. Er tut das gleiche. Sie

blicken einander warnend an. Dann wirft sie ihm mit einem hinreißenden Lächeln einen Kuß zu und läuft durch die innere Tür ab. Er ist elektrisiert und bricht in ein glucksendes Gelächter aus. Giuseppe kommt durch die äußere Tür.

GIUSEPPE Herr Leutnant, das Pferd ist gesattelt.
LEUTNANT Ich bleibe noch etwas. Geh den General suchen und sage ihm, daß ich ihn zu sprechen wünsche.
GIUSEPPE *kopfschüttelnd:* Das ist ganz und gar unmöglich, Herr Leutnant.
LEUTNANT Warum?
GIUSEPPE In dieser bösen, bösen Welt kann ein General zwar einen Leutnant holen lassen, aber ein Leutnant niemals einen General.
LEUTNANT Ach so, du glaubst, das würde ihm nicht gefallen. Nun, vielleicht hast hast du recht. Seit wir eine Republik sind, muß man in diesen Dingen sehr vorsichtig sein.
Napoleon kommt aus dem Weingarten zurück. Er knöpft seinen Rock auf der Brust zu, ist bleich und voll nagender Gedanken.
GIUSEPPE *bemerkt Napoleon nicht:* Sehr richtig, Herr Leutnant, sehr richtig. In Frankreich verhält sich jetzt jeder wie ein Gastwirt. Er muß zu jedermann höflich sein.
NAPOLEON *legt Giuseppe die Hand auf die Schulter:* Und das macht die Höflichkeit vollkommen wertlos, was?
LEUTNANT Ah, da sind Sie ja, General. Angenommen, ich würde Ihnen diesen Burschen fangen –
NAPOLEON *mit ironischem Ernst:* Sie werden ihn nicht fangen, mein Freund.
LEUTNANT So? Das denken Sie. Aber Sie werden schon sehen. Warten Sie nur. Wenn ich ihn nun doch fange und Ihnen übergebe, sind wir dann quitt? Werden Sie mich dann nicht mehr vor dem ganzen Regiment degradieren? Nicht meinetwegen, wissen Sie. Aber kein Regiment läßt sich gern von allen anderen Regimentern auslachen.
NAPOLEON *ein Anflug von kaltem Humor huscht über sein grimmiges Gesicht:* Giuseppe, was sollen wir mit diesem Offizier tun? Alles, was er sagt, ist falsch.
GIUSEPPE *schlagfertig:* Machen Sie ihn zum General, Exzellenz. Dann wird alles, was er sagt, richtig sein.
LEUTNANT *quietscht vor Freude:* Hahahahaha! *Wirft sich wild auf das Sofa, um den Witz auszukosten.*

NAPOLEON *lacht und zieht Giuseppe am Ohr:* Du bist viel zu schade für dieses Wirtshaus, Giuseppe. *Er setzt sich vor Giuseppe wie ein Schulmeister vor einen Schüler:* Soll ich dich mit mir nehmen und einen Mann aus dir machen?

GIUSEPPE *schüttelt mehrmals schnell den Kopf:* Nein, nein, nein, nein, nein, nein, nein! Mein ganzes Leben lang haben irgendwelche Leute versucht, einen Mann aus mir zu machen. Als ich ein kleiner Junge war, wollte unser guter Pastor einen Mann aus mir machen und brachte mir lesen und schreiben bei. Dann wollte der Organist in Melagnano einen Mann aus mir machen und zeigte mir, wie man Noten liest. Ein Korporal, der Rekruten einzog, hätte fast einen Mann aus mir gemacht, wäre ich nur ein paar Zoll größer gewesen. Aber immer hätte ich dabei schuften müssen. Und dazu bin ich Gott sei Dank zu faul. Deshalb brachte ich mir selber kochen bei und wurde Gastwirt. Und nun habe ich Bedienstete für die Arbeit und kann selber den ganzen Tag mit Geschwätz verbringen. Das bekommt mir sehr gut.

NAPOLEON *sieht ihn gedankenvoll an:* Bist du zufrieden?

GIUSEPPE *überzeugt:* Vollkommen, Euer Exzellenz.

NAPOLEON Und hast du keinen hungrigen Teufel im Leibe, der Tag und Nacht mit Taten und Siegen gefüttert werden muß? Der dich zehn Minuten Genuß mit wochenlanger Herkulesarbeit im Schweiße deines Körpers und deines Hirns bezahlen läßt? Der gleichzeitig dein Sklave und dein Tyrann ist; dein Genius und dein Verhängnis? Der dir mit der einen Hand die Krone reicht und das Ruder des Galeerensklaven mit der andern? Der dir alle Königreiche der Erde zeigt und dich zu ihrem Herrn zu machen verspricht, wenn du nur ihr Diener wirst? Von all dem hast du nichts in Dir?

GIUSEPPE Überhaupt nichts. Aber ich kann Ihnen versichern, Exzellenz, daß mein hungriger Teufel noch viel schlimmer ist. Er bietet mir weder Kronen, noch Königreiche. Er erwartet alles umsonst von mir: Würste, Omeletten, Trauben, Käse, Wein. Und das dreimal täglich, Exzellenz. Mit weniger gibt er sich nicht zufrieden.

LEUTNANT Hör auf, Giuseppe. Ich bekomme schon wieder Hunger.

Giuseppe verbeugt sich entschuldigend und zieht sich aus dem Gespräch zurück.

NAPOLEON *wendet sich mit sardonischer Höflichkeit dem Leutnant zu:* Hoffentlich habe ich jetzt nicht Ihren Ehrgeiz geweckt.
LEUTNANT Aber nicht im geringsten. So hoch fliege ich nicht. Außerdem bleibe ich besser, wie ich bin. Männer wie ich werden grade jetzt in der Armee dringend gebraucht. Die Revolution ist gut für Zivilisten, für die Armee jedoch sehr schlecht. Sie wissen doch, wie Soldaten sind, General. Ihre direkten Vorgesetzten müssen Männer aus guter Familie sein. Sie verlangen, daß ihr Leutnant ein Gentleman ist, weil er ständig mit ihnen in Berührung kommt. Ein General oder auch ein Oberst kann jede Art von Gesindel sein, wenn er nur seinen Job gut versteht. Nur ein Leutnant ist immer ein Gentleman, bei den andern ist das reines Glück. Was glauben Sie, wer die Schlacht bei Lodi gewonnen hat? Ich will es Ihnen sagen: mein Pferd.
NAPOLEON *erhebt sich:* Monsieur, Ihre Dummheit geht zu weit. Passen Sie auf.
LEUTNANT Durchaus nicht. Sie erinnern sich doch an die wilde, heiße Kanonade über den Fluß. Die Österreicher schossen wie irre, um Sie am Übergang zu hindern, und Sie ballerten genauso zurück, damit die Brücke nicht in Brand gesetzt werden konnte. Haben Sie gesehen, wo ich da war?
NAPOLEON Leider nicht. Ich fürchte, ich war grade zu sehr beschäftigt.
GIUSEPPE *mit eifriger Bewunderung:* Ich hörte, Sie sind vom Pferd gesprungen und haben eigenhändig diese riesigen Kanonen bedient, Herr General.
LEUTNANT Das war ein glatter Fehler. Ein Offizier darf sich niemals mit seinen Leuten auf eine Stufe stellen.
Napoleon sieht ihn drohend an und beginnt wie ein Tiger auf und ab zu gehen.
Aber Sie würden jetzt immer noch auf die Österreicher feuern, wenn wir Männer von der Kavallerie nicht die Furt gefunden hätten, hinübergesetzt und Beaulieu in die Flanke gefallen wären. Sie hätten es doch nie gewagt, den Befehl zum Sturm auf die Brücke zu geben, wenn Sie uns nicht schon auf dem anderen Ufer gesehen hätten. Deshalb behaupte ich, daß nur der Entdecker der Furt durch den Fluß die Schlacht bei Lodi gewonnen hat. Und wer ist der Entdecker? Ich war der erste, der den Fluß überquer-

te, und weiß es deshalb genau: Es war mein Pferd. *Er steht vom Sofa auf, sehr überzeugt:* Genaugenommen hat mein Pferd die Österreicher besiegt.

NAPOLEON *leidenschaftlich:* Sie Idiot, ich werde Sie erschießen lassen, weil Sie die Depeschen verbummelt haben. Ich werde Sie vor eine Kanone binden und in Stücke reißen lassen. Weil nur das Eindruck auf Sie macht. *Brüllt ihn an:* Hören Sie? Haben Sie kapiert?
Ein französischer Offizier tritt unbemerkt ein, den noch nicht gezogenen Degen in der Hand.

LEUTNANT *nicht eingeschüchtert:* Wenn ich ihn nicht schnappe, General. Nur, wenn nicht.

NAPOLEON Nur, wenn nicht. Diesen Mann gibt es ja gar nicht, Sie Esel.

OFFIZIER *tritt plötzlich zwischen sie und spricht mit der unverkennbaren Stimme der fremden Dame:* Herr Leutnant, ich bin Ihr Gefangener.
Bietet ihm den Degen an. Napoleon starrt einen Moment lang sehr erstaunt auf sie, reißt sie dann am Handgelenk brutal zu sich heran und schaut sie sich wild aus der Nähe an, um ihre Identität festzustellen. Es beginnt rasch zu dunkeln, und der rote Schein über dem Weingarten weicht hellem Sternenlicht.

NAPOLEON Pah! *Läßt mit einem Ausruf des Widerwillens ihre Hand los und dreht ihr den Rücken zu. Die Hand vorn im Waffenrock, steht er da, schaut düster vor sich hin und wippt mit den Fußspitzen.*

LEUTNANT *nimmt triumphierend den Degen entgegen:* Diesen Mann gibt es nicht, General? *Zur Dame:* Ich frage Sie: Wo ist mein Pferd?

DAME Es wartet unversehrt in Borghetto auf Sie, Leutnant.

NAPOLEON *dreht sich ihnen zu:* Und wo sind meine Depeschen?

DAME Das würden Sie niemals erraten. Sie sind am ungewöhnlichsten Ort der Welt. Hat jemand von Ihnen meine Schwester hier gesehen?

LEUTNANT Ja. Eine sehr schöne Frau. Es ist wunderbar, wie sie Ihnen ähnelt. Aber natürlich ist sie noch hübscher.

DAME *geheimnisvoll:* Wissen Sie auch, daß sie eine Hexe ist?

GIUSEPPE *bekreuzigt sich erschrocken:* Oh, nein, nein, nein! Es ist gefährlich, damit zu spaßen. Ich kann das in meinem Hause nicht dulden, Exzellenz.

LEUTNANT Ja, lassen Sie das. Sie sind mein Gefangener, wie Sie wissen. Natürlich glaube ich an so einen Quatsch nicht, aber man sollte damit nicht spaßen.
DAME Aber ich meine es ganz im Ernst. Meine Schwester hat den General behext.
Giuseppe und der Leutnant weichen von Napoleon zurück.
Öffnen Sie Ihren Rock, General. Sie werden die Depeschen in der Brusttasche finden. *Legt ihm rasch die Hand auf die Brust:* Ja, da sind sie. Ich kann sie spüren. Nun? *Sieht ihm halb schmeichlerisch, halb spöttisch ins Gesicht:* Erlauben Sie, General? *Faßt einen Knopf an und wartet auf Erlaubnis, den Rock aufzumachen.*
NAPOLEON *unergründlich:* Wenn Sie es wagen –
DAME Danke. *Öffnet seinen Rock und holt die Depeschen heraus:* Da! *Zu Giuseppe, ihm die Depeschen zeigend:* Sehen Sie?
GIUSEPPE *flieht zur äußeren Tür:* Nein, um Gottes willen! Sie sind behext.
DAME *dreht sich zum Leutnant um:* Hier, Leutnant, Sie fürchten sich doch nicht.
LEUTNANT *zurückweichend:* Bleiben Sie mir damit vom Leibe. *Ergreift den Griff seines Degens.* Ich sage Ihnen, bleiben Sie mir vom Leibe damit.
DAME *zu Napoleon:* Sie gehören Ihnen, General. Nehmen Sie sie doch.
GIUSEPPE Rühren Sie das nicht an, Exzellenz. Halten Sie sich da raus.
LEUTNANT Vorsicht, mein General, Vorsicht!
GIUSEPPE Das muß man verbrennen. Und die Hexe auch.
DAME *zu Napoleon:* Soll ich sie verbrennen?
NAPOLEON *gedankenvoll:* Ja, verbrennen Sie das. Geh ein Licht holen, Giuseppe.
GIUSEPPE *zitternd und stammelnd:* Heißt das, ich soll alleine gehen? Im Dunkeln? Wo eine Hexe im Haus ist?
NAPOLEON Du bist eine Memme. *Zum Leutnant:* Tun Sie mir den Gefallen und gehen Sie, Leutnant.
LEUTNANT *protestiert:* Oh, wissen Sie, General – – – – nein, sehen Sie, so: Niemand kann nach der Schlacht bei Lodi behaupten, daß ich ein Feigling sei. Aber von mir zu verlangen, daß ich nach einem derart schauerlichen Gespräch allein und ohne Kerze ins Dunkel gehen soll, ist

doch ein bißchen zuviel. Würden Sie denn selber sowas machen?
NAPOLEON *gereizt:* Sie weigern sich, meinem Befehl zu gehorchen?
LEUTNANT *entschlossen:* Ja, ich weigere mich. Es ist unvernünftig. Aber ich sage Ihnen, wozu ich bereit bin. Wenn Giuseppe geht, gehe ich gerne mit, um ihn zu beschützen.
NAPOLEON *zu Giuseppe:* Du hast es gehört. Genügt dir das? Nun raus mit euch beiden!
GIUSEPPE *demütig, aber mit zitternden Lippen:* Sehr gern, Exzellenz. *Er geht widerstrebend zur inneren Tür:* Der Himmel schütze mich! *Zum Leutnant:* Nach Ihnen, Herr Leutnant.
LEUTNANT Gehen Sie besser vor. Ich kenne den Weg nicht.
GIUSEPPE Sie können ihn überhaupt nicht verfehlen. Außerdem –: *legt ihm flehend die Hand auf den Ärmel:* Ich bin nur ein armer Wirt, und Sie ein Mann aus bester Familie.
LEUTNANT Da ist was Wahres dran. Da, du brauchst nicht solche Angst zu haben, nimm meinen Arm.
Giuseppe tut es.
Sehr schön.
Arm in Arm gehen sie ab. Es ist nun sternenhelle Nacht. Die Dame wirft das Paket auf den Tisch, setzt sich bequem auf das Sofa und genießt es, von ihren Unterröcken befreit zu sein.
DAME Ja, Herr General, ich habe Sie besiegt.
NAPOLEON *geht auf und ab:* Sie haben sich die Taktlosigkeit zuschulden kommen lassen, unweiblich gewesen zu sein. Halten Sie diese Kleidung für anständig?
DAME Es scheint mir die gleiche wie Ihre zu sein.
NAPOLEON Ich erröte für Sie.
DAME *naiv:* Ja, Soldaten erröten sehr leicht.
Er brummt und wendet sich ab. Sie blickt ihn schelmisch an und wiegt die Depeschen in ihrer Hand:
Wollen Sie sie nicht doch noch schnell lesen, bevor sie verbrannt werden, Herr General? Sie müssen doch jetzt vor Neugier sterben. Werfen Sie einen Blick hinein. *Sie wirft das Paket auf den Tisch und wendet ihr Gesicht ab:* Ich sehe nichts.
NAPOLEON Ich bin nicht im geringsten neugierig, Madame. Aber da Sie offenbar darauf brennen, sie zu lesen, erlaube ich es Ihnen.

DAME Oh, ich habe sie schon gelesen.
NAPOLEON *fährt auf:* Was?
DAME Es war das erste, was ich tat, als ich auf dem Pferd dieses armen Leutnants weggeritten war. Sie sehen also, ich weiß, was da drin steht, Sie aber nicht.
NAPOLEON Verzeihen Sie, aber ich habe sie auch gelesen, als ich vor zehn Minuten draußen im Weingarten war.
DAME Oh! *Sie springt auf:* Herr General, ich habe Sie nicht besiegt. Wie ich Sie bewundere!
Er lacht und streichelt ihr die Wange.
Nehmen Sie meine Verehrung entgegen. Diesmal wirklich und wahrhaftig und ohne Hintergedanken. *Küßt ihm die Hand.*
NAPOLEON *entzieht sie ihr schnell:* Brr! Tun Sie das nicht. Schluß mit der Hexerei.
DAME Ich möchte Ihnen etwas sagen, aber Sie werden es mißverstehen.
NAPOLEON Das sollte Sie nicht hindern.
DAME Also gut: Ich bete einen Mann an, der keine Angst hat, gemein und selbstsüchtig zu sein.
NAPOLEON *entrüstet:* Ich bin weder gemein, noch selbstsüchtig.
DAME Oh, Sie tun sich selber unrecht. Außerdem meine ich ja nicht wirklich gemein und selbstsüchtig.
NAPOLEON Danke. Ich dachte, Sie meinten es vielleicht doch.
DAME Naja, in gewissem Sinne schon. Aber ich bewundere eine gewisse starke Einfachheit an Ihnen.
NAPOLEON Das klingt schon besser.
DAME Sie wollten diese Briefe nicht lesen, waren aber neugierig auf ihren Inhalt. Sie gingen also in den Garten und lasen sie, als es niemand sah. Dann kamen Sie zurück und taten so, als ob Sie sie nicht gelesen hätten. Das ist das Gemeinste, was ich jemals von einem Manne gehört habe. Aber es entsprach genau Ihren Zwecken, und deshalb haben Sie sich weder geschämt noch gefürchtet, es zu tun.
NAPOLEON *kurz angebunden:* Woher haben Sie nur diese vulgären Skrupel? Dieses, *mit verachtungsvollem Nachdruck:* was Sie »Ihr Gewissen« nennen? Ich habe Sie für eine Dame gehalten, für eine Aristokratin. Ist denn Ihr Großvater Krämer gewesen?
DAME Nein, nur Engländer.
NAPOLEON Nun ist alles klar. Die Engländer sind eine Na-

tion von Krämern. Jetzt begreife ich, warum Sie mich besiegt haben.
DAME Nein, ich habe Sie nicht besiegt. Und ich bin auch keine Engländerin.
NAPOLEON Natürlich sind Sie das. Englisch bis in die Fingerspitzen. Hören Sie mir zu. Ich will Ihnen sagen, wie Engländer sind.
DAME *gespannt:* Bitte!
Einen intellektuellen Genuß erwartend, setzt sie sich mit gespanntem Gesicht auf das Sofa, um ihm zuzuhören. Seines Publikums sicher, rafft er sich zu einer Vorstellung auf. Er denkt kurz nach, bevor er beginnt, auch um ihre Aufmerksamkeit durch eine Pause zu erhöhen. Zuerst ahmt er den Stil Talmas in Corneilles »Cinna« nach, aber in der Dunkelheit geht etwas davon verloren, und Talma macht bald Napoleon Platz, dessen Stimme mit überraschender Intensität aus dem Dunkel kommt.
NAPOLEON Es gibt drei Sorten von Menschen auf der Welt: die kleinen, die mittleren und die großen. Die kleinen und die großen Leute sind in einem Punkte gleich: Sie haben keine Skrupel und keine Moral. Die kleinen stehen unter der Moral, die großen über ihr. Vor beiden habe ich keine Angst. Die kleinen sind skrupellos ohne Wissen – sie machen mich deshalb zu ihrem Abgott –, die großen sind ebenso skrupellos ohne starkes Wollen und beugen sich deshalb vor meinem Willen. Sehen Sie, darum werde ich über all den Mob und all die Höfe Europas hinweggehen wie der Pflug über das Feld. Die Mittelklasse aber ist gefährlich, denn sie hat beides: Wissen und Wollen. Doch auch sie hat ihre schwache Seite: Sie ist voller Skrupel und an Händen und Füßen durch Moral und Anstandsregeln gefesselt.
DAME Dann werden Sie die Engländer besiegen, denn alle Krämer gehören zur Mittelklasse.
NAPOLEON Nein, denn die Engländer sind eine Rasse für sich. Kein Engländer steht zu tief, um Skrupel zu haben, und keiner hoch genug, um von ihrer Tyrannei befreit zu sein. Aber jeder Engländer kommt mit einer gewissen Wunderkraft zur Welt, die ihn zum Herrn der Erde macht. Wenn ein Engländer etwas will, gesteht er sich nie ein, daß er es will. Er wartet geduldig, bis in ihm, keiner weiß wie, die starke Überzeugung erwacht, daß es seine moralische und religiöse Pflicht sei, diejenigen zu unter-

werfen, die das haben, was er will. Dann wird er unwiderstehlich. Wie der Aristokrat, macht er das, was ihm gefällt, und schnappt nach dem, wonach er Lust hat. Wie der Krämer verfolgt er seine Absichten mit dem Fleiß und der Beharrlichkeit, die von starker religiöser Überzeugung und einem tiefen Sinn für moralische Verantwortung herkommen. Er ist nie um eine wirksame moralische Haltung verlegen. Als der große Vorkämpfer für Freiheit und nationale Unabhängigkeit erobert er die halbe Welt, ergreift Besitz von ihr und nennt das ganze »Kolonisation«. Wenn er einen neuen Markt für seine schlechten Manchesterwaren braucht, schickt er Missionare aus, die den Wilden das Evangelium des Friedens verkünden. Die Wilden töten den Missionar, deshalb eilt er zu den Waffen, um das Christentum zu verteidigen, kämpft und siegt für seinen Glauben und nimmt als Belohnung des Himmels den Markt in Besitz. Zur Verteidigung seiner Inselküsten nimmt er einen Geistlichen an Bord, nagelt eine Flagge mit einem Kreuz an den Hauptmast, segelt so bis ans Ende der Welt und bohrt in den Grund, versenkt und zerstört alles, was ihm die Herrschaft auf dem Meere streitig macht. Er prahlt damit, daß jeder Sklave frei wird, sobald sein Fuß britischen Boden betritt. Und dann verkauft er die Kinder seiner Armen im Alter von sechs Jahren, damit sie unter der Peitsche in seinen Fabriken sechzehn Stunden täglich arbeiten. Er macht zwei Revolutionen und erklärt dann im Namen des Gesetzes und der Ordnung der unsern den Krieg. Nichts ist so schlecht und nichts so gut, daß es ein Engländer nicht tun würde. Aber ein Engländer wird niemals im Unrecht sein. Denn er tut alles aus Prinzip. Er führt Krieg aus patriotischem Prinzip; er betrügt aus geschäftlichem Prinzip; er macht freie Völker zu Sklaven aus imperialistischem Prinzip; er behandelt euch brutal aus männlichem Prinzip, hält treu zu seinem Könige aus loyalem Prinzip und schlägt ihm den Kopf ab aus republikanischem Prinzip. Seine Parole ist dabei immer »die Pflicht«. Und er vergißt nie, daß eine Nation verloren ist, die ihre Pflicht dort sucht, wo nicht ihr Vorteil zu finden ist. Er –

DAME Blablablablablab! Machen Sie mal eine kurze Pause. Ich möchte wissen, wie Sie mit diesem Maßstab aus mir eine Engländerin machen wollen.

NAPOLEON *gibt seinen rhetorischen Stil auf:* Das ist ganz

einfach. Sie wollten einige Briefe haben, die mir gehörten. Sie haben den Morgen damit verbracht, sie mir zu stehlen – – – ja, sie zu stehlen – – – durch Straßenraub. Und Sie haben den Nachmittag damit verbracht, mich ins Unrecht zu setzen, indem Sie mir unterstellten, daß ich es war, der Ihre Briefe stehlen wollte. Denn Sie versuchten mir einzureden, daß meine Gemeinheit und meine Selbstsucht, aber Ihre Güte, Ihre Ergebenheit und Ihre Selbstaufopferung an allem schuld seien. Das ist englisch.

DAME Unsinn! Ich bin sicher, daß ich überhaupt nicht englisch bin. Die Engländer sind ein sehr dummes Volk.

NAPOLEON Ja, zu dumm macnhmal, um zu wissen, wann sie geschlagen sind. Aber ich gebe zu, daß Ihr Gehirn nicht englisch ist. Sehen Sie, obwohl Ihr Großvater Engländer war, war Ihre Großmutter doch wohl – – – na was? Französin?

DAME Nein. Aus Irland.

NAPOLEON *schnell:* Irisch? *In Gedanken:* Ja, ich habe die Iren vergessen. Eine englische Armee, geführt von einem irischen General, könnte sich messen mit einer französischen, die von einem italienischen General befehligt wird. *Er macht eine Pause und fügt halb scherzend, halb traurig hinzu:* Wie immer es sei: Sie haben mich besiegt. Und was einen Mann zuerst besiegt, das wird ihn auch zuletzt besiegen.

Er geht in Gedanken zum Weingarten hinaus, der in Mondlicht gebadet ist, und blickt nach oben. Sie geht zu ihm und wagt es, ihre Hand auf seine Schulter zu legen, überwältigt durch die Schönheit der Nacht und ermutigt durch die Dunkelheit.

DAME Wonach schauen Sie aus?

NAPOLEON *zeigt nach oben:* Nach meinem Stern.

DAME Sie glauben daran?

NAPOLEON Ja.

Sie schauen einen Moment nach oben, und sie lehnt sich ein wenig an seine Schulter.

DAME Wissen Sie, daß man in England sagt, der Stern eines Mannes sei unvollständig ohne das Strumpfband einer Frau?

NAPOLEON *ist entrüstet, schüttelt sie kurz ab und kommt ins Zimmer zurück:* Diese Heuchler! Wenn die Franzosen sowas sagten, würden Sie beschwörend ihre Hände heben.

Er geht zur inneren Tür und öffnet sie: Hallo, Giuseppe, Mensch, wo bleibt das Licht? *Kommt zwischen Tisch und Büfett und rückt den zweiten Stuhl neben seinen an den Tisch:* Wir müssen doch den Brief noch verbrennen.
Nimmt das Paket auf. Giuseppe kommt, noch bleich und zitternd, zurück. In der einen Hand trägt er einen Armleuchter mit einigen brennenden Kerzen und ein Brett mit einer Lichtputzschere in der anderen.
GIUSEPPE *während er das Licht auf den Tisch stellt, kläglich:* Sie haben da draußen grade nach oben geschaut, Exzellenz. Warum? *Er zeigt über seine Schulter nach dem Weingarten, fürchtet sich aber, sich umzusehen.*
DAME *macht das Paket auf:* Was geht dich das an?
GIUSEPPE Weil die Hexe verschwunden ist, einfach fort, und niemand hat sie weggehen sehen.
DAME *hinter ihm aus dem Weingarten tretend:* Wir sahen sie auf deinem Besenstiel zum Mond hinaufreiten, Giuseppe. Wir werden sie nie wiedersehen.
GIUSEPPE *bekreuzigt sich und läuft hinaus:* Jesus Maria!
NAPOLEON *wirft die Briefe in einem Haufen auf den Tisch:* Also! *Er setzt sich auf den Stuhl, den er grade hingestellt hat.*
DAME Ja, aber Sie wissen doch, daß Sie den bewußten Brief noch in Ihrer Tasche haben.
Er lächelt, nimmt einen Brief aus der Tasche und wirft ihn oben auf den Haufen. Sie hebt ihn auf, schaut Napoleon an und sagt: Cäsars Frau betreffend.
NAPOLEON Cäsars Frau ist über jeden Verdacht erhaben. Verbrennen Sie ihn.
DAME *hält den Brief mit der Lichtputzschere in eine Kerzenflamme:* Ob Cäsars Frau über jeden Verdacht erhaben wäre, wenn sie uns hier beieinandersitzen sähe. Wer weiß?
NAPOLEON *die Ellbogen auf den Tisch und die Wangen in die Hände gestützt, betrachtet er den Brief und wiederholt ihre Worte mechanisch:* Wer weiß –?
Die fremde Dame legt den angezündeten Brief auf das Lichtputzbrett, setzt sich in der gleichen Stellung neben Napoleon und sieht zu, wie er verbrennt. Als er verkohlt, blicken sich beide gleichzeitig an. Der Vorhang gleitet langsam herab und entzieht sie den Blicken.

Ende

Helden

Komödie in drei Akten
Deutsch von Wolfgang Hildesheimer

Personen

PAWEL PETKOFF, ein bulgarischer Major
KATHARINA, seine Frau
RAINA (sprich Ra-ìna), ihre Tochter
SERGIUS SARANOFF (sprich Saràjnoff), ein bulgarischer Major
BLUNTSCHLI, ein Hauptmann der serbischen Armee
LUKA, ein Zimmermädchen
NIKOLA, ein Diener
EIN RUSSISCHER OFFIZIER
EIN BULGARISCHER OFFIZIER

Erster Akt

Nacht. Das Schlafzimmer einer bulgarischen Dame in einer Kleinstadt nahe dem Dragnonmanpass, im späten November 1885. Durch die Balkontür schimmern, weiß und wunderbar im Sternenlicht, die schneebedeckten Gipfel des Balkangebirges, scheinbar nah, in Wirklichkeit kilometerweit entfernt. Die Einrichtung des Zimmers hat keinerlei Ähnlichkeit mit der eines westeuropäischen Zimmers. Zur Hälfte ist sie bulgarisch-üppig, zur anderen Hälfte wienerisch-preiswert. Eine kurze Diagonalwand schneidet die linke Ecke des Zimmers ab. An ihr das Kopfende eines Bettes. Darüber ein hölzerner Schrein, blau und gold bemalt, mit einem elfenbeinernen Christusbild. Über ihm hängt an drei Kettchen in einer ausgestanzten Metallkugel ein Licht. An der anderen Seite des Zimmers, der Balkontür gegenüber, steht die Hauptsitzgelegenheit: eine türkische Ottomane. Bettdecke, Bettbehänge, Bettvorleger, Gardinen sowie alle anderen Textilien im Raum sind von morgenländischer Pracht, die Tapeten dagegen sind dürftiges Abendland. An der Wand zwischen Balkontür und Ottomane steht ein Waschtisch: ein lackierter Eisenständer, darauf ein emailliertes Eisenbecken, darunter ein Eimer, daneben ein einziges Handtuch am Halter. Der Toilettentisch zwischen Bett und Fenster ist aus gewöhnlichem Tannenholz. Auf ihm liegt eine buntgemusterte Decke, darauf ein kostbarer Toilettenspiegel. Die Tür ist nah dem Bett, aber dazwischen zwängt sich eine Kommode, auch sie mit einem Tuch von balkanischer Farbigkeit bedeckt. Darüber verteilt sieht man einen Stoß papiergebundener Romane, eine Schachtel mit Paralinen und eine Miniaturstaffelei mit der großen Fotografie eines extrem gutaussehenden Offiziers, dessen erhabene Pose und magnetischer Blick sich dem Betrachter selbst aus einem unvollkommenen Abbild mitteilen. Das Zimmer wird von zwei Kerzen erhellt, die eine steht auf der Kommode, die andere auf dem Toilettentisch. Neben dieser liegt eine Schachtel Zündhölzer.
Die beiden Flügel der Balkontür sind weit geöffnet, ebenso die beiden hölzernen Türläden daraußen. Auf dem Balkon steht eine junge Dame, in den Anblick der Schneeberge versunken, im tiefen Genuß nächtlich-romantischen Zaubers befangen, sowie der Tatsache, daß sie selbst, jugendlich und

schön, einen Teil dieses Zaubers darstellt. Zwar ist sie im Nachthemd, aber darüber trägt sie einen langen Pelzmantel, der, gering geschätzt, dreimal soviel wert ist wie die gesamte Zimmereinrichtung. Ihre Träumerei wird vom Eintritt ihrer Mutter unterbrochen: Katharina Petkoff ist eine Dame in den frühen Vierzigern, majestätisch-resolut, Augen und Haar sind von wunderbarem Schwarz. Sie wäre das Musterexemplar einer prachtvollen Bergbauersfrau, aber ihr Ehrgeiz geht auf Wiener Dame. Daher trägt sie zu jeder Gelegenheit, auch jetzt, ein modisches Cocktailkleid.

KATHARINA *betritt das Zimmer voller Eile und guter Nachricht:* Raina! Raina! *Sie geht zum Bett, in Erwartung, Raina dort zu finden:* Um Gotteswillen – wo –?
Raina sieht ins Zimmer.
Da bist du ja, Kind! In der Nachtluft anstatt im Bett! Du wirst dir den Tod holen! Luka hat gesagt, du schläfst!
RAINA *träumerisch:* Ich habe sie fortgeschickt. Ich wollte allein sein. Die Sterne sind so herrlich! Was ist denn los?
KATHARINA Gute Nachricht! Eine Schlacht!
RAINA *mit weiten Augen:* Ah! *Sie geht gierig auf Katharina zu.*
KATHARINA Eine große Schlacht! Bei Livnitza. Ein Sieg. Und Sergius hat ihn erfochten!
RAINA *mit einem Freudenschrei:* Ah! *Sie umarmt ihre Mutter ekstatisch:* O Mammi! *Dann plötzlich ängstlich:* Ist Pappi in Sicherheit?
KATHARINA Natürlich. Von ihm habe ich ja die Nachricht. Sergius ist der Held des Tages, der Abgott des Regiments.
RAINA Erzähl! Erzähl! *In Ekstase:* O Mammi, Mammi, Mammi! *Sie zieht ihre Mutter auf die Ottomane herab, sie küssen einander ekstatisch.*
KATHARINA *mitgerissen von ihrem Enthusiasmus:* Es muß großartig gewesen sein. Eine Kavallerie-Attacke! Stell dir das vor! Er ist unseren russischen Generälen zuvorgekommen, hat einfach, ohne Befehl, auf eigene Faust angegriffen, er selbst an der Spitze. Er war der erste Mann, der die feindliche Artillerie durchbrach. Stell dir vor, Raina, unsere tapferen wunderbaren Bulgaren, wie sie mit gezogenen Schwertern und blitzenden Augen auf diese elenden Serben herabstürmen und sie mitsamt ihren österreichischen Salon-Offizieren einfach wegfegen wie Späne. Und du

ERSTER AKT

– du konntest dich zur Verlobung nicht entschließen – du hast Sergius ein Jahr lang warten lassen! Wenn du auch nur einen Tropfen bulgarisches Blut in deinen Adern hast, wirst du ihn jetzt anbeten, wenn er zurückkommt.

RAINA Was wird ihm daran liegen, von mir armseligem Geschöpf angebetet zu werden? Jetzt hat ihm ja eine ganze Armee von Helden zugejubelt. Aber das ist auch nicht so wichtig. Ich bin so glücklich – und so stolz. *Sie steht auf und geht in Erregung auf und ab:* Jedenfalls beweist es, daß alle unsere Vorstellungen eben doch Wirklichkeit sind.

KATHARINA *indigniert:* Unsere Vorstellungen Wirklichkeit? Was meinst du damit?

RAINA Unsere Vorstellungen, was Sergius alles tun würde! Unser Patriotismus. Unsere Ideale. Ich habe nämlich manchmal gezweifelt, ob das nicht alles nur Träume sind. Mädchen sind eben doch nur zaghafte dumme Puppen. Als ich Sergius den Säbel angeschnallt habe, da sah er so herrlich aus. Es war Verrat von mir, zu denken, daß es vielleicht Enttäuschungen geben könnte oder daß überhaupt alles scheitern würde. Und doch – *Sie setzt sich plötzlich wieder hin:* Versprich mir, daß du ihm nichts erzählst!

KATHARINA Ich kann nichts versprechen, bevor ich nicht weiß, was ich verspreche.

RAINA Gerade, als er mich in den Armen hielt und mir in die Augen sah, da fiel mir ein, daß wir unsere Vorstellungen von Heldentum nur daher haben, daß wir so gern Byron und Puschkin lesen und daß wir von der Bukarester Opernsaison so begeistert waren. Das wirkliche Leben ist eigentlich ganz anders. Zumindest, soweit ich es bisher kannte. *Mit Reue:* Denk dir, Mammi, ich habe an ihm gezweifelt. Ich habe mich gefragt, ob es nicht mit seinem Heldentum und seiner Kriegsbegeisterung vorbei wäre, sobald es zu einer richtigen Schlacht käme. Ich hatte sogar Angst, daß er eine etwas klägliche Figur abgäbe, unter all diesen gescheiten Offizieren vom Zarenhof.

KATHARINA Eine klägliche Figur! Schäm dich! Die Serben haben österreichische Offiziere, die sind genauso gescheit wie die Russen. Und trotzdem haben wir sie noch in jeder Schlacht geschlagen.

RAINA *lacht und schmiegt sich an ihre Mutter:* Ja, ich war

eben nur ein prosaischer kleiner Feigling. Wenn ich jetzt denke, daß alles wahr gewesen ist! *Mit Pathos:* Daß Sergius wirklich so mutig und wunderbar ist, wie er aussieht! Daß die Welt eben ein herrlicher Platz ist für Frauen, die ihre Herrlichkeit sehen, und für Männer, die ihre großen Gefühle in die Tat umsetzen. Ein wunderbarer Gedanke! Eine unaussprechliche Erfüllung!
Sie werden durch den Eintritt Lukas unterbrochen. Sie ist ein schönes stolzes Mädchen in kleidsamer bulgarischer Bauerntracht mit Schürze. Ihr Benehmen ist voller Trotz, so daß ihre unterwürfige Haltung Raina gegenüber beinah unverschämt erscheint. Vor Katharina hat sie Angst, aber auch mit ihr geht sie so weit wie nur möglich.
LUKA Entschuldigen Sie, gnädige Frau, man soll alle Fenster schließen, und die Läden verriegeln. Man sagt, daß vielleicht in den Straßen geschossen wird.
Raina und Katharina stehen erschrocken auf.
Die Serben werden über den Paß zurückgejagt, und man meint, daß sie sich vielleicht in die Stadt flüchten könnten. Unsere Kavallerie setzt ihnen nach. Jetzt, wo sie wegrennen, wird man sie jedenfalls hier so empfangen, wie sie es verdienen. *Sie geht auf den Balkon, schließt die äußeren Läden und tritt zurück ins Zimmer.*
KATHARINA *sachlich, häuslich pflichtbewußt:* Ich muß sehen, daß unten alles verschlossen ist.
RAINA Ich wollte, unsere Leute wären nicht so grausam. Es gehört doch kein Mut dazu, fliehende Soldaten zu töten.
KATHARINA Grausam? Meinst du, die würden davor zurückschrecken, dich zu töten – oder sogar Schlimmeres mit dir zu tun?
RAINA *zu Luka:* Laß die Läden so, daß ich sie selbst schließen kann, wenn ich draußen irgend etwas höre.
KATHARINA *streng:* Nein, mein Kind. Die Läden müssen verriegelt sein. Du könntest einschlafen und sie offen lassen. Mach sie zu, Luka!
LUKA Ja, gnädige Frau. *Sie verriegelt die Läden.*
RAINA Du brauchst keine Angst zu haben. Sobald ich einen Schuß höre, mache ich das Licht aus, wickle mich in Decken und verstopf mir die Ohren.
KATHARINA Das Klügste, was du tun kannst, mein Kind. Gute Nacht.
RAINA Gute Nacht. *Noch einmal kurz von ihren Gefühlen*

ERSTER AKT

überwältigt: Wünsch mir Glück, Mammi!
Sie küssen einander.
Das ist die herrlichste Nacht meines Lebens. – Wenn nur diese armen Flüchtlinge nicht wären!
KATHARINA Geh zu Bett, mein Kind, und denk nicht daran. *Ab.*
LUKA *komplizenhaft, zu Raina:* Wenn Sie Läden offen haben möchten, drücken Sie nur leicht hier – so.
Sie stößt, die Läden öffnen sich, Luka schließt sie wieder.
Den einen sollte man unten verriegeln, aber der Riegel ist abgebrochen.
RAINA *von oben herab, mißbilligend:* Danke, Luka. Aber wir müssen tun, was uns befohlen wird.
Luka schneidet ein Gesicht.
Gute Nacht.
LUKA *obenhin:* Gute Nacht.
RAINA *allein, wirft ihren Pelzmantel ab und ist im Nachthemd. Sie geht zur Kommode und versinkt in Anbetung vor dem Portrait. Aber sie küßt es nicht etwa, drückt es auch nicht an den Busen, noch demonstriert sie irgendeinen Ausdruck körperlicher Liebe. Vielmehr nimmt sie es in ihre Hände und hält es hoch, wie eine Priesterin. Dann betrachtet sie es eingehend.* Niemals wieder werde ich mich deiner unwürdig zeigen, Held meiner Seele – niemals – niemals – niemals. *Sie stellt es zurück wie eine Reliquie. Dann wählt sie einen Roman aus dem Bücherstoß. Verträumt blättert sie darin, findet ihre Seite, biegt das Buch zurecht. Seufzend vor Glück geht sie zu Bett, um sich in den Schlaf zu lesen. Aber bevor sie sich den Fiktionen überläßt, hebt sie nochmals ihre Augen, denkt an die gesegnete Wirklichkeit und murmelt:* Mein Held, mein Held!
Ein ferner Schuß bricht durch die nächtliche Stille. Raina schreckt auf. Zwei Schüsse folgen, schon näher. Erschrocken klettert sie aus dem Bett und bläst die Kerze auf der Kommode aus. Die Finger in den Ohren läuft sie zum Toilettentisch, bläst dort die Kerze aus, läuft im Dunklen zurück zum Bett, nur noch beleuchtet vom Licht in der Kugel vor dem Christusbild und dem Licht der Sterne, das durch die Spalten der Fensterläden dringt. Wieder fallen Schüsse, diesmal eine Salve, sehr nah. Noch bevor sie verklungen sind, öffnen sich die Fensterläden nach außen.

Und im Sternenlicht erscheint der schwarze Umriß eines Mannes. Er zieht sofort die Fensterläden von innen wieder zu. Die Stille wird von seinem schweren Atem belebt. Ein Streichholz leuchtet auf, in der Mitte des Zimmers.

RAINA *kauert auf dem Bett:* Wer ist da?
Sofort erlischt das Streichholz.
Wer ist da? Wer sind Sie!?

STIMME EINES MANNES *im Dunkel, gedämpft, aber drohend:* Pssst! Nicht rufen! Ich schieße! Ruhig bleiben! Dann geschieht Ihnen nichts. *Man hört, wie sie ihr Bett verläßt und sich zur Tür hintastet:* Weg da! Sie kommen hier nicht raus.

RAINA Aber wer – –?

DIE STIMME *warnend:* Wenn Sie schreien, geht mein Revolver los, merken Sie sich das! *Befehl:* Machen Sie Licht! Ich will Sie sehen! Verstanden?
Ein Moment Stille und Dunkelheit, währenddessen sie zur Kommode geht. Sie zündet ein Licht an, und das Rätsel ist gelöst: ein Mann, etwa 35, in erbarmenswertem Zustand, bespritzt von Dreck, Blut und Schnee. Gürtel und Revolverriemen halten die zerfetzten Reste des blauen Waffenrockes eines serbischen Artillerie-Offiziers zusammen, verwahrlost, schmutzig, ungekämmt. Das Kerzenlicht beleuchtet einen Mann von mittelgroßer Statur und recht alltäglichem Aussehen: Nacken und Schultern kräftig, Kopf rund und eigenwillig, kurzes braunes gelocktes Haar, klare bewegliche Augen, Stirn und Mund gut. Die Nase geradezu hoffnungslos prosaisch wie die eines gut entwickelten Babys. Seine Haltung ist aufrecht, militärisch, seine Art resolut. Trotz seiner verzweifelten Lage disponiert er intelligent, er ist sogar fähig, sie mit Humor zu sehen, ist allerdings immer darauf bedacht, sein Leben nicht achtlos zu verspielen. Er überlegt, was er von Raina zu halten hat: Alter, soziale Stellung, Charakter, Grad ihrer Furcht. Dann spricht er weiter, höflich aber äußerst entschlossen. Entschuldigen Sie die Störung. Gewiß erkennen Sie die Uniform. Serbisch. Wenn die mich kriegen, bin ich erledigt. *Drohend:* Verstehen Sie?

RAINA Ja.

DER MANN Gut. Nun möchte ich aber nach Möglichkeit gern am Leben bleiben. *Noch drohender:* Verstehen Sie das auch? *Er verschließt die Tür schnell und leise.*

RAINA *mit Verachtung:* In Ihrem Fall ja. *Sie richtet sich auf, sieht ihm ins Auge und sagt überheblich, mit schneidender Betonung:* Es soll ja tatsächlich Soldaten geben, die Angst vor dem Tod haben.
DER MANN *mit grimmigem Humor:* Alle, verehrtes Fräulein, alle, glauben Sie mir. Es ist unsere Pflicht, so lange zu leben, wie wir können. Wenn Sie also rufen – –
RAINA Dann schießen Sie mich tot. Woher wissen Sie, daß ich Angst vor dem Tod habe?
DER MANN *schlau:* Und wenn ich Sie nicht erschieße, was dann? Ein paar Kerle Ihrer Kavallerie werden in dieses hübsche Kämmerlein stürzen und mich abschlachten wie ein Schwein. Ich würde nämlich kämpfen wie der Teufel. Mich werden die nicht auf die Straße bekommen, um sich da mit mir zu amüsieren. Ich kenne diese Burschen. Sind Sie bereit, die Herren zu empfangen, leicht bekleidet, wie Sie sind?
Raina wird sich plötzlich ihres Nachthemds bewußt, erschrickt und zieht es sich enger um den Hals. Er sieht ihr zu und sagt erbarmungslos:
Kaum der rechte Aufzug, wie?
Sie wendet sich zur Ottomane. Er hebt sofort den Revolver.
Halt!
Sie bleibt stehen.
Wo wollen Sie hin?
RAINA *geduldig würdevoll:* Meinen Mantel holen.
DER MANN *springt zur Ottomane, nimmt den Mantel:* Gute Idee. Ich behalte den Mantel, und Sie passen auf, daß niemand kommt und Sie ohne Mantel sieht. Die Waffe ist besser als ein Revolver, was? *Er wirft die Pistole auf die Ottomane.*
RAINA *angewidert:* Das ist nicht die Waffe eines Gentleman!
DER MANN Immerhin gut genug für einen Mann, den nur eine Dame wie Sie vom Tod trennt.
Sie sehen einander einen Moment lang an, Raina kann kaum glauben, daß ein Offizier, selbst ein Serbe, so zynisch, so egoistisch und unritterlich sein kann. Draußen auf der Straße ertönt eine scharfe Gewehrsalve. Der Schauer unmittelbarer Todesgefahr macht seine Stimme heiser:
Hören Sie das? Wenn Sie dieses Gesindel hier auf mich loslassen möchten, dann treten Sie ihnen gefälligst so

entgegen, wie Sie sind!
Tumult, Aufruhr. Die Verfolger draußen schlagen gegen die Haustür, sie rufen: ›Tür auf! – Öffnen! – Aufmachen!‹ – Die Stimme eines Dieners antwortet wütend: ›Dieses Haus gehört Major Petkoff. Sie können hier nicht herein!‹ Aber der Aufruhr verstärkt sich, erneute Schläge gegen die Tür bewirken, daß eine Kette zurückgezogen wird. Man dringt brüllend in das Haus ein. Die Stimme Katharinas, sie wendet sich an einen Offizier: ›Was soll das heißen! Wissen Sie überhaupt, wo Sie sind!!‹ Der Lärm hört auf.

LUKA *draußen, klopft an die Schlafzimmertür:* Fräulein, Fräulein! Stehen Sie auf, öffnen Sie die Tür, schnell! Sonst bricht man sie auf!

DER MANN *deutet mit einer Geste an, daß alles verloren ist und steckt seine Einschüchterungstaktik auf. Resigniert und gutmütig sagt er:* Alles umsonst, mein Kind! Ich bin erledigt. *Er wirft ihr den Mantel hin:* Schnell. Ziehen Sie ihn an. Sie kommen.

RAINA O – vielen Dank! *Erlöst zieht sie den Mantel an.*

DER MANN *grimmig:* O –, bitte. Gern geschehen.

RAINA *ängstlich:* Und was wollen Sie tun?

DER MANN *entschlossen:* Der Erste, der hereinkommt, wird es erfahren. Gehen Sie aus dem Weg. Und schauen Sie nicht hin. Es dauert zwar nicht lang, ist aber nicht hübsch. *Er zieht seinen Säbel und stellt sich in Erwartung vor die Tür.*

RAINA *impulsiv:* Ich helfe Ihnen. Ich rette Sie!

DER MANN Das können Sie nicht.

RAINA Doch. Ich verstecke Sie! *Sie zieht ihn zum Fenster:* Hier! Hinter dem Vorhang!

DER MANN *läßt sich ziehen:* Gut. Den Bruchteil einer Chance hätte ich. Wenn Sie den Kopf nicht verlieren.

RAINA *zieht den Vorhang vor ihm zu:* Pssst! *Sie geht zur Ottomane.*

DER MANN *steckt seinen Kopf heraus:* Denken Sie daran –!

RAINA *läuft zu ihm:* Ja?

DER MANN – von zehn Soldaten sind neun schwachsinnig.

RAINA *ärgerlich:* Ach – *zieht den Vorhang vor ihm zu.*

DER MANN *steckt seinen Kopf an der anderen Seite heraus:* Wenn die mich finden, verspreche ich Ihnen eine Schlacht. Ein Glanzstück von einer Schlacht.

RAINA *jagt ihn zurück, er verschwindet. Sie legt den Mantel*

ERSTER AKT

ab, wirft ihn auf das Fußende des Bettes, dann stellt sie sich schläfrig verstört und öffnet die Tür.

LUKA *tritt ein, erregt:* Einer dieser serbischen Viecher ist an der Dachrinne entlang auf Ihren Balkon geklettert, man hat ihn gesehen. Unsere Leute wollen ihn suchen. Sie sind ganz außer sich vor Wut. Und betrunken sind sie auch. *Sie geht zum anderen Ende des Zimmers, um so weit wie möglich von der Tür entfernt zu sein:* Die gnädige Frau sagt, Sie sollen sich sofort anziehen und – Plötzlich sieht sie den Revolver auf der Ottomane liegen und unterbricht sich, entsetzt.*

RAINA *scheinbar ägerlich über die Störung:* Hier werden sie nicht suchen. Warum hat man sie überhaupt hereingelassen?

KATHARINA *stürzt ins Zimmer:* Kind, ist dir auch nichts passiert? Hast du jemanden gesehen oder etwas gehört?

RAINA Ich habe die Schießerei gehört. Aber die Leute werden doch nicht etwa wagen, hier hereinzukommen!

KATHARINA Ein russischer Offizier ist dabei, Gottseidank. Er kennt Sergius *spricht durch die Tür zu jemandem draußen:* Bitte kommen Sie herein, Herr Leutnant. Meine Tochter ist bereit.

Ein junger russischer Offizier in bulgarischer Uniform tritt ein, den Säbel in der Hand.

OFFIZIER *höflich, sanft und geschmeidig aber in steifer militärischer Haltung:* Guten Abend, mein gnädiges Fräulein. Ich bedaure die Störung zutiefst, aber ein Serbe versteckt sich auf Ihrem Balkon. Darf ich Sie und Ihre Frau Mutter bitten, das Zimmer zu verlassen, während wir hier suchen?

RAINA *gereizt:* Unsinn. Sie können doch sehen, daß niemand auf dem Balkon ist. *Sie drückt die Holzläden auf, bleibt mit dem Rücken zum Vorhang stehen, hinter dem der Mann versteckt ist, und deutet auf den mondbeschienenen Balkon. Direkt darunter werden ein paar Schüsse abgegeben. Eine Kugel dringt in das Glas Raina gegenüber. Erschrocken schließt sie einen Augenblick die Augen und hält den Atem an, aber sie weicht nicht von der Stelle. Katharina schreit auf.*

OFFIZIER *ruft:* Vorsicht! *Er läuft auf den Balkon hinaus und brüllt hinunter auf die Straße.* Hört auf zu schießen, Ihr Schweinehunde – verstanden?! Aufhören! *Er starrt*

einen Augenblick lang hinunter auf die Straße, dann wendet er sich wieder höflich an Raina. Könnte irgend jemand hier heraufgeklettert sein, ohne daß Sie es gemerkt hätten? Haben Sie geschlafen?
RAINA Ich war ja noch gar nicht im Bett.
OFFIZIER *ungehalten, tritt zurück ins Zimmer:* Ihre Nachbarn haben den Kopf voll mit davongelaufenen Serben. Sie sehen Gespenster. *Höflich:* Gnädiges Fräulein, ich bitte vielmals um Entschuldigung. Gute Nacht.
Militärische Verbeugung, Raina grüßt kühl zurück. Dann verbeugt er sich vor Katharina, die ihm folgt, beide ab. Raina schließt die Läden. Sie wendet sich um und blickt auf Luka, die alles mit Neugier mitangesehen hat.
RAINA Luka, lassen Sie meine Mutter nicht allein, bis diese Soldaten fort sind.
Luka sieht auf Raina, dann auf die Ottomane, dann auf den Vorhang. Sie grinst und geht. Raina, von dieser Demonstration höchst irritiert, folgt ihr zur Tür, schlägt sie hinter Luka zu und verschließt sie wütend. Sofort kommt der Mann hinter dem Vorhang hervor und steckt den Säbel in die Scheide. Der unmittelbaren Gefahr entledigt, kehrt er zur Tagesordnung zurück.
DER MANN Na, da bin ich noch mal davongekommen. Verehrtes Fräulein: bis zu meinem Tod werde ich Ihnen dankbar sein. Ihretwegen wünschte ich, ich wäre der bulgarischen Armee beigetreten, anstatt der serbischen. Ich bin nämlich gar kein Serbe.
RAINA *hochmütig:* Nein, Sie sind einer von diesen Österreichern. Sie haben die Serben angestachelt, uns unserer nationalen Freiheit zu berauben und beaufsichtigen ihre Armee. Wir hassen Sie.
DER MANN Ich Österreicher? Um Gottes willen! Hassen Sie mich nicht, mein Fräulein. Ich bin nämlich Schweizer, dazu Berufssoldat. Ich bin an die Serben geraten, weil sie auf dem Weg aus der Schweiz zuerst kamen. Seien sie großherzig! Sie haben uns ja ohnehin schon kurz und klein geschlagen.
RAINA Ich bin doch schon großherzig gewesen, oder nicht?
DER MANN Großherzig und heroisch! Aber endgültig gerettet bin ich noch immer nicht. Dieser Hauptsturm ist zwar vorbei, aber die Wellen haben sich noch nicht gelegt. Die Nacht wird unruhig bleiben. Wenn eine Ruhepause ein-

tritt, will ich versuchen, hier fortzukommen. *Freundlich:* Sie sind mir hoffentlich nicht böse, wenn ich noch einen Augenblick hierbleibe?

RAINA *gesellschaftlich gewandt:* Aber durchaus nicht. Nehmen Sie doch bitte Platz!

DER MANN Danke. *Er setzt sich auf das Fußende des Bettes.*

RAINA *mit einstudierter gesellschaftlicher Pose setzt sie sich auf die Ottomane. Unseligerweise setzt sie sich auf die Pistole und fährt mit einem Schrei auf. Der Mann, dessen Nerven zum Zerreißen angespannt sind, schreckt auf und geht in Deckung.*

DER MANN Erschrecken Sie mich doch bitte nicht so! Was ist denn los?

RAINA Ihr Revolver! Da lag er die ganze Zeit und hat den russischen Offizier angesehen.

DER MANN *erlöst, aber irritiert:* Ach so. Wenn es weiter nichts ist –

RAINA *sieht ihn von oben herab an, ihre Sympathie für ihn nimmt immer mehr ab, und gleichzeitig wächst ihr Gefühl der Überlegenheit:* Ach so, ich habe Sie erschreckt. Das tut mir leid. *Sie gibt ihm die Pistole:* Bitte. Vielleicht brauchen Sie das zum Schutz gegen mich.

DER MANN *nimmt ihren Sarkasmus müde aber gefaßt hin:* Das Ding nützt leider nichts. Es ist nämlich nicht geladen. *Mit einer fatalistischen Gebärde stopft er die Waffe in die Revolvertasche.*

RAINA Aber dann laden Sie es doch.

DER MANN Ich habe keine Munition. Was soll man mit Patronen in einer Schlacht! Ich habe statt dessen immer Schokolade bei mir. Leider habe ich meine letzte Tafel vor ein paar Stunden aufgegessen.

RAINA *ihre heiligsten Vorstellungen von Männlichkeit brechen zusammen:* Schokolade! Sie stopfen Ihre Taschen voll mit Süßigkeiten! Wie ein Schuljunge! Auf dem Schlachtfeld!

DER MANN *grinst:* Genau. Unerhört, nicht wahr? *Hungrig:* Ich wollte, ich hätte jetzt welche.

RAINA Aber bitte! *Voller Verachtung holt sie die Pralinenschachtel und gibt sie ihm:* Leider habe ich das meiste selbst aufgegessen.

DER MANN *stürzt sich darauf:* Sie sind wirklich ein Engel. *Er macht sich daran und verschlingt den gesamten Inhalt:*

Weiche Füllung! Wunderbar! *Er sieht nach, ob noch mehr in der Schachtel ist, aber es ist nichts mehr darin. Er kratzt sie daher mit dem Finger aus und leckt sich die Finger. Mit resigniertem Humor stellt er fest, daß die Mahlzeit vorbei ist, aber er ist dankbar und gerührt:* Gott segne Sie, mein liebes Fräulein. Einen alten Soldaten können Sie immer am Inhalt seiner Sattel- und Patronentaschen erkennen. Die Jungen haben Pistolen und Patronen drin. Die Alten haben was zum Fressen. Danke!
Er gibt ihr die leere Schachtel zurück. Voller Verachtung nimmt Raina ihm die Schachtel aus der Hand und wirft sie fort. Wieder schreckt er auf, als wolle sie ihn schlagen.
Um Gottes willen, Fräulein, Sie rächen sich dafür, daß ich Sie erschreckt habe, aber nett ist das nicht von Ihnen.

RAINA *mit Geringschätzung:* Erschreckt? Ich bin zwar nur ein Mädchen, aber wenn es darauf ankommt, bin ich bestimmt mindestens so mutig wie Sie!

DER MANN Davon bin ich überzeugt. Sie haben auch nicht drei Tage lang unter Beschuß gestanden wie ich. Zwei Tage lang halte ich es gut aus – aber drei – das schafft niemand. Ich bin nervös wie eine Maus. *Er setzt sich auf die Ottomane und stützt den Kopf in die Hände.*
Möchten Sie mich weinen sehen?

RAINA *entsetzt:* Nein.

DER MANN Wenn Sie es wollen, brauchen Sie nur zu schimpfen, als sei ich ein kleiner Junge und Sie mein Kindermädchen. Wenn ich jetzt im Lager wäre, würde man allerhand Scherze mit mir treiben.

RAINA *ein wenig gerührt:* Es tut mir leid. Ich schimpfe ja nicht.

Berührt vom Mitleid in ihrer Stimme hebt er den Kopf und sieht sie dankbar an. Sie zieht sich sofort zurück und sagt steif:
Entschuldigen Sie! – Unsere Soldaten sind eben ganz anders. *Sie bewegt sich von der Ottomane weg.*

DER MANN Keineswegs. Die sind ganz genauso. Es gibt bloß zwei Arten von Soldaten: Alte und Junge. Ich bin seit vierzehn Jahren Soldat. Die Hälfte Ihrer Leute hat ja noch niemals Pulver gerochen. Wie kommt es denn, daß Sie uns soeben besiegt haben? Durch völlige Unkenntnis des Kriegshandwerks. *Mit Verachtung:* Ich habe noch niemals etwas derart Stümperhaftes gesehen.

RAINA *ironisch:* Ach so – es war reine Stümperei, Sie zu besiegen?
DER MANN Sagen Sie selbst: man wirft ein Kavallerie-Regiment in eine Batterie von Maschinengewehren. Wenn die Dinger losgehen, dann werden doch fünfzig Meter vor der Schußlinie Reiter und Pferde einfach nur so weggemäht. Ist das dilettantisch oder nicht? Ich habe meinen Augen kaum getraut, als ich diesen Irrsinn sah.
RAINA *erregt, wendet sich ihm zu. Ihr Enthusiasmus und ihr Traum von Ruhm sind wieder wach:* Ah – Sie haben die große Kavallerie-Attacke gesehen?! Erzählen Sie mir davon! Beschreiben Sie, wie es war!
DER MANN Ach so, Sie haben noch nie eine Kavallerie-Attacke gesehen?
RAINA Ich? Wie sollte ich?
DER MANN Natürlich. Wie sollten Sie! Na ja, es ist ein komischer Anblick. Als ob man eine Handvoll Erbsen gegen eine Fensterscheibe schleudert. Erst kommt eine, dann zwei oder drei direkt danach, und dann der ganze Rest auf einem Haufen.
RAINA *ihre Augen geweitet, in Ekstase:* Ja. Zuerst einer! Der Tapferste der Tapferen.
DER MANN *prosaisch:* Na ja – Sie hätten sehen sollen, wie der arme Kerl an seinem Pferd zog!
RAINA Warum an seinem Pferd zog?
DER MANN *ungehalten über die dumme Frage:* Na, weil es mit ihm durchging, natürlich. Meinen Sie etwa, der Kerl wollte vor den anderen da sein, um sich totschießen zu lassen? Und dann kommen alle die anderen. Die Jungen kann man sofort an ihrem Eifer erkennen, das sind die Draufgänger. Dann kommen die Alten in einem geschlossenen Haufen. Die wissen, daß sie nur Kanonenfutter sind, und daß es sinnlos ist, zu kämpfen. Die meisten Wunden waren denn auch Beinbrüche, weil die Pferde dauernd gegeneinander geprallt sind.
RAINA Aber ich glaube Ihnen nicht, daß der erste Mann ein Feigling war. Ich weiß, daß er ein Held ist.
DER MANN *gutmütig:* Das hätten Sie wohl auch gesagt, wenn Sie den heute beim Angriff gesehen hätten.
RAINA *atemlos, sie verzeiht ihm alles:* Das kann ich mir vorstellen. Erzählen Sie! Erzählen Sie mir alles!
DER MANN Er führte sich auf wie ein Operntenor. Übrigens

wirklich ein hübscher Junge mit leuchtenden Augen und einem tollen Schnurrbart. Er stieß ein Gebrüll aus und stürmte drauf los wie Don Quichote gegen die Windmühlen. Was wir gelacht haben!

RAINA Sie haben gewagt zu lachen?

DER MANN Und wie! Aber dann kam unser Feldwebel angerannt, weiß wie ein Gespenst, und sagte, wir hätten die falsche Munition und könnten für die nächsten zehn Minuten keinen einzigen Schuß abgeben. Da ist uns natürlich das Lachen vergangen. Niemals in meinem ganzen Leben war mir so elend zumut. Obwohl ich doch weiß Gott schon in mancher vertrackten Situation gewesen bin. Und ich hatte keinen einzigen Schuß im Revolver. Nur Schokolade. Bajonette hatten wir auch nicht. Wir hatten nichts. Natürlich haben die uns in Stücke geschnitten. Und da war dieser Don Quichote. Der stürmte heran wie ein Tambourmajor und meinte, er hätte die größte Heldentat der Welt vollbracht. Dabei gehörte er eigentlich vor ein Kriegsgericht. Von all den Schwachsinnigen, die man jemals auf ein Schlachtfeld losgelassen hat, war dieser Mann der schwachsinnigste. Er und sein Regiment hätten einfach Selbstmord verübt. Nur ging unser Feuer eben nicht los, das ist es.

RAINA *tief getroffen, aber standhaft und ihren Idealen treu:* Was Sie nicht sagen! Und würden Sie den Mann auch wiedererkennen, wenn Sie ihn sähen?

DER MANN Als könnte ich den jemals vergessen!

RAINA *geht zur Kommode. Sein Blick folgt ihr, er denkt sie hätte etwas zu essen für ihn. Aber sie nimmt die Fotografie von der Kommode und bringt sie ihm:* Hier sehen Sie den Mann. Er ist ein Patriot und ein Held, und ich habe das Glück, mit ihm verlobt zu sein.

DER MANN *erkennt die Fotografie, sehr bestürzt:* Also – das tut mir wirklich entsetzlich leid. *Sieht sie an:* Aber es war auch nicht recht von Ihnen, mich zu provozieren. *Er besieht die Fotografie nochmals:* Ja, das ist er, Don Quichote, kein Zweifel! *Er verbeißt sich das Lachen.*

RAINA *rasch:* Worüber lachen Sie!

DER MANN *zerknirscht, aber verbeißt sein Lachen nur mühsam:* Ich habe gar nicht gelacht, – wirklich nicht. Zumindest habe ich nicht lachen wollen. Aber wenn ich ihn so sehe, wie er gegen die Windmühlen stürmt – *Er muß*

wider Willen lachen.
RAINA *tief verletzt:* Geben Sie mir sofort das Bild!
DER MANN *mit tiefer Zerknirschung:* Gewiß. Natürlich. Es tut mir wirklich aufrichtig leid.
Er gibt ihr das Bild. Sie küßt das Bild demonstrativ und sieht ihm, während sie es zurückstellt, herausfordernd ins Gesicht. In einem Aufwall von Reue folgt er ihr.
Vielleicht irre ich mich auch. Ja wirklich, ich glaube tatsächlich, ich sehe das alles falsch. Wahrscheinlich hatte er gehört, daß wir keine Munition hatten und wußte, daß es eine sichere Sache war.
RAINA Das würde bedeuten, daß er ein Aufschneider und Feigling wäre. So etwas haben Sie vorhin nicht zu sagen gewagt.
DER MANN *mit einer Geste der Resignation:* Es hat keinen Zweck, verehrtes Fräulein: ich kann Ihnen anscheinend die Sache, vom beruflichen Standpunkt aus, nicht klarmachen.
Als er sich von ihr ab und der Ottomane zuwendet, künden ein paar entfernte Schüsse neue Gefahren an.
RAINA *stellt mit Genugtuung fest, daß ihn die Schüsse beunruhigen:* Umso besser für Sie.
DER MANN *wendet sich ihr zu:* Wieso?
RAINA Sie sind mein Feind. Und Sie sind in meiner Gewalt. Was hätte ich jetzt zu tun, wenn ich ein Berufssoldat wäre?
DER MANN Sehr wahr, mein Fräulein. Sie haben völlig recht. Ich weiß, wie gut Sie zu mir waren. Bis zu meiner letzten Stunde werde ich mich der drei Pralinen erinnern, mit weicher Füllung. Es war gewiß unmilitärisch, dafür war es eine Tat der Barmherzigkeit.
RAINA *kühl:* Danke. Und jetzt werde ich militärisch handeln. Hier können Sie nicht bleiben, nach alledem was Sie über meinen zukünftigen Mann gesagt haben. Aber ich werde auf den Balkon hinausgehen und nachsehen, ob es sicher für Sie ist, auf die Straße hinabzuklettern.
DER MANN *seine Fassung wankt:* Das Regenrohr hinab? Halt! Nein. Unmöglich. Das wage ich nicht. Schon der Gedanke daran macht mich ganz schwindlig. Hinauf ging es gut und schnell, der Tod war hinter mir her. Aber jetzt wieder zum Tod hinunterklettern – nein – *Er sinkt auf die Ottomane:* Es hat keinen Sinn mehr. Ich stecke auf, ich

bin verloren. Schlagen Sie meinetwegen Alarm. *Besiegt stützt er den Kopf in die Hände.*
RAINA *von Mitleid entwaffnet:* Also, verlieren Sie doch nicht gleich den Mut!
Sie neigt sich über ihn, beinah mütterlich. Er schüttelt den Kopf.
Sie sind ein ganz armer Soldat, ein Schokoladensoldat. Nehmen Sie sich jetzt mal zusammen. Es erfordert weniger Mut, da hinabzuklettern als sich gefangennehmen zu lassen. Meinen Sie nicht?
DER MANN *träumerisch, von ihrer Stimme eingeschläfert:* Nein. Wenn die mich kriegen, bedeutet das Tod. Und Tod bedeutet Schlaf – ah – schlafen – schlafen – schlafen –. Klettern bedeutet: etwas tun – sich anstrengen – sich entscheiden. Lieber zehnmal tot!
RAINA *weicher und von seinem schläfrigen Ton angesteckt:* Sind Sie wirklich so müde?
DER MANN Keine zwei Stunden habe ich bis jetzt ungestört schlafen können, seit ich hier dabei bin. Seit achtundvierzig Stunden habe ich die Augen nicht mehr zugemacht.
RAINA *am Ende ihrer Weisheit:* Aber was soll ich denn bloß mit Ihnen tun?
DER MANN *steht taumelnd auf, seine Verzweiflung bringt ihn wieder hoch:* Ganz recht. Ich muß etwas unternehmen. *Er schüttelt sich, versucht sich zu fassen und spricht mit forcierter Energie:* Schlaf oder nicht, Hunger oder nicht, – wenn etwas getan werden muß, dann kann man es auch tun! Und jetzt muß eben dieses Rohr heruntergeklettert werden! *Er schlägt sich mit der Faust auf die Brust:* Hörst du das, du Schokoladensoldat!? *Er wendet sich zur Balkontür.*
RAINA *ängstlich:* Aber wenn Sie herunterfallen?
DER MANN Dann werde ich schlafen, als seien die Pflastersteine ein Federbett. Leben Sie wohl!
Er geht durch die Balkontür, und seine Hand ist schon an dem Verschluß der Läden, als draußen eine neue Gewehrsalve ertönt.
RAINA *hält ihn zurück:* Halt! *Sie hält ihn fest und zieht ihn zurück:* Man wird Sie totschießen.
DER MANN *kühl und gefaßt:* Na wenn schon – das gehört alles zum Beruf. Darauf muß man es eben ankommen lassen. *Sachlich:* Jetzt tun Sie, was ich Ihnen sage! Machen

ERSTER AKT 411

Sie das Licht aus. Es muß dunkel sein, wenn ich die Läden öffne. Und bleiben Sie vor allem von der Balkontür weg, verstanden? Wenn die mich sehen, dann schießen sie.

RAINA *hält ihn fest:* Aber die müssen Sie ja sehen, es ist ja alles ganz hell vom Mond. Ich rette Sie! Seien Sie doch nicht so – so – fatalistisch! Sie wollen doch, daß ich Sie rette, oder nicht?

DER MANN Ich will Ihnen auf keinen Fall lästig sein.
Sie schüttelt ihn ungeduldig.
Ich bin gewiß nicht fatalistisch, mein liebes Fräulein, ich versichere Sie. Aber was soll ich denn sonst tun?

RAINA Erst mal von der Tür weggehen!
Sie zieht ihn in die Mitte des Zimmers. Als sie ihn losläßt, geht er mechanisch zur Balkontür zurück. Sie zieht ihn zurück.
Also jetzt – bitte!
Jetzt bleibt er bewegungslos stehen, wie ein hypnotisiertes Kaninchen. Sie läßt ihn los und sagt gönnerhaft:
Jetzt hören Sie mal zu! Sie müssen unserer Gastfreundschaft vertrauen. Sie wissen nämlich nicht, in wessen Haus Sie sind. Ich bin eine Petkoff.

DER MANN Eine was?

RAINA *ein wenig indigniert:* Ich gehöre zur Familie der Petkoff, der reichsten und angesehensten im ganzen Land.

DER MANN Ach so, natürlich. Verzeihen Sie. Die Petkoffs, ich weiß schon. Wie dumm von mir.

RAINA Ich sehe Ihnen an, daß Sie noch nie von uns gehört haben. Warum tun Sie so? Sie erniedrigen sich!

DER MANN Bitte verzeihen Sie mir! Ich bin zu müde um nachzudenken. Der Themawechsel war zu viel für mich. Seien Sie mir nicht böse!

RAINA Ach so, ich vergesse immer, daß Sie den Tränen so nah sind.
Er nickt, völlig ernsthaft. Sie nimmt ihren patronisierenden Ton wieder auf:
Aber Sie sollten doch wissen, daß mein Vater den höchsten Posten in der bulgarischen Armee hat. *Stolz:* Er ist Major!

DER MANN *als sei er zutiefst beeindruckt:* Major! Donnerwetter. Respekt – Respekt!

RAINA Sie haben natürlich gedacht, Sie müßten die Regenrinne heraufklettern. Unser Haus ist ja das einzige Privat-

haus mit zwei Fensterreihen. Da sieht man, daß Sie keine
Ahnung hatten. Wir haben eine Treppe im Haus, auf der
man herauf und heruntergehen kann.
DER MANN Eine Treppe im – – Alle Achtung! Mein Fräulein,
Sie leben im Überfluß.
RAINA Wissen Sie, was eine Bibliothek ist?
DER MANN Eine Bibliothek? Ein Zimmer voller Bücher?
RAINA Ja. Wir haben eine. Die einzige in Bulgarien.
DER MANN Tatsächlich? Eine richtige Bibliothek! Die würde
ich gern mal sehen.
RAINA *geziert:* Ich erzähle Ihnen das alles nur, damit Sie
wissen, daß Sie hier nicht in einem Haus von ungebildeten
Bauern sind. Die würden Sie töten, wenn sie Ihre serbi-
sche Uniform sähen. Sie sind bei zivilisierten Leuten. Wir
gehen jedes Jahr nach Bukarest zur Opernsaison. Und ich
bin einen ganzen Monat in Wien gewesen.
DER MANN Aha, deshalb! Ich dachte mir sofort: diese junge
Dame kennt die Welt.
RAINA Kennen Sie die Oper ›Ernani‹?
DER MANN Ist das die mit dem Teufel in rotem Samt und dem
Soldatenchor?
RAINA *mit Verachtung:* Nein.
DER MANN *unterdrückt einen Seufzer der Müdigkeit:* Dann
kenne ich sie nicht.
RAINA Ich dachte, Sie könnten sich vielleicht an die große
Szene erinnern, in der Ernani vor seinen Feinden flieht, so
wie Sie heute nacht, und dann versteckt er sich im Schloß
seines bittersten Feindes. Das ist ein kastilischer Edel-
mann. Und der Schloßherr findet ihn, aber der verrät ihn
nicht. Der Gast ist ihm heilig.
DER MANN *wieder ein wenig wacher:* Neigt Ihre Familie zu
dieser Haltung?
RAINA Meine Mutter und ich ›neigen zu dieser Haltung‹, wie
Sie sich ausdrücken. Und wenn Sie sich mir, anstatt mich
mit Ihrer Pistole zu bedrohen, einfach zu Füssen geworfen und unsere Gastfreundschaft erfleht hätten, dann wären Sie hier so sicher gewesen wie im Haus Ihres Vaters.
DER MANN Sind Sie sicher?
RAINA *wendet ihm entrüstet den Rücken zu:* Ach, es ist
völlig sinnlos! Von Ihnen kann man absolut kein Verständnis erwarten.
DER MANN Bitte, seien Sie mir doch nicht immer gleich böse.

Denn wenn Sie sich irren, wäre ich schlecht daran, das werden Sie doch verstehen. Mein Vater zum Beispiel ist ein sehr gastfreundlicher Mann, er besitzt sechs Hotels. Aber so weit würde ich dem nicht trauen. Und wie ist es mit Ihrem Vater?

RAINA Er ist fort, bei Slivnitza, er kämpft für sein Vaterland. Aber ich bürge für Ihre Sicherheit. Hier, meine Hand darauf. Sind Sie jetzt beruhigt? *Sie bietet ihm ihre Hand.*

DER MANN *sieht zweifelnd auf seine Hände:* Berühren Sie lieber meine Hand nicht, verehrtes Fräulein. Ich muß sie erst waschen.

RAINA *gerührt:* Das ist sehr nett von Ihnen. Jetzt sehe ich, Sie sind doch ein Gentleman.

DER MANN *erstaunt:* Wie?

RAINA Sie müssen nicht denken, daß ich erstaunt bin. Die Bulgaren der höheren Kreise – Leute in unserer Stellung – waschen ihre Hände beinah jeden Tag. Daher verstehe ich Ihr Zartgefühl gut. Aber Sie dürfen meine Hand nehmen. *Sie reicht ihm nochmals die Hand.*

DER MANN *küßt die Hand mit seinen Händen auf dem Rücken:* Ich danke Ihnen, verehrtes Fräulein. Jetzt fühle ich mich geborgen. Würden Sie nun so gut sein und Ihre Mutter benachrichtigen? Sie sollten meine Gegenwart nicht länger geheim halten, als unbedingt nötig ist.

RAINA Aber dann müssen Sie sich ganz ruhig verhalten, während ich draußen bin.

DER MANN Verlassen Sie sich darauf. *Er setzt sich auf die Ottomane.*
Raina geht zum Bett und hüllt sich in ihren Pelzmantel. Er schließt die Augen. Sie geht zur Tür, wendet sich noch einmal nach ihm um und stellt fest, daß er am Einschlafen ist.

RAINA *bei der Tür:* Sie werden doch nicht etwa einschlafen!
Er murmelt unartikuliert, sie rennt zu ihm zurück und schüttelt ihn:
Wachen Sie auf! Sie schlafen ja schon!

DER MANN Wie? Ich schlafe scho – Aber ganz im Gegenteil, ich bin hellwach. Ich habe nur nachgedacht.

RAINA *streng:* Möchten Sie sich bitte hinstellen, während ich draußen bin!
Er steht unwillig auf.
Und jetzt bleiben Sie stehen, verstanden?

DER MANN *steht unsicher:* Gewiß. Sie können ganz beruhigt sein!
Raina sieht ihn zweifelnd an. Er lächelt schwach. Sie geht zur Tür, sieht ihn noch einmal an, er unterdrückt sein Gähnen. Sie geht ab.
DER MANN *beinah schlafend:* Schlafen – schlafen – schlafen – schla – *Die Worte gehen in Murmeln über. Er fällt beinah um, versucht noch einmal, sich aufzuraffen:* Wo bin ich? Das möchte ich gern wissen. Wo bin ich? Jetzt wach bleiben! Nichts hält mich wach außer Gefahr – immer daran denken – Gefahr! – Gefahr! – Gefahr! – *Rafft sich noch einmal auf:* Wo ist eigentlich die Gefahr? – Muß sie finden – *Er torkelt durch den Raum auf der Suche nach Gefahr.* Was suche ich eigentlich? – Schlaf – Gefahr – weiß nicht – *Er stolpert gegen das Bett.* Ah – ja – ich erinnere mich – ins Bett – aber nicht schlafen. Nicht einschlafen – ich bin in Gefahr. Nicht hinlegen – nein – nur hinsetzen. *Er setzt sich auf das Bett, ein glückseliger Ausdruck breitet sich über sein Gesicht aus:* Aaahh! *Mit einem Seufzer des Glücks sinkt er längs auf das Bett, hebt, mit einer letzten Anstrengung, die Beine auf das Bett und schläft sofort ein.*
Katharina tritt auf, gefolgt von Raina.
RAINA *sieht zur Ottomane:* Er ist weg. Hier stand er.
KATHARINA Dann muß er wohl wieder heruntergeklettert sein.
RAINA *sieht ihn:* Oooh! *Deutet auf ihn.*
KATHARINA *empört:* Nein!
Sie schreitet resolut zum Bett, Raina ihr nach, stellt sich an der anderen Seite auf.
Schläft fest! Dieser Unmensch!
RAINA *besorgt:* Ssss!
KATHARINA *schüttelt ihn:* Sie Kerl!! *Schüttelt ihn fester:* Sie! *Noch fester:* Mein Herr!
RAINA *hält ihr den Arm fest:* Laß ihn, Mama! Der arme Junge ist doch völlig erschöpft. Laß ihn schlafen!
KATHARINA *läßt von ihm ab und wendet sich höchst überrascht an Raina:* Der arme Junge!? Aber Raina! *Sie sieht ihre Tochter befremdet an.*
Der Mann schläft tief und fest.

Zweiter Akt

Der sechste März, 1886. Im Garten hinter dem Haus des Majors Petkoff. Ein schöner Frühjahrsmorgen, der Garten sieht frisch und ordentlich aus. Jenseits des Zaunes sieht man die Spitzen zweier Minarette, die andeuten, daß im Tal eine kleine Stadt liegt. Dahinter erheben sich die Höhen des Balkangebirges und schließen die Landschaft ab. Links sieht man einen Teil des Hauses mit einer Tür, zu der ein paar Stufen führen, rechts ragt der Stallhof mit einem Tor in den Garten. Auf den Beerensträuchern an Zaun und Haus liegt Wäsche zum Trocknen ausgebreitet. Ein Weg führt am Haus vorbei, bildet an der Mauer zwei Stufen und verschwindet dahinter. In der Mitte ein kleiner Tisch mit Holzstühlen. Er ist zum Frühstück gedeckt: ein türkischer Kaffeetopf, Tassen, Brötchen etc. Die Tassen sind schon benutzt, die Brötchen zum Teil gegessen. An der Mauer rechts eine hölzerne Gartenbank.

Luka steht, eine Zigarette rauchend, zwischen Tisch und Haus und dreht voller Verachtung einem Mann den Rücken zu, der ihr Vorhaltungen macht. Er ist in mittlerem Alter, beherrscht und auf subalterne, aber klare und disponierende Weise intelligent. Er hat die Mentalität eines Dieners, der aber seinen Rang einzuschätzen, seinen Wert genau zu kalkulieren weiß und sich keinen Illusionen hingibt. Er trägt bulgarische Tracht: Jacke mit bunter Borte, Schärpe, weite Pumphosen und verzierte Gamaschen. Sein Kopf ist bis zum Scheitel glattrasiert, was ihm eine Art japanische hohe Stirn gibt. Er heißt Nikola.

NIKOLA Ich möchte dich rechtzeitig warnen, Luka. Du mußt es anders machen. Ich kenne doch unsere Gnädige. Sie hält sich für so großartig, daß sie niemals auf die Idee käme, ein Diener könnte ihr gegenüber respektlos sein. Aber wenn sie mal merkt, daß du nicht gehorchst, dann fliegst du.

LUKA Ich gehorche nicht, und ich werde niemals gehorchen. Was geht mich die an!

NIKOLA Wenn du mit der Familie Krach bekommst, kann ich dich nicht heiraten. Das ist genauso, als wenn du mit mir Krach bekämst.

LUKA Ah – du stehst also auf ihrer Seite.

NIKOLA *gelassen:* Ich werde immer vom Wohlwollen der Familie abhängig sein. Wenn ich hier weggehe und ein Geschäft in Sofia aufmache, bedeutet ihre Kundschaft die Hälfte meines Kapitals. Ein schlechtes Wort von ihnen könnte mich ruinieren.

LUKA Du hast eben keinen Stolz. Die sollten sich mal unterstehen, ein Wort gegen mich zu sagen.

NIKOLA *redet ihr nachsichtig zu:* Ich hätte dich für gescheiter gehalten, Luka. Aber du bist noch jung – einfach noch sehr jung.

LUKA Ja, und deshalb gefalle ich dir ja auch. Aber jung oder nicht: ich weiß ein paar Familiengeheimnisse, die sie ganz gewiß lieber geheimhalten würden. Die sollen es mal wagen, Krach mit mir zu bekommen.

NIKOLA *mitleidig überlegen:* Weißt du, was sie tun würden, wenn sie dich so reden hörten?

LUKA Was könnten sie tun?

NIKOLA Dich wegen Unehrlichkeit davonjagen. Und wer würde dir dann deine Geheimnisse glauben? Und wer nimmt dich dann noch ins Haus? Wer in diesem Haus würde dann überhaupt noch mit dir sprechen? Wie lange würde dein Vater seinen kleinen Bauernhof behalten? *Sie wirft wütend ihre Zigarette weg und tritt darauf.*
Mein liebes Kind: du hast ja keine Ahnung, was diese Herren für eine Macht über uns haben, wenn wir arme Leute uns gegen sie auflehnen. *Er geht nahe zu ihr hin und spricht leise:* Sieh mich an: zehn Jahre im Dienst bei denen. Meinst du, ich weiß keine Geheimnisse? Ich weiß Dinge über unsere Dame, – ich sage dir: weit über tausend Lewa würde sie geben, damit der Herr sie nicht erfährt. Ich weiß Dinge über ihn – sechs Monate gäbe es keine Ruhe, wenn ich sie ihr sagen würde. Ich weiß Dinge über Raina, die würden die Verlobung mit Sergius sofort auflösen, wenn ich . . .

LUKA *rasch und scharf:* Woher? – Ich habe dir doch nichts gesagt.

NIKOLA *gerissen:* Aaah – da liegt dein kleines Geheimnis, wie? Ich dachte mir doch: so etwas wird es sein. Aber ich rate dir im Guten: laß dir nichts anmerken! Laß die Gnädige fühlen, daß sie sich auf dich verlassen kann, was immer du auch weißt oder nicht weißt. Daß du den Mund hältst und immer treu weiter dienen willst. Das mögen sie,

und das zahlt sich am Ende für dich aus.
LUKA *mit tiefster Verachtung:* Du hast eine Lakaienseele, Nikola.
NIKOLA *unbeirrt:* Richtig. Das ist das Geheimnis des Erfolges bei Dienern.
Man hört vom Stalltor her lautes Klopfen mit dem Peitschenkopf auf Holz.
EINE MÄNNLICHE STIMME *von außen:* Hallo! He, Nikola!
LUKA Der Herr. Aus dem Krieg zurück.
NIKOLA *schnell:* Mensch, du, der Krieg ist aus. Schnell, mach frischen Kaffee! *Er läuft hinüber zu den Ställen.*
LUKA *räumt das Geschirr ab und trägt es ins Haus zurück:* Aus mir machst du keine Lakaienseele, mein Lieber.
Gefolgt von Nikola kommt Major Petkoff vom Stallhof herüber. Er ist ein lustiger, temperamentvoller unbedeutender ungebildeter Mann, etwa 50, von Natur aus ehrgeizlos, außer was Geld und lokales Ansehen betrifft. Im Augenblick ist er in bester Stimmung, weil der Krieg ihm neuen Rang beschert hat, der aus ihm in seinem Kreis einen Mann von Bedeutung machen wird. Das Fieber patriotischen Eifers, das der serbische Angriff in den Bulgaren ausgelöst hat, hat ihn den Krieg gut überstehen lassen. Jedenfalls freut er sich, wieder zu Hause zu sein.
PETKOFF *deutet mit der Peitsche auf den Tisch:* Ah – Frühstück im Freien!
NIKOLA Ja, gnädiger Herr. Die gnädige Frau und Fräulein Raina sind soeben hineingegangen.
PETKOFF *setzt sich und nimmt ein Brötchen:* Geh hinein und sag ihnen, ich sei da. Und hol mir frischen Kaffee.
NIKOLA Schon unterwegs, gnädiger Herr. *Er geht zur Haustür, dort stößt er auf Luka mit frischem Kaffee, einer sauberen Tasse und einer Kognakflasche auf dem Tablett.* Hast du es der gnädigen Frau gesagt?
LUKA Ja, sie kommt schon.
Nikola geht ins Haus. Luka bringt den Kaffee.
PETKOFF Na – die Serben haben dich also nicht geraubt?
LUKA Nein, gnädiger Herr.
PETKOFF Um so besser. Hast du Kognak mitgebracht?
LUKA *stellt die Flasche auf den Tisch:* Hier, gnädiger Herr.
PETKOFF Na wunderbar! *Gießt sich Kognak in den Kaffee.*
Katharina kommt aus dem Haus. Zu dieser frühen Stunde hat sie nur sehr provisorisch Toilette gemacht. Über einem

ehemals pompösen, aber inzwischen fadenscheinigen Morgenrock trägt sie eine bulgarische Schürze. Ein farbiges Kopftuch hält ihr reiches schwarzes Haar zusammen. Sie trägt türkische Sandalen, keine Strümpfe. Trotz alledem sieht sie erstaunlich hübsch und präsentabel aus. Luka geht ins Haus.

KATHARINA Mein lieber Pawel! Welche Überraschung. *Sie lehnt sich über den Stuhlrücken, um ihn zu küssen.* Hat man dir frischen Kaffee gebracht?

PETKOFF Ja. Luka hat für mich gesorgt. Der Krieg ist aus. Der Friede ist vor drei Tagen in Bukarest unterzeichnet worden. Der Abrüstungsbefehl für unsere Armee wurde gestern ausgegeben.

KATHARINA *springt auf, erregt:* Pawel. Haben die Österreicher euch zum Frieden gezwungen?!

PETKOFF *ein wenig resigniert:* Meine Liebe: mich hat man nicht gefragt. Was sollte ich tun!
Sie setzt sich und wendet sich von ihm ab.
Selbstverständlich haben wir zur Bedingung gemacht, daß der Friede ehrenvoll ist. Und sicher!

KATHARINA *empört:* Frieden!

PETKOFF *besänftigend:* – aber keine freundschaftlichen Beziehungen, wohlgemerkt! Sie wollten diesen Punkt hineinnehmen. Aber ich habe darauf bestanden, daß er gestrichen wird. Was hätte ich noch mehr tun sollen!

KATHARINA Du hättest Serbien annektieren und Prinz Alexander zum Kaiser des Balkans machen können. Das hätte ich getan!

PETKOFF Das bezweifle ich nicht, meine Liebe. Aber ich hätte zuerst das gesamte österreichische Kaiserreich unterwerfen müssen. Das hätte mich zu lang von dir ferngehalten. Du hast mir gefehlt.

KATHARINA *versöhnt:* Ah! *Liebevoll streckt sie die Hand über den Tisch nach ihm aus und tätschelt die seine.*

PETKOFF Und wie ist es dir so ergangen?

KATHARINA Das übliche Halsweh, sonst eigentlich nichts.

PETKOFF *mit Überzeugung:* Das kommt davon, daß du dir jeden Tag den Hals wäschst. Ich habe es dir oft genug gesagt.

KATHARINA Unsinn, Pawel!

PETKOFF *über Kaffee und Zigarette hinweg:* Ich bin sehr gegen diese neuen Gewohnheiten. Man soll es nicht zu weit treiben. Dieses dauernde Waschen kann ja der Gesundheit nicht zuträglich sein: es ist unnatürlich. Da gab es so einen Engländer in Philippopel, der sich tatsächlich jeden Morgen nach dem Aufwachen mit kaltem Wasser übergoß. Widerlich. Es kommt alles von den Engländern. Das Klima dort macht sie so dreckig, daß sie sich immer waschen müssen. Sieh dir meinen Vater an. Sein ganzes Leben lang hat er niemals gebadet. Und achtundneunzig Jahre ist er geworden, der älteste Mann in Bulgarien. Ich wasche mich ganz gern einmal die Woche, das erfordert ja auch meine Stellung. Aber jeden Tag, das führt denn doch zu weit.

KATHARINA Im Grunde bist du eben ein Barbar, Pawel. Ich hoffe wenigstens, daß du auf die russischen Offiziere einen guten Eindruck gemacht hast.

PETKOFF Ich habe mein Möglichstes getan. Jedenfalls habe ich deutlich zu verstehen gegeben, daß wir eine Bibliothek haben.

KATHARINA Aber du hast ihnen nicht erzählt, daß wir dort auch eine elektrische Klingel haben. Ich habe eine anbringen lassen.

PETKOFF Was ist denn das? Eine elektrische Klingel?

KATHARINA Man drückt auf einen Knopf, dann klingelt es in der Küche, und dann kommt Nikola herein.

PETKOFF Und warum soll ich nicht nach ihm rufen?

KATHARINA Kultivierte Leute brüllen nicht nach ihren Dienern. Das habe ich gelernt, während du fort warst.

PETKOFF So? Und jetzt erzähle ich dir etwas, was ich gelernt habe. Kultivierte Leute hängen ihre Wäsche nicht dort auf, wo Besuch sie sehen kann, – *er deutet auf die Wäsche auf den Büschen* – und deshalb solltest du all das Zeug woanders hinhängen.

KATHARINA Lächerlich, Pawel! Ich bin überzeugt, daß feine Leute so etwas überhaupt nicht bemerken.

SERGIUS *klopft ans Hoftor:* Nikola! Aufmachen!

PETKOFF Das ist Sergius. *Brüllt:* He! Nikola!

KATHARINA Brüll doch nicht so, Pawel. Das ist nicht angenehm.

PETKOFF Unsinn! *Brüllt noch lauter:* Nikola!

NIKOLA *erscheint an der Haustür:* Ja, gnädiger Herr?

PETKOFF Bist du denn taub? Hörst du nicht, daß Major Saranoff klopft? Führ ihn hierher! *Er spricht den Namen*

mit der Betonung auf der zweiten Silbe aus: Saránoff.)
NIKOLA Jawohl, Herr Major. *Er geht zum Stallhof.*
PETKOFF Unterhalte du dich mit ihm, meine Liebe, bis Raina ihn uns abnimmt. Er ödet mich entsetzlich an, dauernd beklagt er sich, daß wir nichts für seine Beförderung tun. Dazu noch über meinen Kopf hinweg.
KATHARINA Er sollte aber auch wirklich befördert werden, wenn er Raina heiratet. Außerdem sollten wir darauf bestehen, daß es zumindest einen bulgarischen General gibt.
PETKOFF So daß er ganze Brigaden verschleudern kann, anstatt Regimenter. Mach dir keine Hoffnung, meine Liebe. Er hat nicht die geringste Aussicht auf Beförderung, bevor wir nicht ganz sicher sind, daß der Friede dauerhaft ist.
NIKOLA *am Tor, meldet an:* Major Sergius Saranoff. *Er geht ins Haus und kommt sofort darauf mit einem dritten Stuhl zurück, den er an den Tisch stellt. Dann zieht er sich zurück.*
Major Sergius Saranoff, das Original des Bildes in Rainas Zimmer, tritt auf. Ein hochgewachsener Mann von romantischer Schönheit, mit der physischen Widerstandskraft, dem verwegenen Mut und der erregbaren Fantasie eines ungebändigten Gebirgs-Häuptlings. Trotz alledem wirkt er ausgesprochen zivilisiert. Seine Augenbrauen ziehen sich an den äußeren Enden aufwärts, als wollten sie sein Gegenüber ausforschen. Seine Augen beobachten genau undnscharf. Seine Nase ist dünn, scharfgeschnitten und, trotz des hohen Nasenrückens und der weiten Nasenlöcher, höchst sensibel. Das Kinn wirkt resolut. Im Ganzen würde er ebensogut in einen Pariser Salon passen, was bedeutet, daß der gescheite, fantasievolle Barbar eine kritische Begabung besitzt, die, durch die Ausbreitung westlicher Zivilisation auf dem Balkan aus dem Stadium der Latenz geweckt, sich neuerdings überall zu behaupten weiß. Das Resultat ist genau das, was das Aufkommen des für das neunzehnte Jahrhundert typische Denken in England geschaffen hat, nämlich Byronismus. Saranoff brütet über das dauernde Scheitern, Ideale zu realisieren, und zwar nicht nur über sein eigenes Scheitern, sondern auch das anderer. Daher verachtet er die Menschheit. Sein guter Glaube an die absolute Gültigkeit seiner Konzepte ist unfruchtbar, und er betrachtet die Welt als unwürdig, weil

sie diesen Glauben nicht teilt. Er leidet, er windet sich geradezu unter dem Stachel der alltäglichen Desillusionierung, die ihm jede Stunde, die er mit anderen verbringt, ins Bewußtsein ruft und ihn, der ein sensibler Beobachter ist, verletzt. So hat er eine halb tragische, halb komische Note, eine geheimnisvolle Traurigkeit, er wirkt wie aus einer fremden und furchtbaren Geschichte, die nichts übriggelassen hat als jene immerwährende Zerknirschung, durch deren Darstellung Byrons ›Childe Harold‹ schon die Großmütter seiner englischen Zeitgenossen fasziniert hat. Es leuchtet sofort ein, daß dieser und kein anderer Rainas Idealtyp ist. Katharina ist kaum weniger hingerissen von ihm, nur zeigt sie ihre Begeisterung wesentlich offener als ihre Tochter. Als er von den Stallungen kommt, springt sie auf, um ihn überschwenglich zu begrüßen. Petkoff dagegen neigt weitaus weniger dazu, sich durch ihn aus der Ruhe bringen zu lassen.

PETKOFF Na, da bist du ja, Sergius. Freut mich, dich wiederzusehen.

KATHARINA Mein lieber Sergius! *Sie streckt ihm beide Hände entgegen.*

SERGIUS *küßt die Hände in korrekter Galanterie:* Liebe Mutter – wenn ich Sie so nennen darf.

PETKOFF *trocken:* Schwiegermutter, Sergius, Schwiegermutter! Setz dich! Kaffee?

SERGIUS Danke. Keinen Kaffee für mich. *Mit demonstrativem Widerwillen gegen Petkoffs Tafelgenuß entfernt er sich vom Tisch und stellt sich am Treppengeländer in Pose.*

KATHARINA Sie sehen großartig aus. Der Krieg hat Ihnen gut getan, Sergius. Hier sind sie alle verrückt nach Ihnen. Wir waren natürlich außer uns vor Begeisterung über diese unglaubliche Kavallerie-Attacke.

SERGIUS *mit schwerer Ironie:* Gnädige Frau: sie war die Wiege und das Grab meines Ansehens als Offizier.

KATHARINA Wieso?

SERGIUS Ich habe die Schlacht auf die falsche Weise gewonnen, während unsere russischen Generäle sie auf die richtige Weise verloren hätten. Kurz: ich habe ihre Pläne nicht befolgt und damit ihr Selbstgefühl verletzt. Zwei Kosaken-Obristen haben sich ihre Regimenter nach strenger Kriegswissenschaft zusammenschlagen lassen. Zwei Generalmajore sind nach genauer militärischer Vorschrift gefallen. Die beiden Obristen sind jetzt Generalmajore, und ich bin immer noch ein einfacher Major.

KATHARINA Sie sollen es nicht bleiben. Sie haben die Frauen auf Ihrer Seite. Wir werden dafür sorgen, daß Ihnen Gerechtigkeit geschieht.

SERGIUS Zu spät. Ich habe nur auf den Frieden gewartet, um meinen Abschied zu nehmen.

PETKOFF *läßt vor Erstaunen die Tasse fallen:* Deinen Abschied?

KATHARINA Das müssen Sie zurücknehmen.

SERGIUS *gemessen, mit pathetischem Ton:* Ich nehme niemals etwas zurück.

PETKOFF *aus allen Wolken gefallen:* Wer hätte gedacht, daß du so etwas tun würdest!

SERGIUS *mit Feuer:* Alle, die mich kennen. Aber reden wir nicht von mir und meinen Dingen. Wie geht es Raina? Wo ist sie?

RAINA *kommt um die Hausecke und steht auf dem Weg oberhalb der Treppe:* Raina ist hier!
Sie sieht bezaubernd aus. Ein Unterkleid aus grüner Seide, darüber ein Überwurf aus écrufarbenem Leinen, mit Gold bestickt. Auf dem Kopf trägt sie eine phrygische Mütze aus Goldflitter. Sie stellt sich anmutig in Pose und reicht Sergius ihre Hand. Nach Kavaliersart geht er auf ein Knie und küßt sie.

PETKOFF *beiseite zu Katharina, strahlend in väterlichem Stolz:* Bezaubernd! Wie sie auch immer im rechten Augenblick kommt!

KATHARINA *ein wenig irritiert:* Ja. Sie wartet auf das Stichwort. Eine sehr schlechte Angewohnheit.
Sergius geleitet Raina in vollendetem Zeremoniell nach vorn. Als sie am Tisch ankommen, wendet sie sich ihm zu und neigt den Kopf. Er verbeugt sich, dann trennen sie sich, er geht an seinen Platz, sie hinter den Stuhl ihres Vaters.

RAINA *neigt sich zu ihrem Vater hinab und küßt ihn:* Liebster Pappi! Willkommen!

PETKOFF *streichelt ihre Wange:* Mein liebes Kind! *Er küßt sie.*
Sie geht zu dem Stuhl, den Nikola für Sergius geholt hat und setzt sich.

KATHARINA Dann sind Sie also kein Soldat mehr, Sergius.

ZWEITER AKT

SERGIUS Nein, ich bin kein Soldat mehr. Soldat-sein, gnädige Frau, ist die Kunst der Feigheit: man greift gnadenlos an, wenn man stark ist, und hütet sich vor Gefahr, wenn man schwach ist. Das ist das ganze Geheimnis militärischer Erfolge. Bring deinen Feind ins Hintertreffen, aber bekämpfe ihn niemals unter den gleichen Bedingungen.

PETKOFF Zu so einem rechten Gefecht Mann gegen Mann hat man gar nicht kommen lassen. Na ja, eigentlich ist Krieg ein Geschäft und nicht anders als andere Geschäfte.

SERGIUS Richtig. Und ich habe keinen Ehrgeiz, ein guter Geschäftsmann zu sein. Deshalb habe ich den Rat dieses Geschäftsmannes befolgt, der als Hauptmann den Gefangenenaustausch bei Pirot ausgehandelt hat, und habe es aufgesteckt.

PETKOFF Was, dieser Schweizer? Ich habe oft an den Austausch gedacht. Mit den Pferden hat er uns hereingelegt.

SERGIUS Natürlich hat er uns hereingelegt. Sein Vater ist Hotelbesitzer und Fuhrunternehmer. Er ist im Pferdehandel großgeworden, daher seine Kenntnisse. *Mit gespielter Bewunderung:* Das war ein Soldat, was? Soldat von oben bis unten. Wenn ich nur die Pferde für mein Regiment vorteilhaft gekauft hätte, anstatt es in Gefahr zu bringen, dann wäre ich jetzt Feldmarschall.

KATHARINA Ein Schweizer? Was hat der in der serbischen Armee zu suchen?

PETKOFF Ein Freiwilliger natürlich. Brannte darauf, seinen Beruf auszuüben. *Er lacht:* Wir hätten überhaupt nicht kämpfen können, wenn diese Ausländer uns nicht gezeigt hätten, wie man das macht. Wir hatten keine Ahnung, und die Serben auch nicht. Wahrhaftig – ich glaube, ohne diese Ausländer hätte es überhaupt keinen Krieg gegeben.

RAINA Gab es viele Schweizer in der serbischen Armee?

PETKOFF Nein. Nur Österreicher, so wie es bei uns nur Russen gab. Er war der einzige Schweizer, den ich getroffen habe. Niemals werde ich einem Schweizer wieder vertrauen. Er hat uns doch tatsächlich dazu gebracht, ihm fünfzig taugliche Männer für zweihundert Schindmähren einzutauschen. Die konnte man noch nicht einmal essen.

SERGIUS Wir waren wie zwei Kinder in der Hand dieses gestandenen Soldaten, nicht wahr Major? Nichts als zwei unschuldige Kinder.

RAINA Wie war er denn so, dieser Schweizer?

KATHARINA Was für eine dumme Frage, Raina!
SERGIUS Wie ein Handelsreisender in Uniform, ein Bourgeois von oben bis unten.
PETKOFF *grinsend:* Sergius, erzähl Katharina diese herrliche Geschichte, die uns sein Freund von ihm erzählt hat. Wie er nach der Schlacht von Slivnitza geflohen ist. Du weißt schon: die beiden Frauen, die ihn versteckt haben.
SERGIUS *mit bitterer Ironie:* Richtig. Eine romantische Geschichte. Er diente in der Batterie, die ich selbst so höchst unsachlich angegriffen habe. Als richtiger Soldat ist er natürlich weggerannt wie alle anderen, unsere Kavallerie hinter ihnen her. Um sich vor uns zu retten, ist er ein Regenrohr heraufgeklettert und gelangte ins Schlafzimmer einer jungen bulgarischen Dame. Diese junge Dame war ganz bezaubert von der gewinnenden Art dieses Handelsreisenden. Sie unterhielt sich mit ihm etwa eine Stunde lang. Natürlich bewahrte sie Anstand, dann rief sie aber doch die Frau Mama, denn sie hatte natürlich Angst, daß man diesen Besuch falsch deuten würde, falls man ihn entdeckte. Auch die alte Dame war ganz entzückt. Und gegen Morgen schickten sie den Herrn Hauptmann weg, verkleidet, in einem alten Rock des Hausherrn, der gerade im Krieg war.
RAINA *steht auf, mit Eiseskälte:* Ich stelle fest, daß der Krieg Ihre Manieren verdorben hat, Sergius. Niemals hätte ich es für möglich gehalten, daß Sie in meiner Gegenwart eine so ungehörige Geschichte erzählten. *Sie wendet sich ab.*
KATHARINA *steht ebenfalls auf:* Sie hat recht, Sergius. Wenn es wirklich solche Weiber gibt, so sollte man uns die Kenntnis ersparen.
PETKOFF Unsinn! Was ist denn dabei?
SERGIUS *beschämt:* Nein, Petkoff. Es war nicht recht von mir. *Zu Raina, mit tiefer Reue:* Ich bitte um Verzeihung, ich habe mich sehr schlecht benommen. Vergeben Sie mir, Raina!
Raina verneigt sich mit Zurückhaltung.
Und auch Sie, gnädige Frau.
Katharina verneigt sich gnädig und setzt sich wieder hin.
Er fährt düster fort, sich an Raina wendend:
Ich habe während der letzten paar Monate Einblicke in die schäbigen Seiten des Lebens gewonnen. Vielleicht hat mich das zynisch gemacht. Aber ich hätte meinen Zynis-

mus nicht mitbringen sollen. Vor allem nicht in Ihre Nähe, Raina. Ich – *Er wendet sich den anderen zu, offensichtlich zu einer längeren Rede ausholend.*
PETKOFF *unterbricht ihn:* Völliger Blödsinn, Sergius. Du machst aus einer Ameise einen Elefanten. Eine Soldatentochter sollte deutliche Worte vertragen können. *Er steht auf:* Komm, an die Arbeit! Wir müssen uns endlich entscheiden, wie wir diese drei Regimenter nach Philippopel zurückschicken wollen. Über Sofia geht es nicht. Keine Verpflegung. *Er geht auf das Haus zu:* Gehen wir! *Sergius ist im Begriff, ihm zu folgen, aber Katharina hindert ihn.*
KATHARINA Pawel, kannst du Sergius nicht einen Augenblick entbehren? Raina hat ihn noch gar nicht gesprochen. Vielleicht kann ich dir da bei deinen Regimentern helfen.
SERGIUS *protestiert:* Liebe gnädige Frau, das ist ganz unmöglich. Sie – –
KATHARINA *hält ihn zurück:* Sie bleiben hier, mein lieber Sergius. Es hat ja alles Zeit. Ich muß ohnehin einiges mit Pawel besprechen.
Sergius verbeugt sich und tritt zurück.
Und jetzt, mein Lieber, *Sie nimmt Petkoffs Arm:* mußt du erst einmal die elektrische Klingel bewundern.
PETKOFF Also gut, zeig sie mir mal!
Sie gehen Arm in Arm ins Haus. Sergius, mit Raina allein, sieht sie besorgt an, er fürchtet, daß sie noch beleidigt ist. Aber sie lächelt und streckt den Arm nach ihm aus.
SERGIUS *nähert sich:* Sie haben mir also verziehen?
RAINA *legt ihre Hände auf seine Schultern und sieht ihm mit Bewunderung und Verehrung ins Gesicht:* Mein Held, mein König!
SERGIUS Meine Königin! *Er küßt sie auf die Stirn.*
RAINA Ich habe Sie so beneidet, Sergius. Sie sind in der Welt gewesen, auf dem Schlachtfeld, und haben bewiesen, daß Sie jeder Frau auf der ganzen Erde würdig sind. Und ich, ich habe zu Hause gesessen und habe geträumt. Ich habe nichts getan, um zu beweisen, daß ich überhaupt einen richtigen Mann verdiene.
SERGIUS Liebste Raina, alle meine Taten waren die Ihren. Sie haben mich geführt. Ich bin durch den Krieg gegangen wie ein Ritter durchs Turnier, auf den seine Dame herabsieht.

RAINA Und meine Gedanken waren niemals woanders als bei Ihnen. *Feierlich:* Sergius, ich glaube, wir beide haben die höhere Liebe gefunden. Wenn ich an Sie denke, fühle ich, daß ich niemals etwas Niedriges tun oder einen unwürdigen Gedanken denken könnte.
SERGIUS Sie sind mein guter Geist, meine Heilige! *Er hält sie verehrend in den Armen.*
RAINA *umarmt ihn:* Mein Herr und mein . . .
SERGIUS Nein – Ich will der Anbeter sein! Sie wissen ja gar nicht, daß selbst der würdigste Mann der Liebe eines reinen Mädchens unwürdig sein könnte.
RAINA Aber ich vertraue Ihnen, ich verehre Sie. Sie werden mich niemals enttäuschen, Sergius.
Man hört Luka im Haus singen. Sie gehen auseinander.
Da kommt Luka. Vor ihr kann ich nicht so tun, als mache ich Konversation. Mein Herz ist zu voll.
Luka kommt aus dem Haus mit dem Tablett. Sie geht zum Tisch und beginnt abzuräumen, dabei kehrt sie dem Paar den Rücken zu: Ich hole meinen Hut. Dann wollen wir spazieren gehen bis zum Mittagessen. Haben Sie Lust?
SERGIUS Beeilen Sie sich. Fünf Minuten warten werden mir wie fünf Stunden vorkommen.
Raina läuft die Stufen hinauf, wendet sich noch einmal um, wirft ihm eine Kußhand zu und verschwindet. Hingerissen sieht er ihr einen Augenblick lang nach, wendet sich dann ab, sein Gesicht strahlend vor liebevoller Hingerissenheit. Aber da er nun den Blick anderen Dingen zuwendet, ändert sich auch der Gesichtskreis: er sieht Luka, die seinen Blick zunehmend zu fesseln beginnt. Er beobachtet sie genau und beginnt, seinen Schnurrbart unternehmungslustig zu zwirbeln. Er stemmt die linke Hand in die Hüfte und geht in federndem leichten Schritt eben eines Kavallerie-Offiziers zum Tisch, so daß er ihr gegenübersteht.
Luka, verstehst du etwas von der ›höheren Liebe‹?
LUKA *erstaunt:* Nein, gnädiger Herr.
SERGIUS Eine etwas ermüdende Sache auf die Dauer. Hin und wieder muß man sich davon erholen.
LUKA *unschuldig:* Dann kann ich Ihnen vielleicht noch einen Kaffee machen, gnädiger Herr. *Sie streckt die Hand aus, um die Kaffeekanne aufzunehmen.*
SERGIUS *nimmt die Hand:* Nein danke, Luka.

ZWEITER AKT

LUKA *tut so als wolle sie die Hand zurückziehen:* Aber gnädiger Herr, so war das nicht gemeint. Ich bin ganz erstaunt über Sie.

SERGIUS *geht vom Tisch weg und zieht sie mit sich:* Ich auch, Luka. Über mich selbst. Was würde der Held von Slivnitza sagen, wenn er mich jetzt sähe. Was würde Sergius, der Apostel der höheren Liebe, sagen, wenn er mich sähe. Was würde das Halbdutzend der anderen Sergiusse sagen, die immer abwechselnd aus meiner hübschen Haut herausschauen? Wenn die uns hier so sähen, wie? *Läßt ihre Hand los und faßt sie um die Hüfte:* Findest du, daß ich ein schöner Mann bin, Luka?

LUKA Lassen Sie mich los, Herr Major! Man wird mich davonjagen.
Sie versucht sich freizumachen, aber er hält sie fest.
Wollen Sie mich sofort gehen lassen?

SERGIUS *sieht ihr direkt in die Augen:* Nein.

LUKA Dann lassen Sie uns wenigstens irgendwo hingehen, wo niemand uns sieht. Haben Sie denn den Verstand verloren?

SERGIUS Ah, das hört sich schon besser an. *Er zieht sie in das Stalltor, wo man sie vom Haus her nicht sieht.*

LUKA *verängstigt:* Gewiß hat man mich vom Fenster aus schon gesehen. Fräulein Raina spioniert sicherlich hinter Ihnen her.

SERGIUS *empfindlich getroffen, läßt sie los:* Paß auf, was du sagst, Luka. Ich selbst bin vielleicht der höheren Liebe unwürdig, aber ich lasse sie nicht in den Schmutz ziehen.

LUKA *ernsthaft:* So meine ich es ja auch nicht, Herr Major. Ganz gewiß nicht. Dürfte ich jetzt bitte weiterarbeiten?

SERGIUS *legt wieder seinen Arm um sie:* Du forderst mich heraus, du kleine Hexe. Wenn Du in mich verliebt wärst, würdest du mir nachspionieren?

LUKA Sie sagen, Sie hätten ein Halbdutzend Männer in sich, alle auf einmal. Da gäbe es ziemlich viel zu spionieren.

SERGIUS *entzückt:* Nicht nur hübsch, sondern auch witzig. *Er versucht, sie zu küssen.*

LUKA *weicht ihm aus:* Nein, ich will Ihre Küsse nicht. Herrschaften sind alle gleich. Sie amüsieren sich hinter Fräulein Rainas Rücken. Und Fräulein Raina tut das gleiche hinter Ihrem Rücken.

SERGIUS *läßt von ihr ab:* Luka!

LUKA Da sieht man, wie Ihr alle über die Liebe denkt.
SERGIUS *läßt die Intimität fallen und spricht mit eisiger Höflichkeit:* Wenn du Wert darauf legst, dich mit mir zu unterhalten, erinnere dich bitte, daß ein Herr über die Lebensführung einer Dame nicht mit ihrem Dienstmädchen spricht.
LUKA Man weiß wirklich nicht, was ein Herr für richtig hält. Nach Ihrem Versuch, mich zu küssen, dachte ich, daß Sie diese Dinge nicht so genau nehmen.
SERGIUS *wendet sich ab und tritt aus dem Tor, schlägt sich dabei gegen die Stirn:* Der Teufel!
LUKA Ha ha, einer der sechs Herren in Ihnen muß wohl ein wenig so sein wie ich, Herr Major. Obwohl ich nur Fräulein Rainas Mädchen bin. *Sie geht zur ihrer Arbeit zurück und nimmt keine Notiz mehr von ihm.*
SERGIUS *spricht zu sich selbst:* Wer von den sechs ist nun der Richtige, wer bin ich? Das ist die Frage! Einer von ihnen ist ein Held, ein anderer ein Schwachkopf, einer ein Schwindler, ein anderer vielleicht sogar ein Lump. *Er unterbricht sich, sieht verstohlen zu Luka hin und sagt:* Und mindestens einer ist ein Feigling, und dazu auch noch eifersüchtig, wie alle Feiglinge. *Er geht zum Tisch:* Luka?
LUKA Was ist?
SERGIUS Wer ist mein Rivale?
LUKA Das werden Sie aus mir niemals herausbekommen, nicht für alles Geld der Welt.
SERGIUS Warum?
LUKA Das ist meine Sache. Außerdem würden Sie sagen, daß ich es Ihnen erzählt hätte, und ich würde meine Stellung verlieren.
SERGIUS *hält seine rechte Hand hoch, als wolle er schwören:* Bei meiner Ehre, ... *Unterbricht sich, läßt die Hand fallen und fährt mit Selbstironie fort:* – – der Ehre eines Mannes, der sich so benimmt, wie ich mich in den letzten fünf Minuten benommen habe. – Wer ist es?
LUKA Ich weiß es nicht. Ich habe nur seine Stimme aus Fräulein Rainas Schlafzimmer gehört.
SERGIUS Verdammt! Und du wagst es . . . ?
LUKA *weicht vor ihm zurück:* Ich konnte doch nichts dazu. Es ist nicht recht von Ihnen mit mir zu schimpfen. Die gnädige Frau weiß auch davon. Und ich sage Ihnen, wenn der Mann jemals hier wieder erscheinen sollte, dann wird

Fräulein Raina ihn gewiß heiraten, ob er will oder nicht. Ich kenne den Unterschied zwischen der Art wie Sie und das Fräulein zusammen reden und der richtigen Art.

SERGIUS *ist zutiefst betroffen, er geht mit einem hart entschlossenen Gesicht auf sie zu und packt ihre beiden Arme oberhalb des Ellbogens:* Jetzt hör mir mal zu!

LUKA *wimmert:* Au! Nicht so fest! Sie tun mir ja weh!

SERGIUS Das schadet dir gar nichts. Du hast meine Ehre befleckt, du hast mich zum Komplizen deiner Schlüsselloch-Horcherei gemacht. Und du hast deine Herrin verraten.

LUKA *windet sich:* Bitte – –

SERGIUS Das beweist nur, daß du ein erbärmlicher kleiner Klumpen Dreck bist, eine Lakaienseele. *Er läßt sie los, und als habe er etwas Schmutziges angefaßt, wischt er die Hände aneinander ab. Dann setzt er sich auf die Bank an der Hausmauer, wendet den Kopf ab und beginnt, vor sich hinzubrüten.*

LUKA *reibt wimmernd ihre Arme:* Sie wissen jedenfalls wie man weh tut, nicht nur mit der Zunge, sondern auch mit den Händen. Aber mir ist es egal. Jetzt weiß ich wenigstens: aus solchen Klumpen, aus denen ich gemacht bin, sind Sie auch gemacht. Und das Fräulein ist eine Lügnerin, und ihre schönen Worte sind reiner Betrug. Und ich bin sechsmal so viel wert wie sie. *Sie schüttelt den Schmerz ab und macht sich wieder an die Arbeit.*

SERGIUS *sieht sie zweifelnd an, während sie das Geschirr aufs Tablett stellt, das Tischtuch aufnimmt, um alles hineinzutragen. Als sie das Tablett aufnehmen will, steht er auf:* Luka!

Sie hält ein und sieht ihn trotzig an.

Ein Gentleman sollte einer Frau unter keinen Umständen wehtun. *Mit tiefer Zerknirschung, nimmt seinen Tschako ab:* Ich bitte um Verzeihung.

LUKA Diese Art von Entschuldigung mag recht sein für eine Dame. Aber was hat ein Dienstmädchen davon?

SERGIUS *der seine Ritterlichkeit frustriert sieht, wirft sie mit verächtlichem Grinsen ab und sagt obenhin:* Ach so, du verlangst vielleicht Schmerzensgeld? *Er setzt seinen Tschako wieder auf, holt Geld aus der Tasche.*

LUKA *Tränen schießen ihr in die Augen:* Nein. Sie sollen meine Schmerzen wiedergutmachen.

SERGIUS *von diesem Ton ernüchtert:* Aber wie?
Luka rollt ihren linken Ärmel hoch, hält den Arm zwischen Daumen und Fingern der rechten Hand und besieht den blauen Fleck. Dann hebt sie den Arm und sieht Sergius an. Schließlich hebt sie ihm mit einer großen Geste den Arm entgegen, damit er ihn küsse.
SERGIUS *sieht ungläubig auf den Arm, dann auf sie selbst, dann wieder auf den Arm, zögert und sagt dann schaudernd vor dieser Zumutung:* Niemals! *Er geht so weit weg von ihr wie nur möglich.*
Ihr Arm fällt. Ohne ein weiteres Wort und mit natürlicher Würde nimmt sie das Tablett auf und geht zum Haus, wo soeben Raina erscheint, in Hut und Kostüm der letztjährigen Mode: Wien 1885. Luka geht ihr mit Stolz aus dem Weg, dann ins Haus.
RAINA Da bin ich. Was ist los? *Im Scherz:* Haben Sie etwa mit Luka geflirtet?
SERGIUS *rasch:* Um Gotteswillen! Wie können Sie so etwas denken.
RAINA *beschämt:* Verzeihen Sie mir! Es war natürlich nur ein Scherz. Ich bin heute so glücklich. *Er geht auf sie zu und küßt in Reue ihre Hand.*
Katharina kommt aus dem Haus.
KATHARINA *geht auf sie zu:* Bitte verzeiht mir, daß ich störe, Kinder. Aber Pawel zerbricht sich immer noch den Kopf über diese drei Regimenter. Er weiß eben nicht, wie er sie nach Philippopel schaffen soll. Und meine Vorschläge findet er schlecht. Ich fürchte, Sie müssen ihm helfen, Sergius. Er ist in der Bibliothek.
RAINA *enttäuscht:* Aber wir wollten gerade spazierengehen.
SERGIUS Das dauert nicht lange. Warten Sie fünf Minuten. *Er läuft die Treppe hinauf ins Haus.*
RAINA *folgt ihm bis zum Fuß der Treppe und ruft ihm kokett nach:* Ich geh und warte vor dem Bibliotheksfenster. Machen Sie bitte meinen Vater auf mich aufmerksam. Wenn es auch nur eine Sekunde länger dauert als fünf Minuten, komm ich herein und hole Sie, Regimenter oder nicht.
SERGIUS *lachend:* Gut! *Er geht hinein.*
Raina sieht ihm nach, bis er verschwunden ist. Dann entspannt sie sich sichtlich und beginnt, tief in Gedanken, hin und herzugehen.

KATHARINA Was sagst du dazu, daß sie ausgerechnet diesem Schweizer begegnen mußten. Und daß sie die ganze Geschichte kennen. Natürlich war die erste Frage deines Vaters nach dem alten Rock, den wir diesem Mann gegeben haben. Du hast uns da in schöne Verlegenheit gebracht.
RAINA *in Gedanken, betrachtet den Kies, auf dem sie geht:* Diese kleine Bestie!
KATHARINA Kleine Bestie? Was für eine kleine Bestie?
RAINA Ihm alles zu erzählen! – Wenn der hier wäre, ich würde ihn so vollstopfen mit Schokolade, daß er nicht mehr sprechen könnte.
KATHARINA Red nicht solchen Unsinn. Sag mir die Wahrheit, Raina! Wie lange war er in deinem Zimmer, bevor du mich gerufen hast?
RAINA *kehrt um und setzt ihren Marsch in der entgegengesetzten Richtung fort:* Das habe ich längst vergessen.
KATHARINA So etwas vergißt man doch nicht. Ist er wirklich erst heraufgeklettert, nachdem die Soldaten fort waren, oder war er im Zimmer, als dieser Russe ihn gesucht hat?
RAINA Nein. Ja. Er muß wohl schon dagewesen sein, denke ich.
KATHARINA Denkst du! Raina! Raina! Wirst du jemals lernen, die Wahrheit zu sagen? Wenn Sergius das erfährt, dann ist es aus zwischen euch!
RAINA *kühl und unverschämt:* O ich weiß, Sergius ist deine Wonne. Manchmal wünschte ich, du könntest ihn heiraten für mich. Du wärest genau die Richtige für ihn. Du würdest ihn den ganzen Tag betätscheln und verwöhnen und bemuttern.
KATHARINA *erstarrt:* Also das ist denn doch – –
RAINA *kapriziös, halb zu sich selbst:* Mich juckt es immer danach, ihm etwas Schreckliches zu tun oder zu sagen, ihn zu schockieren, so daß sich alle seine fünf Sinne sträuben. *Zu Katharina, mit gezielter Perversität:* Es ist mir völlig gleichgültig, ob er von dem Schokoladensoldat erfährt oder nicht. Beinah hoffe ich es sogar. *Sie wendet sich wieder um und geht auf das Haus zu.*
KATHARINA Und wie, wenn ich fragen darf, sollte ich das deinem Vater erklären?
RAINA *über die Schulter von oberhalb der Stufen:* Ach so – der arma Pappi? Als ob der nicht auch zu manchem

fähig wäre! *Sie geht um die Ecke und verschwindet.*
KATHARINA *sieht ihr nach, ihre Finger jucken:* Wenn du nur zehn Jahre jünger wärst!
Luka kommt aus dem Haus mit einem Silbertablett, das aber in ihrer Hand hängt.
Was ist denn jetzt?
LUKA Ein Herr ist draußen, gnädige Frau. Ein serbischer Offizier.
KATHARINA *zornig:* Ein Serbe! Und der wagt es – *Unterbricht sich, bitter:* Ach so, ich habe ja ganz vergessen, daß Friede ist. Wahrscheinlich kommen die jetzt den ganzen Tag und machen uns ihre Aufwartung. Ein Offizier? Warum sagst du es nicht dem gnädigen Herrn? Er ist in der Bibliothek mit Major Saranoff. Warum kommst du zu mir?
LUKA Er hat nach Ihnen gefragt, gnädige Frau. Ich glaube nämlich, er weiß gar nicht, wer Sie sind. Er sagte: die Dame des Hauses. Da ist so eine Karte. Die hat er mir gegeben. Für Sie! *Sie zieht eine Karte aus ihrem Mieder, legt sie auf das Tablett und reicht es Katharina.*
KATHARINA *liest:* Hauptmann Bluntschli? Das ist doch ein deutscher Name.
LUKA Ich glaube, er ist Schweizer, gnädige Frau.
KATHARINA *erschrickt so demonstrativ, daß Luka zurückfährt:* Schweizer! Wie sieht er aus?
LUKA *angstvoll:* Er hat einen großen Reisesack bei sich, gnädige Frau.
KATHARINA Um Gottes willen. Das ist der Rock. Schick ihn weg! Sag ihm, wir sind nicht zu Hause. Er soll dir seine Adresse geben, ich schreibe ihm – nein, das geht nicht. Warte! –
Sie wirft sich in einen Stuhl, um die Sache zu überdenken. Luka wartet.
Der gnädige Herr und der Herr Major sind in der Bibliothek und arbeiten, nicht wahr?
LUKA Ja, gnädige Frau.
KATHARINA *entschlossen:* Bring mir den Herrn hierher, sofort. *Streng:* Und sei sehr höflich zu ihm! Und mach schnell! Warte! *Reißt ihr das Tablett weg:* Laß das hier und geh!
LUKA Ja, gnädige Frau. *geht.*
KATHARINA Luka?

ZWEITER AKT

LUKA Ja, gnädige Frau?
KATHARINA Ist die Bibliothekstür geschlossen?
LUKA Ich glaube ja, gnädige Frau.
KATHARINA Wenn nicht, schließ sie im Vorbeigehen.
LUKA Ja, gnädige Frau. *Will gehen.*
KATHARINA Warte!
Luka wartet.
Er soll außen herumgehen. *Sie deutet auf das Stallhoftor:* Und sag Nikola, er soll ihm den Reisesack hierher tragen. Vergiß es nicht!
LUKA *erstaunt:* Den Reisesack?
KATHARINA Ja. hierher. So schnell wie möglich! *Aufgeregt:* Schnell!
Luka läuft ins Haus. Katharina reißt sich ihre Schürze ab und wirft sie hinter einen Busch. Dann nimmt sie das Tablett auf und benützt es als Spiegel. Das Resultat: ihr Kopftuch folgt der Schürze. Sie bringt ihr Haar in Ordnung, zupft ihren Morgenrock zurecht und schon ist sie präsentabel.
Wie ist das möglich! Wie kann ein Mann bloß so schwachsinnig sein! Und ausgerechnet in diesem Augenblick!
Luka erscheint an der Haustür und meldet: Hauptmann Bluntschli, *dann stellt sie sich zur Seite, um ihn vorbeigehen zu lassen und geht wieder ins Haus. Er ist der Mann des nächtlichen Abeneuers in Rainas Zimmer, aber inzwischen ist er sauber, schön gekämmt, in eleganter Uniform und guter Verfassung, dennoch, der gleiche Mann. Kaum hat Luka die Szene verlassen, stürzt Katharina auf ihn zu und bestürmt ihn, offensichtlich in großer Not:*
Hauptmann Bluntschli, ich freue mich sehr, Sie wiederzusehen. Aber Sie müssen das Haus sofort verlassen.
Er zieht eine Augenbraue hoch.
Mein Mann ist soeben zurückgekehrt, mit ihm mein zukünftiger Schwiegersohn, keiner von ihnen weiß etwas. Wenn sie etwas wüßten, würde etwas Schreckliches geschehen. Sie sind Ausländer. Sie kennen unsere nationalen Gefühle nicht. Wir hassen die Serben immer noch. Der Friede hat meinen Mann wütend gemacht. Er ist wie ein Löwe, dem man seine Beute weggenommen hat. Wenn er unser Geheimnis erfährt, wird er mir niemals verzeihen. Und das Leben meiner Tochter wäre kaum sicher. Darf

ich daher an Sie appellieren als an einen Gentleman und Soldaten? Bitte gehen Sie sofort, bevor man Sie hier antrifft!

BLUNTSCHLI *enttäuscht aber gefaßt:* Gern, verehrte gnädige Frau. Ich bin nur gekommen, um mich bei Ihnen zu bedanken und den Rock zurückzubringen, den Sie mir so freundlicherweise geliehen haben. Wenn Sie mir erlauben möchten, ihn aus meinem Reisesack zu nehmen und ihn beim Hinausgehen Ihrem Bedienten zu übergeben, brauche ich Ihnen nicht länger zur Last zu fallen. *Er geht auf das Haus zu.*

KATHARINA *hält ihn am Ärmel fest:* Bitte um Gottes willen nicht dort lang. *Sie führt ihn zum Tor:* Dies hier ist der kürzere Weg. Und nochmals vielen Dank. Ich freue mich, daß ich Ihnen habe helfen können.

BLUNTSCHLI Und mein Reisesack?

KATHARINA Den schicke ich nach. Geben Sie mir Ihre Adresse!

BLUNTSCHLI Gern. Erlauben Sie bitte!
Er zieht eine Karte aus seiner Brieftasche und beginnt zu schreiben, während Katharina in panischer Ungeduld wartet. Als er ihr die Karte gibt, kommt Petkoff, ohne Hut, eilig aus dem Haus gelaufen in gastfreundlicher Erregung, gefolgt von Sergius.

PETKOFF *noch auf der Treppe:* Mein lieber Hauptmann Bluntschli – –!

KATHARINA Jetzt ist alles aus. *Sie sinkt auf die Bank.*

PETKOFF *zu sehr mit seinem Willkommen beschäftigt, um sie zu bemerken, schüttelt Bluntschlis Hand:* Mein Personal scheint auf den Kopf gefallen zu sein. Es dachte wohl, ich sei hier draußen. Und ich war in der Bibliothek! *Auf dem Wort liegt Emphase:* Ich habe Sie durchs Fenster gesehen. Ich dachte schon – warum kommen Sie denn nicht herein! Saranoff ist auch da. Sie erinnern sich doch an ihn!

SERGIUS *salutiert humorvoll, dann reicht er ihm sehr liebenswürdig die Hand:* Willkommen, feindlicher Freund!

PETKOFF Gott sei Dank nicht mehr Feind. *In plötzlicher Befürchtung:* Ich hoffe doch, Sie kommen als Freund und nicht, um über Pferde und Gefangene zu verhandeln?

KATHARINA Nein nein, als Freund, Pawel. Ich hatte den Herrn Hauptmann gebeten, zum Mittagessen zu bleiben.

Aber leider muß er sofort wieder gehen.
SERGIUS *sarkastisch:* Ausgeschlossen, Bluntschli, wir brauchen Sie hier dringend. Drei Kavallerieregimenter müssen wir nach Philippopel befördern und haben keine Ahnung, wie.
BLUNTSCHLI *mit beruflichem Interesse:* Philippopel. Da haben Sie wahrscheinlich Schwierigkeiten mit der Verpflegung.
PETKOFF *begeistert:* Genau! *Zu Sergius:* Der hat es sofort verstanden.
BLUNTSCHLI Ich glaube, da kann ich Ihnen helfen.
SERGIUS Sie sind unbezahlbar. Los, kommen Sie!
Hinter Bluntschli stehend, legt er ihm die Hand auf die Schulter und führt ihn zu den Stufen. Petkoff folgt.
RAINA *kommt aus dem Haus und sieht Bluntschli unterhalb der Treppe:* Ah – der Schokoladensoldat!
Bluntschli steht wie angewurzelt, Sergius erstarrt und sieht zuerst auf Raina dann auf Petkoff, der auf Sergius und dann auf seine Frau sieht.
KATHARINA *geistesgegenwärtig:* Liebe Raina, siehst du nicht, daß wir einen Gast haben? Hauptmann Bluntschli. Einen unserer neuen serbischen Freunde.
Raina verneigt sich, Bluntschli verneigt sich.
RAINA Wie dumm von mir. *Sie steigt die Treppe herab und ist jetzt inmitten der Gruppe, zwischen Bluntschli und Petkoff:* Ich habe gerade unsere Eistorte dekoriert, und dieser blöde Nikola hat einen Stoß Teller daraufgestellt und sie verdorben. *Zu Bluntschli, gewinnend:* Ich hoffe, daß Sie sich nicht für den Schokoladensoldat gehalten haben, Hauptmann Bluntschli.
BLUNTSCHLI *lacht:* In der Tat, ich dachte, Sie meinten mich. *Wirft ihr einen verstohlenen Blick zu:* Aber Ihre Erklärung hat mich beruhigt.
PETKOFF *argwöhnisch, zu Raina:* Darf ich fragen, seit wann du kochst?
KATHARINA In deiner Abwesenheit hat sie es gelernt. Ihr neuester Einfall.
PETKOFF *unbefriedigt:* Und Nikola hat offensichtlich angefangen zu trinken. Früher war er abstinent. Zuerst führt er Hauptmann Bluntschli hier heraus, wo er doch weiß, daß ich in der Bibliothek bin. Und dann geht er und ruiniert Rainas Schokoladensoldat. Ich glaube, er ist wirklich – –

Nikola erscheint oberhalb der Treppe mit dem Sack, den er respektvoll Bluntschli zu Füßen legt. Dann wartet er auf weitere Anordnungen. Allgemeines Erstaunen. Nikola ist sich der Wirkung, die er hervorruft, nicht bewußt, offensichtlich ist er mit sich zufrieden. Schließlich gewinnt Petkoff die Gewalt über seine Sprache wieder und fragt ihn: Sag mal, bist du eigentlich bei Sinnen, Nikola?
NIKOLA Ich verstehe nicht, gnädiger Herr?
PETKOFF Weshalb bringst du diesen Sack hierher?
NIKOLA Die gnädige Frau hat es so befohlen. Luka sagte mir ...
KATHARINA *unterbricht:* Ich sollte es befohlen haben?! Warum sollte ich dir befehlen, Hauptmann Bluntschlis Gepäck hier herauszubringen? Was denkst du dir eigentlich, Nikola?
NIKOLA *ringt einen Augenblick um Fassung, dann nimmt er den Reisesack wieder auf und wendet sich mit der Perfektion des vollendeten Dieners an Bluntschli:* Ich bitte vielmals um Verzeihung, Herr Hauptmann. *Zu Katharina:* Natürlich habe ich mich geirrt, gnädige Frau. Ich bitte Sie, es mir nicht anzurechnen. *Er verbeugt sich und geht mit dem Sack zur Treppe, dort trifft ihn Petkoffs angestauter Ärger.*
PETKOFF Du kannst diesen Reisesack in Fräulein Rainas Eistorte werfen.
Das ist zu viel für Nikola. Der Sack fällt ihm aus der Hand, beinah zu Füßen seines Herrn, der ihn anbrüllt: Mach daß du fortkommst, du gepökeltes Rindvieh!
NIKOLA *nimmt schnell den Sack wieder auf:* Jawohl, Herr Major! *Und verschwindet mit dem Sack im Haus.*
KATHARINA Beruhige dich, Pawel, es ist doch nicht so schlimm!
PETKOFF *schäumend:* Der Schurke! Völlig verkommen, während ich fort war. Aber dem werde ich es zeigen – diesem Lump. Nächsten Samstag schmeiße ich ihn hinaus! Ich werde diesen ganzen Haushalt – – – *Weitere Worte ersticken unter den Beruhigungsversuchen seiner Frau und seiner Tochter, die ihn von beiden Seiten liebkosend bearbeiten.*
KATHARINA *gleichzeitig mit Raina:* Aber Liebster, ärgere dich doch nicht, er hat es ja nicht böse gemeint. Beruhige dich! Es ist doch nicht so schlimm ... *etc.*

RAINA *gleichzeitig:* Aber Pappi, reg dich doch nicht so auf! An deinem ersten Tag zu Hause! Ich mache dir auch eine neue Eistorte, wenn du wieder lieb bist ... *etc.*
PETKOFF *beruhigt sich:* Na ja – also gut – ist schon gut. – Bluntschli, jetzt Spaß beiseite. Sie bleiben jetzt erst mal hier. Sie gehen doch ohnehin noch nicht gleich zurück in Ihre Schweiz. Bis dahin wohnen Sie bei uns.
RAINA Ja wirklich, Herr Hauptmann.
PETKOFF *zu Katharina:* Vor dir hat er Angst. Sag du es ihm noch einmal! Dann bleibt er.
KATHARINA Natürlich wäre ich – *sieht Bluntschli flehentlich an* – überglücklich, wenn er bleiben könnte –, wenn er es wirklich möchte. Ich glaube, er kennt meine Wünsche.
BLUNTSCHLI *trocken und militärisch:* Gnädige Frau, Ihr Wunsch ist mir Befehl.
SERGIUS *herzlich:* Abgemacht.
PETKOFF *zufrieden:* Na also.
RAINA Sehen Sie? Jetzt müssen Sie bleiben.
BLUNTSCHLI *vergnügt:* Um so besser. Wenn ich muß, dann muß ich eben.
Katharina macht eine Geste verzweifelter Ergebenheit.

Dritter Akt

In der Bibliothek, nach dem Mittagessen. Allerdings verdient der Raum diese Bezeichnung kaum. Die literarische Ausstattung beschränkt sich auf ein einziges Regal, auf dem abgegriffene papiergebundene Romane stehen, mit zerrissenen Rücken und Kaffeeflecken; dazu ein paar Etageren, darauf Geschenkbände. Was sonst an Wand übrigbleibt, ist mit Kriegsandenken und Jagdtrophäen bestückt. Aber als Wohnzimmer ist der Raum sehr gemütlich. Drei große Fenster lenken den Blick auf Gebirgslandschaft, im Augenblick in herrlichem Nachmittagslicht. In der Ecke neben dem äußeren Fenster rechts ragt ein ungeheuerlicher Kachelofen in glänzender Glasur beinah bis zur Zimmerdecke und verspricht wohlige Wärme. Die Ottomane ist ähnlich der in rainas Zimmer und ist in derselben Art aufgestellt. Die Fensternischen sind Bänke, mit dicken bunten Kissen angehäuft. Nur ein Gegenstand paßt absolut nicht in seine Umgebung: ein kleiner, alter, wackliger, schäbiger Küchentisch, als Schreibtisch hergerichtet, mit einer Blechbüchse voller Federn, einem mit Tinte gefüllten Eierbecher und einem großen Blatt von abgenütztem, zerfetzten rosa Löschpapier. Seitlich am Tisch sitzt Bluntschli, arbeitet intensiv über einigen Generalstabskarten und schreibt Befehle aus. Vor dem Tisch sitzt Sergius, auch der offiziell bei der Arbeit, aber in Wirklichkeit, an einer Feder kauend, in den Anblick Bluntschlis vertieft, voller Neid über dessen Sachlichkeit und Tüchtigkeit und voller Unbehagen über seine eigene Unfähigkeit. Er staunt Bluntschlis Methodik an, aber ihr prosaischer Charakter verbietet ihm gleichzeitig, sie zu schätzen.
Der Major dagegen hat sich bequem auf der Ottomane niedergelassen, die Zeitung in der Hand, das Mundstück seiner Wasserpfeife leicht erreichbar. Katharina sitzt stickend am Ofen, Raina sitzt auf der Fensterbank und sieht tagträumend hinaus auf die Balkanlandschaft, einen vernachlässigten Roman auf dem Schoß.
Die Tür ist auf der Seite des Ofens. Der Knopf der elektrischen Klingel an der anderen Seite, hinter Bluntschli.

PETKOFF *sieht von seiner Zeitung auf zum Tisch hinüber:*
  Kann ich Ihnen in irgendeiner Weise behilflich sein,

Bluntschli?

BLUNTSCHLI *ohne die Arbeit zu unterbrechen oder aufzusehen:* Vielen Dank. Nicht nötig. Saranoff und ich werden gut damit fertig.

SERGIUS *ironisch:* Ja, sehr gut. Er arbeitet alles aus, schreibt die Orders, und ich unterschreibe. Arbeitsteilung. *Bluntschli schiebt ihm ein Papier hin.* Noch eines? Danke. *Er legt das Papier vor sich hin, stellt seinen Stuhl parallel dazu und unterschreibt. Die Zunge vollzieht die Signatur mit:* Diese Hand hat mehr Übung mit dem Schwert als mit der Feder.

PETKOFF Es ist wirklich sehr nett von Ihnen, Bluntschli, sich uns zur Verfügung zu stellen. Ich kann Ihnen wirklich nicht helfen?

KATHARINA *leise:* Du könntest aufhören, immer zu unterbrechen, Pawel.

PETKOFF *erschrocken, wendet sich zu ihr:* Wie? Ach so, ganz recht, meine Liebe, natürlich. *Er nimmt die Zeitung wieder auf, aber er läßt sie sofort wieder sinken:* Du warst ja nicht im Krieg, Katharina, du weißt gar nicht, wie wohltuend es ist für uns, hier zu sitzen nach einem guten Essen und nichts tun zu müssen. Nur eine einzige Sache fehlt mir zu meinem Glück.

KATHARINA Und das wäre?

PETKOFF Mein alter Rock. In diesem ist mir nicht recht wohl. Ich fühle mich darin wie bei der Parade.

KATHARINA Aber lieber Pawel, was hast du denn immer mit diesem alten Rock? Zieh ihn doch an! Er hängt in der blauen Kammer, wo er immer gehangen hat.

PETKOFF Ich sage dir doch, meine Liebe, ich habe dort nachgesehen. Habe ich Augen oder nicht?

Katharina steht auf, geht zur elektrischen Klingel und drückt den Knopf.

Du mußt natürlich deinen elektrischen Knopf herzeigen. *Sie blickt ihn mit einiger Überheblichkeit an und geht schweigend zu ihrer Stickerei zurück.*

Meine Beste, wenn du meinst, daß die Hartnäckigkeit deines Geschlechts einen Hausrock aus zwei Morgenröcken Rainas und deinem Regenmantel machen kann, dann irrst du dich leider. Denn genau das sind die Dinge, die im Augenblick in der blauen Kammer hängen, und nichts anderes.

Nikola tritt auf.

KATHARINA Nikola, geh in die blaue Kammer und hole den alten Hausrock des gnädigen Herrn. Du weißt schon – den mit der Borte.

NIKOLA Ja, gnädige Frau. *Ab.*

PETKOFF Katharina.

KATHARINA Ja, Pawel?

PETKOFF Ich wette mit dir um jeden Schmuck, der dir in Sofia in die Augen sticht, gegen eine Woche Haushaltsgeld, daß der Rock nicht da ist.

KATHARINA Einverstanden.

PETKOFF *von seiner Chance angestachelt:* Wer steigt in dieses Spiel ein, wer macht mit? Bluntschli, sechs zu eins! Wie wärs?

BLUNTSCHLI *unbeirrt:* Sie wären ruiniert, Major. Die gnädige Frau hat sicher recht. *Ohne aufzusehen, gibt er einen Stoß Papiere an Sergius weiter.*

SERGIUS Eins zu null für die Schweiz. Ich wette mein bestes Pferd gegen eine arabische Stute für Raina, daß Nikola den Rock in der blauen Kammer findet.

PETKOFF Dein bestes Pferd!

KATHARINA *unterbricht ihn:* Pawel, sei nicht verrückt! Eine arabische Stute kostet dich fünfzigtausend Leva.

RAINA *erwacht plötzlich aus ihrer Träumerei:* Aber Mammi, wenn du den Schmuck nimmst, warum gönnst du mir dann die Stute nicht.

Nikola erscheint mit dem Rock, bringt ihn Petkoff, der seinen Augen nicht traut.

KATHARINA Wo war er, Nikola?

NIKOLA Er hing in der blauen Kammer, gnädige Frau.

PETKOFF Also, da soll mich doch der Teufel – –

KATHARINA *unterbricht:* Bitte Pawel!!

PETKOFF Ich hätte schwören können, daß er nicht da ist. Ich glaube ich werde alt, bald sehe ich Gespenster. *Zu Nikola:* Hilf mir in den Rock.

Er zieht sich um, Nikola hilft.

Gut, daß wir nicht gewettet haben. Jetzt mußt du Raina die Stute selbst kaufen, Sergius, sie rechnet damit. Nicht wahr, Raina? *Er sieht sich nach ihr um, aber sie ist schon wieder in ihren Träumen. Mit einem Anflug von väterlichem Gefühl macht er die anderen darauf aufmerksam:* Sie träumt schon wieder, – wie immer.

DRITTER AKT

SERGIUS Ich versichere dir, sie wird nicht zu kurz kommen.
PETKOFF Um so besser für sie. Ich fürchte, mich wird die Sache etwas teuer zu stehen kommen.
Inzwischen hat er sich umgezogen. Nikola geht mit dem abgelegten Rock hinaus.
Jetzt endlich fühle ich mich wirklich zu Hause. *Grunzend vor Befriedigung nimmt er die Zeitungslektüre wieder auf.*
BLUNTSCHLI *händigt Sergius das letzte Papier:* So, das wär's.
PETKOFF *überrascht, springt auf:* Was? Fertig?
BLUNTSCHLI Fertig.
PETKOFF *will zu guter Letzt noch mitspielen:* Gibts nicht auch noch etwas zum Unterzeichnen für mich?
BLUNTSCHLI Nicht nötig. Seine Unterschrift genügt.
PETKOFF *gebläht vor Befriedigung:* Da haben wir aber ein gutes Stück Arbeit geleistet heute. Kann ich noch irgend etwas tun?
BLUNTSCHLI Vielleicht wäre es ratsam, wenn Sie beide sich die Leute mal ansehen, die das Zeug zu überbringen haben.
Sergius steht auf.
Schicken Sie die Kerle gleich auf den Weg! Ich habe auf den Ordern genau verzeichnet, wann sie einzureichen sind. Und keine Verzögerung, kein Besuch im Wirtshaus unterwegs! Fünf Minuten Verspätung, und sie bekommen die Haut über die Ohren gezogen!
SERGIUS *indigniert:* Ich werde es ausrichten. Und wenn einer von ihnen den Mut hat, mir ins Gesicht zu spucken, weil ich seine Menschenwürde angetastet habe, dann kaufe ich ihn los und zahle ihm seine Pension! *Er geht ab.*
BLUNTSCHLI *vertraulich zu Petkoff:* Gehen Sie mit und sehen Sie zu, daß er mit den Leuten anständig umgeht, Herr Major!
PETKOFF *eifrig:* Sehr richtig, Bluntschli, sehr richtig. Ich werde mich der Sache annehmen. *Er stelzt zur Tür, aber dort zögert er:* Übrigens, Katharina, du könntest eigentlich mitkommen. Vor dir haben sie wahrscheinlich mehr Respekt als vor mir.
KATHARINA *legt ihre Stickerei ab:* Ja, du hast recht, es ist besser. Ich fürchte, du machst dich den Leuten nicht recht verständlich.
Sie geht ab, Petkoff hält ihr die Tür und folgt ihr.
BLUNTSCHLI Das nenn ich mir eine Armee. Macht Kanonen

aus Kirschbäumen. Und die Offiziere schicken nach ihren Frauen, damit sie Disziplin halten! *Er beginnt, die Papiere zu ordnen.*

RAINA *ist von ihrem Fenstersitz aufgestanden und kommt jetzt langsam, die Hände auf dem Rücken, auf ihn zu:* Sie sehen wesentlich netter aus als damals. Wie wir uns kennengelernt haben.
Er sieht sie erstaunt an.
Wie haben Sie das gemacht?

BLUNTSCHLI Ich habe mich gewaschen. Und gekämmt, gut geschlafen, richtiges Frühstück. Mehr eigentlich nicht.

RAINA Sind Sie gut zurückgekommen, an dem Morgen?

BLUNTSCHLI Ausgezeichnet. Danke.

RAINA War man böse mit Ihnen, weil Sie vor Sergius davongelaufen sind?

BLUNTSCHLI *grinst:* Überhaupt nicht. Die waren froh, daß ich da war. Sie sind ja selbst davongelaufen.

RAINA *stützt sich ihm gegenüber auf den Tisch:* Das hat wohl eine hübsche Geschichte abgegeben. Über mich und mein Zimmer.

BLUNTSCHLI Großartige Geschichte. Aber ich habe sie nur einem einzigen Menschen erzählt, einem guten Freund.

RAINA Auf dessen Verschwiegenheit Sie sich absolut verlassen konnten.

BLUNTSCHLI Absolut.

RAINA Aha. Er hat die ganze Geschichte meinem Vater und Sergius erzählt, an dem Tag als die Gefangenen ausgetauscht wurden. *Sie wendet sich ab und geht langsam, im Bewußtsein der Wirkung, auf die andere Seite des Zimmers.*

BLUNTSCHLI *sehr betroffen und beinah ungläubig:* Nein. Das ist doch wohl nicht Ihr Ernst?

RAINA *wendet sich um, plötzlich ernsthaft:* Doch. Aber die beiden wissen natürlich nicht, daß es dieses Haus war. Wenn Sergius das wüßte, würde er Sie zum Duell fordern und töten.

BLUNTSCHLI Auch das noch! Dann erzählen Sie es ihm lieber nicht.

RAINA Bitte seien Sie doch mal ernst, Herr Hauptmann. Können Sie denn nicht begreifen, was es für mich bedeutet, ihn zu betrügen? Ich möchte doch, daß zwischen Sergius und mir keine Lüge steht, keine Gemeinheit, keine Kleinlichkeit. Meine Beziehung zu ihm ist der einzige wirklich schöne und edle Teil meines Lebens. Ich hoffe, Sie verstehen das!?

BLUNTSCHLI *skeptisch:* Sie meinen, Sie möchten nicht, daß er herausfindet, daß die Sache mit dem Schokoladensoldat eine – eine – wie soll ich sagen – –

RAINA *höchst peinlich berührt:* Bitte sprechen Sie nicht darüber, als wäre das eine Bagatelle. Ich habe gelogen. Das weiß ich. Aber ich habe es getan, um Ihr Leben zu retten. Es war das zweite Mal, daß ich jemals die Unwahrheit gesagt habe.
Bluntschli steht auf und sieht sie zweifelnd und streng an.
Erinnern Sie sich an das erste Mal?

BLUNTSCHLI Ich? Nein. War ich denn dabei?

RAINA Ja. Ich habe dem Offizier, der nach Ihnen gesucht hat, gesagt, Sie seien nicht hier.

BLUNTSCHLI Natürlich. Wie konnte ich das nur vergessen!

RAINA *ermutigt:* Natürlich, Sie vergessen so etwas. Sie hat es nichts gekostet. Aber mich hat es eine Lüge gekostet. Eine Lüge!
Sie setzt sich auf die Ottomane und sieht vor sich hin, die Hände unter den Knieen. Bluntschli, ganz gerührt, geht zu ihr und setzt sich neben sie.

BLUNTSCHLI *besänftigend:* Mein liebes Fräulein, ich glaube, Sie übertreiben. Sehen Sie mich an! Ich bin Soldat. Was sind nun die beiden Dinge, mit denen ein Soldat fertig werden muß, so daß sie ihm schließlich überhaupt nichts mehr ausmachen? Erstens, daß er von allen Seiten Lügen hört.
Raina ist schmerzlich berührt.
Zweitens: daß er sich manchmal das Leben retten lassen muß, und zwar von allen möglichen Leuten und auf alle möglichen Arten.

RAINA *steht auf, entrüstet:* Und das bedeutet, daß er nicht mehr an Treue und Dankbarkeit glaubt.

BLUNTSCHLI *trocken:* Glauben Sie an Dankbarkeit? Ich nicht. Wenn Mitleid der Liebe verwandt ist, dann entspricht Dankbarkeit dem Gegenteil.

RAINA Dankbarkeit! *Aggressiv:* Wenn Sie schon nicht dankbar sein können, dann sind Sie überhaupt nicht fähig, etwas Edles zu empfinden. Selbst Tiere sind dankbar. Jetzt sehe ich erst, was Sie von mir halten. Sie waren gar

nicht erstaunt, mich lügen zu hören. Sie dachten vielleicht, das tue ich jeden Tag, jede Stunde. Das also denken Männer von Frauen. *Sie geht im Raum auf und ab, sieht sich tragisch.*
BLUNTSCHLI *stoisch:* Und nicht ganz unberechtigt. Sie sagen, Sie hätten in Ihrem Leben nur zweimal gelogen. Liebes gnädiges Fräulein: ist das nicht doch etwas sparsam gerechnet? Ich selbst glaube, daß ich verhältnismäßig ehrlich bin, aber damit käme ich noch nicht einen halben Tag aus.
RAINA *von oben herab:* Herr Hauptmann, Sie beleidigen mich!
BLUNTSCHLI Ich kann nichts dafür. Ich bin gewiß voller Verwunderung für Ihre edle Haltung und Ihren schwingenden Tonfall, aber ich glaube kein Wort davon.
RAINA *mit großem Pathos:* Hauptmann Bluntschli!
BLUNTSCHLI *ungerührt:* Bitte?
RAINA *steht über ihm, als traue sie ihrer Wahrnehmung nicht mehr:* Meinen Sie wirklich, was Sie eben gesagt haben?! Wissen Sie überhaupt, was Sie gesagt haben?!
BLUNTSCHLI Genau.
RAINA *ringt nach Atem:* Ich – Ich – –
Verschluckt sich beinah, was zu bedeuten hat: ›Ich, Raina Petkoff soll eine Lügnerin sein!!‹ Er sieht sie an, unbeeindruckt. Plötzlich setzt sie sich neben ihn und fragt mit völlig verändertem Ton – das Heroische ist der Vertraulichkeit gewichen –
Wie haben Sie das herausbekommen?
BLUNTSCHLI *völlig natürlich:* Instinkt, mein Fräulein. Instinkt und Erfahrung.
RAINA *bewundernd:* Wissen Sie, daß Sie der erste Mann sind, der mich nicht ernst nimmt?
BLUNTSCHLI Sie meinen, ich bin der erste Mann, der Sie wirklich ernst nimmt.
RAINA Ja, wahrscheinlich meine ich das. *Gelockert und unbefangen:* So wie Sie hat noch niemand mit mir gesprochen. Es ist eine ganz neue Erfahrung. Wissen Sie, ich habe das nämlich immer so gemacht.
BLUNTSCHLI Was?
RAINA Ich meine die edle Haltung und den strengen Tonfall. *Beide lachen.*
Schon als kleines Kind mit meinem Kindermädchen. Die hat mir alles abgekauft. Auch mit meinen Eltern tue ich es,

die glauben auch alles. Auch mit Sergius. Der glaubt auch alles.
BLUNTSCHLI Na ja, er geht ja selbst ein bißchen in diese Richtung, oder nicht?
RAINA Ich bin nicht ganz sicher. Meinen Sie? Wenn ich denke, daß er . . . *Entmutigt:* Na gut. Ist ja auch gleichgültig. Wahrscheinlich verachten Sie mich jetzt, wo Sie alles wissen.
BLUNTSCHLI *freundlich, steht auf:* Aber keineswegs, mein liebes Fräulein, ganz gewiß nicht. Es gehört zu Ihnen, Ihrer Jugend, gerade darin liegt ja Ihr Reiz. Darin bin ich wie die anderen: das Kindermädchen, Ihre Eltern, Sergius. Ich bin tatsächlich ganz bezaubert von Ihnen.
RAINA *angenehm überrascht:* Wirklich?
BLUNTSCHLI *schlägt sich, nach deutscher Manier, die Hand aufs Herz:* Hand aufs Herz! Ganz ehrlich.
RAINA *glücklich:* Aber was haben Sie von mir gedacht, als Sie mein Bild gefunden haben?
BLUNTSCHLI *erstaunt:* Ihr Bild? Sie haben mir kein Bild gegeben.
RAINA *erschrocken:* Sie meinen, Sie haben es gar nicht gefunden?
BLUNTSCHLI Gefunden? Nein. *Mit erneutem Interesse setzt er sich wieder neben sie. Nicht ohne Befriedigung fragt er:* Wann haben Sie es mir denn geschickt?
RAINA *entrüstet:* Ich habe es Ihnen nicht geschickt. *Sie wendet ihren Kopf von ihm ab und sagt beschämt:* Es war in der Rocktasche.
BLUNTSCHLI *erschrocken und amüsiert:* Ich habe es nicht gefunden. Dann muß es noch immer in der Rocktasche sein.
RAINA *springt auf:* Noch immer in der – Und das erste, was mein Vater findet, wenn er die Hand in die Tasche steckt, ist das Bild! Wie konnten Sie so nachlässig sein!
BLUNTSCHLI *steht ebenfalls auf:* Das ist doch nicht so schlimm. Es ist doch nur eine Fotografie. Er weiß doch nicht, wem es zugedacht war. Sagen Sie ihm, er hätte es selbst dort hineingesteckt.
RAINA Sie halten sich wohl für sehr gescheit! *In größter Not:* Was soll ich nur tun?
BLUNTSCHLI Ach so! Sie haben etwas daraufgeschrieben! Das war vielleicht unklug.

RAINA *beinah in Tränen:* Und wenn ich bedenke, daß ich das für Sie getan habe, dem es ganz egal ist, der mich dazu noch auslacht! – Sind Sie sicher, daß niemand den Rock berührt hat?

BLUNTSCHLI Da bin ich natürlich nicht ganz sicher. Ich habe den Rock natürlich nicht überall mitnehmen können, schließlich kann man im Krieg kein Gepäck brauchen.

RAINA Und was haben Sie damit getan?

BLUNTSCHLI Als ich nach Pirot kam, mußte ich ihn natürlich in möglichst sichere Verwahrung geben. Zuerst dachte ich an die Handgepäckaufbewahrung am Bahnhof. Aber im modernen Krieg werden solche Orte gern geplündert. Deshalb habe ich ihn versetzt.

RAINA Sie meinen – gegen ein Pfand – –?

BLUNTSCHLI Ich weiß, das klingt nicht schön. Aber es war bei weitem das Sicherste. Vorgestern habe ich ihn ausgelöst. Gott allein weiß, ob der Pfandleiher die Taschen ausgeleert hat oder nicht.

RAINA *wütend wirft sie ihm die Worte ins Gesicht:* Sie sind eine ganz niedrige Krämernatur. Sie denken sich Sachen aus, auf die ein Gentleman niemals kommen würde.

BLUNTSCHLI *phlegmatisch:* Das, mein Fräulein, ist der Schweizer Nationalcharakter. *Er geht zum Tisch.*

RAINA O – ich wünschte, ich hätte Sie niemals gesehen. *sie wendet sich ab und setzt sich, immer noch zitternd vor Wut, ans Fenster.*
Luka kommt herein mit einem Stoß Briefe und Telegramme auf dem Silbertablett. In ihrer lockeren freien Art geht sie quer durch das Zimmer. Ihr linker Ärmel ist bis zur Schulter hochgekrempelt und zeigt ihren nackten Arm, auf dem der blaue Fleck mit einem breiten goldenen Armband verdeckt ist.

LUKA *zu Bluntschli:* Für Sie! *Sie leert den Teller auf den Tisch:* Der Mann wartet. *Sie ist fest entschlossen, einem Feind gegenüber unhöflich zu bleiben, wenn sie ihm auch die Post bringen muß.*

BLUNTSCHLI *zu Raina:* Bitte entschuldigen Sie mich. Das ist die erste Post seit drei Wochen. Es hat sich angehäuft. Vier Telegramme, eine Woche alt. *Er öffnet eines:* O – schlechte Nachricht.

RAINA *nähert sich ihm, ein wenig in Reue:* Schlechte Nachricht?

BLUNTSCHLI Mein Vater ist gestorben.
Er sieht in Gedanken auf das Telegramm, man sieht ihm an, daß er disponiert. Luka bekreuzigt sich.
RAINA Das ist aber traurig.
BLUNTSCHLI Ja. Ich muß heim. In einer Stunde muß ich abreisen. Er hat mir eine Reihe von Hotels hinterlassen, um die ich mich kümmern muß. *Er nimmt einen besonders dicken Brief auf:* Hier ein Monstrum von Brief, von unserem Familienanwalt. *Er öffnet ihn, geht eine Liste durch:* Donnerwetter! – siebzig – zweihundert *im crescendo, als sei er überfordert:* Viertausend, Vier – tausend! Neuntausendsechshundert!!! Was soll ich mit all dem Zeug?!
RAINA *ahnungslos:* Neuntausendsechshundert Hotels?
BLUNTSCHLI Hotels? Nein – Ach – Sie ahnen es nicht. Es ist zu lächerlich. Entschuldigen Sie mich: ich muß meinem Burschen ein paar Anordnungen geben, wegen der Abreise. *Er verläßt das Zimmer in Eile, die Briefe in der Hand.*
LUKA *ihr Instinkt sagt ihr, daß sie Raina ärgern kann, indem sie Bluntschli schlecht macht:* Der hat kein Herz, dieser Schweizer. Er hat kein Wort gesagt, daß er über den Tod seines Vaters traurig ist.
RAINA *bitter:* Traurig? Ein Mann, der seit Jahren nichts getan hat, als andere zu töten! Was macht dem das aus? Was macht das irgendeinem Soldaten aus? *Sie geht zur Tür, hält nur mit Mühe ihre Tränen zurück.*
LUKA Major Saranoff war schließlich auch im Krieg, aber der hat noch ziemlich viel Herz übrig.
Raina, an der Tür, wirft Luka einen tötenden Blick zu und segelt hinaus.
Ah – das hab ich mir doch gedacht, daß du aus deinem Soldaten nicht viel Gefühl herausquetschen wirst! *Im Begriff hinauszugehen, stößt sie auf Nikola, der mit einem Scheit Holz hereinkommt.*
NIKOLA *grinst sie liebevoll an:* Ah endlich! Den ganzen Nachmittag schon versuche ich, dich allein zu kriegen, mein Kind. *Bemerkt den hochgekrempelten Ärmel:* Was ist denn das für eine neue Mode!
LUKA *stolz:* Meine eigene Mode.
NIKOLA So! Wenn die Gnädigste dich so sieht, wird sie dir ein paar Worte darüber zu sagen haben. *Er legt die Scheite ab und setzt sich bequem auf die Ottomane.*

LUKA Und deshalb fängst du schon jetzt mit ein paar Worten an.

NIKOLA Komm – komm, sei mal ein bißchen nett zu mir. Ich habe erfreuliche Nachricht für dich.
Sie setzt sich neben ihn. Er zieht Papiergeld aus der Tasche. Luka, gierig, will es ihm wegschnappen, aber er zieht es ihr mit der anderen Hand weg.
Siehst du! Zwanzig Lewa. Sergius hat sie mir gegeben, so aus einer Laune. Wenn der so weitermacht, ist er sein Geld bald los. Und hier sind nochmal zehn Lewa. Die hat mir dieser Schweizer gegeben, weil ich die Lügen unserer verehrten Dame und Rainas so treuherzig hingenommen habe. Der Kerl ist übrigens nicht auf den Kopf gefallen. Du hättest die alte Katharina mal hören sollen, da unten. Die war so freundlich zu mir wie noch nie. Sie sagt, ich soll dem Alten nicht böse sein, er sei eben manchmal etwas ungeduldig. Sie wüßten genau, was für ein guter Diener ich sei –, nachdem sie mich wie einen Schwachkopf und Lügner behandelt haben, vor dem Besuch. Die Zwanzig, die werden gespart. Und die zehn, die sind für dich, falls du dich bequemen kannst, mich ein bißchen menschlicher zu behandeln. Manchmal habe ich es nämlich satt, immer nur Diener zu spielen.

LUKA Ja. Du verkaufst deine Seele für dreißig Lewa, und meine willst du für zehn kaufen. *Sie steht auf, mit Verachtung:* Behalte dein Geld. Du bist zum Diener geboren. Ich nicht. Wenn du erst deinen Laden aufmachst, dann bist du der Diener aller Leute, jetzt bist du der Diener einiger Leute. *Sie geht zum Tisch und läßt sich auf Sergius' Stuhl nieder, wie auf einem Thron.*

NIKOLA *nimmt die Holzscheite auf und geht zum Ofen:* Warte nur! Du wirst schon sehen! Es wird dir nichts fehlen. Und wir werden Herren in unserem Haus sein. Das verspreche ich dir. *Er wirft das Holz hin und kniet vor dem Ofen.*

LUKA In meinem Haus wirst du niemals Herr sein.

NIKOLA *wendet sich nach ihr um, immer noch auf den Knieen:* Du bist zu ehrgeizig, Luka. Denk daran: wenn es dir im Leben mal gut gehen wird – ich war es, der überhaupt erst etwas aus dir gemacht hat.

LUKA Du?!

NIKOLA *stellt sich wieder auf die Füsse und geht auf sie zu:*

Ja. Ich. Wer hat es dir abgewöhnt, falsches Haar kiloweise auf dem Kopf zu tragen und deine Lippen und Backen rot anzumalen wie jedes beliebige bulgarische Bauernmädchen? Ich. Wer hat dir beigebracht, deine Nägel zu schneiden und deine Hände sauber zu halten und dich zu pflegen wie eine feine russische Dame? Ich war es! Hörst du? Ich.
In Verachtung wirft sie den Kopf zurück. Er wendet sich ab, etwas gefaßter.
Ich habe manchmal gedacht: wenn diese Raina nicht wäre, und du wärst ein wenig gescheiter und Sergius noch ein wenig dümmer, dann wärst du eine meiner besten Kundinnen. Als meine Frau kostest du mich ja doch nur Geld.

LUKA Und ich glaube, du wärst lieber mein Diener als mein Mann. Da würdest du mehr aus mir herausbekommen. Ich kenne dich doch – dich und deine Krämerseele.

NIKOLA *nähert sich ihr, um seinen Worten Bedeutung zu geben:* Laß du ruhig meine Seele aus dem Spiel, und hör mir gut zu! Wenn du eine Dame sein möchtest, dann ist dein Verhalten mir gegenüber fehl am Platz, – außer wenn wir allein sind. Du bist zu grob und unverschämt. Unverschämtheit weist auf Vertraulichkeit. Das könnte sogar Zuneigung bedeuten. Und versuche nicht immer, mich von oben herab zu behandeln. Du bist wie alle diese Bauernmädchen: du meinst, es sei vornehm, einen Diener so zu behandeln, wie ich einen Stallburschen behandle. Das verrät nur, daß du eben keine Ahnung hast. Merk dir das! Und sei nicht immer so trotzig den anderen gegenüber! Tu meinetwegen so, als ob du erwartest, daß du recht hast. Aber nicht als ob du erwartest, daß man dich herumkommandiert. Der Erfolg einer Dame beruht auf den gleichen Regeln wie der Erfolg eines Dienstmädchens: man muß genau wissen, wo man steht. Das ist das Geheimnis. Und du kannst dich darauf verlassen, daß ich weiß, wo ich stehen werde, solltest du es weiter bringen als ich. Überleg dir das mal, Mädchen! Ich werde dir schon helfen. Ein Diener sollte dem anderen immer helfen.

LUKA *steht ungehalten auf:* Ich tue, was ich selbst für richtig halte. Du mit deiner kaltblütigen Weisheit, du nimmst mir nur den Mut! Leg das Holz aufs Feuer! Das ist die einzige Sprache, die Du verstehst.

Bevor Nikola antworten kann, kommt Sergius herein. Einen kurzen Augenblick scheut er, als er Luka sieht, dann geht er zum Ofen.

SERGIUS *zu Nikola:* Bin ich im Weg?

NIKOLA *glatt und ältlich-gütig:* Aber nein, gnädiger Herr, vielen Dank. Ich habe gerade mit diesem dummen kleinen Ding ein wenig geschimpft. Jeden Augenblick rennt sie hier in die Bibliothek, um sich die Bücher anzusehen. Das ist der Nachteil ihrer Erziehung: sie versucht, sich über ihren Stand zu erheben. *Zu Luka:* Luka, räum den Tisch ab, für den Herrn Major! *Gemessen verläßt er den Raum.*

LUKA *Tut, als räume sie den Tisch auf. Sie sieht Sergius nicht an. Er geht zu ihr hinüber und besieht ihren Arm.*

SERGIUS Zeig mal her. Sieht man den Fleck noch?

Er zieht das Armband hinauf und sieht den Fleck. Sie steht ohne Bewegung, sieht ihn immer noch nicht an: gebannt und auf alles gefaßt.

Tut's noch weh?

LUKA Ja.

SERGIUS Soll ich es heilen?

LUKA *zieht sofort den Arm zurück, sieht ihn aber nicht an:* Nein. Jetzt ist es zu spät.

SERGIUS *siegessicher:* Bist du sicher? *Er will sie in seinen Arm nehmen.*

LUKA Bitte spielen Sie nicht mit mir! Ein Offizier sollte nicht mit einem Dienstmädchen anbandeln.

SERGIUS *legt den Zeigefinger auf den Fleck an ihrem Arm, so daß sie es spürt:* Das war kein Spiel, Luka!

LUKA *fährt bei der Berührung zusammen, dann sieht sie ihn zum ersten Mal an:* Tut es Ihnen leid?

SERGIUS *mit berechneter Emphase, kreuzt seine Arme:* Mir tut niemals etwas leid, Luka!

LUKA *resigniert:* Ich wollte, das könnte ich glauben! Daß ein Mann so anders sein kann als eine Frau! Ich weiß nicht, ob Sie wirklich ein so tapferer Mann sind.

SERGIUS *natürlich, ohne Stolz:* Doch. Ich bin ein tapferer Mann. Beim ersten Schuß ist mein Herz gehüpft wie das einer Frau. Aber als wir dann angriffen, stellte ich fest, daß ich Mut habe. Da wenigstens stimmt es bei mir.

LUKA Und haben Sie bei diesem Angriff festgestellt, daß die Söhne armer Leute weniger mutig waren als reiche Leute

wie Sie?
SERGIUS *leichthin, aber bitter:* Keineswegs. Sie haben gekämpft und geflucht und gebrüllt wie Helden. Aber der Mut, sich zu schlagen und zu töten, ist billig. Ich habe einen englischen Bullterrier, der genau den gleichen Mut hat wie die bulgarische Nation, und die russische Nation noch dazu. Aber von meinem Stallknecht läßt er sich trotzdem prügeln. Genau wie unsere Soldaten. – Nein, Luka: deine armen Leute können Hälse abschneiden. Aber vor ihren Offizieren haben sie Angst. Die lassen sich jede Beleidigung und jede Ohrfeige gefallen. Sie sehen zu, wenn jemand anders bestraft wird, wie die Kinder, und wenn der Offizier befiehlt, dabei zu helfen, dann helfen sie auch noch. Und die Offiziere! *Mit einem kurzen bitteren Lachen:* Ich bin Offizier. *Mit Pathos:* Den Mann möchte ich sehen, der sich allen Mächten im Himmel und auf der Erde entgegenstellt, wenn es gegen seinen Willen oder sein Gewissen geht. Nur der wäre ein wirklich mutiger Mann.
LUKA Sie haben leicht reden. Überhaupt: manchmal denke ich, Männer werden nie erwachsen. Sie haben Ideen wie Schulkinder. Was wirklicher Mut ist, das wissen Sie gar nicht.
SERGIUS *ironisch:* So? Dann kannst du es mir vielleicht erklären. *Er setzt sich breit und in Erwartung auf die Ottomane.*
LUKA Sehen Sie mich an! Wieviel eigenen Willen erlaubt man mir? Ich muß das Zimmer für Sie aufräumen, fegen, Staub wischen, heben, tragen, laufen. Wie sollte mich aber das alles erniedrigen, wenn es Sie nicht erniedrigt, das alles von mir zu verlangen! *Mit verhaltener Leidenschaft:* Aber wenn ich die Zarin von Rußland wäre, das Höchste in der Welt – dann – Sie denken, ich hätte keinen Mut – aber ich würde es Ihnen zeigen! Sie sollten mal sehen!
SERGIUS Was würdest du dann tun, Kaiserliche Hoheit!?
LUKA Ich würde den Mann heiraten, den ich liebe. Keine Kaiserin in ganz Europa hat den Mut, das zu tun. Sie wären dann unter meinem Stand, so wie ich jetzt unter Ihrem Stand bin, aber ich würde Sie heiraten und mich meinen Untergebenen gleichstellen. Würden Sie das etwa wagen, wenn Sie mich liebten? Nein: Sie würden so eine Liebe gar nicht erst aufkommen lassen, Sie würden gleich

am Anfang etwas dagegen tun. Sie würden das gar nicht erst wagen, sondern ein reiches Mädchen heiraten, weil Sie Angst hätten, daß die Leute schlecht über Sie reden.
SERGIUS *getroffen:* Du lügst. Das ist nicht wahr! Weiß Gott nicht! Wenn ich dich liebte, und wäre ich der Zar selbst, ich würde dich neben mich auf den Thron setzen. Aber du weißt ja, daß ich eine andere liebe, und zwar eine Frau, die so hoch über dir steht, wie der Himmel über der Erde. Und du bist nur eifersüchtig.
LUKA Dazu habe ich gar keinen Grund. Fräulein Raina heiratet Sie ohnehin nicht. Der Mann, von dem ich Ihnen erzählt habe, ist ja wieder da. Sie wird den Schweizer heiraten.
SERGIUS *fällt aus allen Wolken:* Den Schweizer?
LUKA Der ist zehnmal soviel wert wie Sie. Dann können Sie zu mir kommen. Aber ich werde Sie abweisen. Sie sind nicht gut genug für mich. *Sie wendet sich zur Tür.*
SERGIUS *ist mit einem Satz bei ihr und reißt sie wild in seine Arme:* Ich werde den Schweizer töten. Und mit dir werde ich tun, was mir gefällt.
LUKA *in seinen Armen, passiv und gelassen:* Vielleicht wird aber auch der Schweizer Sie töten. In der Liebe hat er Sie besiegt. Vielleicht besiegt er Sie auch im Krieg.
SERGIUS *gequält:* Meinst du, das glaube ich dir? Sie, deren schlimmste Gedanken besser sind als deine besten, sollte sich hinter meinem Rücken mit einem anderen Mann eingelassen haben?
LUKA Meinen Sie etwa, sie würde dem Schweizer glauben, wenn er ihr jetzt erzählte, daß ich in Ihrem Arm bin?
SERGIUS *läßt sie los, in Verzweiflung:* Verdammt – verdammt! Ich finde mich da nicht mehr zurecht. Alles was ich glaube, wird in den Schmutz gezogen von allem was ich tue. *Er schlägt sich auf die Brust:* Lügner, Narr, Feigling! Soll ich mich töten wie ein Mann oder leben bleiben und so tun, als sei alles zum Lachen?
Luka wendet sich wieder zum Gehen.
Luka!
Sie bleibt an der Tür stehen.
Vergiß nicht: du gehörst mir!
LUKA *wendet sich zu ihm:* Und was hat das zu bedeuten? Eine Beleidigung?
SERGIUS *kommandiert:* Es hat zu bedeuten, daß du mich

liebst und daß ich dich hier in meinen Armen gehalten habe und vielleicht wieder halten werde. Ob das eine Beleidigung ist, weiß ich nicht, und es ist mir auch gleichgültig. Nimm es wie du willst. Aber *Heftig:* ich will kein Feigling sein und kein Lügner. Wenn ich mich entschließe, dich zu lieben, dann wage ich es auch, dich zu heiraten, und wenn ganz Bulgarien gegen mich aufsteht. Wenn diese Hände dich jemals wieder berühren, dann berühren sie meine Braut.

LUKA Wir wollen sehen, ob Sie es wagen, Ihr Wort zu halten. Und entscheiden Sie sich. Lange warte ich nämlich nicht.

SERGIUS *faltet wieder die Arme vor der Brust und steht bewegungslos im Zimmer:* Jawohl. Wir werden sehen. Und du wirst warten, solange es mir behagt.
Bluntschli, sehr beschäftigt, mit seinen Papieren immer noch in der Hand, kommt herein. Er läßt die Tür für Luka offen. Er geht zum Tisch, sieht Luka kurz an, während er an ihr vorbeigeht. Sergius, ohne seine resolute Haltung zu ändern, beobachtet ihn scharf. Luka geht und läßt die Tür offen.

BLUNTSCHLI *abwesend, setzt sich an den Tisch wie zuvor und nimmt seine Papiere vor:* Ein sehr hübsches Mädchen übrigens, diese Kleine.

SERGIUS *mit Gewicht, bewegungslos:* Hauptmann Bluntschli!

BLUNTSCHLI Ja?

SERGIUS Sie haben mich betrogen, Sie sind mein Rivale. Rivalen dulde ich nicht. Um sechs Uhr erwarte ich Sie auf dem Exerzierplatz an der Straße nach Klissura. Allein, zu Pferd, mit einem Säbel. Verstehen Sie?

BLUNTSCHLI *sieht ihn distanziert an, völlig ruhig:* Danke. Aber das ist eine typische Kavalleristen-Forderung. Ich bin bei der Artillerie. Und ich darf die Waffen wählen. Wenn ich komme, bringe ich ein Maschinengewehr mit. Und diesmal werde ich auch die richtige Munition bei mir haben!

SERGIUS *wird rot, spricht mit tödlicher Kälte:* Nehmen Sie sich in acht, Herr Hauptmann. Bei uns in Bulgarien ist es nicht üblich, über diese Art von Aufforderung zu spaßen.

BLUNTSCHLI *freundlich:* Ach, reden Sie mir doch nicht von Bulgarien. Sie wissen ja gar nicht, was kämpfen überhaupt heißt. Aber wie Sie wünschen. Nehmen Sie ruhig Ihren Säbel mit. Ich werde da sein.

SERGIUS *von diesem Kooperationsgeist entzückt:* Wohl gesprochen, Schwyzer! Ich leihe Ihnen auch mein bestes Pferd.

BLUNTSCHLI Bleiben Sie mir bloß mit Ihrem Pferd vom Leibe. Trotzdem, vielen Dank, mein Junge.
Raina tritt ein und hört den nächsten Satz.
Ich fechte lieber auf meinen beiden Beinen. Im Sattel ist es mir zu gefährlich. Ich möchte Sie nach Möglichkeit am Leben lassen.

RAINA *tritt zwischen sie, zutiefst verstört:* Ich habe gehört, was der Hauptmann gesagt hat, Sergius. Ein Duell! Warum?
Sergius wendet sich schweigend ab und geht zum Kamin, wo er beobachtend stehen bleibt. Sie fragt Bluntschli.
Um was geht es denn?

BLUNTSCHLI Keine Ahnung. Das hat er mir nicht verraten! Aber mischen Sie sich lieber nicht ein, gnädiges Fräulein. Es wird nichts geschehen. Ich bin ausgebildeter Fechtlehrer. Er wird mich gar nicht erst berühren, und ich werde ihm nicht weh tun. Jedenfalls erspart es Erklärungen. Morgen früh fahre ich nach Hause. Sie werden mich nie wiedersehen und nie mehr von mir hören. Sie und er werden dann alles klären und glücklich miteinander leben bis ins hohe Alter.

RAINA *wendet sich ab, zutiefst verletzt, sie erstickt ein Schluchzen:* Ich habe ja auch gar nicht gesagt, daß ich Sie jemals wiedersehen wollte.

SERGIUS *tritt nach vorn:* Ah – das ist ein Geständnis.

RAINA *mit Würde:* Wie meinen Sie das?

SERGIUS Sie lieben diesen Mann!!

RAINA *empört:* Sergius!

SERGIUS Hinter meinem Rücken sind Sie mit ihm beisammen gewesen, so wie Sie mich hinter seinem Rücken als Verlobten behandeln. Bluntschli: Sie haben von dieser Verlobung gewußt. Sie haben mich betrogen. Das ist es, wofür Sie büßen sollen, nicht weil Sie eine Gunst genossen haben, die ich nicht genossen habe.

BLUNTSCHLI *erhebt sich ärgerlich:* Unsinn! Ich habe keinerlei ›Gunst genossen!‹ Die junge Dame weiß ja noch nicht einmal, ob ich verheiratet bin oder nicht.

DRITTER AKT

RAINA *verliert ihre Fassung:* Ooo –! *sinkt auf die Ottomane:* Sind Sie – –?

SERGIUS Sehen Sie, Bluntschli? Das ist ihr keineswegs gleichgültig. Sie können es nicht leugnen. Sie hatten das Privileg, von ihr in ihrem eigenen Zimmer empfangen zu werden, spät nachts ...

BLUNTSCHLI *unterbricht ihn energisch:* Jawohl, Sie Schwachkopf, sie hat mich empfangen, meine Pistole an ihrem Kopf. Ihre Kavallerie war mir auf den Fersen. Ich hätte ihr ein Loch in den Kopf geschossen, wenn sie einen Ton von sich gegeben hätte.

SERGIUS *fassungslos:* Bluntschli! – Raina: ist das wahr?

RAINA *erhebt sich in zorniger Würde:* Wie können Sie es überhaupt wagen – –!

BLUNTSCHLI So, und jetzt entschuldigen Sie sich gefälligst bei der Dame! *Setzt sich wieder an den Tisch:*

SERGIUS *in der gewohnten Art, faltet die Arme:* Ich entschuldige mich niemals!

RAINA *wütend:* Das hat er von Ihrem Freund, Hauptmann Bluntschli. Der hat überall diese furchtbare Geschichte über mich verbreitet. *Sie geht erregt im Zimmer hin und her.*

BLUNTSCHLI Nein. Der ist tot. Lebendig verbrannt.

RAINA *bleibt stehen, tonlos:* Lebendig ver –?

BLUNTSCHLI In einem Holzlager in die Hüfte geschossen. Konnte nicht mehr heraus. Ihre Leute haben das Lager in Brand geschossen und ihn verbrannt. Zusammen mit ein paar anderen Verwundeten.

RAINA Entsetzlich!

SERGIUS Und sinnlos! Ja, der Krieg, dieser Krieg! Der Traum aller Patrioten und Helden. Alles Schwindel, Bluntschli! Alles Betrug. Wie die Liebe.

RAINA *zutiefst empört:* Wie die Liebe! Und das sagen Sie vor mir!

BLUNTSCHLI Lassen wir das, Saranoff. Die Sache ist erledigt.

SERGIUS Betrug, sage ich. Bluntschli, wären Sie etwa wieder hierhergekommen, wenn zwischen Ihnen und Raina nichts geschehen wäre als eine Drohung mit der Pistole? Raina irrt sich. Ich weiß es nicht von ihrem Freund, der verbrannt ist. Ich habe es aus einer anderen Quelle.

RAINA Von wem denn dann? *Plötzlich ahnt sie die Wahrheit:* Ach so – ich weiß: von Luka natürlich! Von dem Dienst-

mädchen. Gewiß, Sie waren ja heute morgen mit ihr zusammen, nachdem – so sieht also der Held aus, den ich angebetet habe.
Er begegnet ihrem Blick und genießt die Entzauberung. Dadurch in ihrem Ärger noch gesteigert, tritt sie näher an ihn heran und spricht in einem leiseren intensiveren Ton:
Ich habe nämlich aus dem Fenster gesehen, als ich hinaufging, um mir meinen Helden von oben anzusehen, und habe etwas gesehen, was ich nicht verstanden habe. Aber jetzt verstehe ich es: Sie haben sich an Luka herangemacht –

SERGIUS *mit grimmiger Ironie:* Sie haben es also gesehen?
RAINA Genau. Zu genau. *Sie wendet sich ab und wirft sich auf den Fenstersitz, von Empörung überwältigt.*
SERGIUS *zynisch:* Liebe Raina, unsere Liebe ist zu Ende. Das Leben ist eine Farce.
BLUNTSCHLI *zu Raina:* Sehen Sie? Schließlich hat er sich doch noch selbst durchschaut.
SERGIUS *stellt sich vor Bluntschli auf:* Bluntschli: Sie haben mich einen Schwachkopf genannt. Ich habe es hingehen lassen. Meinetwegen dürfen Sie mich jetzt auch noch einen Feigling nennen. Das Duell findet nicht statt. Und wissen Sie, warum nicht?
BLUNTSCHLI Nein, aber das macht nichts. Ich habe Sie ja schließlich auch nicht gefragt, warum es stattfinden sollte. Und deshalb frage ich auch jetzt nicht. Ich bin Berufssoldat. Ich schlage mich, wenn es sein muß und bin sehr froh, mich nicht schlagen zu müssen, wenn es nicht sein muß. Sie sind ein Amateur: Sie denken, kämpfen sei ein Vergnügen.
SERGIUS *setzt sich an die andere Seite des Tisches, das Gesicht sehr nah bei dem Bluntschlis:* Ich werde Ihnen den Grund erklären, ob Sie wollen oder nicht, Herr Berufssoldat. Der Grund ist der: zu einem Zweikampf gehören z w e i Männer, und zwar richtige Männer, mit Ehrgefühl, mit Herz und von Geblüt! Mit Ihnen könnte ich so wenig kämpfen, wie ich eine häßliche Frau lieben kann. Sie haben einfach keine – keine Ausstrahlung. Sie sind gar kein Mann. Sie sind eine Maschine.
BLUNTSCHLI *bedauernd:* Völlig richtig, völlig richtig. Ich bin immer so gewesen, es tut mir leid. Aber jetzt, da Sie herausgefunden haben, daß das Leben eben doch keine

Farce ist, sondern ganz vernünftig und ernsthaft sein kann, was stellt sich da noch Ihrem Glück entgegen?

RAINA *steht auf:* Sie sind sehr besorgt um mein Glück und seines. Sie vergessen dabei aber seine neue Liebe, nämlich Luka. Sein Rivale sind daher nicht Sie, sondern Nikola.

SERGIUS *fährt wie von der Tarantel gestochen hoch:* Nikola!

RAINA Wußten Sie denn nicht, daß die beiden verlobt sind?

RAINA Nikola! Öffnen sich denn immer neue Abgründe?!

RAINA *sarkastisch:* Ein empörendes Opfer, nicht wahr? Diese Schönheit! Dieser Geist! Diese Erhabenheit! Und alles soll an einen ältlichen Diener verschwendet werden. Wirklich, Sergius! Das dürfen Sie nicht zulassen. Sie müssen eingreifen. Das sind Sie sich selbst schuldig.

SERGIUS *verliert seine Selbstkontrolle:* Sie Schlange! Sie Ekel! *Er läuft wütend im Zimmer umher.*

BLUNTSCHLI Ja, lieber Saranoff, ich fürchte, da ziehen Sie den kürzeren.

RAINA Verstehen Sie, was er getan hat, Herr Hauptmann? Er hat das Mädchen als Spionin gewonnen, und als Lohn dafür gibt es einen Kuß im Garten.

SERGIUS Gelogen! Das ist ungeheuerlich!

RAINA Ungeheuerlich? *Spielt aus:* Leugnen Sie, daß sie es war, die Ihnen von Hauptmann Bluntschli erzählt hat?

SERGIUS Das nicht. Aber –

RAINA *unterbricht:* Leugnen Sie, daß sie Ihnen ungebührlich nahe war, als sie es Ihnen erzählte?

SERGIUS Nein, aber ich sage Ihnen doch ...

RAINA *unterbricht, in tiefster Verachtung:* Sie brauchen uns gar nichts mehr zu sagen. Es genügt völlig. *Sie wendet sich ab und rauscht zurück zum Fenster.*

BLUNTSCHLI *unbeirrt zu Sergius, der völlig entgeistert auf die Ottomane sinkt und den Kopf zwischen den Händen hält:* Ich habe Sie gewarnt, Saranoff. Sie ziehen den kürzeren.

SERGIUS Giftschlange!

RAINA *springt auf und rennt zu Bluntschli:* Haben Sie gehört, wie dieser Herr mich nennt, Herr Hauptmann?

BLUNTSCHLI Was sollte er sonst tun, Fräulein? Irgendwie muß er sich ja wohl Luft schaffen. Aber lassen wir das jetzt! *Mit sanfter Überredung:* Genug mit dem Streit! Es hat doch keinen Zweck.

Raina setzt sich erschöpft auf die Ottomane, und nach einem vergeblichen Versuch, Bluntschli strafend anzuse-

hen, wird sie das Opfer ihres Humors und lehnt sich tatsächlich wie ein Kind gegen Sergius, der sich windet, um ihr die Schulter zu entziehen.

SERGIUS Verlobt mit Nikola! Ja – Sie haben wohl recht, Bluntschli, wenn Sie diese Welt mit Gelassenheit nehmen. Sie ist eine Zumutung.

RAINA *im Scherz zu Bluntschli, versucht, seine Gedanken zu lesen:* Gewiß halten Sie uns für völlig kindisch?

SERGIUS *mit grimmiger Ironie:* Natürlich tut er das. Schweizer Zivilisation nimmt sich bulgarischer Barbarei an, wie?

BLUNTSCHLI *ertappt:* Aber keineswegs. Ich versuche ja nur, Sie beide ein wenig zu beruhigen. – Also jetzt wollen wir uns mal nicht aufregen und die Sache freundschaftlich klären. Wo ist diese andere junge Dame?

RAINA *grinst vor Genugtuung:* Höchstwahrscheinlich horcht sie an der Tür.

SERGIUS *zuckt zusammen, als habe ihn eine Kugel getroffen, spricht aber mit ruhiger Empörung:* Das ist eine Verleumdung. Und ich werde es beweisen. *Würdevoll schreitet er zur Tür und öffnet sie. Dort entfährt ihm ein Ausdruck der Wut, er schießt hinaus in den Gang, kommt zurück und zieht Luka hinter sich her, wirft sie gegen den Tisch:* Bluntschli, sprechen Sie das Urteil aus. Sie sind kühl und unparteiisch. Was soll man mit der da anfangen!
Luka behauptet sich, sie bleibt stehen, stolz und schweigend.

BLUNTSCHLI *schüttelt den Kopf:* Ich kann darüber nicht richten. Ich habe selbst einmal gehorcht, durch die Wand eines Zeltes. Drinnen wurde eine Meuterei geplant. Der Grad der Schuld hängt wohl davon ab, was auf dem Spiel steht. Damals stand natürlich mein Leben auf dem Spiel.

LUKA Hier steht meine Liebe auf dem Spiel. Ich schäme mich nicht.

RAINA *mit Verachtung:* Deine Liebe! Deine Neugier, meinst du!

LUKA *wendet sich zu Raina und gibt ihre Verachtung mit Zinsen zurück:* Meine Liebe ist jedenfalls stärker als irgendetwas, was Sie empfinden können, sogar für Ihren Schokoladensoldat.

SERGIUS *mit flammendem Verdacht zu Luka:* Was hat das zu bedeuten?

LUKA *entschlossen:* Es bedeutet, daß – –

SERGIUS *unterbricht, mit sinkendem Interesse:* Ach, ich verstehe – die Eistorte. Dieser Hieb trifft daneben, Luka.
Major Petkoff tritt auf in Hemdsärmeln.
PETKOFF Bitte entschuldigen Sie die Hemdsärmel, meine Herren. Raina, irgend jemand muß diesen Rock getragen haben, da bin ich sicher. Und zwar jemand, dessen Rücken anders ist als meiner. Am Ärmel ist er aufgeplatzt. Deine Mutter näht ihn soeben wieder zu. Ich hoffe, sie beeilt sich. Ich werde mich noch erkälten. *Er sieht einen nach dem anderen an:* Ist irgend etwas geschehen?
RAINA Nein.
Sie setzt sich an den Ofen und ist still.
SERGIUS Ich wüßte jedenfalls nicht was. *Er setzt sich an den Tisch.*
BLUNTSCHLI *bleibt sitzen:* Keineswegs, keineswegs.
PETKOFF *läßt sich auf die Ottomane nieder:* Dann ist ja alles gut. *Er sieht Luka:* Ist irgend etwas los, Luka?
LUKA Nein, gnädiger Herr.
PETKOFF *zufrieden:* Na, dann ist ja alles in Ordnung. *Er niest:* Luka, sei so lieb und bitte meine Frau, dir meinen Rock zu geben!
Nikola kommt mit dem Rock. Luka tut, als habe sie das Zimmer aufzuräumen. Sie stellt den kleinen Tisch mit der Wasserpfeife an die Wand neben das Fenster.
RAINA *sieht den Rock an Nikolas Arm:* Hier ist er schon, Pappie. Gib ihn mir, Nikola. Lege du etwas mehr Holz aufs Feuer!
Sie nimmt den Rock und bringt ihn dem Major, der aufsteht, um ihn anzuziehen. Nikola kümmert sich ums Feuer.
PETKOFF *zu Raina, gutmütig neckisch:* Ah – man ist mal wieder nett zu seinem alten Vater, jetzt wo er aus dem Krieg zurück ist, wie?
RAINA *vorwurfsvoll:* Wie kannst du so etwas sagen, Pappie!
PETKOFF Ist ja nur Spaß, mein Kind. Komm, gib mir einen Kuß!
Sie küßt ihn.
Und jetzt gib mir den Rock!
RAINA Nein, ich helfe dir, ihn anzuziehen! Dreh dich um!
Er dreht sich um und tastet blind mit den Armen nach den Ärmeln. Sie nimmt geschickt und schnell die Fotografie aus der Tasche, wirft sie vor Bluntschli auf den Tisch, der sie

mit einem Blatt Papier bedeckt. Sergius beobachtet diesen Akt, sein Argwohn ist aufs höchste gesteigert. Raina hilft Petkoff in den Rock.

Na, bist du jetzt zufrieden, Pappie?

PETKOFF Glücklich, mein Kind, restlos glücklich!
Er setzt sich. Raina kehrt zu ihrem Sitz zurück.
Ach, übrigens habe ich etwas Seltsames gefunden. Was mag das bedeuten? *Er sucht mit der Hand in der Tasche:* Na, wo ist denn...? *Versucht die andere Tasche:* Ich hätte doch schwören können... *Versucht die Brusttasche:* Aber das ist ja... *Versucht wieder die erste Tasche:* Wo kann denn das...? *Hat die Lösung:* Deine Mutter wird es herausgenommen haben.

RAINA *in Not:* Was?

PETKOFF Deine Fotografie mit der Unterschrift: ›Als Andenken an Ihren Schokoladensoldat, Raina‹. Da muß doch etwas dahinterstecken. Und ich möchte gern herausfinden, was. *Ruft:* Nikola!

NIKOLA *geht zu ihm:* Gnädiger Herr?

PETKOFF Sag mal, hast du wirklich heute morgen Fräulein Rainas Eistorte zerstört?

NIKOLA Fräulein Raina hat es Ihnen doch selbst gesagt, gnädiger Herr.

PETKOFF Das weiß ich, du Hornochse. Aber ist es auch wahr?

NIKOLA Ich bin sicher, daß Fräulein Raina nicht imstande ist, eine Unwahrheit zu sagen, gnädiger Herr.

PETKOFF So? Du bist sicher? Ich nicht. *Wendet sich an die anderen:* Ich durchschaue alles. *Er geht zu Sergius und schlägt ihm auf die Schulter:* Der Schokoladensoldat bist du natürlich.

SERGIUS *entrüstet:* Ein Schokoladensoldat?! Nein, das bin ich nicht.

PETKOFF Nicht?
Er sieht sich um. Alle sind sehr ernst.
Willst du etwa sagen, daß Raina so etwas an einen anderen Mann geschickt hat?

SERGIUS *kryptisch:* Die Welt ist eben kein solch unschuldiger Platz, wie wir immer geglaubt haben, Petkoff.

BLUNTSCHLI *steht auf:* Ich will Sie aufklären, Major. Ich bin der Schokoladensoldat.
Petkoff und Sergius sind gleich erstaunt.

Die liebenswürdige junge Dame hat mein Leben gerettet, indem sie mich mit Schokolade gefüttert hat, als ich am Verhungern war. Den Geschmack werde ich übrigens niemals vergessen. Mein Freund Stolz hat Ihnen ja die Geschichte in Pirot bereits erzählt. Ich war der Soldat auf der Flucht.

PETKOFF *er schnappt nach Luft:* Sie! Sergius! Du erinnerst dich wie diese beiden Damen sich heute morgen aufgeregt haben, als wir die Geschichte erzählten!
Sergius lächelt zynisch, Petkoff stellt sich streng vor Raina auf.
Du bist mir ja ein nettes Früchtchen. Das hätte ich denn doch nicht von dir gedacht.

RAINA *bitter:* Major Saranoff hat es sich anders überlegt. Und als ich die Fotografie unterschrieb, wußte ich noch nicht, daß Hauptmann Bluntschli verheiratet ist.

BLUNTSCHLI *protestiert heftig:* Ich bin doch gar nicht verheiratet!

RAINA *sehr vorwurfsvoll:* Aber das haben Sie gesagt.

BLUNTSCHLI Ich?! Ich habe nichts dergleichen gesagt. Ich bin in meinem ganzen Leben noch niemals verheiratet gewesen.

PETKOFF *verliert allmählich die Geduld:* Raina! Wenn es nicht zu viel verlangt ist, möchte ich dich bitten, mir zu sagen, mit welchem dieser beiden Herren du verlobt bist.

RAINA Mit keinem von beiden. *Zieht Luka hervor:* Dieses junge Mädchen ist, zumindest im Augenblick, Gegenstand der Zuneigung des Herrn Major Saranoff.
Luka schweigt stolz und eigensinnig.

PETKOFF Luka?! Bist du verrückt, Sergius? Das Mädchen ist doch mit Nikola verlobt.

NIKOLA Wenn ich mir ein Wort erlauben darf, gnädiger Herr: Luka ist mit mir nicht verlobt.

PETKOFF Mit dir nicht verlobt, du Lump? Fünfundzwanzig Lewa habe ich dir am Tag deiner Verlobung geschenkt. Und sie hat von Fräulein Raina das goldene Armband bekommen.

NIKOLA *kühl und salbungsvoll:* Es schien uns opportun, diese Version zu verbreiten, gnädiger Herr. Luka brauchte einen gewissen Schutz. Sie ist zu Höherem geboren, und ich habe ihr als Vertrauter gedient. Wie Sie wissen, gnädiger Herr, möchte ich ein Geschäft in Sofia eröffnen und

ich verspreche mir viel von ihrer Kundschaft und ihren Empfehlungen, sollte sie in die vornehme Welt hineinheiraten.
Würdevoll und gelassen verläßt er den Raum, die anderen starren hinter ihm her.
PETKOFF *bricht das Schweigen:* Also, ich muß schon sagen ...
SERGIUS Das ist entweder höchster Heroismus oder übelste Speichelleckerei. Was von beiden ist es, Bluntschli?
BLUNTSCHLI Welches es auch sei: Nikola ist der fähigste Mann, den ich in Bulgarien kennengelernt habe. Den mache ich zum Hoteldirektor, wenn er Englisch und Französisch lernt.
LUKA *plötzlich ausbrechend, gegen Sergius:* Jetzt bin ich aber wirklich von allen hier beleidigt worden. Sie haben das Beispiel gegeben. Sie müssen sich bei mir entschuldigen! *Sergius macht die für ihn typische Bewegung, er faltet die Arme.*
BLUNTSCHLI *bevor Sergius etwas sagt:* Da warten Sie vergebens. Er entschuldigt sich nie.
LUKA Gewiß nicht vor Ihnen. Sie kommen aus demselben Stall und sind außerdem sein Feind. Aber vor mir, seiner armen Dienerin, wird er sich entschuldigen.
SERGIUS *beeindruckt:* Du hast recht. *Er geht zeremoniell auf ein Knie:* Verzeih mir!
LUKA Ich verzeihe Ihnen. *Sie gibt ihm zögernd ihre Hand, die er küßt:* Diese Berührung macht mich zu Ihrer Braut.
SERGIUS *springt auf:* Ach so, das hatte ich ganz vergessen.
LUKA *kalt:* Sie können Ihr Wort zurücknehmen, wenn Sie wollen.
SERGIUS Zurücknehmen? Ich?! Niemals! Du gehörst mir! *Er legt seinen Arm um ihre Schultern.*
Katharina tritt ein, findet Luka in Sergius' Arm und die anderen, wie sie fassungslos das Paar anstarren.
KATHARINA Was hat denn das zu bedeuten?
Sergius läßt Luka los.
PETKOFF Also, meine Liebe, wenn ich die Sache richtig sehe, heiratet Sergius nicht Raina, sondern Luka.
Katharina ist im Begriff, ihm empört ins Wort zu fallen, aber er kommt ihr zuvor:
Es ist nicht meine Schuld. Ich habe mit dieser Angelegenheit nicht das geringste zu tun! *Er zieht sich hinter den*

Ofen zurück.
KATHARINA Luka heiraten! Sergius! Sie haben uns Ihr Wort gegeben! Sie sind gebunden!
SERGIUS *verschränkt die Arme:* Mich bindet nichts!
BLUNTSCHLI *beeindruckt von dieser Demonstration gesunden Menschenverstands:* Saranoff, Ihre Hand! Ich gratuliere Ihnen. Ihre heroischen Anwandlungen haben eben doch auch ihren praktischen Wert. *Zu Luka:* Mein sehr verehrtes junges Fräulein. Ein eingefleischter Republikaner wünscht Ihnen Glück! *Zu Rainas Entrüstung küßt er Luka die Hand. Dann kehrt er an seinen Platz zurück.*
KATHARINA Luka, du hast schon wieder über uns geredet.
LUKA Ich habe Raina nichts Böses getan.
KATHARINA *entrüstet:* Raina!
Auch Raina gibt ihrer Entrüstung über diese Freiheit Ausdruck.
LUKA Ich habe das Recht, sie Raina zu nennen. Sie nennt mich Luka. Ich habe Major Saranoff nur gesagt, daß sie ihn nicht heiraten würde, wenn der Schweizer jemals zurückkäme.
BLUNTSCHLI *überrascht, steht auf:* Wie bitte?
LUKA *zu Raina:* Ich dachte, Sie mögen ihn lieber als Sergius. Sie müssen ja am besten wissen, ob ich recht habe oder nicht.
BLUNTSCHLI Das ist doch alles Unsinn. Herr Major, gnädige Frau, seien Sie versichert, daß Ihre Tochter nichts weiter mit mir getan hat als mein Leben gerettet. Gewiß macht sie sich nichts aus mir. Das liegt doch auf der Hand. Sehen Sie die junge Dame an und sehen Sie mich an. Sie reich, jung, schön, mit einer blühenden Fantasie, und Träumen von Märchenprinzen, edlen Gestalten, Kavallerie-Attakken und was es sonst noch so gibt. Und ich, ein ganz gewöhnlicher Schweizer Soldat, der nach fünfzehn Jahren Soldatendasein kaum noch weiß, wie man ein anständiges Leben führt. Ein Vagabung, ein Mann, der sich alle Chancen im Leben verdorben hat, mit seiner unheilbaren romantischen Veranlagung ein Mann, der . . .
SERGIUS *fährt hoch und unterbricht Bluntschli in höchstem Erstaunen:* Augenblick mal, Bluntschli! Was – sagten Sie – hat Ihre Chancen im Leben verdorben?
BLUNTSCHLI Eine unheilbare romantische Veranlagung. Zweimal bin ich als Kind von Zuhause durchgebrannt. Ich

bin zum Militär gegangen, anstatt ins Geschäft meines Vaters. Ich bin hier den Balkon heraufgeklettert. Jeder vernünftige Mann hätte sich im nächsten Keller verkrochen. Ich habe mich hierhergeschlichen, um mir die junge Dame noch einmal anzusehen. Jeder vernünftige Mensch in meinem Alter hätte den Rock einfach zurückgeschickt – –

PETKOFF Meinen Rock!

BLUNTSCHLI Sehr richtig, das ist genau der Rock, den ich meine. Jeder einigermaßen vernünftige Mensch hätte ihn zurückgeschickt und sich still davongemacht. Bin ich etwa der Typ eines Mannes, in den sich junge Mädchen verlieben? Allein der Altersunterschied! Ich bin vierunddreißig. Die junge Dame dürfte wenig über siebzehn sein. *Diese Feststellung stößt auf höchstes Erstaunen. Alle anderen sehen einander an. Er fährt unberührt fort:* Für mich war es ein Abenteuer auf Leben und Tod, aber für sie war es ein Kinderspiel – Versteckspiel und Pralinen. Hier der Beweis! *Er nimmt die Fotografie vom Tisch:* Ich bitte Sie, eine junge Dame, die es ernst meint, hätte keine solche Unterschrift verfaßt: ›Ein Andenken von Raina an ihren Schokoladensoldaten‹. *Demonstrativ zeigt er die Fotografie her, als habe er das endgültige, unwiderlegbare Beweisstück in der Hand.*

PETKOFF Das war es doch, was ich gesucht habe. Wie kommt es zu Ihnen? *Er kommt vom Ofen her, um es sich anzusehen, dann setzt er sich auf die Ottomane.*

BLUNTSCHLI *zu Raina, mit sich zufrieden:* Ich glaube, ich habe alles richtiggestellt. Oder nicht, mein Fräulein?

RAINA *geht zum Tisch hinüber und steht ihm gegenüber:* Was Sie betrifft, haben Sie recht. Sie sind ein romantischer Schwachkopf. *Bluntschli ist überrascht und beleidigt.* Ich hoffe, bis zum nächsten Mal können Sie ein siebzehnjähriges Schulmädchen von einer dreiundzwanzigjährigen Dame unterscheiden.

BLUNTSCHLI *höchst erstaunt:* Dreiundzwanzig!

Raina reißt ihm mit einer Geste der Verachtung die Fotografie aus der Hand, zerreißt sie und wirft ihm die Schnitzel ins Gesicht, dann rauscht sie an ihren alten Platz zurück.

SERGIUS *mit grimmigem Vergnügen am Unbehagen seines*

Rivalen: Bluntschli, jetzt wankt auch schon mein letzter Glaube! Ihre ganze Weisheit ist ebensolcher Schwindel wie alles andere. Sie haben noch weniger Verstand als ich.

BLUNTSCHLI *noch nicht beruhigt:* Dreiundzwanzig! – Dreiundzwanzig! *Er überlegt:* Hmmm – *Entscheidet sich und stellt sich vor seinem Gastgeber auf.* In diesem Fall, Major Petkoff, möchte ich hiermit in aller Form um die Hand ihrer Tochter anhalten, anstelle des zurückgetretenen Major Saranoff.

RAINA Das ist der Gipfel!

BLUNTSCHLI Wenn Sie wirklich schon dreiundzwanzig waren, als Sie mir heute nachmittag von sich erzählten, dann nehme ich alles ernst.

KATHARINA *höflich aber von oben herab:* Verzeihen Sie, Herr Hauptmann, aber ich denke, Sie haben wohl kaum die soziale Stellung meiner Tochter und des Herrn Major berücksichtigt, dessen Nachfolge Sie anzutreten wünschen. Die Petkoffs und die Saranoffs sind als die reichsten und wichtigsten Familien unseres Landes bekannt. Unsere Namen sind bereits Geschichte, wir sehen bereits auf zwanzig Jahre zurück.

PETKOFF Das tut nichts zur Sache, Katharina. *Zu Bluntschli:* Sie wären uns schon recht, Bluntschli, wenn es sich nur um Ihre Stellung handelte. Aber der Haken ist eben, daß Raina an einen hohen Lebensstandard gewöhnt ist. Sergius hält zwanzig Pferde.

BLUNTSCHLI Aber wer braucht denn zwanzig Pferde. Wir wollen doch schließlich keinen Zirkus eröffnen.

KATHARINA *streng:* Meine Tochter rechnet mit einem erstrangigen Reitstall, Herr Hauptmann.

RAINA Aber wirklich, Mama! Du machst mich ja lächerlich.

BLUNTSCHLI Also gut, wenn Sie schon von Besitz reden – dann rede ich mit. *Er springt zum Tisch, nimmt die Papiere im blauen Umschlag auf und wendet sich an Sergius:* Wieviele Pferde, sagten Sie?

SERGIUS Zwanzig, mein lieber Schweizer.

BLUNTSCHLI Ich habe zweihundert.
Alles verstummt.
Wieviele Kutschen?

SERGIUS Drei.

BLUNTSCHLI Ich habe siebzig. Vierundzwanzig davon haben Platz für zwölf Fahrgäste, zwei weitere können auf dem

Bock sitzen. Kutscher und Kontrolleur nicht mitgezählt.
Wieviele Tischdecken haben Sie?
SERGIUS Woher sollte ich das wissen!
BLUNTSCHLI Haben Sie viertausend?
SERGIUS Nein.
BLUNTSCHLI Aber ich. Ich habe neuntausendsechshundert
Paar Leintücher und Bettdecken, zweitausendvierhundert
Daunenkissen. Ich habe zehntausend Messer und Gabeln
und dieselbe Anzahl von Dessertlöffeln. Ich habe drei-
hundert Angestellte, ich habe sechs palastartige Gebäude,
dazu zwei Mietställe, einen Teegarten und ein Privathaus.
Ich habe vier Medaillen für hervorragende Dienste. Ich
habe den Rang eines Offiziers und den Stand eines
Gentleman. Ich habe drei Muttersprachen. Jetzt bitte:
zeigen Sie mir einen Mann in Bulgarien, der das gleiche
bieten kann!
PETKOFF *zutiefst beeindruckt:* Sind Sie Kaiser der Schweiz?
BLUNTSCHLI Mein Rang ist der höchste der Schweiz. Ich bin
ein freier Bürger.
KATHARINA In diesem Fall, Hauptmann Bluntschli, da Sie
nun einmal die Wahl meiner Tochter sind...
RAINA *aufsässig:* Das ist er ja gar nicht!
KATHARINA *ignoriert sie:* ... möchte ich Ihrem Glück nicht
entgegenstehen.
Petkoff will sprechen.
Major Petkoff ist der gleichen Meinung.
PETKOFF Jawohl, ich freue mich sehr. Zweihundert Pferde
– Donnerwetter!
SERGIUS Und was sagt die Dame?
RAINA *spielt die Beleidigte:* Die Dame sagt, daß er seine
Tischtücher und Omnibusse behalten kann. Ich lasse mich
nicht an den Meistbietenden verschachern.
BLUNTSCHLI Diese Antwort lasse ich nicht gelten. Ich bin zu
Ihnen gekommen, als ich am Verhungern war, als Flücht-
ling, als Bettler. Sie haben mich aufgenommen. Sie haben
mir Ihre Hand zum Kuß gegeben und Ihr Bett zum
Schlafen und Ihr Dach zum Schutz.
RAINA Aber das habe ich nicht für den Kaiser der Schweiz
getan.
BLUNTSCHLI Na das meine ich doch! *Er nimmt sie bei den
Schultern und wendet sie, daß sie ihm gegenübersteht:*
Jetzt erzählen Sie uns, für wen Sie es getan haben.